Heinrich Graetz

Geschichten der Juden von den ältesten Zeiten bis auf die Gegenwart 1848

Heinrich Graetz

Geschichten der Juden von den ältesten Zeiten bis auf die Gegenwart 1848

ISBN/EAN: 9783742890962

Hergestellt in Europa, USA, Kanada, Australien, Japan

Cover: Foto ©ninafisch / pixelio.de

Manufactured and distributed by brebook publishing software (www.brebook.com)

Heinrich Graetz

Geschichten der Juden von den ältesten Zeiten bis auf die Gegenwart 1848

Geschichte der Juden

von

den ältesten Zeiten bis auf die Gegenwart.

Aus den Quellen neu bearbeitet

von

Dr. H. Graetz.

Vierter Band.

Leipzig.
Verlag von Oskar Leiner.
1866.

Geschichte der Juden

vom

Untergang des jüdischen Staates bis zum Abschluß des Talmud.

Von

Dr. H. Graetz.

Zweite stark vermehrte und verbesserte Auflage.

Leipzig.
Verlag von Oskar Leiner.
1866.

Den Manen

seiner jüngst so schnell hintereinander abberufenen

drei theuren Freunde:

Sanitätsrath **Dr. Imanuel Levy,**

Kaufmann **Louis Milch,**

Banquier **Joseph Prinz,**

Curatoren der Fränkel'schen Stiftungen

in wehmüthiger Erinnerung

der Verfasser.

Vorwort
zur zweiten Auflage.

Für meine Leser will ich mit diesem Vorworte nur eine erfreuliche Thatsache constatiren. Als ich vor ungefähr einem Decennium mit der Geschichte der talmudischen Zeitepoche vor das Publikum trat, mußte ich mein Beginnen, mit einem wenig beachteten und wenig beliebten Stoffe aufzutreten, so ziemlich erst entschuldigen. Seit dieser Zeit ist gerade diese Partie der jüdischen Geschichte, wenigstens ein Theil derselben, fast populär geworden; sie ist von geistvollen Fachmännern nicht blos aus jüdischem, sondern — was eben erfreulich ist — auch aus christlichem Kreise, einer eingehenden kritischen Untersuchung unterworfen worden. Immer mehr bricht sich die Ueberzeugung Bahn, daß die Entstehung und der erste Verlauf des Christenthums d. h. seine evangelische, epistolarische, apokalyptische und apostelväterliche Literatur, in der Agada der talmudischen Zeitepoche wurzelt und ohne gründliches Verständniß derselben nach allen Seiten hin ein unlösbares Räthsel bleibt. Das Unbefriedigende in den beiden jüngsten Biographien Jesu von Renan und Strauß — worüber unter competenten Forschern nur eine Stimme herrscht — liegt eben darin, daß diese beiden sonst genialen Schriftsteller die historische Atmosphäre, aus welcher die galiläische Abstinenzreligion ihre Säfte gesogen und überhaupt ihre Elemente genommen hat, daß sie, sage ich, dieses Medium nicht genügend erkannt oder gar verkannt haben. Ihre Mißachtung der sogenannten rabbinischen Literatur und der tanaitischen Geschichtsepoche hat sich an Renan und Strauß — von

Schenkel gar nicht zu sprechen — auf eine empfindliche Weise gerächt, und ihre stylistisch so imposante Darstellung vermag ihren Mangel an historischer Treue und Thatsächlichkeit nicht zu verhüllen. Hoffentlich wird die Zeit bald kommen, daß derjenige, welcher die jüdisch-geschichtliche und agadische Literatur des ersten und zweiten Jahrhunderts nicht kennt, und nicht weiß, daß die Evangelien, die apostolischen Briefe, die Polemik und Apologetik der apostolischen Väter einen durchweg agadischen Zug und Schnitt haben, ebenso wenig an die Urgeschichte des Christenthums herangehen wird, so begabt er auch sonst sein mag, wie etwa ein Historiker an die Biographie Sokrates' und der Sokratiker, der das athenische Leben und die philosophische so wie die politische Bewegung innerhalb dieses Kreises nur oberflächlich kennt.

Eine zweite Auflage der Geschichte der talmudischen, d. h. der tanaïtischen und amoräischen Geschichtsepoche, dürfte daher gegenwärtig um so mehr die Zeitgemäßheit für sich haben, als religionsgeschichtliche Fragen jetzt mehr denn seit langer Zeit im Vordergrund stehen. Manche Partien haben in dieser Auflage eine vollständige Umarbeitung und Umgestaltung erfahren mit Berücksichtigung der gediegenen Forschungen, welche im letzten Decennium auf diesem Gebiete angestellt wurden und bleibende Resultate geliefert haben, so namentlich die trajanische und hadrianische Epoche. Neu hinzugekommen ist die Auseinandersetzung der apokryphischen Schriften Judith und Tobit, welche als literarische Vorgänge dieser Epoche anzugehören scheinen und sie illustriren. Eine volle Charakteristik der Mischna, als der Grundbasis für die ganze Entwickelung des Judenthumes in den folgenden Jahrhunderten, glaubte ich hineinziehen zu müssen. Ich bin mir bewußt, Eigenes und Fremdes einer strengen kritischen Prüfung unterworfen und nur das Haltbare aufgenommen zu haben.

Breslau, November 1865.

Graetz.

Erste Epoche.

Inhalt.

Einleitung . . . . 1 — 9

Erstes Kapitel.

Erstes Tanaiten-Geschlecht. Gründung des Lehrhauses in Jabneh. R. Jochanan b. Sakkai; das flavianische Kaiserhaus. Die letzten Herodianer . . . . 10 — 27

Zweites Kapitel.

Zweites Tanaiten-Geschlecht. Wiederbesetzung des Patriarchats. Einheitsstreben R. Gamaliels; Bannstrenge, Absetzung und Wiedereinsetzung des Patriarchen. Erster Anlauf zur Mischna-Sammlung (Adojot) . . . . 28 — 42

Drittes Kapitel.

R. Elieser b. Hyrkanos, das starre System: der Bann und seine Folgen. R. Josua b. Chanania, der Mann der goldenen Mitte. R. Akiba und sein Lehrsystem; R. Ismael, das Gegengewicht. Der Kreis der Gesetzeslehrer . . . . 43 — 66

Viertes Kapitel.

Inneres Leben der Juden. Wirkungskreis des Synhedrin und des Patriarchen. Der Orden der Genossen und der sittliche Stand des Landvolks . . . . 67 — 76

Fünftes Kapitel.

Verhältniß des Christenthums zum Judenthume. Sektenwesen; Judenchristen, Heidenchristen, Ebioniten, Nazaräer. Trennung der Judenchristen von der jüdischen Gemeinde. Gnostiker. Maßregeln des Synhedrin gegen den Einfluß des Christenthums. Proselyten. Akylas . . . . 77 — 116

Sechstes Kapitel.

Politische Lage der Juden unter Domitian. Verfolgung gegen Juden und Proselyten. Flavius Clemens und Domitilla. Nerva's günstige Gesetze. Unglückliche Aufstände der Juden unter Trajan, die jüdischen Feldherrn Andreas in Cyrene, Artemion auf Cypern . . . 117 — 130

Siebentes Kapitel.

Hadrianische Regierungszeit. Aufstand der Juden gegen Quietus. Das Buch Judith. Trajanstag. Julianus und Pappus. Bewilligung zum Bau des Tempels in Jerusalem und Zurücknahme derselben. R. Jesua's Einfluß. R. Gamaliels Tod. Wanderung des Synhedrin nach Uscha. Beschlüsse desselben . . . . 131—147

Achtes Kapitel.

Aufstand unter Bar-Cochba. R. Akibas Antheil daran. Neue jüdische Münzen. Verfolgung gegen die Judenchristen. Operation des Krieges. Belagerung und Fall Betars, 148—166

Neuntes Kapitel

Das hadrianische Verfolgungs-System. Jerusalem in die Heidenstadt Aelia Capitolina verwandelt. Rufus der Blutrichter. Der lyddenfische Beschluß. Der Angeber Acher. Die zehn Märtyrer. Das Buch Tobit. Veränderungen im Christenthume durch die hadrianische Verfolgung . . . . 167—183

Zehntes Kapitel.

Das dritte Tanaiten-Geschlecht. Aufhebung der hadrianischen Edikte. Rückkehr der Flüchtlinge. Synode in Uscha. Patriarchat Rabban Simon's III. R. Meir, der Scharfsinnige. Acher's Tod. Oinomaos, der pythagoräische Philosoph. R. Simon b. Jochai, der angebliche Schöpfer der Kabbala . . . . 184—201

Eilftes Kapitel.

Thätigkeit des dritten Tanaiten-Geschlechtes. Gegen-Synhedrin in Babylonien. Spaltung im Synhedrin zu Uscha. Neue Verfolgungen unter den Kaisern Antoninus Pius und Aurelius Verus. Die jüdische Gesandschaft in Rom. Tod des Patriarchen R. Simon . 202—209

Zwölftes Kapitel.

Letztes Tanaiten-Geschlecht. Patriarchat R. Juda's I. und seines Sohnes in Sepphoris. Neue Einrichtungen. Abschluß der Mischna. Stellung der Juden unter den Kaisern Marc Aurel, Commodus, Septimius, Severus und Antoninus Caracalla. Severs Gesetze in Betreff der Juden. Unwillkommene Gleichstellung der Juden im römischen Staate. Die letzten Ausläufer der Tanaiten . . . . . 210—240

Dreizehntes Kapitel.

Erstes Amora-Geschlecht. Patriarch R. Juda's II. Der judenfreundliche Kaiser Alexander Severus (Antoninus). Günstige Verhältnisse der Juden. Aufhebung früherer Bestimmungen. Hillel. Lehrer des Kirchenvaters Origenes. Pflege der hebräischen Sprache unter den Christen; Anlegung der Hexapla . . . . 241—252

Vierzehntes Kapitel.

Die palästinensischen Amora's, R. Chanina, R. Jochonan, R. Simon b. Lakisch. R. Josua, der Held der Sage. R. Simlai, der philosophische Agadist. Porphyrius, der heidnische Commentator des Buches Daniel. . . . . 253—269

Fünfzehntes Kapitel.

Lage der Juden in Babylonien und den parthischen Ländern. Ein jüdischer Vasallenstaat. Die Exilsfürsten. Die babylonischen Amora's. Abba Areka (Rab) und sein königlicher Freund Artaban; Samuel und sein königlicher Freund Schabur (Sapor) . . . . . 270—290

Sechszehntes Kapitel.

Tiefeingreifende politische Veränderungen während des ersten Amora-Geschlechtes. Sieg der Neuperser, (Chaberin, Gueber) über die Parther. Fanatismus des Sassaniden Ardschir. Stellung der Juden unter der neuen Dynastie. Anarchie in Rom. Die Kaiserin Zenobia und die Juden. Zerstörung Nahardea's durch Papa bar Nazar . . . . 291—299

Siebenzehntes Kapitel.

Zweites Amora-Geschlecht. Patriarchat R. Gamaliels IV. R. Juda III. Paläſtinenſiſche Amora's: R. Elieser b. Padat, R. Ami, R. Aſſi; die Brüder R. Chija u. R. Simon b. Abba in Tiberias, R. Abbahu in Cäſarea. Kaiser Diocletian. Vollständige Absonderung von den Samaritanern. Polemik gegen das Christenthum. Allmäliges Sinken der judäischen Lehrhäuser . . . . 300—313

Achtzehntes Kapitel.

Babylonische Amora's des zweiten Geschlechtes. R. Huna in Sura, R. Juda in Pumbadita. R. Chasda in Kafri und Sura. R. Nachman in Schekan-Zib. R. Seïra, das Verbindungsglied zwischen Judäa und Babylonien . . . . 314—329

Neunzehntes Kapitel.

Drittes Amora-Geschlecht. Patriarchat Hillel's II. Schulhäupter in Judäa: R. Jona, R. Jose, R. Jeremia. Das Verhältniß des mächtig gewordenen Christenthums zu den Juden. Constantin's und Constantius' judenfeindliche Gesetze. Der Abgabendruck. Untergang der judäischen Lehrhäuser. Hillel's fester Kalender . . . . . 330—345

Zwanzigstes Kapitel.

Exilarchen Mar-Ukban, Huna-Mar und Abba-Mari. Babylonische Amora's: Rabbah bar Nachmani, R. Joseph. Abaji, in Pumbadita; Raba in Machuza. Verfall der suranischen Metibta. Höchste Gutentwickelung der talmudischen Dialektik. Die persische Königin Ifra und ihr Sohn Schabur II. R. Papa, Gründer einer neuen Metibta in Nares . . . . 346—366

Einundzwanzigstes Kapitel.

Kaiser Julian. Seine Gunst für die Juden. Sein Sendschreiben an die jüdischen Gemeinden. Wiederherstellung des Tempels. Unterbrechung des Baues. Schadenfreude der Christen über diese Vereitelung und Fabeln derselben. Julian's Kriegszug nach Persien. Zerstörung Machuza's. Julian's Tod. Toleranzedict des Kaisers Valentinian I. . . . . 367—376

Zweiundzwanzigstes Kapitel.

Viertes Amora-Geschlecht. Exilarchen Mar-Kahana und Mar-Sutra. Schulhaupt R. Aschi. Erster Ansatz zum Abschluß des Talmud. Der judenfreundliche König Jesdigerd I. Der falsche Messias auf Creta. Verhältnisse der Juden unter den Kaisern Theodosius I., Arcadius, Honorius und Theodosius II. Untergang des Patriarchats. Fanatismus der Geistlichkeit gegen die Juden. Vollständiges Erlöschen der talmudischen Thätigkeit in Judäa. Der Kirchenvater Hieronymus und seine jüdischen Lehrer . . . . 377—399

Dreiundzwanzigstes Kapitel

Fünftes Amora-Geschlecht. Exilarchen Mar-Sutra. Schulhäupter Mar bar Aschi und R. Acha aus Difta. Sinken der babylonischen Lehrhäuser. Verfolgung der Juden unter Jesdigerd III.

Sechstes und letztes Amora-Geschlecht. Exilarchen Huna Mari und R. Huna. Schulhäupter Rabina von Sura und R. José von Pumbadita. Verfolgung der Juden unter Firuz. Auswanderung jüdischer Colonisten nach Indien. Jüdisches Vasallenreich in Cranganor. Abschluß des babylonischen Talmud. Geist und Bedeutung desselben . . . . 400—412

Noten . . . . 413—498

Dritter Zeitraum der jüdischen Geschichte.

Vom Untergange des jüdischen Staates
bis auf das Anbrechen der neuen Zeit, von 70 bis 1780
nach der üblichen Zeitrechnung.

Einleitung.

Der lange, fast siebzehnhundertjährige Zeitraum der Zerstreuung ist zugleich der beispielloser Leiden, des ununterbrochenen Märtyrerthums, der mit jedem Jahrhundert gesteigerten Erniedrigung und Demüthigung, wie es einzig in der Weltgeschichte vorkommt, aber auch der geistigen Regsamkeit, der rastlosen Gedankenarbeit, der unermüdlichen Forschung. Wollte man von diesem Zeitraume ein deutliches, entsprechendes Bild entwerfen, so könnte man ihn nur unter einem Doppelbilde darstellen. Von der einen Seite das geknechtete Juda mit dem Wanderstabe in der Hand, dem Pilgerbündel auf dem Rücken, mit verdüsterten, zum Himmel gerichteten Zügen, umgeben von Kerkerwänden, Marterwerkzeugen und dem glühenden Eisen der Brandmarkung; auf der andern Seite dieselbe Figur mit dem Ernste des Denkers auf der lichten Stirn, mit der Forschermiene in den verklärten Gesichtszügen, in einem Lehrsaale, gefüllt mit einer Riesenbibliothek in allen Sprachen der Menschen, über alle Zweige des göttlichen und menschlichen Wissens, Knechtsgestalt mit Denkerstolz. — Die äußere Geschichte dieses Zeitraums, eine Leidensgeschichte, wie sie kein Volk in diesem gesteigerten Grade, in dieser unübersehbaren Ausdehnung erlitten, die innere Geschichte eine umfassende Geistesgeschichte die, von der Gotteskenntniß auslaufend, alle Kanäle aus dem Stromgebiet der Wissenschaften aufnimmt, mit sich vermischt und vereinigt, wie sie wiederum nur Eigenthum dieses einzigen Volkes ist. **Forschen und wandern, denken und dulden, lernen und leiden** füllen die lange Reihe dieses Zeitraums aus. Dreimal hat die Weltgeschichte in diesem Zeitraume ihr Kleid gewechselt. Das greise Römerthum siechte und sank ins Grab; in dessen Moder entwickelte sich die Puppe der europäischen und asiatischen Völker, diese entfalteten sich wiederum zu der glänzenden Schmetterlingsgestalt des christlichen und islamitischen Ritterthums, und aus den eingeäscherten Burgen desselben schwang sich der Phönix gesitteter Völkerverhältnisse empor. Dreimal wechselte die Weltgeschichte, aber die Juden blieben dieselben, höchstens wechselten sie die äußerliche Form. Dreimal wechselte aber auch der geistige Gehalt der Weltgeschichte. Aus dem ausgeprägten, aber hohlen Bildungszustande versank die Menschheit in Barbarei und finstere Unwissenheit; aus der Unwissenheit erhob sie sich wieder in die lichte Sphäre einer höheren Bildung; der geistige Inhalt des Judenthums blieb derselbe, nur sättigte er sich mit neuen Gedankenstoffen und Gedankenformen. Hat das Judenthum dieses Zeitraums die ruhmreichsten Märtyrer aufzuzählen, neben denen die gehetzten Dulder anderer Völker und Religionsbekenntnisse fast glücklich zu nennen sind: so hat es auch hochragende Denker erzeugt, die nicht blos eine Zierde des Judenthums geblieben sind. Es giebt wohl keine Wissenschaft, keine Kunst, keine Geistesrichtung, woran die Juden nicht mitgearbeitet, worin Juden nicht ihre Ebenbürtigkeit dargethan hätten. **Denken** ist ein eben so charakteristischer Grundzug der Juden geworden, wie **leiden**.

In Folge der größtentheils gezwungenen, selten freiwilligen Wanderungen der Juden, umfaßt die jüdische Geschichte dieses Zeitraums die ganze bewohnte Erde, sie bringt bis in die Schneeregion des Nordens, bis in die Sonnengluth des Südens, sie durchschifft alle Meere, sie siedelt sich in den entlegensten Erdwinkeln an. Sobald ein neuer Theil der Erde von einem neuen Volke in Angriff genommen wird, so finden sich sofort Zerstreute dieses Stammes ein, mit ihrer Eigenthümlichkeit jedem Klima, jedem Ungemache trotzend. Wird ein neuer Welttheil entdeckt, so sieht derselbe bald jüdische Gemeinden hier und da sich durch einen innern Krystallisationstrieb gestalten und gruppiren, ohne weltliche Nachhülfe, ohne äußeren Zwang. Um den in seinem eingeäscherten Zustande noch heiligen Tempel stehen die in alle Weltgegenden Zerstreuten in einem großen unübersehbaren Kreise, dessen Peripherie zugleich die Enden der bewohnbaren Erde bilden. Durch diese Wanderungen sammelte das jüdische Volk neue Erfahrungen, und der Blick der Heimathlosen übte und schärfte sich: so trug selbst die Leidensfülle dazu bei, den Gesichtskreis der Denker im Judenthume zu erweitern. Die überwältigenden Ereignisse der Weltgeschichte, von der Zeit an, wo über das überfeinerte Römerreich sich der ganze Schrecken der Barbarei entlud, bis zur Zeit, wo aus dem harten Kiesel der Barbarei wiederum der Funke der Gesittung geschlagen wurde, alle diese Ereignisse und Geschehenisse hatte die jüdische Geschichte dieses Zeitraums miterlebt, mitterlitten und theilweise mitgemacht. Jeder Sturm in dem weltgeschichtlichen Umkreise hat auch das Judenthum bis in sein Innerstes tief bewegt, ohne es zu erschüttern. Die jüdische Geschichte der siebzehn Jahrhunderte stellt die Weltgeschichte im Kleinen dar, wie denn auch das jüdische Volk ein Universalvolk geworden ist, das, weil nirgends, darum überall zu Hause ist.

Was hat es verhindert, daß dieses ewig wandernde Volk, dieser wahre ewige Jude, nicht zum verthierten Landstreicher, nicht zur vagabundirenden Zigeunerhorde gesunken ist? Die Antwort ergiebt sich von selbst. Das jüdische Volk führte in seinem achtzehnhundertjährigen Wüstenleben die Bundeslade mit sich, die ein ideales Streben in sein Herz legte, und selbst den Schandfleck an seinem Kleide mit einem apostolischen Glanze verklärte. Der geächtete, vogelfreie, über die ganze Erde gehetzte Jude fühlte einen erhabenen, edlen Stolz darin, Träger und Dulder für eine Lehre zu sein, in welcher sich die Ewigkeit abspiegelt, an welcher sich die Völker allmälig zur Gotteserkenntniß und zur Gesittung heranbildeten, und von welcher das Heil und die Erlösung der Welt ausgehen soll. Das hohe Bewußtsein von seinem ruhmreichen Apostelamte erhielt den Leidenden aufrecht, ja stempelte die Leiden selbst zu einem Theile seiner erhabenen Sendschaft. Ein solches Volk, dem seine Gegenwart nichts, seine Zukunft hingegen Alles galt, das gleichsam von Hoffnung lebte, ist eben deswegen ewig wie die Hoffnung. Das Gesetz

und die Hoffnung auf einen Messias waren zwei Schutz- und Trostes-
engel an der Seite der Gebeugten und bewahrten sie vor Verzweiflung, vor Verdumpfung und Selbstaufgeben. Das Gesetz für die
Gegenwart, die Messiashoffnung für die Zukunft, beide vermittelt
durch die Forschung und der Dichtkunst überströmende Ergüsse, sie
träufelten Balsam in die wunden Herzen des unglücklichsten Volkes.
Weil die weite Welt für das geknechtete Volk zu einem düstern,
schmutzigen Kerker zusammenschrumpfte, in dem es seinen Thaten-
drang nicht zu befriedigen vermochte, zogen sich die Begabteren dieses
Volkes in die innere Gedankenwelt zurück, und diese erweiterte sich in
dem Verhältnisse, je enger die Schranken der Außenwelt um deren
zerfleischten Leib gezogen wurden. Und so tauchte die gewiß seltene
Erscheinung auf, daß der Verfolgte überlegen wurde seinem Dränger, der Gepeinigte fast Mitleid hatte mit dem Peiniger, der
Geknechtete sich freier fühlte als der Kerkermeister. Den Abglanz
dieses tiefsinnigsten Gedankenleben bildet die jüdische Literatur, und
sie mußte um so reicher ausfallen, als sie nicht nur das Bedürfniß
war für die Begabteren, sondern eine Arznei für das ganze leidende
Volk; durch das Heimischwerden des jüdischen Volkes auf der ganzen bewohnbaren Erde wurde das jüdische Schriftthum eine wahr-
hafte Weltliteratur. Sie bildet den Kern der jüdischen Geschichte,
den die Leidensgeschichte mit einer bitteren Schale umgeben hat.
In diese Riesenliteratur hat das ganze Volk seinen Gedankenschatz
und sein innerstes Wesen niedergelegt. Die Lehren des Judenthums liegen da veredelt, verklärt, dem blödesten Auge sichtbar, nur
dem geringfügig scheinend, der ein erhabenes, überwältigendes Welt-
wunder in den Dunstkreis alltäglicher Erscheinung herabzuziehen
gewohnt ist. An dem Faden dieses Schriftthums müssen die auf-
einanderfolgenden Thatsachen und Ereignisse aufgereiht werden, es
giebt den pragmatischen Zusammenhang an und darf daher nicht
so nebenher, als Anhang zur Hauptgeschichte, behandelt werden.
Die Erscheinung eines neuen, bedeutenden Schrifterzeugnisses galt
da nicht als interessante Einzelheit, sondern wurde in diesem Kreise
eine That, welche folgenreiche Nachwirkungen hatte. Die jüdische
Literatur, unter Schmerzen und Todeszuckungen geboren, mannigfaltig wie die Länder ihrer Entstehung, bunt wie die Trachten der
Völker, unter denen sie erblühte, reich und vielgestaltig wie die
Erinnerung tausendjähriger Erfahrungen, trägt die unverkennbaren

Spuren eines **einzigen Erzeugers**, des Judenthums, an sich; ein einheitlicher Charakterzug ist allen Gestalten aufgedrückt, und sie spiegeln in allen Flächen und Kanten ihr Ideal ab, dessen Strahlen sie aufgefangen. Sie ist also das Grundeigenthum dieses Zeitraums, und man kann ihn daher mit Fug und Recht nach seiner thätigen Seite hin, in seiner charakteristischen Eigenthümlichkeit, den **theoretisch-religiösen** Zeitraum nennen, im Gegensatz zum zweiten nachexilischen, der vielmehr **politisch-religiöser** Natur war, und zum ersten vorexilischen Zeitraum, der vorherrschend einen **politischen** Charakter hatte.

So mannigfaltig und umfangreich auch diese Literatur ist, so lassen sich doch drei Hauptrichtungen, drei eigene Strömungen in derselben unterscheiden, welche, wenn auch Zuflüsse aus andern Gebieten in sich aufnehmend, doch in ihrem Laufe nur unmerklich abgelenkt wurden. Jede dieser Hauptrichtungen kann als **Hauptwissenschaft** angesehen werden, zu denen sich die übrigen als **Nebenfächer** verhalten. Die vorherrschenden Thätigkeiten dieses langen Zeitraums waren: zuerst das allmälige Anwachsen des **Talmuds**, dann die **philosophische Schriftauslegung** und das selbstständige **Philosophiren** und endlich die einseitig-rabbinische Thätigkeit mit vollständiger Hintenansetzung der Bibelforschung und des selbstständigen Denkens. Der Zeitraum zerfällt demnach in **drei** ausgedehnte **Perioden**: in die **rein-talmudische**, in die **wissenschaftlich-rabbinische** und in die **einseitig-rabbinische**. Es versteht sich von selbst, daß diese drei Hauptrichtungen keinen plötzlichen Anfang haben, sondern durch allmälige Uebergänge vorbereitet wurden. Die Entwickelung der rein-talmudischen Richtung, welche bis in die gaonäische Zeitepoche hineinreicht, erleidet eine geringe Abbiegung durch den Gegensatz des den Talmud verleugnenden Karäerthumes und abermals durch die Bekämpfung desselben von Seiten rabbinischer Denker. Dadurch wurde das bibelexegetische und philosophische Interesse geweckt, drang aber erst gleichzeitig mit dem Untergange des Gaonats in vollen Strömen ein. Und auf der Mittagshöhe des von der Philosophie geläuterten Judenthums sammeln sich schon die trüben Wolken der wissensfeindlichen Strömung, welche sich als Dunst eines für Lichtstrahlen unzugänglichen Rabbinenthums und einer wirren Mystik niederschlägt.

I. Die talmudische Periode durchläuft die Zeit von der Gründung des Synhedrion und des Lehrhauses in Jamnia bis zum Untergange des Gaonats und der babylonisch-talmudischen Hochschulen (70—1040).

II. Die rabbinisch-philosophische Periode erfüllt die Zeit von der festen Gründung der rabbinischen und wissenschaftlichen Schulen in Spanien bis zur Spaltung zwischen der Denkgläubigkeit und der Stockgläubigkeit (1040—1230).

III. Die einseitig-rabbinische Periode entwickelt sich in dem Kampf gegen das freie Forschen und hat ihr Ende erst mit dem Hereinbrechen der neuen Zeit unter Mendelssohn (1230—1780).

Erste Periode des dritten Zeitraums,

die talmudische Zeit.

In dieser fast tausendjährigen Periode beschäftigt sich die jüdische Geistesthätigkeit vorzüglich und fast ausschließlich mit dem theoretischen Ausbau des religiösen Lebens, mit der Feststellung der als Ueberlieferung überkommenen Lehrsätze nach allen Verzweigungen und Anwendungen. Im Anfang dieser Periode ist zwar das Streben sichtbar, noch einmal einen Versuch zu wagen, das verlorene politische Leben wieder zu erlangen. Dieses Streben erzeugt Reibungen, Aufstände, Kriege und neue Niederlagen. Aber bald tritt diese politische Bewegung zurück, um der rein geistigen Thätigkeit den ganzen Spielraum zu überlassen. Dann beginnt die bienenartige Emsigkeit, die Ueberlieferung zu sammeln, zu sichten, zu erläutern und anzuwenden, die neuhinzugekommenen Erläuterungen und Anwendungen zu ordnen und zu einem Ganzen abzuschließen, endlich aus diesem riesenhoch aufgeschichteten Material Auszüge für den Lebensgebrauch anzulegen. Diese Riesenarbeit des talmudischen Baues, woran mehr denn zwanzig Geschlechter, Lehrer und Schüler, Beamte und Handwerker, Paläftinenser wie auswärtige Juden mit ihrer ganzen Geisteskraft, mit Aufopferung der Lebensfreuden gearbeitet haben, darf nicht als Geistesspiel mäßiger Gelehrten oder als ein Kettenschmieden herrschsüchtiger Priester betrachtet werden, sondern es ist ein echtes Nationalwerk geistigen Strebens, woran, wie an dem Bau einer Volkssprache, nicht dieser und jener, sondern das ganze Volk Antheil hatte. Dies bekundet zugleich die veränderte Richtung in dem Entwicklungsgang der jüdischen Geschichte, nämlich das Hervortreten der Denkthätigkeit und das Versenken in den

Schacht der Forschung. Ueberliefern, erklären, vergleichen und unterscheiden, überhaupt theoretische Beschäftigung, bilden von jetzt an die Hauptrichtung für ein Jahrtausend, die sich durch nichts von dem eingeschlagenen Wege abbringen und stören läßt. Auf einen Augenblick zurückgedrängt, tritt dieser Trieb um so gewaltiger hervor, je größer der Druck war, der auf ihm lastete. Aber diese talmudische Thätigkeit war in ihrem ersten Anlaufe so überwiegend und ausschließlich, daß keinerlei Wissenszweig, nicht einmal ein solcher, der ihr als Stütze zu dienen geeignet wäre, neben ihr Raum finden konnte. Selbst die Exegese, das richtige Verständniß des heiligen Textes aus dem Bewußtsein formaler Sprachkunde, wurde nur obenhin berührt. Eine jüdische Philosophie, das freie Forschen nach dem Grundwesen des Judenthums, nach dem ewig Wahren und ewig Gültigen in dem Gesetze, konnte in einer Zeit, wo es galt, sich von dem Schiffbruch zu sammeln und vor neuen Stürmen zu schützen, gar nicht aufkommen, ungeachtet bereits die Alexandriner, mit Philo an der Spitze, einige Grundsteine zu dem Anbau einer solchen gelegt hatten. Um Exegese mit hebräischer Sprachkunde und Philosophie mit in den Kreis des Wissenswürdigen hineinzuziehen, dazu bedurfte es eines Anstoßes von einem neuen, der talmudischen Richtung feindlichen Elemente. Das Karäerthum war dieses neue, gährende Element, das neue Gestaltungen und Lagen hervorbrachte. Mit Recht kann man daher die erste Periode dieses Zeitraums die talmudische nennen, weil die Hauptrichtung der Geschichte sich auf den Ausbau des talmudischen Lehrinhaltes und auf den Talmud, als auf das Grundbuch, bezieht. Erst am Ende dieser Periode, angeregt und gefördert durch die karäische Spaltung, erwachte auch der Sinn für Hülfswissenschaften, für Exegese, Grammatik und sogar für den Aufbau einer jüdischen Philosophie, aber ohne daß es darin zu einer gediegenen Reife gekommen wäre. Aeußere und innere Störungen stellten sich inzwischen ein, welche den Strom der jüdischen Geschichte in ein anderes Bette leiteten; sie änderte seitdem äußerlich wie innerlich ihre Gestalt. Judäa und Babylonien, die Städte am Jordan und Euphrat, bisher der einzige Schauplatz der Geschichte, verlieren ihre Bedeutung. Das jüdische Geistesstreben wandert von dem äußersten Osten nach dem äußersten Westen, von Babylonien nach Spanien, entfaltet dort neue Blüthen und reift neue Früchte. Die erste Periode des Zeitraums der Zerstreuung (Diaspora) ist ihrem Inhalte nach **talmudisch**, der geographischen Lage nach **judäisch-babylonisch**.

Das talmudische Zeitalter zählt 970 Jahre und zerfällt in vier kleinere Abschnitte oder Epochen:

1) Die Tanaiten-Epoche, von dem Untergang des Staates und der Einführung des Synhedrion in Jamnia bis zum Abschlusse der Mischna. (70—200.)

2) Die Amoräer-Epoche, vom Abschlusse der Mischnah und der Gründung der Amora-Akademien in Babylonien bis auf den Abschluß des ganzen Talmuds. (200—500.)

3) Die Saburäer-Epoche, vom Abschlusse des Talmuds bis zur Entwickelung des Gaonats unter der Herrschaft der Araber. (500—650.)

4) Die Gaonen-Epoche, von dem Beginne des Gaonats bis zum Untergang desselben. (650—1040.)

Erste Epoche,

vier Tanaiten-Geschlechter umfassend.

Judäa bleibt größtentheils der Schauplatz der Begebenheiten.

Erstes Kapitel.

Erstes Tanaiten-Geschlecht. R. Jochanan b. Sakkai. Herodianer. Gründung des Lehrhauses in Jabne; Das Flavianische Kaiserhaus. Die letzten

Der unglückliche Ausgang des so energisch geführten vierjährigen Krieges gegen die Römer, der Untergang des Staates, die Einäscherung des Tempels, die Verurtheilung der Kriegsgefangenen zu den Bleiwerken Egyptens, zum Verkauf auf den Sklavenmärkten oder zum Kampfe mit wilden Thieren, wirkten auf die übrig gebliebenen Juden mit so niederschlagender Betäubung, daß sie rathlos waren über das, was nun zu thun sei. Judäa war entvölkert; Alle, welche die Waffen ergriffen hatten, im Norden und im Süden, diesseit und jenseit des Jordans, waren auf den Schlachtfeldern gefallen oder mit der Sklavenkette in die Verbannung geschickt. Der zornerfüllte Sieger hatte Frauen und Kinder nicht geschont. Die dritte Gefangenschaft, das römische Exil (Galut Edom) durch Vespasian und Titus hatte mit weit größeren Schrecken und Grausamkeiten als die zweite, babylonische Gefangenschaft unter Nebuchadnezar begonnen. Verschont geblieben waren nur die Wenigen, welche es offen oder heimlich mit den Römern gehalten hatten: die Römlinge, welche von Anfang an kein Gefühl für die Nationalsache hatten, die Friedensfreunde, welche im Judenthume eine andere Aufgabe erblickten, als mit blutigen Waffen Feinde zu bekämpfen, die Besonnenen und Bedächtigen, die einen Kampf mit den Römern als einen Selbstmord betrachteten, und endlich Ernüchterte, welche das Abwerfen des eisernen Joches der Römer für eine heilige Sache gehalten hatten, aber durch die Schreckensherrschaft der Zeloten und die Parteikämpfe geängstigt, die Waffen gestreckt und ihren Sonderfrieden mit dem Feinde geschlossen hatten. Diese wenigen Ueberbleibsel im jüdischen Lande und die Juden im benachbarten Syrien, welche immer noch gehofft hatten, Titus werde den Tempel, den Mittelpunkt des Cultus und der Religion, verschonen, waren von dessen Brand tieferschüttert und verzweifelt. Diese Verzweiflung hatte verschiedene Wirkungen; sie trieb Einige dazu, ein Büßerleben zu führen, sich des Fleisches und des Weines zu enthalten[1]) und Andere führte sie in die Arme der jungen Christen-Gemeinde[2]), um die, durch den Verlust der Opfersühne entstandene Lücke in ihrem Herzen und in ihrer Denkweise auszufüllen. Es drohte dem Judenthum die Gefahr, entweder zu verdumpfen, oder ohne Halt und Schwerpunkt in Splitter auseinander zu fahren. Da trat R. Jochanan b. Sakkaï auf, dem erschütterten Volke eine neue Richtung vorzuzeichnen und die erstarrten Glieder wieder zu beleben. Und es gelang ihm in der That, die gelockerten Bestandtheile zu einem Ganzen zusammenzufügen.

Jochanan war ein Schüler Hillels und zwar, der Tradition nach, unter den achtzig Jüngern einer der Jüngsten, dem sein großer Lehrer vorausverkündet haben soll: er werde der Bedeutendste unter ihnen werden. Er soll vierzig Jahre lang Geschäfte getrieben haben[3]), wie überhaupt die Kraftgeister der jüdischen Geschichte die Lehre nicht zum Broderwerb oder zum Soldamte mißbrauchen mochten. Während des Staatslebens saß R. Jochanan im Synhedrion und lehrte im Schatten des Tempels; sein Lehrhaus in Jerusalem soll sehr bedeutend gewesen sein[4]). Er war der erste, der die Sadducäer mit Gründen siegreich bekämpfte und ihre grundlosen Theorieen mit scharfer Dialektik zu erschüttern verstand[5]). In den Revolutionsstürmen gehörte er, in Folge seines friedfertigen

---

[1]) Tosifta Sotah c. 15. b. Baba Batra. p. 60. b.
[2]) Justin. Dialog. cum Tryphone c. 46.
[3]) Sukka p. 128. Baba Batra p. 124. Vergl. Note 2. Sifri Ende. Genesis Rabba Ende.
[4]) Bd. III, 2. Auflage S. 322, 324. Jerus. Megilla p. 73 d.
[5]) Jadaim IV 6, 7. Tosifta Jadaim Ende; b. Menachot p. 65 a. b. Baba Batra p. 115. Megillat Taanit c. 1, 5. 8.

Charakters, zu der Friedenspartei; mehreremal hatte er Volk und Zeloten zur Uebergabe der Stadt Jerusalem und zur Unterwürfigkeit unter die Römer nachdrücklich ermahnt. „Warum wollt ihr die Stadt zerstören und den Tempel dem Feuer preisgeben?" sprach er zu den Führern der Revolution. Trotz seines Ansehens verschmähten die Zeloten in ihrem Unabhängigkeitssinne seine treugemeinten Ermahnungen. Die Spione, welche der römische Feldherr im belagerten Jerusalem zu unterhalten wußte, um über alle Vorgänge Kunde zu erlangen, verfehlten nicht ihm zu berichten, daß R. Jochanan zu den Römerfreunden gehörte, und daß er die Häupter des Aufstandes zum Frieden ermahnte. Die Nachrichten aus der Stadt wurden nämlich auf kleine Zettel geschrieben und vermittelst abgeschossener Pfeile ins römische Lager geschleudert. Furcht vor dem wüthenden Fanatismus der Zelotenpartei oder weise Vorsicht, der Lehre im Voraus eine Zufluchtsstätte zu sichern, gaben R. Jochanan den Gedanken ein, in Vespasians Lager überzugehen. Aber die Entfernung aus der Stadt war bei dem lauernden Argwohn der Zeloten schwer auszuführen; R. Jochanan faßte daher den Entschluß, im Einverständnisse mit einem Zelotenführer, Ben-Batiach, der sein Verwandter war, sich als Leiche aus der Stadt bringen zu lassen. In einen Sarg gelegt trugen ihn seine Schüler Elieser und Josua in der Dämmerungsstunde bis zum Stadtthore. Ein Stück faules Fleisch hatten sie noch dazu hineingelegt, um durch den Leichengeruch die Thorwache vollends zu täuschen. Sie trug jedoch Bedenken, den Sarg hindurch zu lassen, und machte schon Anstalt ihn zu öffnen. Nur die dringende Warnung ihres Führers Ben-Batiach, sich nicht an der Hülle des hochverehrten Lehrers zu vergehen, brachte sie von ihrem Vorhaben ab. Vespasian hatte den Flüchtling freundlich aufgenommen und ihm eine Bitte freigestellt. R. Jochanan hatte bescheiden nur um die Erlaubniß gebeten, in Jabne ein Lehrhaus eröffnen zu dürfen. Gegen diesen unverfänglichen Wunsch hatte Vespasian nichts einzuwenden, da er nicht ahnen konnte, daß durch diesen geringfügigen Akt das schwache Judenthum in den Stand gesetzt sein würde, das kraftstrotzende, eherne Römerthum um Jahrtausende zu überleben. Vespasians gnädiges Entgegenkommen wird von der jüdischen Quelle noch dem Umstande beigelegt, daß R. Jochanan ihm seine Erhebung zur Kaiserwürde vorher verkündet habe. Bei R. Jochanan soll diese

Voraussage nicht die Folge einer Prophetengabe, sondern eine, durch die Deutung eines der Prophetenworte gewonnene Ueberzeugung gewesen sein, daß „der Libanon (Tempel) nur durch einen Gekrönten fallen könne," mit Anspielung auf die Prophetenstelle (Jesaias 10. 35.[1]). Dieser Nebenzug durfte in der Darstellung um so weniger übergangen werden, als auch der Geschichtsschreiber Josephus, der sich aus persönlichem Interesse den Römern ganz und gar verkauft hatte, dasselbe von sich erzählt[2]). In seiner Art, den römischen Machthabern zu schmeicheln und seine Eitelkeit zu befriedigen, rühmte sich Josephus: er habe Vespasian seine Kaiserwürde prophezeit, mit nachdrücklicher Hinweisung auf den Besitz der ihm von Gott verliehenen Prophetengabe.

R. Jochanan ließ sich mit seinen Schülern in Jabne oder Jamnia nieder, einer Stadt unweit der Küste des mittelländischen Meeres, zwischen der Hafenstadt Joppe und der ehemaligen Philisterstadt Asdod gelegen. Einige behaupten nach einer sagenhaften Quelle, daß in Jabne noch vor der Zerstörung Jerusalems ein Lehrhaus bestanden; doch ist es vielmehr unbezweifelt, daß die Wichtigkeit Jabne's erst nach der Zerstörung begonnen hat[3]). Auch nach R. Jochanan's Niederlassung war nicht sobald an irgend eine Thätigkeit zu denken, so lange der erbitterte Kampf vor den Mauern Jerusalem's, in seinen Straßen und um den Tempel wüthete. — Als die Nachricht einlief, daß die Stadt gefallen und der Tempel in Flammen aufgelodert war, zerriß R. Jochanan und seine Jünger ihre Kleider, trauerten und jammerten, wie um den Tod eines Nahverwandten. Aber der Meister verzweifelte nicht, wie die Jünger; denn er erkannte es, daß das Wesen des Judenthums nicht unauflöslich an Tempel und Altar gebunden sei, um mit ihm unterzugehen. Er tröstete vielmehr seine trauernden Schüler über den Verlust der Sühnestätte mit der treffenden Bemerkung, daß „Wohlthätigkeit das Opfer ersetze, wie es in der Schrift heißt: denn

---

[1]) Abot de R. Nathan c. 4. Midrasch Kohelet edit. Frankf. 64. Gittin p. 56. An letzter Stelle ist die einfache Thatsache sagenhaft erweitert und ausgeschmückt. Unwahrscheinlich wird diese Erzählung durch die Erwägung, daß Vespasian gar nicht Jerusalem belagert hat, sondern schon vorher Kaiser geworden war.

[2]) Josephus jüdischer Krieg III. 8.

[3]) Abot di R. Nathan c. 4; b. Gittin p. 56 a.

ich habe an Mildthätigkeit Gefallen und nicht am Opfer"[1]). Diese freie Ansicht über den Werth der Opfer ließ ihn klar erkennen, daß vor Allem nöthig sei, einen neuen Mittelpunkt anstatt des Tempels hinzustellen. Er ließ daher in Jabne ein Synhedrion zusammentreten, als dessen Präsident er um so eher anerkannt wurde, als er der einzig übriggebliebene Schüler Hillels gewesen sein mochte, und Gamaliel der Sohn des in der Revolution thätigen Patriarchen Simon, ohne Zweifel noch unmündig war. Das neue zusammengeraffte Synhedrion war sicherlich nicht vollzählig mit siebzig Mitgliedern besetzt und sollte wohl einen ganz anderen Wirkungskreis haben, als das jerusalemische während der Revolution, dem die Gewalt der Verhältnisse die wichtigsten politischen Angelegenheiten zugewiesen hatte. Dem jamnensischen Synhedrion übertrug dessen Gründer vor Allem die religiöse Machtvollkommenheit, welche es in Jerusalem besessen hatte, mit der zugleich die richterlichen Funktionen eines Obertribunals verbunden waren. Nur die vollgültige Autorität R. Jochanan's konnte ein solches Werk, wie die Schöpfung und Kräftigung eines Synhedrion, unter den ungünstigsten Umständen zu Stande bringen. Denn er mußte der herrschenden Ansicht entgegentreten, daß der Synhedrialkörper lediglich innerhalb der Tempelquaderhalle (Lischchat ha-Gazit) Befugniß habe, außerhalb dieser Stätte verliere er aber seinen gesetzgebenden und gesetzentscheidenden Charakter und höre auf Vertretung der Nation zu sein. Das Synhedrion und dessen Funktionen galten bis dahin selbst nur als ein wesentlicher Theil des Tempellebens und waren ohnedessen Bestand gar nicht denkbar. Das Gebet galt noch vielmehr als Bestandtheil des Opfercultus; denn obwohl es bereits lange früher auch außerhalb Jerusalems Andachtsstätten gab, so wurde doch stets mit Rücksicht auf die täglichen Opfer und zur Zeit ihrer Darbringung gebetet. Indem also R. Jochanan die Synhedrialfunktionen von der Tempelstätte ablöste und sie auf Jabne übertrug, hatte er das Judenthum überhaupt vom Opfercultus losgelöst und es selbstständig hingestellt. Ohne daß dieser Akt irgendwo Widerspruch gefunden hätte, vertrat Jabne von nun an Jerusalem ganz und gar; es wurde der religiöse und nationale Mittelpunkt für die zerstreuten Gemeinden. Die wichtigste Funktion des Synhedrion, wodurch es zunächst

---

[1]) Abot de R. Nathan daſ.

bestimmend und vereinigend auf die auswärtigen Gemeinden wirkte, nämlich die Anordnung des Neumondes und der Festzeiten, ging von Jabne aus. Es sollte die meisten religiösen Vorrechte der heiligen Stadt genießen; unter Andern sollte das Posaunenblasen am Neujahrstage, der auf einen Sabbat fiele, hier eben so ausgeübt werden, wie früher in der heiligen Stadt [1]). Das Synhedrialkollegium führte von jetzt an den Namen Bet-Din (Obergerichtshof), der Vorsitzende hieß Rosch-bet-din, wurde aber mit dem Titel Rabban, d. h. allgemeiner Lehrer, beehrt. Dem Gerichtshofe allein übertrug Rabban Jochanan das Kalenderwesen, das früher eine Ehrenfunktion des Präsidenten gewesen war, so daß die Zeugen, welche über das Sichtbarwerden des Neumondes auszusagen hatten, nicht mehr, wie früher, dem Präsidenten nachzugehen, sondern lediglich sich zur Sitzung des Obergerichtshofes zu begeben brauchten [2]). Diese Neuerung war ein wichtiger Schritt, das Synhedrion selbstständig hinzustellen und von der Person des Vorsitzers unabhängig zu machen. — Die Ueberlieferung zählt im Ganzen neun Einrichtungen auf, welche R. Jochanan eingeführt hat. Die meisten betrafen die Aufhebung solcher Bestimmungen, welche nach dem Untergange des Tempels bedeutungslos geworden waren. Doch behielt er manche religiöse Sitte bei, zum Andenken an das Tempelleben, wie den Feststrauß für die ganzen sieben Festtage, den Priestersegen ohne Fußbekleidung [3]).

Noch mehr förderte er nach einer andern Seite hin den Fortbestand und die Erhaltung des Judenthums mit nicht geringerer Thatkraft. Indem er für die lebendige Fortpflanzung der Lehre sorgte, befestigte er um so dauerhafter die gelockerten Wurzeln des jüdischen Gesammtwesens. Im Lehrhause wirkte er zunächst auf seine Jünger, auf die er seinen Geist und sein Wissen übertrug. Fünf seiner ausgezeichneten Schüler werden namhaft gemacht, von denen aber nur drei einen bleibenden Namen erlangt haben: die schon genannten Elieser und Josua, die ihn im Sarge aus Jerusalem gebracht hatten, und neben ihnen Eleasar b. Arach; auch der nachmalige Patriarch Gamaliel war sein Schüler [4]). Der hervor-

---

[1]) Rosch ha-Schana p. 29.
[2]) Das. p. 31 b.
[3]) Sotah p. 40 a. Rosch ha-Schana das.
[4]) Baba Batra p. 10 b.

ragendste und bedeutendste unter ihnen war Eleasar b. Arach, von dem gesagt wurde: auf eine Wagschale gelegt, wiege er alle seine Mitjünger auf. Ihr Meister liebte es, sie durch inhaltreiche Fragen zum Selbstdenken anzuleiten¹) So gab er ihnen einst das Thema zum Nachdenken auf: Was soll sich der Mensch am liebsten aneignen? Der Eine erwiderte: „ein wohlwollendes Wesen;" ein Anderer: „einen edlen Freund;" ein Dritter: „einen edlen Nachbar;" der Vierte endlich: „die Gabe, die Folgen seiner Thaten im Voraus zu berechnen." Eleasar bemerkte: „der Mensch soll sich ein edles Herz aneignen," und diese Bemerkung gefiel R. Jochanan, als in seinem Sinne gesprochen, weil darin Alles enthalten sei.

R. Jochanan galt zu seiner Zeit als der volle Inbegriff und als lebendiger Träger der mündlichen Lehre, er umfaßte alle ihre Theile mit Meisterschaft. Hillel, sein Lehrer, hatte dem Judenthume einen eigenen Schnitt und Wurf gegeben oder vielmehr dem Gesetzescharakter, der ihm von Hause aus eigen ist, zuerst ausgebildet und begründet und damit eine eigene Theorie, eine Art jüdische Theologie, richtiger Nomologie (Lehre vom Religionsgesetze) geschaffen. Er war der erste Begründer des talmudischen Judenthums. Aus dem Getriebe der Parteien, welche einander zerfleischten, hatte Hillel die Lehre in das Stillleben des Lehrhauses gezogen, sie mit Sorgfalt umgeben und sie mit den ihr scheinbar feindlichen Denkgesetzen zu versöhnen versucht. Denn dem, was bisher nur als Brauch und Herkommen gegolten, und darum von den Sadducäern als Menschensatzung und als unberechtigte Neuerung verworfen worden war, hatte Hillel eine biblische oder sinaitische Unterlage gegeben. Seine sieben Deutungs- oder Auslegungsregeln hatten den Kreis der vorhandenen und durch die sopherischen und pharisäischen Lehrer eingeführten Gesetze einerseits gesichert und andrerseits ihm die Keimfähigkeit gegeben, sich zu erweitern. Die schriftliche (pentateuchische) und mündliche (sopherische) Lehre lagen seitdem nicht mehr wie zwei einander fremde Gebiete weit auseinander, sondern traten in innige Berührung zu einander, durchbrangen und befruchteten einander.

Von einer andern Seite hatte sich auch noch zur Zeit des Tempelbestandes eine andere Art der Schriftauslegung ausge-

---

¹) Das. und Abot II. 13.

bildet. Seitdem der idumäische Herodes den einander bekämpfenden Parteien die Waffen aus den Händen gerungen, Allen den Fuß auf den Nacken gesetzt und mit den Römern gemeinschaftliche Sache gemacht, hatten die für die Freiheit und Nationalität glühenden, zelotischen Lehrer des Volkes geistige Waffen geschaffen, die verhaßte Fremdherrschaft zu bekämpfen. In die scheinbar harmlose Auslegung des Bibel- und besonders des Prophetenwortes mischten sie ironische Anspielungen und spitzige Andeutungen auf Edom, den Bruder und doch Feind Jakob's. Diese Anspielungen, einmal angebahnt, wurden häufiger, witziger und zugleich erbitterter gegen Rom angewendet, als es ohne Fug und Recht Judäa in eine Provinz verwandelt und ihm Blutsauger als Beherrscher vorgesetzt hatte. Jeder Vortrag in den Lehrhäusern, vielleicht auch in den Synagogen war eine mehr oder weniger versteckte politische Polemik gegen die römische Tyrannei; die Stichwörter waren Edom, Esau, das biblische Vorbild für das Prinzip des blutigen Schwertes, der Höhnung des Gesetzes und der Gottlosigkeit. So hatte sich eine eigene Vortragsweise und Schriftauslegung gebildet, beziehungs- und anspielungsreich, voller Stacheln und Spitzen, welche in den Vorgängen und Zuständen der Vergangenheit die Gegenwart herauskehrte und abspiegeln ließ. Sie wurde Agada (Homilie) genannt; sie gebrauchte jedes rednerische Mittel, um auf das Gemüth der Zuhörer zu wirken: Fabeln, Parabeln, nur nicht sinngemäße Exegese. Die Lehre zerfiel in zwei Fächer oder Haupttheile: der eine mit Gesetzcharakter führte den Namen Mischna (aramäisch Matnita ($\delta\epsilon\upsilon\tau\epsilon\rho\omega\sigma\iota\varsigma$), gleichsam die zweite Lehre neben der schriftlichen Lehre (Mikra), als der ersten. Die Kenner und Ueberlieferer der Mischna hießen Tanaïm (Tanaïten), von denen dieses Zeitalter den Namen erhalten hat. Der andere Theil der Lehre ohne Gesetzcharakter umfaßte die Agada oder die predigtartige, zwanglose Auslegung der heiligen Schrift. —

Der Inhalt der Mischna wurde in dreifachen Lehrweisen vorgetragen, die jedoch in innigem Zusammenhange und ineinandergreifender Wechselwirkung zu einander standen.

Die erste Art war, die überlieferten Gesetzesbestimmungen einfach mitzutheilen im Namen einer ältern Autorität oder kraft eines Synhedrialbeschlusses, ganz trocken ohne weitere Erläuterung, eigentlich nur für das Gedächtniß berechnet, damit die Gesetze, beim

Mangel an schriftlichen Dokumenten, nicht der Vergessenheit verfallen sollten. Solche ganz bestimmte, kurz gefaßte Sätze nannte man Halacha, das eben so gut Herkommen, Brauch, wie Praxis bedeutet. Halachische Sätze sollten zur Sicherheit der Ueberlieferung mit denselben Worten mitgetheilt und weitergefördert werden, wie sie aus dem Munde des Lehrers vernommen worden, um dadurch jedem willkürlichen Zusatze vorzubeugen[1]). So weit sie aus älterer Zeit bereits ausgeprägt vorlagen, waren sie in dieser Zeit durchaus nicht geordnet oder irgendwie klassificirt, sondern ohne Zusammenhang unter einander, nur an den Namen des Ueberlieferers gereihet. So lehrte man zum Beispiel: Hillel hat sechs Halachas überliefert und zwar diese und diese. Die Halacha bildete den Grundstock der mündlichen Lehre, deren treue Bewahrung und gewissenhafte Ueberlieferung die Lebensaufgabe dieses Zeitraums war. — Die zweite Art war, den Stoff der Tradition aus dem Schriftworte nach gewissen Regeln herzuleiten, entweder aus dem Inhalte und Zusammenhange des Textes oder aus einer Andeutung, auf einem eigenen Worte oder einer eigenen Silbe beruhend. Diese Art der Herleitung aus der Schrift hieß Midrasch (Deutung); das geschriebene Wort galt als Träger für den mündlichen Gesetzesstoff[2]).

Die dritte Art war, die Regeln der Schriftauslegung auf Grund vorhandener Gesetzesbestimmungen unter gewissen Umständen auf neue Fälle anzuwenden. Dieses Verfahren der Anwendung und Folgerung hieß Talmud (im engern Sinne). Die Herleitungsregeln waren aber zu der Zeit weder fest noch allgemein gültig. Die sieben Regeln, welche Hillel zuerst aufgestellt hatte, fanden bei Schammaï und seiner Schule Widerspruch. — Die talmudische Lehrweise erforderte vermöge ihrer Eigenthümlichkeit, aus gegebenen Gesetzen neue Resultate zu ermitteln, mehr Gedankenarbeit, sie erweckte die logischen Operationen des Geistes und schärfte den Verstand, sich in neue Gedankenkreise leicht hinein zu finden.

Die Agada, welche unter der Hand der friedliebenden Hillelschen Schule, der übriggebliebenen Trägerin der Lehre, einen andern Charakter hatte oder annahm, machte ein eigenes Fach aus. Sie war in diesem Kreise nicht feindselig oder aufreizend, sondern harmlos,

---

[1]) Adojot I. 1.
[2]) Siehe Note 2.

erbaulich, versöhnlich. Die Erläuterung der Geschichte, des Prophetenwortes, das Vergegenwärtigen der Vergangenheit und Zukunft des Judenthums war ihr Geschäft. Sie zog in ihren Kreis die Untersuchung über der Gesetze Sinn und Bedeutung, sie forschte nach den allgemeinen sittlichen Wahrheiten des Judenthums, sie verknüpfte geschickt die Gegenwart mit der Vergangenheit und ließ aus alten Erlebnissen gegenwärtige Lebenslagen widerspiegeln. Die Halacha bildete den Grundstamm der Lehre, der Midrasch die Saugwurzeln, die aus dem Schriftworte Lebenselement sogen, der Talmud die weitverzweigten Aeste, und die Agada war die Blüthe, welche den farblosen Stoff der Gesetze durchduftete und färbte [1]).

Alle diese Theile der mündlichen Lehre: Halacha, Midrasch, Talmud und Agada handhabte R. Jochanan b. Sakkai in seinem Vortrage und schuf daraus den Lebensodem, welcher den erstarrten Volkskörper neu belebte und ihn zu neuer Kraftäußerung emporschnellte. Die Sage schreibt aber R. Jochanan noch viele andere Kenntnisse zu, die sich erst im späteren Verlaufe der Geschichte ausgebildet und ausgeprägt haben. Eigenthümlich behandelte er die Agada, er erhob sie beinahe zur Höhe philosophischer Anschauung. Die Gesetzesbestimmungen suchte er vernunftgemäß zu erleuchten und sie an allgemeine Wahrheiten zu knüpfen [2]), aber ganz schlicht und nüchtern, nicht in der überschwenglichen Weise der alexandrinisch-jüdischen Philosophie, welche den blendenden Schimmer der griechischen Gedankenwelt aus der heiligen Schrift herausbeutelte oder in sie hineintrug. Unter Anderm deutete R. Jochanan das Verbot, beim Bau des Altars eiserne Werkzeuge zu gebrauchen, sehr sinnig. „Das Eisen ist Symbol des Krieges und der Zwietracht, der Altar hingegen das Symbol des Friedens und der Sühne; darum soll das Eisen vom Altar fern bleiben." Er folgerte daraus den hohen Werth des Friedens und der Friedensstiftung „zwischen Mann und Frau, einer Stadt und der andern, einer Familie und der andern, zwischen Volk und Volk." Es sind dieselben Grundsätze, die ihn bewogen hatten, mit den Römern gegen die Revolution zu halten. Auf diese Weise deutete er mehrere Gesetze und machte das Auffallende und Seltsame an denselben dem Geiste und dem Herzen

---

[1]) Sachs, religiöse Poesie der Juden, S. 148.
[2]) Mechilta Ende des Abschnittes Jethro. Kiduschin 22 b. Baba Kama 79 b. Tosifta Baba Kama c. 7, auch Jalkut zu Exodus No. 318.

verständlich und verwandt. Auch mit Heiden, welche durch Umgang mit Juden oder aus der griechischen Uebersetzung der heiligen Schrift Kunde von der Lehre des Judenthums halten, pflegte Jochanan b. Sakkaï Unterredungen zu halten, Widersprüche, die sie aufgeworfen hatten, widerlegend und ausglättend oder Seltsamkeiten an den religiösen Vorschriften durch passende Gleichnisse erläuternd [1]).

Neben R. Jochanan, welcher der Mittelpunkt und Hauptträger dieser Zeit war, bildeten sieben Tanaiten den Lehrerkreis. Dieselben standen sämmtlich beim Untergang des Staates in hohem Alter, gehören demnach diesem Geschlechte an und waren ohne Zweifel Mitglieder des jamnensischen Synhedrin. Die meisten von ihnen sind bis auf geringe Züge nur dem Namen nach bekannt. Die sieben älteren Tanaiten waren: R. Chania, Stellvertreter mehrerer Hohenpriester, (Sagan ha-Kohanim), welcher Traditionen aus dem Tempelleben überlieferte. Er gehörte auch zu den Friedliebenden und ermahnte seine Zeitgenossen für das Wohlergehen der herrschenden Macht, der Römer zu beten, weil, „wenn die Furcht vor ihr nicht vorhanden wäre, würde Einer den Andern lebendig verschlingen." Es gehörte ferner dazu: R. Zadok, ein Schüler Schammai's, der in der Ahnung von dem Untergange des Tempels vierzig Jahre fastete, und seine Gesundheit dadurch so zerrüttete, daß sie später nicht mehr hergestellt werden konnte. Nachum, der Meder, früher Mitglied eines eigenen Gerichtskollegiums in Jerusalem [2]); R. Dossa b. Harchinaß, ein konsequenter Schüler Hillel's, der seine Gäste auf vergoldete Sessel setzen lassen konnte. Dieser lebte noch bis tief in das nachfolgende Geschlecht hinein, stand in hohem Ansehen und war in zweifelhaften Fällen das Orakel für die Mitglieder desselben. Mit seinem Bruder Jonathan, einem scharfsinnigen und disputirsüchtigen Jünger Schammai's, konnte sich R. Dossa nicht vertragen und warnte die Unerfahrenen vor dessen verfänglichen Erörterungen. Der fünfte dieses Kreises war Abba Saul b. Botnit, früher Weinhändler in Jerusalem. In seinem Geschäfte war er so außerordentlich gewissenhaft, daß er nicht einmal die Neige für sich behalten mochte, weil er glaubte, daß sie

---

[1]) Pesikta c. 14. Jalkut zu Numeri No. 19. Jerus. Synhedrin I Ende Numeri Rabba c. 4. Bechorot p. 5, wohl auch b. Chulin p. 27 b. f. Tossafot daſ.

[2]) Die betreffenden Stellen sind lichtvoll zusammengestellt in Frankels דרכי המשנה oder Hodogetica in Mischnam p. 59, 70, 71.

den Käufern gehörte. Er sammelte davon 300 Maß und brachte es den Tempelschatzmeistern in Jerusalem. Obwohl man ihm das Anrecht darauf zusprach, mochte er doch keinen Gebrauch davon machen. Auf seinem Todtenbette konnte er seine Hand ausstrecken und von sich rühmen: „Diese Hand war gewissenhaft beim Messen.[1]" Abba Saul entwarf ein grelles Gemälde von den herrschenden hohenpriesterlichen Familien während des Zeitalters der Herodianer, wie sie an Ehrgeiz, Habgier, Eitelkeit und Intriguensucht einander überbietend, das weiße Kleid des Hohenpriesterthums befleckten. Abba Saul's Worte lauten in ihrer scharfen einschneidenden Kürze: „Wehe mir um das Haus Boethos und um ihre Knüttel; wehe „mir um das Haus Anan und um ihre Einflüsterungen; wehe mir „um das Haus Katharas (Kantharas) und um ihre Schmähschriften; „wehe mir um das Haus Fabi und um ihre Fäuste; sie machen „sich selbst zu Hohenpriestern, ihre Söhne zu Schatzmeistern, ihre „Schwiegersöhne zu Aufsehern, und ihre Sklaven traktiren das Volk „mit Knütteln." [2]

Unter diesen Tanaïten haben jedoch nur die zwei Folgenden geschichtliche Bedeutsamkeit in der Entwicklung der Traditionslehre; Nachum aus Gimso und Nechunja b. Hakana; Beide hatten eine eigene Schule und Lehrweise. Nachum aus Gimso, einer Stadt eine halbe geographische Meile von Lydda entfernt[3], hat die Sage zum Helden vieler wunderlichen Abenteuer gemacht und selbst den Namen seines Geburtsortes Gimso hat sie agadisch gedeutet, um ihm die Worte in den Mund zu legen: „auch dieses gereicht zum Guten." (Gam-sn l'-toba.) Er gilt in der Sagenwelt als Candide, dem viele widerwärtige Erlebnisse zugestoßen, die ihm aber sämmtlich zum Guten umschlugen. Nur in seinem Alter traf ihn gehäuftes Unglück, seine Augen waren erblindet und seine Gliedmaßen gelähmt. Um die Gerechtigkeit des Himmels nicht anzuklagen, maß er in selbstquälerischer Weise sich selbst dieses Unglück als gerechte Strafe zu. Er erzählte denen, die ihn besuchten, daß ihn die Leiden mit Recht als Folgen seines Vergehens getroffen hätten. Als er einst seinem Schwiegervater reiche Geschenke, auf Eseln geladen, zugeführt, habe ihn ein Armer um eine Gabe angefleht, den er

---

[1] Traktat Jom-Tob 29 a. und besonders Jeruschalmi zur Stelle.
[2] Pesachim 57 a. Tosifta Menachot c. 13.
[3] 2. Chronik 28, 18. Robinson, Palästina III, 271 jetzt Jimzu.

warten gelassen, bis er das Gepäck werde abgeladen haben. Wie er sich dann nach dem Armen umgesehen, habe er ihn todt gefunden. Im Schmerze über den verschuldeten Tod eines Menschen, habe er seinen Augen Blindheit, seinen Händen und Füßen Lähmung angewünscht, weil sie nicht mit mehr Rührigkeit für den Armen gesorgt hatten, und diese Verwünschung habe ihn bald darauf getroffen. Seine Schüler konnten sich beim Anblick seiner Leiden eines Schmerzesrufes nicht erwehren: „Wehe uns, dich in diesem Zustande zu sehen!" Nachum aus Gimso antwortete ihnen: „Wehe mir, wenn ihr mich nicht in diesem Zustande erblicktet!"¹) Nachum's eigne Lehrweise bestand darin, die mündliche Lehre aus dem heiligen Texte herauszubeuten auf Grund gewisser Partikeln, deren sich der Gesetzgeber bei der Fassung der Gesetze recht absichtlich als Fingerzeig bedient hätte. Solche Partikeln sollen nach seiner Ansicht nicht nur zur syntaktischen Ordnung der Sätze dienen, sondern vielmehr als Andeutungen für Erweiterungen und Einschränkungen des gegebenen Gesetzeskreises niedergeschrieben sein ²). Dieses Herleitungsverfahren Nachum's war ein neuer, fruchtbarer Zusatz zu den Hillel'schen Deutungsregeln; es fand Aufnahme, Pflege und Weiterbildung und führte den Namen: die **Regel der Erweiterung und Ausschließung** (Ribbuj n-mi'nt); aber es hatte auch Gegner gefunden.

R. Nechunja b. Hanana wird besonders als Gegner dieser Nachumschen Lehrweise genannt. Es ist von ihm weiter nichts bekannt, als daß er sanften, nachgiebigen Charakters war. Er gehörte nicht zu dem Jüngerkreise R. Jochanan's, sondern war sein ebenbürtiger Zeitgenosse ³). R. Nechunja verwarf die Regeln der Erweiterung und Ausschließuug und behielt nur die Hillel'schen Regeln bei⁴). Eine sehr junge Sage stempelt ihn zum Kabbalisten und schreibt ihm oder seinem Vater Kanah die Abfassung mehrerer mystischen Schriften zu, die aber, wie alle den ältern Tanaïten beigelegten Kabbalawerke ganz entschieden jüngern Ursprungs sind.

R. Jochanan b. Sakkaï scheint auch nach der politischen Seite hin ein Schild für das junge Gemeindeleben, das er neu geschaffen,

---

¹) Taanit 17a. Synhedrin 108b. Jerus. Peah Ende.
²) Schebuot 26a. Chagiga 12a. Genesis Rabba c. 1.
³) Baba Batra 10b.
⁴) Schebuot das.

gewesen zu sein. Seinen freundlich milden Charakter, wodurch er seinem Lehrer Hillel so ähnlich war, bewährte er auch gegen Heiden. Es wird von ihm erzählt, daß er Heiden zuvorkommend grüßte [1]). Solche Freundlichkeit bildet einen grellen Kontrast zu dem Hasse der Zeloten gegen die Heiden vor und nach dem Aufstand, der sich nach der Tempelzerstörung noch steigerte. Den Vers (Sprüche 14, 10), „die Milde der Völker ist Sünde" deuteten die Zeitgenossen ganz buchstäblich, mit sichtbarer Gereiztheit gegen die Heidenwelt, zu deren Nachtheil, indem sie es geradezu aussprachen: „die Heiden mögen uns noch so viel Gutes und Mildes erweisen, so wird es ihnen als Sünde angerechnet; denn sie thun es nur, um uns zu verhöhnen". Nur R. Jochanan b. Sakkaï deutet diesen Vers im Sinne echter Menschenliebe: „Wie das Sündenopfer Israel sühnt, so sühnt Wohlthätigkeit und Milde die Heidenvölker[2])". Eben diese sich gleichbleibende Friedfertigkeit R. Jochanan's mag dazu beigetragen haben, daß die zwei flavianischen Kaiser Vespasian und Titus trotz neuer Aufstände der Juden, die sie in Kyrene und Egypten zu dämpfen hatten, ihre Strenge aufgaben und die judäischen Gemeinden keine außerordentliche Verfolgung erdulden ließen. Ausdrücklich merken die ältesten Quellen an, daß die römischen Machthaber nach der Dämpfung des Krieges die Aechtung, welche früher gegen jeden Juden verhängt war, der den Soldaten in die Hände fiel, aufhoben und sogar die Todesstrafe auf den Mord eines Juden setzten [3]). R. Jochanan's Persönlichkeit mochte ihnen Garantie für die friedliche Gesinnung des Mutterlandes geboten haben. Die flavianischen Kaiser waren überhaupt nicht undankbar gegen diejenigen, welche es treu mit ihnen gehalten haben. Josephus, dessen Machination sie allerdings einen Theil ihres Sieges zu verdanken hatten, stand bei ihnen in hoher Gunst, erlangte von ihnen Ländereien, Ehren, Vorrechte und sogar eine Wohnung in den kaiserlichen Gemächern [4]). In der That erfährt man bis auf die Regierung des blutdürstigen Domitian von keinem besondern politischen Drucke der judäischen Gemeinden. Nur die Tempelsteuer, die Vespasian in eine Zwangssteuer zur Zahlung an den Jupiter Capi-

---

[1]) Berachot 17 b.
[2]) Baba Batra das.
[3]) Siehe Note 3.
[4]) Josephus' Leben, Ende.

tolinus verhängt hatte, wurde nachdrücklich eingetrieben; sie betrug einen halben Sekel (ungefähr 12 Groschen auf den Kopf[1]); sie erhielt den Namen: jüdischer Fiscus (Fiscus Judaïcus.) Daran hatte aber die sprichwörtlich gewordene Habgier Vespasian's mehr Antheil, als Verfolgungssucht. Außer dieser förmlichen Judensteuer, die hier zuallererst auftritt, scheinen auch ungesetzliche Eingriffe in das Vermögen der Juden häufig vorgekommen zu sein. Es ist aber aus den Quellen nicht zu ermitteln, ob sich nur einzelne Römer Erpressungen von Grundstücken durch Androhung des Todes erlaubt, oder ob die römischen Behörden Güterkonfiskationen vorgenommen haben. Eine Quelle stellt diesen Raub der Römer an liegenden Gründen der Juden in unzweideutigen Worten dar: „Die Römer verhängten Verfolgung über die Juden, machten sie sich unterthänig, nahmen ihre Felder weg, um sie Andern zu verkaufen." Man nannte diese Gewaltthätigkeit Sicarikon, von dem blutigen Handwerke der Sicarier (Banditen mit der Maske politisch-rationaler Zeloten mit kurzen Dolchen), welche vor und während des letzten Krieges eine terroristische Rolle gespielt hatten. Fälle des Ackerraubes müssen so häufig vorgekommen sein, daß sich die jüdische Gesetzgebung mit der Frage beschäftigen mußte, inwiefern der Kauf eines solchen Gutes rechtskräftig sei. Das Synhedrin erließ ein Sicariergesetz (Din sicaricon), das den Kauf unter gewissen Beschränkungen anerkannt hat, damit der Boden des heiligen Landes nicht in den Händen der räuberischen Römer bleiben sollte, wenn Juden vom Kaufe abgeschreckt würden[2]).

Aus solchen Vorgängen mußte ein unbehaglicher Zustand hervorgehen, welcher den Verlust der Freiheit noch fühlbarer machte. Dieses Mißbehagen der Abhängigkeit schildert R. Jochanan selbst mit treffenden Worten, welche seinen Zeitgenossen einen Spiegel ihrer Gesinnung entgegenhielten. Er sah einst eine Frau aus dem reichen und angesehenen Hause Nicodemos' b. Gorion aus Jerusalem, wie sie in Maon unter Rossenhufen Gerstenkörner zu ihrer kärglichen Nahrung auflas. Die Scene machte einen um so schmerzlichen Eindruck auf ihn, als er Zeuge ihres ehemaligen Glückes und Glanzes gewesen war. „Unglückliches Volk, sprach er, ihr

---

[1]) Dess. jüdischer Krieg VII. 6. Dio Cassius LXVI. 6
[2]) Siehe Note 3.

wolltet nicht eurem Gotte dienen, so müßt ihr jetzt fremden Völkern
dienstbar sein; ihr mochtet nicht einen halben Sekel für den Tempel
steuern, so müßt ihr jetzt fünfzehn Sekel für den Staat eurer Feinde
zahlen; ihr mochtet nicht die Wege und Straßen für die Festwaller
in Ordnung halten, so müßt ihr jetzt die Wächterhäuser in den
Weinbergen unterhalten, die sich die Römer zugeeignet haben[1]."
Das war allerdings hart für Diejenigen, denen die Freiheit und
Selbstständigkeit noch im frischen Andenken lebten; aber diese Lage
war noch erträglich gegen den Leidensstand der unmittelbar nach=
folgenden Zeiten. Zu dem leidlichen Verhältnisse zwischen den sie=
genden Kaisern Vespasian und Titus und den besiegten Juden mögen
auch die übriggebliebenen Glieder des herodianischen Königshauses,
Agrippa und seine Schwester Berenice, beigetragen haben, welche
in ganz nahen Beziehungen zu den Machthabern standen. Die
Fürstin Berenice, deren Schönheit der Zeit zu trotzen schien, hielt
eine sehr lange Zeit den leidenschaftlichen Titus in ihren Reizen
gefesselt, und es fehlte nur sehr wenig dazu, daß die jüdische Fürstin
römische Kaiserin geworden wäre. Nur das Vorurtheil des römischen
Stolzes gegen ihre jüdische und barbarische Abstammung, wie die
Römer es nannten, störte das Eingehen eines ehelichen Bündnisses
zwischen Titus und Berenice; es legte dem Kaisersohne den Zwang auf,
das jahrelang gepflegene Verhältniß mit gebrochenem Herzen aufzu=
lösen. So hatte es wohl der kluge kaiserliche Vater verlangt; die jü=
dische Prinzessin mußte den Palast und Rom verlassen. Als Titus
Kaiser geworden war, eilte Berenice nach Rom, in der Erwartung,
von ihm mit offenen Armen und schlagendem Herzen empfangen zu
werden. Sie wurde aber kalt abgewiesen; in der Brust des wie=
wohl noch jugendlichen Kaisers schlug nicht mehr das Herz des
Jünglings, er hatte sich inzwischen unnatürlichen Lüsten ergeben[2].
Die Glieder des jüdischen Königshauses sind übrigens in der jü=
dischen Geschichte ganz und gar verschollen; nicht einmal die gefällige
Sage hat sich ihrer angenommen, um ihrem Untergange einige ele=
gische Klänge zu weihen. Das herodianische Haus hatte in dem
Herzen des Volkes kein Plätzchen gewonnen, darum rächte sich das
Volk an ihm durch vollständige Vergessenheit. Ohne Zweifel ver=
loren sich Herodes' Nachkommen durch Mischehen unter die Römer.

[1] Mechilta zu Abschnitt Jethro c. 2. Ketubot p. 66b.
[2] Sueton in Titus c. 7; Dio Cassius 66, 18; vergl. Dio 67, 2.

Einige Glieder derselben saßen auf dem Throne von Groß- und Klein-Armenien, freilich als völlig dem Judenthume entfremdet. Nur von einem einzigen Gliede dieses Hauses ist der tragische Tod bekannt geworden: Agrippa, ein Neffe des letzten jüdischen Königs Agrippa, ein Sohn der leichtsinnigen Drusilla, fand mit seiner Frau den Tod in den Flammen des Vesuvs [1]) bei seinem heftigen Ausbruche im Jahre 79, als er die Städte Herkulanum und Pompeji mit einer Lavadecke einsargte.

Wie lange R. Jochanan in dem neugeschaffenen Kreise gewirkt hat, ist nicht mit Bestimmtheit anzugeben, indessen kann seine Wirksamkeit nicht über zehn Jahre gedauert haben, und er hat wohl Domitian's Regierung nicht erlebt [2]). Von den auswärtigen jüdischen Gemeinden in Rom, Griechenland, Egypten und in den parthischen Ländern ist in diesem Zeitalter durchaus nichts bekannt; sie haben sich ohne Zweifel dem jamnensischen Synhedrin gefügt, zu dem sie durch die Anordnung der Festzeit und wohl auch durch Anfragen über zweifelhafte Gesetzesbestimmungen in Beziehung standen. Es kann nicht genug hervorgehoben werden, daß eben diese Einmüthigkeit des jüdischen Volkes in der Zerstreuung das Werk R. Jochanan b. Sakkai's war, der das Band, welches die entferntesten Gemeinden mit einander zu einem Gesammtbewußtsein vereinte, durch die Kämpfe halb zerrissen, zusammenzuknüpfen wußte. Er bereitete den Uebergang vor aus dem geräuschvollen, verwickelten Staatsleben in das stille, aber nicht minder thatenreiche Gemeinde- und Gedankenleben. R. Jochanan vereinigte in sich den Propheten Jeremias und den aus dem Exil heimgekehrten Fürsten Zerubabel. Wie Jeremias trauerte er auf den Trümmern Jerusalem's, wie Zerubabel schuf er einen neuen Zustand. Beide, R. Jochanan, wie Zerubabel, standen an der Schwelle zweier Epochen, von der einen erbend, die andere vorbereitend; beide haben den Grundstein gelegt zu einem Neubau des Judenthums, an dessen Vollendung und Ueberdachung die folgenden Geschlechter gearbeitet haben.

R. Jochanan starb auf seinem Bette in den Armen seiner Jünger. Vor dem Tode hatte er mit ihnen eine Unterredung geführt, welche einen Blick in sein Inneres gewährt. Seine Schüler waren erstaunt, ihren muthvollen Meister in der Todesstunde verzagt

---

[1]) Josephus Alterthümer XX. 7.
[2]) Siehe Frankel's Monatsschrift 1852, S. 201 ff.

und kleinmüthig zu finden. Er bemerkte gegen sie, daß er nicht den Tod fürchte, sondern das Erscheinen vor dem ewigen Richter, dessen Gerechtigkeit unbestechlich ist. Seine Schüler segnete er vor dem Tode mit den bedeutungsvollen Worten: „Möge die Gottesfurcht auf euer Thun ebenso wirksam sein, wie die Furcht vor Menschen." Er starb nach einer nicht geradezu sagenhaften Nachricht in seinem hundert und zwanzigsten Lebensjahre; man sagte von ihm: nach seinem Tode sei der Glanz der Weisheit erloschen. R. Jochanan b. Sakkaï gehört zu denjenigen Erscheinungen in der Geschichte, deren Persönlichkeit allein das ganze Zeitalter ausfüllt und der gediegenste Inhalt desselben ist. Bei solcher Persönlichkeit ist auch der geringste lebensgeschichtliche Zug von Interesse; aus diesem Grunde durften auch die geringfügigsten Nachrichten über ihn nicht unerwähnt bleiben.

Zweites Kapitel.

Zweites Tanaïten-Geschlecht; Wiederbesetzung des Patriarchats; Einheitsstreben R. Gamaliel's; Bannstrenge, Absetzung und Wiedereinsetzung des Patriarchen; erster Anlauf zur Mischna-Sammlung.

(80 — 118)

War das erste Geschlecht arm an hervorragenden Personen und Ereignissen, so erscheint das nachfolgende um so reicher und kann als die klassische Blüthenzeit dieser ganzen Zeitgröße gelten. — Die Führer des Volkes, und das waren die Jünger R. Jochanan's b. Sakkaï, durch die Verhältnisse thatsächlich nicht blos des kleinern Bruchtheils in Judäa, sondern auch der Gemeinden in der Diaspora, in Babylonien, Syrien, Egypten und aller Orten, wo Juden wohnten — sie hatten nichts Angelegentlicheres zu thun, als das begonnene Werk ihres Meisters fortzusetzen. Politische Gedanken, Pläne für Wiedereroberung der untergegangenen Freiheit, des untergegangenen Staatswesens, schienen ihnen durchaus fern gelegen zu haben. Sie waren eben Hilleliten, friedfertige, friedliebende Männer, die sich in die Zeit schickten, die nichts so sehr verabscheuten, als das Schwert, und auf nichts weiter bedacht waren, als die aus dem Schiffbruche gerettete Lehre zu erhalten und zu pflegen. Gleich nach dem Tode ihres Meisters hielten dessen Hauptjünger Berathung über den Ort, wo sie die Lehre fortsetzen sollten. Die Meisten waren der Meinung in Jabne zu bleiben, wo ein Kreis von traditionskundigen Männern lebte. Nur R. Eleasar b. Arach, der Lieblingsjünger Jochanan's, bestand darauf, den Sitz des Lehrhauses nach Emmaus zu verlegen, einer wegen ihrer milden Luft und warmer Bäder gesunden und anmuthigen Stadt, drei geographische Meilen von Jabne. In dem Wahne, daß er seinen Genossen unentbehrlich sein werde und sie ihn in Kurzem aufsuchen müßten, trennte sich

Eleasar auf Zureden seiner Frau von ihnen und blieb in Emmaus. Vereinsamt und von dem lebendigen Gedanken-Austausche abgeschnitten, soll er seine Kenntnisse so sehr vergessen haben, daß man sich komische Anekdoten von seiner spätern Unwissenheit erzählte. Man wendete auf b. Arach's Ausgang den Spruch an: „Wandere nach dem Ort der Lehre und bilde dir nicht ein, daß deine Genossen dir nachziehen werden, daß sie die Lehre nur durch deine Vermittelung behaupten könnten; verlaß dich nicht allzusehr auf deine Einsicht[1]). Während b. Arach, der Hoffnungsvolle, derart in Vergessenheit gerieth, setzten seine Genossen das Werk ihres Meisters fort und wurden der Ruhm der nachfolgenden Geschlechter. In den Vordergrund treten als hervorragende Persönlichkeiten: R. Gamaliel, R. Josua, R. Elieser, später gesellte sich auch R. Akiba dazu, welche sämmtlich ihrer Zeit ihren Namen aufgedrückt haben. Die übrigen zahlreichen Tanaïten dieses Kreises griffen nur gelegentlich und ohne tiefere Spuren in die jüdische Geschichte ein.

Wiewohl die Synhedrialstadt Jabne bereits den Rang eines Vorortes hatte, so hinderte es die Glieder des neuen Collegiums doch nicht, eigene Lehrhäuser außerhalb Jabne's, jedoch in der Nähe desselben anzulegen. R. Elieser lehrte zu Lydda[2]), R. Josua in Bekiin, in der Ebene zwischen Jabne und Lydda[3]); nur R. Gamaliel wohnte und wirkte in Jabne. Die Lehre war also nach dem Tode des Synhedrialgründers nicht verwaist, sie hatte wo möglich noch größere Pflege gefunden; allein die kaum befestigte Einheit drohte zu schwinden. Die Streitigkeiten zwischen der Hillelschen und Schammaïtischen Schule, welche vor der Tempelzerstörung blutige Auftritte hervorgerufen hatten und nur durch den Revolutionskrieg zum Schweigen gebracht wurden, brachen neuerdings aus und hatten einen um so bedenklichern Charakter, als der Vereinigungspunkt, der früher durch den Tempel bestand, jetzt nicht mehr vorhanden war. Der Gegensatz der Schulen, der sich auf manche streitige Halachas erstreckte, erzeugte eine weitgreifende Verschiedenheit in der Lehre und dem Leben. Mancher Lehrer hielt etwas für gestattet, was nach einem Andern verboten, und an einem Orte

---

[1]) Midrasch Kohelet edit. Frankf. 101 b. Abot de R. Nathan c. 14. Sabbat p. 147 b.

[2]) Synhedrin 32 b. und andere Stellen.

[3]) Das. Mechilta Sect. Bo. 16.

galt etwas für erlaubt, was an einem andern verpönt war; das Judenthum schien zweierlei Gesetze zu haben, oder mit den Worten der Quelle: „Die eine Thora war zwei geworden"[1]). Wichtige Lebensverhältnisse und tiefeinschneidende Fragen, wie in Ehesachen, mit weitgreifenden Folgen waren von diesem Streit berührt. Von der Versöhnung, die früher zwischen den älteren Gliedern dieser zwei Schulen durch gegenseitige Nachgiebigkeit zu Stande gekommen war, vielleicht durch den letzten Krieg zur Nothwendigkeit geworden, mochten die jüngern Mitglieder nichts wissen, sondern warfen die Fragen in ihrer ganzen Schärfe noch einmal auf. Diese Streitigkeiten zu schlichten, die der Auflösung nahe Einheit zu behaupten und gegen fernere Angriffe zu schützen, war die Lebensaufgabe Rabban Gamaliel's, wodurch er aber mit seinen Genossen und Freunden in Zerwürfniß und offene Fehde gerieth.

Gamaliel II. stammte aus dem edlen, hochverehrten Hillel'schen Hause, war der Sohn jenes Patriarchen Simon, welcher zur Partei der gemäßigten Zeloten gehört und den Krieg gegen die Römer mit Nachdruck geleitet hatte. Bei dem Untergange des Staates war R. Gamaliel höchst wahrscheinlich noch jung und daher untauglich, das erledigte Patriarchat, das den Ernst und die Reife des Mannes erforderte, zu übernehmen. Auch mochte er wegen der politischen Haltung seines Vaters bei den Machthabern mißliebig gewesen sein. Darum hatte R. Jochanan, eigentlich nur vorübergehend, das Präsidium im Synhedrin geführt; denn es verstand sich von selbst, daß diese Würde den Abkömmlingen Hillel's gebühre, welche sie durch drei Geschlechter geerbt hatten. Es wird nicht erzählt, wann und durch welchen Akt R. Gamaliel in dieses Amt eingesetzt wurde. Er wird zum Unterschiede vom Namen seines Großvaters, des ältern R. Gamaliel, mit dem Zunamen Gamaliel von Jabne oder der Zweite genannt. Von seinen Privatverhältnissen ist nur wenig bekannt; doch dies Wenige zeugt von seinem hohen sittlichen Charakter und seinem reichen Gemüthe. R. Gamaliel besaß Felder, die er an Freigärtner für einen Antheil an dem Ernteertrage zur Benutzung überließ. Diesen lieferte er auch Körner zur Aussaat, verfuhr aber bei deren Rückzahlung so gewissenhaft, daß er sie von ihnen nur unter den billigsten Preisen annahm, um auch den Schein

---

[1]) Jeruschalmi Synhedrin p. 19 c. I. 5. Tosifta Jebamot I.

von Zinsnahme zu vermeiden ¹). Rührend ist seine Zärtlichkeit für seinen Lieblingssklaven Tabi, dem er so gerne die Freiheit geschenkt hätte, wenn er das Gesetz hätte umgehen können, welches die Freilassung der Sklaven mißbilligte ²). Beim Tode dieses Sklaven nahm er Beileidsbezeugungen an, wie für einen Verwandten. — R. Gamaliel scheint auch einige mathematische Kenntnisse besessen zu haben; überhaupt stand die Mathematik bei einigen Tanaïten dieser Zeit unter dem Namen „Geometria" hoch in Ehren ³) und wurde bei der Festsetzung der Festzeiten unter dem Namen Telufah angewendet. Der Patriarch bediente sich schon eines Fernrohres ⁴) und hatte an der Wand seines Zimmers Abbildungen von Mondscheiben angebracht, um sie bei dem Verhöre der Zeugen über die Wahrnehmung des Neumondes zu gebrauchen, und deren Aussagen darnach zu prüfen ⁵). Von Natur kränklich, scheute er auch die größten Anstrengungen nicht, wo es das Wohl seines Volkes galt.

R. Gamaliel führte wie seine Vorfahren den Titel Naßi (Fürst, bei den Römern Patriarch) und hatte wohl auch die politische Stellung, das jüdische Volk bei den römischen Behörden zu vertreten. Die Dauer seines Patriarchats läßt sich nicht bestimmen, nur annäherungsweise dürfte es über dreißig Jahre betragen haben (80—117). Sein Patriarchat war eines der bewegtesten nach Innen und Außen, und diese Zeitumstände verursachten, daß er seine Würde so unerbittlich streng handhabte, daß man dadurch seinen Charakter verkannt und ihm selbstische, herrschsüchtige Pläne untergeschoben hat. R. Gamaliel richtete sein Hauptstreben dahin, das Patriarchat zum Mittelpunkte des jüdischen Gemeinwesens hinzustellen, um die bedrohte Einheit der Lehre durch die Autorität desselben gegen alle Anfechtungen zu behaupten. In den Streitigkeiten zwischen den Anhängern der schammaïtischen und hillel'schen Schule sollte das Patriarchat gleichsam über den Parteien stehen, um die Einheit der Lehre zu erzielen. Der Plan scheint R. Gamaliel vorgeschwebt zu haben, die Verschiedenheit der Ansichten über streitige Gesetzesfälle derart zu ermitteln, daß jede Halacha, jedes

---

¹) Baba Mezia p. 74 b.
²) Baba Kama 74 b. Jer.: Ketubot III Ende; Schebuot IV Ende.
³) Abot c. III. Ende. Horajot p. 10 a.
⁴) Erubin p. 43 b.
⁵) Rosch ha-Schanah II. 4.

Gesetz erst durch einen Beschluß des Synhedrin Vollgültigkeit erlangen sollte¹), über dessen Vollziehung und Ausführung der Patriarch zu wachen hätte. Das Bedürfniß nach Einheit scheint auch allgemein gefühlt worden zu sein, je mehr der Gegensatz der beiden Schulen sich bis zur Schroffheit steigerte und je mehr die beiderseitigen Anhänger auf den von ihren Lehrern empfangenen Halachas in starrer Consequenz beharrten. Die Zeitgenossen verhehlten sich nicht, daß die Lehre durch die schroffe Verschiedenheit leicht in Verfall und Vergessenheit gerathen könnte. Man sprach die Befürchtung aus: „es könne bald eine Zeit kommen, wo man vergebens eine Entscheidung aus der Schrift oder mündlichen Ueberlieferung suchen und ein Bescheid dem andern widersprechen würde." Das jamnensische Synhedrin unterwarf daher die streitigen Punkte der nochmaligen Erörterung und fing mit den Lehrsätzen von Hillel und Schammaï an, um sie durch Abstimmung zu allgemein gültigen Gesetzen festzustellen²). Allein eine Vereinigung war nicht so zu erzielen; drei und ein halb Jahr soll der Streit in dem Weinberge zu Jabne gedauert haben; die Einen wie die Andern behaupteten ihre Traditionen für ausschließlich richtig, besonders waren die Schammaïten, starr und unfügig, wie der Urheber ihrer Schule, nicht zum Nachgeben zu bewegen. Da soll eine von ungefähr vernommene Stimme (Bat-Kol), die man in unzweifelhaften Fällen und in rathlosen Lagen als einen Wink des Himmels betrachtete, den Ausschlag gegeben haben; man will im Lehrhause zu Jabne eine Stimme vernommen haben, welche die Worte sprach: „Die Lehrsätze beider Schulen sind wohl Worte des lebendigen Gottes, aber in der Praxis sollen die hillel'schen Sätze allein Gültigkeit haben." Die Meisten fügten sich dieser Entscheidung; obwohl sie ohne formellen Beschluß zu Stande gekommen war. Nur R. Josua, eine nüchterne Natur, äußerte sich gegen eine Entscheidung, durch das Bat-Kol herbeigeführt: „Wir brauchen nicht in solchen Dingen auf das Bat-Kol zu hören, so sprach er; denn die Lehre ist nicht für die Himmlischen, sondern für die Menschen gegeben, denen in streitigen Fällen nur das einzige Mittel des Mehrheitsbeschlusses zugewiesen ist; ein Wunder kann in solchen Fällen keinen Ausschlag geben." Doch hatte dieser Widerspruch, sowie ein an-

---

¹) Vergl. Tosifta Berachot c. IV.
²) Vergl. über alle diese Einzelheiten Note 4.

derer von Seiten des Schammaiten R. Elieser keine Folgen; Hillels Ueberlieferungen, Auslegungen, Folgerungen und Deutungsregeln, so lange zurückgewiesen, erlangten endlich allein berechtigte Autorität. Wenn die Schammaiten zu der Zelotenpartei der Römerfeinde, die Hilleliten hingegen zu der Friedenspartei gehalten hatten, so war durch diesen Akt im jamnensischen Synhedrin die Revolution gewissermaßen geschlossen. Doch wollte man den Schammaiten keinen Zwang anthun, sich ganz und gar zu fügen und ihre religiöse Lebensweise dem Beschlusse gemäß umzugestalten; man stellte ihnen vielmehr frei, ferner nach ihrer Ueberzeugung zu leben. „Wer da will, richte sich nach der Schule Hillel's oder Schammai's, nur bleiben die Aussprüche der hilleschen Schule einzige Norm" ¹). R. Gamaliel wachte über diese zu Stande gebrachte Vereinigung der Parteien, welche höchst wahrscheinlich sein Werk war, mit der größten Sorgfalt und hielt jede Auflehnung gegen einen Synhedrialbeschluß auf das strengste nieder. Mit dieser Maßregel scheint eine andere in Verbindung gestanden zu haben, deren Zusammenhang jedoch noch nicht klar ermittelt ist. Der Patriarch von Jabne traf die Anordnung, nur solche Personen zum Kreise des Lehrhauses zuzulassen, deren lautere Gesinnungen erprobt waren, und er stellte zu diesem Zwecke an dem öffentlichen Lehrhause einen Thürhüter oder Pförtner auf, mit dem Auftrage, die Unzuverlässigen fern zu halten ²). Es scheint, daß er damit der Unlauterkeit der Absichten bei dem Gesetzstudium entgegenarbeiten wollte. Es mochten sich Manche aus Eitelkeit oder aus anderen niedrigen Interessen zur Lehrhalle gedrängt haben, und solche wollte R. Gamaliel entfernt wissen. Zwei Warnungen, die eine von R. Jochanan b. Sakkaï und die andere von R. Zadok gegen unlautere Motive bei der Betheiligung an der Lehre, scheinen für diese Vermuthung zu sprechen. Der erste hatte warnend ausgesprochen: „Wenn du dir Vieles aus der Lehre angeeignet hast, so sei nicht stolz darauf, denn du bist ja eben nur dazu geschaffen" ³). Der letztere ermahnte: „Gebrauche die Lehre weder als Krone, damit zu glänzen, noch als Spaten,

---

¹) Dieselbe Note 4.
²) Berachot 28 b.
³) Abot II. 9.

damit zu graben"¹). Solche niedrige Gesinnungen strebte R. Gamaliel aus dem Lehrkreise auszuschließen.

Beide Maßregeln, die Autorität des Patriarchats für die Aufrechthaltung halachischer Beschlüsse und die Vorsicht bei der Aufnahme von Mitgliedern und Jüngern, fanden indessen im Kreise der Genossen Widerspruch, der sich anfangs nur heimlich äußerte. Das Mittel, dessen er sich bediente, eine Auflehnung niederzuhalten, war nämlich der Bann, den er mit aller Energie und mit der ganzen Rücksichtslosigkeit tieferkannter Ueberzeugung handhabte. Der Bann (Niduj, Schamta) hatte damals allerdings noch nicht die düstere Strenge späterer Zeiten, sondern bestand in der milden Form, dem Gebannten vertrauten Umgang zu versagen, bis er sich reuig der Aufforderung gefügt hatte. Der Gebannte trug während der Bannzeit — mindestens 30 Tage — schwarze Trauerkleider und beobachtete manche Trauergebräuche²); starb er während dieser Zeit ohne Besserung und Unterwürfigkeit, so ließ der Gerichtshof einen Stein auf dessen Sarg legen³). R. Gamaliel hatte den Muth, den Bann über die bedeutendsten Personen der Zeit zu verhängen, wodurch er sich freilich erbitterte Feinde zuzog. Er legte einen R. José b. Tabbaï aus Tiberias in den Bann, weil derselbe die Schlußfolgerung vom Geringern zum Höhern (Kal-wa-Chomer) für rituelle Anwendung durch einen sophistischen Trugschluß lächerlich gemacht hatte. Der Trugschluß des b. Tabbaï lautete: „Wenn die Ehe mit der eigenen Tochter unstatthaft ist, wiewohl sie doch mit deren Mutter gestattet ist, um wie viel mehr müßte die Ehe mit der Tochter einer Ehefrau verboten sein, da sie doch mit dieser, als Ehefrau, verpönt ist"⁴). — Einen Andern mit Namen Eleasar b. Chanoch traf der Bann, weil er an dem religiösen Brauche des Händewaschens vor dem Brodgenusse skeptisch rüttelte, und er starb im Banne⁵). R. Gamaliel drohte dem im höchsten Ansehen stehenden R. Akiba mit dem Banne⁶) und nahm so wenig irgend eine Rücksicht, daß er ihn sogar über seinen eigenen Schwager, R. Elieser b. Hyrkanos, aus-

---

¹) Daselbst IV. 7. Vergl. Matthäus-Evangelium Cap. 23.
²) Moed Katan 15 b ff.
³) Adojot V. 6. Jerus. Moed Katan III. 81 d das.
⁴) Derech Erez Rabba c. 1.
⁵) Adojot das.
⁶) Jerus. Moed Katan das.

sprach. Tief durchdrungen von den unheilvollen Folgen jeder Spaltung für das Judenthum, an dem ohnehin so vielerlei halb jüdische und halb christliche Sekten rüttelten, scheute R. Gamaliel auch bei geringen Anlässen nicht mit Strenge zu verfahren, um eine Störung der Einheit zu verhüten. Es handelte sich einst um einen Ofen von eigener Struktur (Achnai-Ofen), den ein Majoritätsbeschluß gleich Thongefäßen für verunreinigungsfähig erklärt hatte. R. Eliefer, einer eigenen Tradition folgend, wollte sich diesem Beschlusse nicht fügen und handelte praktisch dagegen. Um einer solchen offenen Auflehnung entgegen zu treten, ließ das Kollegium Alles, was in diesem Ofen zubereitet wurde, verbrennen und den Widersetzlichen in den Bann legen. Der Bann ist auf R. Gamaliels Antrag verhängt worden, und als Einige sich über diese Härte gegen ein Synhedrialmitglied tadelnd äußerten und ihm Herrschsucht vorwarfen, äußerte er in der Lauterkeit seiner Absichten: „Dir, Gott, ist es offenbar, daß ich nicht um meiner Väter Ehre willen so gehandelt habe, sondern um deiner Ehre willen, damit die Uneinigkeit und Spaltung nicht in Israel überhand nehme" ¹).

Schon glaubte R. Gamaliel die Lehrparteiungen geschlichtet und die Einheit wieder hergestellt zu haben, als seine Macht an einer Person zerschellte, von welcher er sich keines energischen Widerstandes versah. R. Josua, der geschmeidige, nachgiebige, scheinbar ungefährlichste, wurde des strengen Patriarchen überlegenster Gegner. — R. Josua war, wie bereits angedeutet, mit manchen Maßregeln R. Gamaliels eben so unzufrieden, wie R. Eliefer, nur wagte er es nicht, vielleicht wegen seiner ärmlichen, gedrückten Lage, seine Unzufriedenheit laut werden zu lassen, und pflegte, auf einer widersprechenden Ansicht ertappt, schnell wieder einzulenken. Einst hatte R. Gamaliel den Anfang des Monats Tischri, von welchem die Hauptfesttage, und namentlich der Versöhnungstag abhing, nach der Aussage zweier verdächtig scheinenden Zeugen festgestellt. R. Josua wies in diesem Akte dem Patriarchen einen Irrthum nach und forderte das Kollegium zur Abänderung des Festtages auf. R. Gamaliel, auf seiner Bestimmung beharrend, schickte R. Josua den Befehl zu, vor ihm ganz werkeltägig, mit Stab, Reisetasche und Geldbeutel an demselben Tage zu erscheinen, auf welchen, nach R.

---

¹) Baba Mecia 59 b. Jerus. das.

Josua's Berechnung, der Versöhnungstag fallen müßte. Dieses
diktatorische Verfahren war R. Josua zu hart, er beklagte sich darüber bei den angesehensten Kollegen und schien zum Widerstand
geneigt. Allein diejenigen, welche von dem Bedürfnisse nach einer,
die Einheit vertretenden Autorität durchdrungen waren, riethen ihm
zur Nachgiebigkeit. Der alte R. Dosja b. Harchinas bewies ihm,
daß die Einrichtungen des religiösen Oberhauptes unangefochten
bleiben müßten, selbst wenn sie aus dem Irrthum hervorgegangen
wären, und Jedermann müsse sich ihr fügen. R. Josua ließ sich überreden und unterwarf sich der bemüthigenden Zumuthung. Sein
Erscheinen erfüllte R. Gamaliel mit Bewunderung, er empfing ihn
auf's herzlichste und sagte zu ihm: „Willkommen, du mein Lehrer
und Schüler; mein Lehrer an Weisheit, mein Schüler an Gehorsam. Glücklich das Zeitalter, in welchem die Großen den Geringern gehorchen" [1]). Aber diese Versöhnung war nicht von langer
Dauer.

Die strenge Handhabung des Patriarchats hatte R. Gamaliel
eine feindliche Partei geschaffen, die heimlich gegen ihn zu wirken
schien. Er wußte von dieser Gegenpartei und war bei den öffentlichen Lehrverhandlungen darauf bedacht. Es wird von ihm erzählt: „Seine Art, die Synhedrialsitzungen zu eröffnen, war verschieden. War unter den Mitgliedern der Versammlung keiner
seiner Gegner anwesend, so forderte er sie auf, Fragen zu stellen;
hatte er aber Gegner vor sich, so unterließ er diese Aufforderung" [2]).
Die Gegenpartei scheint ihn also bei den Verhandlungen in feindseliger Weise in die Enge getrieben zu haben. R. Gamaliel mochte
Grund haben, R. Josua als das Haupt dieser Partei anzusehen
und ließ ihn öfter seine höhere Stellung durch verletzendes Anfahren
und barsche Behandlung empfinden. Eines Tages kam die gegenseitige Spannung zum Ausbruche und verursachte im Schoße des
Synhedrin eine Umwälzung. — Der Patriarch hatte einst wiederum
in harter Weise R. Josua verletzt und ihm seine heimliche Auflehnung gegen eine festgesetzte Halacha vorgeworfen. Als R. Josua
die Thatsache Anfangs in Abrede stellte, ließ sich R. Gamaliel hinreißen, ihm zuzurufen: „so stehe denn auf, daß Zeugen wider dich

---

[1]) Rosch ha-Schanah 25. a. u. b.
[2]) Sifri Sebarim I. No. 16.

aussagen mögen." Es war dies die Form einer Anklage. Das Lehrhaus war gerade voll von Zuhörern, unter denen ein lärmender Tumult über diese schimpfliche Behandlung gegen ein ehrwürdiges, beim Volke beliebtes Mitglied entstand. Die Gegenpartei faßte Muth und sprach ihren Unwillen unumwunden aus. Man rief dem Patriarchen die Worte zu: „Wer hat nicht stets deine Härte empfunden!" Das Lehrhaus verwandelte sich in ein Tribunal, und das Kollegium entsetzte R. Gamaliel auf der Stelle der Patriarchenwürde. Mit ihm fielen sogleich die Einrichtungen, die er gegen den Willen Vieler getroffen hatte; der Thürsteher des Lehrhauses wurde entfernt und Jedermann ohne Weiteres zu der Lehrerversammlung zugelassen. Die Reihen der Schüler sollen sich sogleich nach Einigen um 80, nach Andern um 300 Glieder vermehrt haben [1]).

Die Stimmführer sahen sich sogleich nach einem andern Patriarchen um, das wichtigste Amt nicht unbesetzt zu lassen. Sie hatten so viel Takt, R. Josua, den Hauptgegner, nicht zu wählen, um dem abgesetzten Patriarchen nicht eine Kränkung mehr zuzufügen. R. Elieser, der Anspruch auf die Würde hatte, lag im Bann und war dazu untauglich. R. Akiba schien wohl durch Geist und Charakter dafür würdig; allein seine Größe war von gestern, er hatte nicht die Ahnenprobe aufzuweisen, die zur Behauptung der Patriarchenwürde nöthig schien. Das Kollegium lenkte daher die Wahl auf ein sehr junges Mitglied, auf R. Eleasar b. Asariah, der damals erst im sechzehnten Jahre gestanden haben soll [2]). Den Ausschlag gab bei dieser Wahl R. Eleasar's edle Abstammung von einer langen Ahnenreihe, die bis auf Esra, den sopherischen Neubegründer des Judenthums, hinaufreichte, ferner sein überschwenglicher Reichthum und sein Ansehen bei den römischen Behörden. R. Eleasar stand aber auch an Geist und Gemüth seinen Genossen keineswegs nach und wurde daher würdig befunden, an R. Gamaliel's Stelle zu treten. Diese Absetzung und Neuwahl hatte folgenreiche Wirkungen, und der Tag, an dem diese Ereignisse vorgingen, war den Spätern so denkwürdig, daß er durch die einfache Bezeichnung „an jenem Tage" kenntlich geworden ist. — Es scheint, daß das Synhedrialkollegium, vielleicht auf Antrag R. Josua's, an demselben Tage diejenigen Gesetzbestimmungen einer nochmaligen Prüfung

---

[1]) Berachot 29. b. Jerus. daf. IV. p. 7 c. d. und Taanit IV. 67 d.
[2]) Jeruschalmi a. a. O.

und Berathung unterworfen hat, welche durch die Autorität R. Gamaliel's im Sinne der hillelschen Schule entschieden waren. R. Josua hatte, wie schon oben angegeben, das Mittel, wodurch den Ueberlieferungen der hillelschen Schule Gesetzeskraft beigelegt wurde nämlich die Bestätigung durch das Bat-Kol, entschieden gemißbilligt; er mochte daher auf die im Gesetze vorgezeichnete Norm der Entscheidung nach Mehrheitbeschlüssen gedrungen haben. Das Kollegium, damals aus der außergewöhnlichen Zahl von 72 Mitgliedern bestehend, nahm also zur Prüfung der einseitig angenommenen Lehrsätze ein Zeugenverhör auf von denjenigen, welche im Besitze von Traditionen waren. Ueber zwanzig Personen werden namhaft gemacht, die ihre Zeugnisse über überkommene Traditionen vor diesem Kollegium ablegten, darunter auch zwei Weber, die am Schuttthore Jerusalems, in dem ärmlichsten Stadttheile gewohnt hatten. In vielen Punkten schlug die Mehrheit des Kollegiums einen Mittelweg zwischen den entgegengesetzten Ansprüchen der schammaischen und hillelschen Schule ein, sie entschied, „nicht wie diese und nicht wie jene." Bei andern streitigen Lehrsätzen stellte sich das Ergebniß heraus, daß Hillel selbst oder dessen Schule von ihrer Ansicht abgegangen war und sich schon früher der schammaitischen zugeneigt hatte. Auch über andere Halachas wurden damals Zeugnisse vernommen. Dieses halachische Zeugenverhör scheint förmlich zu Protokoll genommen worden zu sein, wurde vielleicht gar niedergeschrieben, wie ja auch im ältern Synhedrin bei öffentlichen Verhandlungen die Abstimmungen der Bejahenden und Verneinenden von zwei eigens dazu bestellten Schriftführern aufgenommen wurden [1]). Die Sammlung der Zeugnisse von diesem Tage führt den Namen „Abojot" (Zeugenaussagen), auch „Bechirta" (Auswahl), und war ohne Zweifel die allerälteste Halachasammlung. Man erkennt in ihrem Inhalte noch die alte, kunstlose Form der Ueberlieferung: die Lehrsätze sind da noch ganz ungeordnet, ohne Zusammenhang untereinander hingestellt, und nur durch den Namen des Ueberlieferers zusammengefügt. Das Bindemittel für den verschiedenartigsten Stoff scheint die Zahl gewesen zu sein. Doch enthält die Sammlung Abojot auch Zusätze aus späterer Zeit [2]).

---

[1]) Synhedrin 36. b.
[2]) Siehe über alles die treffliche Abhandlung von Rappaport, Kerem Chemed, Jahrgang 1841, S. 176. ff.

Ein Zwischenfall bei dieser Verhandlung gewährt einen sichern Einblick in die Art, den Ernst und die Gewissenhaftigkeit der tanaitischen Bestrebungen. Akabia b. Mahalallel, ein Zeitgenosse dieses Geschlechtes, hatte über vier Halachas Zeugniß abgelegt, über welche aber eine andere Tradition im Umlaufe war. Das Kollegium forderte ihn auf, von seiner Ueberlieferung abzustehen, und man versprach ihm dafür, ihn zum Ab-bet-din, zum Stellvertreter des Naßi, zu wählen. Würdevoll erwiderte Akabia: „ich will lieber mein Lebelang ein Narr genannt werden, ehe denn ich eine Stunde vor Gott als Uebertreter stehen sollte". Bei einer Halacha berief man sich gegen ihn auf ein Beispiel von dem Präsidentenpaare Schemajah und Abtalion aus der vorherodianischen Zeit. Wegwerfend antwortete Akabia: „was jene Zwei gethan haben, hatten sie nur zum Scheine (δοκήμα) gethan." Entweder wegen dieser ehrenrührigen Aeußerung gegen zwei hochverehrte Autoritäten, oder wegen seiner Widersetzlichkeit überhaupt wurde über ihn der Bann ausgesprochen, den er nach Einigen bis in seine Todesstunde geduldig über sich ergehen ließ, ohne von seiner Ueberzeugung abzugehen. Doch ermahnte Akabia seinen Sohn vor seinem Tode, sich nicht an seine Ueberlieferung zu halten. Verwundert fragte der Sohn: warum er sie denn nicht selbst aufgegeben habe. Da belehrte ihn der Vater des Rechten: „Siehest du, ich hatte meine Tradition von Mehreren vernommen, darum mußte ich darauf bestehen; du aber hörst sie nur von einem Einzelnen (nämlich von mir) so bist du verpflichtet, sich der Mehrheit zu fügen." Der Sohn verlangte noch, an seine Collegen empfohlen zu sein, was ihm der Vater verweigerte: „Wozu dich empfehlen? sprach Akabia, „deine eigenen Thaten werden dich beliebt oder verhaßt machen" [1]).

---

[1]) Adojot V. 6. und Kerem Chemed das. Ich halte noch immer Rappaport's Ansicht fest, daß Akabia b. Mahalallel noch zur Zeit Gamaliel's gelebt und zu dieser Zeit in den Bann gethan wurde. Was Frankel (Darke Mischna p. 56) dagegen angeführt hat, konnte mich nicht vom Gegentheil überzeugen, der Dialog Negáim II. 3 kann im spätern Lebensalter R. Akiba's vorgefallen sein, als die Amtsentsetzung Gamaliels bereits der Vergangenheit angehörte. Man erwäge, daß Akabia's Sentenz in Abot III. nach denen von Jochanan b. Sakkaï und seinen Jüngern aufgeführt worden. Er mag allerdings auch zur Zeit des Tempelstandes, aber gewiß auch später gelebt haben, wie Chananja Sagan ha-Kohanim.

Der Tag der Zeugnißsammlung ist auch wegen zweier Fragen von allgemeinem Interesse wichtig, die an demselben zur Sprache kamen. Ein Heide aus ammonitischer Abstammung trat vor die Versammlung mit der Frage, ob er gesetzlich als Proselyte aufgenommen werden könne. R. Gamaliel hatte ihn nach dem Wortlaut des schriftlichen Gesetzes abgewiesen: „Moabiter und Ammoniter dürfen nicht in die Gottesgemeinde aufgenommen werden, nicht einmal im zehnten Geschlechte." Der anwesende Lehrkreis verhandelte die Frage mit Wärme, und R. Gamaliel bemühte sich mit seiner Ansicht durchzubringen. R. Josua aber machte geltend, daß der Wortlaut des Gesetzes nicht mehr auf die damalige Zeitlage anwendbar sei, indem es Ammoniter im alten Sinne nicht mehr gäbe, da durch die Einfälle vorderasiatischer Eroberer alle Völkerschaften vermischt und bis zur Unkenntlichkeit verwischt worden wären [1]). — Die zweite Frage betraf die Heiligkeit der zwei, dem König Salomon zugeschriebenen Schriften Kohelet und das hohe Hohelied (Schir Haschirim). Die schammaitische Schule hatte namentlich das Buch Kohelet nicht als kanonisch anerkannt, weil der Inhalt desselben nicht vom heiligen Geist (Ruach ha-Kodesch) eingegeben, aus dem tiefsten innersten Bewußtsein des Judenthums entsprungen schien, sondern nur die persönliche Philosophie des Verfassers gewesen sei. Diesen alten Streit nahm das neue Synhedrin, das die hillelschen Halachas nicht durchgängig billigte, wieder auf; doch ergiebt es sich nicht mit voller Klarheit, wie die Entscheidung ausgefallen ist [2]). Der klangreiche Name Salomons, dem die Ueberlieferung die Verfasserschaft dieser Schriften zuschrieb, trug wahrscheinlich den Sieg davon über Parteistreitigkeiten. R. Akiba nahm sich später des Hohenliedes an, in dessen liebestrunkenen Wechselgesprächen und sehnsuchtsvollen Monologen er allegorische Beziehungen zwischen Gott und dem Volke Israel erkannte. „Die ganze Welt, so äußert er sich, sei des Tages nicht würdig, an dem das Hohelied entstanden ist; wenn die inspirirten Schriften heilig sind, so ist das Hohelied allerheiligst zu nennen."

Es ist ein schöner Charakterzug an R. Gamaliel und wird auch von den Zeitgenossen gebührend hervorgehoben, daß trotz der vielen Kränkungen, die er an demselben Tage erfahren hatte, er

---

[1]) Jadaim IV. 4.
[2]) Jadaim III. 5. Adojot H. 3.

nicht einen Augenblick einem kleinlichen Rachegefühl Raum gegeben, sich von der Lehrverhandlung zurückzuziehen; er betheiligte sich nach wie vor an derselben, wie wenig Aussicht er auch hatte, in der Mitte der gegen ihn eingenommenen Versammlung seine Meinung durchzusetzen. Doch mochte er sich durch die eifrige Verhandlung dieses Tages überzeugt haben, daß seine allzugroße Strenge ihm die Gemüther entfremdet und auch manche wahre Ansicht unterdrückt hatte; sein Muth war gebrochen, und er entschloß sich nachzugeben. Er begab sich daher zu den angesehensten Stimmführern, wegen seines verletzenden Benehmens Abbitte zu thun. Den Hauptgegner R. Josua traf er bei dieser Gelegenheit mit seinem Handwerke beschäftigt; er verfertigte Nadeln. R. Gamaliel; in Reichthum aufgewachsen, konnte sich nicht genug über den beschwerlichen Erwerb dieses Weisen verwundern und fragte ihn: „also davon gewinnst du deinen Lebensunterhalt?" R. Josua nahm Veranlassung, ihm offenherzig den Fehler der Gleichgültigkeit gegen die sorgenvolle Lage einiger verdienstvollen Männer vorzuhalten. „Schlimm genug, entgegnete R. Josua, das du erst jetzt dies erfährst! Wehe dem Zeitalter, dessen Führer du bist, du kennst nicht die Sorgen der Weisen, und wie mühselig sie sich ernähren" [1]. Denselben Vorwurf hatte ihm R. Josua bei einer andern Gelegenheit gemacht, als R. Gamaliel dessen astronomische Kenntnisse bewundert hatte. Bescheiden lehnte R. Josua die Bewunderung ab und verwies auf zwei Jünger, welche bedeutende mathematische Kenntnisse besaßen und doch kaum Brod und Kleidung hatten [2]. R. Gamaliel beschwor endlich den erzürnten Gegner, die erlittene Beleidigung aus Rücksicht auf das hochverehrte hillelsche Haus zu vergessen; R. Josua zeigte sich hierauf versöhnt, und versprach ihm sogar, für seine Wiedereinsetzung in die Patriarchenwürde thätig zu sein. Jetzt galt es, den neugewählten Naßi zu bewegen, die kaum erlangte Würde seinem Vorgänger wieder abzutreten. Man fühlte aber eine gewisse Verlegenheit, demselben diese Zumuthung zu machen. R. Akiba, der stets Bereitwillige, übernahm den zarten Auftrag, dessen Erledigung ihm jedoch nicht gar zu schwer wurde. Denn kaum erfuhr R. Eleasar, der jüngstgewählte Patriarch, die Versöhnung zwischen R. Gamaliel und seinem Hauptgegner, so war er gleich bereit, ins Privatleben

---

[1] Das. und besonders Jeruschalmi Berachot IV. 7 d und Parallelstellen.
[2] Horajot 10 a.

zurückzukehren, er erbot sich sogar, den nächsten Morgen mit dem ganzen Kollegium bei R. Gamaliel den Ehrenbesuch zu machen. Doch nahm man auf die einmal getroffene Wahl R. Eleasar's insofern Rücksicht, ihm die Würde des Stellvertreters zu verleihen. Das Verhältniß zwischen dem Patriarchen und R. Eleasar wurde in der Weise geordnet, daß der erstere immer je zwei Wochen den Vorsitz im Synhedrin führte und den Lehrvortrag eröffnete, der letztere aber immer je die dritte Woche[1]). Auf diese Art wurde der lebhafte Streit beendet, der weder aus Ehrgeiz noch aus Hochmuth, sondern lediglich aus einer irrigen Ansicht über die Handhabung des Patriarchates entstanden war. Die Mißhelligkeiten waren schnell vergessen, und von der Zeit an lebte R. Gamaliel in ungestörter Eintracht mit den Synhedrialmitgliedern. Vielleicht hat der Ernst der eingetretenen politischen Umstände unter dem Kaiser Domitian den Sinn von inneren Verhältnissen abgelenkt und Allen die Nothwendigkeit der Eintracht, um die äußern Gefahren abzuwenden, fühlbar gemacht. Von der ferneren Wirksamkeit R. Gamaliels wird später erzählt werden; aus dem Leben seines Mitpräsidenten R. Eleasar b. Asaria hingegen sind im Ganzen nur wenig Einzelheiten bekannt. Wiewohl hochgeachtet in seinem Kreise, so daß man von ihm sagte: das Zeitalter sei nicht verwaist, in welchem R. Eleasar lebt[2]), verschwindet er doch unter der Masse der begabteren Personen seiner Zeit.

---

[1]) Berachot daf.
[2]) Mechilta Parascha Bo. 16. Chagiga 3. d. und andere Stellen.

Drittes Kapitel.

R. Elieser b. Hyrkanos, das starre System. Der Bann und seine Folgen. R. Josua b. Chananja, der Mann der goldenen Mitte.

R. Gamaliel repräsentirte in diesem Lehrkreise den Drang nach Einheit und Autorität, welche das ganze religiöse und nationale Leben des Volkes aus einem festen, unverrückbaren Mittelpunkte zu regeln im Stande wären. Sein Schwager R. Elieser vertrat die entgegengesetzte Richtung, nämlich die eigene Ueberzeugung mit aller Entschiedenheit gegenüber der Alles regelnden Gesetzgebung zu behaupten. Von R. Elieser, der ein wichtiges Glied in der Kette der Tanaiten war, sind einige Züge aus seinem Jugendleben aufbewahrt worden, welche die Sage jedoch durch ausschmückende Zusätze ein wenig verwischt hat. Er soll, als Sohn eines begüterten Landmannes Hyrkanos, bis zu seinem zwei und zwanzigsten (nach Andern acht und zwanzigsten) Jahre den Acker seines Vaters gleich seinen Brüdern bestellt haben. Gekränkt durch eine erlittene Zurücksetzung von seinem Vater, der ihm die schwerere Arbeit zugetheilt und dessen Zorn fürchtend, wegen eines Unfalls der ihm mit dem Ackervieh zugestoßen war, soll er eines Tages dem Landleben und seinem väterlichen Hause entlaufen sein, um sich gerade zu nach Jerusalem in das Lehrhaus des R. Jochanan b. Sakkai zu begeben. Hier habe er durch eifriges Studium sich bald die Liebe und Bewunderung seines Meisters erworben. Sein Vater aber, der seinen Aufenthalt und seine Beschäftigung nicht kannte sei eines Tages nach Jerusalem gekommen, um vor Gericht den entarteten Sohn zu enterben. R. Jochanan b. Sakkai, von dem Vorhaben des erzürnten Hyrkanos unterrichtet, habe es veranstaltet, daß gerade an diesem Tage sein Lieblingsschüler Elieser einen Lehrvortrag in öffentlicher Versammlung, im Beisein vieler Großen und Angesehenen Jerusalem's, halten sollte. Dieser Vortrag brachte R. Elieser so viel Beifall, daß ihn R. Jochanan öffentlich lobte. Wie erstaunt war nun Vater Hyrkanos, in diesem gefeierten Jüngling seinen Sohn wiederzuerkennen, den er zu enterben im Begriffe war! In der Aufwallung seines Herzens habe er seinem Sohn Elieser sein ganzes Vermögen, zum Nachtheil seiner übrigen Söhne, überlassen wollen; allein R. Elieser sei zu gewissenhaft gewesen sich auf Kosten seiner Brüder zu bereichern und habe das väterliche Geschenk zurückgewiesen¹). Sein Ansehen wurde so bedeutend, daß das Patriarchenhaus es nicht verschmähte, sich mit ihm zu verschwägern: R. Gamaliels Schwester, Imma Schalom genannt, war seine Frau.

Nach dem Tode seines Meisters eröffnete R. Elieser ein eigenes Lehrhaus in Lydda, welches sich in Süd-Judäa mehrere Jahrhunderte hindurch als der einzige Sitz der Lehre behauptet hat. Das Lehrhaus R. Elieser's befand sich in einer Rennbahn (Stadium Ris), die vielleicht noch aus der Zeit stammte, als Lydda von Griechen bewohnt war. Auf diesem dem gedankenlosen Spiele einst geweihten Platze pflegte er, auf einem Steine sitzend, seine Lehrvorträge vor seinen Jüngern zu halten²). R. Josua verglich aus hoher Verehrung für R. Elieser diesen Stein mit dem Berge Sinai und den darauf Sitzenden mit der Bundeslade. Obwohl R. Elieser's Geist durch R. Jochanan an der hillelschen Schule genährt war, so neigte sich doch sein ganzes Wesen der Schule Schammai's zu, wodurch seine Lehrweise einen eignen Zug erhielt, der auch seine Lebensverhältnisse bestimmte. — Nach der hillelschen Schule gab es zwei Quellen für die außerschriftliche Lehre: die eine die wörtliche Ueberlieferung von Mund zu Mund, von Geschlecht zu Geschlecht fortgepflanzt, welche durch die Glaubwürdigkeit und Treue der Ueberlieferer verbürgt war, die andere gegebene Regeln, vermittelst derer man neue Bestimmungen in den Andeutungen des Schrifttextes finden könnte. Die erste Art lieferte einen fertigen Stoff, der in sich abgeschlossen und von jeder persönlichen Einwirkung unabhängig, aber eben deswegen keiner Erweiterung fähig und unzureichend

---

¹) Genesis Rabba c 42. Abot de R. Nathan c. 6. Pirke de R. Elieser c. 1.

²) Schir-ha-Schirim Rabba edit. Frankf. 6. d. zu Vers Lereach.

für alle verwickelten Lebensfälle war. Die andere Art gab vielmehr nur Formen an die Hand, wodurch neue halachische Resultate ermittelt und gefolgert werden konnten; es war das fortbildende Element der Deutungs= und Folgerungsregeln, von denen schon öfter die Rede war. R. Elieser, in Uebereinstimmung mit der Schule Schammai's, hielt nur die stoffliche, wörtliche Tradition, wie er sie aus dem Munde älterer Autoritäten vernommen, für echt und unzweifelbar; hingegen hatte die ganze Klasse abgeleiteter oder gefolgerter Lehrsätze, mochte deren Folgerichtigkeit noch so einleuchtend sein, für ihn nicht die unstreitbare Gewißheit mündlicher Ueberlieferung; er galt eben deswegen als Anhänger Schammai's (Schamuti[1]). Diese eigenthümliche Seite behauptete er mit der eisernen Konsequenz eines zähen, von Ueberzeugungen geleiteten Charakters durch sein ganzes Leben unter den peinlichsten Verhältnissen. Seine ganze Lebensaufgabe setzte er gewissermaßen in die Erhaltung und Sicherung des überlieferten Stoffes, ohne auf die nothwendige Fortbildung desselben unter gegebenen Voraussetzungen Werth zu legen.

Von Jugend an hatte sich R. Elieser einzig darauf verlegt, sich den bereits vorhandenenen Vorrath von ausgeprägten Lehrsätzen (Halachas) anzueignen und sie seinem Gedächtniß der Art einzuprägen, daß ihm auch nicht ein Stäubchen, wie er sich selbst darüber aussprach, verloren gehen sollte. Sein Lehrer R. Jochanan nannte ihn daher die „verkalkte Zisterne, welche keinen Tropfen durchläßt." In diesem Sinne lehrte R. Elieser auch sein ganzes Leben. Auf Anfragen, die an ihn über ein Gesetzesverhältniß gerichtet waren, antwortete er entweder, wie er es von seinen Lehrern überkommen hatte, oder er gestand gerade zu: „das weiß ich nicht, weil ich es nicht vernommen habe." Bei seinem einstmaligen Aufenthalte in dem obergaliläischen Cäsarea (Philippi) legte man ihm dreißig Fragen zur Entscheidung vor, worauf er erwiederte; auf zwölf derselben habe ich eine Entscheidung durch Ueberlieferung, auf die übrigen achtzehn hingegen habe ich keine." Die weitere Frage, ob er denn immer nur Ueberliefertes lehre, antwortete er mit folgenden Worten: „Nun ihr zwingt mich etwas mitzutheilen, was ich nicht vernommen habe; so wisset denn, daß ich in meinem ganzen Leben

---

[1] Sabbat 130. verglichen mit Jeruschalmi Teruma V. p. 43 c. und an mehren Stellen; siehe Heilpern Seder ha-Dorot zum betreffenden Artikel.

kein Wort gelehrt habe, welches mir nicht von meinen Lehrern überliefert worden wäre."[1]) Um lästigen Fragen zu entgehen, auf die er keinen Bescheid wußte, pflegte er abweisende Querfragen entgegen zu halten, woraus seine Abneigung hervorgehen sollte, sich darauf einzulassen. Man fragte ihn unter Andern einst, ob ein uneheliches Kind erbfähig sei; da fragte er dazwischen, ob denn überhaupt ein solches gesetzlich als Bruder gelten könne. Die Frage, ob man nach der Katastrophe des Tempelunterganges sein Haus weiß anstreichen dürfe, wies er mit der Gegenfrage zurück, ob man ein Grab übertünchen dürfe, immer an seinen Lebensregeln festhaltend, keinen Satz auszusprechen, der ihm nicht durch mündliche Mittheilung gesichert war. Den scharfsinnigsten Schlußfolgerungen setzte er gewöhnlich ein einfaches: „das hab ich nicht gehört" entgegen. Nicht einmal den logisch begründeten und auf halachischem Gebiete anerkannten Schluß vom Geringern zum Höhern, vermittelst dessen R. Josua eine Halacha folgern wollte, mochte er gelten lassen. Aus dieser eigenthümlichen Ansicht, sich gegen derartige Folgerungen zu sperren, scheint die Warnung hervorgegangen zu sein, die er seinen Schülern einprägte: „Haltet eure Kinder fern vom Grübeln (Higajon), lasset sie lieber auf den Knieen der Weisen erziehen."[2])

R. Eliezer bildet also das erhaltende Element in diesem Kreise, er war das Organ des treuen Gedächtnisses für die Tradition, welches die Halachas ohne die geringste Modifizirung rein wiedergiebt, wie es sie aufgenommen; er war die „verkalkte Zisterne," die keinen Tropfen des hineingekommenen Wassers verrinnen, aber auch keinen neuen zubringen läßt. Zeitgenossen und Nachwelt gaben ihm den ehrenvollen Beinamen „Sinai," eine lebendige Gesetzestafel unveränderlicher Vorschriften. — So groß aber auch sein Ansehen war, als treuer Bewahrer überkommener Lehren, so stand er doch mit seinem einseitigen Beharren auf Traditionen ziemlich isolirt. Seine Genossen waren zu sehr in die von Hillel angebahnte Richtung hineingezogen, nicht gerade **Behältniß** des Gesetzes zu sein, sondern auch dessen lebendige **Ausleger** und **Fortbildner**. Seine vereinzelte Richtung mußte mit der Hauptrichtung der Zeit einmal zusammenstoßen. Am schroffsten stand er seinem Schwager R. Gamaliel und dessen anschließendem Einheitsstreben gegenüber.

[1]) Sukka 28 a.
[2]) Siehe Note 5.

Auf der einen Seite die normirende Autorität, die ihre Berechtigung aus dem Bedürfnisse der Gegenwart schöpfte, mit dem kräftigsten Willen jede Auflehnung gegen das irgend wie Angenommene niederzuhalten; auf der andern Seite das sichere Bewußtsein, welches sich auf die Sanktion der Vergangenheit beruft. Solche Gegensätze sind nicht leicht zu vermitteln. Auch war R. Elieser nicht der Mann, seine Ueberzeugung aufzugeben. Man rügte an ihm eben diesen ungefügigen Charakter, der seine Ansicht Andern nicht unterordnen mochte [1]). Wie schon erwähnt, war die Veranlassung zur Entzweiung eine Debatte über den Achnai=Ofen. Diese an sich unbedeutende Thatsache war lediglich die nächste Gelegenheit zum Bruche, dessen Ursachen aber viel tiefer lagen. Ausdrücklich wird in den beglaubigten Quellen hervorgehoben, daß R. Gamaliel's Strenge sich nicht gegen R. Elieser's theoretischen Widerspruch, sondern gegen dessen thatsächlichen Widerstand gerichtet hatte. Er wurde in den Bann gelegt, weil er, auf seiner Meinung beharrend, auch praktisch darnach verfahren war. Die Hochachtung gegen seine Person machte es indessen schwer, ihm den Bann anzukündigen; wiederum übernahm R. Akiba diese unangenehme Botschaft. Schwarzgekleidet erschien er vor R. Elieser, ihn schonend das über ihn verhängte beizubringen und redete ihn mit den Worten an: „Es scheint mir, daß deine Genossen sich von dir entfernt halten." R. Elieser verstand den Wink, nahm diesen Schlag jedoch ohne Widerstreben an; er unterzog sich dem Banne und lebte von der Zeit an von seinen Freunden entfernt. Es scheint auch, daß er während seines Bannes sich nicht mehr in Lydda, sondern größtentheils in Cäsarea aufhielt und dann und wann auch in Obergaliläa weilte. Nur einen entfernten Antheil nahm er noch an den Lehrverhandlungen in Jamnia. Hörte er von einem wichtigen Beschlusse, so pflegte er ihn zuweilen durch seinen Halachaschatz zu bestätigen oder zu verspotten.

Während seiner Abgeschiedenheit scheint R. Elieser mit Judenchristen, die zumeist in Galiläa lebten, Umgang gepflogen zu haben; Einer von dieser Sekte wird namhaft gemacht, Jakob aus Kephar=Samia, (oder Sekanja) mit dem er in Sepphoris eine Unterredung hatte, und von dem er eine sonderbare halachische

---

[1]) Taanit 25 b.

Entscheidung aus Jesu Munde vernahm. R. Elieser hatte diese Mittheilung ohne Skrupel angehört und ihr sogar Beifall geschenkt; dieses mag in die Zeit fallen, als Juden und Judenchristen sich noch nicht gegeneinander abgeschlossen hatten. Dieser berühmte Mischnahlehrer wurde eben wegen seines Umganges mit Christen als Glied der Christengemeinde angesehen, und deshalb vor die Schranken des peinlichen Gerichtes gestellt. Seitdem sich nämlich das Christenthum namentlich in Kleinasien so außerordentlich verbreitet hatte, daß die heidnischen Tempel immer weniger Besucher, die Götter immer weniger Verehrer fanden, dekretirte die römische Gesetzgebung, weil sie in der neuen Christuslehre den Verfall ihrer Staatsinstitutionen mit einem richtigen Vorgefühle geahnt hatte, immer strengere Maßregeln gegen die Christen. Trajan, menschlicher, aber nicht gerechter als Domitian, hatte ein milderes Verfahren für die als Christen Angeklagten eintreten lassen; ein Angeklagter konnte sich von dem Verdachte reinigen, wenn er Christus öffentlich verläugnete, oder vor einer Götterstatue oder vor dem Kaiserbilde opferte [1]. In eine solche Anklage scheint R. Elieser verwickelt gewesen zu sein, und darauf hin ließ ihn der Statthalter von Syrien zu einem strengen Verhöre vorladen. Er fragte ihn, wie es denn möglich sei, daß ein Greis von seinen Gesinnungen sich in solche eitle Sachen einlassen könnte. R. Elieser antwortete ihm: „du selbst magst Bürge für mich sein, (daß ich nicht zu dieser Sekte gehöre"); diese Erklärung genügte schon, ihn von der Anklage frei zu sprechen. Er aber konnte sich nicht darüber beruhigen, als Christ angesehen worden zu sein, machte sich Vorwürfe wegen seines Umgangs und erkannte die Richtigkeit des Sinhebrialdekretes, welches jede Berührung mit der Sekte der Judenchristen verboten hatte [2].

Ohne Einfluß auf den Gang der jüdischen Verhältnisse und ohne Theilnahme an der Entwickelung der Lehre verlebte R. Elieser seine letzten Jahre bei sehr glücklichen Lebensverhältnissen und blühendem Wohlstande in trüber Stimmung. Wie seine Richtung die gedächtnißmäßige, bloß erhaltende Lehrweise, vereinsamt und unbeachtet geworden war, so war auch sein Leben. In dieser Verstimmung sprach er die merkwürdige Sentenz aus, die von denen

---

[1] Plinius des Jüngern Briefe. Buch X. Brief 97. 98.
[2] Aboda Sarah 16. b. ff. und besonders Midrasch Kohelet 84. d. ff. zum Vers Kol Hadebarim.

seiner Genossen grell absticht. „Wärme dich, sprach er, an dem Feuer der Weisen, aber hüte dich vor ihren Kohlen, daß du dich nicht daran verbrennest; denn ihr Biß ist Schakalenbiß, ihr Stich Skorpionsstich, ihr Züngeln ist Schlangenzüngeln, und ihre Worte glühende Kohlen"[1]). Es sind das bittere Worte eines gekränkten Gemüthes, das jedoch trotz aller erfahrenen Unbilde eine gewisse Berechtigung derer, von denen sie ausgegangen, nicht leugnen kann. — Erst bei der Nachricht von R. Eliesers herannahendem Tode eilten seine Genossen an sein Krankenlager nach Cäsarea. Er beklagte sich gegen sie über die erlittene Vernachlässigung, daß Keiner von ihnen ihn bisher aufgesucht und es ihm nicht vergönnt war, seinen umfangreichen Halachaschatz mitzutheilen, der nun mit ihm werde begraben werden. Sie ließen sich hierauf in eine halachische Unterredung ein, fragten ihn über die seltensten Traditionen, in deren Besitze er ganz allein war, und er beantwortete ihre Fragen mit ruhiger Klarheit; es war, als wenn ihm die Lebenskraft wieder neu zuströmte durch die gebotene Gelegenheit, die in seinem Innern verschachteten Gedanken der weiteren Ueberlieferung anvertrauen zu können. Er gab Antwort auf Antwort, bis seine Seele entschwand und sein letztes Wort war „rein;" dieses galt als eine sichere Vorbedeutung seiner Seligkeit. Alle Anwesenden zerrissen um seinen Tod ihre Kleider, und R. Josua, der nach dem Tode R. Gamaliels Hauptführer war, löste den Bann von dem Verschiedenen, indem er weinend dreimal die Worte sprach: „der Bann ist aufgehoben." R. Elieser starb an einem Freitage, und seine Leiche wurde nach dem Sabbat in feierlicher Weise von Cäsarea nach Lydda, seinem früheren Aufenthalte, geführt. R. Akiba hielt ihm die Gedächtnißrede und sagte unter Anderm zu seinem Ruhme: „mit seinem Tode ist das Buch der Lehre vergraben worden"[2]). Mit ihm war der letzte Zweig der Schule Schammais abgestorben, welche anderthalb Jahrhunderte hindurch in der Lehre und im Leben, im Synhedrin und im politischen Rathe die beharrliche Selbstständigkeit, die eiserne Festigkeit, aber auch die starre, herbe Abgeschlossenheit vertreten und behauptet hatte. R. Elieser hatte zwar auch seinen Kreis von Schülern, darunter Einen, Mathia b. Charasch, der ein Lehrhaus in der Weltstadt Rom gründete; aber sie pflanzten die

---

[1]) Abod II. 15.
[2]) Synhedrin 68 b. und 101 b. Jeruschalmi Sabbat II. p. 5 b. Sota Ende.

Lehrweise ihres Meisters keineswegs fort, sondern fügten sich dem gewaltigen Einflusse, den R. Akibas kühnes Lehrsystem ausübte. — R. Eliesers Leben und Tod hat die Sage vielfach ausgeschmückt. Sein Todesjahr läßt sich annäherungsweise bestimmen; er sprach nämlich vor seinem Tode von einer heftigen Gluth, die in der Welt wüthe[1]), und scheint hierbei auf den heftigen Kampf anzuspielen, welchen Trajan gegen die Juden vieler Länder führte; (um 116—117.)

Zu der Starrheit und der eisernen Konsequenz R. Eliesers bildet sein Genosse R. Josua b. Chananja einen entschiedenen Kontrast; er war das biegsame, nachgiebige, versöhnende Element in der Neubildung des jüdischen Gesammtwesens. Er schützte die Lehre und das Volk vor Einseitigkeiten und Uebertreibungen und wurde dadurch Förderer der Lehre und Wohlthäter des Volkes. — Als junger Levite aus der Sängerklasse[2]) hatte er noch den Glanz des Tempels gesehen und in dessen Hallen die Psalmen im Chore mit angestimmt, deren andachterweckende Klänge, verbunden mit der feierlichen, ehrfurchtgebietenden Haltung der dienstthuenden Priester auch auf die besuchenden Heiden einen nachhaltigen Eindruck hinterlassen haben. Wie er mit seinem Lehrer das dem Untergange verfallene Jerusalem verlassen und nach dessen Tode ein eigenes Lehrhaus in Bekiin gegründet hat, ist bereits erzählt. Hier lehrte er seine Jünger und betrieb sein niedriges Handwerk der Nadelverfertigung, womit er seine Familie ernährte. Durch die eine Beschäftigung dem Lehrkreise, durch die andere dem Volke angehörend, vermittelte R. Josua die zwei schroff von einander getrennten Stände, und war darum auch der Einzige, welcher auf die Gemüther und die Willensregelung der Masse Gewalt besaß. An Körpergestalt war er so häßlich, daß ihm eine Kaisertochter einst die kecke Frage hinwarf: Warum denn so viel Weisheit in einem so häßlichen Gefäße. Witzig antwortete R. Josua darauf: der Wein wird ja auch nicht in Goldgefäßen aufbewahrt[3]). Außer der Traditionskenntniß scheint er astronomische Kunde besessen zu haben, den unregelmäßigen Lauf eines Kometen zu berechnen, welche ihm einmal bei einer Reise sehr zu statten kam. Er hatte mit R. Gamaliel eine Seereise gemacht

---

[1]) Synhedrin 101 a.
[2]) Erubin 11 b.
[3]) Taanit 7 a.

und sich mit mehr Vorrath versehen, als zu der Reise nöthig war. Das Schiff irrte eine längere Zeit auf dem Meere herum, weil dessen Führer, von einem Sterne getäuscht, nach einer andern Richtung zugesteuert hatte. R. Gamaliels Mundvorrath war indeß aufgezehrt, und er war um so mehr erstaunt, daß sein Reisegefährte keinen Mangel daran hatte, ihm sogar davon überlassen konnte. Hierauf theilte R. Josua ihm mit, daß er im Voraus die Wiederkehr eines Sternes (Kometen) für dieses Jahr berechnet habe, der alle siebzig Jahre zu erscheinen pflege und die unkundigen Schiffer irreführe, deswegen habe er sich mit ausreichendem Vorrath für diesen Fall versorgt[1]). Diese astronomische Kenntniß R. Josuas erscheint um so merkwürdiger, als die Umlaufszeit der Kometen selbst den gebildeten Völkern des Alterthums nicht bekannt war. Aber mehr noch als Kenntnisse und Gelehrsamkeit zierten ihn die herzgewinnenden Tugenden der Bescheidenheit, Sanftmuth und Versöhnlichkeit, wodurch er so sehr seinem Meister R. Jochanan glich. Es ist schon erwähnt, wie er einem bemüthigenden Befehle R. Gamaliels Folge geleistet, und wie er ferner nach dem vollständigen Siege über seinen Gegner zuerst die Hand geboten, ihm zu der eingebüßten Würde zu verhelfen. Durch seine Mäßigung und seinen versöhnlichen Charakter hat er unberechenbare Spaltungen im Schooße des Judenthums verhütet, die unfehlbar ausgebrochen wären, indem R. Josua in der Gunst des Volkes stand, und R Gamaliel seinerseits nicht ohne Anhang war. Ein fortdauernder Zwist zwischen den beiden Hauptvertretern des jüdischen Gesammtwesens hätte vielleicht die Sektenbildung im jüdischen Kreisen wiederholt, welche das Christenthum in demselben Zeitalter in einer so maßlosen Weise gespalten hat.

Dieselbe Milde und Mäßigung, wie im Leben, bewährte R. Josua auch in der Lehre; er war ein Feind aller Uebertreibungen und Seltsamkeiten und nahm bei Gesetzesentscheidungen auf die Lebensumstände die gebührende Rücksicht. Den frommen Zeloten, welche nach der Tempelzerstörung nicht Wein noch Fleisch genießen mochten, weil dergleichen Opfergaben nicht mehr auf den Altar kommen können, erwiderte er: so dürfte man auch kein Wasser trinken, weil solches doch auch einmal auf den Altar gegossen wurde, und

---

[2]) Horajot 10 a.

aus demselben Grunde müßte man sich auch des Brodgenusses enthalten. Er stellte daher den weisen Grundsatz auf, man dürfe keinerlei Erschwerungen auflegen, bei denen die Gesammtheit nicht bestehen könne¹). Ueber die erschwerenden Umzäunungen, welche die Schule Schammai's kurz vor dem Tempeluntergange mit Ungestüm und Leidenschaftlichkeit eingeführt hatte, bekannt unter dem Namen „die achtzehn Bestimmungen," die größtentheils dahin gerichtet waren, den näheren Umgang und jede herzliche Vertraulichkeit mit Heiden unmöglich zu machen²), fällte R. Josua ein sehr tadelndes Urtheil. Er sprach sich darüber aus: „An jenem Tage hat die Schule Schammai's das Maß der Lehre abgestrichen; wie wenn man Wasser in ein Gefäß mit Oel gießt, je mehr Wasser hineinkömmt, je mehr Oel fließt ab," was eben sagen will, je mehr Erschwerungen eingeführt werden, desto mehr Wesentliches geht von der Lehre verloren. Wie hier gegen die schammaitischen Erschwerungen, so scheint er auch gegen das Uebermaß von Folgerungen der hillelschen Schule eingenommen gewesen zu sein. Dahin gehört sein merkwürdiger Ausspruch: „Die Bestimmungen über Sabbat, Festopfer, Mißbrauch der Heiligthümer haben einen geringen Anhaltspunkt in der heiligen Schrift, aber viel Halachas. Die zweite Zange kann man wohl mit der ersten anfertigen, aber womit macht man die erste?" Aus derselben nüchternen, unbefangenen Ansicht heraus verwarf er auf's Entschiedenste den Einfluß einer Wundererscheinung bei Gesetzesentscheidungen. Es ist schon bekannt, daß er die Berufung auf das Bat-Kol zu Gunsten der hillelschen Halachas nicht gelten lassen wollte; sein Grundsatz dabei war: das Gesetz ist nicht für die Himmlischen, sondern für die Menschen mit ihrer eigenen Einsicht geoffenbaret³).

Dieser ausgeprägte und milde, besonnene Charakter machte R. Josua auch am meisten geeignet die Vermittlerrolle zu übernehmen zwischen dem herauf beschworenen Zorne des jüdischen Volkes und dem römischen Uebermuthe. Er war der einzige Tanaï, der bei den römischen Machthabern Vertrauen genoß und auch wahrscheinlich suchte. Ohne ein verrätherischer Römling zu sein, rieth er in nüchterner Berechnung der gegenseitigen Kräfte zur Nachgiebigkeit. Der Tod R. Gamaliels und die feindselige Haltung der Juden gegen die Römer

---

¹) Tosifta Sota c. 15; b. Baba Batra p. 60 b.
²) S. Band III. Note 26.
³) Siehe Note 6.

in den letzten Jahren des Kaisers Trajan und beim Regierungs=
antritte Hadrians scheinen R. Josua aus seinem unbedeutenden
Handwerkerleben herausgerissen und ihm die öffentliche Leitung über=
antwortet zu haben. Es ist auch nicht unwahrscheinlich, daß er das
erledigte Patriarchat als Stellvertreter verwaltet hat, wenigstens
spricht der Umstand dafür, daß er den Bann von R. Elieser nach
dessen Tode löste, eine Befugniß, welche nur von einer dem Pa=
triarchen gleichstehenden Autorität ausgeübt werden durfte. Seine
Thätigkeit in den letzten Lebensjahren bildet einen wesentlichen Theil
der Geschichte dieser Zeitepoche, und wird dort ihre Stelle finden.

In der Reihe der Persönlichkeiten in diesem Kreise war R.
Akiba b. Joseph unstreitig der begabteste, originellste und ein=
flußreichste. Er gehört zu denjenigen geschichtlichen Erscheinungen,
welche in der kurzen Spanne ihres Lebens die Fäden für das
Gewebe der Zukunft aus sich heraus spinnen. — Seine Jugend=
geschichte und sein Bildungsgang sind, wie bei allen tief in die
Geschichte eingreifenden Characteren, dunkel und höchst romantisch
ausgeschmückt; indessen verbreiten diese Sagen so viel Licht, die
Dunkelheit seiner Herkunft zu erkennen. Er soll nach einer Sage
ein Proselyte gewesen sein und zwar aus dem Geschlechte des kana=
nitischen Feldherrn Sißera, den die List und die schwache Hand
eines Weibes getödtet hatte. Nach einer andern Sage soll R. Akiba
in einem dienenden Verhältnisse zu Kalba=Sabua, einem der drei
reichsten Männer Jerusalems, welche mit ihren Vorräthen die Noth
der Belagerung auf viele Jahre hatten verhüten wollen, gestanden
haben. Die Sage fügt hinzu, daß eine Tochter dieses reichen Je=
rusalemers, mit Namen Rachel, ihm ihre Neigung geschenkt habe
unter der Bedingung, daß er sich Gesetzeskenntnisse — was in der
Sprache der damaligen Zeit Bildung überhaupt bedeutete — an=
eignen sollte. Dadurch habe er sich entschlossen, zu vierzig Jahren
in eine Schule einzutreten, um die Anfangsgründe zu erlernen; bis
dahin sei er alles Wissens baar gewesen. Während der Zeit, die
er zu seiner Heranbildung gebrauchte, habe die Tochter aus dem
reichen Hause dem armen Lehrling ihre Liebe treu bewahrt, dem
Unwillen ihres Vaters trotzend, der sie deswegen verstoßen und der
ärmlichsten Existenz bloß gestellt haben soll. Von allen diesen dich=
terisch ausgemalten Zügen ist nur das Eine festzuhalten, daß R.
Akiba bis in sein vorgerücktes Alter sehr unwissend war. Erzählte

er doch selbst später von sich, daß er im Stande der Unwissenheit die Gesetzeskundigen leidenschaftlich gehaßt habe [1]. Auch die Thatsache, daß er mit seiner Frau in dürftigen Umständen gelebt, ist geschichtlich. Denn eine durchaus glaubwürdige Nachricht erzählt, seine Frau habe ihre Haarflechten verkauft, um ihm das Nothwendigste zur Lebensfristung zu liefern [2]. Alle diese Hindernisse, die einen Andern auf halbem Wege entmuthigt hätten, dienten nur dazu, ihm den Stempel der Geisteshoheit aufzudrücken; seine kräftige Natur besiegte alle Hindernisse, überwand alle Schwierigkeiten und stellte ihn als den gefeiertesten dieses Kreises hin.

Indessen hat sich sein schlummernder Geist nicht so schnell entwickelt, wie es sich die Sage dachte. Eine Quelle erzählt, daß er bereits mehrere Jahre Zuhörer R. Eliesers gewesen war, ohne von ihm einer belehrenden Antwort gewürdigt worden zu sein. Dieser Lehrer der starren Ueberlieferung scheint ihn überhaupt mit gewisser Verächtlichkeit behandelt zu haben. Eines Tages hatte der Jünger gegen eine Behauptung R. Eliesers so viele schlagende Beweise geltend gemacht, daß er ihn in eine Enge ohne Ausweg getrieben hatte. Dazu bemerkte R. Josua gegen R. Elieser mit Anspielung auf einen Bibelvers: „Siehst du, das ist ja das Volk, das du verachtest hast, tritt doch auf und bekämpfe es" [3]. Wohl mag auch die eigenthümliche Methode R. Akibas bei Ermittelung neuer Gesetze R. Eliesers Mißbehagen an ihm so sehr erregt haben. Diese neue Lehrweise hatte sich Akiba von Nachum aus Gimso angeeignet, dessen Zuhörer er ebenfalls war, aber nicht zwei und zwanzig Jahre hindurch, wie die Sage wissen will. Das Unvollendete und bloß Hingeworfene dieser Schule erhob R. Akiba zu einem ausgebildeten System und bildete damit einen Wendepunkt in der jüdischen Geschichte.

Das ganz eigenthümliche Lehrsystem R. Akibas war mit vollem Bewußtsein auf gewisse Prinzipien aufgebaut, aus denen sich die Consequenzen von selbst entwickeln, wie er dann überhaupt als der einzige systematische Tanai gelten kann. Dieses System betrachtete den vorhandenen Stoff der mündlichen Lehre nicht als einen todten Schatz, des Wachsthums und der Bereicherung unfähig, oder, wie in den Augen R. Eliesers, als Gegenstand des bloßen Gedächtnisses,

---

[1]) Pesachim 49 b.
[2]) Jeruschalmi Sabbat VI. p. 7 d und Sota Ende.
[3]) Jeruschalmi Pesachim VI. p. 33 b.

sondern er sollte eine ewige Fundgrube bilden, aus welcher sich bei richtiger Anwendung der gebotenen Mittel immer neue Schätze gewinnen lassen. Neue Gesetzesbestimmungen sollten nicht nach dem äußerlichen Maßstabe von Mehrheitsbeschlüssen entschieden werden, sondern ihre Berechtigung und Begründung in den geschriebenen Dokumenten des sinnvollen Bibelwortes nachweisen können. Als obersten Grundsatz seines Systems stellte R. Akiba seine Ueberzeugung hin, daß der Wortlaut der Thora, namentlich in den gesetzlichen (halachischen) Theilen, ganz verschieden sei von der Art jedes andern Schriftwerkes. Die menschliche Ausdrucksweise bediene sich außer dem nothwendigen Wortbedarfe noch gewisser Wendungen, Redefiguren, Wiederholungen, Ausschmückungen, mit einem Worte einer gewissen F o r m, welche zum Verständnisse beinah überflüssig und nur für den Wohllaut und den Geschmack berechnet sei, um die Sätze abzurunden und sie gewissermaßen zu einem Kunstprodukt zu stempeln. In der Sprache der Thora hingegen sei gar nichts Form, Alles an ihr vielmehr W e s e n ; da gebe es gar nichts Ueberflüssiges, kein Wort, keine Sylbe, nicht einmal ein Buchstabe; jede Eigenthümlichkeit des Ausdruckes, jedes Flickwort, jedes Zeichen will als höhere Beziehung, als ein Fingerzeug, als eine tiefere Andeutung angesehen sein. In dieser Beziehung ging R. Akiba über seinen Lehrer Nachum aus Gimso weit hinaus, der nur in einigen Partikeln der Schrift Andeutungen gefunden hatte; jener aber fand sie in j e d e m Elemente des Satzes, welches nicht ganz, streng genommen, zum Sinne gehört. R. Akiba fügte also eine Menge Deutungs- und Folgerungsregeln zu denen Hillels und Nachums hinzu, welche ganz neue Anknüpfungspunkte für das trationelle Gesetz boten. War eine Folgerung aus dem richtigen Gebrauch der Regeln gefunden, so konnte nach diesem System dieselbe wiederum als Vordersatz einer neuen Schlußfolgerung gelten, und so ins Unendliche[1]). R. Akiba schreckte bei diesem Verfahren vor keiner Konsequenz zurück. Sein Schüler Nehemias aus Emmaus hatte das Deuten einer Partikel bedenklich gefunden in dem Satze: „du sollst den Herrn, deinen Gott, ehrfürchten," weil eine solche hier zu der Annahme führen würde, man dürfe neben Gott noch ein anderes Wesen göttlich verehren, was bei den Angriffen des Christenthums auf die absolute göttliche

---

[1]) Siehe Note 7.

Einheit gar nicht so harmlos erschien; Nehemias war aus dieser Bedenklichkeit im Begriff, sich von dieser Lehrweise loszusagen. R. Akiba hingegen beseitigte den Einwand durch die Bemerkung: auch in diesem Satz wolle das Gesetz andeuten, daß man nächst Gott noch sein heiliges Wort, die **Thora**, verehren müsse.

R. Akiba hat mit seinem System eine neue Bahn gebrochen, neue Gesichtspunkte eröffnet; dem mündlichen Gesetzesstoffe, von dem Einige gesagt hatten, er schwebe an einem Haare und habe keinen Anhaltspunkt in der Schrift, war damit ein Halt gegeben; halachische Streitigkeiten waren dadurch theilweise abgeschnitten. Die Mitwelt R. Akiba's war überrascht, geblendet und begeistert von diesem Neuen, das doch zu gleicher Zeit ganz alt schien. R. Tarphon oder Tryphon, der früher R. Akiba überlegen war, äußerte in einem verehrenden Tone zu ihm: „Wer von dir weicht, weicht von seinem ewigen Leben, was die Ueberlieferung vergißt, das stellst du durch deine Deutungen wieder her"[1]. R. Josua, früher sein Lehrer, sprach davon mit Bewunderung: „Wer nähme die Erdschollen von den Augen R. Jochanans b. Sakkai, daß er sehen könnte, wie seine Befürchtung eitel war, daß einst eine Halacha aufgegeben werden möchte, weil sie keinen Anhalt im Schrifttexte habe; siehe da, R. Akiba hat dafür eine Anlehnung gefunden[2]." Man gestand sich ein, daß das Gesetz vergessen oder doch vernachlässigt worden wäre, wenn R. Akiba ihm nicht eine Stütze gegeben hätte[3]. In übertreibender Begeisterung sagte man: „Viele Gesetzesbestimmungen, die Mose unbekannt waren, seien R. Akiba aufgegangen"[4]. Eine Sage stellt dieses Verhältniß, daß man sich zwischen Mose und R. Akiba dachte, in einem eignen Lichte dar. Mose verwunderte sich, welchen Zweck die Krönchen hätten, welche einigen Buchstaben der Thora hinzugefügt seien, und Gott belehrte ihn hierüber, daß einst nach einer langen Reihe von Geschlechtern R. Akiba b. Joseph aus diesen Krönchen Halachas herausfinden werde. Mose habe dann eine Sehnsucht empfunden, diese Größe im Geiste zu schauen; aber er mußte sich dazu acht Reihen hinter R. Akiba setzen und konnte

---

[1] Sifri Parascha Behalotecha.
[2] Sota 27 b.
[3] Sifri Parascha Ekeb.
[4] Pesikta Rabbati Parascha 14. Numeri Rabba c. 19.

dessen Worte gar nicht fassen¹). Indessen so beifällig man auch dieses Lehrsystem, zu dessen Handhabung Verstandesschärfe und Geistesgewandtheit erforderlich war, aufgenommen hat und später für die Halacha-Entwickelung zu Grunde legte, so hatte es auch seine Gegner gefunden.

Wie R. Akiba durch ueue Deutungen der Traditionslehre die innere Berechtigung zuerkannte und sicherte, so verhalf er ihr auch zu einer methodischen Abrundung und Ordnung. Er legte den Grund zu dem möglichen Abschlusse des reichen Stoffes. Es ist bereits entwickelt worden, daß die Halacha's bisher ohne Zusammenhang und ohne systematische Gruppirung vorgetragen wurden. Es erforderte daher, um sich die ganze Masse derselben anzueignen und zu behalten, einen jahrelangen Umgang mit den Pflegern derselben, unermüdlichen Fleiß und ein treues Gedächtniß. R. Akiba aber erleichterte das Studium der Gesetze, indem er sie systematisch in Gruppen ordnete und dadurch dem Gedächtnisse zu Hülfe kam. Das Ordnen der Gesetze führte er auf zweierlei Weise aus; er stellte sie zuerst nach ihrem **Inhalte** zusammen, so daß alle Gesetze über Sabbat, Ehe, Scheidungen, über Mein und Dein ein Ganzes bildeten. Dadurch gruppirte sich der ganze Stoff in gleichartige Theile, von denen jeder Theil den Namen **Masechta** (Textus, Fach) führte. Innerhalb jedes Theils ordnete er die Gesetze dann nach **Zahlen**, dem Gedächtnisse dadurch eine leichte Handhabe bietend; so wurden z. B. zusammengestellt: aus **vier** Veranlassungen können Beschädigungen an Eigenthum entstehen; **fünf** Menschenklassen dürfen nicht die Priesterhebe ausscheiden; **fünfzehn** Frauen entbinden wegen Verwandtschaftsverhältnisse von der Schwagerehe; **sechs und dreißig** Verbrechen sind in der Schrift mit der Ausrottungsstrafe belegt.²) Von dieser ordnenden, methodischen Thätigkeit R. Akiba's nach Fächern und Zahlen sagte man: er habe Ringe oder Handgriffe für das Gesetz gemacht, er habe, wie in einem wohlgeordneten Schatze, Alles an Ort und Stelle gebracht³) — Die halachische Ordnung R. Akibas führte den Namen **Mischna**, mit dem besonderen Zusatze Mischna des R. Akiba, zum Unterschiede von der spätern Sammlung. Auch im

---

¹) Menachot 29 b.
²) Siehe Note .8
³) Abot de R. Nathan c. 18. Gittin 67 a.

christlichen Kreise ist sie unter dem Namen R. Akiba's **Deuterosis** bekannt geworden[1]). Sie wurde auch **Midot** genannt (Maaße, in der damaligen Volkssprache Mechilta, Mechilin, was dasselbe bedeutet), wahrscheinlich wegen der Zahlen, welche das Verbindungsmittel bildeten. Diese **Mischna** oder **Midot** war, obwohl geordnet, keinesweges niedergeschrieben worden, sondern ihr Inhalt blieb nach wie vor mündlich; es war eigentlich weiter nichts, als eine leichtere, faßlichere Methode, deren sich R. Akiba bei der Mittheilung der Halachas bediente. Indessen hat R. Akiba wohl kaum das Ordnen des ganzen, viel zu umfassenden Stoffes allein vollendet; seine Jünger, die in seinem Sinne thätig waren, haben ohne Zweifel die Sammlung ergänzt; sie machte später den Grundbestandtheil beim Endabschlusse des ganzen Traditionsmaterials aus.

Die durchweg originelle Lehrweise R. Akibas, welche sich von den andern **inhaltlich** durch die scharfsinnige Behandlung des Stoffes und **äußerlich** durch die übersichtliche Ordnung unterschied, errang sich nach und nach trotz der Gegner von zwei Seiten her das höchste Ansehen und die herrschende Gültigkeit, die bisherige Behandlungsweise allmälig verdrängend. Man scheute sich nicht einzugestehen, daß man über gewisse Punkte bisher in Irrthum oder in Zweifel war, bis R. Akiba durch seine eigene Art das Rechte getroffen. Oft wurden die **älteren** Mischnas (Mischna rischona) von den **jüngeren** (M. acharona oder M. de R. Akiba) geradezu beseitigt und die letztere als Norm angenommen[2]). Der Name des Neubegründers der mündlichen Lehre wurde durch seine eigenthümliche Lehrweise einer der gefeiertesten in den nahen und entfernten jüdischen Gemeinden; seine dunkle Abstammung und seine ehemalige niedrige Stellung verliehen ihm einen um so höhern Glanz. Die lernbegierige Jugend, welche mehr Geschmack am scharfsinnigen Entwickeln und Vergleichen, als am trockenen gedächtnißmäßigen Ueberliefern fand, schaarte sich um ihn. Die Zahl seiner Zuhörer übertreibt die Sage und giebt sie auf zwölftausend und sogar auf das Doppelte an; eine bescheidene Nachricht jedoch beschränkt sie auf **dreihundert**. Von dieser jedenfalls zahlreichen Jüngerschaar begleitet, soll R. Akiba einst seine Frau Rachel wieder

---

[1]) Epiphanius contra haereses s. Note 2.
[2]) Siehe Note 8.

besucht haben, von welcher er auf ihre eigene Veranlassung viele Jahre hindurch entfernt gewesen, während welcher sie in großer Dürftigkeit gelebt hätte. Die Scene ihres Wiedersehens hat eine wohl nicht ganz sagenhafte Nachricht recht malerisch dargestellt. Aus der ganzen Gegend war eine Menge Volkes zusammengeströmt, um den hochberühmten Lehrer zu sehen, darunter auch Rachel, sehr ärmlich gekleidet. Bei seinem Anblicke zertheilt sie ungeduldig die Menge und drängt sich an ihren Jugendgeliebten, um dessen Knie zu umfassen. Die Jünger waren schon im Begriffe, das zudringliche Weib zurückzustoßen, da ruft ihnen der Meister zu: „Laßt sie! denn was ich bin, und was ihr seid, haben wir ihr allein zu danken." Sogar ihr harter Vater Kalba Sabua, stolz auf einen solchen Schwiegersohn, soll ihm sein ganzes Vermögen hinterlassen haben. Von dieser Zeit an lebte R. Akiba mit seiner Frau in großem Reichthume, sie, deren Armuth bisher so erschreckend gewesen sein soll, daß sie nichts als Stroh zu ihrem Lager hatten [1]). Seine Dankbarkeit gegen seine hartgeprüfte Frau stand zu den Opfern im Verhältniß, die sie ihm so zuvorkommend gebracht hatte; unter Andern schenkte er ihr einen seltenen Schmuck von Gold, worauf die Stadt Jerusalem geprägt war. Auf dieses kostbare Geschenk war des Patriarchen Frau nach Weiberart recht neidisch. R. Gamaliel verwies ihr aber diese Schwachheit mit der Bemerkung: nur jene Frau verdient eine solche Auszeichnung, die für ihren Mann sich sogar ihres Haarschmuckes beraubt hat [2]).

Seinen beständigen Aufenthalt hatte R. Akiba in Bene-Berak, wo auch sein Lehrhaus war; die Lage dieses durch ihn berühmt gewordenen Ortes soll südöstlich von Joppe gewesen sein [3]); Andere verlegen es viel südlicher in die Nähe von Asbod (Azotus) [4]; doch war R. Akiba als Mitglied des Synhedrin oft in Jabne, und selten wurde ein Beschluß ohne ihn gefaßt. Als er einst bei einer wichtigen Verhandlung im Rathe fehlte, konnte die aufgeworfene Frage nicht entschieden werden; denn man sagte: „wenn R. Akiba abwesend ist, so fehlt die Lehre." [5]) Die Huldigungen, die ihm

---

[1]) Nedarim 50 a. Ketubot 62 b.
[2]) Jeruschalmi Sabbat VI. p. 33 b. Sota Ende und Nedarim das.
[3]) Schwarz. Tebuot ha-Erez 77 b.
[4]) Reland Palästina 615. und 623. nach Eusebius' Onomasticon.
[5]) Midrach Chasita oder Canticum edit. Frankf. 6. d.

von so vielen Seiten zu Theil wurden, flößten ihm aber nicht im Geringsten jenen Stolz ein, der nur zu oft als beständiger Begleiter des Ruhmes erscheint; nach wie vor nahm er die bescheidene Stellung gegen seine ehemaligen Lehrer und Genossen ein. War ein Auftrag von delikater Natur auszuführen, so trug man ihn nur R. Akiba auf, und man rechnete dabei auf sein feines Schicklichkeitsgefühl, wie auf seine Bereitwilligkeit. Er hatte eben wegen seines bescheidenen Charakters unter R. Gamaliels Patriarchat und später unter R. Josua's Leitung keinen besonderen Einfluß auf die öffentlichen Angelegenheiten; erst nach dem Tode des Letztern galt er als Oberhaupt und Leiter der jüdischen Gesammtheit und half jene gewaltigen Ereignisse vorbereiten, welche unter dem Namen des Aufstandes von Bar-Cochba das römische Reich zu erschüttern drohten.

In der Entwickelung der jüdischen Lehre, in welche R. Akiba gewissermaßen ein umwälzendes Element gebracht hatte, nimmt R. Ismael b. Elisa eine nicht unbedeutende Stellung ein; er vertrat in der Auslegung und Deutung des schriftlichen Gesetzes den natürlichen Sinn und so zu sagen den gesunden Menschenverstand und wurde dadurch der Hauptgegner des von R. Akiba ausgegangenen Lehrsystems. R. Ismael, gleich R. Akiba, ein jüngerer Zeitgenosse dieses Geschlechts, war Sohn eines der letzten Hohenpriester vor der Tempelzerstörung, ohne Zweifel aus der hohenpriesterlichen Familie Fabi. Ein Hoherpriester dieser Familie, wahrscheinlich Elisa sein Vater (bei Josephus fälschlich Ismael b. Fabi), wurde in Rom als Geißel zurückgehalten, als er beim Kaiser Nero im Interesse des Tempels gegen Agrippa II. eine Klage führte[1]). Möglich, daß sich von diesem Umstande die Sage erhalten hat, R. Ismael sei durch R. Josua um einen hohen Preis losgekauft und aus Rom nach Judäa gebracht worden[2]). Irrthümlich haben Einige diesen R. Ismael für einen Hohenpriester gehalten, den Titus zugleich mit dem Patriarchen Simon zum Tode verurtheilt haben soll[3]). — R. Ismael lebte in Südjudäa unweit des idumäischen Landstrichs in einer unfruchtbaren Gegend[4]), sein Wohnort wird Ke-

---

[1]) S. B. III. S. 329, 31.
[2]) Gittin 58 a.
[3]) Vergl. Frankels Monatsschrift Jahrgang 1852 Nr. 8. S. 320.
[4]) Ketubot 64 b.

phar-Aziz genannt¹). Vom Weinbau lebend und bemittelt, verwendete er sein Vermögen auf Pflege und Ausstattung jüdischer Mädchen, welche durch die Kriegesleiden verwaist oder verarmt waren²). Seine Ansichten über das Verhältniß der überlieferten Lehre zum Schriftworte zeichnen sich durch eine verständige ungekünstelte Haltung aus und scheinen ganz besonders gegen R. Akiba's künstliches Lehrsystem gerichtet zu sein. Einer seiner Grundsätze lautete: Die traditionellen Bestimmungen dürfen nicht zu den ausdrücklichen Worten der Schrift in Widerspruch stehen, die Halacha müsse mit dem Buchstaben des Textes harmoniren. Nur in drei Fällen hebe die überlieferte Halacha den Sinn des schriftlichen Gesetzes geradezu auf, in allen andern Fällen aber müsse sich jene diesem unterordnen. Indessen weicht dieser Grundsatz nicht allzusehr von R. Akibas Annahme ab, da auch er die Halacha im Schriftworte begründet wissen wollte. Nur in der Art und Weise, wie jenes aus diesem gesucht und abgeleitet werden soll, gingen die zwei originellen Tanaiten weit auseinander. Nach R. Ismael führte die göttliche Gesetzgebung der Thora eine durchaus menschliche Sprache, worin eigene Redewendungen, sprachgebräuchliche Wiederholungen, rednerische Ausmalungen vorkommen, auf welche eben kein besonderes Gewicht zu legen sei, da sie weiter nichts als den Werth der Form beanspruchen. Dadurch verwarf er durchweg sämmtliche Herleitungen R. Akibas, die sich blos auf ein scheinbar überflüssiges (pleonastisches) Wort, eine müssige Sylbe oder gar einen einzelnen Buchstaben stützen. R. Akiba folgerte z. B. die Todesstrafe durch Feuer für eine verheirathete ehebrecherische Priestertochter aus einem Buchstaben, darauf entgegnete ihm R. Ismael: „Also wegen dieses Buchstabens willst du den Feuertodt verhängen lassen?" — Nur an drei Stellen gab R. Ismael jenem zu, daß eine Partikel (eth) eine besondere Deutung erheische, in allen andern gehöre sie lediglich zum syntaktischen Bau der Sprache. Entschieden sprach er sich daher gegen die Regeln der Erweiterung und Ausschließung aus, welche in R. Akiba's System eine so wichtige Stelle einnahmen; nur die logisch einleuchtenden hillel'schen Regeln ließ er als Norm gelten. Aber auch diese wollte er in der heiligen Schrift ausdrücklich begründet sehen, darum bemühte er sich nachzuweisen, daß die

¹) Kilaim VI. 4.
²) Nedarim 66 a.

Schlußfolgerung vom Niedern zum Höhern an zehn Stellen in der Bibel selbst vorkomme und eben dadurch berechtigt erscheine. Aber auch bei der Handhabung der berechtigten Folgerungsregeln wollte er Maß und Beschränkung beachtet wissen; man dürfe nach seiner Ansicht aus einer bloßen Folgerung weder Geld- oder gar Leibesstrafe verhängen, wenn sie nicht ausdrücklich in der Schrift ausgesprochen ist, noch aus einem bloß gefolgerten Gesetze weitergehende Folgerungen ziehen[1]). Man wird aus diesen wenigen Zügen die Theorie eines erleuchteten Geistes erkennen, welcher die Aufgabe, die ihm als Ausleger des Gesetzes oblag, mit gewissenhafter Vorsicht zu lösen trachtete. R. Ismael hatte ebenfalls seine eigene Schule, welche unter dem Namen Be-Rabbi Ismael bekannt ist; in dieser entwickelte er besonders die Regeln, deren man sich bei der Auslegung und Anwendung des geschriebenen Gesetzes zu bedienen hat. Er erweiterte die sieben hillelschen Deutungsformeln in dreizehn, indem er eine derselben in mehrere Unterabtheilungen zerlegte, eine andere verwarf und eine ganz neue seinerseits hinzufügte[2]). Die dreizehn Folgerungsregeln R. Ismaels sind als vollständige Norm anerkannt worden, ohne daß jenes damit theilweise im Widerspruche stehende System R. Akibas verdrängt worden wäre; beide blieben als gleichberechtigt bei den Spätern im Gebrauch. Sonst ist von R. Ismael nur sehr wenig bekannt; er gehörte zu dem Kreise, welcher, ohne Zweifel wegen politischer Verhältnisse, das Synhedrin von Jabne nach Uscha verlegte[3]). Später büßte er seine Anhänglichkeit an seine Nation und die Lehre mit dem Leben und wird zu den Märtyrern der hadrianischen Verfolgung gezählt. R. Akiba, sein Gegner in der Theorie, hielt ihm eine huldigende Gedächtnißrede[4]), in der tiefen Ahnung, daß ihn bald dasselbe Loos treffen würde.

Diese fünf Männer, R. Gamaliel der Ordner, R. Elieser der starre Erhalter des Alten, R. Josua der Vermittler, R. Akiba der Systematiker und R. Ismael der logische Denker machen den Kern und den

---

[1]) Siehe Note 7.
[2]) Siehe Frankels Monatsschrift Jahrgang 1852 Nr. 4 S. 157. ff. und Frankel Darke Mischnah p. 19.
[3]) b. Baba Batra 28 a. b.
[4]) Mechilta Parascha Mischpatim 18.

Mittelpunkt des Zeitalters aus, sie bilden eben so viele Strahlen, die aus einem Punkte auseinanderfahren, um sich in einem andern wieder zu sammeln. R. Gamaliel und R. Josua hatten mehr das Praktische im Auge, jener die Einheit und die Centralisation des jüdischen Gesammt= wesens, dieser das Vermittlungsgeschäft in den schroffen Gegensätzen. Die übrigen drei verfolgten mehr ein theoretisches Interesse, R. Elieser die Erhaltung der Lehre streng in der überlieferten, R. Akiba und R. Ismael in der anwendungsfähigen Form nach gewissen Prinzipien. Um diese fünf Riesengestalten gruppirte sich die große Zahl der Tanaiten dieses Geschlechtes, die sich dem einen oder dem andern dieser fünf in Theorie und Lebensrichtung zuneigten. In der That giebt es nur wenige Zeiten in der ge= staltenreichen jüdischen Geschichte, die eine so große Fülle geistig ge= weckter, in der Hingebung an die Lehre ganz und gar aufgegangener Männer aufzuweisen hätte. Es war als ob für die schwere, prüfungsreiche, große Zeit auch die bewährtesten Helden geschaffen worden wären. Wieder einmal seit der Makkabäergeschichte hatte das Judenthum einen Kampf auf Tod und Leben zu bestehen, und es fehlte nicht an Kämpfern, die ihr Herzblut dafür eingesetzt haben. Das große Unglück des Unterganges aller staatlichen Verhältnisse mag auch dazu beigetragen haben, den Geist zu reifen und die Kräfte zu stählen. Die Erhaltung und der Ausbau der ererbten Lehre war der Vereinigungspunkt für diese Männer von Thatkraft und Geist, dem sie alle ihre Energie, ihr Sein und Thun zuwendeten. Alle ihre zahlreichen Zeitgenossen des zweiten Geschlechtes hießen in der Sprache jener Zeit die Geharnischten (Bâale Trêssin), weil das Synhedrin und die Lehrhäuser einem Kampfplatze glichen, auf dem die Theilnehmer einander Gesetzeskämpfe (μάχαι νομικαί) lieferten. Diese waren theils Synhedrialmitglieder, welche bei jedem Beschlusse eine entscheidende Stimme abzugeben hatten, theils ordinirte Bei= sitzer, durch die Weihe des zeremoniellen Händeauflegens in den Rang der Weisen (Ordinirten) erhoben, aus deren Mitte sich das Collegium zu ergänzen pflegte, theils endlich Jünger, welche auf der Erde „zu den Füßen ihrer Meister" als Zuhörer saßen.

Zu den hervorragenden Mitgliedern gehörten R. Tarphon oder Tryphon aus Lydda, reich und freigebig, heftig nnd un= gestüm, ein zelotischer Feind der Judenchristen, der auch in der christlichen Welt bekannt war¹); ferner R. Eliefer aus Mobin, eine Autorität in der agaischen Auslegung und R. José der Galiläer, von Gemüth weich und voller Menschenliebe. Ein einziger Zug mag diesen charakterisiren. Er war gezwungen sich von seiner Frau wegen ihrer Tücke zu scheiden, die sich darauf mit einem Stadtwächter verheirathete, und als dieser erblindete, führte sie ihn in allen Straßen zu betteln, nur nicht in derjenigen, wo R. José wohnte. Eines Tages aber hatte sie ihr Mann denn doch dazu gezwungen, aber es fiel ihr schwer als Bettlerin die Schwelle zu übertreten, wo sie als Hausfrau gewaltet hatte. Der blinde Mann hatte sie aber durch Mißhandlungen zu diesem Schritte drängen wollen, und ihr Wehklagen drang ins Ohr R. José's. Hinauseilen, ihnen zureden und beide, seine ehemalige tückische Frau sammt ihrem zweiten Gatten ins Haus nehmen, und sie mit allem Nöthigen zu versorgen²), war für R. José nur die einfache Erfüllung einer Pflicht, welche ihm vom Gesetz auferlegt schien. — Auch R. Isebab, Schriftführer im Synhedrin, R. Chuzpit, öffentlicher Sprecher und Ausleger (Meturgeman), R. Juda b. Baba, der Chasidäer (wahrscheinlich zu dem entsagenden Essener-Orden gehörig), R. Chanania b. Teradion, der mit allen eben Genannten später den Märtyrertod erlitten hat, sind hierbier zu zählen; ferner R. Eleasar Chasma und R. Jochanan b. Gudgaba, beide bekannt wegen ihrer mathematischen Kenntnisse und ihrer Dürftigkeit, welche erst auf R. Josua's ausdrückliche Ermahnung vom Patriarchen mit einem einträglichen Amte belohnt wurden; R. Jochanan b. Nuri, aus Bet-Schearim (in Galiläa)¹) ein warmer Anhänger R. Gamaliels; R. José b. Kisma, ein Lobredner der Römer und enblich R. Ilai und R. Chalafta, beide mehr durch ihre Söhne, als durch sich selbst berühmt geworden. — Aus der Klasse der Jüngergenossen haben vier tiefer in die Geschichte eingegriffen nnd werden von den Zeitgenossen mit Auszeichnung genannt: Samuel, der Jüngere, und drei mit dem Vornamen Simon. Jüngergenossen waren diejenigen, welche durch irgend einen zufälligen Umstand der ordinirenden Weihe (Semichah) entbehrten und eben dadurch von manchen Funktionen, wie z. B. der Syn-

---

¹) Sabbath 116 a. Justinus Martyr hat wohl deßwegen in seinem fingirten Dialog den Gegner des Christenthums Tryphon genannt.
²) Jeruschalmi Ketubot XI. 3. Numeri Rabba c. 34.

hebräialmitgliedschaft und gewisser Richterämter ausgeschlossen waren. Auch den Ehrentitel **Rabbi** erhielten Jünger-Genossen nicht und standen daher nicht einem eigenen Lehrhause vor. Die Rabbi-Benennung war überhaupt erst seit der Tempelzerstörung in Gebrauch gekommen und höchst wahrscheinlich erst seit Jochanan b. Sakkai eingeführt worden [1]).

Samuel, der Jüngere (Hakaton) [2]), besaß seltene Demuth und Selbstverleugnung, so daß man ihn einen echten Jünger Hillels nannte. Bekannt ist er durch die Verwünschungsformel gegen die Judenchristen, die er verfaßt hat, und durch den prophetischen Blick, den er auf seinem Todtenbette in die nächste düstere Zukunft that. Er sprach die inhaltschweren Worte: „Simon und Ismael sind dem Untergang geweiht, ihre Genossen dem Tode, das Volk der Plünderung, harte Verfolgungen werden eintreten;" die Anwesenden wußten gar nicht, was er damit sagen wollte, fügt der Bericht hinzu. Samuel starb kinderlos und der Patriarch selbst hielt ihm die Gedächtnißrede. — Von den drei Jüngergenossen Namens Simon hatte **Simon b. Nanos** einen Namen wegen seiner tiefern Kenntniß des jüdischen Privatrechtes; R. Ismael empfahl daher allen Rechtsbeflissenen den Umgang mit ben-Nanos [3]). **Simon b. Asaï** war ein Feind der Ehe, und mit dem dritten, mit **Simon b. Soma**, vertiefte er sich in die theosophische Spekulation jener Zeit. Unter der großen Zahl der Gesetzeslehrer, von denen viele ihr Leben für die Lehre eingesetzt haben, wird nur ein einziger genannt, der von ihr abfiel und dadurch eine fluchwürdige Berühmtheit erlangte. **Elisa b. Abuja**, mehr bekannt unter seinem Apostatennamen **Acher**, wurde durch eine irregeleitete Richtung ein Verfolger des Gesetzes und seiner Treuen. — Außerhalb Judäas gab es in diesem Zeitalter hin und wieder Pflanzstätten für die geistige Thätigkeit ganz besonders in demjenigen Lande, das später berufen war, Judäa abzulösen und die jüdische Geschichte in neue Bahnen zu leiten. Die zahlreichen Gemeinden in Babylonien und den parthischen Ländern hatten zwei Mittelpunkte für die Lehre: **Nisibis**, der Zankapfel zwischen Römern und Parthern, und **Naharbea**, die uralte Hauptstadt eines kleinen, fast unabhängigen jüdischen

---

[1]) Siehe Note 9.
[2]) Synhedrin 11 a. Berachot 28. 29. Jeruschalmi Sota Ende. Vrgl. Frankel's Monatschrift 1852, S. 320.
[3]) Baba Batra 75 b.

Staates. In Nisibis lehrte R. Juda b. Bathyra¹), höchst wahrscheinlich ein Abkömmling der Familie Bene-Bathyra, welche unter dem Könige Herodes Leiter des Synhedrin war. In Naharbea wird als Lehrer der Tradition genannt Nehemia aus Bet-Deli²). Von diesem Mittelpunkte aus scheint der hartnäckige Kampf, der gegen Trajan in der Euphratgegend gerichtet wurde, ausgegangen zu sein, wie später erzählt werden wird. Auch in Kleinasien hatte das Halachastudium seine Pfleger, wenn auch die Namen derselben nicht bekannt geworden sind. Cäsarea, die Hauptstadt der Kappadocier — auch Mazaca genannt — scheint der Hauptsitz dafür gewesen zu sein³). R. Akiba fand auf seinen Reisen in Kleinasien in dieser Stadt einen Traditionskundigen, der mit ihm eine halachische Verhandlung führte. Die Juden Egyptens, welche nach der Schließung ihres Oniastempels auf Vespasians Befehl ihre Cultusstätte eingebüßt hatten, scheinen ihre Halachalehrer in Alexandrien gehabt zu haben. Doch räumte man in Judäa diesen auswärtigen Schulen keine Autorität ein, und sie selbst betrachteten das Synhedrin in Judäa als die letztentscheidende Behörde.

¹) Synhedrin 32. b und viele andere Stellen.
²) Jebamot 122 a.
³) Das. 121. a. und besonders Jerus Jebamot XV. p. 15 d.

Viertes Kapitel.

Inneres Leben der Juden. Wirkungskreis des Synhedrin und des Patriarchen. Der Orden der Genossen und der sittliche Zustand des Landvolkes.

Das jamnensche Synhedrin war das Herz der jüdischen Nation geworden, von hier aus strömte Leben und Regsamkeit bis in die entferntesten Gemeinden, von ihm mußte jede Einrichtung und religiöse Bestimmung ausgehen, wenn sie auf Anklang und Heilighaltung rechnen wollte. Das Volk betrachtete den Bestand des Synhedrin als einen Rest des Staates und zollte dem Vorsitzenden derselben (Naßi), der aus dem hillelschen Hause von dem königlichen Blute Davids war, eine fürstliche Verehrung und Huldigung. Die griechische Benennung Ethnarch weist darauf hin, daß mit dem Patriarchat eine fürstliche Würde verbunden war [1]. Der Naßi war Volkfürst und seine Würde kam dem königlichen Range nahe. Selbst der gewöhnliche Titel Patriarch schließt eine oberherrliche Funktion ein. Darum war man auf das hillelsche Haus so stolz, weil durch dessen Glieder die Fürstenwürde in dem Hause Davids erhalten wurde, und somit die Prophezeihung des Erzvaters Jacob sich noch immer bewährte, daß „das Scepter nicht weichen werde vom Stamme Juda" [2]. Nächst dem Patriarchen standen dessen Stellvertreter (Ab-bet-din) und der Chacham (der Weise) oder der Sprecher bei den Synhedrialsitzungen; indessen ist deren eigentlicher Wirkungskreis noch nicht genau ermittelt. Der Patriarch hatte im Innern die Befugniß Richter- und Gemeinde-Aemter zu besetzen [3] und wahrscheinlich den Gang derselben zu überwachen. So weit

---

[1] Origenes. epist. ad Africanum edit. de la Rue 28.
[2] Das. de principiis IV. f. Synhedria 5. a.
[3] Horajot. 10. a. Sifri debarim 1.

hatte sich die römische Herrschaft noch nicht in die innere Angelegenheit der Juden gemischt, um die Gerichtsbarkeit durch römische Beamten ausüben zu lassen. — Die Autorität des Patriarchen ließ jedoch den Vorstehern eigener Lehrhäuser die Selbständigkeit ungeschmälert, ihren Jüngern die Würdigkeit als Richter und Volkslehrer zuzusprechen, und es bedurfte hierzu nicht der Bestätigung des Patriarchen. Die Ertheilung dieser Würde an die Jünger geschah auf eine feierliche Weise. Der Meister legte im Beisein zweier Mitglieder die Hand auf das Haupt seiner erkorenen Schüler, ohne dabei an ein Hinüberleiten und Mittheilen des Geistes zu denken, wie etwa bei den Prophetenjüngern. Es war weiter nichts als eine Anerkennung, daß der Geweihte würdig befunden worden, gewisse Aemter übernehmen zu können; die Tüchtigkeit war vorher erprobt. Jedermann durfte zwar als Schiedsrichter in gewöhnlichen Prozeßfällen über Mein und Dein von den Parteien vorgeschlagen werden, allein bei gewissen Rechtsfällen, bei denen durchaus ein ordentliches Gerichts-Collegium erforderlich war, durften nur geweihte oder ordinirte Personen fungiren. Der Akt der Weihe und des Händeauflegens hieß Semicha, auch Minuj[1]) und bedeutete so viel wie Ernennung, Ordination oder Promotion. Der Ordinirte führte den Titel Saken (Alter), welches beinahe dem Titel Senator entspricht; denn durch die Weihe erlangten sie auch die Befugniß, Mitglieder des hohen Rathes zu werden, wenn die Wahl auf sie fiel. Die Ordinirten pflegten an dem Ehrentage, an dem sie diese Rangerhöhung empfingen, ein eigenes Feierkleid zu tragen.[2])

Die Hauptwirksamkeit hatte der Patriarch in den feierlichen öffentlichen Sitzungen des Synhedrin. Er nahm den höchsten Sitz ein, umgeben von den angesehensten Mitgliedern, welche vor ihm in einem Halbkreise saßen. Hinter den Mitgliedern saßen in mehreren Reihen die Ordinirten, hinter diesen wieder standen die Jünger, und ganz zuletzt lagerte das Volk als Zuhörer auf der Erde. Der Patriarch eröffnete die Sitzung entweder in der Art, daß er selbst einen Gegenstand aus dem Gesetzeskreise zur Verhandlung brachte, oder daß er die Mitglieder durch die Formel „fraget" zum

---

[1]) Synhedrin 14. b. f. Jeras daf. I. 3.
[2]) Pesikta Parascha 10, p. 17 b. Leviticus Rabba c. 2. p. 167 b. vergl. M. Sachs. Beiträge zur Sprach- und Alterthumsforschung I. S. 87.

Sprechen aufforderte. Trug er selbst vor, so theilte er dem neben ihm stehenden Sprecher (Meturgeman) einzelne Sätze leise mit, welcher dieselben in redneriſcher Weiſe zu entwickeln und zu erläutern hatte. Bei den Fragen von den Theilnehmern beſtand eine Art Geſchäftsordnung, welche die Weiſe und den Umfang derſelben regelte, wie ſie geſtellt und zur Verhandlung gebracht werden ſollten. Jedermann ſtand das Recht zu, Fragen aufzuwerfen, ſelbſt den Zuhörern aus der Volksklaſſe. War eine Verhandlung eingeleitet, ſo theilte ſich die Verſammlung in einzelne Gruppen, welche den Gegenſtand durch die Debatte erörterten. Dem Vorſitzenden ſtand aber zu jeder Zeit das Recht zu, die Debatte zu ſchließen; er pflegte dann den Schluß mit den Worten zu fordern: „Der Gegenſtand iſt hinlänglich erläutert." Nach dem Schluſſe durfte Niemand auf die theoretiſche Erörterung zurückkommen. Hierauf ging die Verſammlung an die Abſtimmung über die verhandelte Frage. Es ſcheint, daß auch den ordinirten Beiſitzern das Stimmrecht eingeräumt war. Die Abſtimmung geſchah nach der Reihenfolge und zwar in den meiſten Fällen von dem Vorſitzenden angefangen bis zum jüngſten Mitgliede; nur bei Verhandlungen, die peinliche Fälle betrafen, war die Ordnung üblich, vom Jüngſten anzufangen, damit die Unſelbſtſtändigen ſich von dem abgegebenen Urtheile der angeſehenen Mitglieder nicht beſtechen laſſen mögen[1]). Solchergeſtalt war das Verfahren in den Synhedrialſitzungen, wenn von außen eingelaufene Anfragen zu beantworten, ſtreitige Geſetzesbeſtimmungen zu ermitteln, neue Verordnungen einzuführen oder bereits beſtehende aufzuheben waren.

Eine wichtige Funktion hatte der Patriarch ferner bei der Beſtimmung der Feſtzeiten. Das jüdiſche Kalenderweſen war weder feſt, noch fortlaufend, ſondern mußte von Zeit zu Zeit regulirt werden. Das Jahr war nämlich ein zuſammengeſetztes, weil die Feſtzeit im Geſetze einmal von der Umlaufszeit des Mondes und ein andermal von dem Einfluß der Sonne auf die Ernte abhängig gemacht wird; die beiden verſchiedenen Zeitläufe des Sonnen- und Mondjahres mußten demnach ausgeglichen werden. So oft der Ueberſchuß des Sonnenjahres ungefähr einen Monat betrug in

---

[1]) Die intereſſante Geſchäftsordnung über die Debatten und Abſtimmungen im Synhedrin befindet ſich in Tosifta Synhedrin c. VII. u. Babli Synhedrin 32—37 a.

Zwischenräumen von zwei oder drei Jahren, schaltete man diesen Monat ein, und das Schaltjahr zählte dreizehn Mondmonate. Die Einschaltung (Ibbur) scheint auf annähernden Berechnungen der Umlaufszeiten der Sonne und des Mondes beruht zu haben, wie sie sich im Patriarchenhause durch Ueberlieferung erhalten hatten[1]. Außerdem nahm man auf gewisse Anzeichen bei dem Eintritt des Frühlings in die Natur, oder dem Stande der Aehren Rücksicht. — Die Dauer der Monate war eben so wenig bestimmt, oder nach einem willkürlichen Uebereinkommen fixirt. Der Anfang eines Monats sollte nach der Tradition wo möglich mit dem ersten Sichtbarwerden des neuen Mondes zusammentreffen, welches bis dahin aus der unmittelbaren Wahrnehmung ermittelt wurde. Sobald nämlich Zeugen vor dem Synhedrin aussagten, den ersten Streifen des jungen Mondes wahrgenommen zu haben, so wurde dieser Tag als der erste des Monats eingesetzt, wenn nämlich dieses Zeugniß mit der Berechnung stimmte. Fanden sich keine Zeugen ein, so gehörte der in Zweifel schwebende Tag noch zum laufenden Monate; die Monate zählten demnach bald 29, bald 30 Tage. R. Gamaliel zog aber die astronomische Berechnung von der Dauer des Mondumlaufes hinzu, ja scheint darauf mehr Gewicht als auf Zeugenaussagen gelegt zu haben. Bei den meisten Monaten des Jahres hatte nach der Zerstörung des Tempels die Festsetzung des Neumondes keine Wichtigkeit und erforderte keineswegs die Mitwirkung des Patriarchen. Anders verhielt es sich aber mit dem Herbstmonate Tischri und dem Frühlingsmonate Nissan, von denen der Beginn der wichtigsten Feiertage abhing. Die Bestimmung derselben, so wie die noch wichtigere Einschaltung eines Monats gehörte durchaus zu den Funktionen des Patriarchen und durften ohne dessen Anordnung oder nachträgliche Bestätigung nicht eingeführt werden. Damit die Festzeiten in der jüdischen Gesammtheit an demselben Tage gefeiert werden und in dieser Beziehung keine Spaltung herrsche, hatte sich R. Gamaliel II., als Patriarch die Vollmacht beigelegt, ganz allein darüber verfügen zu dürfen. Sein Collegium erkannte halb überzeugt und halb nothgedrungen seine Fest-Anordnungen selbst in dem Falle als gesetzeskräftig an, wenn er sich irgendwie geirrt, oder sie im Widerspruche mit der Wah-

---

[1] Rosch ha-Schanah 24. a. Vergl. Bikkure Haitim. 12. Jahrg. 44. ff.

nehmnng getroffen hätte¹). — Der Neumond wurde in feierlicher Weise eingesetzt und davon dem ganzen Lande und auch den babylonischen Gemeinden, auf welche man ganz besondere Rücksicht nahm, Kunde gegeben. Die Kundmachung geschah durch Feuerzeichen von Station zu Station, was in dem gebirgigen Lande leicht auszuführen war. Auf dem Oelberge schwang man lodernde Fackeln; sowie dieses auf der nächsten, sechs geographische Meilen entfernten Station, der Bergspitze Sartaba²) bemerkt wurde, wiederholte man von da aus dasselbe Zeichen für die andern Stationen, auf Grupina (Agrippina, Gilboa?), den aurantischen Gebirgen, der Hügelreihe jenseits des Jordans von Machärus bis Garaba und so fort bis Bet-Beltin an der babylonischen Grenze³). An dem zweifelhaften Tage zwischen dem alten und neuen Monate sahen die zunächst wohnenden babylonischen Gemeinden den Feuerzeichen entgegen und wiederholten sie, so wie sie die Feuerscheine erblickten, für die entfernter Wohnenden. So erfuhren die Gemeinden in der Euphratgegend (die Golah) zu gleicher Zeit den Neumondstag und konnten mit dem Mutterlande gleich die Feste feiern. Anders verhielt es sich mit den Gemeinden in Egypten, Kleinasien und Griechenland (die Diaspora), wo die Feuerzeichen nicht anwendbar waren; diese blieben stets über die Neumondstage in Zweifel und hatten deswegen von je her den Brauch, zweifelshalber anstatt *eines* zwei Festtage zu feiern. — Die Einsetzung eines Schaltmonats zeigte der Patriarch den Gemeinden durch Sendbriefe an. Er pflegte auch dabei die Gründe anzugeben, welche die Einschaltung nothwendig gemacht haben, um dem Verdachte des willkürlichen Verfahrens von vorne herein zu begegnen⁴).

Vom Patriarchen R. Gamaliel ging endlich die Einführung festgesetzter Gebetformeln aus. Einige Gebetstücke waren uralt schon im Tempel neben dem Opfer im Gebrauche und wurden von der Tradition mit Recht auf die Männer der großen Versammlung zu-

---

¹) Das.
²) Jetzt Kurn Sartabeh nicht weit vom Jordanufer; siehe den betreffenden Artikel in Robinsons Palaestina.
³) Rosch ha-Schanah 22. b. und Tosifta zur Stelle, an der ersten Stelle muß נחל ציד סרב emandirt werden in טור מכור עד ג. d. h. die Berge von Machärus bis Gadara.
⁴) Synhedrin 11. a. f. S. Traktat Soferim c. 19; Exodus Rabba c. 15.

rückgeführt. So das Recitiren des Einheitsbekenntnisses aus dem Pantateuch (Schemá) mit vorangegangener Lobpreisung Gottes für das täglich gespendete Sonnenlicht und die Liebe zu seinem Volke, ferner sechs Benedeiungen an Werkeltagen und sieben an den Sabbaten und Feiertagen. Diese Theile waren fest formulirt; sonst blieb es dem Gemüthe überlassen, welche Gebete es an den Himmel richten, und in welche Worte es seine Gefühle äußern wollte. R. Gamaliel ließ zuerst für das tägliche Gebet die sogenannten **achtzehn Benedeiungen** (Barachot, Eulogien) ein für allemal abschließen, welche bis auf den heutigen Tag in den Synagogen eingeführt sind; die Fassung derselben arbeitete **Simon aus Pikole** (Phichole?) im Auftrage des Patriarchen aus [1]. Damit scheinen jedoch nicht alle Gesetzeslehrer einverstanden gewesen zu sein; wenigstens von R. Elieser wird berichtet, er habe gegen die Anordnung fester Gebete die Bemerkung gemacht: wer nach einem vorgeschriebenen Muster bete, dessen Gebet ströme nicht aus dem Herzen [2]. Von einer Gebetformel gegen die Judenchristen, ebenfalls von R. Gamaliel angeordnet, wird später die Rede sein. — Im Allgemeinen galt das Gebet als Ersatz des Opfers und man nannte es geradezu „den Opferdienst des Herzens." Man bezog die Stelle des letzten Propheten Maleachi: „überall werde Gott Opfer und Weihrauch als reines Geschenk dargebracht," auf die in der Zerstreuung zu Gott aufsteigenden Gebete [3]. Der öffentliche Gottesdienst hatte eine ganz einfache Form; bestimmte Vorbeter gab es nicht. Jeder, der nur das erforderliche Alter und die Unbescholtenheit des Rufes hatte, durfte vorbeten; die Gemeinde forderte dazu auf, und der Vorbeter hieß aus diesem Umstande „der Bote der Gemeinde" (Scheliach Zibbur). Derselbe stand vor der heiligen Lade, in welcher die Gesetzesrolle lag, und der Ausdruck für vorbeten war: „vor die Lade treten" oder „vor die Lade hinuntergehen;" denn sie stand in einer Vertiefung [4].

Das religiöse Leben wurde in dieser Weise vom Synhedrin und dem Patriarchat allseitig geregelt; die Zerstörung des Tempels hatte innerhalb des jüdischen Volkskörpers keine Lücke gelassen, wie

---

[1] Megilla 17. b. f. Berachot 28. b.
[2] Das.
[3] Justin. Dialog. cum Tryph. c. 117.
[4] Kommt sehr oft in der talmudischen Literatur vor.

sich diejenigen vorstellten, welche außerhalb desselben standen. Gebet, Beschäftigung mit der Lehre und Mildthätigkeit ersetzten das Opferwesen. Bis auf den Opferkultus wurde das ganze Gesetz aufs Strengste beobachtet. Man gab den Ahroniden den Zehnten und die übrigen Priestergaben, man ließ nach wie vor die Ecken des Feldes für die Armen stehen und händigte ihnen jedes zweite Jahr den Armenzehnten ein. Sämmtliche Gesetzesbestimmungen, welche sich auf die Heiligkeit des Bodens von Judäa und theilweise auch von Syrien bezogen, blieben in Kraft. Man beobachtete das Erlaßjahr, insoweit es sich auf den Anbau der Felder und halb und halb auf den Verfall der schwebenden Schulden erstreckte. Kurz man betrachtete das jüdische Staatswesen, wenn auch für den Augenblick gebrochen, noch als fortbestehend. Aus diesem Grunde wurden Vorkehrungen getroffen, daß die Ländereien Judäas nicht auf heidnische Eigenthümer dauernd übergehen, und wenn veräußert, nicht in ihrem Besitze verbleiben sollten.[1] — In Erinnerung an den Tempel, dessen Wiederherstellung in nächster Zukunft die süßesten Hoffnungen erweckte, behielt man manche Bräuche bei, welche nur in jener Stätte Sinn und Bedeutung hatten.[2] Am ersten Abend des Festes, an welchem früher das Passahlamm genossen wurde, feierte man in Ermangelung desselben das Andenken an die Befreiung aus Egypten mit entsprechenden Symbolen. Vorherrschend war eine trauernde düstere Stimmung um den Untergang des Staates und die Einäscherung des Tempels. Die Volkslehrer legten ans Herz: „wer um Jerusalem Trauer anlegt, wird die Wiederherstellung des Glanzes erleben". Es wurden daher verschiedene Trauerzeichen eingeführt. Beim Uebertünchen eines Hauses mit Kalk wurde eine Stelle unangestrichen gelassen; das weibliche Geschlecht sollte nicht allen Schmuck anlegen, sondern Manches vermissen lassen „zur Erinnerung an Jerusalem". Der Bräutigam durfte am Hochzeitstage nicht den üblichen Kranz tragen, und auch die Musik auf einem eigenen Instrumente (Irus, Iris?) blieb weg. Am meisten äußerte sich die Trauer um Jerusalem in Fasten. Die vier Festtage, welche die nach Babylonien Verbannten Judäer nach dem Fall des ersten Tempels sich freiwillig auferlegt hatten, wurden nach dem Falle des zweiten wieder eingeführt; am neunten Ab, am siebzehnten Tammus

---

[1] Gittin 47. a. 8. b.
[2] Pesachim Mischnah. Ende.

(statt des neunten), dann am siebenten und zehnten Monat (Tischri und Tebet). Außerdem fasteten die Frommen in jeder Woche zwei Tage, am Montag und Donnerstag[1]); die Ueberfrommen scheinen gar täglich gefastet zu haben[2]). Nur an den aus der glücklichen Zeit stammenden Gedenk= und Siegestage (Jeme Megillat Taanit) durfte nicht gefastet werden. Diese Erinnerungen an die Errettung aus großen Nöthen sollten dem Gedächtniß des Volkes nicht verwischt werden.

Mit der Tempelzerstörung hörten die levitischen Reinheitsge= setze nicht ganz auf, sie hatten in der religiösen Entwickelung einen zu breiten Boden gewonnen. Die Frommen schickten sich zum täg= lichen Genusse mit derselben Sorgfalt an, wie für den Genuß des Zehnten, der Priesterhebe oder des Opferfleisches. Man hütete sich vor jeder Berührung mit Personen und Sachen, welche gesetzlich eine verunreinigende Wirkung hervorzubringen geeignet waren, und bediente sich nur solcher Gewänder und Geräthschaften, die unter der Beobachtung der Reinheitsgesetze angefertigt waren. Alle die= jenigen, welche in dieser Strenge lebten und von den Früchten, die sie besaßen oder gekauft hatten, den Zehnten regelmäßig abschieden, bildeten eine Art von Orden (Chaburah[3]), dessen Ursprung bis hinauf in die Zeit der Parteiungen zwischen Pharisäern und Sad= ducäern reichte[4]). Dieser Orden scheint auch einen politischen Hin= tergrund gehabt zu haben; die Mitglieder desselben hießen

---

[1]) Ueber die Trauerzeichen und Fasttage Sota Ende, besonders Tosifta Sota Ende, Baba Batra p. 60 b, Taanit Ende und Parallelstellen. Für das pflichtmäßige Fa= sten am Montag und Donnerstag weiß ich nur zwei spätere Quellen anzuführen, die aber jedenfalls aus ältern geschöpft haben. Die eine Halachot Gedolot von Simon Kahira (Abschnitt תעניות באב ט׳), nachdem daselbst besondere Fasttage aufgezählt sind, heißt es weiter: וקד גזרו רבותינו שיהו כתקנין בשני ובחמישי על חרבן הבית ועל התורה שנשרפה ועל חרפת השם. Die andere Quelle ist das sogenannte Josephi Hypomnesticon (c. 145 bei Fabricius, Codex pseudepigraphus alt. Test. II.): Es ist ein Frag= und Antwortspiel: Διατί οἱ Ἰουδαῖοι τὴν δευτέραν τῶν Σαβ- βάτων καὶ τὴν πέμπτην νηστεύουσιν; die Antwort lautet eigenthümlich: Am Montag fasten sie, weil der Tempel von Nebuchadnezar verbrannt, und am Don= nerstag weil er zum zweiten Male von Titus zerstört worden. Πενθοῦσι γὰρ ἐπὶ τῇ ἐμπρήσει τοῦ ναοῦ κατὰ ταύτας τὰς δύο κατὰ πᾶν Σάββατον ἡμέρας, καὶ διὰ τοῦτο νηστεύουσι.

[2]) Folgt aus dem Buche Judith 8, 6, vergl. darüber Note 14.
[3]) Tosifta Demai c. 3. und 4. Bechorot 30. f.
[4]) Siehe Frankels Zeitschrift, Jahrgang 1846, S. 451 ff.

Genossen (Chaberim). Wer als Mitglied aufgenommen werden wollte, mußte öffentlich vor drei Mitgliedern versprechen, sich den Regeln des Ordens zu unterwerfen. Verging sich ein Mitglied gegen die Regeln, so wurde es ausgewiesen; ausgestoßen wurden ferner diejenigen, welche den römischen Behörden als Zöllner oder Steuereintreiber Vorschub leisteten; die Zöllner, als Werkzeuge der römischen Tyrannei, waren noch immer der verachtetste Stand.

Im Gegensatze zu dem Orden der Genossen stand das Landvolk, der Sklave der Scholle; jene bildeten gewissermaßen die jüdischen Patrizier, dieses machte die Klasse der Plebejer aus. Von der geistigen und sittlichen Verwahrlosung des Landvolkes in dieser Zeit entwerfen die Quellen eine grelle Schilderung; wahrscheinlich haben die häufigen Aufstände in den letzten Jahren des jüdischen Staates und der lange Revolutionskrieg zu dessen Verwilderung und Entsittlichung beigetragen. Die Landbewohner sollen im Handel und Wandel ohne Redlichkeit, in dem Eheleben ohne Zartsinn, in dem Umgange mit Andern ohne Ehrgefühl und Achtung des Menschenlebens gewesen sein. Von den jüdischen Gesetzen beobachteten sie nur dasjenige, was ihrem rohen Sinne zusagte, und von dem geistigen Leben waren sie kaum angehaucht. Zwischen dieser ungeschlachten Masse und dem gebildetern Stande entstand daher eine tiefe Kluft und erzeugte sich ein gegenseitiger Haß. Die Ordensmitglieder durften mit Landbewohnern weder zusammen speisen, noch zusammen leben, sie scheuten sich vor deren Berührung, um nicht von ihren Gewändern verunreinigt zu werden. Heirathen zwischen beiden Ständen waren eine Seltenheit; man betrachtete von Seiten der Genossen eine solche Mischehe als eine Entwürdigung. Zeitgenossen berichten, daß der Haß zwischen diesen Patriziern und Plebejern noch größer gewesen sei, als zwischen Juden und Heiden. „Wenn sie uns nicht zum Geschäftsverkehr brauchten, sagte R. Elieser, so würden sie uns meuchlings überfallen." R. Akiba, welcher aus der niedern Klasse hervorgegangen war, gestand selbst, daß er sich früher wünschte, einen aus dem höhern Stande allein zu treffen, um ihm den Garaus zu machen. Die Genossen trugen ihrerseits dazu bei, den Haß anzuschüren, anstatt ihn zu dämpfen, wenn sie das Landvolk zu sich hinauf erzogen hätten. Sie mieden nicht nur jeden Umgang mit den Personen der niedrigen Klasse, sondern ließen sie zu keiner Zeugenaussage, keiner Vormundschaft, keinem Gemeinde=

amte zu; man warnte einander mit jenen auf Reisen zu gehen, weil man sie für Meuchelmörder hielt[1]).

So von dem Umgange mit der edlen Klasse zurückgewiesen, von der Betheiligung am Gemeindeleben ausgeschlossen, jedes Mittels zum Aufschwunge beraubt, und sich selbst ohne Führer und Rathgeber überlassen, unterlag das Landvolk dem Einflusse des minder strengen jungen Christenthums. Jesus und seine Jünger hatten sich ganz vorzüglich an diese verwahrloste Volksschichte gewendet und hier die meisten Anhänger gefunden. Wie wenig man auch von dem allmäligen Wachsthum des Christenthums kennt, so ist die Thatsache über alle Zweifel gewiß, daß es sich aus dem verachteten Stande der Sünder (Gesetzesübertreter) und Zöllner ergänzte, aus „den verlorenen Schafen oder dem verlorenen Sohne des Hauses Israel"[2]) (in der bilblichen Sprache jener Zeit), aus den Fischern und Bauern Galiläas, welche die damaligen Leiter des Judenthums außer Acht gelassen hatten. Wie sehr mußte es den vom Gesetze Vergessenen und Verstoßenen schmeicheln, wenn die christlichen Sendboten sie grabezu in ihrem niedrigen Kreise aufsuchten, mit ihnen aßen und tranken und ihnen versicherten, nur ihretwegen sei der Messias gekommen und hingerichtet worden, damit auch sie theilhaftig werden der Güter, deren sie bisher beraubt waren, und ganz besonders der Glückseligkeit in einer bessern Welt! Das Gesetz hatte ihnen die nächsten Rechte versagt und das Christenthum öffnete ihnen das Himmelreich; sie konnten daher in der Wahl nicht schwanken, wohin sie sich neigen sollten. Die Gesetzeslehrer, vertieft in den Eifer, die Lehre und das jüdische Leben zu erhalten, übersahen in ihrer Höhe ein Element, aus dem für eben diese Lehre ein mächtiger Gegner erwachsen könnte. Ehe sie es sich versahen, stand auf ihrem eigenen Grund und Boden ein Feind da, welcher Miene machte, sich in den Besitz des geistigen Eigenthums zu setzen, das sie mit so viel hingebender Treue zu überwachen sich berufen fühlten. Die Entwickelung des Christenthums, als eines Sprosses des Judenthums und an seinen Wurzeln genährt, bildet, namentlich so lange dessen Anhänger noch zum jüdischen Verbande gehörten, einen Theil der jüdischen Geschichte.

[1]) Pesachim 49. b.
[2]) Lucas XV. 1. ff. Matthaeus IX. 10. Marcus. II. 15.

Fünftes Kapitel.

Verhältniß des Christenthums zum Judenthume. Sektenwesen; Judenchristen, Heidenchristen, Ebioniten, Nazaräer. Trennung der Judenchristen von der jüdischen Gemeinde. Gnostiker. Maßregeln des Synhedrin gegen den Einfluß des Christenthums. Proselyten. Akylas.

Aus der kleinen, Zahl von 120 oder 500 Personen[1]), welche nach dem Tode Jesu seine einzigen Anhänger waren, hatte sich eine christliche Gemeinde gebildet, befördert vom Eifer seiner Hauptjünger und namentlich des Paulus. Dieser, welcher einen zugleich fruchtbaren und praktisch ausführbaren Gedanken hinzugebracht hatte, war außerordentlich rührig gewesen, die Heiden durch den Glauben an den auferstandenen Christus für die jüdische Sittenlehre und die Juden durch den Glauben an den erschienenen Messias für die Ueberzeugung von der Unwirksamkeit des jüdischen Gesetzes zu gewinnen. Das junge Christenthum war als Glückskind in die Welt getreten. Es war schon ein glücklicher Wurf für dasselbe, daß eben dieser feuereifrige, unruhige, leidenschaftliche Saulus von Tarsus aus einem Verächter nicht nur Anhänger, sondern auch Hauptbegründer geworden war. Denn er hat ihm erst die rechte Bahn geöffnet, „in die Fülle der Heiden einzugehen"; ohne ihn hätte sich die Jesuslehre als eine unfertige, halbessäische, von unwissenden Jüngern und zweideutigen Jüngerinnen getragene Sekte schwerlich lange behaupten können. Aber auch andere glückliche Umstände waren dem Christenthume zu statten gekommen. Einerseits die Lauheit und Gleichgültigkeit griechisch gebildeter Juden in Alexandrien, Antiochien und Kleinasien gegen die Riten und Satzungen des Judenthums und anderseits der Ekel sittlicher Griechen und Römer an dem unheiligen

---

[1]) Ueber dieses, so wie über die Entstehung des Christenthums überhaupt ist im vorhergehenden Bande abgehandelt.

und götzendienerischen Heidenthum und ihre Geneigtheit für den moralischen, auf einem erhebenden Gottesbewußtsein begründeten Grundbestandtheil des Judenthums.

Diese beiden Klassen, gebildete Juden und sittliche Heiden, fanden an dem paulinischen Christenthum, welches sie von der Beobachtung der jüdischen Religionsvorschriften wie Sabbat, Speisegesetze und namentlich Beschneidung, entbunden hatte, ihre volle Befriedigung. Jene nahmen vielleicht den schwer begreiflichen Glauben von dem gekreuzigten Messias, als Gottmenschen und Sohn Gottes, als etwas Unwesentliches in den Kauf; für diese bildete dieser Glaube gerade den rechten Uebergang von der Vielgötterei des Heidenthums zur strengen Gotteseinheitslehre des Judenthums. Besonders günstig für das Christenthum wirkte die Tempelzerstörung und der scheinbare Untergang der jüdischen Nationalität. Die Verzweifelten, Schwachen und Versöhnungsbedürftigen unter den palestinensischen und auswärtigen Juden, welche durch diesen tragischen Fall einen Riß in ihrem Herzen fühlten, gaben sich dem Glauben an die Sündenvergebung und Rechtfertigung (Gerechtigkeit, Zechut) durch den Tod des Messias um so williger hin, als er ihnen wenig Opfer auflegte und sie mit der Heidenwelt versöhnte. Der ganze Essäerorden und die Jünger Johannes des Täufers scheinen sich während des bittern Krieges mit den Römern und nach dem Fall des Tempels den Jesusjüngern völlig angeschlossen zu haben. Noch besonders zu statten kam dem Christenthum eine politische Maßregel in Folge der Besiegung Judäas. Jeder Jude war durch ein Gesetz Vespasians gezwungen, die ehemalige Tempelsteuer als eine Art Leibzoll an die römischen Behörden abzuliefern, und diese erste Judensteuer kam den Juden in Rom, Griechenland, Kleinasien, Egypten und überhaupt der Diaspora um so drückender vor, als es der erste Schritt war, ihre Gleichstellung im römischen Reiche als Vollbürger zu verkümmern. Manche, denen diese Abgabe als eine Last oder als eine Zurücksetzung verhaßt war, suchten sich ihr durch Verleugnung ihrer jüdischen Abstammung zu entziehen. Das half aber für die Dauer nicht; denn der dritte flavianische Kaiser, der zugleich habgierige und grausame Domitian, ließ diese Steuer mit aller Strenge eintreiben und diejenigen untersuchen, welche ihr jüdisches Bekenntniß verheimlichen wollten. Die Noth machte erfinderisch; so Manche wandten ein Mittel an, um

der lästigen Judensteuer zu entgehen. Sie machten das Bundes=
zeichen an ihrem Leibe unkenntlich, indem sie sich eine künstliche
Vorhaut machten (Epiplasmos, maschichat O'rlah). Von der
gesetzgebenden Behörde in Palästina, von Jabne aus, tadelte man
natürlich dieses Verfahren aufs Strengste, als eine Verleugnung
des Abraham=Bundes. Eine palästinensische Autorität Eleasar aus
Modin erklärte: derjenige, welcher sich eine künstliche Vorhaut mache,
verwirke hiermit seine Seligkeit oder seinen Antheil an der zukünf=
tigen Welt (Olam ha Ba), selbst wenn er unterrichtet im Gesetze
sei und einen frommen Lebenswandel führe. Einige waren sogar
der Ansicht, daß eine nochmalige Beschneidung nothwendig wäre[1]).

[1]) Diesen Punkt muß ich in ein helleres Licht setzen, da er ein kritisches
Moment abgiebt. In der oft citirten Stelle Sueton's (Domitian c. 12) giebt die
schon von Casaubonus festgehaltene Leseart das richtige Verständniß: Praeter
caeteros Judaicus fiscus acerbissime actus est, ad quem deferebantur qui vel uti
professi Judaicum intra urbem viverent vitam, vel dissimulata origine, impo-
sita genti tributa non pependissent. Sie empfiehlt sich viel besser als jene:
veluti professi oder gar vel improfessi; vel uti professi bildet einen Gegensatz zu
dissimulata origine. Zur jüdischen Rentenkammer wurden geführt sei es diejenigen,
welche offen bekennend, jüdisch lebten, sei es diejenigen, welche ihre Abstammung
verleugneten. Das Beispiel, welches Sueton weiter anführt: Interfuisse me ado-
lescentulum memini, cum a procuratore, frequentissimoque concilio inspiceretur
nonagenarius senex, an circumsectus esset, soll die acerbitas, die rücksichtslose
Strenge erhärten. Es ist möglich, daß hier auch von Christen die Rede ist, aber
nothwendig nicht, wofür die kirchenhistorischen Handbücher die Stelle anzuführen
pflegen. Juden haben gewiß auch, so weit es ging, ihre Abstammung verheimlicht, um dem φόρος τῶν σωμάτων, dem Leibzoll, zu entgehen. Das folgt aus
der andern Thatsache, aus der Anwendung des Epiplasmos. Wozu hätten es die
Juden eingeführt, wenn nicht, um von dem Zoll befreit zu sein? Dieses Factum
ist constatirt durch Tosifta Sabbat c. 16: אמר ר' יהודה שיפול צריך (בעירלה) המשוך
משוך לא יכול בפני שהוא מפובן, אמרו לו הרבה כלו ביפי בן כויבא והיו להם בנים ולא כתו
שנאמר הגדול יכול ואפילו כאה פעמים. ואמר את ברייתי הפר לרבות את המשוך (Auch citirt.
in Jebamoth p. 72 a; Jerus. daf. VIII p. 9 a. Sabbat XIX p. 17 a. Genesis
Rabba c. 46). Daraus folgt, daß Viele, die sich ein künstliches praeputium angebracht hatten', sich erst zu Bar=Kochba's Zeit wieder beschnitten haben. Sie hatten also vorher in Trajans und Domitians Zeit den Epiplasmos angewendet. Auch
die Sentenz des Eleasar Modai spielt darauf an (Abot III, 15): המפר
ברייתו של אברהם אבינו אע"פ שיש בידו תורה ומעשים טובים אין לו חלק לעולם הבא:
Zerstören oder Aufheben des Bundes ist nichts anderes als Epiplasmos. Vergl. den
Vers im ersten Korintherbrief 7, 18: περιτετμημένος τις ἐκλήθη, μὴ ἐπισπάσθω.
Schwerlich hat sich Jemand aus bloßer Laune oder gar aus rabiatem Eifer wider
das Gesetz der nicht ganz schmerzlosen Operation unterzogen. Vielmehr scheint es

Nun traten Paulus, seine Jünger Thimotheus, Titus und Andere, wie überhaupt seine Schule auf und lehrten, die Beschneidung sei, wie das ganz Gesetz, durch Jesu Ankunft und Tod aufgehoben. Die unbeschnittenen Juden seien, wenn sie nur den rechten Glauben haben, die wahren Nachkommen Abrahams, sie seien „Auserwählte, Priester, Könige." Diese Lehre, welche zugleich Vortheil gewährte, fand ohne Zweifel Anklang unter römischen und kleinasiatischen Juden und zog sie zum Christenthume hinüber.

Solchergestalt hatte es sich in den ersten Jahrzehnten nach der Tempelzerstörung nicht nur vermehrt und verstärkt, sondern auch gehoben. Seine Anhänger bestanden nicht mehr aus der unwissenden und verachteten Klasse, aus Zöllnern und Weibern, sondern es hatte einen bedeutenden Zuwachs aus wohlhabenden, gebildeten und ehrbaren Kreisen erhalten. In allen großen Städten des römischen Reiches und ganz besonders in Rom gab es christliche Gemeinden, die sich halb und halb zu den Juden zählten, jedenfalls aber von den Römern als solche angesehen wurden. Das Christenthum konnte in der öffentlichen Meinung nicht mehr wie bis dahin verächtlich übersehen werden, sondern fing an als ein neues Element in der Geschichte mitzuwirken.

Indessen wurde der Segen, den es der Heidenwelt brachte, und die günstige Rückwirkung, die es auf das Judenthum hätte haben können, durch die Spaltung gehemmt, welche alsbald eintrat und es in falsche und verderbliche Bahnen leitete. Denn die paulinische Lehre von der Ueberflüssigkeit des jüdischen Gesetzes hatte in den Schooß des Urchristenthums den Samen der Zwietracht geworfen, welcher die Anhänger Jesu in zwei große Parteien spaltete, die sich wiederum in kleinere Sekten mit eigenen Ansichten und eigener Lebensweise abzweigten. Das Sektenwesen entstand im

der Bescheid auf eine schwebende Frage zu sein, ob sich Judenchristen, welche die Beschneidung nicht mehr so hochstellen, das præputium anschaffen dürfen, um nicht dem Fiscus Judaicus zu verfallen; die Antwort lautet, Nein: wer beschnitten berufen, mache sich nicht wieder unbeschnitten; wer in der Vorhaut berufen, beschneide sich nicht. Es ist der Rath eines milden Pauliners, der nicht sogleich aus der Haut fuhr, wenn er die Satzungen des Judenthums befolgt sah. Seine Milde, die nichts von Paulus' Säure hatte, zeigt sich auch in seinem Rathe in Betreff des Genusses der Götzenopfer 10, 15 — 28. Auch die Anspielung auf die Gnosis beweist, daß diese Epistel nicht von Paulus ist.

Chriſtenthume nicht erſt im zweiten Jahrhundert, ſondern herrſchte im Urbeginn deſſelben als eine nothwendige Folge entgegengeſetzter Grundlehren¹). Die zwei großen Parteien, die ſich gleich am Anfange dieſer Periode ſchroff gegenüberſtanden, waren einerſeits die **Judenchriſten**, andrerſeits die **Heidenchriſten**. Die Judenchriſten als die Urgemeinde, die ſich aus Juden ergänzte, hingen mit dem Judenthume aufs engſte zuſammen. Sie beobachteten das jüdiſche Geſetz nach allen ſeinen Theilen und wieſen auf das Beiſpiel Jeſu hin, welcher ſelbſt den jüdiſchen Geſetzen gemäß gelebt habe. Sie legten dem Religionsſtifter die Worte in den Mund: „Eher würde Himmel und Erde vergehen, ehe denn ein Jota oder ein Krönchen vom Geſetze vergehen ſollte, daß es nicht erfüllt werde;" ferner: „ich bin nicht gekommen, das Geſetz Moſeh's aufzulöſen, ſondern es zu erfüllen."²) Mit geradezu feindlichem Sinne gegen die geſetzesverachtenden Heidenchriſten machten ſie den Ausſpruch von Jeſu geltend: „Wer auch nur eines der geringſten Geſetze aufhebt und „die Menſchen alſo lehret, wird der Geringſte im Himmelreiche, „wer ſie aber übet und lehret, wird groß genannt werden im „Himmelreiche." Selbſt die Anhänglichkeit der Judenchriſten an Jeſus war auch nicht der Art, ſie vom Judenthume zu entfernen. Sie hielten ihn für einen heiligen, ſittlich großen Menſchen, der auf natürliche Weiſe von ſeinen Eltern Joſeph und Maria aus dem Geſchlechte Davids gezeugt worden. Dieſer Sohn Davids habe dadurch das Himmelreich gefördert, weil er die Menſchen lehrte, arm und demüthig zu leben, den Reichthum zu verachten und ſich gegenſeitig als Brüder, als Kinder Gottes, zu lieben und zu unterſtützen, und weil er wie keiner vor ihm, das ganze Geſetz erfüllt habe. Ihr Wahlſpruch war das Wort Jeſu: „glücklich ſind die Armen, denn ihnen iſt das Himmelreich." Sie lebten daher ganz wie die Eſſener, aus deren Mitte das Chriſtenthum überhaupt hervorgegangen iſt, gemeinſchaftlich und hatten eine gemeinſame Kaſſe, zu welcher ein Jeder ſein Eigenthum ſteuerte. Von dieſer Nichtachtung des Reichthums und der Vorliebe für die Armuth führten ſie den Namen **Ebioniten** oder **Ebionäer** (Arme), der ihnen aber von ihren chriſtlichen Gegnern als Spottname umgedeutet wurde, als wenn ſie arm an Geiſt wären, weil ſie Jeſus nicht für den ein-

---

¹) Siehe Hilgenfeld das nachapoſtoliſche Chriſtenthum.
²) Matthaeus 5. 17. ff. Sabbat. 116. b.

gebornen Sohn Gottes anerkennen mochten. Die Judenchristen hatten früher ihren Wohnsitz in Jerusalem; während des Krieges flüchteten sie sich nach Pella, einer der zehn von Griechen bewohnten Städte jenseits des Jordans (Dekapolis); doch gab es auch von ihnen Einzelne oder kleine Gemeinden in Galiläa, namentlich in der Stadt Kapernaum und in Syrien, besonders in der Hauptstadt Antiochien, wo die Anhänger Jesu zuerst den Namen Christen (Christianer) als Messiasgläubige annahmen. Aus Furcht von der andern Partei überflügelt zu werden, hatte die judenchristliche Urgemeinde auch ihrerseits Sendboten an die auswärtigen Gemeinden abgeordnet, um ihren neben dem Glauben an Jesu Messianität die fortdauernde Verbindlichkeit des Gesetzes einzuprägen. So gründete auch sie Colonien, aber judenchristliche; die wichtigste wurde mit der Zeit die in der Welthauptstadt Rom.

Diesen entgegengesetzt waren die Heidenchristen, welche von Paulus und seinen Jüngern Timotheus und Titus für den Glauben an Jesus gewonnen worden waren. Diese Religionspartei hatte eine ganz andere Auffassungsweise vom Christenthum. Da für die Heidenwelt ein erlösender Messias, in der Sprache der Propheten Sohn Gottes genannt, ein ganz unbekannter Begriff war und der Sohn Davids sie auch nicht begeistern konnte, so verdollmetschten sie sich diese Thatsache in ihre Denkweise als einen wirklichen Gottessohn, dessen Vorstellung den Heiden eben so geläufig war, als sie den Juden fremd und anstößig erscheinen mußte. War der Begriff Gottessohn einmal aufgenommen, so mußten nothwendig alle diejenigen Erscheinungen und Vorgänge aus dem Leben Jesu beseitigt werden, welche ihm als Menschen anhafteten. Die natürliche Geburt von Eltern war den Heiden zumeist anstößig, und wie von selbst schlich sich der verklärende Zug ein, dieser Gottessohn sei von einer Jungfrau durch den heiligen Geist geboren. Der erste wesentliche Differenzpunkt zwischen Ebioniten und Heidenchristen betraf demnach die Ansicht über das Wesen Jesu: die Einen verehrten ihn als Sohn Davids, die Andern beteten ihn als Gottessohn an. Der zweite Punkt drehte sich um die Gültigkeit der gesetzlichen Theile des Judenthums; die Heidenchristen verwarfen nach Paulus Beispiel Beschneidung, Speisegesetze, Sabbat und Festfeier, behielten also vom Judenthum nur die Sittenlehre, die Anerkennung der Thora und der Propheten als heilige Schriften und die eigenthümliche Vorstellungsweise bei, welche sich aus der Bekanntschaft mit den Dokumenten des Judenthums von selbst mittheilte. Auf die Gütergemeinschaft und Verachtung des Reichthums, den wesentlichsten Zweck des ebionitischen Christenthums, legte die heidenchristliche Partei wenig Gewicht, indem ja auch ihre Autorität Paulus dieses nur für eine Nebensache angesehen hatte und erst nachdrücklichst von den Judenaposteln ermahnt werden mußte „der Armen zu gedenken."¹) Die Heidenchristen führten den Namen Helenen, weil die ersten Bekenner Griechen waren. Sie hatten ihren Hauptsitz in Kleinasien, namentlich in den sieben Städten Ephesus, Smyrna, Pergamus, Thyatira, Sardes, Philadelphia und Laodicea, welche in der symbolischen Sprache der damaligen Zeit „die sieben Sterne und die sieben goldenen Leuchter" genannt wurden²). Ephesus war das Haupt dieser heidenchristlichen Gemeinden; außerdem aber auch in Griechenland, Macedonien, Thessalonien und anderwärts. Zwischen den ebionitischen und hellenischen Gemeinden, die eigentlich nur den Namen des Stifters gemeinsam hatten, hingegen in der Auffassung seines Wesens und in dem religiösen Thun weit auseinander gingen, herrschte eine gegenseitige Spannung und Abneigung, welche mit der Zeit sich immer mehr erbitterte. Paulus, seine Jünger und die auch von ihnen auf Verachtung des Gesetzes gegründeten Gemeinden wurden von den Judenchristen ingrimmig gehaßt. Sie konnten nicht genug Schmähungen und Verunglimpfungen gegen den Apostel „der Vorhaut," auch lange nach dessen Tod häufen, weil er Irrthümer verbreitet und das Christenthum gegen Sinn und Absicht seines Stifters gelehrt habe. Mit einer Art Bewunderung vor der Einheit und Einmüthigkeit, welche innerhalb der vom jamenensischen Synhedrin geleiteten Judenheit herrschte, im Gegensatz zu der Zerfahrenheit innerhalb der christlichen Gemeinde, schrieb einer der judenchristlichen Partei: „Die überall wohnenden (jüdischen) Stammgenossen befolgen (bis auf den heu-Tag) dasselbe Gesetz von der Einheit Gottes und der Lebensweise, und können auch keineswegs eine abweichende Ansicht haben oder von dem Sinn der vieldeutigen Schrift abgeführt werden. Denn nur nach einer überlieferten Regel versuchen sie das nicht Stimmende in der Schrift umzudeuten .... Deswegen gestatten sie keinen zu

---

¹) Galaterbrief 2. 10.
²) Offenbarung Johannis 1. 11. ff.

lehren, der nicht vorher gelernt hätte, wie er die heiligen Schriften behandeln soll. Darum ist bei ihnen ein Gott, ein Gesetz, eine Hoffnung … Wenn solches nicht bei uns auch geschehe, so wird unser Wort der Wahrheit in viele Meinungen zerklüftet werden. Das weiß ich nicht als Prophet, sondern weil ich die Wurzel des Uebels sehe. Denn Einige von den Heiden haben meine mit dem Gesetze übereinstimmende Verkündigung verworfen, indem sie der gesetzlosen und possenhaften Lehre eines feindlichen Menschen (Paulus) folgten." Diese Worte werden dem zweiten Hauptapostel, Simon Kephas (Petrus) in den Mund gelegt[1]). — Doch die Judenchristen nannten nicht bloß Paulus Verkündigungen und Belehrungen, auf die er sich so viel zu gute that, gesetzwidrig und possenhaft, sondern gaben ihm auch einen Spitznamen, der ihn und seinen ganzen Anhang brandmarken sollte. Simon Magus nannten sie ihn, einen halbjüdischen (samaritischen) Zauberer, welcher alle Welt mit seinen Worten bezaubert habe. Er sei zwar auch getauft gewesen, habe aber das Apostelamt nicht von Jesu Nachfolgern durch den heiligen Geist empfangen, sondern habe es sich durch Geldspenden (für die ebionitische Gemeinde) erkaufen wollen. Es sei ihm aber nicht nur rundweg abgeschlagen worden, sondern Simon Petrus habe die Verdammniß über ihn ausgesprochen; denn sein Herz sei voll Tücke gewesen, voll bitterer Galle und Ungerechtigkeit. „Wie kann Jesus dem Heidenapostel erschienen sein, so sagten die Judenchristen einander und sagten es auch den Gläubigen, da er doch des Einen Lehre Entgegengesetzte verkündete?"[2]) Die von Paulus ausgegangene Befreiung vom jüdischen Gesetze bezeichneten die Gegner als Zügellosigkeit, als die Lehre Bileams, welche dazu verführte, Götzenopfer zu genießen und Unzucht zu treiben. Die Stimmführer der Heidenchristen blieben die Antwort nicht schuldig, vergalten ihnen mit gleichem Hasse und vielleicht mit noch viel größerem, als zur Gegensätzlichkeit des religiösen Bekenntnisses noch der Haß der Griechen und Römer gegen

---

[1]) Clementis homiliae ed. Dressel. Anfang.
[2]) Eines der geistvollsten und zugleich treffendsten Aperçü's der Tübinger Schule, und namentlich ihres Begründers C. F. Baur, daß Simon Magus, das Haupt der Häretiker lediglich eine tendenziöse Fiction und ein Typus für Paulus ist. Diese Auffassung bestätigt sich von allen Seiten. Die einzige Schwierigkeit, welche noch im Wege stand, daß nämlich Simon Magus sich durch Geld das Apostelamt oder den heiligen Geist habe erschleichen wollen, hat Volkmar äußerst glücklich gelöst, vergl. Baur und Zeller, theolog. Jahrbücher 1857. S. 297. ff.

die Juden, wenn auch Anhänger Jesu, hinzukam. In den größeren christlichen Gemeinden spalteten sie sich öfter in einzelne Gruppen und sperrten sich gegen einander ab. Der Eine sprach: „ich bin ein Christ nach Paulus Lehre"; der Andere: „ich nach Apollo's Bekenntniß" (eines alexandrinisch = jüdischen Sendboten), der Dritte: „ich bin Kephisch" (Petrinisch), ein Vierter: „ich bin Christisch." [1]) In den Sendschreiben, welche die Vorsteher der verschiedenen christlichen Parteien an die Gemeinden zu richten pflegten, brachten sie gewöhnlich spitzige oder verdammende Aeußerungen gegen die Widersacher ihres allein für wahr gehaltenen Bekenntnisses an; es waren meistens Streitschriften. Selbst der Erzählung von Jesu Geburt, Wirken, Leiden, Tod und Auferstehung, die in dem ersten Viertel des zweiten Jahrhunderts unter dem Namen Evangelien zuerst niedergeschrieben wurden, gaben die zwei Parteien die Färbung und den Ton ihres Bekenntnisses, und legten dem Stifter des Christenthums Lehren und Sentenzen in den Mund, nicht wie er sie gehalten, sondern wie sie ihrer eigenen Ansicht entsprachen, günstig für das Gesetz des Judenthums und für die Juden von Seiten der Ebioniten, feindlich und gehässig gegen beide von Seiten der paulinischen oder Heidenchristen. Die Evangelien waren ebenfalls Parteischriften.

Die Spaltung zwischen Ebioniten und Heidenchristen beschränkte sich aber keineswegs auf Glaubensmeinungen und Dogmen: ob Jesus ein hehrer Messias oder Gottes Sohn gewesen, ob das Gesetz des Judenthums aufgehoben sei oder noch Gültigkeit habe, sondern hatte auch einen politischen Hintergrund. Die Judenchristen haßten Rom, die Römer, die Kaiser und ihre feilen Beamten nicht weniger als die Juden. Einer ihrer Propheten, der die erste christliche Offenbarung verfaßt hat (angeblich Johannes, eine Nachbildung der Danielischen Visionen) athmete glühenden Ingrimm gegen die Siebenhügelstadt, die große Hure Babylon... „Ich sah das Weib

---

[1]) I. Korintherbrief 1, 12 ff. 3, 4; 22. Ich glaube, daß man allen Schwierigkeiten, welche gegen die erste Stelle aufgeworfen wurden, heben kann, wenn man statt: ἐγὼ δὲ Χριστοῦ läse Χρῆστον = Chrestus als Eigenname eines Sendboten oder Lehrers gleich Apollos, vergl. Sueton, Claudius c. 25: Judæos, impulsore Chresto .. tumultuantes Roma expulit. In dem Vers 3, 22 des Korintherbriefes, wo Gegensätze entgegengestellt werden: Sei es Paulus, sei es Apollos, sei es Kephas, εἴτε κόσμος, εἴτε ζωή, εἴτε θάνατος, steht κόσμος vereinzelt. Sollte man nicht dafür auch lesen εἴτε Χριστός oder richtiger Χρῆστος? So scheint mir der Parallelismus richtig gegliedert.

(mit welcher gebuhlt haben die Könige auf Erden) sitzen auf einem hellen Thiere, voll von Namen der Gotteslästerung, mit sieben Köpfen und zehn Hörnern. Es hatte einen Becher in der Hand voll Gräuels und Unreinheit seiner Buhlerei, und auf ihrer Stirn geschrieben: Geheimniß. Das große Babylon, die Mutter der Unzüchtigkeit und Gräuel. Ich sah das Weib trunken vom Blute der Heiligen und vom Blute der Blutzeugen Jesu." Alles Unheil der Welt, alle grausige Verwüstung und Plage, alle Schmach und Demüthigung verkündet und wünscht diese erste christliche „Offenbarung" dem sündhaften Rom[1]), ohne zu ahnen, daß sie einst die Welthauptstadt der Christenheit werden sollte. Dagegen empfahl das paulinische Christenthum nicht nur die Unterwerfung unter die römische Macht, sondern erklärte sie noch dazu als von Gott eingesetzt. „Jede Person soll sich den herrschenden Gewalten unterwerfen; denn es giebt keine Macht, die nicht von Gott wäre: sie ist von Gott angeordnet. Wer also der (römischen) Gewalt widersteht, der widersetzt sich Gottes Ordnung"[2]). Diese christliche Partei ermahnte fortwährend ohne jenes Bedauern, welche die vom Freiheitsgefühl erfüllten Stammjuden erfüllte, Schoß, Zoll, Abgabe und Steuer an die Römer zu liefern[3]). Dieses Zugeständniß an die bestehende Staatsmacht, dieses Liebäugeln mit dem sündhaften Rom, welches das Judenchristenthum in der Hölle Pfuhl verwünschte, war ein Grund mehr, die Christen des verschiedenen Bekenntnisses von einander abzustoßen. Es gab eigentlich nur wenige Punkte, in denen sie einig waren.

Allein wie sehr auch die von Paulus und seinen Gesinnungsgenossen gegründete Gemeinde, das Gesetz, als eine Knechtschaft des Geistes, gründlich verachteten und verwarfen und sich den Eingebungen der durch den Glauben an Jesu Auferstehung und Göttlichkeit gekräftigten Gesinnung, als einer neuen Religion der Freiheit, überließen, die gewissenhaften Gemeindeführer mußten doch bald

---

[1]) Ich kann mich mit der Annahme, welche auch die koptische Schule adoptirt, daß die Apokalypse vor der Tempelzerstörung verfaßt worden sei, etwa während der Regierung des ephemeran Kaisers Vitellius um 68, nicht befremden, wenn auch die Zahl der Oberhäupter oder Kaiser 17, 9 fg. dafür zu sprechen scheint, aber doch nicht ganz stimmt. Sie setzt die Zerstörung voraus, da ein neues Jerusalem vom Himmel herab fahren soll, und hat auch eine anhaltendere Christenverfolgung zum Hintergrunde, als die unter Nero war.

[2]) Römerbrief 13 Anf.

[3]) Das. 13. 6. 7.

daraufkommen, daß ohne bindende Regel das religiöse, sittliche und gesellschaftliche Verhalten der Gemeindeglieder schrankenloser Willkür anheim gegeben war. Wenn jeder selbst über sein Thun und Lassen Richter sein soll, wenn er bloß von einem der Handlung fernliegenden Fürwahrhalten einer vergangenen Thatsache geleitet, entscheiden soll, was ihm erlaubt sei, dann ist dem individuellen Meinen, der Leidenschaft und Laune Thür und Thor geöffnet und der Zügellosigkeit Vorschub geleistet. So Manche unter den Heidenchristen überließen sich daher in der nachapostolischen Zeit mit Berufung auf die evangelische Freiheit und Entbundenheit von Gesetze groben Lastern und Ausschweifungen der Unzucht, gegen welche die Stimmführer warnen mußten[1], aber weil sie die Schranke des Gesetzes niedergerissen hatten, keinen rechten Anhaltepunkt angeben konnten und sich mit der nichtssagenden Phrase behelfen mußten: „Alles ist mir gestattet, aber nicht Alles frommt mir". Aber auch religiöse Fragen, die mit dem Judenthum im Zusammenhange standen, traten an die heidenchristlichen Lehrer heran und setzten sie in Verlegenheit. Wenn Alles zu genießen erlaubt ist, darf dann ein Christ auch Götzen opfern, und Wein, welcher für die falsche Heidengötter ausgegossen worden, gebraucht werden?[2] Das war den an der Gotteseinheitslehre erzogenen Judenchristen ein besonderer Gräuel, und daher durften sich die Heidenchristen nicht ohne Weiteres darüber hinwegsetzen. Selbst der jüdischen Sitte, daß die Frau nicht entblößten Hauptes und öffentlich, wie z. B. im Bethause erscheinen soll, mußten sie Zugeständnisse machen[3]. So sehr sie sich auch gegen das Judenthum abschließen wollten, so fand doch mancher jüdische Gebrauch Eingang bei ihnen. Ihre Gemeindeeinrichtung und ihr öffentlicher Cultus hatte einen jüdischen Zuschnitt; sie kannten keine andere Form. An der Spitze des Gottesdienstes und der Gemeinde stand der Episkopus (Aufseher, Bischof), welcher dem jüdischen Chasan (ha-knesct) nachgebildet war. Neben und mit ihm fungirten solche Gemeindeglieder, welche durch ein größeres Maaß von biblischer Kenntniß oder durch eine andere Fähigkeit in Ansehen standen: sie wurden Presbytere (Priester) genannt und entsprachen den Sakenim (Aelteste) der jüdischen Gemeindeverfassung. Sie erhielten wie diese ihre Funktion und ihre

---

[1] Das. 5. 1. fg. 7. Anf. I. Timotheus 3. 6.
[2] Das. c. 10.
[3] Das. 11. 5. 13 fg.

Weihe durch Häubeauflegen, nur daß innerhalb des Christenthums dabei an ein Ueberleiten des heiligen Geistes, der von Jesus auf die Apostel und ihre Jünger übergegangen sei, gedacht wurde. Die Presbytere hatten wohl zugleich das Lehr- und Richteramt in den Gemeinden.

Die ceremoniellen Weihen, wie die Taufe und das Abendmahl, die charakteristischen Ceromonien des christlichen Lebens, hatten ebenso einen jüdischen Ursprung. Das Abendmahl war weiter nichts als eine Erinnerung an den ersten Abend des Passahfestes, welche nach der Tempelzerstörung blos im Genuß des ungesäuerten Brodes und des Weines bestand; daher fehlte in dem Abendmahle der Genuß vom Opferlamme. Um jedoch von dieser Ceremonie den jüdischen Charakter zu verwischen, gab man ihr eine Beziehung auf Christus, als wenn das Brod seinen Leib und der Wein sein Blut bedeutete[1]).

Gegen die paulinische Theorie der Heidenchristen, gegen die Gesetzesverächter, herrschte unter den Juden eine so tiefe Abneigung, daß es in vielen Gemeinden Kleinasiens und Griechenlands zu Reibungen kam. In den Städten Antiochien (der Hauptstadt Pisidiens), Iconium, Thessalonica und Korinth wurden sie von jüdischen Einwohnern beschimpft, gesteinigt und verwiesen. Zwischen Judenchristen und Juden hingegen bestand ein leidliches Verhältniß; es lag nichts in dem ebionitischen Bekenntnisse, was gegen das jüdische Bewußtsein verstieße und es verletzte. Höchstens hätten die Wunderkuren und die Austreibungen der Dämonen aus besessenen Personen, welches Ebioniten wie helenische Christen im Namen Jesu ausübten, bei den Juden Anstoß erregen können! Denn eben diese Macht über die bösen Geister wollten die Christen beider Parteien von Jesus vermittelst der Apostel erhalten haben, und es gehörte mehrere Jahrhunderte hindurch mit zu den Hauptfunktionen der christlichen Lehrer, Teufel zu bannen, böse Krankheiten zu beschwören (exorciren) und überhaupt Wunder zu thun[2]). Allein durch das bloße Nennen des Namen Jesu bei wunderthätigen Uebungen legten die Judenchristen ihm noch keine Göttlichkeit bei, da ja auch manche Juden vermittelst Salomons Namen Gewalt über die bösen Geister zu haben glaubten[3]). Weil eben die Ebioniten sich von den Juden im religiösen Leben

---
[1]) Siehe Note 10.
[2]) I. Corintherbrief 12, 8, fg. Origenes contra Celsum I. 6.
[3]) Josephus Alterthümer VIII. 7.

durch nichts unterschieden, verkehrten Tanaiten und ebionitische Lehrer ohne Scheu mit einander. Es ist bereits erwähnt, daß der strenge R. Elieser, welcher den Heiden allesammt den Antheil am ewigen Leben absprach, mit einem Judenchristen Jacobus Unterredungen hatte und Auslegungen, von Jesu mitgetheilt, harmlos anhörte. Als ben-Dama, ein Schwestersohn R. Ismaels, einst von einer Schlange gebissen wurde, war er im Begriffe sich von demselben Jacobus durch eine Besprechungsformel im Namen Jesu heilen zu lassen [1]. Der Uebergang von der jüdischen Gemeinschaft zur christlichen war kein auffallender, anstößiger Schritt; es mochten wohl einige Glieder jüdischer Familien dem judenchristlichen Bekenntnisse angehangen haben, ohne dadurch ein Aergerniß zu geben und den Hausfrieden zu stören. Von Chananiah, einem Neffen R. Josuas, wird erzählt, er habe sich der Christengemeinde zu Kapernaum angeschlossen, sein Onkel jedoch, der diesen Schritt gemißbilligt, habe ihn mit Gewalt diesem Umgange entzogen und ihn nach Babylonien fern von christlichem Einflusse gesandt [2].

Diese Harmlosigkeit zwischen Juden und den jüdischen Anhängern Jesu dauerte jedoch nicht lange. Es liegt in der Natur des Menschen, den Gegenstand seiner Verehrung sich immer mehr zu idealisiren, und die Begeisterung für denselben nimmt in dem Maße zu, jemehr das wahre Wesen desselben dem Gesichtskreise entrückt ist. Im Verlaufe der Zeit erscheinen dem begeisterungstrunkenen Herzen die Flecken an der hochverehrten Person als wesentliche Vorzüge, die störenden Male erglänzen in der täuschenden Ferne zu eben so vielen Lichtpunkten. Je mehr die jüdischen Anhänger das unbegreifliche Leben ihres Messias ergründen wollten, desto mehr vertieften sie sich in die Propheten, um sich von da aus Aufschluß über das Befremdende seiner Erscheinung zu holen, und glaubten darin Beziehungen und Winke zu finden. Zuletzt mußte alles so geschehen sein, damit dieser und jener Ausspruch der Propheten vom Messias erfüllt werde. — Die Judenchristen blieben daher auch nicht bei der einfachen Anerkennung Jesu als Messias stehen, sondern neigten sich allmälig, ohne es zu wissen, dem Bekenntnisse der Heidenchristen zu, sich ihn mit göttlichen Eigenschaften begabt und mit Wunderkräften versehen zu denken.

[1] Jerus. Aboda Sara II. 2 und Parallelstellen.
[2] Midrasch Kohelet edit. Frankf. 83. b.

Der Untergang des Tempels war auch für die Entwickelung des Christenthums ein Wendepunkt. Das Aufhören der Opfer erweckte in ihnen den Gedanken, als habe das jüdische Gesetz einen empfindlichen Stoß erlitten; sobald einige Theile des Gesetzes nicht mehr ausführbar wären, so habe das Ganze seine Bedeutung verloren. Allmälig bildete sich die Sage aus: Jesus habe den Untergang des Tempels vorher verkündet, daß nicht ein Stein auf den andern bleiben, daß aber auch durch ihn ein neuer Tempel erbaut werden würde. Daran knüpfte sich das Dogma von der sühnenden Kraft des Messias und seinem Hohenpriesteramte, daß er also auch die sündentilgenden Institute, wie den Versöhnungstag, überflüssig gemacht hätte. Ueberhaupt übertrug man auf Jesus alle diejenigen Herrlichkeiten, welche durch den Untergang des Staats verloren gegangen waren. Man legte ihm also die drei höchsten Würden, das Königs-, Priester- und Prophetenamt, bei. Je mehr die judenchristliche Anschauung die Persönlichkeit Jesu durch solche Uebertragung idealisirte, desto mehr entfernte sie sich vom Judenthume, mit dem sie noch immer eins zu sein glaubte. Es entstanden gemischte Sekten aus Ebioniten und Hellenen, und man kann einen abwärtsführenden Stufengang bemerken von den gesetzesstrengen Ebioniten bis zu den gesetzesverhöhnenden Antitakten. Den Ebioniten zunächst standen die Nazaräer. Die Verbindlichkeit des ganzen jüdischen Gesetzes ließen auch sie wie jene unangetastet, aber sie erklärten sich doch schon die Geburt Jesu auf übernatürliche Weise durch die Jungfrau und den heiligen Geist, und legten ihm überhaupt göttliche Attribute bei[1]. Andere Judenchristen gingen noch über die Nazaräer hinaus und gaben das Gesetz theilweise oder ganz auf. Man nennt als solche die **Meristen**, (von dem griechischen Worte μέρος, Theil), welche ihre Namen wohl von dem Umstande hatten, daß sie nur einzelne Theile des Gesetzes beobachteten; ferner die **Masbotäer** (vom Worte Sabbat), welche nur noch den jüdischen Sabbat streng feierten, freilich dabei auch den Sonntag, als Herrentag. Endlich gab es eine Sekte **Genisten** (von γένος, Geschlecht), die nur noch der Abstammung nach Juden waren[2].

Nach solchen Vorgängen war ein völliger Bruch zwischen Juden und Judenchristen unvermeidlich; es mußte endlich ein Zeit-

---

[1] Origenes contra Celsum V. 61.
[2] Siehe Note 11.

punkt eintreten, in welchem die letzteren selbst fühlten, daß sie nicht mehr zur jüdischen Gemeinschaft gehörten und daher sich ganz von ihr lossagten. Der Scheidebrief, den das Judenchristenthum der Muttergemeinde zuschickte, ist noch vorhanden; er fordert die jüdischen Anhänger Jesu auf, sich von den Stammgenossen völlig loszulösen. In der agadischen Weise jener Zeit setzt der „Brief an die Hebräer" auseinander, daß der gekreuzigte Messias zugleich sühnendes Opfer und versöhnender Priester gewesen. Er beweist aus dem Gesetze, daß diejenigen Opfer als die heiligsten gelten, von deren Blut im Allerheiligsten gesprengt und deren Leib außerhalb des Lagers (Tempels) verbrannt wurde. „Daher, so fährt der judenchristliche Ermahner fort, „litt auch Jesus den Tod außerhalb der Thore (Jerusalems), „damit das Volk durch sein Blut gesühnt werde. So laßt uns denn „zu ihm hinausziehen außer dem Lager (der jüdischen Gemeinschaft) „und seine Schmach tragen; denn wir haben hier nicht die blei= „bende Stadt (Jerusalem als Symbol der jüdischen Gesammtheit), „sondern wir suchen die zukünftige Stadt."[1]) War einmal der erste Schritt einer entschiedenen Trennung der Nazaräer und der ver= wandten Sekten von der jüdischen Gemeinschaft erfolgt, so stellte sich auch bei ihnen ein leidenschaftlicher Haß gegen Juden und Juden= thum ein. Gleich den Heidenchristen schmähten und lästerten die Nazaräer die Juden und ihr Wesen, und da das schriftliche Gesetz auch für sie Heiligkeit hatte, so richteten sie ihre Pfeile gegen das Halacha= studium der Tanaiten, den Lebenspunkt des Judenthums in diesem Zeitalter. Man war in judenchristlichen Kreisen wie in jüdischen gewöhnt, alle Verhältnisse der Gegenwart aus dem Gesichtspunkte der heiligen Schrift anzuschauen und dafür Belege und Andeutungen aus dem Prophetenworte herbeizuziehen; es war dies die eindring= lichste Art, gewisse Stimmungen zu erwecken und Ueberzeugungen beizubringen. Die Nazaräer wendeten daher auf die Tanaiten, welche bei ihnen Deuteroten hießen, ganz besonders auf die zwei Schulen Hillels und Schammais, einen rügenden, drohenden Vers des Propheten Jesaias an (8. 14.): „Es wird sein zum Stein des Anstoßes und zum Sturze für die zwei Häuser Israels." „Unter den zwei Häusern meint der Prophet die zwei Lehrsekten Schammaï und Hillel, aus denen die Schriftgelehrten und Phari= säer entstanden sind, deren Nachfolger waren Akiba, Jochanan,

---

[1]) Hebräerbrief 13. 11. ff.

der Sohn Sakkai's, dann Elieser und Delphon (Tarphon) und dann wieder Joseph der Galiläer und Josua. Dieses sind die zwei Häuser, welche den Heiland nicht anerkennen, und dies wird ihnen zum Sturz und zum Anstoß gereichen." Auch einen andern Vers desselben Propheten, welcher lautet: „Sie verspotten die Menschen durch das Wort" (Jesaias 29. 21.), deuteten die Nazaräer auf die Mischna-Lehrer, „„welche durch ihre schlechten Traditionen das Volk verhöhnten."" [1]) Sie legten Jesus Schmähungen gegen die Gesetzeslehrer in den Mund, die vielleicht auf den Einen oder den Andern paßten, aber auf den ganzen Stand angewendet, gewiß eine Verläumdung war. Sie lassen ihn sprechen: „Auf Moseh's Stühlen (Synhedrion) sitzen die Schriftgelehrten und Pharisäer. Alles was sie euch sagen, daß ihr befolgen sollet, befolget und thuet, aber ihre Werke thuet nicht; dann sie sprechen und handeln nicht (danach) . . . Alle ihre Werke thun sie, um von den Leuten gesehen zu werden. Sie machen sich breite Denkzeichen (Tefillin, φυλακτήρια) und große Saumquasten (Zizit, κράσπεδα) an ihren Gewändern. Sie lieben das Obenanliegen bei den Mahlen, das Obenansitzen in den Synagogen, gegrüßt zu werden auf den Plätzen und von den Menschen: Rabbi, Rabbi genannt zu werden . . . Wehe euch, ihr heuchlerischen Schriftgelehrten und Pharisäer, daß ihr die Häuser der Wittwen verzehret unter dem Vorwand, daß ihr lange betet; darum werdet ihr ein Strafgericht empfangen. . . . Wehe euch . . . daß ihr verzehntet die Gartenmünze, den Dill und den Kümmel [2]) und lasset das Schwerere [3]) des Gesetzes fahren, das Recht, die Barmherzigkeit und die Treue. Das Eine muß man thun, aber das Andere nicht lassen Ihr verblendeten Seelen, die ihr Mücken seihet und Kamele verschlucket . . . die ihr von außen die Becher und Schüsseln reinigt und inwendig sind sie voll von Raub und Verdorbenheit."

[1]) Siehe Note 11.
[2]) Matthäus-Evangelium c. 23. Das Marcus-Evangelium hat diese lange Schmährede nicht, was eben zum Beweise dient, daß es ein Zusatz aus der nachapostollischen Zeit ist. Das angeführte Verzehnten bedeutet den Zehnten von Kräutern = מעשר ירק, das lediglich als rabbinisch gilt. Bemerkenswerth ist der Schluß: Man müsse das wohl thun, was eben einen judenchristlichen Verfasser verräth, der solches Verzehnten auch für wichtig hielt.
[3]) Βαρύτερα τοῦ νόμου = gleich חמורה, im Gegensatz zu קל, das Wichtigere: τὴν κρίσιν in demselben Satze bedeutet דין, neuhebräisch das Recht.

So feindeten die Judenchristen die Führer des gesetzlichen Judenthums und damit auch dieses selbst an, für dessen Bestand sie doch anfänglich einstehen wollten, und arbeiteten, ohne es zu wollen, den Hellenen in die Hände. Die paulinische Lehre gewann daher immer mehr Boden und konnte sich nach und nach als das wahre und einzige Christenthum, als das katholische (umfassende, allgemeine), behaupten. Es war daher natürlich, daß alle diese Sekten: Ebioniten, Nazaräer, Masbotäer nach und nach theils in der immermehr wachsenden Gemeinschaft der Heidenchristen untergingen, theils in geringer Zahl und in verkümmerter Gestalt zurückblieben, ein Gegenstand der Verachtung für Juden und Christen. Die Juden haßten sie auch ihrerseits unter dem Namen Minäer (Minim), worunter sie alle Sekten verstanden, welche, dem Judenthume entsprossen, es ganz oder theilweise verleugneten. Die Christen betrachteten sie nicht als die Urgemeinde, aus welcher sie selbst mit Abstreifung des Judenthümlichen hervorgegangen waren, sondern als später entstandene Sektirer [1]). Eine eigenthümliche Erscheinung bot sich in diesem Meinungskampfe dar, daß, wie sich die Judenchristen immer mehr vom Gesetze entfernten, Hellenen dagegen sich ihm näherten. In den Sendschreiben und Briefen, welche die christlichen Lehrer an die Gemeinden oder an einzelne Vertreter richteten, können sie nicht genug gegen die Bestrebungen derer warnen, welche dem Gesetze und der jüdischen Lehre Eingang zu verschaffen eifrig waren.

Indessen entwickelten sich aus dem Christenthume eine Menge Sekten von der sonderlichsten Benennung und der wunderlichsten Richtung. Das halbe Jahrhundert nach der Tempelzerstörung, wo die beiden Religionsformen der alten Welt, das Judenthum und Heidenthum, eine Verwandlung und theilweise Verschmelzung erlitten: das Judenthum sich ohne Staat und politischen Stützpunkt zu befestigen, das Heidenthum sich in der Vollkraft seiner staatlichen Existenz zu lockern, entstand eine Gährung in den Geistern der Menschen, welche die seltsamsten und abenteuerlichsten Geburten zu Tage förderte. Zu den zwei Elementen, dem Judenthume und dem Christenthume entlehnt, gesellten sich noch andere hinzu aus dem jüdisch-alexandrinischen Systeme Philo's, aus der griechischen Philosophie, überhaupt aus allen Winkeln und Enden, deren Ursprung und Quellen kaum bestimmt werden können. Es war ein Gewirre

---

[1]) Siehe Note 11.

der entgegengesetzten Gedankenbegriffe und Lehren, Jüdisches und Heidnisches, Altes und Neues, Wahres und Falsches, Erhabenes und Niedriges in innigster Durchdringung und Verschmelzung. Es schien, als ob bei dem Eintritt des Christenthums in die Welt alle ausgeprägten Lehren des Alterthums ihm etwas von ihrem Inhalte mitgeben wollten, um dadurch Wichtigkeit und Fortbauer zu erhalten. Diese Paarung von unnatürlichen Elementen brachte Mißgestalten und Zerrbilder hervor, ähnlich dem Traum eines Wahnwitzigen, läßt aber auch den Drang der Zeit nicht verkennen, die ewigen Räthsel zu lösen, welche der Menschengeist immer von neuem aufwirft, ohne eine befriedigende Antwort zu erhalten. Die alte Frage: woher denn das Uebel in der Welt seinen Ursprung habe, und wie sich dieses mit dem Begriffe von einer gütigen und gerechten Vorsehung vereinen lasse, beschäftigte die Gemüther derer auf das lebhafteste, welche durch die christlichen Sendboten Bekanntschaft mit der jüdischen Gedankenwelt gemacht hatten. Nur durch ein neues Gottesbewußtsein glaubte man die Frage lösen zu können, und man stellte sich ein solches aus den verschiedensten Religionssystemen zusammen. Die höhere Erkenntniß von Gott, seinem Verhältniß zur Welt und dem religiösen und sittlichen Leben nannte man Gnosis, und diejenigen, welche im Besitz derselben zu sein glaubten, legten sich selbst den Namen Gnostiker[1] bei, und verstanden darunter höher begabte Naturen, welche, — der Gottheit näher stehend — in das Geheimniß der Weltordnung eingedrungen wären. Die Gnostiker oder richtiger Theosophen, zwischen Judenthum, Christenthum und Heidenthum schwebend, wie sie aus diesen drei Kreisen Vorstellungen und Gedankenformungen aufnahmen, gingen auch aus den Anhängern der drei Religionen hervor. Von ihrem Lehrbegriffe sind bisher nur unzusammenhängende Bruchstücke, einzelne Fäden aus einem fremdartigen Gewebe bekannt worden, welche lediglich durch die Schriften ihrer christlich-jüdischen Gegner erhalten sind. So mächtig muß aber der Reiz der gnostischen Lehren gewesen sein, daß die Autoritäten der Synagoge und Kirche nicht

---

[1] Monographien und Abhandlungen über die Genesis sind Legion. Hauptquellenschriften sind Irenäus in Hæreses, dann die neuaufgefundenen und von Emanuel Miller 1851 herausgegebene Schrift: Ὠριγένους φιλοσοφούμενα, welche Bunsen dem Hippolytus zuschrieb, ferner Epiphanius Haereses und bei andern Kirchenvätern.

genug Gesetze und Verordnungen dagegen erlassen konnten, und dessen ungeachtet nicht zu verhindern im Stande waren, daß nicht hin und wieder gnostische Lehren und Formeln in das Bewußtsein der Juden und Christen Eingang gefunden hätten. Verbreitet war die Gnosis in Judäa, Egypten, Syrien, Kleinasien, und ganz besonders in der Weltstadt Rom, wo alle Religionsmeinungen und Anschauungs= weisen auf Anhänger zählen durften. Die Sprache der Gnostiker war mystisch=allegorischer Art, oft entlehnt aus jüdischen und christ= lichen Bekenntnißschriften, aber in einem ganz anderen Sinne aus= gelegt. Von den Urhebern und Trägern des gnostischen Lehrsystems sind nur wenige Namen, einige abgerissene Aussprüche und zu dürf= tige lebensgeschichtliche Nachrichten bekannt, als daß sie einen tiefern Einblick in dieses sonderbare Gedankengewebe gestatten könnten. Die berühmtesten Namen der Gnostiker waren: Saturnin, Basi= lides und Valentinus, wohl Juden der Abstammung nach; ferner des letzteren Schüler Markos und Bardesanes, ersterer ein Jude, letzterer ein Christ aus der Euphratgegend; dann Ko= rinth, Kerdon mit seinem sophistischen Schüler Marcion, end= lich Karpocrates, der fleischliche Kommunist, und Tatian, der Urheber strenger Enthaltsamkeit, der Vorläufer der Mönche.

Fast jeder der hier genannten und viele ungenannte Gnostiker hatten eine eigene Richtung, eine originelle Seite, welche nach dem Namen ihres Urhebers benannt wurde. Man hört daher aus jener Zeit eine so unzählige Menge von Sektennamen erklingen, daß man sich beinahe verwundert, wo sie denn alle ihre Anhänger herge= nommen haben. Die geläufigsten Namen waren: Basilidianer, Va= lentinianer, Karpokratianer, Marcioniten; Andere leiteten ihre Be= nennung von dem Inhalte einer Hauptrichtung ab, wie die Bala= miten, Nicolaiten und Enkraiten, deren Bedeutung weiter unten entwickelt werden soll. Einige gnostische Sekten veranschaulichen die ganze Wunderlichkeit und Seltsamkeit dieser Zeitrichtung. Eine Sekte nannte sich z. B. Kainiten, aus keinem andern Grunde, als weil die Anhänger derselben den Brudermörder Kain, der biblischen Erzählung zum Trotz, höher achteten als das Opfer Abel. Auch die entarteten Sodomiter, den wilden Esau, den ehrgeizigen Aufwiegler Kohra brachten die Kainiten zu Ehren und behaupteten Kain und seine Ebenbilder seien aus einer höheren, mächtigere Kraft entsprungen, als Abel und andere Lieblinge der Bibel. Es ist überhaupt den Sektirern eigen — und wiederholte sich zu verschiedenen Zeiten — grade diejenigen geschichtlichen Figuren in Schutz zu nehmen, welche bei ihren Gegnern mißliebig und verrufen sind, und wiederum gegen diejenigen eine feindliche Stimmung zu hegen, welche andrerseits als Vorbilder dastehen. — Von demselben Widerspruchsgeiste gegen die Darstellung der Bibel waren auch die Ophiten oder Naasiten[1]) beseelt, nur daß sie für ihr Verhalten einen bessern Grund anzugeben wußten. Sie hatten ihren Namen von dem griechischen Worte Ophis und dem hebräischen Nachasch (Naas, Schlange), und sollen diesem Thiere eine hohe Verehrung zugewendet haben, weil die Schlange in der Bibel als Urheberin der ersten Sünde gilt und in der Anschauung jener Zeit als das Urbild des Uebels, als die Hülle des Satans angesehen wurde. Die Ophiten wußten es der Schlange Dank, daß sie das erste Menschepaar zum Ungehorsam gegen Gott verleitet hatte, indem dadurch die Erkenntniß des Guten und Bösen, das Bewußtsein überhaupt, geweckt wurde. Die Schlange spielt in diesem Systeme eine sehr wichtige Rolle; selbst Christus stellte dasselbe als die Wiedererscheinung der Urschlange dar. Die Schlange, welche Moses in der Wüste aus Erz aufrichten ließ, zogen die Ophiten gleicherweise in ihr System hinein.

Allein so verschieden und einander widersprechend die Richtungen der gnostischen Sekten waren, so hatten sie doch einige gemeinschaftliche Lehren, in welche sie alle zusammentrafen. Die gnostischen Grundgedanken betrafen das eigenthümliche Gottesbewußtsein, das ihre Urheber im Widerspruche mit dem Gottesbegriffe des Judenthums entwickelten. Diese höchst wunderliche Lehre darf in der jüdischen Geschichte um so weniger übergangen werden, als sie auch auf das Judenthum von einigem Einflusse war. Die Gnostiker dachten sich das göttliche Wesen in zwei einander untergeordnete Prinzipien getheilt, in einen höchsten Gott und einen Weltschöpfer. Den höchsten Gott nannten sie das **Schweigen** oder die **Ruhe**, ließen ihn in höchster Höhe ohne die geringste Beziehung zur Welt thronen. Sein Grundwesen sei Güte, Liebe, Gnade. Aus ihm gehen Ausstrahlungen aus, welche einen Theil seines Wesens zur Offenbarung bringen; solche Ausstrahlungen nannten sie **Aeonen** (Welten), auch **Himmel** und **Engel**. Ueber die Zahl der Aeonen

---

[1]) Von נחש, Schlange abgeleitet.

herrschte unter ihnen Verschiedenheit, doch zählten die Meisten Geist, Einsicht, Weisheit, Liebe, Wahrheit, Frieden und Macht als Aeonen auf. Es ist kaum mehr zu ermitteln, ob sich die Gnostiker die Aeonen als selbstständige Wesen oder lediglich als wesentliche Eigenschaften des höchsten Gottes gedacht haben. Unter das höchste Wesen setzten sie den Weltschöpfer (Demiurg), den sie auch Herrscher nannten; Einige betrachteten ihn als bloßen Aeon. Ihm theilten sie das Geschäft der Weltschöpfung zu, er leitet die Ordnung der Welt; er hat das Volk Israel erlöst und ihm Gesetze gegeben. Wie dem höchsten Gotte die Liebe und Gnade eigen ist, welche mit Freiheit schalten, so besteht das Grundwesen des Weltschöpfers in Gerechtigkeit und Strenge, die er durch Gesetze und Gebundenheit überhaupt geltend macht. Wie für Alles, so hatte man auch für dieses Verhältniß des gerechten Gottes zum Gotte der Güte einen Prophetenvers gefunden. Man wendete darauf den Vers (Jesaias C. 6. „Wir wollen gen Juda hinaufziehen und einen andern König einsetzen, den Sohn des guten Gottes (Tobel)"[1]. Den Schöpfer lassen sie die Welt aus einem von Ewigkeit her vorhandenen Urstoffe vermittelst der Weisheit (Achamot) in der Weise erschaffen, daß sich, wie sich ihre allegorische Redeweise ausdrückt, **die Weisheit in den Schooß des Urstoffs versenkte, eine Mannigfaltigkeit der Formen hervorbrachte, aber auch dadurch selbst getrübt und verdunkelt wurde.** Nach dieser Voraussetzung nahmen die Gnostiker drei Urwesen an: den höchsten Gott, den Weltschöpfer und den Urstoff, und leiteten von diesen die verschiedenen Verhältnisse und Abstufungen in der Geister- und Körperwelt ab. Alles Gute und Edle sei ein Ausfluß des höchsten Gottes, das Gesetz und die Gerechtigkeit stamme vom Weltschöpfer ab, endlich alles Mangelhafte, Schlechte, Verkrüppelte in der Welt sei eine Wirkung des beschränkenden, niederdrückenden Urstoffes.

Nach dieser gnostischen Eintheilung der drei Weltmächte gebe es auch unter den Menschen drei Klassen oder Kasten, die im Dienste eines dieser drei Prinzipien stehen. Es gebe geistige Menschen (Pneumatiker), die von dem höchsten Gott begeistert sind und für ihn streben, frei von dem Joche des Gesetzes, entbunden der Fesseln der irdischen Natur; sie sind sich selbst Gesetz und Regel und bedürfen deren Leitung und Bevormundung nicht; dazu gehören die Prophe-

---

[1] Hieronymus in Esaiam 7. 6.

ten und die Inhaber der wahren Gnosis. Es gebe ferner fleisch=
liche Menschen (Psychiker) im Dienste des gesetzgebenden Demiurgen;
sie stehen unter dem Joche des Gesetzes, vermittelst dessen sie sich
einigermaßen von der Gewalt des Irdischen freihalten können, ohne
jedoch die Höhe der Geistesmenschen erschwingen zu können. End=
lich gebe es irdische Menschen (Choiker), die den Thieren gleich in
den Banden der Erde und des Stoffes gefesselt sind, sich weder
zum freien Schwung der Geistesmenschen erheben, noch sich von den
Vorschriften des Gesetzes regeln lassen können. Als Typen dieser
drei Menschenklassen galten den Gnostikern die drei Adamssöhne:
S e t h war das Urbild der Pneumatiker, A b e l der Typus der
Gesetzesmenschen, endlich K a i n das Bild der irdischen Menschen.
Auch die drei Religionen pflegten einige Gnostiker nach diesem Schema
zu klassifiziren: das Christenthum sei ein Erzeugniß des höchsten
Gottes, das Judenthum das Produkt des Demiurgos, endlich das
Heidenthum eine Schöpfung des niedern Urstoffes. Dieses ist un=
gefähr der Hauptinhalt der gnostischen Theorie, so viel durch Mit=
theilung ihrer Gegner bekannt geworden ist. Wiewohl sie den Aus=
gang ihrer Lehre aus den jüdischen Schriften entlehnten, so richteten
die Gnostiker dennoch feindliche Angriffe mit einer leidenschaftlichen
Wuth gegen das mosaische Gesetz, das sie als Werk des Demiurgos
verachten zu müssen glaubten. War ihnen Gesetz überhaupt ein
beschränkter Standpunkt gegen die Freiheit der Gnosis, so erschienen
ihnen die Strafgesetze der mosaischen Gesetzgebung mit allen Maß=
regeln, welche auf ein vernünftiges, sittliches Staatsverhältniß be=
rechnet waren, als die härteste Tyrannei. Die gnostische Schule
des Kerdon und Marcion trieb diese Verachtung des jüdischen Ge=
setzes am weitesten. Sie stellten einander gegenüber die Milde des
Christenthums und die scheinbare Härte des Judenthums aus Bei=
spielen des alten Testaments und den Lehren der Menschenliebe,
welche durch Jesus doch nur verbreitet, nicht neu eingeführt worden
waren. Diese Sammlung von Parallelen nannte M a r c i o n Ge=
gensätze[1]). Die marcionitische Schule trieb es so arg mit der
Verdächtigung des Judenthums, daß selbst die orthodoxen Kirchen=
lehrer, eingedenk daß jenes die Hauptsäule ihres Bekenntnisses bil=

---

[1]) Ἀντιθέσεις oder nach Bunsen (Hippolytus und seine Zeit I. S. 75.
Ἀντιπαραθέσεις. Die Gegensätze in der Bergpredigt des Matthäus=Evangelium
zwischen Gesetz und Evangelium 5, 22 fg. stammen ohne Zweifel aus dieser Quelle.

bet, gegen diese Auffassung ernstlich ankämpften. „Meide", so warnt ein Sendschreiben angeblich von Paulus an Thimotheus, „das unheilige Geschwätz und die Gegensätze der falschen Gnosis, welche Einige verkünden, aber des Glaubens verfehlen."[1]) Es gab eine gnostische Sekte, deren Anhänger sich förmlich darauf verlegten, gerade dasjenige zu thun, was in Moseh's Gesetz verboten ist; sie nannten sich **Antitakten** (von ἀντιτάξις, gegen das Gesetz handeln[2]).

Aus dieser Theorie entwickelte sich eine Praxis, die wiewohl aus derselben Grundidee ausgehend, in entgegengesetzter Richtung weit auseinander lief. Ein Zweig der Gnostiker, ergriffen von dem Gedanken, daß die höhere Erkenntniß der göttlichen Natur die Haupttugend sei, verachteten jede andere menschliche Thätigkeit und betrachteten sie als ein Uebel, als ein Versinken in den Schlamm der irdischen Natur, in die Gewalt des Satans. Ganz besonders war ihnen das eheliche Leben ein Stein des Anstoßes, welchen sie nicht genug anfeinden konnten. Die Ehe galt ihnen als eine Verdunkelung der Gnosis; es war eine ihrer Hauptanklagen gegen den Weltschöpfer, daß er die Menschheit in zwei Geschlechter getrennt und dadurch die Ehe gleichsam zum Nothübel gemacht habe[3]). Der Fleischspeisen, überhaupt der thierischen Nahrung, enthielten sie sich, um sich auf der Höhe des Geistes erhalten zu können. Von dem Gnostiker Bardesanes erzählt man, er habe sich aller Speisen enthalten und „wie eine Schlange gefastet." Man nennt diesen Zweig der Gnostiker **Asketen**, auch **Severianer** und **Enkratiten** (von dem griechischen Worte ἐγκρατής, enthaltsam). Als Hauptträger dieser Richtung nennt man Saturnin, Marcion, Tatian und Bardesanes. Das Mönchsleben und die Ehelosigkeit der christlichen Priester waren die späteren Folgen dieser Lehre.

Eine entgegengesetzte Richtung, obwohl von denselben Grundgedanken ausgehend, lehrte die bodenloseste Sittenlosigkeit. Die Erkenntniß sei das Höchste, stellt diese Schule ebenfalls auf, folgerte aber daraus, daß alles irdische Treiben gleichgültig, an sich weder gut, noch schlecht sei. Der sittliche Unterschied von guten und bösen Handlungen habe für den Gnostiker keinen Sinn, nur Gedanken und Gesinnungen seien diesem Unterschiede unterworfen. Dieser

---

[1]) Brief an Thimotheus I. 6. 20.
[2]) Clemens Alexandrinus Stromata III, p. 526.
[3]) Epiphanius, Hæreses No. 27.

Grundsatz findet sich bei den Schöpfern dieser Schule Carpokrates und seinem Sohn Epiphanes deutlich ausgesprochen: „Außer der höhern Erkenntniß, so lehrten sie, ist alles Uebrige gleichgültig; nur nach der Meinung der Menschen ist das Eine gut, das Andere schlecht, von Natur aber giebt es nichts Schlechtes."[1]) Einstimmig berichten jüdische und christliche Quellen, daß die Anhänger dieser Theorie Unkeuschheit, wilden Geschlechtsumgang, Gemeinschaft der Frauen, sogar blutschänderische Umarmungen gelehrt und geübt hätten. Der Schimpfname für diese gnostische Schule war **Nikolaiten** oder **Balamiten**, von dem Zauberer Balam (hellenisirt Nikolaos), welcher den Moabitern gerathen, die Israeliten durch Frauenreiz zum Götzendienste zu verlocken. Christlicherseits erzählte man sich von Nicolaus, dem angeblichen Stifter der Nikolaiten Folgendes: Als er einst von den Aposteln wegen allzuheftiger Eifersucht gegen seine Frau getadelt wurde, habe er sie Jedermann preisgegeben, und durch dieses Beispiel hätten seine Schüler sich allen fleischlichen Lüsten ergeben[2]). Die Apokalypse macht der kleinasiatischen Gemeinde von Pergamus den Vorwurf, daß sich Mitglieder unter ihnen befinden, „die an der Lehre Balam halten, welche lehre durch den Balak ein Aergerniß zu geben vor den Kindern Israel, zu essen der Götzen Opfer und Unzucht zu treiben. Also hast du auch die an der Lehre der Nikolaiten halten, welche ich hasse."[3]) Jüdischerseits wird von einem Schüler R. Jonathans erzählt, der in die Gemeinschaft einer solchen Sekte gerathen war. Als sein Lehrer ihn aufsuchte, fand er die Sektirer, welche aus Juden bestanden, mit einem Mädchen beschäftigt; sie forderten ihn auf, „der Braut den Liebesdienst" zu erweisen. Mit Entrüstung fragte er sie: „und so etwas darf unter Juden vorkommen?" Darauf antworteten sie ihm: „es heißt ja in der Schrift, dein Loos wirf unter uns, ein Beutel sei für uns Alle."[4]) Solche übereinstimmende Zeugnisse aus jüdischen und christlichen Quellen lassen an der Thatsache nicht zweifeln, daß es eine unsittliche Sekte gegeben hat, welche der Fleischeslust aus Prinzip huldigten.

Dieses schwärmende Gesumme von Irrlehren und Sekten durch-

---

[1]) Clemens Alexandr. das. p. 312, 514.
[2]) Das. III, 436.
[3]) Offenbarung Johannis 2. 14. ff.
[4]) Midrasch Kohelet 85. 6.

schwirrte und durchkreuzte sich in wirrem Durcheinander, jede derselben jagte nach Jüngern und Anhängern, wie denn überhaupt das Christenthum, und was damit zusammenhing, vom Urbeginne an sich nicht auf die stillwirkende Macht der Wahrheit verließ, sondern geradezu auf Proselyten losging. Die Mittel, deren sie sich zur Verbreitung ihrer Ansicht bedienten, waren Schriften in hebräischer, griechischer und syrischer Sprache, die sich wie eine Fluth über Judäa und die angrenzenden Länder bis Kleinasien und Rom ergossen. Die Schriftsteller dieser Literatur traten selten mit ihrem eigenen Namen auf, sondern legten zumeist ihren Gedankengang alten Autoritäten der jüdischen Geschichte unter, deren Namen sie an die Spitze ihrer Schriften setzten. Man lieferte in dieser Zeit Schriften von Adam, Enoch, Prophezeiungen von Cham, Bücher von den Erzvätern, von Moses, Elias, Jesaias; man dichtete Psalmen nach davidischem Muster, und kaum eine der biblischen Figuren blieb von den untergeschobenen Schriften verschont. Wo die Prophetennamen nicht ausreichten, erfand man neue von dem wunderlichsten Klange: Pachor, Barkor, Barkoph, Armagil, Barbelon, Balsamum, Abraxas, Leusiboras und Andere, darauf berechnet, die Phantasie gefangen zu nehmen[1]). Meistens legten sie ihre Gedanken und Lehren dem Stifter des Christenthums in den Mund, verarbeiteten Sagen und Mythen über seine Geburt, sein Leben, seine Wirksamkeit, seine Wunderthätigkeit in lebensgeschichtlichen Bildern. Man zählte nahe an fünfzig solcher verschiedenen Evangelien, jede Sekte hatte fast ihr eigenes Evangelium und verwarf die der Andern. Es gab ein Evangelium der Ebioniten, der Hebräer, der Gnostiker, der Enkratiten, des Kerinth, Basilides, Valentinus, Marcion, Tatian, der Egypter, Syrer und anderer mehr. Zur Gewähr der Wahrheit des Erzählten schrieb man jedem der unmittelbaren Jünger Jesu die Abfassung eines Evangeliums zu[2]). Bruchstücke aus dem Egypter-Evangelium, die noch vorhanden sind, veranschaulichen auf das Deutlichste, wie wenig sich die Sektirer scheuten, Stichwörter ihrer Partei Jesus in den Mund zu legen, und machen daher Alles verdächtig, was in dieser ganzen Literatur über sein Leben erzählt wird. In diesem Evangelium kommen Aeußerungen vom Stifter vor, welche die Einen für ein

---

[1]) Hieronymus ad Theodorum III 6. und Adversus Vigilantium.
[2]) Fabricius bibliotheca graeca IV p. 824. ff. und dessen Codex Apocryphus.

Verbot der Ehe, die Andern für eine Entfesselung des Geschlechts=
triebes nahmen. Jesus wird darin in Unterredung mit einer Frau
Salome eingeführt, die ihn fragt, wann denn Alles dasjenige werde
erkannt werden, was er verheißen. Jesus antwortete ihr: „dann
wenn ihr den Schleier der Schaam werdet zerreißen, und wenn die
Zwei (Geschlechter) eins sein werden, und das Männliche mit dem
Weiblichen, weder Männliches noch Weibliches" [1]).

Dem Judenthum waren solche evangelische Schriften, welche zum
Theil von Juden und für Juden geschrieben waren, nicht gleich=
gültig; sie berührten sein innerstes Wesen, da sie darauf hinzielten,
den Bestand des Judenthums zu unterwühlen und die Treue seiner
Bekenner wankend zu machen. Gewiß war die Zahl derer nicht ge=
ring, die sich von diesem Dämmerlichte neuer Lehren, wo Wahres
und Falsches wunderbar vermischt war, haben blenden und zum
Abfall von der Muttergemeinde verlocken lassen. Die Abtrünnig=
keit eines einzigen, des schon erwähnten Elisa b. Abuja, hatte
späterhin traurige Folgen. Die Beweggründe, welche diesen Gesetzes=
lehrer, der seinen Genossen in Kenntniß nicht nachstand, zum Abfall
gebracht haben, sind in den Quellen nicht undeutlich angegeben und
lassen den nicht unbedeutenden Einfluß der theosophischen Irrlehren
auf den jüdischen Kreis nicht verkennen. Die Sage hat aber
Züge hinzugefügt, um sich die seltene Erscheinung zu erklären, wie
ein mit dem Gesetze Vertrauter einen solchen Schritt thun
konnte, das Gesetz zu verhöhnen. Man erzählte sich, Elisa's Vater
Abuja sei einer der Reichen Jerusalems gewesen und habe zur Ge=
burtsfeier seines Sohnes die angesehensten Männer der Lehre, da=
runter auch R. Elieser und Josua, eingeladen. Wie diese sich von
dem Gesetz unterredet, habe sie ein himmlisches Feuer umflossen.
Der Vater, über diesen Anblick erstaunt, habe sich vorgenommen,
seinen Sohn für das Gesetzesstudium zu erziehen; weil aber der
Beweggrund dazu die Eitelkeit gewesen; darum habe die Lehre keine
tiefen Wurzeln in dem Gemüthe des Sohnes geschlagen. Es ist
nicht zweifelhaft, daß Elisa b. Abuja mit der gnostischen Literatur
jener Zeit vertraut war; dahin deuten die Nachrichten, daß griechische
Gesänge nicht aus seinem Munde gewichen, daß **Schriften der
Minäer ihn stets begleitet haben.** Sicher ist ferner, daß er sich
den Grundgedanken der Gnosis von einem Doppelwesen in der

---

[1]) Clemens Alexandrinus Stromata p. III. 465.

Gottheit angeeignet und dadurch gleich den Gnostikern ein Verächter des jüdischen Gesetzes geworden war. Auch praktisch soll er der schlechten gnostischen Moral gehuldigt und sich einem zügellosen Leben überlassen haben. Von seinem Abfalle vom Judenthume erhielt er den Apostatennamen Acher (ein Andrer), als wenn er durch den Uebertritt zu einem andern Prinzipe ein Andrer geworden wäre. Acher gilt daher im jüdischen Kreise als der vollendete Ausdruck der Abtrünnigkeit, welche die erlangte Kenntniß des Gesetzes dazu mißbraucht, dasselbe mit mehr Nachdruck zu verfolgen[1]).

Diesen Wühlereien gegenüber, welche vom Christenthume aus gegen das jüdische Wesen gerichtet wurden, mußte das Judenthum sich selbst schützen, auf seine Selbsterhaltung und seinen Fortbestand bedacht sein. Feindliche Mächte drangen in seine Tempel, entweihten seine Heiligthümer, trübten seinen reinen Gottesbegriff, verfälschten und mißdeuteten seine Lehren, machten seine Anhänger abtrünnig und bewaffneten sie mit Haß und Verachtung gegen den Gegenstand ihrer frühern Verehrung; es durfte dieses Treiben nicht gleichgültig und müssig mit ansehen. Die Zeit der Hellenisten in der makkabäischen Periode, welche zuerst die Zwietracht in das Haus Israel gebracht, schien in erschreckender Gestalt wiedergekehrt; abermals verschworen sich die eigenen Söhne gegen ihre Mutter. Der enge Kreis der Tanaïten empfand die von da her drohende Gefahr aufs Lebhafteste; er versah sich nichts Gutes für die Lehre von Seiten der Minäer, und erkannte, daß die Schriften derselben eine verführerische Wirkung auf die urtheilunsfähige Masse ausübte. R. Tarphon (Tryphon) sprach von diesem gefahrdrohenden Einflusse mit vollster Ueberzeugung: „die Evangelien (Gilion) und sämmtliche Schriften der Minäer verdienten verbrannt zu werden mit sammt den heiligen Gottesnamen, die darin vorkommen; denn das Heidenthum ist minder gefährdend, als die judenchristlichen Sekten, weil jenes die Wahrheiten des Judenthums aus Unkenntniß nicht anerkenne, diese hingegen sie mit klarer Erkenntniß verleugneten. Er würde daher sich lieber in einen Heidentempel zur Rettung flüchten, als in die Versammlungshäuser der Minäer." R. Ismael, von Charakter minder heftig als R. Tarphon, äußerte dieselbe Stimmung gegen das seinem Ursprunge entartete Judenchristenthum; man dürfe sich nicht scheuen, die Gottesnamen in den Evangelien zu verbrennen,

---

[1]) Graetz, Gnosticismus im Judenthum 16. f. 62. ff.

denn sie schürten nur Haß und Widerwillen zwischen dem jüdischen Volke und seinem Gotte an¹). Man warf jüdischerseits den zum Christenthum haltenden Juden ganz besonders vor, daß sie ihre Stammgenossen bei den römischen Behörden durch Angebereien und Anschuldigungen anzuschwärzen suchten. Vielleicht wollten die Judenchristen durch solche Mittel sich bei den Machthabern empfehlen und dadurch darthun, daß sie keine Solidarität mit den Juden haben; die Zeitgenossen nennen daher stets Minäer und Angeber als gleichbedeutend. Das Gerücht, welches in der öffentlichen Meinung von dem sittlichen Verhalten der Christen in Umlauf war, trug das Seinige dazu bei, die Abneigung gegen dieselben zu steigern. Man beschuldigte jüdischerseits die Christen, daß sie bei ihren gottesdienstlichen Versammlungen, wo in der Regel Personen beiderlei Geschlechts anwesend waren, plötzlich die Lichter verlöscht und in der Dunkelheit einem unzüchtigen Treiben gefröhnt haben. Mag dieses Gerücht durch die zügellosen gnostisch-christlichen Sekten, oder von dem Bruderkusse, welchen die Gläubigen einander bei ihren Zusammenkünften ohne Unterschied des Geschlechtes zu ertheilen pflegten, oder von dem engen Zusammenleben eheloser Christen mit Jungfrauen²), den sogenannten Schwestern, seine Nahrung erhalten haben: genug man hegte gegen das Christenthum ein sehr ungünstiges Vorurtheil und warf ihm vielerlei Entartung vor.³)

Das jamneusische Synhedrin mußte sich mit der Frage beschäftigen, welche Stellung den Judenchristen innerhalb der jüdischen Gemeinschaft anzuweisen sei, ob man sie überhaupt noch als Juden zu betrachten habe. Es wird zwar kein förmlicher Synhedrialbeschluß in Bezug auf die Minäer namhaft gemacht, allein die Maßregeln, welche gegen dieselben eingeführt wurden, zeugen vom Vorhandensein eines solchen. Es wurde eine förmliche Scheidewand zwischen Juden und Judenchristen gezogen; man stellte die letztern noch tief unter die Sekte der Samaritaner und in mancher Beziehung auch unter die Heiden. Man verbot von den Judenchristen Fleisch, Brod und Wein zu genießen, wie man es kurz vor der Tempelzerstörung in Bezug auf Heiden untersagt hatte, um einen vertrau-

---
¹) Sabbat p. 116. a., jer. das. c. XVI. p. 16. 3.
²) Korintherbrief 7. 36. ff. 9. 5.
³) Origenes contra Celsum VI. 27. I. 1. Vergl. Justin. ed. Otto Apologia I. c. 26, II. c. 12 und andern Schriftstellern.

ten Umgang mit denselben zu erschweren. Ueber die christlichen Bekenntnißschriften wurde das Verdammungsurtheil gesprochen; man stellte sie den Zauberbüchern gleich. Selbst jeder geschäftliche Verkehr, jede Dienstleistung wurde aufs strengste untersagt, namentlich verpönt war es, sich der Wunderkuren zu bedienen, welche die Christen im Namen Jesu bei leidenden Menschen oder Thieren auszuüben pflegten. Diese Strenge gegen den Gebrauch der Heilmittel von Christen bestand nicht einmal in Betreff der Heiden; man befürchtete, wie ausdrücklich erwähnt wird, von der Zulassung derselben einen verführerischen Einfluß auf die urtheilsunfähige Menge[1]). Außerdem wurde in das tägliche Gebet eine Verwünschungsformel gegen die Minäer und Angeber eingefügt (sie führte den Namen Birchat ha-Minim). Der Patriarch R. Gamaliel hatte die Abfassung derselben Samuel dem jüngern aufgetragen. Dieser Umstand bestätigt die Vermuthung, daß auch die andern Maßregeln gegen die Judenchristen, wenn auch nicht direkt vom Patriarchen ausgegangen waren, doch seine Billigung erhalten hatten. Die Verwünschungsformel scheint übrigens eine Art Gesinnungsprüfung gewesen zu sein, um diejenigen zu erkennen, welche heimlich dem Judenchristenthume anhingen. Denn es wurde dabei bestimmt, wer sie oder den Wunsch zur Wiederherstellung des jüdischen Staates beim öffentlichen Vorbeten verschweige, soll vom Betpulte hinweggewiesen werden[2]). Alle Beschlüsse gegen die judenchristlichen Sekten ließ das Synhedrin durch Sendschreiben an Gemeinden bekannt machen[3]). Von christlicher Seite ist in Folge dessen den Juden zum Vorwurf gemacht worden, als wenn sie dreimal des Tages d. h. in den Morgen-, Mittags- und Abendgebet, Christus verfluchten[4]). Indessen ist dieser Vorwurf eben so ungerecht, wie vieles gegen die Juden Vorgebrachte und beruht auf einem Mißverständnisse. Nicht der Person des christlichen Religionsstifters, nicht einmal sämmtlichen Christen galt die Verwünschungsformel im Gebete, sondern lediglich den Minäern, worunter, wie schon erwähnt, sämmtliche dem Christenthum zugefallenen, dem Judenthume abtrünnig gewordenen

---

[1]) Tosifta Chulin C. 2. Aboda Sara 17. a. 27. b. Justin, Dialog cum Tryphone c. 38. Chulin 13. a. b.
[2]) Siehe Note 11.
[3]) Justin das., 17.
[4]) Note 11.

Juden begriffen waren, die sich von ihrem Hasse gegen ihre Stammgenossen zu Angebereien bei den römischen Behörden hinreißen ließen. Die Heidenchristen dagegen lagen außer dem Bereiche der jüdischen Gesetzgebung. Indessen mochten sich die Nazaräer und die andern dem Judenthume abgeneigten Sekten von diesen Ausschließungsmaßregeln nicht so sehr empfindlich getroffen gefühlt haben, da sie sich ja ihrerseits von dem jüdischen Verbande losgesagt hatten. Judenthum und Christenthum stießen sich also gegenseitig ab und behandelten einander mit derselben Feindseligkeit, die sie beide gegen das Heidenthum empfanden. Je mehr sich das Christenthum von seinem Ursprunge entfernte, desto mehr vergaß es oder machte sich vergessen, nicht nur woher es gekommen war, sondern auch von wem es den wesentlichsten Theil seiner herzengewinnenden Lehren genommen hatte. Der erste Schritt zur Entfremdung der Christen von ihrem Urquell führte sie allmälig zu fanatischer Gehässigkeit gegen die Juden.

Durch die Ausscheidung der judenchristlichen Sekten aus der jüdischen Gemeinschaft, waren indessen noch nicht alle Folgen des eine Zeitlang geübten Einflusses auf die Juden verwischt. Gewisse gnostische, d. h. halbchristliche Anschauungen hatten sich auch in jüdischen Kreisen Eingang zu verschaffen gewußt. Die Begriffe vom Urstoffe der Welt, von den Aeonen, von den vorausbestimmten Klassenunterschieden der Menschen, selbst die Lehre von dem Doppelwesen der Gottheit, als eines Gottes der Güte und eines andern der Gerechtigkeit, hatten bei Manchen Anklang gefunden, und sich so fest ins Bewußtsein derselben eingenistet, daß sie selbst im Gebete Ausdruck erhalten hatten. Solche erlaubten sich gewisse Wendungen beim Gebete, welche an gnostische oder christliche Vorstellungen erinnerten. Gebetformeln, wie: „Dich Gott loben die Guten," oder „dein Name werde zum Guten genannt," die Wiederholung der Formel „dich Gott loben wir," der Gebrauch zweierlei Gottesnamen, alles dieses galt als eine Anspielung auf die Anschauungsweise der theosophischen Irrlehre, welche die Güte Gottes auf Kosten seiner Gerechtigkeit scharf betonte und damit den Grundbegriff des Judenthums in Frage stellte. Vorschub leistete dieser Gedankenrichtung die Vertiefung in die Erforschung über das Kapitel der Weltschöpfung und den Thronwagen Gottes im Propheten Ezechiel (Maas'ze Bereschit, Maa'sze Merkaba); die Phantasie hatte auf diesem, dem Verständnisse so schwierigen Gebiete, freien Spielraum, und mancher befremdliche Ausdruck in diesem Texte mochte mit dem Zubehelf der agadischen Manier jener Zeit an dieses und jenes erinnern, so sehr es auch dem wahren Sinn desselben fern liegt. Untersuchungen über dieses Thema war daher, je dunkler, desto anziehender eine Lieblingsbeschäftigung geworden; man nannte solche Vertiefung in der mystisch-bildlichen Sprache „eingehen ins Paradies," mit Anspielung auf den Baum der Erkenntniß, welcher nach der biblischen Erzählung im Garten Eden oder dem Paradiese für das erste Menschenpaar einen so verlockenden Reiz hatte. Es werden mehrere Gesetzeslehrer namhaft gemacht, die sich in diese höhere Weisheit einweihen ließen; doch verkannte man nicht, daß diese Beschäftigung vielfache Gefahren für das jüdische Bekenntniß im Gefolge habe. Diese Gefahren werden in der Quelle angedeutet, daß die beiden Jüngergenossen Ben-Soma und Ben-Asai, der eine sich dadurch eine Verstandeszerrüttung, der andere den frühzeitigen Tod zugezogen, Acher in Folge dessen mit dem Judenthum zerfallen, ein Verächter und Verfolger desselben geworden, nur R. Akiba sei glücklich der Gefahr entronnen, d. h. er sei bei seinen theosophischen Forschungen doch immer auf dem Boden des Judenthums geblieben. In der That zeigt R. Akiba auch die geläutertsten Begriffe von Gott, seiner Weltwaltung und der Aufgabe des Menschen hienieden, welches einen scharfen Kontrast gegen die Zerfahrenheit der Gnostiker bildet. Er stellte einen Satz auf, welcher durch seinen Inhalt und seine Kürze ein volles Zeugniß ablegt, daß er in der höhern Agada eben so bedeutend war, wie in der Halacha. Er lehrte: „Es giebt für Alles eine „Vorsehung, die Willensfreiheit ist den Menschen gewährt, die Welt „wird durch Güte regiert, und das Verdienst des Menschen besteht in der Fülle von Thaten" (d. h. nicht in der bloßen Erkenntniß[1]). Jedes Wort in diesem Kernspruche hat eine Spitze gegen Irrlehren jener Zeit.

Wie die tieferblickenden Tanaïten die Gefahren nicht verkannten, welche aus der Freiheit der Forschung über die höchsten Wahrheiten des Judenthums erwachsen konnten, so trafen sie Vorkehrungen, dieselbe zu beseitigen. R. Akiba drang am meisten darauf, der Maaßlosigkeit derjenigen Theorie, welche zum Abfall vom Judenthum und zu zügelloser Unsittlichkeit führte, eine Schranke zu setzen.

[1] Abot III. 19. s. Graetz, Gnosticismus im Judenthum S. 48. f. 91. ff.

Er war der Meinung, daß man den Text über die Schöpfungsgeschichte und den Ezechielischen Thronwagen Gottes nicht vor dem Volke auslegen, sondern das Verständniß desselben nur wenigen Auserwählten eröffnen sollte. Diejenigen, welche in die höhere Weisheit eingeweiht sein wollten, müßten hinlängliche Vorkenntnisse besitzen, um Winke und Andeutungen zu verstehen, vor Allem aber sollten sie das dreißigste Lebensjahr überschritten haben [1]).

Die Beschäftigung mit der judenfeindlichen Literatur jener Zeit wollte R. Akiba dadurch bannen, daß er denjnigen, welche sie lasen, den Antheil an der zukünftigen Welt absprach, gleich denen, welche die Auferstehung und die Göttlichkeit des jüdischen Gesetzes leugneten [2]). Die Einschaltung zweideutiger Gebetformeln, welche an die Lehre der Minäer anklangen, unterbrückte man ganz und gar. Diese Maßregeln gegen das Eindringen gnostisch-christlicher Theorieen trugen ihre Früchte; die reinen Begriffe des Judenthums von Gott, seinem Verhältnisse zur Welt und dem sittlichen Verhalten des Menschen, blieben im jüdischen Kreise ungetrübt als befruchtende Gedanken für die Zukunft. Den Tanaïten dieses Zeitalters gebührt das Verdienst, daß sie in ihrer Zeit wie die Propheten in der götzendienerischen Umgebung das Judenthum vor Verfälschung und Verflüchtigung durch hereinbrechende Irrlehren geschützt haben. Indem sie, dem Triebe der Selbsterhaltung folgend, einerseits die judenchristlichen Sekten aus der jüdischen Gemeinschaft ausschlossen, andrerseits der Berührung mit deren Theorien den Weg versperrten, kräftigten sie das Judenthum und rüsteten es mit einer unverwüstlichen Widerstandskraft aus, den Stürmen, welche so viele Jahrhunderte hindurch von vielen Seiten über dasselbe hereinbrachen, nicht zu erliegen.

Durch die Kräftigung und Conzentrirung war das Judenthum im Stande auch nach außen hin einen nicht ganz unbeträchtlichen Einfluß zu üben. War das, aus unscheinbaren Elementen hervorvorgegangene Christenthum nicht wenig stolz darauf, in kaum zwei Menschenaltern einen so massenhaften Anhang unter den Heiden gefunden zu haben, welche durch die Aufnahme der neuen Lehre ihre Nationalgötter mit einem unbekannten Gotte vertauschten: so hatte das Judenthum weit mehr Grund, sich darauf zu Gute zu thun, daß auch ihm Bekenner aus dem Heidenthume zufielen. Ohnehin

---

[1]) Chagiga 11. ff. Hieronymus epistola ad Paulinum 2. ad Eustachium 33.
[2]) Synhedrin 90. a.

gebührte ja ein großer Theil des Sieges, welchen das Christenthum über die Heidenwelt errang, der jüdischen Religion, deren Grundwahrheiten und Sittenlehre bei den Bekehrungen der Heiden oft den Ausschlag gaben. Kämpften doch die heidenbekehrenden Apostel nur aus dem Bewußtsein des Judenthums heraus gegen die mythologische Verkehrtheit der Griechen und Römer und bedienten sich hierbei des treffenden Spottes, welchen die Propheten gegen den Götzendienst, die daraus erwachsende Sittenlosigkeit und Trostlosigkeit mit so einschneidender Schärfe gerichtet hatten. Aber das Judenthum feierte auf selbständige Weise seine Triumphe über das Heidenthum, welche um so glänzender erscheinen, wenn man bedenkt, daß ihm alle Mittel und Vortheile abgingen, welche den Uebertritt der Heiden zur Christuslehre so sehr erleichterten. Das Christenthum schickte seine eifrigen Sendboten aus, die, nach Paulus Beispiel, durch Beredsamkeit und angebliche Wunderkuren zum Uebertritte verlockten. Es legte den Neubekehrten keine schweren Pflichten auf, ja es war nachsichtig genug, ihnen ihre alte Lebensgewohnheit und theilweise auch ihre alte Anschauungsweise zu lassen, ohne sie aus dem Kreise der Familie, der Verwandtschaft und des liebgewonnenen Umganges zu reißen. Es lehrte sie geradezu: „So ein Bruder ein ungläubig (heidnisches) Weib hat, und dieselbige läßt es ihr gefallen, bei ihm zu wohnen, der scheide sich nicht von ihr. Und so ein Weib einen ungläubigen Mann hat, und er läßt es ihm gefallen, bei ihr zu wohnen, die scheide sich nicht von ihm" [1]. — „So aber Jemand von den Ungläubigen euch ladet, und ihr wollt hingehen, so esset Alles, was euch vorgetragen wird, und forschet nicht (ob es Götzenopfer sei). So aber Jemand würde zu euch sagen, das ist Götzenopfer, so esset nicht um deß willen, der es anzeigt, auf daß ihr des Gewissens verschonet" [2].

Nicht so das Judenthum; es hatte keine bekehrungseifrigen, überredungsfertigen Apostel, im Gegentheil, es wies die zum Uebertritt Geneigten mit Hinweisung auf die schwere Praxis, der sie sich unterziehen müßten, geradezu ab [3]. Jüdische Proselyten hatten

---

[1] 1. Korintherbrief 7. 12. ff.
[2] Das. 10. 27. f.
[3] Jebamot 47. a. Was der Vers Matthäus 23. 15. zu bedeuten hat, welcher Jesus in den Mund gelegt wird: „Wehe euch Schriftgelehrten, die ihr Meer u. Land durchstreichet, um einen Proselyten (oder Einen zum Proselyten) zu machen", ist noch dunkel.

unendliche Schwierigkeiten zu überwinden, wenn sie sich zu diesem Schritte entschlossen. Abgesehen von der Operation der Beschneidung, mußten sie sich von ihrem Familienkreise trennen und sich von ihren Jugendfreunden in Speise und Trank, in alltäglichem Lebensverkehr absondern. So lange noch die politische Selbständigkeit der Juden bestand, bot der Uebertritt zum Judenthume doch etwas, was einigermaßen für das Aufgeben liebgewordener Gewohnheiten entschädigen konnte, damals war das Erscheinen von Proselyten erklärlich. Aber nach der Zerstörung fanden sie nur drückende Ausnahmegesetze, welche sie mit ihren neuen Glaubensgenossen zu theilen hatten. Es bleibt demnach eine höchst merkwürdige Thatsache, daß sich Beispiele von Bekehrung der Heiden zum Judenthume im Morgenlande, Kleinasien und am häufigsten in Rom, während des halben Jahrhunderts nach dem Untergang des jüdischen Staats finden.

Die Zahl der Proselyten muß nicht unbedeutend gewesen sein, da die jüdische Gesetzgebung sich mit Halacha's rücksichtlich derselben beschäftigt hat. Es wurde ein Gesetz erlassen, daß Proselyten, in Ermangelung des Tempels, eine Geldsumme zum Ankaufe des pflichtmäßigen Opfers weihend bei Seite legen sollten für den Fall, daß der Tempel wieder hergestellt werden würde [1]. Jüdische Neubekehrte mußten nämlich ihren Eintritt durch Beschneidung, Taufe und ein Sündenopfer bethätigen. [2] Es kamen ferner Fragen vor, ob man Ammoniter ohne weiteres aufnehmen sollte, oder ob das biblische Verbot noch bestände, daß Moabiter und Ammoniter nie zur Gottesgemeinde zulässig seien [3]. Endlich bestand eine Streitfrage ob man Proselyten aus Palmyra (Tadmor) und aus Corduene aufnehmen dürfe, gegen welche gehässige Vorurtheile herrschten [4]. Ein ganzer Abschnitt des Gesetzes handelte lediglich von Proselyten (Masechet Gerim), und in das tägliche Gebet wurden die aufrichtigen Proselyten (Gere ha-zedek) eingeschlossen. [5] Manche zu dem Judenthume übergegangene Heiden hatten sich halachische Kenntnisse angeeignet; R. Akiba hatte zwei Proselyten unter seinen Jüngern, einen

[1] Keritot 8. b. f.
[2] Daselbst.
[3] Vergl. v. S. 40.
[4] Jebamot 16. a. Jerus. das. I. Ende. Hier findet sich die richtige Lesart Tadmor anstatt des corrumpirten Turmod in Babli.
[5] Im Gebete: על גרי הצדק.

Egypter mit Namen **Menjamin** (Benjamin) und einen Ammoniter Namens **Juda**.[1)]

Am meisten Anhänger fand das jüdische Bekenntniß in der Weltstadt Rom, trotz der Vorurtheile und des Hasses, welche die Römer gegen die Juden hegten. Der einsichtsvolle Geschichtsschreiber Tacitus konnte sich die Thatsache gar nicht erklären, wie die Römer seiner Zeit sich der Beschneidung und den anderen jüdischen Religionsübungen unterziehen, ihre Götter verachten, ihr Vaterland aufgeben, Eltern, Kinder und Geschwister für nichts achten konnten, um sich dem Judenthume anzuschließen[2)]. Aus den strengen Gesetzen des Kaisers Domitians gegen die Proselyten[3)] läßt sich ein Schluß auf das zahlreiche Vorkommen derselben ziehen. Es ist möglich, daß die Menge jüdischer Kriegsgefangenen, welche in alle Enden des römischen Reiches verkauft, verschenkt und vererbt wurden, ihren Herren eine gewisse Achtung vor der jüdischen Lehre beigebracht haben, wie es nicht selten vorkam, daß Sklaven durch Bildung und Tugend ihre Herren zu einer besseren Ueberzeugung brachten. Der satyrische Dichter Juvenal, welcher sich über die Laster und Thorheiten seiner Zeitgenossen lustig machte, verspottet unter Anderm die römischen Väter, welche jüdische Bräuche heilig hielten und dadurch ihre Kinder dem Judenthume ganz und gar zuführten.

„Wenn den Kindern zum Loos ein Vater, der Sabbate feiert,
„Bald dann werden sie nur verehren die Himmel und Wolken,
„Meiden des Schweines Genuß, als gelt' es vom Menschen zu essen.
„Weil auch der Vater es mied; bald legen sie ab auch die Vorhaut.
„Roma's uraltes Gesetz, gewöhnt überhaupt zu verachten,
„Lernen sie nun der Juden Gesetz, und halten's und fürchten's,
„Wie's einst Moseh gelehrt in einem mystischen Buche.
„Glaubensverwandten allein die rechten Wege zu weisen,
„Und zum labenden Quell nur Beschnittene freundlich zu führen.
„Schuld des Vaters allein; den siebenden Tag der Trägheit
„Weihend, scheut von des Lebens Geschäften er auch das Kleinste[4)].

Von einer Proselytin wird erzählt, daß sie mit ihrem ganzen Sklavengefolge zum Judenthum überging; einige Sklaven hatten

---

[1)] Tosifta Kidnschin c. 5.
[2)] Tacitus historiae V. 5.
[3)] S. weiter unten.
[4)] Juvenal Satyra XIV. V 96—106.

die Proselytentaufe von ihrer Gebieterin empfangen und erhielten dadurch auf R. Gamaliels Ausspruch die Freiheit, weil ihre Herrin in jenem Augenblick noch im Stande des Heidenthums war, und ihr Anrecht hiermit auf die, eben Juden gewordenen, Sklaven verloren habe. Der Name dieser Proselytin lautete wahrscheinlich Veturia, kömmt jedoch in der verstümmelten Form Veruzia oder gar Belurit vor[1]. Sie scheint in der heiligen Schrift gut unterrichtet gewesen zu sein; denn sie unterhielt sich mit R. Gamaliel über einige Widersprüche in derselben[2]. Vielleicht ist es dieselbe Proselytin Paulla Veturia, deren Grabstein man in Rom aufgefunden hat. Diese hatte sich im Alter zum Judenthum bekannt und lebte als Jüdin unter dem Namen Sara noch sechzehn Jahre. Auf ihrer Grabschrift wird sie Mutter der Synagogen vom Campus und Volumnus genannt, welche wahrscheinlich von ihr erbaut worden waren[3]. Indessen darf nicht verschwiegen werden, daß maaßloser Aberglaube der Römer und ihre überspannte Vorliebe für fremde Culte an der Anhänglichkeit an jüdische Bräuche ebensoviel Antheil hatte, als der sittliche Einfluß des Judenthums. Wie sich die entarteten und entnerveten Römer zu dem Isistempel drängten, so mögen sie auch die Synagogen aufgesucht haben, um Orakel über ihre Zukunft zu erfahren. Man hielt in Rom die Juden für gute Traumdeuter, und die sittenlosen römischen Frauen suchten die jüdischen Bettler auf, um sich von ihnen wahrsagen zu lassen[4]. Gleichwohl ist es eine unbestreitbare Thatsache, daß das Judenthum selbst im Kreise der römischen Würdenträger Anhänger gefunden hat. Es ist außer Zweifel, daß ein Blutsverwandter des Tempelzerstörers Titus, Mitkonsul des Kaisers Domitian, wenn nicht Proselyt, doch gewiß ein warmer Freund der Juden gewesen war; sein Name war Flavius Clemens. Er und seine Gattin Flavia Domitilla haben später schwer dafür gebüßt[5].

Der Stolz des Judenthums war der Proselyte Akylas (Aquila[6]) Onkelos nach der aramäischen Aussprache), welcher Epoche in der

---

[1] Masechet Gerim. In der von Kirchheim besorgten Ausgabe (Frankfurt a. M. bei Kaufmann 1851) steht Deruzia, in der ältern Ausgabe Belurit.
[2] Rosch ha-Schanah. 17. b.
[3] Siehe Levy, im Jahrbuche des Literaturvereins II, S. 311.
[4] Juvenal Satyra VI. V. 541—546.
[5] Siehe Note 12.
[6] Siehe Note 13.

jüdischen Geschichte macht. Er stammte aus der Landschaft Pontus, wo er reiche Besitzungen hatte; die Sage machte ihn gar zu einem Verwandten des Kaisers Hadrian, wofür aber die Geschichte keinen Anhaltspunkt hat. Mit Kenntniß der griechischen Sprache und mit philosophischen Wissen vertraut, verließ Akylas im reifen Alter den heidnischen Cultus, um sich den Heidenchristen anzuschließen, welche sich eines solchen Anhängers triumphirend rühmten. Doch gab er auch das Christenthum auf, um es mit dem Judenthume zu vertauschen. Dieser Austritt kränkte die Christen eben so sehr, wie seine frühere Bekehrung sie mit Freuden erfüllt hatte, und sie verbreiteten einen üblen Ruf von ihm. Bald soll Akylas von der Christengemeinde ausgestoßen worden sein, weil er sich mit Astrologie beschäftigt hätte, bald soll er aus Liebe zu einem jüdischen Mädchen dem Judenthum beigetreten sein. Als Jude verkehrte Akylas mit den Haupttanaïten: mit R. Gamaliel, Elieser und Josua und besonders mit R. Akiba, dessen Zuhörer er wurde. Des Letzteren Lehrsystem scheint auf Akilas' Geistesrichtung nicht ohne Einfluß gewesen zu sein. Der Proselyte aus Pontus lebte sich so sehr in das Judenthum hinein, daß er zum Bunde der Genossen gehörte und einen noch viel höheren Grad levitischer Reinheit beobachtete als der Patriarch. Als er nach dem Tode seines Vaters die Hinterlassenschaft mit seinen Brüdern theilte, mochte er für den Werth der Götzenbilder, welche seinen Brüdern zugefallen waren, nicht einmal das Aequivalent annehmen, sondern warf es in's todte Meer zur Vernichtung.

Berühmt machte sich Akylas durch seine neue griechische Uebersetzung der heiligen Schrift. Die Willkür, mit welcher die Christen die ältere griechische Uebersetzung behandelten, scheint ihm das Bedürfniß nach einer einfachen, unveränderbaren Uebersetzung fühlbar gemacht zu haben. Da auch die Christen beim Gottesdienste die heilige Schrift lasen und zwar in der alexandrinischen Uebersetzung der sogenannten Siebziger (Septuaginta), so lag ihnen viel daran, in diesem Texte recht viel Andeutungen und Beziehungen auf Christus hervorkehren zu können. Sie änderten daher manche Stellen ab und fügten hinzu, wie sie es brauchten, um in dem für heilig gehaltenen griechischen Texte bewährende Prophezeiungen auf Christus zu haben. Man findet daher manche Stelle, auf welche sich die Kirchenlehrer zur Bestätigung der Christuslehre beriefen, weder im hebräischen Texte, noch in der Urgestalt der griechischen Uebersetzung ¹). Die gnostischen Sekten ermangelten auch nicht, Zusätze zu machen, um ihren Lehren die Autorität des Bibelwortes zu geben. Von der Schule eines gewissen Artemion wird ausdrücklich erwähnt, daß sie die alte griechische Uebersetzung entstellt habe ²). Die Juden ihrerseits, über die Abänderungen im christlichen Sinne betroffen, änderten nicht minder den griechischen Text, um jede Beziehung auf Christus zu verwischen. Die Septuaginta war ein Tummelplatz geworden für heftige Ringer, und die Spuren des Parteikampfes sind noch theilweise an ihr zu bemerken; sie wurde stellenweise verstümmelt und wimmelte von den verdorbenen Lesearten.

Eine gute griechische Uebertragung der Bibel war aber bei den Vorlesungen aus der Thora und den Propheten ein Bedürfniß, für die griechisch redenden Juden. Es war damals allgemeiner Brauch, die in den Synagogen vorgelesenen Abschriften aus der Bibel in die verständliche Landessprache zu verdolmetschen. Von diesen Rücksichten geleitet, unternahm Akylas, ausgerüstet mit vollkommenem Verständniß des Hebräischen und Griechischen, eine neue Uebersetzung zu liefern, welche der maßlosen Willkür entgegen arbeiten sollte. Er hielt sich zu diesem Zwecke beim Uebersetzen streng an den hebräischen Originaltext, übertrug mit peinlicher Genauigkeit Wort für Wort, ohne Rücksicht, daß dadurch den griechischen Lesern der Sinn unverständlich bleiben würde. Die Worttreue der akylaischen Uebersetzungsweise, welche sprichwörtlich geworden ist, erstreckte sich bis auf diejenigen Partikeln, welche im Hebräischen einen Doppelsinn zulassen, den er in der Uebertragung auch nicht verwischen mochte. Er wollte den Wortsinn des Hebräischen in dem griechischen Gefäße durchsichtig machen. Die sklavische Wörtlichkeit seiner Uebersetzung scheint er auch zu Gunsten des Lehrsystems von R. Akiba gebraucht zu haben, welches, wie schon erwähnt, in jedem Worte eine Nebenbedeutung und einen Fingerzeig auf die mündliche Ueberlieferung erblickte. Akylas überarbeitete seine Uebersetzung zum zweiten Male, und die zweite Version soll noch genauer den hebräischen Text und den halachischen Midrasch wiedergegeben haben.

---

[1] Origenes epistola ad Africanum und comment. in Matthaeum. Hieronymus prologus galeatus.

[2] Eusebius historia eccles V. 28.

Man nannte diese Zweite griechisch Kat' akribeian (die zutreffende[1]). Seine vollendete Uebersetzung legte er R. Elieser, R. Josua und R. Akiba vor, und sie konnten nicht umhin, ihn für seine Leistungen zu loben; sie versprachen sich von derselben einen wohlthätigen Einfluß auf Verbreitung des Judenthums. Man wendete auf Akylas' Uebersetzung den Schriftvers an: Gott hat Jephet (Typus des Griechenthums) mit einer schönen Sprache begabt, und jetzt wird sie in dem Zelte Sems (Typus des Judenthums) weilen."[2] — Waren die Frommen früher mit einer Uebersetzung der heiligen Schrift überhaupt unzufrieden, weil man glaubte, daß der ursprüngliche Sinn dadurch getrübt werden könnte, hatte man sogar den Tag, an welchem die alexandrinische Uebersetzung der Siebziger zu Stande gekommen war, für einen Unglückstag gehalten, gleich jenem, an welchem das goldene Kalb in der Wüste angebetet wurde, und ihn gar als Fasttag eingesetzt[3]: so hatte Akylas durch seine treue, wörtliche Uebersetzung über jene Bedenklichkeiten hinweggeholfen und das Gewissen der Frommen beruhigt. Man legte daher dieser Uebersetzung die Heiligkeit des hebräischen Urtextes bei und empfahl sie allgemein zum Zwecke öffentlicher Vorlesungen[4].

Akylas Uebersetzung fand die allgemeinste Verbreitung[5]. Viele Wörter aus derselben sind in der jüdischen Literatur aufbewahrt, was den Beweis giebt, daß sie auch in Judäa in Gebrauch war. Auch die Ebioniten, denen die Entstellungen in der ältern Uebersetzung zu Gunsten der Andeutung auf die Göttlichkeit Jesu nicht minder anstößig waren, bedienten sich derselben beim Gottesdienste[6]. Aus demselben Grunde verabscheuten sie gerade die Heidenchristen und diejenigen judenchristlichen Sekten, welche den Standpunkt der Ebioniten aufgegeben hatten. Sie nahmen besonders an der Uebersetzung des Verses des Jesajah Anstoß, welchen Akylas mit den Worten wiedergegeben hatte: „Siehe eine junge Frau ist schwanger, wird einen Sohn gebären und ihn Immanuel

---
[1] Siehe Note 13.
[2] Megilla 9. b.
[3] S. Band III. S. 36.
[4] Megilla 9. a.
[5] Origenes epistola ad Africanum 2.
[6] Irenaeus adversus Haereses c. 24. Eusebius Kirchengeschichte V. 8.

nennen." Die Christen hatten sich diesen Vers durch „eine Jungfrau wird schwanger werden" zurecht gelegt und darin die Prophezeiung von der jungfräulichen Geburt Jesu gefunden[1]). Akylas Uebersetzung, so wichtig für die Zeitgenossen, hat sich nach und nach verloren, und es sind von ihr nur einzelne Worte und Bruchstücke erhalten, welche jedoch zu einem richtigen Schlusse auf ihren ursprünglichen Charakter berechtigen. Es scheint, daß eine aramäische Uebersetzung der Bibel sich Akylas Einfachheit zum Muster genommen und daher den Namen Targum Onkelos (so viel wie Ankylos) geführt hat; dieselbe ist noch jetzt unter diesem Namen im Gebrauch[2]).

[1]) Daselbst.
[2]) Note 13.

Sechstes Kapitel.

Politische Lage der Juden unter Domitian. Verfolgung gegen Juden und Proselyten. Flavius Clemens und Domitilla. Nerva's günstige Gesetze. Unglückliche Aufstände der Juden unter Trajan. Die jüdischen Feldherrn Andreias in Kyrene, Artemion auf Cypern.

(82 — 117)

Aus dem bluttriefenden jüdischen Staatskörper hatte sich eine religiöse Gemeinschaft herausgearbeitet, welche sich zur Aufgabe setzte, die Wunden zu heilen, die verzweifelten Gemüther zu trösten, die sich lostrennenden Glieder wieder einzufugen, überhaupt der Lockerung, Zerrissenheit und Zerfahrenheit zu steuern; der Erhaltungstrieb gab der halbverwesten Nation die Energie, sich wieder aufzuraffen. Sie bildete sich eine Einheitsspitze im Patriarchat und kraftvolle Träger in dem Synhedrin; sie fesselte das Interesse und die lebendige Theilnahme durch den Ausbau der Lehre, sie formulirte ein festes Princip ihrer Ueberzeugung zur Abwehr neuerungssüchtigen und fremden Einflusses, sie war sogar im Stande Proselyten an sich heranzuziehen. Diese innere Thätigkeit der jüdischen Nation hatte ihren Verlauf während der Regierungszeit der vier Kaiser Titus, Domitian, Nerva und Trajan. Die Regierungsdauer des Erstern war zu kurz, als daß sie störend auf die jüdischen Verhältnisse hätte einwirken können. Titus' frühzeitiger Tod hat ihm das Lob eingebracht, daß er die Wonne des Menschengeschlechtes gewesen sei; hätte er länger gelebt, so wäre er wohl in die Laufbahn vieler römischer Kaiser getreten, welche mit der Tugend begonnen und mit dem Laster geendet haben. Anlagen hatte er dazu, und die unumschränkte Herrschaft, die Kriecherei des Senats, die Zuvorkommenheit der verführerischen Umgebung hätten diese Keime zur Entwickelung gebracht[1]). Im jüdischen Kreise galt er als ausgemachter Bösewicht ('Titus Rascha'), der zur Zerstörung des Tempels den Hohn

---

[1]) Vergl. Dio Cassius c. 66. 18.

hinzugefügt habe. Die Sage deutete sein Liebesverhältniß zur jüdischen Prinzessin Berenice um, als habe er mit einer Buhlerin im Allerheiligsten Unzucht getrieben, den Vorhang vor demselben mit gezücktem Schwerte zerschnitten und den Gott Israels lästernd herausgefordert. Sie läßt Titus zur Strafe für seine Missethaten von einer Mücke bis an sein Lebensende geplagt sein, die ihm ins Gehirn gefahren, sich ausgedehnt und ihm bei Tag und Nacht keine Ruhe gelassen[1]). Sein Bruder Domitian, dieser blutdürstige und gelangweilte Kaiser, versprach nicht minder beim Regierungsantritte das goldene Zeitalter wiederzubringen, und er bildete sich zu einem jener Regenten aus, welche an der Gottähnlichkeit des Menschen zweifeln machen. Der Kaiser war aber seines Volkes ganz würdig, dessen Lasterhaftigkeit und Gesunkenheit Geschichtsschreiber und Dichter nicht genug geißeln können, und von dem der Satyriker Juvenal sagt: Es sei schwer, keine Satyre von dieser Zeit zu schreiben. Auf dem von Verbrechen aller Art gedüngten Boden des Hofes und des Reiches wucherte die Giftpflanze der Spione und Angeber, welche beim Kaiser und seinen Räthen ein stets offenes Ohr fanden. Wer einen persönlichen Feind oder einen Meinungsgegner hatte, brauchte nur von ihnen ein wahres oder falsches Wort, welches sie gegen den Kaiser oder seine Lieblinge gesprochen haben, zu hinterbringen, um sich ihrer auf die leichteste Weise von der Welt zu entledigen.

Es läßt sich denken, daß die Juden unter dieser Blutregierung auch das Ihrige gelitten haben. Domitian ließ die Judensteuer mit der seiner Familie eigenen Geldgier eintreiben. Diejenigen, welche durch List der lästigen Steuer entgehen wollten, wurden auf das verletzendste untersucht. Die römischen Beamten scheuten sich nicht, das Schamgefühl zu verletzen an dem Körper derer, welche ihnen als Juden oder Proselyten angezeigt wurden, Untersuchungen anstellend, ob dem wirklich so sei. Der Geschichtsschreiber jener entarteten Zeit Sueton[2]), erzählt, er habe es selbst erlebt, wie ein achtzigjähriger Greis schamlos erforscht wurde, ob er das jüdische Zeichen an seinem Leibe habe. Wer dabei ertappt wurde, seine jüdische Abstammung oder die Zugehörigkeit zum Judenthume zu ver-

---

[1]) Sifri zu Absch. Haasinu No. 328. Midrasch Kohelet p. 96. 97. b. Gittin p. 56. 57. Es geht daraus hervor, daß es eine Sage war, die schon im zweiten Jahrhunderte in Umlauf war.

[2]) S. oben S. 79.

leugnen, dessen Vermögen wurde für den kaiserlichen Schatz eingezogen. Domitian, eine argwöhnische Natur, dem überhaupt noch im frischen Andenken lebte, wie schwer seinem Vater und Bruder der Sieg über die Juden geworden, scheint einen Abfall der Juden gefürchtet zu haben. Eine christliche Nachricht erzählt, der Kaiser habe Nachforschungen über die Nachkommen Davids anstellen lassen, um sich zu überzeugen, ob sie nicht einen Aufstand gegen ihn erregen würden. Die Verwandten Jesu als Abkömmlinge vom Hause David seien vor ihn geführt worden; und er habe sich erst dann beruhigt, als er an ihren schwieligen Händen bemerkt, daß sie zum Handwerkerstande gehörten und keiner gefährlichen Unternehmung gewachsen seien[1]). Jüdische Quellen erzählen etwas Aehnliches. Ein römischer Herrscher habe zwei Abgeordnete zu R. Gamaliel geschickt, um sich die Ueberzeugung zu verschaffen, ob die jüdischen Gesetze nichts Gefährliches für den Staat enthalten. Und als sie die verschiedenen Theile der Lehre angehört hätten, sollen sie geäußert haben, sie fänden Alles in der jüdischen Lehre vortrefflich, nur die feindseligen Ausnahmegesetze gegen Heiden, unter Andern, daß ein Raub an Heiden zu begehen dem Juden nicht eben so streng verboten sei, wie an Stammgenossen, erschienen ihnen ungerecht. Sie sollen jedoch zuletzt versprochen haben, keine Anzeige von diesen heidenfeindlichen Gesetzen zu machen. Es ist kein Zug in dieser Nachricht, welcher irgend wie gegen die geschichtliche Wahrheit verstieße, und die ganze Haltung derselben hat nichts von dem Charakter der Sage an sich. Der Inhalt derselben wird noch durch den Zusatz bestätigt, daß der Patriarch R. Gamaliel in Folge der Ausstellungen der römischen Abgeordneten eine Verordnung erlassen hat, welche den Raub an Heiden eben so streng wie an Juden verpönte[2]).

War Domitian gegen die Juden feindselig, so verdoppelte er diese Feindseligkeit gegen die Proselyten und ließ sie die ganze Wuth seines tyrannischen Sinnes empfinden. Er schien die Zuneigung der Römer zum Judenthume als einen Verrath an Staat und Kaiser zu betrachten. Es waren deren nicht Wenige, welche dem jüdischen Bekenntnisse heimlich oder offen ergeben waren, und zwar Personen von Stand und Würden. Solche, welche der Anhänglichkeit am Judenthume angeklagt wurden, schleppte man auf des

---

[1]) Hegesipp in Eusebius Kirchengeschichte III. 20.
[2]) Baba Kuma 28. a. Jerus. das. IV. p. 4. b.

Kaisers Verordnung vor das Tribunal: wurden sie des ihnen zur Last Gelegten überwiesen, so verfielen sie in die schwere Strafe, welche das römische Gesetz für Gottesläugner verhängte. Denn das Vorurtheil der Römer stellte das Judenthum sowie das junge Christenthum, weil beide das römische Götterwesen verwarfen, auf gleiche Stufe mit Gottesleugnung (Atheismus). Proselyten wurden daher ihres Vermögens beraubt oder ins Exil getrieben oder gar zum Tode verurtheilt [1]). Am grausamsten zeigte sich Domitian in seinen letzten Regierungsjahren, wo, wie Tacitus in seiner unnachahmlichen Weise erzählt, Hinrichtungen nicht blos zeitweise und in langen Zwischenräumen, sondern in einem fort, gleichsam mit einem Schlage vorkamen. In diese Zeit, nämlich in das letzte Regierungsjahr Domitians, fällt die Verurtheilung des Flavius Clemens zum Tode und seiner Frau Domitilla zum Exil, welche, wenigstens der Erstere, wie bereits erzählt, dem Judenthume zugethan waren. Obwohl beide Blutsverwandte des Kaisers, ihre Kinder als Thronfolger bestimmt waren, und Clemens mit dem Kaiser in demselben Jahre die Würde des Consulats theilte, so schützte ihn weder die Verwandtschaft, noch der hohe Rang vor des Wüthrichs Blutdurst; er fügte ihn zu den tausend Schlachtopfern hinzu, welche ohne das geringste Verschulden dem Tode geweiht wurden. Um den Schein zu retten, ließ Domitian gegen Clemens und Domitilla die Anklage wegen Gottesleugnung, d. h. Hinneigung zum Judenthume, erheben. Clemens wurde hingerichtet (95 oder 96) und Domitilla auf die Insel Pontia Pandataria verwiesen [2]). Auch eine jüdische Quelle weiß von einem mit dem flavianischen Kaiserhause verwandten Proselyten Kleonimos (Clemens) zu erzählen, welcher von Häschern auf des Kaisers Befehl verfolgt wurde [3]). Der jüdische Geschichtsschreiber Josephus, der sich in seinem römerfreundlichen Behagen auch unter Domitian wohl gefühlt und erst kurz vorher sein großes Geschichtswerk, „die Alterthümer," vollendet hatte, scheint auch in dieser Zeit mit seinem Freunde Epaphroditas hingerichtet worden zu sein [4]).

---

[1]) Dio Cassius 67. 14. s. Note. 12.
[2]) Daselbst.
[3]) Vergl. dieselbe Note.
[4]) Dio Cassius a. a. O. Dodwell vermuthet, daß Josephus zugleich mit Epaphroditas umgekommen sei. zu Josephus Lebensbeschreibung.

Mit diesen Vorgängen scheint eine Nachricht aus einer jüdischen Quelle zusammenzuhängen, welche erzählt, daß über dem Haupte sämmtlicher Juden im römischen Reiche das Schwert der Vernichtung geschwebt habe. Diese Quelle überliefert: Der Kaiser habe einen Senatsbeschluß durchgebracht, daß sämmtliche Juden, insoweit sie in den Rom unterwürfigen Ländern wohnten, binnen dreißig Tagen vertilgt werden sollten. Die Kunde von diesem drohendem Unglücke sei auch nach Judäa gedrungen und habe den Patriarchen mit den drei angesehensten Männern, dem Stellvertreter Eleasar b. Asaria, R. Josua und R. Akiba bewogen, sich nach Rom zu begeben. Die Reise dieser vier jüdischen Weisen nach Rom ist übrigens auch aus andern glaubwürdigen Quellen bestätigt[1]). Als sie unweit der Welthauptstadt das tausendstimmige Getöse vom Capitol hörten, wurden sie auf das schmerzlichste davon ergriffen, indem sie damit die öde Stille verglichen, die auf dem Tempelberge in Jerusalem herrschte; sie konnten sich bei diesem Kontraste der Thränen nicht erwehren. Nur R. Akiba behauptete seine heitere Stimmung und tröstete die trauernden Genossen mit den Worten: „Warum darüber weinen? Wenn Gott so viel für seine Widersacher thut, was wird er erst seinen Lieblingen gewähren!" Noch andere Nachrichten erzählen, daß dieselben vier Tanaiten eine Reise nach Rom zu Wasser in so großer Eile unternommen haben, daß sie die für die Schifffahrt günstige Jahreszeit nicht erwarten mochten, sondern im Beginn des Herbstes sich den Meeresstürmen ausgesetzt hätten. Ihre Reise nach Rom muß demnach sehr dringend gewesen sein, vielleicht eben, um die über ihre Nation schwebende Gefahr

---

[1]) Mischna Erubin IV. 2; Maa'szer Scheni IV. 9. Dahin gehört auch die Nachricht von den Bemerkungen der Weisen beim Anblick des Capitols Midrasch Thereni Ende; b. Makkot Ende; ferner die Notizen über ihren Aufenthalt auf dem Schiffe, b. Sukka p. 23 a, jer. daj. II. p. 52 d., Tosifta Sukka II. Ende, endlich Exodus Rabba No. 30, Derech Erez c. V. Ueberall ist von diesen vier Tanaiten die Rede, nur sind die Namen zuweilen verwechselt, und zuweilen fehlt der eine oder der andere. Ich kann daher Frankel's Ansicht nicht zustimmen, daß diese oder einige derselben zweimal die Reise nach Rom gemacht hatten. (Darke Mischna p. 84). Es ist überall von einer und derselben Reise die Rede und zwar im Herbste 95 oder 96 zur Zeit der Hinrichtung Clemens oder Domitian's Tod. — Ohne Zweifel waren es dieselben זקנים in Rom, welche einen Dialog über den Bestand der Götzen führten (Aboda Sara I. 3). Von R. Josuas Anwesenheit in Rom wird in den Talmuden öfter erzählt.

abzuwenden. In Rom angekommen, so fährt die erste Quelle fort, sollen sie sich mit einem hochangesehenen jüdischgesinnten Senator berathen haben, wie dem Unglücke zu begegnen sei. Darauf habe die Frau des Senators, welche gleich ihrem Manne gottesfürchtig gewesen, demselben gerathen, sich zum Heile des jüdischen Volkes zu opfern. Er sollte nämlich das Gift, welches er wie alle römischen Großen in einem Siegelringe stets bei sich zu tragen pflegte, um sich vor dem schmählichen Tode einer blutbürstigen Laune des Kaisers zu schützen, einschlürfen, damit durch seinen plötzlichen Tod der Senatsbeschluß zur Vertilgung der Juden rückgängig gemacht werde. Es sei nämlich Brauch gewesen, einen Senatsbeschluß nicht auszuführen, wenn einer der Senatoren eines plötzlichen Todes gestorben. Jener jüdischgesinnte Senator sei auf den Rath seiner Frau eingegangen und habe sich durch Gift das Leben genommen, aber vor dem Tode an sich selbst die Beschneidung vorgenommen, um als Jude zu sterben. Dieselbe Nachricht kommt auch in einer andern jüdischen Quelle vor, nur mit dem veränderten Zuge: der Kaiser habe jenen Senator hinrichten lassen, weil er zu Gunsten der Juden gesprochen hätte. Hinzugefügt wird noch, daß dieser Freund der Juden sein ganzes Vermögen für R. Akiba und seine Genossen hinterlassen habe. Dieser Senator wird mit dem Namen Ktia bar Schalom genannt. Kaum ist hierbei zu verkennen, daß diesen zwei Nachrichten die Thatsache von dem gewaltsamen Tode des Flavius Clemens zu Grunde liegt, die nur sagenhaft überarbeitet scheint. Wenn, wie aus allen diesen Nachrichten mindestens hervorgeht, der Plan Domitians wirklich gewesen war, die Juden hart zu verfolgen, so mögen sie vielleicht dieser Verfolgung durch dessen gewaltsamen Tod entgangen sein.

Einen auffallenden Kontrast zu Domitians Charakter bildete sein Nachfolger, der ehrwürdige Nerva. Gerecht, weise, menschenfreundlich, fehlte ihm nur die Frische und der Muth der Jugend, um seinen weisen Anordnungen Nachdruck zu geben, und das durch Domitians Grausamkeit und Launenhaftigkeit zerrüttete römische Reich wieder herzustellen. Die Juden und die Proselyten empfanden sogleich die Folgen dieses Thronwechsels. In der kurzen Zeit seiner Regierung, welche nicht länger als sechzehn Monate (Sept. 96. bis Januar 98) dauerte, wo so viele Mißbräuche und Gebrechen im Staate zu beseitigen waren, nahm sich Nerva doch Zeit, sich mit den Juden zu beschäftigen. Er gestattete Jedermann, sich zum Judenthum zu bekennen, ohne in die Strafe als Gottesleugner zu verfallen. Auch die Judensteuer wurde, wenn nicht ganz aufgehoben, doch nur mit Milde und Nachsicht eingezogen. Beschuldigungen wegen Umgehung dieser Steuer wurden nicht angehört. Dieser Akt Nerva's scheint eine so große Bedeutung gehabt zu haben, daß eine Denkmünze zur Verewigung desselben geprägt wurde. Diese Münze, welche noch erhalten ist, stellt auf der einen Seite den Kaiser Nerva dar, auf der andern einen Palmbaum (Symbol für Juden) mit der Inschrift: „Fisci judaici calumnia sublata," Anklagen gegen Judensteuer sind aufgehoben[1]). Es ist möglich, daß die vier Haupttanaïten, welche wohl damals beim Tode Domitians und der Thronbesteigung Nerva's noch in Rom anwesend waren, diesen günstigen Umschwung herbeigeführt, indem sie die Anschuldigungen gegen das Judenthum widerlegt und den Machthabern eine bessere Meinung von demselben beigebracht haben. Es war Brauch, den Kaisern Schutzschriften wegen einer verfolgten Lehre oder Religion zu übergeben, und in einer solchen mochten die vier Gesetzeslehrer die jüdische Lehre gegen die darüber herrschenden Vorurtheile gerechtfertigt haben. Die allzukurze Regierungszeit Nervas hemmte die fernere Wirkung der wohlwollenden Stimmung für die Juden; mit seinem Nachfolger kehrte die alte Gehässigkeit zwischen Römern und Juden wieder, und bald standen beide Völker zum zweiten Male mit den Waffen in der Hand einander gegenüber.

Nerva hatte den Spanier Ulpianus Trajan zum Nachfolger erwählt. Der Kaiser, beinahe ein Sechziger, Sieger gegen die Dacier an der Donau, ging an's Werk, seinen Lieblingstraum zu verwirklichen, auch Asien, die Länder zwischen Euphrat und Tigris, Indus und Ganges dem römischen Reiche zu unterwerfen, um die Lorbeeren Alexanders des Großen um seine Schläfen zu winden (114). In den parthischen Ländern hatte er leichtes Spiel, weil dieses alte Reich, halb griechischen, halb persischen Ursprunges, gespalten durch schwache Kronprätendenten, dem Eroberer nur einen halben Widerstand entgegensetzte. Nur die Juden, die in dieser Gegend äußerst zahlreich wohnten, ganze Städte und Distrcte inne hatten und eine gewisse politische Selbstständigkeit unter ihrem Fürsten der

[1]) Eckhel doctrina numorum VI. p. 404.

Gefangenschaft oder Exilarchen (Resch Golah) besaßen, traten dem römischen Eroberer aus religiöser Abneigung entgegen. Die babylonischen Juden erblickten in Trajan den Nachkommen derer, welche den Tempel zerstört und ihre Brüder zu schmählicher Knechtschaft verdammt hatten, und rüsteten sich ihrerseits zu einem heiligen Kampfe. Die Stadt Nisibis, welche von jeher eine zahlreiche jüdische Einwohnerschaft in ihren Mauern hatte, entwickelte einen so hartnäckigen Widerstand, daß sie erst nach langer Belagerung eingenommen werden konnte, dafür aber hart büßen mußte. Die Landschaft Abiabene am mittleren Lauf des Tigris, wo der große Alexander den entscheidenden Sieg über den letzten Perserkönig erkämpft hatte, gehorchte einem Herrscher, dessen Vorfahren vor kaum einem Jahrhundert das Judenthum angenommen hatten. Der adiabenische König **Mebarsapes** war vielleicht selbst noch dem jüdischen Bekenntnisse zugethan. Er kämpfte muthig gegen Trajan, erlag aber ebenfalls der römischen Uebermacht[1]). Wie keiner seiner Vorgänger aus der republikanischen und Kaiserzeit sah Trajan in der kürzesten Zeit die Erfolge seines Kriegeszuges. Die Siege fielen ihn so zu sagen in den Schooß. Sämmtliche Könige und Fürsten Armeniens und der Euphrat-Tigris-Gegend legten ihm ihre Diademe zu Füßen und empfingen von ihm ihre Erbländer zu Lehen oder mußten sie den Römern als besiegten Boden überlassen. Als er sich zum Winterquartier nach Antiochien zurückzog (Winter 115—16), um dort Huldigungen entgegenzunehmen, konnte er den Hauptfeldzug als beendet betrachten. Das Erdbeben, welches gerade während seiner Anwesenheit in der syrischen Hauptstadt sie fast in Trümmerhaufen verwandelte, viele Tausende darunter begrub, seinen Mitkonsul Pedo das Leben raubte und auch sein Leben bedrohte, war ihm nicht Vorbedeutung genug, daß der morgenländische Boden unterirdische Gefahren für ihn beherbergte. Im Frühjahr zog er zum zweiten Male aus, um den noch zurückgebliebenen Widerstand zur vollständigen Unterwerfung dieser Gebiete, als Vorland für die geträumte Eroberung Indiens, zu brechen. Doch kaum hatte sich

---

[1]) Dio Cassius 68 22, 26. Ich habe in der ersten Auflage angenommen, daß die Münze bei Ekhel VI. 463: Assyria et Palaestinae in potestatem populi Romani redactae, sich auf den adiabenischen Krieg bezöge. Indessen ist die Echtheit dieser Münze bezweifelt worden. S. Volkmar. Einl. in die Apokryphen I. S. 44.

Trajan der Freude über seine Siege überlassen, zur Erhöhung seiner Triumphe den persischen Meerbusen befuhr, sehnsüchtige Blicke nach Arabien und Indien warf und dem Senate eine lange Liste der unterworfenen Völker zuschickte, deren barbarische Namen man in Rom nicht einmal aussprechen konnte; so fielen die eroberten Länder der Zwillingflüsse wieder ab. An diesem Abfall hatten die Juden den größten Antheil, und sie verbreiteten den Aufstand über einen großen Theil des römischen Reiches. Nicht nur die babylonischen Juden, sondern auch die Juden in Egypten, Kyrene, Lybien und auf der Insel Cypros faßten den großen Gedanken, das römische Joch abzuschütteln. Wie von einem überwältigenden Geiste, die feindlichen Quellen sagen, von einer Raserei getrieben, griffen die jüdischen Einwohner dieser so weit auseinander liegenden Länder zu den Waffen, als wollten sie den Feinden zeigen, daß ihre Kraft noch nicht gelähmt, ihr Muth noch nicht gebrochen, und daß sie nicht gewillt seien, die Schwäche und die Gesunkenheit der Zeit theilend, ohne Widerstand unter der Masse der unterjochten Völker spurlos unterzugehen. Eine solche Einmüthigkeit setzt einen wohlberechneten Plan und kräftige Führer voraus. Auch Judäa bereitete sich zum Aufstande vor und leitete ihn in den Nachbarländern an Euphrat und Egypten (Herbst 116, Winter 117). In dem halben Jahrhunderte seit dem Untergang des jüdischen Staates durch die Römer war ein neues Geschlecht herangewachsen, welches den zelotischen Geist ihrer Väter geerbt und noch ein frisches Gedächtniß für die ehemalige Selbstständigkeit und die Erniedrigung in der Gegenwart behalten hatte. Die Hoffnung der tanaitischen Lehrer: „bald wird der Tempel wieder erbaut werden." hatte den Freiheitsgeist der Jugend genährt und wach erhalten; sie hatten in den halachischen Lehrhäusern Kriegsmuth und Handhabung der Waffen nicht verlernt. Wahrscheinlich hat der Uebermuth der rücksichtslosen römischen Behörden zum Aufstand gereizt. Eine Sage erzählt: Trajans Gattin (Plotina) habe gerade am neunten Ab während der Trauer der Juden um die Tempelzerstörung ein Kind geboren, und es am Weihnachtsfeste während der Freudenfeier der Juden zur Erinnerung an die Siege der Hosmonäer verloren, und sie habe deren Trauer als feindliche Mißgunst und deren Feier als Schadenfreude gedeutet. Die Kaiserin habe in Folge dessen an Trajan geschrieben: „Statt die Barbaren zu unterwerfen, solltest du lieber die Juden züchtigen, die von dir abfallen."¹) In Judäa scheinen zwei muthige Männer oder zwei Brüder, die Alexandriner Julians, und Pappos den Aufstand geschürt und geleitet zu haben. Der Schauplatz der Versammlung der aufständischen Schaaren war die Rimmon=Ebene oder die große Ebene Jesreel. Indessen ist weder dieses, noch der Verlauf der Erhebung bekannt geworden, man hat lediglich ein ganz unbestimmtes Bild von den Vorgängen und kennt mit Gewißheit nur den Ausgang des Aufstandes der Juden. In Kyrene, dessen jüdische Bewohner von den flüchtigen Zeloten schon einmal unmittelbar nach der Zerstörung des Tempels zum Kampfe gegen die Römer ermuthigt wurden, war der Hauptaufstand. Trotz des unglücklichen Ausganges jenes Krieges schreckten die Kyrenäischen Juden doch nicht vor einem neuen zurück. Sie hatten einen Anführer, der nach einigen Andreias, nach anderen Lucuas hieß (vielleicht war einer dieser Namen symbolischer Natur.) Auch die egyptischen Juden, in früherer Zeit mit treuer Gesinnung den Römern ergeben, machten diesmal gemeinschaftliche Sache mit den Aufständischen. Der Anfang glich jedem Volksaufstand. Zuerst griffen sie die Nachbarn ihrer Stadt an, tödteten die Römer und Griechen und rächten den Untergang ihrer Nationalität an ihren nächsten Feinden. Durch den Erfolg ermuthigt, sammelten sie sich in Schaaren und nahmen es mit dem römischen Heere und dem römischen Feldherrn Lupus auf, der die Legionen gegen die Juden führte. In dem ersten Treffen siegte die wilde Begeisterung der Juden über die römische Kriegskunst; Lupus wurde zurückgeschlagen. Die Folgen dieses Sieges waren Scenen der Unmenschlichkeit und der Barberei auf beiden Seiten, die natürlichen Begleiter eines Racenkrieges, wo ein uralter, lang in der Brust verschlossener Grimm zum Ausbruch kommt und sich nur durch Blut besänftigen läßt. Die Heiden, die nach der Niederlage des römischen Heeres die Flucht ergriffen hatten, warfen sich auf Alexandrien, nahmen die jüdischen Einwohner, deren kriegsfähige Jugend bei dem Aufstande war, gefangen und tödteten sie unter grausamen Martern. Die siegende jüdische Schaar sah sich dadurch zur Widervergeltung herausgefordert. Wie Verzweifelte warfen sie sich auf das egyptische Gebiet, zerstörten die Kastelle, nahmen die Einwohner gefangen und erwiderten Grausamkeit mit Grausamkeit. Die Juden

---

¹) Ueber den Aufstand s. Note 15. Die angeführte Sage in jer. Sukka V p. 55 b.; Rabba Threni p. 67. b. Rabba Esther Anfang.

sollen das Fleisch der gefangenen Griechen und Römer gegessen, sich mit ihrem Blute bestrichen und in ihre geschundenen Häute sich eingewickelt haben.

Wenn diese Scheußlichkeit dem jüdischen Charakter und den jüdischen Sitten fremd und unangemessen ist, also übertrieben scheint, so enthält doch die Quelle, welche diese Nachricht erzählt, wiederum manche glaubwürdige Züge. Die Juden zwangen die Griechen und Römer, mit wilden Thieren und gegen einander in der Arena zu kämpfen[1]. Es war dies die traurige Repressalie für die blutigen Schauspiele, zu denen Vespasian und Titus die gefangenen Juden verurtheilt hatten. In Kyrenen sollen 200,000 Griechen und Römer von den Juden erschlagen worden sein, und Lybien, d. h. der Küstenstrich östlich von Egypten, war durch sie so sehr entvölkert worden, daß einige Jahre später neue Colonien dahin geschickt werden mußten.[2]

Auf der Insel Cypern, wo von jeher viele Juden wohnten und Synagogen besaßen, leitete ein gewisser Artemion die Erhebung der Juden gegen die Römer. Die Zahl der Aufständischen war außerordentlich groß, wahrscheinlich verstärkt durch unzufriedene heidnische Einwohner der Insel. Die cyprischen Juden sollen Salamis, die Hauptstadt der Insel, zerstört und 240,000 Griechen umgebracht haben[3]. Trajan, der sich in Babylonien aufhielt, fürchtete die Ausbreitung dieses Aufstandes in hohem Grade und sandte eine Truppenmacht ab, die im Verhältniß zu der Größe der Gefahr stand. Einem seiner Hauptfeldherrn Martius Turbo übergab er eine bedeutende Land- und Seemacht, die hochauflodernde Kriegsflamme der Juden in Egypten, Kyrene und auf der Insel Cypern zu löschen. In der Euphratgegend, wo die Juden, trotz der Nähe des Kaisers mit einer erdrückenden Militairmacht, eine drohende Haltung angenommen hatten, übergab er den Oberbefehl seinem Lieblingsfeldherrn Lucius (oder Lusius, Lysius Quietus, einem maurischen Fürsten von grausamer Gemüthsart, den er zu seinem Nachfolger

---

[1] Dio Cassius 68, 32. Eusebius Kirchengeschichte IV. 2. Appian. bellum civile II 90.

[2] Eusebius Chronik aus dem Armenischen II. p. 283 zum 14. Jahre Hadrians, auch bei Syncellus und Orosius. S. Münther: der jüd. Krieg S. 35.

[3] Dio das.

bestimmt hatte. Wer der Anführer der Juden in Babylonien war, ist nicht bekannt. Ein römischer Feldherr Maximus verlor sein Leben in der Schlacht. Quietus hatte Trajan eingeschärft, die Juden seines Distriktes ganz zu vertilgen; so groß war die Furcht und das Rachegefühl des Kaisers gegen eine Nation, deren Kräfte er gar nicht in Anschlag gebracht zu haben schien. Auf drei Seiten hatte also Trajan gegen die Juden zu kämpfen, und wenn diese drei Brennpunkte der Empörung sich zu einem einzigen vereinigt und gegenseitig unterstützt hätten, so würde vielleicht schon damals der Riesencoloß des römischen Reiches den Stoß erhalten haben, den er einige Jahrhunderte später durch die nordischen Barbaren erlitten hat.

Martius Turbo, der den egyptischen und kyrenäischen Aufstand zu bekämpfen hatte, eilte mit vollen Segeln nach den bedrohten Punkten und war in fünf Tagen an Ort und Stelle. Er vermied mit kluger Berechnung der feindlichen Kräfte jeden ungestümen Angriff, der für Volksmassen, welche mehr durch die Begeisterung einer Idee, als durch Kriegsordnung zusammengehalten werden, günstig gewesen wäre und sie zum Siege geführt hätte. Er rieb vielmehr die Schaaren der Aufständischen durch kleine Scharmützel auf, die sie allmälig müde machten und ihre Reihen lichteten. Doch erlagen die Juden nicht ohne tapfere Gegenwehr; die heidnischen, gegen die Juden parteiischen Quellen räumen ein, daß es erst nach vielen, lange dauernden Kämpfen den Römern gelang, Herren des Aufstandes zu werden [1]). Den Römern mußte zuletzt der Sieg bleiben, weil sie mit überlegener Zahl, überlegener Kriegskunst und besonders mit Reiterei gegen halbbewaffnete Fußtruppen kämpften. Gegen die Gefangenen benahm sich Turbo mit einer Grausamkeit, welche bei den Römern nicht mehr auffiel. Die Legionen umringten die Gefangenen und hieben sie in Stücke, die Frauen wurden genothzüchtigt, die Widerstehenden getödtet [2]). Die Stadt Alexandrien hatte durch diesen Krieg bedeutende Verwüstungen erlitten [3]). Die uralte alexandrinische Synagoge, ein Wunderwerk der egyptisch-griechischen Baukunst, von welcher die Zeitgenossen sagten: „Wer

---

[1]) Dio Cassius das. Eusebius K.-G. das.
[2]) Jerus. Sukka V. das. Midrasch Throni und Esther das.
[3]) Eusebius armenische Chronik das. zum ersten Jahre Hadrians.

sie nicht gesehen, hat noch nicht das Schönste gesehen," wurde bis auf den Grund zerstört. Die Zeitgenossen konnten nicht genug die Größe und die Pracht dieser Synagoge rühmen. Sie war wie eine Basilika gebaut, mit rings umher laufenden Säulengängen. Siebenzig goldene Sessel waren darin für die Aeltesten aufgestellt, Alexandriens, ein Nachbild des Synhedrin. Jedes Gewerk und Gewerbe hatte in dieser Synagoge eine eigene Abtheilung, an welche sich die fremden, zugereisten Gewerksleute wenden und anschließen konnten. In der Mitte derselben war eine Ballustrade von Holz, worauf der Aufseher stand. So groß war der Umfang der Synagoge, daß Einer dazu ernannt werden mußte, eine Fahne zu schwingen, so oft die Zuhörer auf den Segensspruch des Vorbeters mit Amen einfallen sollten. Diese Synagoge oder Proseuche — wie sie die Einwohner nannten — zerstörte Turbo. Seit der Zeit, fügt die jüdische Quelle hinzu, ist der Glanz Israels erloschen [1]). Von dem Gemetzel, welches Martius Turbo unter den afrikanischen Juden anstellte, erzählt dieselbe Quelle, sei das Blut der Erschlagenen ins Meer bis zur Insel Cypern geflossen. Dieser Zug ist eine Andeutung auf das Blutbad, das derselbe römische Feldherr auch unter den cyprischen Juden anrichtete. Turbo führte nach Beendigung des afrikanischen Aufstandes seine Legionen gegen diese Insel. Ueber die Einzelnheiten dieses Krieges schweigen die Quellen ganz und gar, nur so viel ist sicher, daß die Juden gänzlich aufgerieben wurden. Indessen muß der Kampf auch hier so erbittert gewesen sein, daß sich in Cypern ein leidenschaftlicher Haß gegen die Juden vererbte. Dieser Haß wurde in ein barbarisches Gesetz ausgedrückt, nach welchem kein Jude die Insel Cypern betreten, nicht einmal im Nothfalle sich auf dieselbe retten durfte, wenn er durch Schiffbruch an die Küste verschlagen wäre [2]).

Der Vertilgungskrieg, den Lucius Quietus gegen die babylonischen und mesopotamischen Juden zu führen hatte, ist in seinen einzelnen Zügen eben so wenig bekannt. Nur so viel weiß man, daß er viele Tausende derselben aufgerieben und die auch von Juden bewohnten Städte Nisibis und Edessa zerstört hat. Die Häuser, Straßen, Wege und

---

[1]) Sukka 51. b. Jerus. daf.
[2]) Dio daf.

Stege waren von ihren Leichen besäet ¹). Als Belohnung für den großen Dienst, den dieser Feldherr ihm bei der Bekämpfung der Juden geleistet, ernannte ihn Trajan zum Statthalter von Paläſtina (mit ausgedehnter Vollmacht²), ohne Zweifel um den Aufſtand im jüdiſchen Stammlande ebenſo zu unterdrücken. Alle dieſe Vorgänge in Kyrene, Egypten, Cypern, Babylonien und Mesopotamien fallen in das letzte Regierungs= jahr dieſes Kaiſers (117).

Trajan ſelbſt kämpfte indeſſen unglücklich, mußte Babylonien verlaſſen, die Belagerung der Stadt Atra, wahrſcheinlich in der Gegend von Naharbea ³) wo ebenfalls Juden wohnten, aufgeben und auch den Gedanken fahren laſſen, das parthiſche Land in eine römiſche Provinz zu verwandeln. Durch das Scheitern ſeines Lieb= lingsplanes zuſammengebrochen, erkrankte der Kaiſer, wurde in dieſem Zuſtande nach Antiochien gebracht und ſtarb nach einigen Monaten in Cilicien. Nicht einmal ſein letzter Wunſch, ſeinen treuen Feldherrn Quietus zum Nachfolger zu haben, wurde erfüllt; ſeine ſchlaue Gemahlin Plotina vereitelte ſeinen letzten Willen und machte dem Heere weis, Trajan habe vor ſeinem Tode ſeinen Ver= wandten Aelius Hadrian zum Sohn und Thronfolger ange= nommen.

¹) Siehe Note 14.
²) Dio daſ.
³) Jer. Sabbat I. p. 4. a. כמן חושיה לנהרדעא; öfter kommt in Jeruschalmi vor ר' אידי דחושיה.

Siebentes Kapitel.

Hadrianische Regierungszeit. Aufstand der Juden gegen Quietus. Trajanstag. Julianus und Pappos. Bewilligung zum Bau eines Tempels in Jerusalem und Zurücknahme derselben. R. Josua's Einfluß. R. Gamaliel's Tod. Wanderung des Synhedrin nach Uscha. Beschlüsse desselben.

Hadrian fand bei seinem Regierungsantritt (August 117) eine Reihe von Völkern schon im Aufstande begriffen, und andere, welche neuerdings Miene machten, die Fesseln des Alles bezwingenden Rom zu sprengen. Kaum war die Kunde von Trajans Tode verbreitet, dessen eisernen Arm man gefürchtet, als im Morgen= und Abend= lande die Flammen des Aufstandes hell aufschlugen; der Wille der Völker gab sich, gleichsam wie verabredet, auf eine gewaltige Weise kund, frei von römischer Unterthänigkeit zu leben. Das parthische Land, wo Trajan jüngsthin einen Schein von römischer Oberherr= lichkeit eingeführt hatte, einige kleinasiatische Länder, deren Boden= reichthum die kaiserlichen Beamten ausgesogen, das wilde Mauri= tanien und Sarmatien, das entfernte Britanien, dessen Einwohner von jeher nur unwillig das römische Joch trugen, alle diese Völker benutzten den Augenblick der Schwäche, sich selbstständig zu machen [1]. Die Juden Palästinas, deren Haß gegen die Römer noch flammender war, hatten schon früher einen Aufstand organisirt, zu dessen Unter= drückung Quietus von Trajan dahin beordert worden war, nachdem er seine Blutarbeit in den Euphrat=Ländern vollendet hatte. Es war ihm aber noch nicht gelungen, Herr desselben zu werden, als Hadrian die Regierung antrat.

Ueber die Natur des Krieges in Judäa schweigen die Quellen ganz und gar. Die jüdischen Nachrichten nennen diese zweite Er= hebung den Krieg des Quietus (Polemos schel Kitos [2]. Sie scheint für die Juden, einer Andeutung zufolge, eine üble Wendung

[1] Spartianus in Hadr. c. 5.
[2] S. Note 19.

genommen zu haben; denn zu den öffentlichen Trauerzeichen, welche nach der Tempelzerstörung eingeführt waren, fügte das Synhedrin neue hinzu. Es verbot, die Bräute am Hochzeitstage mit Kränzen zu schmücken und untersagte ferner das Erlernen des Griechischen für Jedermann. Was man darunter verstand, ob Sprache oder Sitte oder sonst etwas eigenthümlich Griechisches, läßt sich kaum mehr ermitteln, ebensowenig welcher Zusammenhang zwischen dem Kriege und der Abneigung gegen das Griechische bestand. Waren vielleicht die griechischen Bewohner des palästinensischen Küstenstriches bundesbrüchig geworden und haben die Juden im Stiche gelassen? Einer andern Andeutung nach scheint Jamnia, der Sitz des Synhedrin, eine Vorrathskammer für Lebensmittel gewesen, und in Folge des Krieges zerstört worden zu sein [1]). Wenn diese Nachricht über allen Zweifel gesichert wäre, dann würde sich daraus ergeben, daß sich auch die Tanaiten an dieser Erhebung gegen Trajan und am Kriege gegen Quietus betheiligt haben.

Während die palästinensischen Juden noch in großer Bedrängniß und nahe daran waren, Quietus Vernichtungskrieg zu erliegen, scheint ein nationaler, begeisterter Dichter eine künstlerisch zusammengesetzte Geschichte, halb Wahrheit und halb Dichtung gestaltet zu haben, um den Rest der Krieger zum standhaften Ausharren zu ermuthigen und in einbringlicher Beredtsamkeit auf Den hinzuweisen, der so oft Israel aus Nöthen und Gefahren errettet. Dieser unbekannte kunstverständige Dichter, der Verfasser des Buches Judith, hat in einem erdichteten Bilde aus der Vergangenheit die Gegenwart durchschimmern lassen und die Mittel an die Hand geben wollen, wie das jüdische Volk dem racheschnaubenden Feinde begegnen und zugleich auf seinen Gott, der oft Wunder für es gethan, vertrauen sollte, daß er es vor Untergang schützen werde. Er zeichnete darin, wie es augenfällig scheint, Trajan mit seinen glänzenden Erfolgen und Siegen im parthischen Lande unter dem Bilde Nebuchadnezars, seinen unerbittlich grausamen Feldherrn, den zweiten nach ihm, Lusius Quietus unter der Hülle einer erdichteten Figur Olophernes, die Verzweiflung des jüdischen Volkes, das in höchster Gefahr schwebt, und die voraussichtliche Errettung durch eine anmuthige Gestalt, die zugleich schöne und streng jüdisch-fromme Judith, welche eine unerwartete Heldenthat verübt. Das Buch Judith ist

---

[1]) Tosifta Demai c. I.

nach allen Seiten darauf angelegt, den Muth halbverzweifelter Krieger und Aufständischen zu beleben und ihnen nahe Hülfe zu verheißen. Es wurde, wenn es in dieser Zeit gedichtet ist, dem Rest der Kämpfenden in der Ebene Jesreel (Esdrelom) zugebracht, um sich daran zum ferneren Widerstande aufzuraffen.

Der Gang der künstlerisch=angelegten Erzählung ist folgender: Nebuchadnezar, König der Assyrer in Ninebe, will den mächtigen König Arphaxad (Arsakes?) von Medien, der sich eine riesige Festung Ekbatana erbaut, besiegen. Es stehen ihm zwar viele Völkerschaften zur Seite, aber um des Sieges gegen den starken Feind sicher zu sein, fordert er noch andere Nationen zum Beistande auf, auch die Bewohner vom Karmelgebirge, von Gilead, Samaria, Jerusalem und aus Egypten. Aber sie hören nicht auf das Wort des frechen Nebuchadnezar. In seinem Zorne schwört er bei seinem Throne, grausige Rache an ihnen zu nehmen, die seinen Befehl gering geachtet haben. Nachdem er Arphaxad besiegt und Ekbatana erobert, sendet er seinen Feldherrn, den zweiten nach ihm, Olophernes, aus, um diejenigen Völker schwer zu züchtigen, die ihn verachtet, wenn sie sich nicht vollständig unterwürfen und ihn als Gott anerkennen wollten. Mit einem Heere, unzählig wie der Sand im Meere, zieht Olophernes nach Westen, Alles vor sich niederwerfend, bis er zur Küste des mittländischen Meeres gelangt. Die Bewohner dieses Küstenstriches unterwerfen sich ihm ohne die geringste Gegenwehr, und Olophernes reißt ihre Tempel und Haine nieder und glaubt, er werde alle Götter stürzen, damit alle Völker und Stämme Nebuchadnezar als einen Gott verehren sollten.

Die Söhne Israels und die Bewohner Judäas gerathen in große Furcht bei der Nachricht von dieser allgemeinen sklavischen Unterwürfigkeit und zittern für Jerusalem und den Tempel, den sie, jüngst erst aus der babylonischen Gefangenschaft zurückgekehrt[3]), erbaut hatten. Nichtsdestoweniger rüsten sie sich zum Widerstande; sie sind entschlossen, ihre Heiligthümer nicht schänden zu lassen, und keinen andern Gott anzubeten, als den ihrer Väter. Sie besetzen demzufolge alle Anhöhen des Landes, befestigen die Städte und Dörfer und legen Mundvorrath hinein. Der Hohepriester der damaligen Zeit Joakim faßt den rechten Punkt zur Wehr ins Auge. Wann der Feind ins Innere des Landes eindringen soll, muß er

---

[1]) Judith 4, 3. Ueber Composition des Buches Judith s. Note 14.

durch die Ebene Jesreel, (Esdrelom), und durch einen Engpaß, welcher nur für zwei Menschen einen Durchgang läßt. Dieser Engpaß liegt nahe bei Betylua (unweit Dotain). Würde dieser von den Bewohnern der Stadt besetzt werden, so könnten sie das Eindringen des Feindes ins Innere leicht hindern[1]). Der Hohepriester und der Rath der Alten schreiben daher an die Bewohner von Betylua und Bethomastaim, beide in der genannten Ebene, den Engpaß sorgfältig und tapfer zu schützen, weil dadurch das Heiligthum in Jerusalem vor Entweihung gewahrt werden könne. Aber auf menschliches Thun und menschliche Klugheit allein will das sich Volk nicht verlassen, sondern es erhebt seine Seele zum innbrünstigen Gebete zum Himmel in Sack und Asche und in längerem Fasten. — Zornentflammt sieht Olophernes die Gegenwehr von Seiten der Juden, die ihm die Straßen verlegt und seinen Zug gehemmt. Kaum ist ihm dieses Volk dem Namen nach bekannt, das ihm Hindernisse in den Weg legt[2]). Er befragt die Nachbarländer darüber. Ein Ammoniter Achior wagt es, ihm eine unwillkommene Antwort zu geben. Er giebt dem heidnischen Feldherrn einen Ueberblick über die Vergangenheit des jüdischen Volkes, in welcher sich der Gedanke bethätigt habe: daß Glück und Unglück dieses Volkes allein von seinem frommen oder sündhaften Verhalten gegen Gott abhänge. Achior wagt es sogar, dem Hochmüthigen zu rathen, Israels Gefilde zu verlassen, sonst würde er einen schmählichen Untergang darauf finden, so das Volk sich nicht gegen Gott vergangen. Wegen seiner kühnen Rede wird er gefesselt den jüdischen Bewohnern von Betylua überliefert, um mit ihnen zusammen das unabwendbare Strafgericht zu empfangen.

Indessen vermochte der wuthentbrannte Olophernes doch nichts gegen das durch steile Berge und tapfere Krieger gut bewachte Betylua; seine Reiterei und Fußvolk, wie gewaltig auch ihre Zahl, vermag er nicht zu verwenden. Er befolgt daher den Rath der Nachbarvölker, der Söhne Esaus, Moab und der Anführer des

---

[1]) Daf. 4, 7. Darin liegt wahrscheinlich ein Stück Kriegsgeschichte aus Quietus Zeit.

[2]) Auch dieser Zug das. 5, 1—4 ist geschickt angebracht. Den Römern der Trajanischen Zeit waren das jüdische Volk und seine zelotischen Kämpfe aus dem Gedächtniß geschwunden.

Küstenstriches¹), den Belagerten die Wasserquellen zu verschließen und abzuschneiden. Dieses Mittel schlägt nur zu gut an, Wassermangel stellt sich in Bethlua ein und bricht Allen den Muth zum Widerstande. Das verschmachtete Volk verlangt von seinem Oberhaupt Osia, die Stadt dem Feinde zu übergeben, und dieser verspricht ihm, wenn sich innerhalb fünf Tagen nicht die Hilfe Gottes zeigen sollte, Olophernes die Thore zu öffnen. — In dieser allgemeinen Muthlosigkeit und der voraussichtlichen Gefahr erhebt sich aus dunklem Hintergrunde die Heldin, die schöne, gottesfürchtige und muthige Judith (das Judenthum in verklärter Persönlichkeit). Judith ist seit einigen Jahren Wittwe, lebt seit dem Tode ihres Gatten Manasse zurückgezogen und in Trauergewändern, und obwohl reich, fastet sie alle Tage, mit Ausnahme der Sabbate, Feiertage, der Rüsttage und der Freudentage (Gedenktage) des Hauses Israel²). Sie ist über den Beschluß, die Stadt binnen Kurzem zu übergeben, tief betrübt, läßt das Oberhaupt Osia zu sich kommen und macht ihm Vorwürfe, daß er Gott versucht habe. Man solle doch an Gottes Hilfe nicht sogleich verzweifeln, sie sei gegenwärtig um so gewisser zu erwarten³), „als es in unseren Tagen keinen Stamm, keine Familie, keinen Kreis und keine Stadt unter uns gibt, welche vor händegemachten Göttern das Knie beugt, wie in früheren Tagen," was eben Unheil über Israel herbeigeführt hat. „Wir aber wollen keinen anderen Gott anerkennen, darum wird er uns auch nicht verwerfen." — Judith verspricht ihnen unter Gottes Beistand Hilfe und zieht mit ihrer Dienerin aus der Stadt, um sich in des Feindes Lager zu begeben, geschickt und mit aller Art weiblicher Zier, nachdem sie sich durch inbrünstiges Gebet gestärkt. Sie läßt von ihrer Dienerin in einem Korbe Wein, Oel, reines Brod und sogar Gerstengraupen und trockene Feigen mitnehmen; denn sie ist entschlossen, auch in der Nähe des Feindes an ihrem frommen Wandel festzuhalten, um sich nicht an Heidenspeise zu verunreinigen⁴).

In Feindes Lager angekommen, erregt Judiths Schönheit und Anmuth das Staunen der rauhen Krieger, und noch mehr des

---

¹) Auch dieser Zug das. 7, 8 fg. scheint einen geschichtlichen Charakter zu haben. Die στρατηγαί τῆς παραλίας können Griechen und Gräcosyrer gewesen sein. Das Abschneiden der Quellen spielt auch im Barkochba-Kriege.
²) Das. 8, 6.
³) Das. 8, 17, 18, 20.
⁴) Das. 10, 5. auch 12, 1—2; 18—19.

Olophernes, zu dem sie geführt wird. Sie erklärt ihm ihr Ueberlaufen durch die eingerissene Sündhaftigkeit des Volkes, welches in seiner Noth das vom Gesetze Verbotene genießt, sogar die Erstlinge des Getraides, den Zehnten vom Wein und Oel, welches ein Laie nicht einmal mit Händen berühren dürfte [1]. Wegen dieser Entweihung und Gesetzvergessenheit sei die Fromme und Gottesfürchtige von Gott zu ihm gesandt, ihm den baldigen Sieg zu verkünden und ihn mitten durchs Land bis vor Jerusalem zu führen. Olophernes, von ihrer Schönheit und ihrer anmuthigen Rede bestochen, glaubt ihren Worten und gestattet ihr freie Bewegung innerhalb des Lagers und noch weiter. In seiner Geilheit ladet er sie zu einem einsamen Gelage und sie weigert sich nicht, mit ihm allein zu bleiben. In seiner Freude berauscht sich Olophernes, fällt in tiefen Schlaf, aus dem er nimmer erwacht. Mit schwacher Hand schneidet Judith ihm das Haupt mit einem verborgen gehaltenen Messer ab, verbirgt es in ihrem Korbe, verläßt das Gemach und das Lager. Die Wachen, an ihre nächtlichen Wanderungen zum Baden im Flusse gewöhnt, lassen sie frei ziehen. So gelangt sie bis an die Thore des nahegelegenen Betylua, ruft die Schildwache, ihr die Thore zu öffnen und zeigt zum Erstaunen des Volkes bei grellem Fackellicht das blutende Haupt des Wütherichs. Die Belagerten fühlen sich dadurch ermuthigt, mit frühem Morgen einen Ausfall in Feindes Lager zu machen, und dieses, durch den Tod ihres Heerführers entmuthigt, stäubt auseinander. Israel ist abermals gerettet, preist seinen Gott und die Heldin, welche in ihrer Schwäche vollbracht hat, was dem Starken nicht gelungen ist. — Die Judithschrift oder die Susa=Rolle (Megillat Schuschan), wie sie im jüdischen Kreise betitelt ist, wollte vielleicht den gegen Quietus aufständischen Juden Palästinas an die Hand geben, wie sie durch Besetzung der Berge und Engpässe und durch Standhaftigkeit den Feind müde machen, und einem muthigen jüdischen Weibe einen Wink geben, wie sie dem ausschweifenden Wütherich beikommen könnte, sowie Judith Olophernes' Haupt abgeschnitten. Das merkwürdige Buch trägt allzu kenntlich das Gepräge dieser Zeit der Drangsale unter Quietus an sich, als daß es nicht aus diesem Hintergrunde hervorgegangen sein sollte.

Das jüdische Volk in Judäa wurde indeß auf andere Weise von dem herzlosen Quietus befreit; er konnte seinen Vernichtungs=

---

[1] Das. 11, 12—14.

plan nicht durchführen. Der neue Kaiser selbst hemmte seinen Siegeslauf. Hadrian, der mehr Ehrgeiz als kriegerischen Muth besaß, dessen innerem Wesen mehr der Nimbus kaiserlicher Autorität einer friedlichen Regierung, als die Anstrengung eines rauhen mühevollen Kriegslebens zusagte, schreckte vor dem Anblick so vieler Aufstände, vor der Aussicht auf so viele langwierige Kriege zurück. Ohnehin neidisch auf den Ruhm seines Vorgängers, für den er nichts empfand, und dem der Senat nicht genug Triumphe zu bekretiren wußte, und zu schwach, ihm darin gleich zu kommen oder gar ihn zu verdunkeln, ging er zum ersten Male von der hartnäckigen römischen Politik ab, welche, um Alles zu behaupten, Alles wagte; er schlug den Weg der Nachgiebigkeit ein. Wie er das parthische Land ganz seinen eigenen Fürsten überließ und sich von jedem Anspruch darauf lossagte, wie er auch den andern im Aufstand begriffenen Provinzen Zugeständnisse machte, ebenso scheint er den Juden, um auch sie zu beruhigen, ihre scheinbar unschuldigen Wünsche gewährt zu haben. Zu diesen Wünschen gehörten wohl: die Entfernung des herzlosen Quietus und die Wiederherstellung des Tempels. Der allmächtige Feldherr wurde von Hadrian seines Amtes entsetzt. Wiewohl an dieser Entsetzung des Kaisers Neid auf diesen ihm überlegenen und bevorzugten Feldherrn und Statthalter einen großen Antheil hatte; so scheint sie auch zu Gunsten der Juden geschehen zu sein, um ihre Hauptbeschwerde zu beseitigen. Ehe Quietus seine Ungnade erfuhr, war er im Begriff, über die zwei jüdischen Leiter, Julianus und Pappos, welche in seine Hände gerathen waren, das Todesurtheil zu sprechen; in Laodicea sollten sie hingerichtet werden. Höhnisch sprach er zu ihnen: „Wenn euer Gott so mächtig ist, wie ihr behauptet, so möge er euch aus meiner Hand retten." Sie erwiderten ihm: „Du bist kaum würdig, daß Gott beinetwegen ein Wunder thun sollte, denn Du bist nicht Selbstherrscher, sondern nur Unterthan eines Höheren." Und im Augenblick, als die zwei Gefangenen zum Märtyrertod geführt werden sollten, traf aus Rom der Befehl ein, welcher den Blutrichter von der Statthalterschaft in Judäa abrief. Quietus verließ Palästina, den Schauplatz seiner fast zweijährigen Grausamkeit, um kurze Zeit nachher auf Hadrian's Befehl hingerichtet zu werden. Der Tag der Befreiung Julianus und Pappos am zwölften Adbar (im Febr. 118?), wurde als ein denkwürdigfreudiges Ereigniß verewigt; das Synhedrin setzte ihn als Halbfeiertag in den Kalender ähnlicher Gedenktage unter dem Namen Trajanstag (Jom Tirjanus) ein [1]).

Es ist gar nicht daran zu zweifeln, daß die Juden, als sie die Waffen gestreckt, die Bedingungen gestellt haben, den Tempel auf seiner früheren Stälte wieder aufbauen zu dürfen. Eine jüdische Quelle erzählt diese Thatsache mit deutlichen Worten, und auch christliche Nachrichten versichern auf das Bestimmteste, daß die Juden mehrmals versucht haben, den Tempel wieder herzustellen, was sich eben nur auf die ersten Regierungsjahre Hadrian's beziehen kann. Die Stadt Jerusalem, welche, wenn nicht ganz zerstört, doch zum großen Theil verödet war, sollte sich wieder aus dem Trümmerhaufen erheben. Die Aufsicht über den Bau der Stadt soll Hadrian dem Proselyten Akylas anvertraut haben [2]).

Ihr Jubel war nicht gering über die wiedergewonnene Selbstständigkeit und namentlich über die Aussicht, wieder einen heiligen Mittelpunkt zu besitzen. Ein Jubeljahr war seit der Tempelzerstörung verflossen, gerade so lange als die Zeit zwischen der Einäscherung des ersten Heiligthums und der Rückkehr aus der babylonischen Gefangenschaft. Die kühnsten Hoffnungen wurden durch das von Hadrian erlangte Zugeständniß rege. Ein jüdisch-alexandrischer Dichter gab den Gefühlen, welche die Brust der Juden damals schwellten, in griechischen Versen Ausdruck. Der unbekannte Sänger legte sie, wie sein Vorgänger über anderthalb Jahrhundert vorher [3]) einer heidnischen Seherin, der Sibylle, der Schwester der Isis, in den Mund, als wenn die glanzvoll anbrechende Zeit lange vorher verkündet wäre. Sie führt zuerst die Reihe der römischen Selbstherrscher seit Cäsar in räthselartiger Andeutung ihrer Namen auf:

.... „und nach ihm wird Herrscher ein andrer Mann mit silbernem Helm; eines Meeres Namen er trägt [4]), ein gar trefflicher Mann und der Alles einsiehet. Und unter Dir, Du trefflicher, herrlicher, dunkelgelockter, Und unter Deinem Geschlecht nach Dir geschieht dies alle Zeiten.

———

Doch wann das persische Land einst frei sein wird von dem Kriege,

[1]) S. Note 14.
[2]) Das.
[3]) S. Band III. S. 441 über die Sibyllinen.
[4]) Das Meer Adria-Adrianus.

Frei von Leiden und Pest, dann wird der glücklichen Juden
Göttlich Geschlecht jenes Tags sich erheben, der Himmelsbewohner,
Welche mitten auf Erden rings her die Stadt Gottes bewohnen,
Und bis nach Joppe hinab mit hoher Mauer umschließen,
Kühn auf Thürmen zur Höh' und bis zu den dunkeln Wolken.
Nicht mehr wird kriegsmörderischen Ton die Trompete erdröhnen,
Nicht mehr gehen sie zu Grund durch die rasenden Hände des
    Feindes;
Sondern es werden Trophäen in der Welt stehen über das Böse.
Quäle das Herz nicht mehr, nicht setze das Schwert auf die
    Brust dir,
Göttlicher Sproß, überreich, du einzig begehrliche Blume,
Licht du, gut und hehr, ersehntes Ziel und heilig,
Liebliches jüdisches Land, schöne Stadt begeistert durch Lieder.
Nicht mehr wird der unreine Fuß der Hellenen in deinem Lande
Rasen umher, im Herzen beseelt von dem Geist gleicher Satzung,
Sondern es werden in Ehr' dich halten vortreffliche Diener,
Und sie werden den Tisch hinsetzen mit heiliger Rede,
Mit verschiedenen Opfern und Gott wohlgefälligem Beten.
Fromme, die leiden und hartes Bedrängniß geduldig ertrugen,
Sie werden Gutes viel mehr und Herrliches bringen zu Wege,
Die aber üble Red' ohne Fug zum Himmel gesendet,
Sie hören auf, die Zwietracht zu regen gegeneinander,
Werden sich selbst verbergen, bis einst die Welt sich geändert.
Aber ein Regen wird kommen, von brennendem Feuer aus den
    Wolken;
Nicht mehr ernbten die Menschen vom Felde die treffliche Aehre,
Nirgends wird mehr gesäet noch gepflügt, bis die sterblichen Menschen
Schaun den unsterblichen Gott, den Gott über sämmtliche Wesen,
Ihn, der in Ewigkeit ist, bis nicht mehr das Sterbliche altert,
Weder die Hunde noch Geyer, wovon der Egypter lehret,
Mit keckem Munde und thörichten Lippen sie zu verehren.
Nur das heilige Land der Hebräer wird alles dies bringen,
Naß vom honigträufelnden Felsen und von der Quelle,
Und auch ambrosische Milch wird strömen für alle Gerechten:
Denn sie haben auf Gott, den einzigen großen Erzeuger,
Ihre Hoffnung gesetzt, in Frömmigkeit und voller Treue.

Denn vom himmlischen Lande herab ein glückseliger Mann kam,
In den Händen er hielt ein Scepter, das Gott ihm behändigt,
Und über Alle gebot er mit Ruhm, und allen den Guten
Gab er den Reichthum zurück, welchen frühere Männer genommen,
Sämmtliche Städte zerstörte mit vielem Feuer von Grund aus,
Und verbrannte die Sitze der Menschen, die Böses verübet
Ehemals; aber die Stadt, welche Gott wohlgefiel, diese machte er
Glänzender als die Gestirn, als die Sonne und als wie der
 Mond ist,
Zierte sie aus mit Glanz und schuf einen heiligen Tempel,
Körperlich sichtbar und schön und prachtvoll, auch formt einen
 Thurm er.

So daß Alle treu und gerecht nun konnten anschauen
Gottes, des Ewigen Glanz und sein ersehntes Erscheinen.
Aufgang und Niedergang hat die Herrlichkeit Gottes gepriesen.
Denn nicht Schlimmes wird den armseligen Menschen begegnen,
Auch ist kein Ehebruch mehr und schändliche Liebe der Knaben,
Nicht mehr Mord und Kriegslärm, nur gerechter Eifer ist Allen,
Endlich erscheint die Zeit der Heiligen, wo dies vollführet
Der hochdonnernde Gott, der den mächtigen Tempel gegründet".[1]

 So jubelte und schwärmte die jüdische Sibylle und träumte den baldigen Sturz des Heidenthums. Der Kaiser Hadrian war für die Juden im Anfang seiner Regierung eine beliebte Persönlichkeit. Aber in dem Maaße, wie sie in dem Gedanken glücklich waren, bald wieder einen Tempel und eine Sühnestätte zu besitzen, in demselben Maaße fühlten die Judenchristen in der Nähe Ingrimm gegen diese begonnene Restauration. Sie hatten sich allzutief in den Glauben hineingewühlt, daß Jesus, als Messias, Hoherpriester und Opfer den Tempel entbehrlich gemacht. Sie erwarteten seine Wiederkunft auf den Wolken des Himmels täglich, auf daß er nach dem bereits abgelaufenen sechsten Jahrtausend der Welt (nach ihrer Berechnnng) das tausendjährige Reich messianischer Glückseligkeit bringen sollte. Eine Wiederherstellung des Tempels hätte ihre Berechnung und Hoffnung zu Schanden gemacht. „Siehe, sprachen die Judenchristen, „diejenigen, welche diesen Tempel zerstört haben, werden ihn erbauen." Mags geschehen. Durch ihre

---

[1] S. Sibyllina V. v. 247—285; 414—434.

(der Juden) Kriege wurde er von den Feinden zerstört; jetzt werden ihn die Diener der Feinde wieder errichten; Indessen nur damit die heilige Stadt, der Tempel und das Volk Israel wieder überliefert werden"[1]). Zwei erbitterte Volksklassen hatten die Juden Judäas, welche die Restauration mit scheelen Augen sahen: die Judenchristen und die Samaritaner. Beide haben es vermuthlich nicht an Anstrengung fehlen lassen, sie zu hintertreiben.

Die Begünstigungen, welche Hadrian den Juden gewährte, waren im Interesse seiner kriegsscheuen Politik. Durch die Befriedigung ihrer Wünsche entwaffnete er nicht nur die zum Kriege Gerüsteten, sondern machte sie zu Verbündeten, auf deren Treue er für den Fall rechnen konnte, wenn die Parther, wie zu befürchten stand, angriffsweise ins römische Gebiet einfallen sollten. Mit dem Wiederaufbau des Tempels machten die Juden vollen Ernst. Julianus und Pappos, die Leiter des Aufstandes, welche eben erst durch Hadrian's Dazwischenkunft dem Tode entgangen waren, nahmen sich dieser Angelegenheit mit Eifer an. Sie stellten Wechseltische in Galiläa und Syrien, von Acco bis Antiochien auf, um die ausländischen Münzen, welche zum Tempelbau von den auswärtigen Juden einliefen, gegen inländische und gangbare zu wechseln[2]). Die Juden aller Länder scheinen sich nach dieser Nachricht an dem Nationalwerke betheiligt zu haben.

Indessen erschienen bald die großen Erwartungen, welche man sich von der Wiederherstellung des Tempels versprochen hat, als ein süßer Traum, der vor der rauhen Wirklichkeit erblaßt. Denn kaum hatte Hadrian in seinem Reiche festen Fuß gefaßt und die unruhigen Völker beschwichtigt, als er nach Art schwacher Fürsten seine Verheißungen zu schmälern und zu deuteln begann. Eine Nachricht erzählt, daß die Samaritaner, neidisch darauf, daß der Tempel zu Jerusalem, ihr ewiger Anstoß, sich wieder aus dem Schutte erheben sollte, sich bemühten, dem Kaiser das Gefährliche einer solchen Wiederherstellung begreiflich zu machen. Wie ihre Vorfahren ehemals den persischen Machthabern, so sollen sie jetzt dem römischen Imperator bewiesen haben, daß der Bau eines Tempels zum Hintergedanken habe: einen vollständigen Abfall von Rom, daß also das Mittel zur Vermeidung des Abfalles gerade dazu führen würde.

[1]) Note 14.
[2]) Genesis Rabba i. dieselbe Note.

Indessen mochte Hadrian oder seine Beamten in Judäa auch ohne Eingebung der Samaritaner auf diesen Gedanken gekommen sein. Genug, Hadrian, der nicht wagte, sein Wort ganz zurückzunehmen, mäkelte daran. Er soll nämlich, wie die Quelle erzählt, den Juden zu verstehen gegeben haben, daß sie den Tempel auf eine andere Stelle, nur nicht auf die Trümmer der alten Stätte erbauen, oder daß sie ihn in einem kleineren Maßstabe anlegen sollten. Die Juden, welche diese Ausflucht verstanden und darin ein Zurücknehmen des kaiserlichen Versprechens erblickten, waren nicht gesonnen, mit sich spielen zu lassen. Bei der Nachricht davon bewaffneten sich Viele wieder und kamen wieder im Thale Rimmon in der Ebene Jesreel zusammen. Als man das kaiserliche Schreiben vorlas, brachen die Volksmassen in Thränen aus. Ein Aufstand und ein erbitterter Krieg, wie er später zum Ausbruch kam, schien unvermeidlich. Doch gab es auch Friedlichgesinnte unter dem Volke, welche das Gefährliche eines Aufstandes unter den damaligen Umständen erkannt haben mochten. An der Spitze der Friedenspartei stand R. Josua. Er war nicht von blinden Vorurtheilen gegen die Heidenwelt eingenommen, wie die meisten seiner jüdischen Zeitgenossen, er sprach ihnen nicht alle Tugenden und allen Werth in Gottes Augen ab, wie es auch Christen thaten. Im Gegentheil behauptete R. Josua: Die Frommen und Sittlichen aller Völker haben Antheil am zukünftigen Leben der Seligkeit zu erwarten[1]). Ihn rief man schnell herbei, damit er durch sein Ansehen und seine Beredsamkeit die aufgeregte, kriegslustige Menge beschwichtigen sollte. R. Josua sprach zum Volke in derjenigen Form, welche sich stets zur Umstimmung von Volksmassen bewährt und wirksam zeigte; er trug eine Fabel vor und zog daraus die Nutzanwendung für die damalige Lage. „Ein Löwe hatte sich einst an seiner Beute gesättigt, aber ein Knochen blieb ihm davon im Halse stecken. In der Angst versprach er demjenigen eine große Belohnung zu geben, der ihm den Knochen herausziehen würde. Ein Kranich mit langem Halse stellte sich dazu ein, vollzog die Operation und verlangte zuletzt seinen Lohn. Der Löwe aber sprach spöttisch: „sei froh, daß du deinen Kopf unversehrt aus des Löwen Rachen gezogen hast." „Ebenso, fuhr R. Josua fort, sollten wir froh sein, daß wir mit heiler Haut aus des Römers Hand davon kamen, und nicht so ungestüm auf die

---

[1]) S. Note 6.

Erfüllung seines Versprechens bestehen." Durch diese und ähnliche Worte hielt er das Volk für den Augenblick von einem Aufruhr zurück[1]). Doch ging das Volk mit dem Gedanken an einen Aufstand auseinander, und es rüstete sich dazu mit einer Zähigkeit, welche eines bessern Ausgangs würdig war.

R. Josua war in der hadrianischen Zeit der Hauptführer des Volkes und scheint auch das Patriarchat verwaltet zu haben[2]); denn R. Gamaliel war wohl im Anfang der hadrianischen Regierung bereits gestorben. Die Ehren, die seiner Leiche erwiesen wurden, bewiesen, wie hoch er in der Volksmeinung stand. R. Josua und R. Elieser mit ihren Jüngern hielten Trauer um ihn[3]). Der Proselyt Akylas verbrannte nach alter Sitte, wie bei königlichen Leichenbegängnissen, Kleider und Möbelstücke im Werthe von siebzig Minen (ungefähr 150 Thaler). Als man ihm diese Verschwendung vorwarf, erwiderte er: „R. Gamaliel ist mehr werth, denn hundert Könige, an denen die Welt nichts hat"[4]). Von diesem Gepränge stach die Einfachheit der Leichenkleider ab, welche R. Gamaliel selbst vor seinem Tode ausdrücklich für sich angeordnet hatte. Es war nämlich bis dahin Sitte, die Leichen in kostbaren Kleidern zu bestatten, ein Aufwand, der den Unbemittelten so schwer fiel, daß Manche öfter ihre verstorbenen Verwandten im Stiche ließen, um sich den Unkosten zu entziehen. Um diesem Aufwand zu steuern, verlangte R. Gamaliel in seinem letzten Willen, daß man ihn nur in einfachen weißen Leinen bestatten sollte. Von der Zeit an wurde der Brauch einfacher Leichenbestattung Sitte, und die dankbare Nachwelt pflegte beim Leichenmahle einen Trostsprecher mehr zum Andenken an R. Gamaliel zu leeren[5]). Er hinterließ einige Söhne; doch scheint der ältere, Simon, noch zu jung zur Uebernahme des Patriarchats gewesen zu sein, deswegen verwaltete wohl R. Josua dieses Amt als Ab=bet=din (Stellvertreter). R. Josua wollte nach R. Gamaliels Tode manche Gesetzesbestimmungen widerrufen, welche

---

[1]) Genesis Rabba in Note 14.
[2]) Das. und Brief Hadrians an Servianus bei Vopiscus in Saturninum das.
[3]) Moed Katan 27. a. Jerus. das. III. p. 83. a. Hier fehlt mit Recht das Epitheton „der Alte," welches im Babli steht.
[4]) Tosifta Sabbat c. 8. Aboda Sara 11. a. Semachot c. 8. An allen diesen Stellen ist dasselbe Epitheton „der Alte," als wenn sich diese Thatsache auf den ältern R. Gamaliel bezöge, ein augenfälliger Abschreibefehler.
[5]) Tosifta Nidda Ende. Ketubot 8. b.

durch dessen Autorität eingeführt wurden; dagegen widersetzte sich R. Jochanan b. Nuri und zog die meisten Tanaïten auf seine Seite¹). — Auch sein Mitpräsident R. Eleasar b. Asaria und sein Gegner R. Elieser scheinen in der hadrianischen Regierungszeit nicht mehr am Leben gewesen zu sein. — Es ist kaum daran zu zweifeln, daß nach R. Gamaliel's Tod das jamnensische Synhedrin nach Ober-Galiläa auswanderte; Uscha²), in der Nähe der mit ihr oft zusammen genannten Nachbarstadt Schefaram³) zwischen Acco und Safet gelegen, wurde Synhedrialstadt. R. Ismael wird unter denen genannt, die nach Uscha ausgewandert waren⁴). Hier erließ das Synhedrin einige Verordnungen von hoher sittlichen und geschichtlichen Bedeutung, die unter dem Namen Verordnungen von Uscha (Tekanot Uscha) Gesetzeskraft erhalten haben⁵). Eine derselben bestimmte, daß der Vater gesetzlich gehalten sei, seine unmündigen Kinder zu ernähren und zwar Knaben bis zum zwölften Jahre und Mädchen bis zu ihrer Verheirathung; bisher war die Sorge für die Kinder dem Elterngefühl frei überlassen. Eine andere Verordnung bestimmte, daß, wenn ein Vater seinem Sohne sein ganzes Vermögen bei Lebzeiten überlassen hatte, derselbe stillschweigend verpflichtet sei, seinen Vater und dessen Frau zu erhalten. Eine dritte beschränkte die maßlose Vertheilung der Güter zu wohlthätigen Zwecken, welche in dieser Zeit stark überhand genommen hatte. Diese Verordnung setzte fest, daß nicht mehr als der fünfte Theil des Vermögens verschenkt werden dürfe. R. Jsebab, der später den Märtyrertod starb, war im Begriff sein ganzes Vermögen unter Arme zu vertheilen; aber R. Akiba verhinderte es mit Hinweisung auf jene Verordnung. Ein Beschluß von Uscha scheint eine Reaktion gegen Gamaliels Bannstrenge erzielt zu haben. Er bestimmte, daß kein Mitglied des Collegiums fortan in den Bann gelegt werden dürfe, er müßte denn geradezu das ganze Gesetz ver-

---

¹) Erubin 41. a.
²) Jetzt El-Us nach Schwarz Palästina 96. und Kieverts Karte zu Robinsons und Smiths Palästina.
³) Jetzt Schefa-Amar nach demselben und Robinson daf. III. S. 883.
⁴) Baba Batra p. 28. vergl. Nidda p. 14. b. שאל ר׳ אלעזר בר צדוק לר׳ חכמים באושא ‎ ‎‎ ‎ ‎כך פרשו חכמים בינה.
⁵) Ketubot 49. 50. Jerus. Ketub. IV. p. 2. 8. b. Moed Katan III. 8. 1. b. Babli daf. 17. a. Sabbat 15. b.

höhnen und aufheben, wie der König Jerobeam[1]). Dieser Umstand beweist, daß die Einheit des Gesetzes bereits derart befestigt war, daß man von der Meinungsverschiedenheit und den auseinander gehenden Lehrweisen nicht mehr, wie früher, eine tiefergehende Spaltung zu fürchten hatte; man fühlte nur die Härte, welche darin lag, über Genossen den Bann zu verhängen und sie von der Betheiligung am Lehrhause auszuschließen. R. Josua mochte wohl zu diesem Beschlusse beigetragen haben.

Das leibliche Verhältniß zwischen dem Kaiser Hadrian und den Juden dauerte nicht viel über ein Jahrzehnd, es war kein natürliches. Jener konnte es nicht vergessen, daß er gezwungen worden, dieser verachteten Nation Zugeständnisse zu machen, und diese konnten es nicht verschmerzen, daß er wortbrüchig gegen sie geworden und sie um ihre schönste Hoffnung gebracht hatte. Die gegenseitige Antipathie zeigte sich bei Hadrians Besuch oder Durchreise in Judäa. Dieser Kaiser hat nämlich aus Eitelkeit, um mit Recht Vater des Vaterlandes genannt zu werden und aus innerer Unruhe und müßiger Geschäftigkeit, die ihn stets von einem Orte zum andern trieben, fast sämmtliche Provinzen des großen römischen Reiches besucht, hat Alles mit eigenen Augen sehen wollen, sich mit seiner kleinlichen Neugierde um Alles gekümmert und mit Weisen und mit Männern von Geist aller Nationen Gespräche angeknüpft. Hadrian war ein Schöngeist, besaß auch die Eitelkeit, sich für einen Philosophen zu halten, und gefiel sich darin, Alles besser als andere wissen zu wollen. Ob er die Stimmung der Provinzen richtig beurtheilt hat? Ueber die der Juden hat sich der schnellurtheilende Kaiser entschieden getäuscht. Bei seiner Anwesenheit in Judäa (Sommer 130[2]) waren ihm gewiß Alle diejenigen in Unterthänigkeit und speichelleckerischer Kriecherei entgegengekommen, um ihn als Halbgott oder gar Vollgott zu begrüßen, welche mehr oder weniger die Urbevölkerung, die Juden, haßten und zu demüthigen trachteten: die Römer, die entarteten Griechen oder vielmehr die Mischlinge von Hellenen und Syrern, wohl auch die Samaritaner und Christen. Vielleicht war kein Land damals so wie das winzige Palästina von Racen und Religionsparteiung zerklüftet. Ein pantomimisches Gespräch, welches in Gegenwart Hadrians zwischen einem Christen und dem

---

[1]) Moed Katan daj.
[2]) Note 24.

Vertreter der Judenheit R. Josua b. Chanania stattfand giebt die gegenseitige Haltung bezeichnend wieder. Der Erstere zeigte durch eine Geberde, daß der Gott Israels sein Antlitz von den Juden abgewendet; der Letztere bezeichnete durch die Armbewegung: Gott halte noch seine Hand schirmend über Israel, und Hadrian soll sich diese Pantomime haben erklären lassen. Mit R. Josua scheint er vielfache Unterredungen gehabt zu haben. Es werden mehre Gespräche zwischen Hadrian und diesem tanaitischen Weisen überliefert, eines unter diesen hat Glaubwürdigkeit für sich. Er fragte ihn: „Wenn ihr so weise seid als ihr behauptet, so saget mir doch, was ich diese Nacht im Traume sehen werde?" R. Josua antwortete: „Du wirst träumen, daß die Perser (Parther) dich knechten und zwingen werden, niedrige Thiere mit einem goldenen Scepter zu hüten". Das Beispiel war recht gut gewählt, um auf den abergläubischen Kaiser Eindruck zu machen; denn er fürchtete kein Volk so sehr als die Parther und that alles Mögliche, um sie in friedlicher Stimmung zu erhalten. Hadrian soll in der That dieselbe Nacht einen ähnlichen Traum gehabt haben. R. Josua war aber nicht der Mann ihm die Erbitterung, welche gegen ihn unter der jüdischen Bevölkerung herrschte, zu offenbaren; dazu war er zu sehr friedlich gesinnt.

Hadrian glaubte von Judäa keine Feindseligkeit zu befürchten zu haben. Er berichtete auch diese vorgefundene friedliche Stimmung an den römischen Senat, und dieser verewigte dessen Leichtgläubigkeit durch verschiedene Denkmünzen, worauf der Kaiser in der Toga abgebildet ist, vor ihm das kniende Judäa, das der Kaiser aus dieser niedrigen Stellung zu erheben sucht; drei Knaben (wohl die drei Landschaften, Judäa, Samaria, Galiläa) reichen ihm Palmenzweige. Auf eine andere Denkmünze wird Judäa mit dem Kaiser zugleich opfernd dargestellt. Er war also der Erwartung, daß die Stammes- und Religionsunterschiede binnen kurzem verwischt und die Bewohner mit den Römern bis zur Unkenntlichkeit verschmolzen sein werden. Um diese Verschmelzung herbei zu führen, entwarf er einen Plan, der nicht unüberlegter gefaßt werden konnte. Jerusalem sollte wieder aufgebaut, aber in eine vollständig heidnische Stadt umgewandelt, auch ein Tempel sollte errichtet werden, aber ebenfalls einen heidnischen Charakter erhalten. Das neue Heiligthum sollte dem capitolonischen Jupiter geweiht werden und die Stadt seinen

Namen führen: **Aelia Capitolina**¹). Während er nach Egypten reiste, um dort allerlei Thorheiten zu begehen, wurde die Umwandlung und Entweihung der heiligen Stadt vorgenommen. Die Juden blieben natürlich nicht stumpfe Zuschauer bei dieser ihnen zugedachten Entfremdung, welche sie als Volksstamm und Religionsgenossenschaft aus dem Buche der Lebenden streichen sollte. Es entstand eine düstere Gährung in den Gemüthern. R. Josua scheint es abermals versucht zu haben, eine Vermittelung und Aussöhnung herbeizuführen, den unbedachten Plan des Kaisers rückgängig zu machen und den Unwillen des Volkes zu stillen. Er reiste, ein betagter Greis, nach Egypten, um den Kaiser auf bessere Gedanken zu bringen. Aber dieser scheint für vernünftige Vorstellung unzugänglich gewesen zu sein. Er hatte nur Spott gegen die jüdische, samaritanische und christliche Religion, die er genügend kennen gelernt zu haben glaubte: daß zwischen ihnen und dem egyptischen Kultus nur ein geringer Unterschied herrsche. Seinem Schwager schrieb er in dieser Zeit: „Kein Synagogenvorsteher (Rabbiner) der Juden, kein Samaritaner, kein christlicher Priester verehrt etwas anderes als den Serapis. Selbst jener Patriarch, welcher nach Egypten gekommen ist (wahrscheinlich R. Josua) wurde von Einigen gezwungen, den Serapis zu verehren, und von Andern Christus anzubeten". R. Josua scheint unverrichteter Sache nach Judäa zurückgekehrt und vor Gram und Altersschwäche bald darauf gestorben zu sein. Mit Recht rühmte man ihm nach, daß mit seinem Tode der kluge Rath und die weise Vermittelung untergegangen sei¹). Denn nach seinem Ableben entstanden in Judäa tiefgehende Bewegungen und Kämpfe, welche zu den denkwürdigsten der jüdischen Geschichte gehören, und die beim Ausbruche zu ersticken Niemand vorhanden war.

¹) S. übr Alles Note 24.
²) Sota Ende.

Achtes Kapitel.

Aufstand unter Bar-Kochba. R. Akibas Antheil daran. Neue jüdische Münzen. Verfolgung gegen die Judenchristen. Operation des Krieges. Belagerung und Fall Betars.

(132 — 135)

So lange Hadrian in Egypten und Syrien weilte (130—131), hielten die Unzufriedenen in Judäa mit dem Aufstande zurück[1]), den sie vielleicht schon von langer Hand hinlänglich vorbereitet hatten. Die Waffen, welche die jüdischen Schmiede für die Römer anfertigten, machten sie, in der Voraussicht, daß man dieselben gegen sie gebrauchen werde, geflissentlich schwach und unbrauchbar[2]). In den höhlenreichen Kalkgebirgen Judäas legten die Verschworenen im Stillen unterirdische Gänge und Schlupfwinkel an, welche vor dem Kriege als heimliche Waffenplätze und während desselben als gelegene Hinterhalte dienten, den Feind unversehens zu überfallen. Eine geräuschlose, aber erfolgreiche Thätigkeit scheint R. Akiba bei den Vorbereitungen zur Erhebung entwickelt zu haben. Er hatte weite Reisen zu den jüdischen Gemeinden der parthischen Länder und Kleinasiens gemacht, war in Zephyrium, einer Stadt Ciliciens, in Cäsarea-Mazaka, der Hauptstadt Kappadociens, in Phrygien und Galatien[3]). Mit Recht vermuthet man, daß der Zweck seiner Reise gewesen sei, die jüdischen Einwohner dieser Länder für den Abfall von Rom und die Wiederherstellung eines jüdischen Staates zu entflammen. Die große Zahl von 12,000 oder gar 24,000 Jüngern, welche eine Nachricht ihm beilegt, sollen, mit Abzug dessen, was die Sage übertrieben hat, die begeisterten Anhänger gewesen seien, welche er für den Aufstand angeworben hatte.

[1]) Dio Cassius 69. 13.
[2]) Dersf.
[3]) Rosch ha-Schanah 26. a. Jebamot 121. a. 122. a. Baba Kama 113. a Sifri zu Numeri 5. 8.

Wie dem auch sei, so ist jedenfalls gewiß, daß R. Akiba nach dem Tode R. Josuas als das Haupt der jüdischen Gesammtheit anerkannt wurde. Hadrian, in völlige Sicherheit gewiegt, merkte von der fast unter seinen Augen an verschiedenen Punkten des römischen Reiches geleiteten Verschwörung der Juden erst dann, als sie mit Zuversicht und Kraft ans Tageslicht getreten war; so geschickt hatten die Juden die römischen Auflaurer zu täuschen verstanden. Als der Aufstand ausbrechen sollte, war Alles in Bereitschaft, Waffenvorräthe, Communicationsmittel, Krieger und selbst ein gewaltiger Führer, welche durch eine eigene Stellung religiöse Begeisterung und kriegerischen Muth einzuflösen wußte. Als günstige Vorbedeutung für die kühne Unternehmung des Abfalls von Rom galt der Untergang der zwei Stationsplätze für die Legionen. Cäsarea und Emmaus waren einige Jahre vorher von einem Erdbeben zerstört worden[1]). Cäsarea war die römische Hauptstadt in Judäa, die Residenz der Statthalter, welche gleich Rom den Haß der Juden auf sich geladen hatte. Eine eigenthümliche Vorstellung war verbreitet, daß, wie Cäsarea's Größe sich von der Zerstörung Jerusalems datirte, Jerusalem wiederum durch den Fall Cäsarea's sich erheben werde. Man wendete auf das Verhältniß beider Städte zu einander einen Vers des Propheten Ezechiel an: „Ich fülle mich durch die Zerstörung" (Ezechiel 26, 2.) und legte demselben den Sinn unter: „wenn die eine zerstört wird, so erhebt sich die andere."[2]) — Emmaus war von Vespasian 800 ausgedienten Soldaten zum Wohnplatz angewiesen worden[3]), und demnach eine zweite Zwingburg gewesen.

Der Hauptheld der Erhebung in den letzten Regierungsjahren des Kaisers Hadrian war Bar-Kochba, welcher dem römischen Reiche in seiner damaligen Schwäche nicht weniger Schrecken einjagte, als einst Brennus und Hannibal. — Von der Abstammung und dem frühern Leben dieser vielfach geschmähten und verkannten Persönlichkeit ist auch nicht eine dunkle Spur bekannt. Er taucht, wie jeder Revolutionsheld, plötzlich auf, erscheint als der vollendete Inbegriff des Volkswillens und des Volksunwillens, verbreitet Schrecken um sich her, und steht da als der einzige Mittelpunkt der

---

[1]) Eusebius Chronicon zum elften Jahre Hadrians, auch bei Syncellus.
[2]) Megilla 6. a.
[3]) Josephus jüdischer Krieg VII. 6.

ereignißreichen Bewegung. Sein eigentlicher Name war Bar-Kosiba, ohne Zweifel von einer Stadt Kosiba oder Kesib, deren es zwei gegeben hat. Die jüdischen Quellen kennen ihn einzig und allein unter diesem Namen und deuten auch nicht im geringsten darauf hin, daß man ihm denselben als Schimpfnamen „Lügensohn" beigelegt hätte. Bar-Kochba war nur ein symbolisch-messianischer Name, welchen ihm R. Akiba gegeben hat. Als dieser, für die Befreiung des jüdischen Volkes so thätige Weise ihn zum ersten Mal erblickte, machte dessen ganze Erscheinung einen solchen ergreifenden Eindruck auf ihn, daß er in die Worte ausbrach: „Das ist der messianische König." Er wendete auf ihn den Schriftvers an: „Kosiba ist als ein Stern (Kochab) aufgegangen in Jakob."[1]) R. Akiba wurde durch die jedenfalls hervorragende Persönlichkeit Bar-Kochbas in seinen Hoffnungen, daß der römische Uebermuth bald gebeugt und die Herrlichkeit Israels wieder erglänzen werde, noch mehr bestärkt, und erwartete durch denselben das messianische Reich in der nächsten Zukunft. Er wendete darauf den Vers des Propheten Chaggai an (2, 21.): „Noch ein Kleines, und ich lasse Himmel und Erde erschüttern, stürze um den Thron der Reiche, und vertilge die Macht der Heiden."[2]) Indessen theilten nicht Alle R. Akibas fromme Schwärmerei; Jochanan b. Torta entgegnete zweifelnd auf diese hochfliegenden Hoffnungen: „Eher wird Gras aus deinen Kinnladen, Akiba, wachsen, ehe der Messias erscheinen wird"[3]). Die Anerkennung und Huldigung, welche R. Akiba ihm zu Theil werden ließ, war jedoch vollkommen hinreichend, Bar-Kochba den Strahlenschein einer heiligen, von Gott stammenden Würde zu verleihen und ihm eine unbestreitbare Autorität beizulegen, welche die Mittel, die ihm zu Gebote standen, vervielfältigte und steigerte.

Von Wundern, die der Messias-König zur Berückung der Menge gethan haben sollte, wissen die jüdischen Quellen gar nichts. Nur eine Nachricht von feindlicher Seite erzählt, Bar-Kochba habe angezündetes Werg aus dem Munde geblasen, um feuerspeiend zu erscheinen[4]). Die jüdischen Nachrichten heben nur seine gewaltige

---

[1]) Midrasch zu Threni 2. 2. Jerus. Taanit IV. 7. p. 68. d.
[2]) Synhedrin 97. b.
[3]) Midrasch Eschah und Jerus. das.
[4]) Hieronymus Apologia II. adversus Rufinum.

Körperkraft hervor; sie erzählen, er habe die Ballistensteine, welche die Römer vermittelst der Kriegsmaschinen auf das jüdische Heer geworfen, mit den Knien zurückzuschleudern vermocht[1]). Nirgends wird auch nur angedeutet, daß er mit seinem Messiasthum irgend eine selbstsüchtige Nebenabsicht gehabt hätte; er war lediglich von der hohen Aufgabe erfüllt, die Freiheit seines Volkes wieder zu erobern, den erloschenen Glanz des jüdischen Staates wiederherzustellen und die Fremdherrschaft, welche sich seit zwei Jahrhunderten in die Interessen des Judenthums eingemischt hatte, ein für allemal entschieden abzuweisen. Ein solcher Unternehmungsgeist, verbunden mit hohen kriegerischen Eigenschaften, wenn ihm auch der Erfolg nicht günstig war, hätte bei der Nachwelt eine gerechtere Anerkennung finden sollen, und verdiente keineswegs so sehr geschmäht zu werden, wie es das Vorurtheil, von parteiischen Quellen geleitet, gethan hat. Zu diesem Messiaskönige strömten die jüdischen Krieger aus allen Ländern herbei[2]) und die Erhebung erhielt dadurch eine weitgreifende Ausdehnung. Selbst die Samaritaner, welche sich sonst immer zur Gegenpartei der Juden hielten, schaarten sich, wie ihre Chroniken erzählen, zu ihren ehemaligen Gegnern[3]). Sogar Heiden machten gemeinschaftliche Sache mit den Juden, von dem Gedanken geleitet, auch ihrerseits das unerträgliche römische Joch abzuschütteln. Es schien, als ob das ganze römische Reich in Bewegung wäre, einen gewaltigen Stoß erleiden, die mühsam zusammengehaltenen Glieder des Riesenleibes sich trennen und der eigenen Schwere folgen sollten[4]). Man kann nach diesen Vorgängen die Zahl der Krieger in diesem Aufstande nicht durchaus übertrieben halten, wenn sie eine jüdische Quelle auf 400,000 und die des heidnischen Geschichtsschreibers (Dio Cassius) gar auf 580,000 angiebt. Bar-Kochba soll, um die Standhaftigkeit seiner Krieger zu erproben, sie einer eigenen Prüfung unterworfen haben: sie mußten, ehe sie in sein Heer aufgenommen werden sollten, sich selbst einen Finger abhauen; seine Räthe hätten jedoch diese Verstümmelung gemißbilligt und ihm zu einer andern Probe gerathen: im Reiten einen Baum entwurzeln zu lassen. Bar-Kochba fühlte sich durch seinen eigenen Muth und

---

[1]) Midrasch Threni das.
[2]) Dio Cassius 69. 13.
[3]) Liber Josuae Samaritanorum edit. Jynboll c. 48.
[4]) Dio Cassius das.

sein erprobtes Heer so unüberwindlich, daß er die lästerlichen Worte gesprochen haben soll: „Herr, wenn du uns nicht helfen willst, so hilf wenigstens unsern Feinden nicht, dann werden wir nicht unterliegen" [1]).

Einer so riesigen Kraftentwicklung war der damalige römische Statthalter in Judäa mit seiner wahrscheinlich geringen Truppenzahl nicht gewachsen. Seine Name war Tinnius [2]) Rufus, derselbe, welcher in den jüdischen Quellen unter den Namen Tyrannus Rufus, als eine stehende Figur eines Menschenschlächters, welcher zu der Grausamkeit übermüthigen Spott hinzufügt, berüchtigt ist. Dem Andrange des kriegerischen Messias, dessen Schaaren aus dem Boden zu wachsen schienen, konnten die römischen Stationstruppen nicht lange widerstehen. Rufus zog sich zurück, räumte den Aufständischen eine Festung nach der andern, und binnen Jahresfrist (132 · 133; fielen an funfzig feste Plätze und 985 offene Städte und Dörfer in ihre Hände [3]). Es scheint, daß ganz Judäa mit Samaria und Galiläa von den Römern geräumt, in den Besitz der Juden gekommen war. Als Hadrian die erste Nachricht von dem Aufstande in Judäa erhielt, legte er ihm kein großes Gewicht bei; aber als dann die Berichte von einer Niederlage der römischen Truppen nach der andern einliefen, schickte er Truppenverstärkung und seine besten Feldherren auf den Schauplatz des Krieges, welche aber kein besseres Glück als Rufus hatten [4]). Diese unerwarteten Erfolge machten das jüdische Volk so sicher, als wenn seine Unabhängigkeit nimmer mehr gefährdet werden könnte. Diejenigen, welche früher, um der Judensteuer zu entgegen, ihre jüdische Abstammung durch eine künstliche Vorrichtung unkenntlich gemacht hatten, unterwarfen sich neuerdings einer Operation [5]), um nicht mit diesem Zeichen der Abtrünnigkeit behaftet, in der neuen Ordnung der Dinge vom messianischen Reiche ausgeschlossen zu werden. Ganz ohne Zweifel war auch Jerusalem in Händen der jüdischen Sieger, und sie mochten wohl auch an die Wiederherstellung des Tempels gedacht haben, wiewohl keine einzige jüdische Quelle diese Thatsache auch nur mit einem

[1]) Note 6.
[2]) oder Licinius oder Titus Annius.
[3]) Dio Cassius 69. 14.
[4]) Daselbst 69. 13. Eine von Mommsen gefundene Münze nennt einen Feldherrn Umbricus aus Germanien.
[5]) S. oben S. 79.

Worte andeutet. Mitten in stetem Kriegsgetümmel, fortwährend von neuen römischen Legionen beunruhigt, hatten sie keine Zeit, Hand an ein so umfassendes Werk zu legen. Auch mochte es an Bauholz gefehlt haben, welches zu jedem Neubau des Tempels vom Libanon herbeigeschafft werden mußte, und dieses Gebirge mit seinen Cederwaldungen war in den Händen der Römer. Jerusalem spielte also in diesem Kriege durchaus keine Rolle.

Bar-Kochba übte, um die Unabhängigkeit des jüdischen Landes recht scharf hervortreten zu lassen, einen Akt souverainer Machtvollkommenheit aus: er ließ jüdische Münzen prägen. Man nannte dieselben Bar-Kochba-Münzen (Ma'ot-Cosbiot, Matbea ben Cosiba) auch Revolutionsmünzen (Matbea sche-marad). Es scheint, daß es zweierlei solcher Bar-Kochba-Münzen gegeben hat. Römische Münzen früherer Kaiser und auch aus Trajans Zeit wurden so umgeprägt, daß über die römische Prägung die jüdische gestempelt wurde. Das jüdische Gepräge trug den Charakter derjenigen Münzen an sich, welche Simon wohl kurz vor der Tempelzerstörung schlagen ließ, und hatte gleich diesen althebräische (samaritanische) Schriftzüge. Die Embleme sind auf den umgeprägten Bar-Kochba-Münzen entweder eine Weintraube oder ein Palmzweig, (beides Sinnbilder des jüdischen Volkes), oder zwei Trompeten, (Sinnbilder des Priesterthums), oder endlich eine Lyra, (Symbol für Lobgesang), und die Inschriften lauten auf gleiche Weise: „Simon" „zur Freiheit Jerusalems (le-Cherut-Jeruschalaim) als Ergänzung zur Jahreszahl. Diese umgestempelten römischen Münzen nehmen sich mit ihren gemischten Schriftzügen, Althebräisch und Lateinisch oder Griechisch, ganz eigenthümlich aus. Eine dieser Münzen zeigt den Trajanskopf noch ganz deutlich[1]). Diese Umstempelung veranschaulicht auf das lebendigste die leitenden Gedanken jener Kämpfe: Judäa in ihrem Hochgefühl sich aufrichtend, feiert die Freiheit Jerusalems, die es dem freiheitsmörderischen Rom abgerungen hat. Ohne

---

[1]) Ueber diese Bar-Kosiba oder Bar-Kochba Münzen ist in dem letzten Jahrzehnte seit Erscheinen der ersten Auflage so viel und so eingehend geschrieben worden, daß die Note 13 erster Edition überflüssig geworden ist. Die Schriften darüber sind: de Saulcy, Recherches sur la numismatique Judaique (1854), Cavedoni, Numismatica biblica, übersetzt von Werlhof (Hannover 1855, 56) und am gründlichsten behandelt von M. A. Lewy, Geschichte der jüdischen Münzen. (Leipzig, 1862). S. 105 fg. 127 fg. Manches bleibt trotzdem noch dunkel, namentlich das מטבע של כסבא und אריסא טרייא דיני: הדייני

Zweifel beschränkte sich der Führer des Volkes nicht auf diese Umprägung, sondern ließ auch selbstständige Münzen schlagen, welche denselben Stempel Simon und zur Freiheit Jerusalems mit denselben Verzierungen trugen.

Trotz des tiefen Hasses der Juden gegen die Römer übten sie an ihren Feinden, welche in ihre Hände gerathen waren, keinerlei Wiedervergeltung. Die heidnischen Quellen deuten auch nicht einmal mit einem Zuge an, daß die Juden an den Römern irgendwie Rache genommen hätten, wiewohl in einem so heftigen Principienkriege die fanatisirten Massen nur allzu geneigt zur Grausamkeit sind. Vielleicht mochten die jüdischen Krieger aus Rücksicht auf die Heiden, welche sich ihren Reihen angeschlossen hatten, gegen die gefangenen Römer Schonung geübt haben. Nur gegen die Judenchristen, welche in Judäa lebten, verfuhr Bar-Kochba feindselig, da gegen sie im Herzen der Juden ein vielleicht noch größerer Ingrimm sich gesammelt hatte, als gegen die Römer, weil man sie als abtrünnige Gotteslästerer und besonders als Angeber und Spione betrachtete. Dieser Haß gegen die Judenchristen steigerte sich, als sie sich hartnäckig weigerten, an dem Nationalkriege Theil zu nehmen, und die einzigen müßigen Zuschauer dieses furchtbaren Dramas blieben. Eine der ältesten christlichen Quellen erzählt, Bar-Kochba habe die Christen aufgefordert, Jesus zu verleugnen und sich an dem Kampfe gegen die Römer zu betheiligen, und diejenigen, welche solches verweigerten, seien mit harter Strafe belegt worden [1]). Diese Strafe war nichts anders, als Geißelung, welche die jüdischen Gerichtshöfe (Synhedria) über sie als über Gesetzesübertreter verhängt haben mochten.

In dem wiederhergestellten Staate, wo sämmtliche Gesetze wieder in Kraft treten konnten, hielten sich die jüdischen Behörden für berechtigt, diejenigen ihrer Stammgenossen vor ihren Richterstuhl zu ziehen, welche dem Gesetze nicht nur Gehorsam versagten, sondern es noch dazu höhnten. Es wird nirgends erzählt, daß die Christen gezwungen worden wären, Bar-Kochba als einen neuen Christus anzuerkennen und an ihn zu glauben. Solcher Gewissenszwang scheint dem neuen jüdischen Staate fern geblieben zu sein. Spätere christliche Chroniken haben in ihrer üblichen Weise die einfache Strafe der Geißelung, welcher die Judenchristen unterworfen

---

[1]) Note 15.

wurden, vielfach vergrößert und daraus eine förmliche Christenverfolgung, in Begleitung von Tod und Märtyrerthum gemacht, dem aber jeder geschichtliche Haltpunkt fehlt [1]). Die Evangelien, welche von dem Auftreten Bar-Kochba's, den Kriegsbewegungen und allen Erscheinungen jener Zeit in einer verhüllten, aber doch hinlänglich erkennbaren Weise sprechen, geben allein das Verhalten des jüdischen Staates zu den Christen richtig an. Sie scheinen anzudeuten, daß im Schooße der Christengemeinde selbst Uneinigkeit geherrscht, indem Einige derselben für die Sache der Freiheit entflammt waren und ihre lauen Glaubensbrüder in übergroßem Eifer den jüdischen Gerichten überantwortet haben. Diese evangelischen Andeutungen legen Jesus eine Prophezeiung in den Mund, als wenn er inmitten dieser sturmbewegten, ereignißreichen Zeit, die ein Wendepunkt zu werden versprach, in leiblicher Gestalt zum jüngsten Gericht wieder erscheinen wollte. Jene angeblich von Jesus selbst verkündigten Worte veranschaulichen die ganze düstere Stimmung und das unheimliche Gefühl der Bar-Kochbaï'schen Zeit. Sie lauten: „Sehet zu, daß euch nicht Jemand verführe, denn es werden viel kommen unter meinem Namen und sagen, ich bin der Messias, und werden viel verführen. Wenn ihr aber hören werdet von Kriegen und Kriegsgeschrei, so fürchtet euch nicht, denn es muß also geschehen. Aber das Ende ist noch nicht da. Es wird sich ein Volk über das andere empören und ein Königreich über das andere. Und werden geschehen Erdbeben hin und wieder und wird sein theure Zeit und Schrecken. Das ist der Noth Anfang. Ihr aber sehet euch für, denn sie werden euch überantworten vor die Rathhäuser (Synhedria) und Schulen (Synagogen) und ihr müsset gegeißelt werden. — Es wird aber überantworten ein Bruder den Andern und der Vater den Sohn, und die Kinder werden sich empören wider die Eltern, und werdet gehaßt sein von Jedermann um meines Namens willen, wer aber verharret bis ans Ende, der wird selig sein" [2]). So tröstete ein Kirchenlehrer die rathlose Christengemeinde in Judäa. — Es scheint, daß das Synhedrion in der Bar-Kochbaï'schen Zeitepoche eine Art Neuerung eingeführt hat, um der bereits unter Judenchristen überhandnehmenden Vergötterung Jesu entgegenzuwirken und ein Erkennungszeichen zu haben, wer es mit ihm oder

---

[1]) Siehe Note 15.
[2]) Marcus-Evangelium 13. 6—13. Siehe dieselbe Note.

den Nationaljuden hielt. Es war nämlich schon seit mehreren Jahrhunderten Brauch geworden, den heiligen biblischen Gottesnamen (J. W. H.) nicht auszusprechen, sondern dafür die Bezeichnung „Herr" (Adonai) zu gebrauchen. Die Christen hatten sich aber nach und nach gewöhnt, auch Jesus als „Herr" zu benennen. Um diesem entgegen zu arbeiten, verordnete das Synhedrion, daß der vierbuchstabige Name Gottes wie in den ältesten Zeiten geradezu in Gebrauch kommen, und Einer den Andern bei diesem Namen grüßen sollte [1]).

Das neugegründete Reich Bar=Kochba's hatte bereits fast zwei Jahre bestanden (Sommer 132—34). Mit tiefer Bekümmerniß blickte Hadrian auf den fortschreitenden Gang der jüdischen Revolution; sie hatte einen Verlauf und eine Ausdehnung genommen, welche unberechenbare Rückwirkungen befürchten ließen. Jede Verstärkung, welche er zur Bekämpfung derselben nachgeschickt hatte, erlitt Niederlagen, jeder neue Feldherr ließ seinen Ruhm auf den jüdischen Schlachtfeldern. Hadrian war genöthigt, den größten Feldherrn seiner Zeit aus weiter Ferne, aus Britanien, wo er den Aufstand einer nicht minder freiheitsliebenden Nation unterdrückt hätte, nach Judäa zu versetzen. Julius Severus schien ihm der Einzige zu sein, welcher sich mit dem großen Kriegshelden Bar=Kochba messen könnte. Severus fand aber bei seinem Erscheinen auf dem Kriegsplatz die militairische Stellung der Juden so günstig und unangreifbar, daß er es nicht wagte, ihnen sogleich eine Schlacht zu liefern. — Der Hauptstützpunkt der Juden in diesem Kriege war die Gegend am mittelländischen Meere, welche die Stadt Betar (Bither, Bet-Tar, auch Betarus) zum Mittelpunkte hatte. Diese Festung, deren Trümmer noch heute zu sehen sind, lag nur eine römische Meile (ein Viertel geographische Meile) vom Meere entfernt [2]), vier Meilen südlich von dem Sitze der römischen Statthalter Cäsarea und zwei und eine halbe Meile nördlich von Antipatris [3]). Eine christliche Quelle verlegt Betar fälschlich in die Nähe Jerusalems [4]). Ein Küstenfluß, von der Art derer, welche in

---

[1]) S. Note 15.
[2]) Gittin p. 57. a. verglichen mit jer. Taanit p. 69. a. Das. muß es heißen 4 Mill. statt 40, wie Schwarz, Palästina emendirt hat.
[3]) Relands Palaestina 417. 419 f.
[4]) Eusebius historia eccl. IV. 6.

diesem Landstrich im Sommer zu versiegen pflegen, floß bei oder durch Betar vom Berge Zalmon unweit Sichem herab, und führte früher den Namen Kison, zu dieser Zeit aber **Jorebet ha-Zalmon**. Diese befestigte Stadt muß einen bedeutenden Umfang gehabt haben, wenn man bedenkt, wie viel Menschen sie im letzten Akt dieses Krieges fassen konnte. Sie soll schon vor der Tempelzerstörung eine nicht unbedeutende Stadt gewesen sein, deren Einwohner über den Fall Jerusalems Schadenfreude geäußert hätten, weil sie bei Festreisen öfter von Betrügern der Hauptstadt geprellt worden waren. Einer Andeutung zufolge scheint Betar auch ein Synhedrin gehabt zu haben, das aber vielleicht nur ein größerer Gerichtshof von drei und zwanzig Mitgliedern gewesen sein mag [1]).

Außer Betar hatte Bar-Kochba noch mehrere Punkte in Vertheidigungszustand gesetzt, welche vermuthlich eigenen Befehlshabern anvertraut waren. Im Norden am Fuße des galiläischen Hochlandes, am Eingange zur großen Ebene Jesreel (Esdrelone oder Bet-Rimmon) bildeten drei Städte eine Reihe von Festungen fast in einem Dreiecke vom Mittelmeere bis zum Tiberiassee. Im Westen unweit Akko lag **Kabul** oder **Chabulon**[2]) (fälschlich Zabulon); drei Meilen davon nach Südost zu war die feste Stadt **Sichin**, nahe bei Sepphoris in einer fruchtbaren Ebene [3]); zu Sichin waren viele Metallarbeiter. In fast derselben Entfernung östlich nahe bei Tiberias und an dem nach diesem Orte benannten See lag **Magdala**[4]) mit dem Zunamen „der Färber" (Zeb'aja), berühmt wegen des Schittimholzes, das in der Nähe desselben vorhanden war [5]). Alle drei Städte: Kabul, Sichin und Magdala werden als ungemein bevölkert geschildert, und sie bildeten den Vorposten, welche den Eindrang der Römer von Syrien und Obergaliläa aus verhindern sollten. Sepphoris und Tiberias scheinen in diesem Kriege, wie früher unter Vespasian und Trajan, heimlich ihre Anhänglichkeit an die Römer bewahrt zu haben; man mochte ihnen nicht ganz getraut und daher die zuverlässigern Städte in ihrer Nachbarschaft zu Sammelpunkten gewählt haben.

---

[1]) Synhedrin 17. b.
[2]) Josephus Leben 43.
[3]) Sabbat 121. a. Baba Mezia 74.
[4]) Jerus. Erubin V. 7. Robinson Palaestina III.
[5]) Jerus. Pesachim IV, 1.

Eine zweite Vertheidigungslinie war in der Mitte des jüdischen Landes, außerordentlich begünstigt durch die Bodenbeschaffenheit. Von der großen Ebene Jesreel zieht sich ein lang gestrecktes Gebirge von Nord nach Süd, nach zwei Seiten hin, dem Mittelmeere und dem Jordan zu, sich allmälig abdachend. Diese Bergkette, welche früher das Gebirge Efraim oder Israel genannt wurde, führte zur Zeit Bar-Kochba's den Namen Königsgebirge (Har-ha-Melech, Tur-Malka); diesen Namen hatte es von den hasmonäischen Königen erhalten, welche daselbst Festungen, wie Alexandrion, angelegt hatten¹). Eine der Hauptfestungen, welche Bar-Kochba wahrscheinlich wieder in Vertheidigungszustand gesetzt hatte, war Tur-Simon, ohne Zweifel nach dem Hasmonäer Simon genannt. Der Name des Befehlshabers von Tur-Simon, Bar-Droma, in einer Sage erhalten, scheint auf einer Thatsache zu beruhen. Auch diese feste Stadt soll eine so überaus zahlreiche Bevölkerung gehabt haben, daß an jedem Freitag dreihundert große Körbe mit Broden an Arme vertheilt wurden. Von hier aus soll der Aufstand nach einer Sage den Anfang genommen haben, wegen einer Beleidigung, welche den Einwohnern von den Römern widerfahren war. Es war nämlich Sitte, vor dem Brautpaare am Hochzeitstage ein Paar Hausvögel zweierlei Geschlechts voranzutragen. Als eine römische Truppe eines Tages das Hühnerpaar gewaltsam weggenommen hatte, sollen die Juden über sie hergefallen sein und sie getödtet haben. Darauf habe Hadrian seine Legionen in Tur-Simon einrücken lassen²). Solche kleinliche Vorfälle pflegten oft einen lange vorbereiteten Aufstand zum Ausbruche zu bringen.

Julius Severus, dessen Feldherrnblick die Schwierigkeiten eines Sieges bei den vielen Verschanzungen, günstigen Stellungen, der Menge der Krieger und dem fanatisirten Muth derselben keineswegs entgangen waren, vermied es, sich in eine entscheidende Schlacht einzulassen, welche Bar-Kochba, vertrauend auf die Zahl und Hingebung seiner Truppen, erwünscht gewesen wäre. Wie Vespasian, zog auch Severus den Krieg geflissentlich durch Kreuz- und Querzüge in die Länge. Er rechnete besonders auf den Mangel an Lebensmitteln, welcher in einem von allen Seiten eingeschlossenen Ländchen sich unfehlbar einstellen muß, wenn die Hände das Schwert

---

¹) Gittin 57.
²) Das.

anstatt des Pfluges handhaben. Er beschränkte sich darauf, dem Feinde die Lebensmittel abzuschneiden, die jüdischen Truppenkörper vereinzelt anzugreifen und sie durch die Reiterei nach und nach aufzureiben, welche den Juden ganz fehlte und den Römern einen Vorsprung gewährte. Diese Taktik gelang ihm vollkommen, zumal sie von Unmenschlichkeit unterstützt wurde, die Gefangenen sofort dem Tode zu weihen. Die Natur eines solchen Krieges erfordert viel Zeit, führt aber desto sicherer zum Ziele[1]). Die Einzelheiten dieses Revolutionskrieges waren wohl nicht minder denkwürdig und von ergreifendem Effekt, als der Krieg der Zeloten; es hat sich aber keine Quelle erhalten, welche der Nachwelt den Todeskampf der jüdischen Nation aufbewahrt hätte. Die Heldenthaten der Zelotenführer Bar-Gioras und Johannes von Giscala hat ihr größter Feind wider seinen Willen verewigt, während die letzte Kraftäußerung des jüdischen Volkes, der Kriegsruhm des letzten jüdischen Helden keinen Griffel gefunden hat, sie in die Geschichtstafeln einzutragen, gleichsam als sollten die Erinnerungen an die Waffenthaten für die neuen Geschlechter, welche dazu bestimmt waren den Krieg zu verlernen, geradezu verwischt werden. Selbst die im römischen Interesse geschriebenen Erzählungen vom jüdischen Kriege unter Hadrian des römischen Redners Antonius Julianus und des Griechen Ariston von Palla[2]) sind ein Raub der Zeit geworden, von welchen nicht einmal Bruchstücke zu uns gelangt sind. Nur einzelne Züge sind uns aus diesem Kriege bekannt geworden, welche von der Tapferkeit der Juden nicht minder wie von ihrer todesmuthigen Begeisterung für ihre Volksthümlichkeit das vollste Zeugniß ablegen.

Wenn, wie die geographische Lage Judäa's gebieterisch verlangt, der erste Angriff der Römer vom Norden her, von der syrischen und phönicischen Seite, geschehen ist, so mußten die drei nördlichen Festungen Kabul, Sichin, und Magdala zu allererst an die Reihe kommen. Die jüdische Quelle, deren Nachrichten von überlebenden Zeitgenossen dieses Krieges überliefert wurden, erzählt von der Zerstörung dieser drei Städte und giebt zugleich die näheren Ursachen an, wodurch deren Untergang herbeigeführt war. Kabul fiel durch Uneinigkeit im Innern, Sichin durch Zauberei, worunter vermuth-

---

[1]) Dio Cassius 69 13.
[2]) Minucius Felix, Octavius. 35 5. und Eusebius K.-G. IV. 6.

lich eine unerwartete Ueberrumpelung zu verstehen ist, endlich Magdala wegen Ausschweifung, welcher sich die Einwohner zu sehr ergeben hatten. Nach dem Falle dieser drei Vertheidigungspunkte an der Grenze war der Krieg eigentlich entschieden, wie nach dem Falle Jotapata's und Gabara's in der ersten Revolution das übrige Land als unterworfen angesehen werden konnte. Ein anderer Schauplatz des Krieges scheint die Rimmonebene, wo die Erhebung ihren Anfang genommen hat, gewesen zu sein; die römischen Legionen mußten hier durch ihren Weg nehmen, um in das Herz des Landes einzudringen. Dieses Thal welches zu verschiedenen Zeiten verschiedene Namen führte (Megiddo, Jesreel, später Legio) scheint auch die **Tiefebene der Hände** (Bikat-Jadaim) genannt worden zu sein, von dem Flusse Kison und einem andern Namenlosen, welche hier entspringen, und zwei Armen ähnlich eine entgegengesetzte Richtung nehmen: der Kison fließt ins Mittelmeer und der andere Fluß in den Jordan. In dieser Ebene, in dem Quellgebiet beider Flüsse scheint eine mörderische Schlacht vorgefallen zu sein, welche der Sage den Stoff zu ihrer beliebten Uebertreibung geboten hat. Sie erzählt vergrößernd: diese zwei Flüsse schwollen von dem Blute der gefallenen Juden der Art an, daß sie gegen zwei Theile Wasser einen Theil Blut enthalten haben[1]).

Der nächste Kriegszug der Römer ging ohne Zweifel nach den Städten des Königsgebirges. Auch hier, wo uns die Geschichte im Stiche läßt, sind wir auf die Sage angewiesen, aus deren übertreibenden Zügen ein Körnchen Thatsächliches gewonnen werden kann. Die Sage läßt 100,000 Römer mit gezückten Schwertern in die Hauptfestung Tur-Simon einrücken, welche drei Tage und Nächte hindurch die Einwohner niedergemetzelt haben sollen. Der Umfang der Stadt wäre so groß gewesen, daß während in dem einen Stadttheil das Todesröcheln der Erschlagenen gehört, in dem andern noch das Geräusch fröhlicher Tänze vernommen worden wäre, ohne daß man von dem Gemetzel etwas erfahren hätte[2]). Von den funfzig festen Plätzen, welche die Juden inne hatten, waren nach und nach alle bis auf den letzten in die Hände der Römer gefallen; 52, nach Andern 54 Schlachten hatten die römischen Feldherrn dem

---

[1]) Siehe Note 16.
[2]) Gittin 57. a.

jüdischen Heere geliefert¹). Immer enger und enger wurde Betar eingeschlossen, wohin sich Bar-Kochba mit der Blüthe seines Heeres geworfen, und wo die Flüchtigen des ganzen Landes, welche dem Vertilgungsschwerte entronnen waren, eine Zufluchtsstätte gesucht hatten. Hier, wo die größten Feldherrn ihrer Zeit, Bar-Kochba und Julius Severus, gegen einander kämpften, sollte die letzte Entscheidung herbeigeführt werden. Dieses großartige Schauspiel, wo die religiöse Begeisterung gegen die militärische Disciplin, die unterdrückte Nationalität gegen die kettenschmiedende Herrschsucht, die Sehnsucht nach dem, was man verloren, gegen den Trotz, das zu behaupten, was man einmal besessen, mit erbitterter Wuth und und leidenschaftlicher Kampfeslust einander gegenüberstanden, hat noch nicht das ganze Interesse erweckt, welches ihm unstreitig gebührt²).

Betar muß durch den Zufluß, welcher von allen Seiten herbeigeströmt war, eine erstaunliche Bevölkerung erhalten haben. Die Quellen können nicht genug Hyperbeln aufbringen, um die große Zahl der Einwohner dieses letzten Vertheidigungspunktes anschaulich zu machen; sie erzählen unter Anderm: es habe mehrere Hundert Jugendschulen in Betar gegeben, welche eine so große Zahl von Schülern enthielten, daß dieselben ruhmredig sagten; sie könnten die eindringenden Feinde mit ihren Schreibröhrchen niedermachen.

Die Belagerung Betar's hat wohl ein Jahr gedauert und zwar als der Schlußakt des ganzen Krieges, welcher sich drei und ein halbes Jahr hinzog. Ueber die Wechselfälle der Belagerung, sowie über die Ursachen, welche den Fall dieser Festung herbeigeführt haben, sind wir völlig im Dunkeln gelassen. Mangel an Nahrungsmitteln und Trinkwasser, die steten Begleiter langwieriger Belagerungen, haben auch hier den Ausschlag gegeben. Eine jüdische Quelle erzählt, der Fluß Jorebet-ha-zalmon habe zur Zeit des Krieges treulos sein Wasser versagt, was so viel sagen will, er sei durch die Sommerhitze versiegt. Eine sehr getrübte samaritanische Quelle berichtet, die Lebensmittel, welche auf geheimen Wegen der belagerten Stadt zugeflossen waren, seien plötzlich abgeschnitten worden³). Dieselbe stimmt indessen mit jüdischen Nach-

¹) Midrasch Threni zu c. 2. 2. p. 72. c.
²) Die Stimmung ist künstlerisch unvergleichlich dargestellt in P. Möbius Bar-Kochba Trauerspiel.
³) Samaritanisches Buch Josua ed. Jynboll. c. 47.

richten überein, daß Betar durch eine verrätherische List der Samaritaner gefallen ist. Jüdischerseits erzählte man sich nämlich Folgendes darüber: R. Eleasar aus Modin habe in Sack und Asche gefastet und gebetet, daß Betar nicht eingenommen werden sollte; vielleicht hat er durch seine Frömmigkeit den Belagerten Vertrauen, die Seele des Krieges, zum Widerstande eingeflößt. Hadrian (oder sein Feldherr) von dem hartnäckigen Kampf ermüdet, sei im Begriff gewesen, die Belagerung aufzuheben. Da habe ihm ein Samaritaner versprochen, ihm zur Einnahme behülflich zu sein, indem er R. Eleasar, den Schutzgeist der Festung, verdächtig machen wollte; denn, habe er hinzugefügt; „so lange dieses Huhn in der Asche gackert, ist Betar uneinnehmbar." Darauf habe sich derselbe Samaritaner durch einen unterirdischen Gang[1]) in die Stadt eingeschlichen und sei an R. Eleasar während seines Gebetes herangetreten, um etwas geheimnißvoll ins Ohr zu flüstern. Die Anwesenden, welche aus der geheimthuenden Art Verdacht schöpften, hätten ihn vor Bar-Kochba geführt und ihm den Vorfall erzählt. Von Bar-Kochba ins Verhör genommen, habe derselbe eine den Spionen eigene Jammerrolle gespielt und die Worte gesprochen: „Wenn ich dir die Wahrheit sage, tödtet mich mein Herr, verheimliche ich sie dir, so tödtest du mich; indessen lieber will ich durch deine Hand sterben, ehe ich die Geheimnisse meines Herrn verrathe." Bar-Kochba, ein verrätherisches Einverständniß zwischen R. Eleasar und dem Feinde argwöhnend, habe ihn vor sich geladen und über den Gegenstand seiner Unterredung mit dem Samaritaner gefragt. R. Eleasar, welcher in seiner tiefen Andacht kaum die Anwesenheit eines Samaritaners gewahr geworden, konnte nicht anders antworten als: er wisse von gar nichts. Bar-Kochba, hinter diesem Allem eine um so größere Verstellung vermuthend, sei in einen so heftigen Zorn gerathen, daß er R. Eleasar mit dem Fuße gestoßen, wodurch der vom Fasten geschwächte Fromme todt niederfallen sei. Eine Stimme habe sich dann vernehmen lassen: „Du hast den Arm Israels gelähmt und sein Auge geblendet, darum soll dein Arm gelähmt und dein Auge geblendet werden." Darauf sei Betar gefallen und Bar-Kochba getödtet worden. Das Ende dieses gewaltigen, auf seine Kraft allzuvertrauenden Helden ist nicht bekannt. Man erzählte sich später: Eine Bote habe seinen Kopf gebracht und sich gerühmt, ihn

---

[1]) Siehe Note 16.

erschlagen zu haben; aber man fand seinen Körper von den Windungen einer Schlange umschlungen, worauf der Sieger geäußert habe: „Wenn Gott ihn nicht getödtet, Menschenkraft hätte ihm mit nichten beikommen können." — Die samaritanische, durchaus sagenhafte Quelle erzählt die Einnahme Betars in der Art, daß sie Züge von der Einnahme Jerusalems durch Titus auf diese Festung überträgt. Hadrian, der die Stadt belagerte, habe sie schon verlassen wollen; denn die Belagerten hätten durch unterirdische Gänge, die einerseits nach Lydda, anderseits nach Jericho einen geheimen Ausgang boten, Lebensmittel herbeigeschafft, die sie dem Feinde zur Schau ausstellten. Da hätten zwei samaritanische Brüder Manasse und Efraim, die wegen eines Schabernacks bei den Juden als Gefangene zurückgehalten wurden, einen in Lehm gehüllten Brief für Hadrian über die Mauer geschleudert, in welchem angegeben war, daß wenn die zwei Ausgänge bewacht würden, sicherlich eine Hungersnoth entstehen müßte. Hadrian habe den Rath der Samaritaner befolgt, und die Stadt sei während eines Sabbats überrumpelt worden[1]. So viel scheint aus beiden Berichten gewiß, daß die Römer, denen ein Verräther den Weg in die unterirdischen Gänge gezeigt hatte, durch dieselben in Betar eingedrungen sind, und ein Blutbad angerichtet haben, welches mit den grellsten Farben ausgemalt wird. Die Pferde seien bis an die Nase in Blut gewatet, wird erzählt, das Blut habe sich in Gestalt eines Flusses in das fast eine Meile entfernte Meer ergossen und schwere Felsen mit fortgewälzt. 300 Kindergehirne habe man an einen Felsen zerschmettert gefunden, und von der ganzen Jugend Betars soll nur der Sohn des Patriarchen dem Tode entgangen sein. Die Frauen der Erschlagenen haben keinen lebendigen Zeugen auftreiben können, der über den Tod ihrer Männer vor Gericht hätte Zeugniß ablegen können. Man kann kaum den ungeheuren Zahlen Glauben schenken, welche über die in den Barkochbaischen Kriege Gefallenen angegeben werden, und doch werden sie von jüdischen und griechischen Geschichtsschreibern übereinstimmend bestätigt. Der gut unterrichtete griechische Geschichtsschreiber (Dio Cassius) erzählt: es seien außer den durch Hunger und Brand umgekommenen, über eine halbe Million gefallen[2]. Die jüdische Tradition überliefert, aus den in aufrechter Stellung

---

[1] Samaritanisches Buch Josua das.
[2] Dio Cassius 69. 14.

an einander gereihten Leichnamen der Gefallenen sei ein Zaun gezogen worden; der Feind gönnte ihnen nicht einmal die Ruhe des Begräbnisses. Doch der Verlust der Römer war nicht minder groß, wenn auch die römische Politik die Zahl derselben verschwieg. Hadrian, froh einen solchen fast unerwarteten Sieg errungen zu haben, wagte nicht, als er dem Senate die Anzeige davon machte, die übliche Form zu gebrauchen: „ich und das Heer befinden uns wohl." [1]) Der Senat dekretirte übrigens für den Kaiser keinen Triumph über den jüdischen Krieg, was ohne Zweifel darin den Grund hat, daß er ihn nicht selbst geführt hatte. Nur eine Denkmünze wurde geprägt, dem Heere Anerkennung für die geleisteten Dienste zu zollen. Diese Münze hat die Inschrift: „exercitus judaïcus" „Dank dem über die Juden siegreichen Heere." [2]) Betar fiel, der Tradition zufolge, am neunten Ab [3]) (135), an demselben Tage, an welchem der Tempel zweimal nacheinander eingeäschert wurde. — Nach Beendigung des Hauptkrieges gab es noch einige zersprengte Schaaren zu besiegen, die von den Gebirgsschluchten und Höhlen aus noch einen verzweifelten Guerillaskrieg führten. In Kephar-Charuba, in der Nähe des Tiberiassees, führten zwei Brüder solche Banden an, und kämpften mit vielem Glück gegen die Römer. Schon sollten dieselben als Könige anerkannt werden, um an Bar-Kochbas Stelle den Krieg fortzusetzen, man wollte nur noch ein glückliches Treffen abwarten, als sie das ungetreue Glück verließ, und beide Brüder erschlagen wurden. Hadrian ließ an drei Punkten Militärwachen aufstellen, auf die Flüchtlinge zu fahnden, in Chamat (Ammaus unweit Tiberias), in Kephar Lekitaja und in Betel. Wer dem einen Wachtposten entgehen sollte, würde von dem Andern gefangen werden [4]). So waren alle Krieger vernichtet, alle aufgestandenen Städte und Dörfer zerstört, und das Land im buchstäblichen Sinne in eine Wüste verwandelt [5]). Einige Jahre später war in dem ölreichen Galiläa ein Oelbaum eine Seltenheit geworden. Die Gefangenen, wahrscheinlich nur Frauen und Unmündige schleppte man zu vielen

---

[1]) Das.
[2]) Eckhel doctrina numorum VI. 496.
[3]) Taanit 26. b Hieronymus in Zachariam c. 8.
[4]) Midrasch Threni zu B. 1. 15.
[5]) Dio Cassius das. und Jerus. Peah VII. p. 20. a. 1. Justin. Dialog. cum Tryphone c. 52.

Tausenden auf die Sklavenmärkte Hebrons und Gazas, und der Sklaven waren so viel, daß man sie um einen geringen Preis verkaufte. Der Rest wurde nach Egypten geschleppt, wo sie durch Hunger und Schiffbruch ein elendes Ende fanden[1]). Es gab aber noch immer Flüchtlinge, die sich in den Höhlen versteckt hielten, um der Treibjagd der Feinde zu entgehen. Eines Tages erlitten eine Menge solcher an einem Sabbat durch blinden Schrecken den Tod in den engen Gängen einer Höhle. Als sie ein Geräusch, verursacht von den mit Nägeln besetzten Sandalen neuer Ankömmlinge vernahmen, und es für den Sturmschritt anrückender Feinde hielten, drängten sie in wilder Verzweiflung so ungestüm auf einander, daß viele derselben von ihren Leidensgefährten zerquetscht wurden. Dieser Vorfall hinterließ einen so betrübenden Eindruck, daß man später verbot, am Sabbat benagelte Sandalen zu tragen[2]). Andere Unglückliche, denen die Lebensmittel fehlten, erhielten sich in den Höhlen vom Fleische der Leichname, die haufenweise auf den Feldern lagen. Der Genuß von Menschenfleisch war für diese Gehetzten eine Lebensgewohnheit geworden, und jedem wurde der Reihe nach die Aufgabe zugetheilt, einen Leichnam aufzusuchen und in die Höhle zu schaffen. Eines Tages schlich ein unglücklicher Flüchtling aus dem Versteck, der Ordnung gemäß einen Leichnam zu holen. Er fand aber in der Nähe nur den Körper seines Vaters; trotz der Abgestumpftheit, welche ein solches Leben zu erzeugen pflegt, schauderte er doch vor dem Gedanken zurück, seinen Vater als Speise für sich und seine Genossen mitzubringen; er entzog ihn den Blicken und kehrte leer zurück. Ein Anderer wurde nach ihm ausgeschickt, der glücklicher war, einen Leichnam zu finden. Nachdem sie denselben verzehrt hatten, erfuhr der unglückliche Sohn aus den nähern Umständen, daß es der Leichnam seines Vaters war, mit dem er seinen Hunger unnatürlich gestillt[3]). Aber nicht einmal dieses elende Leben gönnte man den Flüchtlingen; man suchte sie aus ihren Verstecken zu locken; Herolde machten bekannt, daß man denen, die sich freiwillig stellen würden, Gnade werde wiederfahren lassen. Viele ließen sich von diesen Verlockungen bethören, aber man schleppte

---

[1]) Hieronymus Comment. in Zachariam zu 11. 5. und in Jeremias c 31. 15. Chronicon Alexandrinum zur 224sten Olympiade.

[2]) Sabbat 60. a. Jerus. das. VI. p. 8. a.

[3]) Midrasch Threni zu 1. 15.

sie in die Rimmonebene, den Platz, wo der Aufstand seinen Anfang genommen. Mit einem, die Grausamkeit noch steigernden Hohne ertheilte der Sieger den Befehl, sämmtliche Gefangene niederzumetzeln, ehe er noch seinen Hühnerschenkel verzehrt haben würde[1]. Dennoch haben viele Flüchtlinge sich gerettet nach dem jüdischen Babylonien und dem glücklichen Arabien, das von jener Zeit seine jüdische Bevölkerung erhalten hat, welche später eine wichtige Rolle spielen sollte. Auch den auswärtigen Juden des römischen Reiches ließ Hadrian seinen Zorn empfinden. Er legte sämmtlichen Juden einen Leibzoll auf, der noch viel drückender war, als die Judensteuer, die Vespasian eingeführt hatte[2]. Die Juden dagegen führten zum Andenken an den trübseligen Ausgang des letzten Aufstandes (Polemos acharón) ein Trauerzeichen mehr ein: die Bräute sollten nicht mehr, wie bisher, in Prachtsänften in das Haus des Bräutigams getragen werden[3]."

[1] Das.
[2] Appianus, Bellum syriacum I. 191.
[3] Note 14.

Neuntes Kapitel.

Das hadrianische Verfolgungssystem. Jerusalem in die Heidenstadt Aelia Capitolina verwandelt. Rufus der Blutrichter. Der lyddensische Beschluß. Der Angeber Acher. Die zehn Märtyrer. Veränderungen im Christenthume durch die hadrianische Verfolgung.

(135 — 138)

Hadrian, der während der Jahre der Revolution in Angst gelebt hatte, begnügte sich nicht, sie vollständig gedämpft zu haben, er wollte jeden Keim zu einem künftigen Aufstande schon im Voraus ersticken. Die jüdische Nation lag als eine große Leiche auf den blutgetränkten Feldern ihres Vaterlandes, das befriedigte seinen Racheburst nicht, auch die jüdische Nationalität sollte vernichtet werden. Zu diesem Ende ließ er eine Reihe von Gesetzen in Ausführung bringen, welche darauf berechnet waren, das Judenthum, das geistige Leben des jüdischen Volkes, aus dem Herzen der Uebriggebliebenen zu reißen. Hadrian ernannte denselben Rufus zum Vollstrecker seiner Edikte, der, ungeschickt in der Kriegsführung gegen den bewaffneten Feind, tauglicher schien, den Krieg gegen Unbewaffnete, den Krieg mit Plackereien, mit spionirender Aufpasserei zu Ende zu führen; der Feldherr Severus war nach vollbrachter Arbeit wieder nach Brittanien zurückgeschickt worden. Um die Stadt Jerusalem (und den Tempelberg?), wo vielleicht noch Spuren des unternommenen Wiederaufbaues vorhanden waren, hatte Rufus den Pflug ziehen lassen, als Zeichen, daß eine andere Stadt erbaut werden sollte. Dasselbe geschah an dem, in der jüdischen Geschichte so verhängnißvollen neunten Ab, vielleicht ein Jahr nach dem Falle Betars (136)[1]. Die Stadt selbst ließ Hadrian neu aufbauen, vermuthlich mehr nördlich, wo ehemals die Vorstädte waren. Eine Kolonie von ausgedienten Soldaten, Phöniciern und Syrern, ließ er in die neuerbaute Stadt ansiedeln. Sie war auf griechische Art

---

[1] Taanit 29. a. Hieronymus zu Zacharia c. 8. s. Note 14.

gebaut, mit zwei Marktplätzen, einem Theater und andern öffentlichen Gebäuden versehen und in sieben Quartiere (ἀμφώδα) eingetheilt¹) Es war Hadrian gelungen, seinen früher gefaßten Plan, Jerusalem in eine heidnische Stadt zu verwandeln, auszuführen. Auf dem Tempelberge wurde eine Bildsäule Hadrians und ein Tempel zu Ehren des capitolinischen Jupiter, des römischen Schutzgottes aufgestellt²); auch andere Götterstatuen vom römischen, griechischen und phönicischen Cultus zierten, oder richtiger, verunreinigten Jerusalem. Selbst der uralte Name der heiligen Stadt sollte aus dem Gedächtnisse der Menschen schwinden, sie führte fortan den Namen Aelia Capitolina nach Hadrians Vornamen Aelius und dem capitolinischen Jupiter. In allen öffentlichen Akten figurirte Jerusalem unter dem neuen Namen Aelia, und es gelang so sehr den alten Namen vergessen zu machen, daß über ein Jahrhundert später ein Statthalter von Palästina einen Bischof, der sich von Jerusalem nannte, fragte: was das für eine Stadt sei und wo sie denn liege³). An dem Südthore, das nach Bethlehem führte, wurde ein Schweinskopf in halberhabener Arbeit angebracht, das den Juden ein besonderes Aergerniß geben sollte⁴); auch wurde ihnen bei Todesstrafe verboten, die Ringmauern dieser Stadt zu betreten⁵). Auf dem den Samaritanern heiligen Berg Garizim, wo ehemals ihr Tempel stand, ließ Hadrian einen Jupiter-Tempel erbauen⁶). Die Samaritaner selbst wissen von einem kupfernen Vogel zu erzählen, den anzubeten sie von Römern gezwungen waren⁷). Dieser Vogel mag vielleicht ein symbolisches Attribut eines der heidnischen Götter gewesen sein, vielleicht ein Adler dem Jupiter oder eine Taube der Venus beigegeben. Man machte auch jüdischerseits den Samaritanern den Vorwurf, daß sie einer Taubengestalt göttliche Verehrung gezollt hätten. Auch auf dem Berge Golgatha vor Jerusalem war ein Venustempel errichtet⁸), und in einer Höhle zu Bethlehem wurde

---

¹) Chronicon Alexandrinum zur 224. Olympiade.
²) Dio Cassius 69. 12. Hieronymus Comment. in Essaim zu c. 2. in Matthaeum c. 24. S. Note 15.
³) Eusebius de martyribus Palaestinae c. 11.
⁴) Hieronymus Chronicon zum 20sten Jahre Hadrians
⁵) Siehe Note 17.
⁶) Damascenus bei Photius Cod. 242.
⁷) Das samaritanische Buch Josua c. 48.
⁸) Sozomenes historia eccles. II. 1. Hieronymus epistola 13.

ein Adonisbild verehrt. Dieser Kaiser nahm die alte Politik des syrischen Antiochos Epiphanes wieder auf, welche aus Vorurtheil und Rachegefühl die jüdischen Heiligthümer entweihen, und dem jüdischen Volke das Heidenthum mit Waffengewalt aufzwingen ließ. Hadrian glaubte den starren Unabhängigkeitssinn der Juden dadurch am nachdrücklichsten brechen zu können, wenn er es dahin brächte, sie ihres eigenartigen religiösen Lebens zu entwöhnen.

Ein Dekret langte in Judäa an, welches die schwersten Strafen verhängte über alle diejenigen, welche die Beschneidung, den Sabbat beobachteten oder sich mit der jüdischen Lehre beschäftigten. Nur in einem einzigen Punkte wich das hadrianische Verfolgungssystem von der durch Epiphanes gezogenen Linie ab, daß der Zwang, die römischen Götter zu verehren, nicht dekretirt wurde. Ohne Zweifel waren Hadrian und seine Räthe im Voraus von der Erfolglosigkeit einer solchen Maßregel überzeugt; die Erfahrung mochte die Römer belehrt haben, daß in diesem Punkte die Juden unbezwingbar sind. Das Verbot erstreckte sich aber noch viel weiter, als auf die drei genannten Punkte, es umfaßte alle Seiten des jüdischen Religionslebens. Es zog sogar solche jüdische Sitten und Gewohnheiten hinein, die nur scheinbar einen religiösen Charakter haben: z. B. den Scheidebrief für geschiedene Frauen auszustellen, das Prosbul der Gläubigen beim Gerichte niederzulegen, um die Schulden auch im Erlaßjahr einfordern zu können, das Heirathen am Mittwoch und andere Bräuche ohne besonderen religiösen Anstrich[1]). Diese weite Ausdehnung mochte ein Commentar und eine Ergänzung der römischen Behörden in Judäa gewesen sein, die mit dem Geiste der Juden vertrauter, dem kaiserlichen Befehle mehr Nachdruck geben, und das Ziel wirksamer fördern helfen sollten. Von Rufus wird ausdrücklich bemerkt, er habe eine tiefere Kenntniß der jüdischen Gesetze besessen[2]). Die trübseligen Jahre, welche in Folge dessen über das Judenthum von dem Falle Betars bis über den Tod Hadrians hinaus heraufbeschworen waren, heißen die Zeitepoche des Religionszwanges, der Gefahr und der Verfolgung (Geserah, Sekanah, Schemad).

Die strengen Dekrete und die noch strengere Auslegung waren ein harter Schlag für die Uebriggebliebenen. Die Gewissenhaften

---
[1]) Note 17.
[2]) P'sikta Rabbati cap. 23.

waren rathlos, wie sie sich in dieser kritischen Lage zu benehmen hätten, ob sie, streng an der religiösen Praxis festhaltend, ihr Leben dafür einsetzen, oder ob sie, Rücksicht nehmend auf die ohnehin gelichteten Reihen der jüdischen Bevölkerung, ihr Leben schonen und sich für den Augenblick der harten Nothwendigkeit fügen sollten. Einen legitimen Synhedrialkörper gab es zu jener Zeit wohl nicht, welcher die Frage in die Hand nehmen und eine Richtschnur hätte aufstellen können. Die übriggebliebenen Gesetzeslehrer versammelten sich in einem Söller in Lydda und zogen die Frage über Leben und Tod in Berathung. Unter den Mitgliedern dieser Versammlung werden R. Akiba, R. Tarphon und R. José der Galiläer namhaft gemacht. Ohne Zweifel war auch R. Ismael, der R. Josua charakterähnliche, milde Tanaïte dabei anwesend. Eine Meinungsverschiedenheit über diese so schwerwiegende, verhängnißvolle Frage lag in der Sache selbst wie in den Personen. Die Strengen scheinen der Ansicht gewesen zu sein, daß jeder Jude verpflichtet sei, für jede Zumuthung irgend einer Gesetzesverletzung den Märtyrertod zu sterben, ohne Unterschied ob die Relionsvorschrift eine schwere (wesentliche) oder geringe (minder wesentliche sei.) R. Ismael machte die entgegengesetzte Ansicht geltend; man dürfe sämmtliche Religionsgesetze des Judenthums — allerdings äußerlich und widerwillig — um das Leben zu erhalten, übertreten; denn die Thora habe sie nur lediglich verordnet, daß ihre Anhänger dadurch leben, nicht aber daß sie dadurch umkommen sollten. Er war dafür, daß man sich für den Augenblick dem Religionszwange fügen müsse. Wie immer, drang auch in der Lyddensischen Versammlung die vermittelnde Ansicht durch: daß man wohl zwischen wesentlichen, wichtigen, und gewissermaßen das Judenthum begründeten Vorschriften und minderwichtigen unterscheiden müsse. Es wurde nach Abstimmung zum Beschluß erhoben und bestimmt: Man dürfe, um nicht dem Märtyrertod zu verfallen, sämmtliche Gesetze übertreten, wenn der gewissenlose Feind es verlangt, mit Ausnahme von dreien: Götzendienst, Unkeuschheit (verbotene Ehegrade) und Mord[1]). Nur diese drei Punkte: Verehrung des einzigen Gottes, Wahrung der Keuschheit und ehelicher Sittlichkeit, und endlich Heilighaltung des Menschenlebens galten der Lyddensischen Versammlung als Grundbestandtheile des Judenthums. Dieser Beschluß, welcher von der verzweifelten Lage, in der sich die jüdische

---

[1]) Siehe Note 25.

Gesammtheit damals befand, das sprechende Zeugniß ablegt, scheint aber die geheime Klausel enthalten zu haben, im Nothfalle zum Schein das Gesetz zu übertreten oder es irgend wie zu umgehen, im Uebrigen aber soviel davon zu beobachten, als nur immer möglich wäre. Indessen waren diese Nothbehelfe nicht für alle maßgebend. Es gab allerdings Viele, welche sich daran hielten, vor den Augen der römischen Aufseher und Spione sich den Schein zu geben, als überträten sie die Religionsgesetze. Rührend sind die kleinen Künste und die frommen Kniffe, deren sie sich bedienten, um hier dem Tode auszuweichen, dort aber auch ihrem Gewissen zu genügen. Die Seelenmarter, die sie täglich und stündlich erlitten, machte sie erfinderisch, allerlei Auswege zu erdenken. Um das Gesetz zu lesen, stieg man auf entfernte Dächer, sich den lauernden Blicken der Späher zu entziehen. R. Atiba selbst, als er einst von seinen Jüngern umgeben einen römischen Aufpasser bemerkte, winkte ihnen, das Schemáh-Gebet ganz leise und kaum vernehmlich zu sprechen. Denn die römischen Behörden machten mit der Ausführung der Verfolgungsdekrete bittern Ernst. Jeder der auf frischer That ertappt oder verrathen wurde, einen religiösen Akt ausgeübt zu haben, wurde je nach der augenblicklichen Stimmung des Richters zu Geld- oder Leibesstrafe oder gar zum Tode verurtheilt. Ein römischer Aufseher (Quaesitor), der einen gewissen Artaban dabei überraschte, wie er die mit Bibelversen beschriebenen Pergamentstreifen an den Thürkapseln untersuchte, zwang ihn, für dieses Vergehen 1000 Denare zu erlegen[1]). Einem gewissen Elisa, der vermuthlich noch zu den Resten des Essenerbundes gehörte, sollte der Hirnschädel eingestoßen werden, weil er Gebetriemen (Phylakterien, Tefillin) angelegt hatte. Selbst das Tragen der eigenen jüdischen Tracht konnte gefährden. Zwei Schüler R. Josua's hatten daher ihre jüdische Kleidung mit der landesüblichen vertauscht; als man sie darüber zur Rede stellte, rechtfertigten sie ihre Nachgiebigkeit mit den Worten: „sich den kaiserlichen Befehlen widersetzen, hieße einen Selbstmord begehen"[2]). R. Jsmael schilderte diese trostlose Zeit, wo bei jedem Schritte Marter und Tod lauerten, mit ergreifenden Worten: „Seitdem das sündhafte Rom harte Gesetze über uns verhängt und uns stört, die religiösen Pflichten zu erfüllen, und besonders die Beschneidung

---

[1]) Joma 11. a.
[2]) Genesis Rabba c. 82.

auszuüben, sollten wir eigentlich uns Enthaltsamkeit auflegen, nicht zu heirathen, um keine Kinder zu zeugen; allein dann würde das Geschlecht Abrahams erlöschen. So ist es besser, zeitweise die Religionsgesetze zu übertreten, als Erschwerungen einzuführen, welche das Volk doch nicht beobachten kann"[1]).

Doch gab es auch Manche, deren Gewissen sich bei der ausgedehnten Freiheit, welche der lyddensische Beschluß gewährte, den Nothbehelfen und Umgehungen, welche Andere erkünstelten, nicht beruhigen konnte. Sie beobachteten die religiösen Vorschriften mit aller Strenge, auf die Gefahr hin dem Märtyrerthum zu verfallen. Ein jüngerer Zeitgenosse dieser traurigen Zeit veranschaulicht in einer fast dramatischen Darstellung die Schonungslosigkeit der römischen Behörden, welche für jeden religiösen Akt mit einer grausamen Strafe bereit waren: „Warum sollst du gegeißelt werden? Weil ich den Festtstrauß (Lulab) gebraucht. Warum sollst du gekreuzigt werden? Weil ich Ungesäuertes am Passahfeste genossen. Warum bist du zum Feuertod, und du zum Schwerte verurtheilt? Weil wir in der Thora gelesen oder unsere Kinder beschneiden ließen." Noch fürchterlicher als der schnelle Tod war für die Angeklagten die langsame Marter, in denen die römischen peinlichen Tribunale nicht weit hinter den Inquisitionsgerichten zurückgeblieben zu sein scheinen. Die grellste Phantasie könnte kaum eine raffinirtere Grausamkeit erfinden, wie sie damals vorgekommen ist Die Quelle, welche die Folterarten in einem durchaus schlichten, glaubwürdigen Tone erzählt, ist ihrer ganzen Fassung nach fern von Uebertreibung. Sie berichtet: Zur Zeit der Verfolgung legte man den Verurtheilten glühende Kugeln unter die Armhöhlen, oder steckte Rohrspitzen unter die Nägel, um ihnen das Leben langsam abzuzapfen[2]). Es wurden noch andere Marterqualen angewendet: angefeuchtete Wolle auf das Herz der zum Feuertod Verurtheilten legen, die Haut abschinden, Marter, deren bloße Erinnerung einen unwillkührlichen Schauder erregt.

Trotz der römischen Wachsamkeit hätten die Gewissenhaften, die Behörden täuschend, der religiösen Uebung obliegen können, wenn nicht jüdische Verräther, der Religionsgesetze kundig, die minder eingeweihten römischen Aufseher auf jeden Umstand, jeden Kniff, jede Umgehung aufmerksam gemacht hätten. Solche Angeber mochten

---

[1]) Baba Batra 60. b.
[2]) Siehe Note 17.

theils zu jener gewissenlosen Menschenklasse gehört haben, welche Alles um des Gewinnes halber thut, theils Judenchristen, welche sich dadurch bei den römischen Behörden rein waschen und die Solidarität mit den Juden von sich ablehnen wollten, theils endlich die gnostischen Sektirer, welche die Verachtung und Vernichtung der jüdischen Gesetze als ein gutes Werk betrachteten, weil dadurch die Schöpfung des Demiurgos zerstört würde, den die Gnostiker, wie schon erzählt, gründlich haßten. Das Judenthum hatte also zu dieser Zeit zweifache Feinde: theoretische Gegner, welche auf dem Grabe desselben die Siegesfahne ihrer Prinzipien aufzupflanzen gedachten, und politische Widersacher, welche sich von dessen Untergang Ruhe und Ungetrübtheit für das römische Reich versprachen; beide boten sich die Hände, die Auflösung der jüdischen Lehre zu befördern. Zu den erbittertsten Feinden gehörte Acher, der von gesetzesverachtenden Ansichten erfüllt war (o. S. 102). Er gab, wie erzählt wird, den römischen Behörden die gründlichste Anleitung, wie sie einen religiösen Akt von einem gleichgültigen unterscheiden könnten. Waren z. B. Juden gezwungen, am Sabbat zu arbeiten, und wollte Jemand, wenn er eine Last zu tragen hatte, sein Gewissen dadurch beruhigen, daß er sich von einem Andern dabei helfen ließ, was als eine geringere Verletzung des Sabbatgesetzes galt, so machte Acher die Schergen auf diesen schlauen Ausweg aufmerksam [1]). Durch solche gesetzeskundigen Angeber belehrt, wurden die römischen Aufpasser in alle Einzelnheiten eingeweiht, und witterten von ferne schon, wo eine religiöse Handlung vorging. Hörten sie das Geräusch einer Handmühle, so rochen sie, daß dort Pulver für ein neu beschnittenes Kind gerieben wurde; sahen sie eine helle Beleuchtung, so wußten sie, daß eine Hochzeit gefeiert wurde, und stellten ihre Nachforschungen an [2]).

Auf zwei Punkte ließ Hadrian oder sein Stellvertreter die geschärfteste Wachsamkeit richten und die schwersten Strafen verhängen, auf Lehrversammlungen und auf die weihende Ordination von Jüngern. Es mochte ihm oder seinen Rathgebern beigebracht worden sein, daß in diesen beiden Funktionen der Schwerpunkt und die Seele des Judenthums unter den damaligen Verhältnissen lag, und daß durch sie die Fortdauer desselben bedingt sei. Wenn die leben-

---

[1]) Jerus. Chagiga II. p. 77. b.
[2]) Note 17.

bige Mittheilung von Lehrern an Jünger gestört, die Ueberlieferungskette zerrissen und die Einweihung der Jünger zu selbstständigen Gesetzeslehrern verhindert worden wäre, dann wäre allerdings eine Stockung in den Lebenssäften des Judenthums eingetreten, welche unberechenbare Folgen erzeugt hätte. Man muß gestehen, daß die römische Vernichtungspolitik von ihren Helfershelfern gut bedient war, und daß sie die Rathschläge zu benützen verstand, den tödtlichsten Punkt des Judenthums zu treffen. Ueber diejenigen Gesetzeslehrer, welche die Lehrversammlungen hielten, wurde daher eine verschärfte Todesstrafe verhängt, und ebenso für solche, welche die Funktion der Jüngerweihe ausübten; sogar die Gemeinden wurden dafür verantwortlich gemacht. Die Stadt und die Umgegend, worin eine Ordination vor sich gegangen war, sollten zerstört werden¹). Es ist möglich, daß Acher die Verfolgung nach dieser Seite hingelenkt hat, wenigstens wird von ihm erzählt, daß er die Gesetzeslehrer dem Tode überliefert und die Jünger vom Gesetzesstudium abgeschreckt habe. Er soll sich in die Lehrhäuser begeben und zu den Schülern gesprochen haben: „Was wollt ihr hier! du werde Baumeister, du Zimmermann, du Jäger, du Schneider;" Viele sollen sich dadurch von der Beschäftigung mit der Lehre haben abbringen lassen²).

Es gab aber unverwüstliche Friedensfreunde, welche sogar in Bezug auf diese höchst gefährdenden Dekrete zur Nachgiebigkeit riethen. R. José b. Kisma gehörte zu jener Klasse, welche, die Geduld als die höchste Tugend verehrend, mit kluger Mäßigkeit und Unterwürfigkeit weiter zu kommen hofft, als mit kühnem Widerstand und rücksichtsloser Aufopferung. Einst traf er R. Chaninah b. Teradion, welcher zu denen gehörte, die das Leben für die Lehre zu lassen entschlossen waren, damit beschäftigt, wie derselbe eine Thorarolle auf dem Schooße, seine Schüler belehrte. Warnend sprach R. José: „Siehst du nicht, mein Bruder, daß der Himmel selbst dem römischen Reiche günstig ist! Es hat den Tempel zerstört, die Frommen niedergemetzelt, die Besten vernichtet, und hat doch Bestand! Wie wagst du es den Verordnungen zuwider das Gesetz zu lehren? Es sollte mich nicht wundern, wenn sie dich sammt dem heiligen Buche zum Feuer verurtheilen!" Dafür aber stand R. José an

²) Synhedrin 13. b. f. und Parallelstellen.
¹) Jerus. das.

dem kleinen Hofe des Statthalters von Judäa in hoher Gunst, als er starb folgten Personen vom höchsten Range seiner Leiche¹). Ihm ähnlich war R. Eleasar b. Parta. Als ihn der Richter zu Verhör nahm, warum er das Gesetz gelehrt, leugnete er die Thatsache rund ab, um nicht der Todesstrafe zu verfallen²). Die meisten Tanaïten aber waren anderer Ansicht und entschlossen, lieber den Tod zu erleiden, als die Lehrversammlungen einzustellen; sie schlugen die Beschäftigung mit der Lehre noch höher an, als die Ausübung religiöser Vorschriften. Ein förmlicher Beschluß in dem Söller zu Lydda scheint auch darüber zu Stande gekommen zu sein, daß das Lehren bei weitem wichtiger sei, als das bloße Ueben des Gesetzes³). Wegen gezwungener Unterlassung der Religionspflichten hatten die Gesetzeslehrer selbst das Beispiel gegeben, sich für den Augenblick zu fügen und sich nicht dem Tode auszusetzen; wegen Erhaltung der Lehre hingegen drängten sie sich fast zum Märtyrerthume, als wenn in diesem Punkte das Allerheiligste des Judenthums sich concentrirte, welches man mit dem Leben vertheidigen müßte.

Eine alte Nachricht erzählt von zehn Märtyrern, welche für das Gesetzesstudium geblutet haben⁴). Jedoch sind nur von sieben derselben die Namen bekannt geworden, in Bezug auf die übrigen hingegen sind die Nachrichten schwankend und unzuverläßig. Zuerst wurden hingerichtet R. Ismael, Sohn des Hohenpriesters Elisa, der Begründer der dreizehn Auslegungsregeln, mit einem R. Simon, deren es mehrere in diesem Kreise gegeben⁵). Für Andere wollte er das Märtyrerthum nicht dekretirt wissen, für sich selbst übernahm er es dagegen freudig. In der letzten Stunde suchten sie einander zu trösten und den Zweifel an der Gerechtigkeit Gottes zu bekämpfen. Das Haupt R. Ismaels, dessen Schönheit gerühmt wird, soll nach Rom geschickt worden sein⁶), und die Sage fügt hinzu, weil eine Kaisertochter darnach verlangt habe. R. Akiba hielt Beiden eine Gedächtnißrede, worin er hervorhob, daß R. Ismael und R. Simon, die sündenfreien, lediglich als Vorbilder durch die Hand des Hen-

¹) Aboda Sara 18. a.
²) Das. 17. b.
³) Siehe Note 17.
⁴) Midrasch Threni zu 2, 2. und zu den Sprüchen 1. V. 13.
⁵) Keinesweges ein Patriarch Simon b. Gamaliel s. Frankels Monatschrift 1852 S. 315 fg.
⁶) Chulin 123 a.

kers gefallen sind, und schloß, seine Schüler ermuthigend, mit den Worten: „Bereitet euch zum Tode vor, denn schreckliche Tage werden über uns hereinbrechen." Der Grund der Anklage und der Verurtheilung ist nicht bekannt geworden.

Bald kam die Reihe an den greisen R. Akiba, weil er im Geheimen Lehrvorträge gehalten hatte; er wurde, laut dem Kalender der Unglückstage, am fünften Tischri in einen Kerker geworfen [1]). Vergebens hatte ihn Pappos b. Juda, einer der Friedfertigen, welche zur Nachgiebigkeit um jeden Preis gerathen hatten, nachdrücklich gewarnt, die Zusammenkünfte mit seinen Jüngern einzustellen, weil der lauernde Blick der Aufpasser die geheimsten Winkel durchbringe. R. Akiba hatte ihm durch eine Fabel bewiesen, wie die Furcht vor dem Tode ebenso vergeblich, wie sündhaft sei. „Ein Fuchs, welcher die Fische am Ufer unruhig herumschwimmen sah, weil man ihnen mit Netzen nachstellte, rieth ihnen sich aufs Land zu begeben, um bei ihm sicher zu wohnen. Aber die Fische, den Rath verschmähend, erwiderten darauf: „wenn wir in unserem eigenen Elemente nicht sicher sind, um wie viel weniger wären wir es, wenn wir uns daraus entfernten." Davon machte R. Akiba die Anwendung auf die damalige Lage: „Unser Lebenselement ist die Lehre, geben wir sie auf, dann haben wir sicherlich noch mehr zu fürchten." Der Zufall brachte ihn aber im Kerker mit dem Warner Pappos zusammen, welcher es reuemüthig gegen R. Akiba beklagte, daß er wegen Eitles und Weltliches verurtheilt worden sei, und nicht das tröstende Bewußtsein habe, für eine große Sache zu sterben [2]). Rufus, Statthalter und Blutrichter, welcher in R. Akiba das Oberhaupt und die Autorität erkannte, verfuhr gegen ihn mit noch größerer Strenge als die Uebrigen. Er behielt ihn lange im Gefängniß und ließ es so sorgfältig bewachen, daß Niemand zu ihm bringen konnte. Die noch übrig gebliebenen Gesetzeslehrer, welche sich ohne R. Akiba ganz verwaist und rathlos fühlten, gaben sich Mühe, trotz der Wachsamkeit der Kerkermeister, sich von ihm in zweifelhaften Fällen Gewißheit zu verschaffen [3]). Einst gaben sie einem Boten 300 Denare dafür, mit Gefahr zu R. Akiba zu bringen, um seine Entscheidung einzuholen. Ein anderes Mal gelang es einem seiner

---

[1]) Halachot Gedolot, H. Taanijot. Ende.
[2]) Berachot. 61. a.
[3]) Jebamot 108. b.

Jünger, R. Jochanan aus Alexandrien, durch eine List mit ihm zu verkehren und ihn wegen eines zweifelhaften Gesetzesfalles zu befragen. Als wenn er ein Hausirer wäre, bot derselbe in der Nähe des Gefängnisses seine Waare mit lauter Stimme feil: „Wer kauft Nadeln, wer Gabeln, wie ist's mit dem Akt zur Entbindung von der Schwagerehe?" R. Akiba, den Wink verstehend, antwortete auf dieselbe Weise: „Hast du Spindel zu verkaufen, hast du „gültig?"[1]. Auch wegen Berechnung der Schaltjahre beriethen sich die Tanaïten mit ihm[2], wahrscheinlich auf eine ähnliche Weise. Endlich schlug für ihn die Stunde der Hinrichtung. Rufus, ein gefügiges Werkzeug der Rache Hadrians, ließ dessen Todesschmerzen durch die Marterqualen steigern, indem er ihm die Haut vermittelst eiserner Striegeln abzuschinden befahl. Unter der Folter sprach der große Märtyrer das Schemá-Gebet mit einem zufriedenen Lächeln. Rufus, erstaunt über eine so außerordentliche Standhaftigkeit, fragte ihn, ob er denn ein Zauberer sei, daß er die Schmerzen so leicht verwinde, worauf R. Akiba erwiderte: „Ich bin kein Zauberer, nur freue ich mich, daß mir Gelegenheit geboten ist, meinem Gott auch mit meinem Leben zu lieben, da ich ihn bisher nur mit meinen Kräften und meinem Vermögen lieben konnte." R. Akiba hauchte seine Seele mit dem letzten Worte des Gebetstückes aus, welches den Inbegriff des Judenthums in sich faßt, mit dem Worte: (Gott ist) einzig"[3]. Einer nicht ganz sagenhaften Nachricht zufolge, soll sein Jünger R. Josua aus Gerasa mit andern Freunden R. Akiba's Leiche heimlich entwendet und sie bei Antipatris beigesetzt haben[4]. R. Akiba's Tod, der wie sein Leben außerordentlich war, ließ eine erschreckende Leere zurück; die Zeitgenossen trauerten: mit ihm seien die Arme des Gesetzes gebrochen und die Quellen der Weisheit verschüttet[5]. Er hinterließ nur einen Sohn und einige Jünger, welche seinen Namen zu den gefeiertesten machten und seine Lehrweise zur einzig gültigen Norm erhoben.

Der vierte Märtyrer, der mit gleicher Standhaftigkeit den Tod erduldete, war R. Chanina b. Teradion. Ungeachtet der

---

[1] Jerus. Jebamot XII. p. 12. d.
[2] Bab. Synhedrin 12. a.
[3] Berachot 61. b. und Jerus. das.
[4] Midrasch zu den Sprüchen 9. 1.
[5] Sota Ende.

Warnung von R. José b. Kisma fuhr er fort Lehrvorträge zu halten, bis er vor das Bluttribunal geschleppt wurde. Man fragte ihn: Warum er den kaiserlichen Befehlen zuwider gehandelt habe? worauf er mit dem ganzen Freimuth überzeugter Religiosität antwortete: „weil es mir Gott so befohlen hat." Er wurde am 25. Sivan, in eine Gesetzrolle gehüllt, auf einem Scheiterhaufen von frischen Weiden verbrannt. Zum Uebermaße der Unmenschlichkeit legte man ihm angefeuchtete Wolle aufs Herz, damit seine Todespein noch länger dauerte. Der Todesvollstrecker selbst, mitleidiger als der Richter, rieth ihm, sich die Wolle abzunehmen, um sein Ende zu beschleunigen; allein R. Chanina mochte nicht darauf eingehen, weil er solches für einen Selbstmord hielt. Der Mann von dem blutigen Handwerke, hingerissen von so viel standhafter Seelengröße, nahm ihm die Wolle ab und soll sich selbst dann in die Flammen gestürzt haben. R. Chanina's Frau soll ebenfalls zum Tode verurtheilt und seine Tochter nach Rom geführt worden sein, um der Schande preisgegeben zu werden[1]). — Das Märtyrerthum von R. Chuzpit, dem Sprecher (Meturgeman) im jamnensischen Synhedrin und R. Isebab, Synhedrialsekretair, wird ohne nähere Umstände erzählt; ohne Zweifel sind sie ebenfalls bei der Beschäftigung mit der Lehre ertappt worden. R. Chuzpit, als öffentlicher Redner mit Beredsamkeit begabt, wurde die Zunge ausgeschnitten und den Hunden vorgeworfen. — Als letzter Märtyrer wird R. Juda b. Baba angeführt, den die Zeitgenossen für ganz sündlos hielten. Er befürchtete durch die Hinrichtung der angesehensten Gesetzeslehrer den vollständigen Untergang der Tradition, wenn die überlebenden Jünger ohne die erforderliche Weihe bleiben sollten, und lud daher die letzten sieben Jünger R. Akiba's zur Ordination ein. Auf diese Handlung war, wie schon erzählt, die höchste Strafe verhängt selbst für den Schauplatz, wo sie vor sich gegangen war. Um keine Stadt zu gefährden, begab sich R. Juda mit den sieben in ein Engthal zwischen den Städten Uscha und Schefaram, legte ihnen die Hände weihend auf und autorisirte sie hiermit als selbstständige Gesetzeslehrer und Richter. Eine römische Truppe, vermuthlich durch Verräther auf die Spur geführt, überraschte sie jedoch bei diesem Akte. Kaum blieb R. Juda die Zeit, die eben Eingeweihten zur schnellen Flucht zu ermahnen; sie mochten ihn aber

[1]) Aboda Sara 18. a.

nicht in der Noth verlassen. Erst auf sein wiederholtes Drängen flohen sie; die Häscher fanden nur den Greis, der ohne Widerstand seinen Körper den Todesstreichen preisgab. Durch 300 Lanzenstiche sollen sie ihn wie ein Sieb durchlöchert haben[1]. — Man wagte nicht einmal aus Furcht vor Rufus' Blutregiment R. Juda b. Baba die übliche Gedächtnißrede zu halten[2].

Von den übrigen Märtyrern dieser Zeit ist weder Name noch Veranlassung ihres Todes mit voller Gewißheit zu ermitteln. Man nennt noch als solche R. Tarphon oder R. Eleasar Charsanah, R. José, Simon b. Asai, R. Eleasar b. Schamuah und R. Juda ha-Nachtom[3], doch offenbar nur um die überlieferte Zahl zehn zu vervollständigen; denn einige der Genannten waren noch im nach-hadrianischen Zeitalter am Leben. Der Tod des R. Juda ha-Nachtom soll unter eigenen Umständen erfolgt sein. Ein Jude, Bar-Kusia genannt, habe sich als Römer verkleidet, unter die Richter zu mischen gewußt, um das Leben des Angeklagten zu retten. Doch sei die List verrathen und Bar-Kusia sammt seinem Schützling dem Henker überliefert worden[4]. So endete das zweite Tanaiten-Geschlecht, das reich war an großen Charakteren, reich an hervorragender Geistesthätigkeit, aber auch reich an Erschütterungen und Leiden.

Nicht bloß gegen die Ueberlebenden, sondern auch gegen die Gefallenen im Betarschen Kriege richtete sich Hadrians oder Rufus' Grausamkeit. Die aufgehäuften Leichname durften nicht unter die Erde gebracht werden, damit ihr Grausenerregender Anblick den Lebenden zur Warnung dienen sollte, nimmermehr an die Befreiung vom römischen Joche zu denken. Das Bestatten der gefallenen Helden war bei schwerer Strafe verboten[5]. Um die Verpestung der Luft und die Betrübung der Gemüther, welche durch das Liegenlassen der Leichen in der Sonnengluth herbeigeführt wurde, kümmerten sich die Machthaber wenig, oder vielmehr es war ihnen gerade recht, zu den bereits über die jüdische Nation verhängten Gräueln noch die Pest und den Stumpfsinn hinzuzufügen. Für weiche, fromme Gemüther war aber der Gedanke unerträglich, die Hülle der Gefallenen, welche die jüdische Sitte besonders zu ehren

---

[1]) Synhedrin 14. a.
[2]) Das. 12. a.
[3]) Midrasch Threni a. a. O. Midrasch zu Psalm 9.
[4]) Midrasch zu Psalm das. Jalkut zur Stelle; hier richtig קוסיא.
[5]) S. Note 17.

pflegte, dem Fraße wilder Thiere und Vögel und der Verwesung im Anblicke der Sonne ausgesetzt zu sehen. Es scheint, daß ein Frommer den Ueberlebenden, welche ihren Frieden mit den Römern geschlossen hatten und in stiller Zurückgezogenheit lebten, ans Herz legen wollte, wie nothwendig es sei, selbst mit Aufopferung seines Glückes und seiner Ruhe die Leichname heimlich in dunkler Nacht zu bestatten. Er verfaßte zu diesem Zwecke eine eigen gehaltene Schrift, das Buch Tobit[1]), worin das Hauptgewicht auf die Pflicht der heimlichen Beseitigung der von einem Tyrannen anbefohlenen Schändung der Leichen gelegt und zugleich angedeutet wird, daß die Erfüllung dieser mit Gefahr verbundenen Pflicht unfehlbar reichlichen Lohn des Himmels herbeiführen müsse. Als Beispiel wird ein Frommer Namens Tobit angeführt, der sich durch Bestattung der von einem König Verurtheilten zwar Elend zugezogen, aber zuletzt durch Gottes Beistand wegen gewissenhaft erfüllten Liebesdienstes gegen Entseelte mit reichem Segen bedacht worden war. Der Inhalt des Buches Tobit läßt seine Entstehung in der hadrianischen Zeit nicht verkennen.

Tobit b. Tobiel erzählt selbst seine Geschichte. Er, angeblich aus dem Stamme Naphtali, war über die Maaßen fromm; während seine Stammgenossen dem Baal opferten, war er zu den Festzeiten nach Jerusalem gewallfahrt und hatte dort den dreifachen Zehnten gespendet. Durch Enemessar mit den übrigen Gefangenen des Zehnstämmreiches nach Ninive verpflanzt, bekundete er auch dort seine Frömmigkeit, aß nie von dem Brode der Heiden, und erwies Mildthätigkeit seinen dürftigen Brüdern. Ganz besonders aber war Tobit eifrig, die Leichen (der Juden) heimlich zu beerdigen, welche der König Enemessar und nach ihm sein Sohn Sancherib hatte hinrichten und hinter die Mauern Ninives werfen lassen. Er wurde aber verrathen, mußte in ein heimliches Versteck fliehen, alle seine Gabe wurde ihm vom König (Sancherib) genommen und ihm nichts weiter gelassen, als sein Weib Anna und sein Sohn Tobias. Erst nach Sancheribs Flucht durfte Tobit durch die Gunst seines Verwandten Achiachor bei dem neuen König Sacherdon wieder nach Ninive kommen, und er hatte wieder nichts Angelegentlicheres zu thun, als hingeworfene Leichen von Religionsgenossen zu bestatten. Er that es auch einst als er sich eben zu Tische setzen wollte, und

---

[1]) Dieselbe Note.

sein Sohn ihm von einem auf dem Platze liegenden Erschlagenen Kunde brachte. Ehe er einen Bissen kostete, brachte er die Leiche ins Haus und nach Sonnenuntergang legte er sie unter die Erde. Tobit's Nachbarn verspotten ihn wegen dieses seines Eifers und sagten von ihm: „Kaum ist er wegen dieser Sache dem Tode entgangen und mußte entfliehen, und nun begräbt er wieder die Leichen¹). Dieselbe Gefahr traf ihn zwar nicht zum zweitenmale, aber ein anderes Unglück, eine plötzliche Erblindung durch einen Sperling, dessen warmer Koth ihm bei der Beschäftigung mit der Leiche ins Auge gefallen war. Die Aerzte bemühten sich vergebens seine Augenkrankheit zu heilen. Tobit war dadurch so heruntergekommen, daß er von seinen Verwandten erhalten werden und seine Frau für Lohn arbeiten mußte. Wie Hiobs Frau warf sie ihm seine Frömmigkeit und Mildthätigkeit vor und fragte ihn lästerlich: wo denn der Lohn derselben bliebe!

Tobit bleibt nicht unerschüttert von seinem Mißgeschick, er ist aber ebenso sehr von dem Elende, das sein Volk betroffen, betrübt: „das Plünderung, Gefangenschaft, Tod und Schmähung preisgegeben ist"²). Er erkennt zwar Gottes gerechtes Strafgericht, als Folgen der Sünden, an, wünscht sich aber doch den Tod. Gott erhört aber sein inbrünstiges Gebet und sendet den Engel Raphael ihn zu heilen und zu gleicher Zeit ein unglückliches Mädchen von Gram und Schmährede zu befreien. Sara, die Tochter Raguels, in Ekbatana, eine gottesfürchtige Jungfrau, verlor nach einander sieben Bräutigame in der Brautnacht. Asmodai, der böse Geist, hatte sie getödtet. Ihre Eltern waren darüber verzweifelt, die Dienerschaft beschuldigte sie, daß sie die jungen Männer der Reihe nach erdrosselt hätte, sie selbst war sich zur Last, wünschte zu sterben und machte sich ebenfalls in einem inbrünstigem Gebete Luft. Tobit erinnert sich, daß er bei einem Verwandten in Rhagaï zehn Talente hinterlegt hatte, sendet seinen Sohn dahin, sie einzufordern und befiehlt ihm, sich einen Reisegefährten für den weiten Weg zu suchen. Tobias findet den Engel Raphael, der sich ihm unter menschlicher Gestalt als Genosse zugesellt. Unterwegs am Tigris finden sie einen Fisch und der Engel räth ihm, dessen Herz, Leber und Galle gut aufzubewahren. In der Nähe von Ekbatana befiehlt ihm Raphael,

---

¹) Tobit. 2. 8.
²) Das. 3. 4.

in das Haus Raguels einzukehren, der ein entfernter Verwandter seines Hauses sei, und um dessen Tochter Sara zu freien, die ihm seit Ewigkeit zur Frau bestimmt sei. In der Brautnacht mit ihr soll er nur getrost Asche von Räucherwerk auf Herz und Leber des Fisches legen, davon wird der böse Geist Asmodäi entfliehen, um nimmer wiederzukehren. Er möge aber nicht vergessen, in der Brautnacht zu Gott zu flehen. Tobias thut, wie ihm befohlen, und erhält Sara zur Frau, deren Brautgemach vom Dämon befreit wird. Seine Eltern, Anfangs wegen seines längern Außenbleibens untröstlich, erhalten zugleich Sohn und Tochter. Auf Rath Raphaels gießt Tobias die Galle des Fisches in des Vaters Auge, und dieser erhält sein Gesicht wieder. Wohlstand und Freude kehren damit in Tobit's Haus wieder ein. Der Engel Raphael, einer der sieben, welche das Gebet der Frommen vor Gott bringen, offenbart sich ihm schließlich in seiner wahren Gestalt und erklärt ihm, die Wendung seines Geschickes sei wegen dessen Mildthätigkeit eingetreten, und besonders weil er die Todten bestattet habe [1]). Er befiehlt ihm auch, diese Geschichte zur Erinnerung und Belehrung niederzuschreiben. Das Buch Tobit schließt mit der Hoffnung: also wenn auch Jerusalem eine Wüste, das Heiligthum verbrannt und das Volk Israel zerstreut sein wird, wird Gott sich ihrer wieder erbarmen, wird sein Lieblingsvolk nicht verlassen, es aus der Gefangenschaft heimführen, Jerusalem in blendender Pracht wieder erbauen und sein Heiligthum mit Reichem bedecken, so daß alle Völker Ihn erkennen und loben werden [2]). Das Buch Tobit, ein Schmerzenskind drangsalvoller Zeit gleich dem Buche Judith, wollte wie dieses zugleich eine Ermahnung an das jüdische Volk richten, und Trost in die wunden Gemüther träufeln.

Auch die Judenchristen, welche sich während des Krieges meistens jenseits des Jordans in den Städten der sogenannten Decapolis aufgehalten hatten, blieben von den Nachwehen des Bar-Kobaïschen Aufstandes nicht unberührt, sie wurden für sie sogar ein entscheidender Wendepunkt. Der unglückliche Ausgang des Krieges mit seinen traurigen Folgen erschreckten sie eben so sehr, als es ihnen Schadenfreude verursachte. In dem Ereignisse, daß der capitolinische Jupiter die heilige Tempelstätte einnahm — in der biblischen Sprach-

---

[1]) Das. 12. 12.
[2]) Letzte zwei Kapitel.

weise „der Gräuel der Verwüstung" genannt — erblickten sie das Zeichen des jüngsten Gerichtes, des Weltendes und des Wiedererscheinens Jesu in den Wolken. Die harte hadrianische Verfolgung traf auch die Judenchristen, vielleicht auch sämmtliche Christen, wiewohl sie sich von der jüdischen Gemeinschaft gesondert hatten, weil die römischen Behörden den dogmatischen Unterschied zwischen Juden und Christen nicht berücksichtigten. Die Evangelien schildern in düstern Farben den ganzen Schrecken der Verfolgung, von der auch die Christengläubigen heimgesucht waren. „Wenn ihr nun „sehen werdet den Gräuel der Verwüstung (davon geweissagt der „Prophet Daniel) stehen, wo er nicht soll, alsdann wer in Judäa „ist, fliehe auf die Berge. Wer auf dem Dache des Hauses ist, „steige nicht hernieder, etwas aus dem Hause zu holen, und „wer auf dem Felde ist, der kehre nicht um, seine Kleider zu „holen. Wehe aber den Schwangern und Säuglingen in jener Zeit. Betet „aber, daß eure Flucht nicht geschehe im Winter oder am Sabbat" [1]).

Es lag daher den Christen beider Zweige viel daran, sich auch politisch als eine besondere, von den Juden getrennte Religionsgenossenschaft anerkannt zu wissen, und nicht in das Verhängniß der Juden hineingezogen zu werden. Zwei Kirchenlehrer, Quadratus und Aristides, sollen dem Kaiser Hadrian eine Schutzschrift überreicht haben, worin sie dargethan, daß das Christenthum keinen Zusammenhang und keine Solidarität mit dem Judenthume habe [2]). Von dieser Zeit datirt sich die Vereinigung und Verschmelzung der meisten juden- und heidenchristlichen Sekten. Die Judenchristen gaben die jüdischen Gesetze auf, welche sie bisher noch immer beobachtet hatten, nahmen den dogmatischen Inhalt des Christenthums an, wie er sich unter den heidenchristlichen Anschauungen ausgebildet hatte, und stellten zum Beweise ihres innigen Anschlusses zum ersten Mal einen unbeschnittenen Bischof Marcus an die Spitze ihrer Gemeinde [3]). Von der hadrianischen Zeit an hörte jede Verbindung zwischen Juden und Christen vollends auf, und sie standen einander nicht mehr als feindliche Glieder eines und desselben Hauses, sondern als zwei getrennte Körperschaften gegenüber.

[1]) Siehe Note 15.
[2]) Eusebius historia eccles. IV. 3.
[3]) Das. III. 35.

Zehntes Kapitel.

Das dritte Tanaiten-Geschlecht. Aufhebung der hadrianischen Edikte. Rückkehr der Flüchtlinge. Synode in Uscha. Patriarchat Rabban Simon's III. R. Meïr und seine Lehrbeweise. Achers Tod. R. Simon jb. Jochaï, der angebliche Schöpfer der Kabbala.

(138 — 164)

Durch den hadrianischen Krieg und die Verfolgungsedikte war ein grausiger Zustand in Judäa eingetreten. Die Städte waren zerstört, das Land verödet, die Einwohner lagen entweder als Leichen auf den Schlachtfeldern und Richtplätzen, oder brachten als Geächtete ein elendes Leben in Schlupfwinkeln zu, oder waren in freundlichere Gegenden zersprengt. Viele derselben scheinen zu den Heiden, Samaritanern und Christen übergegangen zu sein. Die Bewohner von dreizehn Städten, so wird erzählt, haben sich in der Noth der fremden Bevölkerung angeschlossen und sind in ihr völlig untergegangen [1]). Die Jünger des Gesetzes, namentlich die sieben überlebenden Schüler R. Akiba's, hatten mit gebrochenem Herzen eine Zufluchtsstätte in Nisibis und Naharbea gesucht [2]), und wenn die Verfolgung noch lange gedauert hätte, so würde Babylonien schon zu dieser Zeit jene Wichtigkeit für das Judenthum erlangt haben, welche es ein Jahrhundert später auf andern Wegen erhalten hat. Hadrians Tod, welcher drei Jahre nach Betars Fall erfolgte (Sommer 138), brachte einen günstigen Umschwung hervor. Die Frommen mußten in dem elenden Ende dieses Kaisers, welcher nächst Antiochus Epiphanes als der vollendete Typus des Judenhasses galt, dessen Name von Juden und Samaritanern nicht ohne den Fluch: „Gott möge sein Gebein zerstieben" [3]), genannt wurde, die Strafgerechtigkeit Gottes erblicken für das gehäufte Unglück,

---

[1]) Jerus. Jebamot VIII. p. 9. d. Kiduschin IV. 65. c.
[2]) S. Note 19.
[3]) Samaritanisches Buch Josua c. 48. und an vielen Stellen der Midraschim.

welches er über die jüdische Nation gebracht hat. Diejenigen, welche der Aechtung entgangen waren, hatten nichts Angelegentlicheres zu thun, als von seinem Nachfolger die Rücknahme der Blutedikte zu erwirken. Titus Aurelius Antonius, mit dem Beinamen Pius, war, obwohl Hadrians Adoptivsohn und in dessen Politik eingeweiht, doch von menschlicher Gemüthsart und wohlwollendem Charakter; von ihm ließ sich eine minder grausame Behandlung erwarten. Eine vornehme römische Frau in Cäsarea oder Antiochien, welche mit den Drangsalen der Juden Mitleid empfand, rieth ihnen, die römischen Behörden flehentlich zu bitten; den Verfolgungen Einhalt zu thun.

Diesen Rath befolgend, wagten es Einige mit R. Jehuda b. Schamua an der Spitze, den Statthalter, welcher wahrscheinlich nicht mehr der entmenschte Rufus war, um Erbarmen anzuflehen. In dunkler Nacht riefen sie kläglich: „O Himmel, sind wir nicht eure Brüder, Söhne desselben Stammvaters? Warum verhängt ihr über uns so viele unerträgliche Leiden?"[1]). Solche Vorgänge mögen wohl den Statthalter bestimmt haben, sich beim Kaiser für eine mildere Behandlung der Juden zu verwenden. Am fünfzehnten Ab (August) soll die freudige Nachricht eingelaufen sein, daß die aufgeschichteten Leichname der jüdischen Krieger zur Ruhe bestattet werden dürften, und aus dankbarer Erinnerung an das Wunder, daß sie nicht in Fäulniß übergegangen waren, schaltete man zum Tischgebet einen eigenen Segensspruch ein[2]). Am achtundzwanzigsten Adar (März 139 oder 140) kam eine noch freudigere Botschaft, daß die hadrianischen Dekrete aufgehoben seien, und man setzte diesen Tag in den Kalender der Gedenktage[3]). Auch eine römische Quelle berichtet, daß der Kaiser Antonius Pius den Juden die Beschneidung gestattet hat, nur durften sie sie nicht an Genossen anderer Nationen, d. h. an Proselyten vornehmen[4]). Damit war ohne Zweifel der Religionszwang überhaupt aufgehoben. Nur das Verbot, daß Juden Jerusalem nicht betreten durften, ließ der Kaiser bestehen, und die

---

[1]) Rosch ha-Schanah 19, a Megillat Taanit c. 12.

[2]) S. Note 17.

[3]) Rosch ha-Schanah und Megillat Taanit das.

[4]) Modestinus de sicariis Digesta 48, 8. 11. Circumcidere Judaeis filios suos tantum rescripto divi Pii permittitur; in non ejusdem religionis qui hoc fecerit, castrantis poena irrogatur.

Todesstrafe für Uebertreter desselben blieb in Kraft[1]). Das unerwartete Ende der Verfolgung und des Gewissenszwanges, rief die Flüchtlinge wieder in ihre Heimath zurück. Auch die sieben Jünger R. Akiba's, die einzigen Bewahrer des geistigen Erbes der Vorzeit, welche meistens nach Babylonien ausgewandert waren, stellten sich wieder ein. Es waren R. Meïr, R. Juda b. Ilai, R. José b. Chalafta, R. Jochanan aus Alexandrien, R. Simon b. Jochai, R. Eleasar b. Jacob (oder b. Schamua), endlich R. Nehemias. Sie begaben sich sogleich nach der durch die Revolution besonders denkwürdig gewordenen Rimmonebene, um die Einsetzung eines Schaltjahres zu beschließen, welches durch die mehrjährige Verfolgung unmöglich geworden war, wodurch das Kalenberwesen in Unordnung gerathen sein mochte. Bei der ersten Zusammenkunft geriethen sie in einen heftigen Streit über ein halachisches Gesetz, wie es R. Akiba gelehrt haben soll. R. Jochanan, der Sandalar, widersprach R. Meïr und behauptete: „Ich habe R. Akiba länger stehend zugehört (als berechtigter Jüngergenosse), als du sitzend" (als bloßer Zuhörer). Heftig entgegnete ihm R. Meïr: er habe als Alexandriner keine gewichtige Stimme bei Traditionen. Doch bald versöhnten sie sich wieder, umarmten und küßten einander brüderlich, und wer einen ganzen Anzug hatte, theilte ihn mit dem, der entblößt war[2]). In Uscha, der Heimath R. Juda's, wo bereits vor der Bar-kochbaïschen Revolution der Sitz des Synhedrin auf kurze Zeit war, versammelten sie sich wieder und forderten alle Gesetzeslehrer Galiläa's auf, sich einzustellen. Sehr Viele folgten dem Rufe, und die Einwohner Uscha's bemühten sich, die Gäste auf das Zuvorkommenste mit allen Bedürfnissen zu versorgen. Das Geschäft dieser Synode war, die Traditionen, welche durch die Leiden und die Flucht in Vergessenheit gerathen waren[3]), wieder aufzufrischen und zu fixiren. Nachdem sie einige Zeit in Uscha getagt hatten, entließen die Hauptanreger die Versammlung mit feierlichen Schlußreden. R. Juda dankte den auswärtigen Theilnehmern dafür, daß sie sich die Mühe genommen hatten, sich aus der Entfernung von mehreren Meilen zur Versammlung einzustellen. Die übrigen Mit-

---

[1]) Note 17.
[2]) Jerus. Chagiga III. p. 78. d. Babli Synhedrin 20. a. Genesis Rabba c. 61.
[3]) Erschöpfend ist dieser Punkt behandelt in Frankel, Darke Mischna p. 149 fg.

glieder des engeren Rathes dankten den Einwohnern Uscha's für die den Gästen erwiesene Gastfreundlichkeit[1]). So hatte der zerfleischte, aus so vielen Wunden blutende, der gänzlichen Auflösung nahe Nationalkörper sich wiederum aufgerichtet, und die Lehre war wiederum das Heilmittel, welches ihm Genesung und Erstarkung bringen sollte.

Die Mitglieder dieses Tanaiten-Kreises setzten das Werk ihrer Vorgänger mit eben so viel Aufopferung fort, die zerrissene Traditionskette wieder zusammenzuknüpfen; doch war ihre Zahl weder so groß, noch ihre Geistesthätigkeit so bedeutend, wie derer des vorangegangenen Geschlechtes. Die bedeutendsten derselben, welche tiefer in die Verhältnisse eingegriffen haben, waren R. Simon, Sohn des Patriarchen Gamaliel, R. Nathan, der Babylonier, R. Meïr und R. Simon b. Jochai. Der Erste war, wie erzählt wird, dem Blutbade in Jabne, sowie der nachher über ihn verhängten Verfolgung auf eine außerordentliche Weise entgangen. Der Quäsitor, welcher den Auftrag von Rufus hatte, ihn gefänglich einzuziehen, ließ ihm einen Wink über die ihm drohende Gefahr zukommen, worauf sich R. Simon auf die Flucht begab[2]), und wahrscheinlich in Babylonien Schutz fand. Wie lange er dort blieb, und unter welchen Umständen er die ererbte Würde übernahm, darüber findet sich nicht einmal eine Andeutung vor. — Die Patriarchenwürde, deren Wichtigkeit nach dem Verluste aller Selbstständigkeit und als Erinnerung an eine bessere Zeit um so mehr anerkannt war, wollte R. Simon durch augenfällige Auszeichnung und ganz besondere Ehrenbezeugung heben, wobei ihm vielleicht der beinahe königliche Rang des babylonischen Exilsfürsten vorgeschwebt haben mochte, den er auch für sich in Anspruch nehmen wollte. Er scheint sich weder an der ersten Synode in Uscha, noch an den daselbst von Zeit zu Zeit fortgesetzten Lehrvorträgen betheiligt, sondern seinen Wohnsitz, in dem als Synhedrialort bereits geheiligten Jabne genommen zu haben, das ihm durch das Andenken an seinen Vater theuer gewesen sein, und in dessen Nähe er auch Ländereien gehabt haben mag. Eine geschichtliche Ueberlieferung erzählt nämlich, daß der Synhedrialkörper von Jabne nach Uscha und dann wieder zurück gewandert sei[3]). Die zurückgekehrten Jünger R. Aki-

---

[1]) Midrasch Rabba Canticum p. 15. b. Berachot p. 63.
[2]) Siehe Note 18.
[3]) Rasch ha-Schana p. 31. b.

ba's, die Hauptträger der Lehre, scheinen aber Uscha vorgezogen zu haben, oder sie wollten ihre Unabhängigkeit vom Patriarchen wahren. So mußte sich R. Simon entschließen, um nicht allein zu bleiben, sich nach dem galiläischen Synhedrialvororte zu begeben. Das Collegium wurde vervollständigt durch R. Nathan als Stellvertreter und R. Meïr, die bedeutendste Persönlichkeit, als Sprecher. Durch eine beabsichtigte Aufhebung der Gleichheit, welche bisher unter den Hauptgliedern des Collegiums geherrscht hatte, hätte sich der Patriarch beinahe das Schicksal seines Vaters zugezogen. — Von seinen Verhältnissen zur Traditionslehre ist nur so viel bekannt, daß er lediglich allgemein anerkannte Halachas lehrte, welche im Collegium festgestellt waren, die streitigen hingegen ließ er auf sich beruhen¹). In streitigen Rechtsfällen räumte er dem Herkommen (Minhag medinah, Hilchoth medinah, usus) die endgültige Entscheidung ein, gegen welche theoretische Erörterungen kein Gewicht haben sollten²). Durch die zahlreichen Gesetzeslehrer der vorangegangenen Zeit hatte sich nämlich in dem Umkreise ihrer Wirksamkeit ein eigener Brauch, getragen von einer Autorität, ins Volk hineingelebt, welchen R. Simon gewahrt wissen wollte. Dem Akte eines Gerichtshofes sollte nach seiner Ansicht auch im Falle, wenn ein Irrthum vorgefallen wäre, unumstößliche Gültigkeit eingeräumt werden, sonst würde, wie es R. Simon motivirte, das Ansehen desselben leiden³). Seine erhabene Gesinnung bekundete R. Simon durch den schönen Spruch: „Auf drei Verhältnissen beruht der Bestand der Welt: auf Wahrheit, Recht und Frieden"⁴).

Die originellste Persönlichkeit dieses Zeitalters war unstreitig R Meïr, dessen hoher Geistesflug, Gesinnungstüchtigkeit und Kenntnisse an seinen Lehrer R. Akiba erinnern. Sein eigentlicher, aber vergessener Name war Miasa oder Moïse⁵) (griechische Aussprache für Moseh) und der Name Meïr ist lediglich eine Metapher mit der Bedeutung „der Erleuchtende." Er soll nach einer unverbürgten Sage von einer Proselytenfamilie und zwar gar von dem Kaiser

---

[1]) Jerus. Baba Batra (Ende).
[2]) Ketubot 66. b. Baba Mezia 93. a. Vergl. über ihn den eingehenden Artikel in Frankel, Darcke Mischna p. 178 fg.
[3]) Ketubot 99. b.
[4]) Abot I 18.
[5]) Siehe Note 19.

Nero abgestammt sein, der, wie man im Morgenlande glaubte, den Mördern entgangen und zum Judenthume übergetreten wäre¹). Gewiß ist es, daß R. Meïr's Geburtsland Kleinasien war, höchst wahrscheinlich das cappadocische Cäsarea²). Seine Existenzmittel gewann er vom Schönschreiben und Kopiren der heiligen Schrift (libellar), welches für ihn gewinnreich wurde, weil er eine Neuerung, Kupfervitriol (Chalkanthos) in die Dinte zu mischen und sie dadurch dauerhaft und glänzend zu machen, eingeführt hatte; er empfahl überhaupt ein leichtes und sauberes Handwerk zu erlernen. Mit den schwierigen orthographischen Regeln der hebräischen Sprache, welche das Abschreiben der heiligen Bücher fast zu einer Wissenschaft machten, war er so vertraut, daß er ganz ungewöhnlich einst das Buch Esther aus Mangel an einem Original-Manuskripte aus dem Kopfe ohne Fehler copirte³). Von dem wöchentlichen Verdienste von drei Sekel, den ihm diese Beschäftigung brachte, verwendete er zwei Drittheile zum Unterhalte seiner Familie, und den Rest zur Unterstützung verarmter Genossen⁴). Verheirathet war er mit Bruria (oder Valeria), der gelehrten Tochter R. Chaninas b. Teradjon, deren halachische Aussprüche sogar R. Josua gerühmt hatte⁵). R Meïr war eine Zeit lang R. Ismael's Zuhörer, dessen verständig nüchterne Lehrweise ihm jedoch weniger zusagte, als die scharfsinnige R. Akiba's; deswegen schloß er sich später dem Letzteren an, dessen System den entschiedensten Einfluß auf seine Geistesrichtung hatte. Frühzeitig ertheilte R. Akiba seinem Lieblingsjünger die Weihe, und gab ihn den Vorzug vor R Simon; wegen seiner Jugend fand er jedoch nicht die Anerkennung als selbstständiger Gesetzeslehrer⁶). Witzig geißelte R. Meïr diese Peinlichkeit, welche nicht auf das Verdienst, sondern auf das Alter Rücksicht nimmt: „Schaut doch nicht," sprach er, „auf das Weingefäß, sondern auf den Inhalt! Manches neue Gefäß enthält alten Wein, aber es giebt alte Weinkrüge, welche nicht einmal jungen Wein enthalten"⁷).

---

¹) Gittin 57. b. Tacitus historiae I. 2. II. 8.
²) Jerus. Kilaim IX. p. 32. c. Babsi Jebamot 121. a.
³) Midrasch Kohelet zu c. 2. B. 18. Erubin 13. b. Tosifta Megilla c. 2. Jerus. Kiduschin Ende.
⁴) M. Kohelet daf.
⁵) Tosifta Taharot c. 1.
⁶) Synhedrin 14. a. Jerus. daf. I. p. 19. a.
⁷) Abot IV. 27.

Es werden überhaupt von ihm manche geistreiche Einfälle eines geläuterten, treffenden Witzes mitgetheilt[1]); auch als Fabeldichter ist er berühmt geworden, und vom Schakal allein, der Lieblingsfigur morgenländischer Dichtungen, hatte er 300 Fabeln gedichtet[2]).

Es ist bereits erzählt, daß R. Meïr vor der Verfolgung, welche seine Schwiegereltern zum Tode, seine Schwägerin der Schande geweiht hatte, flüchtig geworden, weil R. Juda b. Baba ihn und seine Collegen eingeweiht hatte, und daß er mit denselben nach dem Aufheben der hadrianischen Edikte aus Babylonien nach Judäa zurückkehrte. Nach seiner Rückkehr soll er, wie eine nicht ganz unwahrscheinliche Nachricht mittheilt, auf das Drängen seiner Frau sich nach Rom (oder Antiochien?) begeben haben, um seine Schwägerin von der Schande zu befreien. Vorher wollte er aber ihre Tugend auf die Probe stellen, um sich zu überzeugen, ob sie der Befreiung würdig sei, und verkleidete sich zu diesem Zwecke als römischer Ritter. Als er sie noch unschuldig fand, bestach er den Aufseher und rettete sie, gerieth aber, weil die That ruchbar wurde, in große Gefahr. Die römischen Behörden ließen auf ihn fahnden, und er war einmal nahe daran in Haft zu gerathen, welcher er nur dadurch entging, daß er sich stellte, als genösse er verbotene Speisen, um die Häscher glauben zu machen, er gehöre nicht zu den Juden[3]). R. Meïr's und seiner Frau Gottergebenheit beim plötzlichen Tod ihrer zwei Kinder ist durch eine poetische Ueberarbeitung in der deutschen Literatur bekannt geworden. Es wird erzählt: Seine zwei Söhne seien plötzlich an einem Sabbat gestorben, während ihr Vater im Lehrhause beschäftigt war, und die zartfühlende Gattin habe ihm den Tod derselben verheimlicht, um ihn nicht am heiligen Tage durch die Trauerpost zu betrüben. Als der Sabbat zu Ende war, fragte sie ihn unter der Hand, ob man ein anvertrautes Gut dem Eigenthümer wieder erstatten müsse, und auf seine bejahende Antwort führte sie ihn an den Ort, wo ihre beiden Kinder entseelt lagen und tröstete sein Gemüth mit der Bemerkung, daß sie nur ein anvertrautes Gut waren, welche der Eigenthümer zurückgefordert hat[4]). — R. Meïr's Bescheidenheit hielt mit seiner Gotter-

---

[1]) Siehe Note 19.
[2]) Synhedrin 38. b. f. Sota 49. a.
[3]) Aboda Sara 18. b. Midrasch Kohelet zu c. 8. H. 11.
[4]) Midrasch zu den Sprüchen Ende.

gebenheit und seinem Wissengleichen Schritt. Seinen Lieblingsspruch: Beschäftige dich weniger mit dem Erwerb, als mit der Lehre und sei vor jedem Menschen demüthig [1]), bewährte er durch die That. Eine Frau pflegte seinen volksthümlichen und durch eingemischte Vergleichungen anziehenden Vorträgen zu lauschen, die er am Ausgang des Sabbats in Ammaus bei Tiberias hielt. Eines Tages wurde ihr Gatte wegen ihres längern Ausbleibens so sehr erzürnt, daß er schwor, sie nicht ins Haus zu lassen, bis sie dem Prediger ins Gesicht gespien haben werde. R. Meïr, der Kunde von diesem, seinetwegen ausgebrochenen ehelichen Zwiste erhielt, heuchelte Augenleiden und sprach den Wunsch laut aus, wenn doch nur eine Frau seine Augen mit ihrem Speichel benetzen möchte. So veranstaltete er, daß jene Frau zum Scheine dieses Heilmittel an ihm anwenden konnte; nachdem sie es vollendet, sagte er zu ihr: „Berichte deinem Mann, du habest mir nicht einmal, sondern siebenmal ins Gesicht gespien" [2]).

Die Zeitgenossen und die Nachwelt konnten R. Meïr's Weisheit und Charakter nicht genug rühmen; R. José schilderte ihn seinen Landsleuten, den Einwohnern von Sepphoris, als einen frommen, sittlich strengen, heiligen Mann [3]). Sprichwörtlich sagte man von ihm: wer auch nur R. Meïr's Stab berührt, wird weise [4]). Seine tiefern Kenntnisse erwarb er sich durch den Umgang mit solchen Personen, gegen welche ein Vorurtheil herrschte. Selbst den Aposlaten und Verräther Acher suchte er auf, um sich von ihm belehren zu lassen. Als man R. Meïr wegen des vertraulichen Umgangs mit einem Gesetzesverächter Vorwürfe machte, erwiderte er in seiner beliebten sprichwörtlichen Weise: „Ich finde einen saftigen Granatapfel, genieße das Innere und werfe die Schale weg." Er begleitete einst seinen gnostischen Lehrer am Sabbat zu Fuß, während jener zu Pferde ritt, sich mit ihm über Schriftauslegung unterredend. Plötzlich sprach Acher zu seinem Begleiter: „bis hierher und nicht weiter darfst du gehen, hier ist die Sabbatgrenze (von 2000 Doppelschritten), „kehre um". R. Meïr nahm hiervon Gelegenheit, gegen Acher zu bemerken: „Auch du kehre um"; Acher wich aber mit den Worten aus: „Wenn es auch für alle

---

[1]) Abot IV. 12.
[2]) Jerus. Sota I. p. 16 d.
[3]) Jerus. Berachot II. p. 5. b.
[4]) Daj. Nedarim IX. p. 41. b.

Sünder Verzeihung giebt, so ist für mich die Gnadenpforte verschlossen, weil ich die Geistesgaben, welche mir Gott verliehen, zum Aergerniß gemißbraucht habe." Später als Acher erkrankte, eilte R. Meïr zu ihm, ihm wiederholentlich in demselben Sinne zuredend, und schmeichelte sich, ihn vor seinem Tode zur Reue bewogen zu haben. Eine Sage fügt hinzu, R. Meïr habe seinen Mantel über Acher's Grab gebreitet, aus dem eine Rauchsäule aufgestiegen, und habe dabei mit Anspielung auf einen Bibelvers (Ruth 3, 13.) die Worte gesprochen: „Ruhe in der Nacht dieser Zeitlichkeit, am Morgen der Seligkeit wird dich der Allgütige erlösen, wo nicht, so erlöse ich dich"[1]).

R. Meïr pflog auch mit einem heidnischen Philosophen Umgang, wie es scheint, mit Euonymos aus Gabara.[2]). In jüdischen Kreisen sagte man: erstaunt Kenntnisse des Judenthums bei einem Heiden zu finden: Gott habe den zwei größten Philosophen aus dem Heidenthume, Bileam und Euonymos, von seiner Weisheit mitgetheilt, damit sie dieselbe den Völkern lehren sollten. Als der Gabarenser über den Tod seiner Eltern Trauer hatte, besuchte ihn R. Meïr, um ihm Beileid zu bezeugen, wie er denn überhaupt die Ueberzeugung hatte, daß ein Heide, welcher sich mit der Thora beschäftigt, eben so würdig sei wie ein Hoherpriester des Judenthums; denn es heißt in der Schrift: „diese Gesetze soll der Mensch beobachten, um zu leben," was R. Meïr dahin deutete, daß nicht bloß Israeliten zur Seligkeit berufen seien[3]). Wollte man daraus schließen, daß ihm die jüdische Nationalität nicht so hoch stand wie die Lehre des Judenthums, so hat er doch anderweitig auch darauf Gewicht gelegt: Wer in Judäa wohne und sich der heiligen Sprache bediene, sei der Seligkeit gewiß[4]). — Durch den Umgang mit Männern der Wissenschaft, welche außerhalb des Judenthums standen, scheint R. Meïr auch mit der stoischen Philosophie bekannt geworden zu sein, welche zu jener Zeit in der gebildeten römischen Welt die herrschende war. Nur übertrug er alle Vollkommenheit, welche nach der stoischen Theorie die Philosophie gewährt, auf die Thora, welche

---

[1]) Chagiga 15. a. Jerus. das. II. 1. Midrasch Ruth zu c. 3. 13. Vergleiche hierzu Sachs „Stimmen vom Jordan und Euphrat". S. 155.
[2]) Note 19.
[3]) Sifra. Absch. Kedoschim. Aboda Sara 3. a. und an mehreren Parallelstellen.
[4]) Jer. Sabbat I. p. 3. c.

dem Menschen das Ideal erreichen hilft, wenn man sich mit derselben aus reiner Liebe zu ihr ohne Nebenzweck beschäftigt. „Die Thora, so stellt er auf, macht einen Beflissenen der ganzen Welt würdig, zum Liebling Aller, flößt ihm Liebe zu Gott und Menschen ein, kleidet ihn mit Demuth und Gottesfurcht, befähigt ihn, fromm, gerecht, redlich und treu zu sein, entfernt ihn von der Sünde und nähert ihn der Tugend, gewährt ihm königliche Würde, macht ihn sittlich, langmüthig, vergeßlich gegen Beleidigungen und erhebt und trägt ihn über alle Dinge." [1]. Das war sein Ideal eines wahren Weisen.

In der Handhabung der halachischen Tradition hatte sich R. Meïr seinen Lehrer R. Akiba zum Vorbilde gewählt, und bildete dessen System zur Dialektik aus. Die von den Vorgängern überlieferten Folgerungsregeln gebrauchte er als fertige Formeln, Gesetzesbestimmungen sowohl zu begründen, wie aufzulösen. Die Zeitgenossen erzählen von ihm, man habe nie auf die wahre Meinung R. Meïr's kommen können, weil er in scharfsinniger Weise eine Menge Beweise für und gegen eine Gesetzesbestimmung heranzubringen wußte, und er sei im Stande gewesen durch Vergleichungen und Folgerungen ein ausdrücklich in der Schrift angeordnetes Gesetz in das Entgegengesetzte umzukehren [2]. Ob es ihm mit dieser sophistischen Art Ernst war, oder ob er sie blos als Sprecher im Lehrhause angewendet hat, um das Für und Wider zu beleuchten, läßt sich jetzt um so weniger mit Bestimmtheit entscheiden, als die Früheren selbst darüber in Zweifel waren. Indessen allgemeinen Beifall hatte diese dialektische Lehrmethode zu seiner Zeit keineswegs, sie wurde im Gegentheil mit Geringschätzung behandelt, als nicht zum Ziele und zur Wahrheit führend. Unter R. Meïr's Jüngern hatte sich einer mit Namen Symmachos b. José dieselbe angeeignet und sie noch mehr übertrieben; wegwerfend sprach man von ihm, er verstände wohl scharfsinnig zu disputiren, aber keine praktische Entscheidung zu treffen. Man ging so weit zu behaupten, seine Urahnen müßten die Offenbarung auf Sinai nicht vernommen haben [3]. Nach dem Tode R. Meïr's schloß man sogar seine Jünger und ganz besonders Symmachos von dem Lehrhause

[1]) Abot VI. 1.
[2]) S. Note 19.
[3]) Siehe diese Note.

aus, weil sie nicht auf die Wahrheit ausgehen, sondern nur sophistisch disputiren wollten[1]. Dennoch wurde diese scharfsinnige Behandlung des Halachastoffes, welche man unter einer eigenen Gattung als **talmudische Dialektik** bezeichnen kann, später, wenn auch nicht in Judäa, außerordentlich beliebt, noch mehr ausgebildet und äußerst fein zugespitzt; ja man konnte sich das tiefere Verständniß der Halacha ohne dieselbe gar nicht denken. Indessen zeugen R. Meïr's Gesetzesentscheidungen von entschiedenem Ernst und äußerster Strenge. Er behauptet unter Andern: wer seiner Frau weniger Morgengabe aussetzt, als der Gebrauch ist (zwei Mina für eine Jungfrau und die Hälfte für eine Wittwe), dessen Ehe gelte einer wilden gleich, weil dadurch die Leichtigkeit der Scheidung bedingt sei. Ferner behauptet er: wo auch nur im Geringsten von derjenigen Form abgewichen würde, welche das Gesetz bei Ehescheidungen eingeführt, selbst in einem Falle, wenn man sich in dem Scheidebriefe einer andern als landesüblichen Zeitrechnung bedient hätte, so hat der Akt keine Gültigkeit, und die Kinder der auf ungesetzliche Weise Geschiedenen aus der zweiten Ehe sind als unehelich zu betrachten. R. Meïr bestritt nämlich jene Regel, welche sonst allgemein gilt: das Erlaubte und Verbotene nach den am meisten im Leben vorkommenden Fällen zu beurtheilen, ohne auf Ausnahmefälle Rücksicht zu nehmen; er meinte, man müsse gewissenhafter Weise jeden Fall als vielleicht zur Ausnahme gehörend berücksichtigen. Aus diesem Grunde hat er, als er einst erfuhr, daß **einige Samaritaner** in einer Stadt, dem Götzenthume, welches ihnen durch die hadrianischen Edicte aufgezwungen worden war, auch später anhingen und ihm von ihrem Weine Gußopfer brachten, die Erschwerung einführen wollen, von sämmtlichen Zuhörern keinen Wein gebrauchen zu dürfen. Diese Erschwerung würde, wenn konsequent durchgeführt, viele Thätigkeiten und Genüsse in den Kreis des Verbotenen hineingezogen und sie gesetzlich unmöglich gemacht haben. Für geringe Vergehen, wie z. B. für Zinsnehmen, wollte er empfindliche Geldstrafen verhängt wissen, so daß z. B. ein Wucherer Zins mit Capital verlieren sollte[2]. Er drang aber mit seinen Erschwerungen nicht durch, die Zeitgenossen und die nachfolgenden Geschlechter ließen R. Meïr's Gesetzesentscheidungen und Erschwerungen nicht im

---

[1] Kiduschin 52. b. Jerus. das. II. p. 63. a.
[2] Vergl. Frankel a. a. O. p. 155 fg.

ganzen Umfange gelten. Am strengsten war er indessen gegen sich
selbst und äußerte einmal: „Wenn ich auch etwas für Andere als
gestattet halte, so erlaube ich es keineswegs mir selbst, sobald ich
mich überzeugt halte, daß meine Genossen entgegengesetzter Meinung
sind ¹).‟

Wie in der Behandlung des Halachastoffes, so setzte R. Meïr
auch in dem formalen Ordnen desselben das Werk R. Akiba's fort;
er vervollständigte dessen Mischna-Sammlung, scheint aber ihre
Theile mehr nach dem Inhalt, als nach der bloßen Zahl gruppirt
zu haben ²). Das Vereinzelte und Bruchstückartige in R. Akiba's
Mischna wurde zu einem Ganzen gefügt und abgerundet, jeder
Theil erhielt eine, seinem Inhalte entsprechende Benennung. In=
dessen machte diese Ordnung R. Meïr's, so wenig wie die seiner
Collegen, irgend wie Anspruch, gültige Norm zu sein, sondern jeder
Gesetzeslehrer, welcher einen Kreis von Jüngern hatte, trug das
angewachsene Material in der ihm beliebten und bequem scheinenden
Form vor. — R. Meïr hatte eine nicht unbedeutende Jüngerzahl
um sich gesammelt, welche sich zu ihm wegen seiner scharfsinnigen
und lebendigen Vortragsweise hingezogen fühlten. Er pflegte näm=
lich den nüchternen Stoff der Halacha mit anziehenden Agada's
abzuwechseln, und diese wiederum durch Fabeln anschaulich zu
machen ³). Sein Lehrhaus und seinen Wohnsitz scheint er in Am=
maus bei Tiberias gehabt zu haben, aber eben so oft findet man
ihn in Damaskus (Arbiskos) lehrend ⁴). In die Synhedrialstadt
Uscha mag er sich nur dann eingefunden haben, wenn wichtigere
Fragen im Collegium zur Verhandlung vorlagen. Mit dem Pa=
triarchen R. Simon lebte er nicht im besten Einvernehmen, wie
später erzählt werden wird. Die Spannung, in welche er mit dem=
selben durch einen Vorfall gerathen war, scheint ihn veranlaßt zu
haben, Judäa mit seinem Geburtslande Kleinasien zu vertauschen.
— Unter seinen Jüngern wird der schon erwähnte Symmachos als
der bedeutendste und scharfsinnigste bezeichnet. Fälschlich hat man
diesen für jenen S y m m a c h o s ausgegeben, welcher nächst Theodo-

---

¹) Sabbat 134. a. Jerus. Berachot I. p. 3. a.
²) Synhedrin 86. a. und an vielen Stellen.
³) Das. 38. b.
⁴) J. Sota p. 16. d. Chagiga p. 77. l. Nasir 56. a. Tosifta Nasir c. 5.
Oholot c. 4. s. Note 19.

tion um diese Zeit eine neue griechische Uebersetzung von der heili=
gen Schrift angelegt hat; denn der Uebersetzer Symmachos war
keineswegs ein jüdischer Proselyt, sondern gehörte zu den Ueber=
bleibseln der consequenten Nazaräer, und wußte die Richtung dieser
Sektirer so vollständig zu vertreten, daß sie sich auch nach seinen
Namen Symmachianer nannten¹). Von R. Meïr's übrigen
Schülern ist fast gar nichts bekannt; keiner derselben hat die Lehr=
weise des Meisters fortgesetzt, vielleicht deswegen weil sie, ein früh=
reifes Produkt, in dieser Zeit nicht beliebt war.

Eine eben so scharf ausgeprägte Persönlichkeit, nur nicht so
vielseitig, wie R. Meïr war R. Simon b. Jochai aus Galiläa,
den man fälschlich zum Wunderthäter, Mystiker und Schöpfer der
Kabbala gestempelt hat. Wiewohl aus seinem Leben nur wenige
Züge bekannt geworden sind, so läßt sich doch soviel aus ihnen
entnehmen, daß er eine mehr nüchterne, als phantastische oder my=
stische Natur war. — Von R. Simon's Jugendgeschichte ist gar
nichts bekannt, und auch später nach seiner Rückkehr mit seinen
Genossen, deren Exil er während der hadrianischen Verfolgung ge=
theilt hatte, verfließt seine Einzelnwirksamkeit in der Gesammtthätig=
keit des verjüngten Synhedrin von Uscha. Im Gegensatz zu seinem
Vater Jochai, welcher bei den römischen Behörden in Gunst ge=
standen zu haben scheint²), war der Sohn ein abgesagter Römer=
feind und stand auch bei denselben nicht im besten Andenken. Eine
freimüthige, wahrheitsgetreue Aeußerung des Tadels, die von ihm
dem römischen Statthalter hinterbracht wurde, sollte an ihm mit
dem Tode bestraft werden, wie später erzählt werden wird. Nur
durch die Flucht konnte er sich der Verfolgung entziehen, und an
diese Thatsache hat sich die Sage festgeklammert, um R. Simon
mit Wundern und Wunderthätigkeit zu umgeben. Eine ursprüng=
liche Quelle jedoch erzählt diesen Vorfall in der ganzen Einfachheit
eines nüchternen Berichtes. Dieser Vorgang, so geringfügig er auch
ist, darf hier in seiner ganzen Umständlichkeit um so weniger ver=
schwiegen werden, als er dazu dient, den mystischen Nebelschleier zu
zerreißen, in den man R. Simon gehüllt hat. Die schlichte, wun=
derentblößte Nachricht stellt die Thatsache folgendermaßen dar.

---

¹) Eusebius h. eccl. VI. 17; demonstratio evangel. VII; Augustinus in
Faustam 19.

²) Pesachim 112. a.

R. Simon b. Jochai verbarg sich vor dem Zorn der Römer in einer Höhle in der Nähe eines Ortes Charuba oder Kephar-Charub, so genannt von der Menge Johannisbrobbäume, welche daselbst gediehen. In dieser Höhle blieb er mehrere Jahre, sich von Johannisbrod und Quellwasser nährend, und sein Körper litt von diesem ungesunden Aufenthalte so sehr, daß seine Haut mit Rissen und Schwielen bedeckt wurde. Als er sich im letzten Jahre einst ins Freie hinauswagte, bemerkte er, daß ein Vogel der Schlinge des Nachstellers unerwartet entschlüpfte. Dieses für eine günstige Vorbedeutung annehmend, sprach er bei sich: Wenn ein Vogel nicht ohne eine höhere Fügung gefangen werden kann, um wie viel weniger der von der Vorsehung beschützte Mensch. Darauf verließ er seine Höhle und vernahm die angenehme Kunde, daß eine günstige Wendung eingetreten sei, und er keine Nachstellung zu befürchten habe. Um seine zerrüttete Gesundheit wieder herzustellen, badete er in den warmen Quellen des Tiberiassees, welche seinen morschen Körper wieder erfrischten. Aus einem regen Dankgefühl erwies er der Stadt Tiberias eine Wohlthat, welche für die Einwohner von einem nicht geringen Interesse war. Tiberias, von Herodes Antipas 120 Jahre vorher auf einem Gräberplatze erbaut[1]), war von den Frommen gemieden worden, weil sie einen durch die Gräber verunreinigenden Ort scheuten, der ihnen stets die lästigen Reinigungen nothwendig gemacht und sie am Besuche des Tempels verhindert hätte. Der Gründer war wegen dieser Scheu schon bei der Anlage der Stadt gezwungen, Einwohner für die neuerbaute Stadt durch glänzende Versprechungen förmlich herbeizulocken. Diese Abneigung der Frommen gegen die Gräberstadt Tiberias bestand noch zur Zeit fort, und Mancher, den Umstände gezwungen hatten, darin seinen Wohnsitz zu nehmen, mochte eine Gewissenspein empfunden haben, dadurch der levitischen Reinheit entbehren zu müssen. R. Simon b. Jochai glaubte also, Tiberias keinen unbedeutenden Dienst zu leisten, als er die Plätze, wo sich wirklich Leichen unter der Erde befanden, kenntlich machte, damit die übrigen Theile der Stadt für rein gelten und zu jeder Zeit betreten werden dürften. Um die leichenbedeckenden Stellen von den leichenfreien zu unterscheiden, stellte er ein vielleicht auf Erfahrung begründetes Verfahren an, indem er zerschnittene Wolfsbohnen in die Erde steckte; wo dieselben

---

[1]) Josephus Alterthümer XVIII. 2. 3.

nicht Wurzeln schlugen, bezeichnete er als einen unreinen Platz, den
größten Theil der Stadt hingegen erklärte er für durchaus rein.
In der nahen Stadt Magdala, wo man vielleicht stolz auf den
Vorzug der Reinheit war, bespöttelte man Tiberias Reinerklärung,
und betrachtete R. Simon's Werk als eine leichtfertige Neuerung.
Allein R. Simon berief sich auf eine alte Tradition, welche ver=
sicherte, daß Tiberias einst die vermißte Reinheit erhalten werde.
— Diesen ganzen, natürlichen Verlauf hat die Sage durch viel=
fache Wunder gehoben und verschönert; durch ein Wunder läßt sie
R. Simon in der Höhle speisen, durch ein Wunder ihn dieselbe
verlassen, durch ein Wunder Tiberias für rein erklären, endlich
durch ein Wunder den bespöttelnden Gesetzeslehrer aus Magdala
einen plötzlichen Tod sterben[1]). Mit jedem Jahrhundert steigerte
sich das wunderthätige Ansehen R. Simon's. Die Höhle, in wel=
cher er so lange von allen Menschen abgesondert gelebt, bot das
geeignete Dunkel für alle möglichen mystischen Schöpfungen; hier
habe er denn auch den Sohar, das Grundbuch der Kabbala, verfaßt.

Es findet sich überhaupt unter allen Gesetzesentscheidungen,
Aussprüchen, Bemerkungen, welche von R. Simon mitgetheilt
werden, nicht eine Spur einer mystischen Richtung. Im Gegentheil
sind seine Motivirungen der biblischen Gesetze durchaus einfach. Unter
andern suchte er sich die Gründe verständlich zu machen, welche der
Gesetzgeber bei der Bestimmung im Auge gehabt haben mag, daß
jeder Feldbesitzer gerade nur an der letzten Ecke seines Ackers einen
Theil der Feldfrüchte für die Armen zurücklassen sollte. Vier Mo=
tive stellte R. Simon dafür auf, von denen das eine schlichter und
nüchterner erscheint, als das andere. Nach seiner Ansicht hat der
Gesetzgeber mit dieser speciellen Bestimmung beabsichtigt, die Armen
dem Eigenthümer gegenüber vor Uebervortheilung, Störung und
Zeitversäumniß, und den Eigenthümer vor dem bösen Leumund sicher
zu stellen[2]). Solche einfache, aus der Natur der Sache selbst ge=
nommene Erklärungsgründe stehen im grellsten Widerspruche zu der
überschwenglichen Art, wie in Sohar die religiösen Gesetze mit den
höhern Verhältnissen des Universums in einen magischen Rapport
gesetzt werden. — Ueberhaupt ist diese Lehrweise, den Motiven des
Gesetzes nachzugehen und daraus Folgerungen für neue Bestimmungen

[1]) Siehe Note 20.
[2]) Siehe diese Note.

zu schließen, R. Simon eigen, und er stand mit dieser Richtung ganz allein; es war dieses ein Fortschritt gegen R. Akiba's Lehrsystem, anstatt der pleonastischen Wörter, Sylben und Buchstaben, das Prinzip vernunftgemäßer Motivirung zum Ausgangspunkte für Gesetzesfolgerungen zu gebrauchen. Unter andern folgerte R. Simon nach dieser Art: das biblische Gesetz, eine Wittwe mit gerichtlicher Pfändung zu verschonen, könne nur auf eine arme Wittwe Anwendung finden, eine reiche hingegen habe keinen Anspruch auf Schonung; ferner die Verschwägerung mit den sieben kananitischen Völkerschaften, welche das biblische Gesetz verbietet, müsse die Ausdehnung auf alle heidnischen Nationen erhalten, weil das Gesetz dabei lediglich die Verleitung vom Judenthum im Auge habe.

Eine andere Ansicht R. Simons zeigt nicht minder, wie weit entfernt er von der kabbalistischen Theorie war. Er hatte einen befremdlich klingenden Wahlspruch: die pünktliche Erfüllung des Gesetzes sei nur denen möglich, welche vom Manna oder vom Zehnten leben. „Denn wie soll Jemand Tag und Nacht im Gesetze forschen, wenn er von der Sorge um Nahrnng und Kleidung erfüllt ist?"[1]) Das Gesetzesstudium ist, nach seiner Ansicht, mit Broberwerb unerträglich; wenn Israel Gottes Willen erfüllt hätte, so würde es dem Gesetze und seiner Erforschung ungestört haben obliegen können, während fremde Hände seinen Feldbau bestellt hätten[2]). Unähnlich den meisten Gesetzeslehrern, trieb R. Simon kein Handwerk und kein Geschäft, er war zu jener Zeit der einzige, dessen Lebensbeschäftigung das Studium war[3]). — Wohnsitz und Lehrhaus R. Simons war in dem ölreichen Tekoa, in Galiläa[4]). Er hatte seinen Kreis von Jüngern, und wurde, weil er alle seine Collegen überlebt hat, die einzige Autorität für das folgende Zeitalter. R. Simon legte, wie seine Collegen, eine Mischnahsammlung unter dem Namen Midot an, welche eine gedrängte Auswahl aus R. Akiba's Sammlung enthielt[5]) Der scharfsinnigen Lehrweise, welche seit R. Akiba in Flor kam und den speciellen Namen Talmud führte, räumte er den Vorzug vor der bloß traditiven ein, und die Beschäftigung

[1]) Mechilta edit. Amsterdam. Par. Beschalach. 20. a. 32. a.
[2]) Berachot 35. b.
[3]) Sabbat 11. a.
[4]) Siehe Note 20.
[5]) Gittin 66. a.

mit derselben hielt er für verdienstlicher, als die Beschäftigung mit der Schrift oder mit der trockenen Halacha¹). — In seinem Alter machte R. Simon eine Reise nach Rom, um die Erneuerung der hadrianischen Edikte zu hintertreiben, was später ausführlich erzählt werden wird.

Einen klangvollen Namen in diesem Kreise hatte R. Juda b. Ilai aus Uscha, dessen Charakter mit R. Josua's Aehnlichkeit hatte. Bescheiden, klug, geschmeidig, beredt, wußte er die Spannung, welche noch immer zwischen den Römern und der jüdischen Nation fortdauerte, zu besänftigen. Er wird deswegen ganz besonders „der Kluge" und „der erste Redner" genannt. R. Juda war nicht bemittelt, sondern nährte sich, wie R. Josua, von einem Handwerke, dessen er sich nicht schämte; er führte öfter den Spruch im Munde „die Arbeit ehrt dem Arbeiter." ²) „Wer seinen Sohn nicht ein Handwerk lernen läßt, treibt ihn gewissermaßen unter die Räuber³). Seine Lehrweise hatte keine auszeichnende Eigenthümlichkeit. — Wie von R. Juda, so sind von R. José b. Chalafta aus Sepphoris keine lebensgeschichtlichen Züge bekannt geworden. Auch er betrieb ein Handwerk und zwar eins von der niedrigsten Art, er war Lederarbeiter⁴). Die Mischna-Sammlung, welche er zu seinem Gebrauche angelegt hatte, führte den griechischen Namen Nomikon (Gesetzessammlung⁵). Wie keiner seiner Zeitgenossen verlegte sich R. José auf die annalistische Sammlung der jüdischen Geschichte und hinterließ eine Chronik von der Schöpfung der Welt bis auf den Bar-Kochbaischen Krieg unter dem Namen Reihefolge der Geschichte (Seder Olam). In der aus der Bibel geschöpften Geschichte bemühte er sich die Zeitrechnung zu fixiren, dunkle Stellen in derselben aufzuhellen und Lücken durch Traditionen auszufüllen. Hingegen von der Zeit Alexander des Großen an giebt diese Chronik R. José's selbstständige, ganz zuverlässige, leider nur zu kurze Nachrichten⁶), von denen einige untergegangen zu sein scheinen. — Von den übrigen Jüngern R. Akiba's ist wenig Be-

---

¹) Siehe Jer. Berachot I. p. 3. b und Parallelstellen.
²) Nedarim 49. b.
³) Kiduschin 29.
⁴) Sabbat 49. b.
⁵) Erubin 51. a. und an mehreren Stellen.
⁶) Siehe Note 14.

merkenswerthes bekannt. Außer diesem **galiläischen** Lehrkreise bestand noch ein anderer im äußersten **Süden** Judäas (Darom), welcher R. Ismael's Lehrweise fortsetzte, aber vereinzelt und ohne Zusammenhang mit jenem war. Nur zwei Glieder desselben sind bekannt geworden: R. **Josia** und R. **Jonathan**[1]).

Eine eigenthümliche Erscheinung bot R. **Nathan**, ein Babylonier, Sohn des Exilsfürsten, dar. Es ist weder bekannt, wo er seine halachische Bildung erworben, ob in Judäa oder im Heimathlande, noch was ihn veranlaßt hat, nach Judäa überzusiedeln, und auf die günstigere Stellung in seinem Geburtslande zu verzichten. R. Nathan's starke Seite war die Kenntniß des jüdischen Rechts, und vielleicht aus diesem Grunde, oder weil er aus dem fürstlichen Hause stammte, übertrug man ihm im Synhedrin zu Uscha die Würde des Stellvertreters. Auch er hatte eine eigene Halachasammlung, welche unter der Benennung **Mischna** oder **Tosifta des R. Nathan** bekannt war[2]). — Im ganzen war das dritte Tanaiten=Geschlecht arm im Verhältnisse zu den vorangegangenen; der Bar=Kochbaische Krieg und die hadrianische Verfolgung hatten die gesetzeskundige Jugend hinweggerafft. — Nur dem Namen nach bekannt sind R. **Chanina b. Chachinai**, welcher, um R. Akiba's lehrreichen Umgang zu genießen, so lange von seiner Familie entfernt war, daß er bei seiner Heimkehr seine eigene Tochter nicht mehr erkannte; ferner R. **Elieser b. Jakob**, welcher im Besitze von Traditionen über Bau und innere Einrichtung des Tempels war, und ebenfalls eine eigene kurzgefaßte Mischna angelegt hat; endlich R. **Eleasar**, ein Sohn des Galiläers R. José, von dem weiter nichts bekannt ist, als daß er zweiunddreißig Deutungsregeln zum Verständniß der Bibel aufgestellt hat[2]). Auswärtige Gesetzeslehrer in dieser Zeit waren R. **Juda b. Bathyra** in Nisibis, welcher die Flüchtlinge aus Judäa beherbergt zu haben scheint, ferner R. **Chanina**, Neffe R. Josua's in Nahar=Pakod, den sein Oheim nach Babylonien sandte, um ihn dem Umgange mit Judenchristen zu entziehen, endlich R. **Matiah b. Charasch** in Rom[3]), welcher zuerst die Kenntniß des jüdischen Gesetzes von Asien nach Europa verpflanzte.

---

[1]) Vergl. die eingehende Untersuchung darüber Frankel a. a. O. p 146 fg.

[2]) S. Frankel das. p. 188.

[3]) Zuerst citirt von Ibn-Ganach Rikmah, dann in Sefer Keritot des Simson von Chinon und daraus übergegangen in die Talmudausgabe I. unter dem Namen מסכת ג״ל.

Elftes Kapitel.

Thätigkeit des dritten Tanaiten-Geschlechtes. Gegen-Synhedrin in Babylonien. Spaltung im Synhedrin zu Uscha. Neue Verfolgungen unter den Kaisern Antoninus Pius und Aurelius Verus. Die jüdische Gesandtschaft in Rom. Tod des Patriarchen R. Simon.

(140 — 164)

Während die Gesetzeslehrer in Judäa bestrebt waren, das in Stockung gebrachte Blut der Nationalität wieder flüssig zu machen und in Umlauf zu setzen, das aufgelöste Synhedrin wiederherzustellen, den Traditionsstoff durch Anlegung faßlicher Sammlungen zu sichern und zu verbreiten, fehlte nicht viel dazu, daß sich die babylonischen Gemeinden von dem Gesammtkörper losgetrennt und eine tief eingreifende Spaltung erzeugt hätten. Die Klugheit des Patriarchen R. Simon hat diesem Risse durch geschickte Unterhandlungen zu begegnen gewußt. — R. Chanina, welchen sein Oheim R. Josua nach Babylonien geschickt hatte, um ihn dem christlichen Einflusse zu entziehen, hatte während des hoffnungslosen Zustandes in Judäa dem Judenthum einen Mittelpunkt in Babylonien gründen wollen. In Naha-Pakod, wahrscheinlich in der Nähe Nahardeas, organisirte er eine Art Synhedrin, dessen Vorsitzender er selbst war; ein gewisser Nechunjan (nach einer andern Leseart Achija) scheint die Stelle des Ab-bet-din eingenommen zu haben. Die babylonischen Gemeinden, bisher auf die Verordnungen aus Judäa angewiesen und durch den Untergang aller religiösen Institutionen im Stammlande rathlos gelassen, begrüßten ein Synhedrin in ihrer Mitte als eine freudige Erscheinung, und nahmen dessen Beschlüsse und Anordnungen entgegenkommend an. Sofort ordnete R. Chanina Schaltjahre und Festfeier nach denselben Grundsätzen an, wie es in Judäa üblich war. Allein, sobald sich der Gerichtshof in Uscha wieder organisirt hatte, konnte er eine Behörde nicht bestehen lassen, welche die Einheit des Judenthums aufhob, und es in ein morgenländisches und abendländisches zu spalten drohte. Um eine solche Spaltung nicht einreißen zu lassen, schickte der Patriarch R. Simon zwei Abgeordnete R. Isaak und R. Nathan an R. Chanina mit schmeichelhaften Sendschreiben an ihn versehen, welche in der Ueberschrift die ungewöhnliche Formel hatten: „An seine Heiligkeit Chanina." Der Vorsitzende des babylonischen Synhedrin, welcher ein solches Entgegenkommen nicht erwartet haben mochte, nahm die judäischen Gesandten auf das freundlichste auf und stellte sie mit Lobeserhebungen der Gemeindeversammlung vor. Nachdem sie des Vertrauens des Volkes sicher waren, rückten sie mit dem letzten Zweck ihrer Sendung heraus. Im öffentlichen Gottesdienste las der Eine aus dem Gesetzbuche: „Solches sind die Festtage Chananjas" („für Gottes"); der Andere that etwas Aehnliches mit einer Propheten Stelle: „Aus Babylonien geht die Lehre aus, und das Wort Gottes aus Nahar-Pakod," (für „aus Zion und Jerusalem"). Die Anwesenden, durch diese ironische Umbeutung darauf aufmerksam gemacht, daß ein selbstständiges babylonisches Synhedrin dem Gesetze zuwider sei und das Band der Einheit zerreiße, fühlten sich in ihrem Gewissen beunruhigt. Vergebens bemühte sich R. Chanina den Eindruck dadurch zu schwächen, daß er die Gesandten verdächtigte; dieselben sprachen mit erhöhtem Muthe: Ein Gegen-Synhedrin in Babylonien heiße eben so viel, wie einen Altar erbauen, bei welchem Chanina und Nechunia als illegitime Priester fungirten, und gelte überhaupt gleich als sich vom Gott Israels lossagen. R. Chanina stellte aber den Bestand eines Synhedrin in Judäa in Frage, indem diejenigen Gesetzeslehrer, welche dort das Heft in Händen haben, keine Autorität genößen, worauf die Gesandten erwiderten: „die Kleinen, welche du verlassen hast, sind indessen groß geworden." Dennoch gab R. Chanina sein Vorhaben nicht eher auf, bis auch R. Juda b. Bathyra in Nisibis, den er hierbei zu Rathe gezogen, ihm bedeutet hatte, man müsse sich den Verfügungen des allgemeinen Synhedrin unbedingt unterordnen. Als er nirgends Theilnahme und Unterstützung fand, fügte sich R. Chanina und schickte Boten zu Pferde an die zunächst gelegenen Gemeinden, um die von ihm ausgegangene Festfeier zu widerrufen; hiermit hatte das babylonische Synhedrin ein Ende[1]).

Im Schooße des Collegiums zu Uscha brach indeß ein Zwie-

---
[1]) Siehe Note 21.

spalt aus, welcher beinahe ähnliche Folgen nach sich gezogen hätte, wie der Streit zwischen R. Gamaliel und R. Josua. Der Patriarch R. Simon wollte seine Würde durch die Einführung einer eigenen Etiquette erhöhen, um die Gleichheit, welche bisher zwischen den Würdenträgern bestanden hatte, aufzuheben. In Abwesenheit des Stellvertreters R. Nathan und des Sprechers R. Meïr führte er eine neue Rangordnung ein, welche ihn als Oberhaupt vor allen Anderen recht kenntlich machen sollte. Die Ehrenbezeigung, welche darin bestand, daß in einer öffentlichen Synhedrialsitzung das Volk sich beim Eintritte des Präsidenten und der zunächst stehenden Würdenträger erhob und so lange stehen blieb, bis ihm zu sitzen zugewinkt wurde, sollte von nun an einzig und allein dem Patriarchen erwiesen werden. Zu Ehren des Stellvertreters sollte nur die erste Reihe aufstehen und so lange stehen bleiben, bis er seinen Sitz eingenommen, und dem Sprecher (Chacham) ein noch geringerer Grad von Ehrenbezeigung erwiesen werden. Als R. Nathan und R. Meïr das nächste Mal zur Sitzung kamen und die neu eingeführte Ordnung bemerkten, welche es auf hierarchische Rangerhöhung des Patriarchen und Aufhebung der bisher bestandenen Gleichheit abgesehen hatte, verschworen sie sich gegen R. Simon heimlich, ihn seiner Würde zu entsetzen. Dazu brauchten sie aber die Zustimmung der Versammlung, weil der Rang des Patriarchats lediglich von der Volksmeinung getragen war. Durch seltene (halachische) Fragen wollten sie R. Simon in Verlegenheit bringen — welcher überhaupt in Kenntniß des Traditionsstoffes ihnen nachgestanden zu haben scheint — und wenn sie seine Schwäche aufgedeckt und die Versammlung gegen ihn eingenommen haben würden, wollten sie durch einen Antrag den letzten Schlag führen, einen Patriarchen nicht zu dulden, welcher nicht auf dem ganzen Gesetzes-Gebiete heimisch sei. Sie sollen auch schon die Würden unter sich so vertheilt haben, daß R. Nathan, der aus der Familie des Exilsfürsten und also aus dem davidischen Geschlechte stammte, als Patriarch und R. Meïr an dessen Stelle als Zweiter im Range eingesetzt werden sollte. Allein dieser Plan wurde R. Simon verrathen, und die Verschworenen fanden ihn vorbereitet. Der bedrohte Patriarch, die gegen ihn geführte Verschwörung enthüllend, setzte es sogar durch, daß beide aus den Synhedrialsitzungen ausgeschlossen wurden. Indessen mußten die Ausgewiesenen der Lehrversammlung ihre Abwesenheit fühlbar zu machen; sie beförderten schwierige Fragen, auf Zetteln geschrieben, in die Versammlung, und setzten sie damit in Verlegenheit. Darauf trug R. José später auf die Zurückberufung der beiden Ausgestoßenen an, indem er bemerkte: „Wir sind im Lehrhause, aber die Lehre ist draußen." Sie wurden wieder zugelassen, aber R. Simon wußte es dahin zu bringen, daß ihre Namen bei den von ihnen ausgegangenen Gesetzesbestimmungen nicht genannt werden sollten; man sagte anstatt R. Nathan: „Manche meinen," und anstatt R. Meïr: „Andere meinen." Während sich R. Nathan schließlich mit dem Patriarchen aussöhnte, dauerte die Spannung zwischen dem letztern und R. Meïr lange fort. Ohne Zweifel beharrte R. Meïr auf seiner Opposition und machte ihn durch seinen Scharfsinn öfter verlegen. R. Simon trug endlich darauf an, über den Unruhestifter den Bann zu verhängen. Allein R. Meïr war nicht so gefügig wie jene, welche sich unter R. Gamael dem Banne ohne Widerstand unterzogen hatten. Mit Berufung auf den frühern Beschluß des Synhedrin in Uscha, daß ein Mitglied nicht gebannt werden dürfe, entgegnete R. Meïr: „Ich kehre mich nicht an euer Bannurtheil, bis ihr bewiesen habet, über wen, aus welchem Grunde und unter welcher Bedingung es verhängt werden dürfe"[1]). Er scheint sich von dieser Zeit an von dem Sitze des Synhedrin entfernt und sich dauernd in Kleinasien niedergelassen zu haben, wo er auch starb. Im stolzen Bewußtsein seines Werthes soll R. Meïr vor dem Tode die Worte gesprochen haben: „verkündet den Söhnen des heiligen Landes, euer Messias ist in einem fremden Lande gestorben." Seinem letzten Willen gemäß setzte man seine Leiche an der Meeresküste bei [2]).

R. Simons Patriarchat war nicht frei von Unruhen und Bedrückungen, welche sich wohl die Statthalter oder die römischen Unterbehörden gegen das jüdische Volk erlaubt haben. Der gegenseitige Haß der Juden und Römer, welcher den Bar-Kochba'schen Krieg und die hadrianische Verfolgung erzeugt hatte, war zu groß, als daß die starken Sieger ihn nicht die schwachen Besiegten hätten empfinden lassen sollen. R. Simon b. Gamaliel bemerkt daher von den täglich sich wiederholenden Quälereien und Bedrückungen: „Unsere Vorfahren haben die Leiden nur von Ferne gerochen, wir

---

[1]) Horajot Ende. Jerus. Bikkurim III. p 65. c. Moed Katan III. p. 81. c.
[2]) Jerus Kilaim Ende.

aber sind davon so viele Tage, Jahre, Zeiten und Cyclen ganz umgeben; wir hätten mehr Recht als unsere Vorfahren, ungedulbig zu werden[1]). Wollten wir wie früher unsere Leiden und die zeitweiligen Errettungen davon in eine Gedenkrolle eintragen, wir fänden nicht Raum genug dazu[2]). Die Gehässigkeit der Römer einerseits und die Zähigkeit der Juden andrerseits, — welche den Verlust ihrer Selbstständigkeit nach so langem Ringen und so vielen Niederlagen noch immer nicht verschmerzen konnten, — scheinen im letzten Jahre des Kaisers Antoninus Pius (um 161 Frühjahr) einen neuen Aufstand in Judäa[3]) hervorgerufen zu haben, dessen Erstehung, Verlauf und Schauplatz jedoch unbekannt geblieben sind. Der Versuch einer neuen Schilderhebung scheint mit der Kriegesrüstung zusammenzuhängen, welche die Parther in der letzten Zeit dieses Kaisers gegen die Römer ins Werk setzen, um auch ihrerseits aus der halbbemüthigen Stellung zu Rom herauszukommen. So oft getäuscht, hoffte man in Judäa immer noch auf Hilfe der Parther, daß von ihnen die Erlösung vom römischen Joche erfolgen werde." R. Simon b. Jochai, der die Römer mit ihrer heuchlerischen Gesetzlichkeit gründlich haßte, bemerkte: „Wenn Du ein persisches (parthisches) Roß an die Grabdenkmäler im Lande Israel angebunden siehst, so hoffe auf den Eintritt des Messias." Indessen wurde der gewiß nur vereinzelt ausgebrochene Aufstand in Judäa rasch von dem Statthalter in Syrien unterdrückt, ehe noch die Parther zu Hilfe kommen konnten. Der parthische Krieg, welcher mehrere Jahre dauerte (161—165) begann erst kurz nach dem Ableben des Kaisers Antoninus Pius, als das römische Reich in Folge der hadrianischen Verfügung zum ersten Male von zwei Kaisern beherrscht wurde, von dem philosophisch unpraktischen Marcus Aurelius Antoninus und dem wollüstigen Verus Commodus. Im ersten Anlauf drangen die Parther unter ihrem König Vologäses bis nach Syrien vor, schlugen den Statthalter desselben, Atidius Cornelianus, der vielleicht kurz vorher den jüdischen Aufstand niedergeworfen hatte, mit seinen Legionen in die

---

[1]) Midrasch Rabba Canticum p. 18. c. gekürzt in Midrasch Threni vorletzte Seite.

[2]) Sabbat 13. b., vollständiger erhalten in Simon Kahira's Hilchot Gedolot. H. Soferim.

[3]) S. Note 22.

Flucht, und besetzten dieses Land. Eiligst wurde der zweite Kaiser, Verus mit neuen Truppen gegen sie nach dem Morgenlande gesandt, er, der am wenigsten zu einem ernsten Kriege taugte. Die Besiegung der Parther erfolgte daher durch kriegstüchtige Feldherren, während sich der Kaiser in Antiochien, Laodicea und Daphne im Schlamme viehischer und unnatürlicher Ausschweifungen wälzte. Nichts desto weniger nahm er, so wie auch sein Mitkaiser Marcus Antoninus nach Beendigung des parthischen Krieges den Siegertitel Parthicus an.

Vom Kaiser Verus scheinen neue Verfolgungen gegen die Juden Palästinas ausgegangen zu sein. Zunächst verloren sie ihre eigene Gerichtsbarkeit; man weiß nicht recht, ob das jüdische bürgerliche Recht außer Kraft gesetzt, oder jüdische Richter beseitigt worden waren. R. Simon b. Jochaï dankte Gott für diesen Eingriff der Römer, weil er, wie seine Zeitgenossen, sich nicht für befähigt genug hielten, gewissenhaft Recht zu sprechen. Wiewohl die Synhedrialhäupter keinen Antheil an diesem Aufstande genommen zu haben scheinen, so hatten die römischen Behörden doch Argwohn gegen sie und ließen sie beobachten. Einst wurde ihnen eine Unterredung hinterbracht, welche R. Juda, R. José, R. Simon b. Jochaï, wie es scheint, in öffentlicher Sitzung in Uscha über den letzten Grund der römischen Politik geführt hatten. R. Juda, der gleich R. Josua die Gemüther beschwichtigen und sie mit der herben Nothwendigkeit versöhnen wollte, hatte die Verdienste der Römer hervorgehoben: „Wie nützlich hat sich doch dies Volk gemacht! es erbaut überall Städte mit Marktplätzen, es schlägt Brücken über die Flüsse, es legt Bäder zur Erhaltung der Gesundheit an." R. José hatte Stillschweigen beobachtet, ohne sich lobend oder tadelnd zu äußern. R. Simon b. Jochaï konnte seinen Unwillen nicht zurückhalten: „Was die Römer geleistet haben, sprach er, haben sie nur aus Eigennutz und Gewinnsucht gethan. In den Städten unterhalten sie Schandhäuser[1]), die Bäder brauchen sie zu Schwelgereien, von den Brücken lassen sie sich Zoll zahlen." Ein Proselyte, Juda, soll diese Unterredung den Römern vielleicht in harmloser Weise zugetragen haben. Darauf wurde R. Juda, der Lobredner, mit Ehre überhäuft, R. José der Verschwiegene nach Laodicea ver-

---

[1]) Aehnliches berichteten die Kirchenväter: ἀγορὰν πορνείας στήσαντες. (Athenagoras legatio pro Christianis 34.)

bannt¹), und R. Simon, der Tadler, wurde zum Tode verurtheilt. In Folge dieser Vorfälle scheint das Synhedrin in Uscha sich aufgelöst zu haben, als die bedeutendsten Mitglieder ihm entzogen waren, und dessen Thätigkeit belauert wurde. R. Simon rettete sich, wie bereits erzählt worden, in eine Höhle, worin er mehrere Jahre wohl bis nach dem Tode des Kaisers Verus (Januar 169) zugebracht hat. Dieser erneuerte die hadrianischen Edikte gegen das Judenthum. Dreierlei Verbote werden besonders namhaft gemacht: Sabbatfeier, Beschneidung und Frauenbäder. Das letzte höchst seltsame Verbot kann nur von einem Wüstling wie Verus ausgegangen sein. — Es wird erzählt, Rëuben b. Strobilos (vielleicht in Antiochien) habe es durch eine List versucht, die kaiserlichen Dekrete, den Gewissenszwang betreffend, zu vereiteln. In römische Tracht gekleidet und das Haar in derselben Art geschnitten, habe sich dieser Rëuben in die Rathsversammlung eingeschlichen, um in anscheinender Judenfeindlichkeit der Sache eine andere Wendung zu geben. „Ihr hasset die Juden, so soll er gesprochen, nun wohl, so lasset sie doch am Sabbat der Ruhe und dem Müßiggange fröhnen, damit sie verarmen; so lasset sie doch ihre Kinder beschneiden, damit sie sich selbst schwächen; so lasset sie doch endlich sich des ehelichen Umganges enthalten, damit sich ihre Zahl vermindere!" Diese Wendung habe Beifall gefunden, und schon sollten die feindlichen Gesetze der Juden aufgehoben werden, als der unberufene Rathgeber als Jude erkannt wurde. Da dieser Schritt mißlungen war, wurde R. Simon b. Jochaï aufgefordert, nach seiner Rückkehr aus seinem Verstecke, also wohl nach Verus' Tod, sich nach Rom zu begeben, um den milden, wenn auch nicht gerade judenfreundlichen Kaiser Marc Aurel zu bitten die Ausnahmegesetze gegen die Juden aufzuheben. R. Simon erbat sich zum Begleiter auf dieser Reise den Sohn R. José's mit Namen Eleasar, weil er vielleicht der römischen Sprache kundig gewesen sein mag. In Rom angekommen, mochte es Beiden im Verein mit einflußreichen römischen Juden gelungen sein, von Marc Aurel, welcher überhaupt kein

---

¹) Jerus. Aboda Sara III. p. 42. c. heißt es richtig, daß R. Jose in Laodicea gestorben ist: בלודקיא דב ציינורות בשכו חלפתא בר יוסי ר׳ דמך כד. In Parallelstellen b. Moed Katan 25. b. dagegen unrichtig: בציפורי. In der Hauptstelle muß man daher mit Jechiel Hellgerin lesen: מפורי ציגלה ר״יוסי. und demgemäß in b. Baba Mezia 84 a.: ערק ללודקיא את ארקלאסיא (ר׳ יוסי) אבוך.

Freund harter Verfolgungen war und das von seinen sogenannten Bruder und Mitkaiser Angeordnete überhaupt nicht billigte, die Zurücknahme jener Dekrete zu erwirken. Auch christliche Lehrer hatten an diesen Kaiser Schutzschriften gerichtet und ihn um Duldung des Christenthums gebeten. Die Sage, welche sich an jeden Schritt R. Simon's anklammert, läßt ihn durch eine Wunderthätigkeit beim Kaiser Gunst finden. Er habe nämlich die Tochter des Kaisers (Lucilla) von dem Dämon **Bartholomaion**, von dem sie besessen gewesen, durch ein Wort befreit, und aus Dankbarkeit habe der Kaiser ihm und seinen Begleiter gestattet, sich aus dem Staatsarchiv anzueignen, was ihnen beliebte; sie hätten aber nur das judenfeindliche Dekret daraus genommen und vernichtet[1]. Indessen scheint dieser Sage doch etwas Thatsächliches zu Grunde liegen; denn R. Eleasar b. José, R. Simon's Begleiter, rühmte sich, in Rom die Tempelgefäße, das Stirnblech des hohen Priesters und den Vorhang des Allerheiligsten, welche Titus als Trophäen nach Rom gebracht, gesehen zu haben[2], was sicherlich nicht ohne besondere Begünstigung geschehen konnte. So hatten die Rollen gewechselt, in Jerusalem stand ein Jupiterbild, und in Rom konnte man die Reste der jüdischen Heiligthümer schauen, als sollte Rom jüdisch werden, wie Jerusalem römisch geworden war. — Zu dieser Zeit scheint der Patriarch R. Simon nicht mehr am Leben gewesen zu sein, dessen Tod nach einer Andeutung vor dem Eintreffen der Leiden unter dem Kaiser Verus erfolgt ist[3].

---

[1] Meïla 17. a. b.

[2] Das. Joma 59. b. Jerus. Joma IV. 41. c., öfter in Rabba's. Von R. Eleosar's Anwesenheit in Rom und seinem Verkehr mit den dortigen Juden beurkundet die harmlose Notiz Nidda 58. a.: אמר ר' אלעזר בן יוסי דבר זה הוריתי בעיר רומי לאיסור וכשבאתי אצל חכמים שבדרום וגו'.

[3] Sota Ende; Note 20.

Zwölftes Kapitel.

Letztes Tanaïten-Geschlecht. Patriarchat R. Juda I. und seines Sohnes in Sepphoris. Neue Einrichtungen. Abschluß der Mischna. Stellung der Juden unter den Kaisern Marc Aurel, Commodus, Septimius Severus und Antoninus Caracalla. Severs Gesetze in Betreff der Juden. Unwillkommene Gleichstellung der Juden im römischen Staate. Die letzten Ausläufer der Tanaïten.

(170 — 219.)

Das letzte Tanaïten-Geschlecht kehrte zu demjenigen Punkte wieder zurück, von welchem das erste ausgegangen war, und vollendete den ganzen Kreislauf. Wie das erste sich in einer einzigen Persönlichkeit, in R. Jochanan b. Sakkai, vollständig ausprägte, ebenso endete das letzte mit einem einzigen Träger, welcher der Mittelpunkt seiner Zeit war. Von jenem waren mehrere Jünger ausgegangen, welche eigene Schulen, Richtungen und Systeme hatten; der Traditionsstoff war in eine Vielheit auseinander gelegt. Der Patriarch R. Juda, Sohn Simon's II., vereinigte sie wieder und brachte hiermit die tanaïtische Thätigkeit zum Abschluß. Er war die Hauptautorität des letzten Geschlechtes, neben dem die übrigen Gesetzeslehrer keine Bedeutung hatten, er schloß die alte Richtung und öffnete die Pforten einer neuen. Ungeachtet der hohen Bedeutung, welche er in der jüdischen Geschichte einnimmt, ist R. Juda's Leben doch nur spärlich bekannt. In einer drangsalvollen Zeit, während der Nachwehen des Bar-Kochba'schen Krieges (geb. um 150, st. um 210 [1]) entwickelten sich seine Geistesfähigkeit und bedeutenden Anlagen frühzeitig, er zeichnete sich durch reife Fragen und treffende Antworten so sehr aus, daß sein Vater und das Collegium ihn noch in der Jugend in die ersten Reihen der Jünger versetzt haben [2]). Als fühlte er seinen Beruf, das Verschiedenartigste zusammenzufassen und abzuschließen, beschränkte sich R. Juda nicht auf eine einzige

---

[1]) Vergl. Note 1. und 22.
[2]) Baba Mezia 84 b.

Schule, sondern suchte den Umgang mit mehreren Gesetzeslehrern. Dies bewahrte ihn vor Einseitigkeit und jener Befangenheit, welche die Worte **eines** Lehrers mit mehr Treue als Wahrheitsliebe allen andern vorzuziehen pflegt. Die erste Kenntniß der bereits angewachsenen Ueberlieferungen brachte ihm Jakob b. Kurschai[1]) bei, einer der ersten jener Klasse von Gedächtnißmenschen, welche den Gesetzesstoff treu im Kopfe bewahrten, aber nicht Geist genug hatten, ihn in sich zu verarbeiten und daher später den Ehrennamen Tanaite von ehemals in eine gewisse Verachtung brachten. Jakob b. Kurschai war bereits unter Simon b. Gamaliel II. ein Gedächtnißmäßiger Kenner sämmtlicher Ueberlieferungen. Die Behandlung des gegebenen Stoffes konnte der junge Patriarchensohn von ihm nicht lernen. Sein Hauptlehrer waren jedoch R. Simon b. Jochai und R. Eleasar b. Schamua, dessen Lehrhaus von Zuhörern so vollgedrängt war, daß sich je sechs auf einem Sitze bequemen mußten.

R. Juda, welcher ohne Zweifel nach dem Tode seines Vaters und dem Aufhören der Verfolgung in die Patriarchenwürde eingesetzt wurde, (um 170) war mit außerordentlichen Glücksgütern gesegnet, von denen man sprichwörtlich sagte; R. Juda's Viehställe haben mehr Werth, als des persischen Königs Schatzkammern. Von diesem Reichthum machte er, da er sehr einfach lebte, für sich einen nur geringen Gebrauch, sondern verwendete ihn für die Verpflegung der Jünger, welche während seines Patriarchats vom In= und Auslande zahlreich sich um ihn sammelten, und ganz auf seine Kosten unterhalten wurden[2]). Zur Zeit der schrecklichen Hungersnoth, welche im Verein mit der Pest unter Marc Aurel mehrere Jahre im ganzen römischen Reiche wüthete, öffnete der jüdische Fürst seine Vorrathskammern und vertheilte Korn unter die Dürftigen. Anfangs bestimmte er, daß nur diejenigen unterstützt werden sollten, welche sich irgend wie mit dem Gesetzesstudium beschäftigten, und schloß die ganz Rohen und Ungebildeten von seiner Wohlthätigkeit aus. Als aber sein allzu gewissenhafter Jünger Jonathan b. Amram, der von der Gesetzeskenntniß keinen materiellen Nutzen

---

[1]) Jerus. Sabbat X. p. 12. c. X. Pesachim 37. b. Vergl. H. Horajot 13. b. Biographische Skizzen über Juda ha-Nassi von Bedeutung sind in letzter Zeit erschien von A. Krochmal in Chaluz II. und Frankel Darche Mischna 191. fg.

[2]) Sabbat 113. Erubin 53. b.

ziehen mochte, die Worte sprach: „Speise mich nicht als Gesetzes=
kundigen, sondern wie man einen hungrigen Raben ohne das ge=
ringste Verdienst sättigt," sah R. Juda seinen Irrthum ein, der
Mildthätigkeit Schranken setzen zu wollen, und vertheilte seine Spen=
den ohne Unterschied¹). Auch bei einer andern Gelegenheit gab
R. Juda einer bessern Ueberzeugung nach, sein von einer herben
Beimischung nicht ganz freies Wesen überwindend. Die Töchter
des Gesetzesverächter Acher, welche in Noth gerathen waren,
wandten sich an ihn um Unterstützung. Anfangs wies er sie lieb-
los ab und bemerkte: „die Waisen eines solchen Mannes verdienen
kein Erbarmen." Als sie ihn aber an ihres Vaters tiefe Gesetzes=
kenntniß erinnerten, welche ihn bestimmen müsse, von dessen Thaten
abzusehen, wurde er andern Sinnes²). — Durch Reichthum und
tiefe Kenntniß des Halachastoffes ausgezeichnet, gelang es ihm ohne
Mühe, was seine Vorfahren vergebens anstrebten, das Patriarchat
zur Alleinherrschaft ohne eine nebenbuhlerische Autorität zu erheben,
und die Machtbefugniß des Synhedrin auf die Person des Patriar=
chen zu übertragen. Der Sitz des Hauptlehrhauses und des Syn=
hedrialcollegiums war, nachdem Uscha seine Bedeutung verloren
hatte — eine kurze Zeit vorher scheint es das benachbarte Schefa=
ram gewesen zu sein — zu R. Juda's Zeit zuerst Bet=Schea=
rim, (auch Bet-Schari, jetzt Turan) nordöstlich von Sepphoris³),
später Sepphoris selbst, weil er es wegen dessen hoher Lage und ge=
funder Luft zu seinem Aufenthalte wählte, um sich von einem Uebel
zu erholen, an dem er mehrere Jahre gelitten hatte⁴). In Sep=
phoris scheint ein vollzähliger hoher Rath von 70 Mitgliedern, be=
standen zu haben, welcher religiöse Fragen nach der eingeführten
Geschäftsordnung zu entscheiden pflegte⁵); R. Juda's Ansehen war
aber so groß, daß das Collegium selbst ihm die Machtvollkommen=
heit übertrug, welche früherhin dem Plenum oder einzelnen Mit=
gliedern desselben zustand. Mit Recht sagte man von R. Juda, daß
seit Mose Gesetzeskenntniß und Autorität nicht in einer einzigen
Person so vereinigt waren, wie in ihm⁶). Eine sehr wichtige

---

¹) Baba Batra 8. a.
²) Chagiga 14. b. Jerus. Chagiga II. p. 77 c.
³) Schwarz Tebuot Arez 96. b. Robinsons Palästina III. 489.
⁴) Ketubot 103. b. fg. Jerus. Kilaim IX. p. 32 b.
⁵) Tosifta Chulin c. 3. Babli Synhedrin 36. a.
⁶) Synhedrin das.

Funktion, welche diesem Patriarchen übertragen wurde, oder die er sich übertragen ließ, war die Ernennung der Jünger zu Richtern und Gesetzeslehrern. Er durfte sie ohne Berathung mit dem Collegium ausüben, hingegen war die vom hohen Rathe ausgegangene Ernennung ohne Bestätigung des Patriarchen ungültig[1]). Die geistlichen Leiter der Gemeinden, die Besetzung von Richterämtern, die Ergänzung des Synhedrialcollegiums, kurz, Judäa und die diasporischen Gemeinden, geriethen dadurch in Abhängigkeit vom Patriarchen. Das, wonach sein Vater und Großvater vergebens gerungen hatten, fiel ihm so zu sagen in den Schooß. Es gab zu seiner Zeit keinen Stellvertreter (Ab-Bet-Din) keinen öffentlichen Sprecher (Chacham) mehr. R. Juda, der Fürst, (ha-Nassi) war allein Alles in Allem. Das Synhedrin hatte sich selbst seiner Autorität begeben und führte von der Zeit an nur noch ein Scheinleben fort; der Patriarch entschied fortan Alles. In Folge des hohen Ansehens nannte man ihn schlechtweg Rabbi, als wenn neben ihm kein Gesetzeslehrer Bedeutung gehabt hätte, und er der Inbegriff der Lehre gewesen wäre. Bald erhöhte R. Juda noch seine Machtbefugniß durch eine Bestimmung, daß auch der Fähigste nicht berechtigt sei, irgend welche religiöse Entscheidung zu treffen, wenn er nicht von ihm dazu ausdrücklich autorisirt worden ist[2]).

Welche Wichtigkeit dieser Akt hatte, zeigte sich an dem Umstande, daß die Gemeinden in- und außerhalb Judäas sich direkt mit dem Patriarchen in Verbindung setzen mußten, um sich von ihm Beamte, Richter und Lehrer empfehlen zu lassen. Die Gemeinde zu Simonias südlich von Sepphoris erbat sich von dem Patriarchen einen Mann, der für sie öffentliche Vorträge halten, Rechtssachen entscheiden, die Aufsicht über die Synagoge führen, beglaubigte Schriftstücke anfertigen, die Jugend unterrichten und überhaupt alle Gemeindebedürfnisse versorgen sollte. Er empfahl ihr seinen besten Schüler Levi bar Sfisi[3]). Man erfährt aus diesem Beispiele, welche Anforderungen damals an einen Volkslehrer gestellt wurden. Ein anderer Jünger R. Juda's mit Namen Rabba bar Chana aus Kafri in Babylonien, welcher für seine Heimath eine öffentliche Funktion nachsuchen wollte, mußte

---

[1]) Jerus. Synhedrin I. 1. S. Note 25.
[2]) Synhedrin 5. b. Jerus. Schebiit VI. p. 36 c.
[3]) Jerus. Jebamot XII. p. 12 a. auch in anderen Stellen.

sich die Befugniß, Religionsfragen zu entscheiden und Recht zu sprechen, vom Patriarchen ertheilen lassen¹). Ebenso erlangte ein dritter seiner Jünger Abba Areka, ebenfals ein Babylonier, welcher später eine Hauptautorität in den babylonischen Gemeinden wurde, diesen Einfluß lediglich durch die Ernennung R. Juda's²). Nur eine einzige Würde, die des Exilsfürsten in Babylonien, war dem Patriarchat ebenbürtig, auf welche R. Juda um so eifersüchtiger war, als sie von den parthischen Machthabern übertragen und unterstützt wurde, während die seinige von den römischen Herrschern höchstens geduldet war.

Mit dieser Alleinherrschaft bekleidet, führte R. Juda eine ungewöhnliche Strenge gegen seine Jünger ein und zeigte gegen dieselben eine so reizbare Empfindlichkeit, daß er ihnen nicht einmal im Scherze ein Nahetreten seiner Würde verzieh. Das Betragen, welches er auf dem Todtenbette seinem Sohne einschärfte: die Schüler mit strengem Ernste zu behandeln³), beobachtete er selbst während seiner Wirksamkeit. Unter den vielen Babyloniern, welche in das Lehrhaus von Sepphoris geströmt waren, befand sich auch ein ausgezeichneter Jüngergenosse R. Chija (abgekürzt von Achija), welchen die Zeitgenossen während seiner Geistesgaben, seines heiligen Wandels und seiner unermüdlichen Thätigkeit zur Verbreitung der Lehre unter das Volk nicht genug rühmen können. R. Juda selbst schätzte ihn sehr hoch und sagte von ihm: „von weiter Ferne kam mir der Mann des Rathes."⁴) Dennoch verzieh der Patriarch diesem R. Chija nicht einmal einen geringen Scherz. R. Juda hatte sich einst gegen ihn geäußert: „Wenn der Exilsfürst Huna nach Judäa käme, so würde ich zwar die Selbstverläugnung nicht so weit treiben, ihm meine Würde abzutreten, aber hoch verehren würde ich ihn, weil er ein Abkömmling David's in männlicher Linie ist, während meine Familie nur in weiblicher Linie von königlichem Blute stammt." Als derselbe Fürst Huna sich nach seinem Tode nach Judäa bringen ließ, erlaubt sich R. Chija gegen den Patriarchen den Scherz zu bemerken: „Huna kömmt an." Bei diesen Worten verfärbte sich R. Juda, und als es sich herausstellte, daß nur von der Leiche des

---

¹) Synhedrin 5. a.
²) Daselbst und Note 1.
³) Ketubot 103. b.
⁴) Menachot 88. b.

Exilsfürsten die Rede war, ahndete er an R. Chija ben Scherz damit, daß er ihn auf dreißig Tage aus seiner Gegenwart verwies¹). Ein andermal strafte er R. Chija auf dieselbe Weise, weil er, im Widerspruch gegen des Patriarchen Bestimmung, auf freier Straße Lehrvorträge gehalten hatte²). Ebenso empfindlich zeigte er sich gegen seinen Jünger Simon bar=Kappara. Dieser, tief eingedrungen in das Halachastudium, verband damit dichterische Begabtheit und feine Satyre, und ist der einzige hebräische Dichter aus jener Zeit, so viel bekannt ist. Die wenigen Ueberbleibsel der Bar=Kapparischen Muse zeigen eine gewandte Handhabung der hebräischen Sprache in verjüngter Gestalt und in ursprünglicher Reinheit und Kraft; er hatte Fabeln gedichtet, von denen jedoch keine Spur erhalten ist. Bei einer fröhlichen Zusammenkunft hatte sich einst der witzige Bar=Kappara einen Spaß gegen den reichen, aber unwissenden und eiteln Schwiegersohn des Patriarchen mit Namen Bar=Eleasa erlaubt. Alle Anwesenden hatten Fragen an R. Juda gerichtet, mit Ausnahme des beschränkten Bar=Eleasa. Bar=Kappara ermunterte ihn ebenfalls zu einer solchen und flüsterte sie ihm in Form eines Räthsels zu. Dieses Räthsel, welches bis heute noch nicht die Lösung gefunden hat, enthielt allem Anschein nach Anspielungen auf Personen, welche R. Juda nahe standen; es lautete ungefähr:

> Hoch schaut ihr Aug' vom Himmel,
> Man hört ihr stetes Getümmel,
> Sie flieh'n beschwingte Wesen.
> Sie scheucht die Jugend zurück.
> Auch Greise bannt ihr Blick;
> Es ruft oh, oh! wer flieht,
> Und wer in ihr Netz gerieth,
> Kann nie von der Sünde genesen.³)

¹) Jerus. Kilaim IX. p. 32 b.
²) Moed Katan 16. b.
³) Jer. das. III. p. 81. c. s. auch Leviticus Rabba c. 28. Die bisherigen Enträthselungen halte ich für mißlungen. Das Stichwort kann weder der Tod sein, noch paßt es auf die Venus und auch nicht auf R. Juda's Strenge. (s. Krochmal a. a. O. p. 84. fg). Ich will meine Lösung derselben Beurtheilung oder Verurtheilung Preis geben. Es bezieht sich vielleicht auf dessen Hauptsklavin und Verwalterin (אמתא דבי רבי), welche eine Tyrannei gegen Jung und Alt und besonders gegen die Jünger ausgeübt hat.

Bar=Eleasar trug in seiner Einfalt das Räthsel vor; R. Juda mochte aber an dem satyrischen Lächeln Bar=Kapparas gemerkt haben, daß es auf eine Bespöttelung abgesehen war, und sprach darum zornig zu Bar=Kappara: „ich erkenne dich nicht als ernannt an" [1]). Bar=Kappara verstand später diese Worte, da es ihm nicht gelingen wollte, als selbstständiger Gesetzeslehrer ernannt zu werden. Auch Samuel, einer der berühmtesten babylonischen Jünger, durch dessen ärztliche Behandlung R. Juda's langwierige Krankheit geheilt wurde, konnte nicht die ihm gebührende Ernennung zum Gesetzeslehrer erlangen. Es scheint, daß seine halachischen Kenntnisse nicht ganz genügten, weil er sich, wie später erzählt werden wird, mit fremden Wissenschaften, Arzneikunde, Astronomie und Kalenderberechnung beschäftigt hat. R. Juda wollte sich einst gegen Samuel, dem er seine wiederhergestellte Gesundheit zu danken hatte, wegen dieser Zurücksetzung entschuldigen. Scherzhaft antwortete ihm Samuel, daß es so im Buche Adams verhängt sei: „daß Samuel ein Weiser, aber nicht Rabbi genannt, und daß deine Krankheit durch mich gehoben werden soll" [2]). — Chanina, ein Jünger, der später ebenfalls zu den Autoritäten gezählt wurde, hatte einst gegen R. Juda bemerkt: daß ein Wort in den Propheten anders gelesen werden müsse, als er es ausgesprochen. Empfindlich darüber, fragte ihn R. Juda, wo er das gehört habe, worauf Chanina antwortete: bei R. Hamnuna in Babylonien. „Gut, erwiederte R. Juda, wenn du wieder zu ihm kömmst, sage ihm, daß du von mir als Weiser anerkannt bist," [3]) was die Andeutung enthielt, daß er nie von ihm die Berechtigung zu lehren erhalten werde. Die Reizbarkeit des Patriarchen, der sonst ein edler Charakter gewesen, war eine schwache Seite, welche, ein Erbtheil menschlicher Unvollkommenheit, auch den größten Persönlichkeiten anhaftet und an ihnen um so auffallender erscheint, je heller ihre Lichtseiten hervortreten. Möglich auch, daß die Empfindlichkeit eine Folge seiner Kränklichkeit war. Sie verfehlte aber nicht eine gewisse Mißstimmung und Unzufriedenheit zu erregen, welche jedoch wegen der hohen Verehrung, die man dem Patriarchen zollte, nicht laut wurde. Bei einem Gastmahle, als der Weinrausch die Zungen gelöst und

---

[1]) Das.
[2]) Baba Mezia 86. a.
[3]) Jerus. Taanit IV. 2. Midrasch Kohelet zu c. 7. B 7.

die Rücksicht vergessen gemacht hatte, ließen die Zwillingssöhne R. Chija's der Unzufriedenheit das Wort. Diese hochbegabten Jünglinge mit Namen Juda und Chiskija, welche der Patriarch selbst zu Lebhaftigkeit und Redseligkeit aufgemuntert hatte, äußerten einst: „der Messias kann nicht eher erscheinen, bis die beiden fürstlichen Häuser Israels untergehen werden: das Patriarchenhaus in Judäa und das Haus des Exilsfürsten in Babylonien." Der Wein hatte die geheimen Gedanken verrathen [1]).

Vermöge seiner Unabhängigkeit und seiner Autorität hob R. Juda aus Rücksicht auf die Zeitverhältnisse manche Gebräuche und Gewohnheiten auf, welche durch das Alter geheiligt schienen, und setzte sein Vorhaben mit Beharrlichkeit und Rücksichtslosigkeit durch. Unter andern scheint er den Brauch der Bergfeuer ab, welche zur Bekanntmachung des Neumondes von Station zu Station angezündet zu werden pflegten, abgeschafft zu haben.

R. Juda führte anstatt dessen die Einrichtung ein, den Neumond durch Sendboten bekannt zu machen [2]). Wiederholte Schikane, welche die Samaritaner, bald sich dem Judenthum nähernd, bald sich wieder von ihm entfernend, zugefügt hatten, waren die nächsten Veranlassungen dazu. Zwischen Juden und Samaritanern waren in letzter Zeit manche Reibungen vorgekommen. R. Eleasar, Sohn R. Simon b. Jochaï, ein Zeitgenosse R. Juda's, welcher Bekanntschaft mit der samaritanischen Thora gemacht, warf ihnen manche Fälschung vor, welche sie in dem heiligen Texte vorgenommen hatten. Das friedliche Verhältniß, in welchem Juden und Chuthäer seit dem hadrianischen Kriege mit einander lebten, machte allmälig einer gegenseitigen erbitterten Gehässigkeit Platz. Als einst R. Jsmael b. José durch Neapolis (Sichem) reiste, um in Jerusalem zu beten, spöttelten die Samaritaner über die Zähigkeit der Juden: es wäre doch viel richtiger auf diesem gesegneten Berg (Garizim) zu beten, als auf den Trümmerhaufen Jerusalems. Er erwiderte ihnen, daß der Berg in ihren Augen nur deswegen Heiligkeit habe, weil in

---

[1]) Synhedrin 38. a.

[2]) Jerus. Rosch ha-Schanah II, p. 58 a. Auch in der uncensirten Ausgabe des Talmud ist die Lesart das. משקרין בהרים, dagegen las Parchi (in Kaftor V. 12); משיאין משואות. Die Schikane mit täuschendem Bergfeuer zur Unzeit wäre demnach von Judenchristen ausgegangen. Es paßt allerdings für diese besser, da sie mehr Interesse als die Samaritaner daran hatten, die Festfeier der Juden in Verwirrung zu bringen.

demselben die Götzenbilder vergraben lägen, welche der Erzvater Jakob daselbst vergraben habe. Wegen dieser Antastung ihrer Rechtgläubigkeit gingen die Samaritaner mit dem Plane um, ihn heimlich zu ermorden, aber er rettete sich durch die Flucht[1]). In dieser Mißhelligkeit mögen die Erstern eine Neckerei ausgeführt haben, zur Unzeit die Bergfeuer anzuzünden, um die jüdischen Gemeinden über die Neumondszeit zu täuschen. — Ueberhaupt scheint unter R. Juda die Einsetzung der Feste durch Beobachtung des Neumondes an Wichtigkeit verloren zu haben. Die astronomische Berechnung wurde in seiner Zeit die Hauptsache, das Zeugenverhör über die Wahrnehmung, früher eine Hauptfunktion des Patriarchen, blieb nur untergeordnet; deswegen ließ R. Juda auch solche Zeugen zu, welche man früher für ungültig gehalten, wie Ohrenzeugen und Verbrecher[2]). Er fungirte nicht mehr selbst bei der Verkündigung des Neumondes, sondern schickte Stellvertreter dazu ab, einmal auch R. Chija; der Ort der Verkündigung war damals Ain-Tab[3]), wahrscheinlich in Süd-Judäa; man ließ noch diesem Landestheil, dem ehemaligen Sitze so vieler Heiligthümer und Erinnerungen, diesen geringen Vorzug[4]).

Auch in einem andern Punkte wich R. Juda von dem Herkommen und dem halachischen Gesetze ab; er erleichterte die Gesetze des Erlaßjahres und der Zehnten. Trotz des Unterganges des jüdischen Staates und der gehäuften Unglücksfälle blieben diese Gesetze, wie bereits erzählt, in voller Kraft, wurden aber für das Volk, welches durch die Kriegsunruhen, Steuern und Gelderpressungen verarmt war, doppelt drückend. Darauf nahm der Patriarch Rücksicht, dieselben, wenn auch nicht ganz aufzuheben, doch zu mildern[5]). Ferner erklärt R. Juda, daß das Gebiet einiger Grenzstädte, die bisher als Theile Judäa's gegolten hatten, fernerhin nicht mehr die Heiligkeit des jüdischen Bodens genießen sollte. Es war dieses in so fern eine Erleichterung, weil es dadurch von Zehnten und

---

[1]) Chulin 6. a. Jerus. Aboda Sara V. p. 44. d. Sota VII. p. 21. c. Jebamot I. p. 3. a. Genesis Rabba c. 81. Vergl. Frankel: Ueber den Einfluß der palästinensischen Exegese S. 243.

[2]) Jerus. Rosch ha-Schana das.

[3]) Rosch ha-Schana 25. a. Pesikta c. 41. und Jer. Rosch ha-Schana p. 58. a. und an andern Stellen.

[4]) S. Note 21.

[5]) Jerus. Schebiit VI. p. 37. a.

ohne Zweifel auch von den Erlaßgesetzen befreit wurde. Es betraf die Städte Betsan (Scythopolis), Kephar-Zemach (Samega) am Jordan, Cäsarea am Meere und Bet Guberin (Bet Gabara, Eleutheropolis) im Süden[1]), die meistens von Griechen und Römern bewohnt waren, und auch von jeher nicht immer unter jüdischer Botmäßigkeit gestanden hatten. Seine eigenen Verwandten verargten dem Patriarchen diese Erleichterung, worauf er entgegnete: „Diese That haben unsere Vorfahren mir überlassen."[2]) Er war sogar im Begriffe, die Gesetze des Erlaßjahres überhaupt aufzuheben, doch wollte er einen so auffallenden Schritt nicht ohne Berathung mit den Personen thun, welche Bedenken dagegen haben könnten. R. Pinchas b. Jaïr galt damals als der Inbegriff scrupulöser Frömmigkeit. Er war ein Schwiegersohn R. Simons b. Jochaï, hatte eine düstere Gemüthsart, die von keinem Institute irgend ein Heil erwartete, und pflegte zu klagen: „seit der Tempelzerstörung sind die Genossen und die Freien beschämt, die Gesetzesübenden in der Irre, Gewalt und Angeberei siegen, und Niemand nimmt sich der Verlassenheit an, wir können nur von Gott etwas hoffen"[3]). Besonders hielt R. Pinchas streng auf die gesetzlichen Vorschriften des Zehnten und nahm deswegen nie eine Einladung bei irgend Einem an. Die Sage schmückte seine Strenge in Bezug auf die Zehntengesetze aus und erzählt: sein Esel selbst sei so gewöhnt gewesen, nur verzehntetes Futter zu genießen, daß er einst beinahe verhungerte, als man ihm Unverzehntetes vorgeworfen habe, von dem er nicht berühren mochte[4]). Diesen R. Pinchas zog R. Juda zu Rathe, um das Erlaßjahr aufzuheben; vermuthlich machte ein Nothjahr diese Maaßregel nothwendig. Der Patriarch fragte ihn: „Wie wird es mit dem Getreide stehen?" Verweisend antwortete R. Pinchas: „die Endivienkräuter sind ja gut gerathen," d. h. man müsse sich mit Kräutern begnügen, um nicht das Gesetz aufzuheben. R. Juda gab wegen dieser Abneigung sein Vorhaben ganz auf. Als der Eiferer gar in des Patriarchen Hofe Maulthiere bemerkte, die zu halten nicht ganz gesetzlich war, nahm er nicht einmal eine Ein-

---

[1]) Jerus. Demaï II. p. 22, c. Ueber die Lage von Bet-Gubrin siehe Robinsons Palästina II. 672 ff.
[2]) Chulin 6. b.
[3]) Sota 49. a.
[4]) Chulin 7. a. b. Jerus. Demaï I. p. 22. a.

labung bei ihm an, sondern verließ R. Juda auf der Stelle, um nie mehr mit ihm zusammenzukommen¹).

Die Hauptbedeutung R. Juda's, wodurch er sich einen bleibenden Namen erworben und eine abschließende Epoche gebildet hat, war indessen die Vollendung der Mischna (189 ²). Seitdem die älteste Sammlung unter dem Namen Abojot³) angelegt wurde, wuchs der Gesetzesstoff in zwei Generationen massenhaft an; neue Fälle, theils aus alten gefolgert, theils aus der Schrift hergeleitet, hatten den Umfang desselben vielfach erweitert. Die verschiedenen Schulen und Richtungen hatten manche Gesetzesbestimmung in Zweifel gelassen, welche einer Entscheidung harrten. R. Juda legte daher seiner Sammlung die bereits halb und halb geordnete Mischna R. Akiba's zu Grunde, in der Weise, wie sie R. Meïr vorgetragen und verbessert hatte, und behielt auch dieselbe Ordnung bei⁴). Er prüfte jede Meinung für und wider und setzte endlich die halachischen Bestimmungen nach gewissen Grundsätzen fest. Wenn auch R. Akiba's Ordnung das Grundelement war, so erklärte sich R. Juda nicht immer für dieselbe, sondern entschied nach dem Princip der Mehrheit. Solche nach der Majorität endgültig festgesetzte Entscheidungen stellte er ohne den Namen ihrer Ueberlieferer hin. Beruhte ein Gesetz dagegen nur auf der Autorität eines einzelnen Lehrers, so führte er den Träger derselben namhaft an, mit der Andeutung, daß sie gegenüber der allgemein gültigen Halacha kein Gewicht habe. Außer diesem mochte er auch hier und da von der Akibaïschen Ordnung abgewichen sein, daß äußerliche Hülfsmittel der Zahlen mit dem sachgemäßen der zusammengehörigen Gegenstände zu vertauschen. R. Juba bestrebte sich, eine gewisse systematische Gruppirung der verschiedenen überlieferten Gesetze über Gebote, Segenssprüche, Abgaben von Feldfrüchten, Sabbat, Feiertage, Fasten, Ehebestimmungen, Gelübde und Nasireat, bürgerliche und pein-

---

¹) Daselbst. Die Anklage Schorr's, daß R. Juda Nassi das Judenthum stabil gemacht und jenen Satz eingeschmuggelt habe: ein Gerichtshof dürfe fast gar nicht die Verordnung eines ältern aufheben, ist ungerecht und unerwiesen. Jener Satz Adojot I. 5. gehört einem ältern Tanaitenkreise an, dem Juda b. Ilaï eine Ansicht entgegensetzt. Vergl. weiter die Anmerkung zu R. Jochanan gegen Schorr's allzuleidenschaftliche und darum parteiische Ausfälle Chaluz II. p. 49. fg. Note 26.

²) S. Note 1.
³) S. oben S. 38.
⁴) Synhedrin 86. a.

liche Gerichtsbarkeit, Opferwesen und levitische Reinheit einzuhalten. Aber es gelang ihm nicht durchgängig, theils weil der Stoff dem Zusammenhange widerstrebte, und theils weil er sich an die vorgefundene Ordnung und Eintheilung halten wollte[1]). Der Ausdruck der Mischnasammlung R. Juda's ist kurz, abgemessen und sinnreich, geeignet, sich dem Gedächtniß besser einzuprägen Er legte sie aber keineswegs dazu an, um sie zur alleinigen Norm zu machen, sondern stellte sie, wie seine Vorgänger und Zeitgenossen, für sich zusammen, um einen Leitfaden für die Lehrvorträge zu haben. Aber durch das Ansehen R. Juda's bei seinen Zeitgenossen und Schülern erlangte sie ausschließliche Autorität und verdrängte alle frühere Mischnas, Midot und Nomika, welche eben dadurch nur dem Namen nach bekannt geworden sind. Die Sammlung behielt den uralten Namen Mischna bei, aber sie führte ursprünglich das Beiwort „di Rabbi Juda"; nach und nach verlor sich dieser Beisatz und sie fing an, als allein berechtigte, anerkannte und autorisirte zu gelten. Seine Schüler verbreiteten sie in entfernte Länder und gebrauchten sie bereits als Text für ihre Vorträge und als religiösen und richterlichen Kodex. Diese Mischna wurde aber eben so wenig, wie die ältern Sammlungen, schriftlich aufbewahrt, sie blieb vielmehr viele Jahrhunderte hindurch der mündlichen Mittheilung überlassen, wie es denn überhaupt als ein religiöses Vergehen und eine Entwürdigung angesehen wurde, das Traditionelle niederzuschreiben[2]). Nur Agadas wurden hin und wieder schriftlich gesammelt, was manche Gesetzeslehrer nicht minder scharf gerügt haben. Seltene oder auffallende Halachas trugen wohl einige, wie R. Chija, in eine Rolle ein, aber so heimlich, daß sie davon den Namen „Geheimrolle" (megillat Setarim[3]) erhalten hat.

Im Alter ging R. Juda seine Mischnasammlung noch einmal durch, änderte Manches nach andern Ansichten, welche er über die Dinge hatte. Die spätere Ordnung nahmen seine babylonischen Schüler zur Norm, während sein Sohn, R. Simon, sich an die ursprüngliche Fassung hielt. Derselbe hat überhaupt nach dem Tode seines Vaters manche Zusätze zur Mischna geliefert. — Die

---

[1]) Frankel in Darche Mischna p. 254 fg. gab sich Mühe eine gewisse systematische Ordnung darin zu finden.
[2]) S. Note 25.
[3]) Sabbat 6. b.

Sprache der Mischna ist hebräisch in verjüngter Gestalt, vermischt mit vielen volksgebräuchlichen aramäischen, griechischen und lateinischen Benennungen. R. Juda pflegte das Hebräische mit Vorliebe und verachtete die syrische Sprache, welche in Galiläa heimisch war, wegen ihres nachlässigen Charakters, indem sie verschiedenartige Laute in der Aussprache verwechselt, und wegen ihrer jargonartigen Gemischtheit aus verschiedenen Elementen. Er behauptete, in Judäa sei die syrische Sprache überflüssig, man spreche entweder Hebräisch oder Griechisch[1]). Das Hebräische war in Judäa und namentlich in den Städten keineswegs aus dem Munde des Volkes ganz ausgestorben. Selbst R. Juda's Haussklavin und Haustyrannin war mit der hebräischen Sprache so sehr vertraut, daß manche ausländische Schüler von ihr Auskunft über einige ihnen unbekannte Wörter erhielten[2]). Man handhabte das Hebräische so leicht und geläufig, daß manche Rechtsbestimmungen und feinere Unterscheidungen, welche, ein Produkt des allgemeinen Zeitbewußtseins, auch in den jüdischen Kreis übergegangen waren, ihre entsprechenden hebräischen Benennungen gefunden haben. Irrthümlich ist aber die Folgerung aus dem Vorhandensein solcher übereinstimmender Ausdrücke, daß das jüdische Recht sich nach dem Muster des römischen gebildet habe. Dasselbe entwickelte sich vielmehr, wie der ganze Stoff des mündlichen Gesetzes, auf eigenem Boden[3]).

So hatte endlich die Tradition ihren Abschluß und ihre Sanction erhalten. Vier Jahrhunderte hindurch seit der Makkabäerzeit, wo zuerst die überlieferte Lehre als ein wirksames Element in die Geschichte eingriff, blieb sie gewissermaßen in der Schwebe; von den Pharisäern behauptet, von den Sadducäern geleugnet, von der schamaitischen Schule in enge Grenzen gezogen, von der hillelschen erweitert, von den Nachfolgern derselben vielfach bereichert, erlangte die Ueberlieferung durch Rabbi eine feste Gestalt und übte durch Inhalt und Form eine geistige Macht in einer langen Reihe von Jahrhunderten aus. Die Mischna wurde neben der heiligen Schrift die Hauptquelle geistiger Anregung und Forschung, sie verdrängte zu Zeiten sogar die Schrift und behauptete sich als alleinige Gebieterin. Sie wurde das geistige Band, das die verrenkten Glieder

---

[1]) Sota Ende. Erubin 53. a.
[2]) Rosch ha-Schana 26. b. Jerus. Megilla II. 2.
[3]) Vergl. Frankel, gerichtlicher Beweis S. 60. ff.

der jüdischen Nationalität zusammenhielt und machte das sichtbare Band entbehrlich. Die Mischna, das Kind des Patriarchats, durch welches sie in die Welt gesetzt wurde und Autorität erlangte, tödtete so zu sagen ihren Erzeuger; jenes verlor nach und nach an Ansehen und Einfluß.

Das Erscheinen der Mischna schloß die Reihe der Tanaïten und machte der selbstständigen, schöpferischen Thätigkeit ein Ende. „R. Nathan und R. Juba sind die letzten Tanaïten", sagt eine sybillinische Chronik (das apokryphische Buch Adams). Die Mischna machte von jetzt an eine andere Art Forschung nothwendig, welche mit der tanaïtischen Lehrweise nur eine sehr geringe Aehnlichkeit hatte.

Die ältern Bearbeiter der jüdischen Geschichte haben die Entstehung der Mischnasammlung auf die Freundschaft R. Juba's mit einem Kaiser, als auf die nächste Veranlassung, zurückgeführt, als wenn sie ohne kaiserliche Huld nicht hätte zu Stande gebracht werden können[1]). Indessen bedurfte es zum Sammeln und Abschließen der Gesetze keiner so außerordentlichen Begünstigungen, indem R. Juba dafür vielfache Vorarbeiten von R. Akiba's Jüngern vorgefunden hatte, welche er nur zu benutzen brauchte. Ohnehin geräth man von einer Verlegenheit in die andere, um unter den acht Antoninen denjenigen, welcher den Juden günstig gewesen wäre, herauszufinden, weil keiner derselben, von dem edlen Antoninus Pius bis zu dem entsittlichten Antoninus Heliogabal, sich dazu eignet. An den ersten ist gar nicht hierbei zu denken, weil dessen Regierungszeit vor R. Juda's Patriarchat fällt. Aber selbst der zweite Antonin, der philosophische Kaiser Marc Aurel, an den man zunächst und zumeist gedacht hat, war kein sonderlicher Freund der Juden. Seine tiefe Anhänglichkeit an das altrömische Wesen und den Götterkultus, den wiederherzustellen seine Lebensaufgabe war[2]), seine Vorliebe für die stolze Philosophie der Stoa, endlich seine Entfernung von Judäa, das er nur auf kurze Zeit und vorübergehend berührte, ließen keinen Berührungspunkt mit dem Judenthum und dessen Vertreter zu. Es finden sich im Gegentheil deutliche Spuren, daß Marc Aurel eine förmliche Abneigung gegen die Juden hegte. Als er nach dem Tode

---

[1]) Sendschreiben Scherira's ed. Goldberg S. 206. Raschi zu Baba Mezia 33. b. vgl. Note 23. 24.

[2]) Capitolinus in Marcum 12. Vergl. Corpus Juris Digesta, 49, 19, 30.

des Gegenkaisers Avidius Cassius nach Judäa gekommen war (Sommer 175), fand er die Juden lärmend und unsauber; sie hatten ihm nicht in Festkleidern und ehrfurchtsvoller Haltung gehuldigt, und er äußerte sich darüber verdrießlich: „Endlich habe ich ein Volk kennen gelernt, welches noch schlimmer ist, als Marcomanen, Quaden und Sarmaten!"[1]) Seine und seines Nachfolgers Regierungszeit war auch keineswegs eine glückliche für die Juden, welche sich im Gegentheil über harten Druck zu beklagen hatten. R. Achija bemerkte darüber. „Gott wußte, daß Israel die harten Gesetze der Römer nicht würde ertragen können, darum versetzte er sie nach Babylonien"[2]). Zur Zeit R. Juda's wurde den Gemeinden in Judäa die Zwangsteuer unter dem Namen Kronengelder (aurum coronarium, Kelila) aufgelegt, welche so drückend war, daß die Einwohner von Tiberias die Flucht ergriffen[3]), um sich derselben zu entziehen. In der That findet sich nicht ein einziges Gesetz von dem Kaiser Marc Aurel, welches er zu Gunsten der Juden erlassen hätte. Die Freundschaft R. Juda's mit diesem Kaiser hat demnach keinen geschichtlichen Anhaltungspunkt. Mit den übrigen unechten Antoninen hat R. Juda um so weniger persönlich verkehren können, als er deren Lasterregierung schwerlich erlebt hat.

An dem kurzen Aufstand des Avidius Cassius (175), des Feldherrn, gegen die Parther unter Verus und Statthalters von Syrien, also auch von Palästina, haben sich schwerlich Juden betheiligt. Er wurde durch eine falsche Nachricht von Marc Aurel unternommen und mit Leichtigkeit geführt. — Unter dem Sohne des philosophischen Kaisers Commodus (180—192), des wollüstigen und blutbürstigen Dummkopfes, mit welchem die Reihe der guten und leiblichen Kaiser schloß und die der Tyrannen, die einander die Kehle abschnitten, begann, war Judäa ohne Zweifel allerhand Plackereien und Bedrückungen ausgesetzt. Statthalter von Syrien, wozu jenes Land als kleines Anhängsel gehörte, war der rohe, wilde und ausschweifende Pescennicus Niger. Als einst die Palästinenser an ihn, der allmächtig in seiner Provinz regierte, um Erleichterung des unerträglich gewordenen Steuerdruckes baten, antwortete er ihnen: „Ihr verlangt, daß ich eure Ländereien von Steuern erleichtere,

---

[1]) Ammianus Marcellinus 22. 3.
[2]) Gittin 17. a.
[3]) Baba Batra 8. a. 143. a. Das Letzte vielleicht unter Juda II.

ich möchte aber selbst die Luft, die ihr einathmet, besteuern."[1]) Nicht besser ging es wohl nach Commodus Tod (192), als wilde Empörungskriege und die entfesselte Wuth einander bekämpfender Gegenkaiser ausbrachen. In kaum drei Monaten zwei Kaiser ermordet (Commodus, Pretinar, Januar bis März 193), der Purpur und das große römische Reich von der prätorianischen Leibwache feilgeboten, versteigert. Der glückliche Erwerber Didius Julianus mußte aber doch den kurzen Rausch, Kaiser genannt zu werden, mit dem Leben bezahlen. Damit war die Ruhe noch lange nicht hergestellt. An den äußersten Grenzen des römischen Reiches zugleich drei Kaiser, Pescennius Niger in Syrien, Septimius Severus in Pannonien und Albnus in Brittanien. Die Selbstzerfleischung Roms begann von Neuem. Es hat es aber auch nicht besser verdient. Nicht die Prätorianer waren die gesunkensten, welche den Kaiserpurpur dem Meistbietenden anboten, sondern der Senat, welcher jedem, von einem Verschwörer oder einer Legion ausgerufenen Kaiser Anerkennung und Vergötterung entgegentrug. Das sündhafte Rom büßte aber nicht allein seine großen Missethaten und seine fast noch größere Feigheit, sondern sämmtliche Völkerschaften, welche mit ehernen Banden an diesen faulenden Körper gefesselt waren, büßten mit ihm.

Wie sich die Juden in dem Kampfe, welcher zwischen den zwei Legionenführern Pescennius Niger und Septimius Severus um den Purpur ausbrach (193—194), verhalten haben, ist schwer zu ermitteln. Die Paläftinenser, d. h. die Fremdlinge, Römer, Griechlinge und Syrer, welche das Land bewohnten, hatten allerdings für Niger Partei ergriffen, auch die Samaritaner, wenigstens die Bewohner von Neopolis (Sichem[2]). Wenn die Nachricht geschichtlich ist, daß Juden und Samaritaner in dieser Zeit mit einander eine blutige Fehde führten und einander Schlachten lieferten, wodurch Viele auf beiden Seiten gefallen sein sollen[3], so würde daraus folgen, daß die Ersteren nicht zur selben Fahne gestanden haben. Severus blieb Sieger. Die Anhänger seines Gegners mußten schwer büßen. Bei seinem kurzen Aufenthalte in Paläftina (200), nachdem

---

[1] Spartianus in Pescennium Nigrum c. 7. Dieser Ausspruch stammt noch aus der Zeit seiner Statthalterschaft.
[2] Spartianus in Severum c. 14. 9.
[3] Abulfarag Barhebräus, historia dynastiarum p. 79.

er das parthische Land, Adiabene und Mesopotamien verwüstet, aber nicht unterworfen hatte, erließ er mehrere gewiß nicht gerade günstige Gesetze für Palästina¹). Den Bürgern von Neapolis entzog er wegen ihrer Anhänglichkeit an Niger das Bürgerrecht²), und nach Sabaste (Samaria), der Hauptstadt der Samaritaner, versetzte er eine römische Colonie³). Den übrigen Palästinensern dagegen erließ er die, wie er meinte, wohlverdiente Strafe⁴). Eine gewisse kriegerische Aufregung muß aber damals in Judäa geherrscht haben. Ein gewisser Klaudius, man weiß nicht, welchen Stammes und welcher Religion er war, den die Römer einen Räuber (latro λῃστής) nannten, der aber wohl der Führer einer Freischaar für die Unabhängigkeit von Rom gewesen sein mag, durchstreifte kriegerisch Judäa und Syrien, hatte die Kühnheit bis in das Zelt des Kaisers Severus zu bringen und konnte trotz allen Anstrengungen der römischen Behörden nicht eingefangen werden⁵). Galt vielleicht der Triumph, welchen der Senat wegen glücklicher Waffenerfolge in Judäa und Syrien dem Prinzen Bassianus Caracalla mit des Kaisers Bewilligung zuerkannt hatte, einem Siege über die Klaudius' Schaaren?⁶) Allzufreundlich gegen die Juden war der glückliche Nebenbuhler über drei Kaiser durchaus nicht. Unter den Gesetzen für Palästina, die er bei seinem Durchzuge daselbst erlassen hatte, war auch eins, daß Heiden bei schwerer Strafe nicht zum Judenthum, aber auch nicht zum Christenthum übertreten dürften⁷). Er gestattete wohl „Denen, welche dem jüdischen Aberglauben folgen," städtische Ehrenämter, Magistratswürden zu verwalten, aber sie müßten sich auch den Anforderungen an dieselben, kostspielige Schauspiele zu geben und andere Lasten zu tragen, unterwerfen, insofern keine Verletzung ihrer Religion dabei vorkäme⁸).

---

¹) Spartianus das. c. 17.
²) Das. c. 9.
³) Ulpianus in Corpus Juris Digesta 50, 15, 1. §. 7.
⁴) Spartianus das. c. 14.
⁵) Dio Cassius 75, 2. Ende.
⁶) Die Notiz bei Spartian das. 16. ist merkwürdig dunkel: Filio sane concessit (Severus), ut triumpharet, cui senatus Judaicum triumphum decreverat, idcirco quod et in Syria res bene gestae fuerant a Severo.
⁷) Spartianus das. c. 17.
⁸) S. Note 23.

Die wilden Streifschaaren scheinen in Judäa nicht ganz unterdrückt worden zu sein, und nach Severus' Abzug aus diesem Lande ihr Wesen fortgesetzt zu haben. Die Römer, welche dieselben als Straßenräuber (latrones) betrachteten, sandten Truppen gegen sie aus, sie in ihren Schlupfwinkeln im Gebirge aufzusuchen, ohne sie jedoch völlig aufreiben zu können. Zwei berühmte Gesetzeslehrer dieser Zeit, R. Eleasar, Sohn des römerfeindlichen R. Simon b. Jochai, und R. Ismael, Sohn des vorsichtigen R. José, gaben sich dazu her, die Römer zu unterstützen, die jüdischen Freibeuter zu überwachen und sie den römischen Behörden zur Todesstrafe zu überantworten [1]). Die öffentliche Meinung sprach sich aber tadelnd über die Männer aus, weil sie sich als Werkzeuge der römischen Tyrannei gegen ihre Stammgenossen gebrauchen ließen. R. Josua b. Karcha (nach Einigen ein Sohn R. Akiba's) machte R. Eleasar die bittersten Vorwürfe darüber. „Du Essig, vom Wein stammend (unwürdiger Sohn eines würdigen Vaters), sprach er, „wie lange wirst du noch das Volk Gottes dem Tode überantworten?" Da sich R. Eleasar damit entschuldigen wollte, daß er nur „den Weinberg von Dornen säubere," entgegnete ihm jener: „So mag doch der Herr des Weinberges selbst die Dornen ausroden." Der Getadelte empfand später Reue über seine Betheiligung an der Verfolgung gegen die jüdischen Freibeuter, und soll sich dafür die peinlichste Buße aufgelegt haben. Obwohl R. Eleasar eine halachische Autorität war, der sich der Patriarch zuweilen unterordnete [2]), war die Abneigung gegen ihn wegen des Vorschubes, den er den Römern geleistet, so groß, daß er fürchtete, die Gesetzeslehrer würden ihm nach seinem Tode die letzte Ehre versagen, und er schärfte deswegen seiner Frau ein, seine Leiche nicht sogleich beerdigen, sondern sie in einem Zimmer liegen zu lassen. Als er in Akbara [3]), einer nordgaliläischen Stadt nordwestlich von Safet, starb, erfüllte seine Frau seinen letzten Willen. Die Sage weiß von vielen Wundern zu erzählen, welche R. Eleasar auch nach seinem Tode gethan habe. Als sich zuletzt seine Genossen entschlossen hatten, ihn zu bestatten, gaben es die Einwohner von Akbara nicht zu, weil sie glaubten, die Leiche hätte sie so lange vor den Einfällen wilder Thiere wunderthätig

---

[1]) Baba Mezia 83. b. ff. Jerus. Maasserot III. p. 50. d.
[2]) Jerus. Sabbat X. p. 12. c.
[3]) Schwarz 101. b. Reland Palaestina 542. Robinson Palaestina III. 884.

geschützt. Die Bewohner einer Nachbarstadt, Biria[1]) (nordöstlich von Safet), mußten Eleasars Leiche entführen, um sie in das Grabmal seines Vaters in Merion beizusetzen[2]). Als der Patriarch R. Juda sich um die Hand seiner Wittwe bewarb, schlug sie dieselbe aus, wahrscheinlich aus Empfindlichkeit über die ihrem Gatten zugefügte Zurücksetzung, und antwortete ihm: „Ein Gefäß, welches für das Heilige bestimmt war, soll nicht zum Profanen gemißbraucht werden."

Auch mit R. Ismael b. José war man wegen seiner Verfolgung der jüdischen Freibeuter unzufrieden. Als er sich damit entschuldigte, daß ihm ein Befehl von den römischen Behörden zugekommen war, dem er sich nicht entziehen könnte, entgegnete man ihm: „Ist nicht dein Vater entflohen? Da hättest du es auch thun können."[3]). Diesen Vorwurf legt die Sage dem Propheten Elias, dem Typus strenger Sittlichkeit, in den Mund.

All diese trübseligen Vorfälle erlebte noch der Patriarch R. Juda, und man glaubt, er habe in einer glücklichen Zeit gelebt. Während seiner Lebenszeit gab es Leiden, und nach seinem Tode verdoppelten sie sich[4]). R. Juda scheint nämlich nah an siebzig Jahre alt geworden zu sein und hat das Patriarchat über dreißig Jahre verwaltet. Mit vieler Seelenruhe sah er seiner Auflösung entgegen. Er ließ seine Söhne und Schulgenossen vor sich kommen und schärfte ihnen seinen letzten Willen ein. Seinem ältesten Sohne Gamaliel übertrug er die Würde des Patriarchats, den jüngern, Simon, ernannte er zum Chacham (Sprecher) und empfahl beiden seine hinterlassene Wittwe, welche ohne Zweifel ihre Stiefmutter war, ihr nach seinem Tode Verehrung zu erweisen und gar nichts in der Hauseinrichtung zu ändern. Er legte dem künftigen Patriarchen ans Herz, streng gegen die Jünger zu sein, aber von seinem Principe, immer nur je zwei Jünger zu ordiniren, abzugehen, vielmehr sämmtliche Fähige zur Ordination zuzulassen. Ganz besonders sollte er Chanina bar Chama, gegen welchen R. Juda sich verschuldet glaubte, zu allererst mit der Lehrerwürde bekleiden. Seine beiden Diener, José aus Phaeno (in der trachonitischen

---

[1]) Schwarz 102. a. Robinson das. 885.
[2]) Baba Mezia 84. b.
[3]) Das. und Jerus. das. s. Note 20.
[4]) Sota Ende.

Landschaft) und **Simon der Parther**, die ihn beim Leben mit vieler Liebe behandelten, sollten sich auch nach dem Tode mit seiner Leiche beschäftigen. Das Synhedrialcollegium bat er, bei seiner Leichenbestattung keine Formalitäten zu machen, in den Städten keine Trauerfeierlichkeiten um ihn begehen zu lassen, und schon nach dreißig Tagen die Lehrversammlung wieder zu eröffnen. Er starb an einer Unterleibskrankheit, die man die Krankheit der Frommen nannte. Viel Volk aus den Nachbarstädten hatte sich in Sepphoris bei der Nachricht von dem herannahenden Tode des Patriarchen versammelt, um ihn Theilnahme zu erweisen. Als wenn es gar nicht möglich wäre, daß er sterben könne, droheten die Volksmassen demjenigen mit dem Tode, der die Trauerpost überbringen würde. Die Spannung und Aufregung war so groß, daß man in der That einen gewaltthätigen Ausbruch des Schmerzes von der aufgeregten Menge fürchtete. Bar-Kappara theilte indeß die Todesanzeige ohne Worte mit. Mit verhülltem Haupte und zerrissenen Kleidern sprach er zum Volke:

„Engel und Sterbliche rangen um die Bundeslade,
Es siegten die Engel, und entschwunden ist die Bundeslade."

Als das Volk darauf einen Schmerzensschrei ausstieß: „er ist todt!", sprach Bar-Kappara: „ihr sagt's"; das Wehklagen der Massen soll bis Gabbata, drei Viertelmeilen von Sepphoris, gehört worden sein. — R. Juda starb an einem Freitage. Zahlreich war das Leichengefolge, das den Verblichenen von Sepphoris nach Bet-Schearim begleitete und in achtzehn Synagogen hielt man ihm Gedächtnißreden. Selbst die Ahroniden beschäftigten sich dem Gesetze zuwider mit der Leiche; man verkündete: „für heute hört die Priesterweihe auf"[1]. Synhedrin und Priesterthum ordneten sich bereitwillig demjenigen unter, welcher in seiner Person die Lehre repräsentirte. Man nannte ihn nach dem Tode „den Heiligen" (ha Kadosch); die Späteren wußten nicht mehr den Grund dafür anzugeben.

Von R. Juda's Nachfolger R. Gamaliel III. (um 210—225) weiß die Geschichte weiter nichts zu erzählen, als daß er die Verordnungen seines Vaters pünktlich ausführte. Beherzigenswerth sind die Sprüche, die sich von ihm erhalten haben, welche ein scharfes Licht auf die Zustände der Zeit werfen: „Schön ist die Beschäfti-

---

[1] Ketubot 103 fg. jer. Ketubot XII. Ende. Kilajim IX. Ende. Genesis Rabba c. 96. 100. Kohelet Rabba zu 7. 11.

„gung mit der Lehre wenn man dabei auch weltliche Geschäfte „treibt, die Mühe um beides läßt die Sünde nicht aufkommen; Ge= „setzesstudium ohne Handwerk geht zuletzt unter und zieht Sünde „nach sich. Wer sich mit Gemeindeangelegenheiten befaßt, soll es „um Gotteswillen (ohne eigennützige Nebenzwecke) thun, dann wird „ihn das Verdienst seiner Vorfahren unterstützen und seine Gerech= „tigkeit ewig dauern. Euch aber," sprach er zu den Jüngern, „ver= „heiße ich hohen Lohn, als wenn ihr praktisch thätig wäret. Seid „vorsichtig der (römischen) Macht gegenüber, denn sie schmeicheln „euch nur um ihrer selbst willen, sie scheinen Freunde, wenn sie „Nutzen davon ziehen, stehen aber in der Noth nicht bei. Erfülle „Gottes Willen in der Art, daß du deinen Willen vor dem seinigen „aufgiebst, dann wird er deinen Willen auch zu dem seinigen „machen."[1]) Die Warnung, den römischen Machthabern gegenüber besonnen zu bleiben und sich nicht von ihnen verlocken zu lassen, hat jedenfalls einen politischen Hintergedanken. Denn nach dem Tode des strengen Sever erhielt fast ein Viertel Jahrhundert das römische Reich durch drei Kaiser einen so zu sagen asiatischen, rich= tigen syrischen, mit Judäa verwandten äußeren Anstrich, Rom nahm aus Kriecherei ein syrisches Wesen an und sein Pantheon nahm morgenländische Götter auf. Dadurch milderte sich zum Theil auch die Schroffheit zwischen Römern und Juden. Julia Domna (Martha), Severs Gattin, war eine Syrerin aus Emesa, und ihr Sohn Caracalla, der sich officiell Antoninus nannte (211—217), schämte sich wenigstens seiner syrischen Abkunft nicht. Auch hat er sämmtlichen Bewohnern des römischen Reiches das Vollbürgerrecht ertheilt; zwar war auch dieses Gesetz nur ein Mittel, um die Pro= vincialen höher zu besteuern, aber es hatte doch auch das Gute, daß es den schroffen Unterschied zwischen Römern und Nichtrömern auf= hob. So sehr auch Caracalla und sein angeblicher Sohn Ele= gabal den Purpur wie die Menschheit durch ihre Laster geschändet haben, und die römische Geschichte ihrer Zeiten nur Mordthaten und unnatürliche Ausschweifungen zu erzählen hat, die man sich nur durch eine Geisteszerrüttung dieser beiden Kaiser erklären kann, so war doch in ihrem Wahnsinn eine gewisse Methode, nämlich die: die römischen Götter und das römische Wesen durch Beimischung syrischer Formen zu verwischen. Daß Caracalla eine Vorliebe für

---

[1]) Abot II. 2.

Juden gehabt hat, läßt sich durch keine Thatsache belegen[1]), und noch weniger, daß er mit einem jüdischen Patriarchen, etwa gar mit R. Juda, persönlich verkehrt hat. So viel ist aber sicher, daß der Zustand der Juden unter diesem Kaiser leidlich war, daß sie sich wenigstens nicht über allzu große Bedrückung zu beklagen hatten, wenn sie sich auch keiner besondern Begünstigung erfreuten. Diesen leiblichen Mittelzustand, gleich weit von Glück und Verfolgung entfernt, schildert R. Jannaï, ein Jünger R. Juda's und Zeitgenosse R. Chija's, mit folgenden Worten: „Wir genießen weder das Glück der Frevler, noch erdulden wir die Leiden der Gerechten"[2]).

Ein religiöses Gesetz, welches derselbe R. Jannaï in dieser Zeit sich veranlaßt sah aufzuheben, beweist wenigstens, daß die Juden Palästina's damals nicht allzugünstig gestellt waren. Sie mußten nämlich auch im Erlaßjahre von dem Ertrage der Ernte die Abgaben an Naturalien für das stehende Herr[3]) liefern. Bis dahin waren sie nach einer alten Begünstigung, welche von Julius Cäsar herrührte, in jedem siebenten Jahre von dieser Lieferung befreit, weil es in diesem gesetzlichen Brachjahre keine Ernte gab. In Folge dieser gebieterischen Forderung, wahrscheinlich während Caracalla's parthischen Feldzuges (216, gerade in einem Erlaßjahre) ließ R. Jannaï, die Autorität jener Zeit, bekannt machen, daß es fortan gestattet sei, im Erlaßjahre die Felder anzubauen[4]). Besonders hervorgehoben wird dabei der Umstand, daß das Gesetz des Erlaßjahres nur deswegen übertreten werden dürfe, weil nicht die Aufhebung desselben, sondern nur die Steuerlieferung gefordert werde. Ein Judenchrist scheint sich über diese Gefügigkeit der Juden gegen die römischen Machthaber lustig gemacht zu haben. — Eine besondere Vorliebe für die Juden hatte der jugendliche Kaiser Elegabal[5]), ehemaliger Priester des Sonnengottes in Emesa,

---

[1]) Die Anekdote bei Spartianus in Caracallam c. 1. stammt aus dessen Jugendzeit und beweist gar nichts.

[2]) Abot IV. 17.

[3]) אנונא d. h. annona.

[4]) Synhedrin 26. a. Jerus. Schebiit IV. p. 35. a. Synhedrin III. p. 21. b. Der damalige Patriarch R. Gamaliel III. scheint nicht so weit gehen zu wollen und nur die Pflugzeit bis zum Eintritt des Erlaßjahres verlängert zu haben, nach Moed Katan p. 3, b.

[5]) Eigentlich Elbaal oder Elbagal von dem Namen des Sonnengottes בעל אל; das ע g ausgesprochen und permutirt Gabal für Bagal.

den seine schlaue Großmutter Mäsa als Sohn Caracalla's untergeschoben hatte — durchaus nicht, wenn auch der Schein dafür spricht. Dieser lebendige Inbegriff aller Laster, welcher die römische Welt vier Jahre (218—222) schändete und den geschichtlichen Beruf gehabt zu haben scheint, das heidnische Götterthum und das römische Cäsarenthum an den Pranger zu stellen und Jedermann von dessen Verwerflichkeit zu überzeugen — hat nämlich in seinem methodischen Wahnsinn manches gethan und thun wollen, was sich wie jüdisch ausnimmt. Er ließ sich nämlich beschneiden und aß kein Schweinefleisch, aber nur im Dienste seines Sonnengottes [1]. Er beabsichtigte den Cultus der Juden, Samaritaner und Christen in Rom öffentlich einzuführen, aber lediglich untergeordnet seinem Sonnengotte Baal [2]. Während der Zeit dieser beiden Kaiser Caracalla und Elegabal hatten die jüngeren Zeitgenossen R. Juda's hinlängliche Muße, dessen Werk fortzusetzen. Die Mischnasammlung hatte nämlich viele Gesetze nicht aufgenommen, theils weil sie nicht unbedingte Gesetzeskraft hatten, theils weil sie als spezielle Ausführungen unter allgemeinen Formeln angedeutet waren. Diese vernachläßigten Halacha's sammelten R. Juda's Nachfolger als Ergänzung zur Mischna. Solche Sammler waren: R. Jannaï, dessen Lehrhaus in Akbara war [3]; R. Chija und dessen zwei Zwillingssöhne Juda und Chiskia, bekannt unter dem Namen „die Jünglinge" (Robin) oder „die Erklärer" (Turganine) [4]; ferner Bar-Kappara, Levi bar Sissi, R. Uschaja der ältere, zubenannt „der Vater der Mischna"; [5] endlich Abba-Areka (Rab.); sie waren sämmtlich Halbtanaïten. R. Juda's Sammlung hatte aber eine so unbestrittene Autorität erlangt, daß ihre Verehrer jedes Wort derselben für heilig hielten, zu dem nichts hinzugefügt werden dürfe. [6] Jene Sammlungen hatten deswegen gegen die Hauptmischna einen nur untergeordneten Werth, und ihr gegenseitiges Verhältniß gestaltete sich in der Art, daß jene „die äußere Mischna" (Mischna chizonah, chaldäisch: Matnita boraïta, schlechtweg Bo-

---

[1] Dio Cassius 79. 11. Lampridius in Heliogobalum c. 7.
[2] Lampridius das. c. 3.
[3] Jerus. Erubin VIII. p. 25 a.
[4] Chulin 20. a. Jerus. Chalah IV. p. 60 a. Genesis Rabba c. 65.
[5] Jerus. Baba Kama III, p. 4. c. und Parallelst.
[6] S. Note 26.

raita) genannt wurden, gerade wie die Apokryphen (äußere Bücher) zur kanonischen Bibelsammlung. Die Boraïta's hatten wegen der Aufnahme aller vorhandenen halachischen Gesetze einen viel größern Umfang und führen aus diesem Grunde den Namen „die großen Mischna's" (Mischnajot gedolot)¹). Nur die Boraïtasammlungen von R. Chija und R. Uschaja erhielten wegen ihres gesichteten Inhaltes halb und halb Gleichberechtigung mit der Hauptmischna.

Der Grundzug der als bindende Norm anerkannten Mischna ist der streng gesetzliche, ja juristische Charakter, der sie dem Judenthume für die ganze Folgezeit aufgedrückt hat. Der ganze Umfang desselben, die Gebote und Verbote, die pentateuchischen und die gefolgerten Bestimmungen, gelten ihr als Befehle und Dekrete Gottes, an denen nicht gemäkelt, noch gerüttelt werden dürfe; sie müssen unverbrüchlich nach Vorschrift befolgt werden. Es ist nicht zu verkennen, daß die Kämpfe, welche das Judenthum durchwühlt hatten die gewaltthätigen Eingriffe des Hellenismus unter Antiochos Epiphanes, der erbitterte Gegensatz des Sadducäerthums, die allegorische Deutelei und Verflüchtigung der alexandrinischen Religionsphilosophen und zuletzt die gesetzesfeindliche Haltung des paulinischen Christenthums und der Gnostiker es so weit gebracht haben, in dem jüdischen Bekenntnisse das strenggesetzliche Wesen hervorzukehren und zu betonen. Im graben Gegensatze gegen die alexandrinische und gnostische Richtung, welche die im Judenthum waltende Liebe Gottes besonders hervorhob, warnt die Mischna, der erste feste Codex des Judenthums, vor dieser Umschauung und befiehlt, einen Vorbeter Stillschweigen aufzulegen, welcher Solches im Gebete durch die Formel: „sogar bis auf das Vogelnest erstreckt sich deine Liebe"²) ausdrücken wollte. Alles ist daher in der Mischna gesetzlich normirt, wenig der freien Entschließung überlassen, wie viel ein Armer von der öffentlichen Wohlthätigkeit zu beanspruchen hat, und selbst wie viel Kinder ein Ehemann in die Welt setzen müsse, um seiner Pflicht zu genügen zur Bevölkerung der Erde, „die Gott nicht zur Verödung geschaffen" beizutragen³). Im Allgemeinen setzt sie voraus, daß die ganze Thora, d. h. sämmtliche Gesetzesvorschriften, auch diejeni-

---

¹) Tas. Horajot Ende. Midrasch Kohelet an vielen Stellen. Midrasch zu Psalmen 104.
²) S. oben S. 97.
³) Jebamot c. V. 1.

gen, welche nicht augenfällig im Pentateuch vorkommen, bewährte Ueberlieferung seien, die Mose von Sinai empfangen, dem Josua übergeben, dieser den Aeltesten, diese wiederum (taktvoll die meist kriegerischen und wenig religiösen Richter überspringend) den Propheten und diese den Männern der großen Versammlung überliefert haben [1]. Sämmtliche nicht im Pentateuch gegebenen Gesetze nennt die Mischna W o r t e d e r S c h r i f t k u n d i g e n (Dibre Soferim), ohne genau und folgerichtig zu unterscheiden zwischen solchen, welche von einem der Tanaïten seit Hillel aus dem Schriftworte abgeleitet oder ausgedeutet, und solchen, welche von einer Synhedrialbehörde oder einer Schule als verhütende U m z ä u n u n g eingeführt worden sind [2]. Zwar ist in der Mischna die Erinnerung an das Mißbehagen mancher Tanaïten, namentlich R. Josua's vielen durch Deutung gewonnenen Bestimmungen nicht ganz erloschen, daß manche derselben „Bergen gleichen, die an einem Haare hängen" [3] d. h. Manches in der Luft schwebt. Nichts desto weniger stellt sie sämmtliche bis dahin festgestellte halachische Gesetze als unverbrüchliche Norm hin.

Wiederholt ist in der Mischna die Werthgleichheit sämmtlicher religiöser Vorschriften und Pflichten. Die Sentenz, welche ihr Sammler Rabbi ausgesprochen hat, könnte man an die Spitze derselben als Aufschrift setzen: „Welchen Weg soll der Mensch wählen? Einen, der für den Wandelnden und bei den Menschen ehrenvoll ist. Sei eben so gewissenhaft in Betreff leichter, wie wichtiger Vorschrift, denn du kennst den Lohn der Gebote nicht. Wäge den (leiblichen) Schaden durch eine Pflichterfüllung gegen ihren (geistigen) Lohn und den Gewinn durch eine Uebertretung gegen ihren Schaden ab. Habe drei Dinge stets vor Augen, so wirst du zu keiner Uebertretung kommen: Es giebt ein schauendes Auge, ein vernehmendes Ohr und alle deine Thaten sind in ein Buch eingezeichnet" [4]. Die-

---

[1] Abot Anfang, vergl. Pea II. 5, Jadaim IV. 3.

[2] Synhedrin c. אלו הן הנחנקין wird Traditionelles oder Gefolgertes als חומר בדברי סופרים מדברי תורה ... ה׳ טיפות להוסיף על דברי סופרים bezeichnet דברי סופרים, und in Jadaim III. 2 auch Anordnungen, d. h. wie Rabbinisches ebenso genannt: אין דנין דברי תורה מדברי סופרים וגו׳. Diese Regel wird aber nicht allgemein eingehalten. vergl. Pesachim VI. 1. wo von מלאכה auf שבות herüber und hinüber gefolgert wird.

[3] Chagiga I. Ende, vergl. Note 7.

[4] Abot II. Anf.

selbe Anschauung zieht sich durch die ganze Mischna. Der Lohn für gewissenhafte Erfüllung der religiösen Vorschriften sei der Antheil an der jenseitigen Welt (Chelek le-Olam ha-Baba[1]), dessen jeder Israelite gewärtig sei, es sei denn, daß er die Auferstehung leugne oder behaupte, die Thora sei nicht von Gott offenbart, oder wenn er als Epikuräer lebte (oder denke[2]). Es gebe aber auch einen diesseitigen irdischen Lohn. Wer auch nur eine einzige religiöse Pflicht gewissenhaft erfüllt, dem wird vom Himmel Gutes erwiesen, sein Leben wird verlängert und er kann im heiligen Lande Antheil haben[3]). Damit wird eine Ausgleichung zwischen den **diesseitigen** Verheißungen in der Bibel und dem **jenseitigen Lohn** der zukünftigen Welt versucht, einem Dogma, welches sich erst in der nacherilischen Zeit ausgebildet hat.

Gewisse Pflichterfüllungen bringen diesseitigen und jenseitigen Lohn: Ehrerbietung gegen Eltern, Mildthätigkeit, zeitiger Besuch des Lehrhauses, Gastfreundschaft, Ausstattung (armer) Bräute, Begleitung von Leichen, andächtiges Beten, Friedenstiftung und ganz besonders Beschäftigung mit der Lehre (Talmud Thora[4]). Eine jenseitige Strafe kennt die Mischna nicht, wie auch keine Hölle. Für Vergehungen und Uebertretung hat sie nur diesseitige richterliche Strafen — allerdings nach dem Grade derselben: Geißelung, Hinrichtung durch das Synhedrion in vier Stufen: durch Schwert, durch Strang, durchs Feuer und durch Steinigung und endlich frühzeitiger Tod durch Gottes Hand (Kharat). Aber auch die schwerste, frechste Versündigung würde durch den Tod gesühnt, geringere schon durch Reue und den Versöhnungstag[5]). Fahrlässige Vergehungen erhalten ihre Vergebung durch Opfer. Freilich Vergehen gegen Menschen würden nicht eher gesühnt, bis der Verletzte schadlos gehalten, zufrieden gestellt und ausgesöhnt ist. In jeder sittlichen und rechtlichen That oder Unthat liege auch eine religiöse Seite, aber sie wird nicht über, sondern untergeordnet.

---

[1]) Synhedrin c. חלק

[2]) Das. Was אפיקורס bedeutet, war den Späteren selbst dunkel. Hat vielleicht ursprünglich מין gestanden?

[3]) Kidduschin II. Ende. verglichen mit Chulin Ende. Der Talmud faßt es anders auf.

[4]) Pea I Anf.

[5]) Joma Ende.

Als höchste Tugend gilt der Mischna die Beschäftigung mit der Lehre, die Gesetzeskunde oder die Halacha=Kenntniß. (Talmud Thora). Sie verleiht ein eigenes Verdienst oder Rechtfertigung (Zechût Thora), schützt und befördert diesseits und jenseits. „Wer die heilige Schrift und die Ueberlieferung kennt und etwas auf Anstand giebt, kann nicht so leicht in Sünde gerathen¹). Erlernen, Aneignen, Behalten und theoretisches Durchdringen und Weiterbilden des vorhandenen Lehr=Gutes, d. h. Erhaltung und Fortbildung des Judenthums auf dem angebahnten Wege, war die Hauptstimmung und Richtung (Pathos) der Zeit. Daher wird ein Gesetzesweiser sehr hoch= gestellt; selbst wenn er ein Bastard ist, soll er einem gesetzesunkundigen Hohenpriester vorangehen²). Ein Jünger müsse seinen Lehrer mehr als selbst seinen Vater ehren, oder bei einem Zusammenstoß der Pflichten gegen den einen und den andern die gegen jenen zunächst erfüllen; denn der weise Lehrer bringt ihn zum Leben der zukünf= tigen Welt"³). Dem Vater liegt die Pflicht ob, seinen Sohn in der Thora zu unterrichten oder unterrichten zu lassen⁴). Die Pflicht, das weibliche Geschlecht in die Thora einzuführen, läßt die Mischna zweifelhaft und überliefert zwei Ansichten darüber, die Ben=Asaï's, welche dafür ist oder es wenigstens für gestattet hält, und die des strengen R. Elieser, der es verdammte; „seiner Tochter die Thora beizubringen, sei eben so gut als sie in Unzucht einweihen"⁵). Die= ser herrschend gewordene Lehrsatz hat in der Folgezeit sehr schädlich gewirkt. Während jede Gemeine beflissen war, niedere und höhere Schulen für das männliche Geschlecht zu unterhalten, wurde das weibliche Geschlecht in systematischer Unwissenheit gehalten.

Aber wenn auch in dem Mischna=Codex das Hauptgewicht auf die genau vorgeschriebene Erfüllung der Religionsgesetze gelegt wird, so wird doch auch noch ein Höheres als das Gesetz, eine Geho= benheit der Gesinnung, welche die Grenzlinie desselben überschreitet, als gottgefällig anerkannt. Der Gewissenhafte soll sein Wort in Mein und Dein halten, wenn auch der Buchstabe des bindenden Rechtes ihn nicht dazu verpflichtet; wer seine Schuld auch im Erlaß=

---

¹) Kidduschin I. Ende.
²) Horajot Ende.
³) Baba Mezia II. Ende. Keritot. Ende.
⁴) Kidduschin I.
⁵) Sota II. 2.

jahre bezahlt, ohne vom Gesetz dazu verpflichtet zu sein, wer die Schuld an einen Proselyten seinen Erben zustellt, wenn auch nicht dazu gehalten, und überhaupt wer sein Wort hält, an einem Solchen haben die Weisen Freude¹). Die Gebetformeln sind zwar vorgeschrieben, doch dürfen sie in jeder verständlichen Sprache, verrichtet werden²), es soll überhaupt mit Andacht und Ernst gebetet werden³). Für Mißgeschick soll man dem Himmel ebenso danken wie für einen Glückszufall⁴). Die Mischna nimmt überhaupt einen Ansatz zur Verinnerlichung der Religion. Das pflichtmäßige Vernehmen der Schofar-Töne am Neujahr, an Festtagen und am Versöhnungstage des Jubeljahres soll nicht ein äußerliches, gedankenloses Thun bleiben, sondern eine gewisse Stimmung erzeugen, die das Gemüth zu Gott erhebt. Als Beispiel wird angeführt: nicht Mose's Hochhalten der Hände hat den Israeliten gegen Amalek den Sieg verliehen, und nicht die aufgerichtete eherne Schlange hat sie in der Wüste von den Schlangenbissen geheilt, sondern weil sie ihr Herz zu Gott erhoben haben⁵). Es bleibt aber bei diesem Ansatze und wird nicht weiter ausgeführt. Dem bindenden Gesetze wurde mehr als der sich selbst Norm gebenden Gewissenhaftigkeit vertraut.

Eine andere Eigenthümlichkeit neben dem juristischen Grundzug der Mischna und vielleicht eine Folge desselben ist ihre, allerdings mehr formale, Seite, allerhand mögliche, wenn auch äußerst fern liegende Fälle zu erfinnen und zusammenzustellen, um darauf verschiedenartige Gesetze anzuwenden (eine Art Casuistik). Diese, in der Folgezeit bildend und mißbildend wirkende, logische Schärfe, aber auch Sophisterei fördernde, Eigenthümlichkeit hat sich wohl erst in den allgemeinen Hochschulen von Jabne und Uscha und in den vielen andern privaten Lehrhäusern ausgebildet. Der scharfsinnige R. Meir und seine Jünger mögen am meisten dazu beigetragen haben. Man begnügte sich nicht, vorkommende Fälle nach den bereits vorhandenen pentateuchischen und überlieferten Gesetzen und Grundsätzen zu beurtheilen und zu entscheiden, sondern gefiel sich darin, ver-

---

¹) Schebiit Ende. Baba Mezia IV. Anfang.
²) Sota VIII.
³) Berachot V.
⁴) Taf. IX.
⁵) Rosch-ha-Schana III. Der Zusammenhang erfordert, daß die Beispiele sich auf die Vorschrift der תקיעה beziehen.

wickelte Fälle und Lebenslagen phantastisch auszumalen, um her=
auszubringen, daß z. B. zuweilen auch eine einzige Handlung meh=
rere Gesetze zur Anwendung kommen könnten. Die Mischna hat
alle diese vorgefundenen Schulthemata mit aufgenommen und sie
vielleicht noch durch Beispiele vermehrt. Namentlich gebraucht sie
diese casuistische Eigenthümlichkeit, um gehäufte Straffälligkeit oder
Büßungen anschaulich zu machen. „Mancher pflügt ein einziges
Beet und begeht dabei acht Sünden" oder zwei Brüder, die zwei
Schwestern geheirathet, und sie vorkommend vertauscht haben, kön=
nen sich so und so viel Strafen oder Büßungen oder Opfer wegen
blutschänderischer Umarmung zuziehen [1]).

Es ist bemerkenswerth, daß die mischnaitische Gesetzsammlung
keine feindselige Halacha gegen die jüdischen Bekenner des Christen=
thums aufgenommen hat; sie befaßt sich gar nicht damit und deutet
nicht einmal an, ob Fleisch, von den Minären bereitet, zum Genusse
erlaubt oder verboten sei. Es scheint, daß die Gefahr, welche in
der Zeit zwischen der Tempelzerstörung und dem Bar=Kochba'schen
Kriege dem Judenthume von Seiten des Judenchristenthums drohte,
bereits abgewendet und keine Verführung mehr zu befürchten war.
Dagegen enthält die Mischna zahlreiche Gesetze, welche gegen das
Heidenthum und den Verkehr mit Heiden gerichtet sind, um jeden Schein
von Betheiligung an Götzendienerei zu vermeiden. Innerhalb des
Christenthums wurden solche bindende Gesetze gegen das noch immer
von Machtfülle strotzende Heidenthum vermißt, und der Kirchen=
maler Tertullian, — ein jüngerer Zeitgenosse des Patriarchen R.
Juda, der erste christlich=lateinische Schriftsteller, welcher die Christen
ebenso streng von den Heiden gesondert wissen wollte, wie die
Mischna es den jüdischen Bekennern vorschreibt — man war daher ge=
nöthigt, sich auf die pentateuchischen Gesetze gegen das Götzenthum zu
berufen. Der Mangel an einer strengen Gesetzgebung gegen das
Verhalten zum römischen und griechischen Heidenthume innerhalb
der Christenheit hat auch viel dazu beigetragen, daß das Christen=
thum heidnische Gebräuche aufgenommen und eine geraume
Zeit beibehalten hat. Das Heidenthum hatte sich namentlich nach
dem Bar=Kochba'schen Kriege in Palästina immer mehr eingenistet,
nicht bloß an die Küstenstädte wie Akko, sondern auch in das Bin=

---

[1]) Solche Fälle kommen häufig in der Mischna vor. Makkot c. III., Jeba=
mot c. III., fast der ganze Traktat Keritot und Kinim.

nenland wie Betsan. Darum mußte das Verhalten dagegen geregelt werden. Die Mischna widmet diesem Gegenstande einen eigenen Traktat (Aboda Sara), sie schreibt vor: drei Tage vor den heidnischen allgemeinen Hauptfesten, wie den (januarischen) Kalenden, den Saturnalien, der Gedächtnißfeier für den Tag des Regierungsantrittes der Kaiser oder für deren Sterbetage nicht mit Heiden zu verkehren [1]). Bei Privatfeier dagegen, wenn ein Heide z. B. ein Mahl für das Mündigwerden seines Sohnes bereitet, wird der Verkehr mit ihm nur für diesen Tag verboten. Lorbeerbekränzte Kramläden von Heiden dürfen nicht besucht werden [2]). Ein Jude darf Heiden nicht Schmuck oder Gegenstände für die Götzen verkaufen, und keine Häuser in Palästina vermiethen, weil sie Götterbilder hineinbringen [3]). Wegen des Hasses der Heiden in Palästina gegen die Juden darf ein Jude sich nicht von ihnen körperlich heilen und nicht einmal scheeren lassen, und überhaupt nicht mit ihnen an einsamer Stelle allein bleiben, um nicht von ihnen meuchlings ermordet zu werden [4]). Weil die römischen Heiden den barbarischen Gebrauch eingeführt hatten, Thierkämpfe selbst mit Menschen anzustellen, verbietet die Mischna ihnen Bären, Löwen und Alles dasjenige zu verkaufen, wodurch eine Schädigung entstehen könnte [5]), auch für sie Basiliken, Richtplätze und Statuen zu bauen, weil sie zum Vergießen unschuldigen Blutes dienen [6]). Um nicht die unnatürlichen Laster (Sodomiterei) der Heiden zu fördern, darf man ihnen kein Thier anvertrauen [7]). Die Mischna verbietet sogar, heidnischen Frauen als Geburtshelferin oder Ammen beizustehen, weil dadurch

---

[1]) Aboda Sara Anfang: קרטסיס ויום גנוסיא של מלכים scheinen zusammen zu gehören; קרטסים = Κράτησις ist wohl gleich imperium, das Gelangen der Kaiser zur Herrschaft. גנוסיא = γενέσιος bedeutet hier wohl, gleich γενέθλιος Sterbetag der Kaiser. Tertullian verhorrescirt die Betheiligung an derselben Zeit de dolatria c. 13.

[2]) Das. I. 4. vergl. Tertullian das. c. 15. von den tabernae lauratae.
[3]) Das. I. 5. V. 9.
[4]) Das. II. 1. 2.
[5]) Das. I. 7.
[6]) Das. Tertullian verbot den Christen auch heidnische Spiele, Circus und Theater zu besuchen de spectaculis; in der Mischna wird es nicht verboten, sondern nur in Boraithos, und da auch nicht unbedingt, vergl. Aboda Sara Talmud p. 18 b.
[7]) Das. II. 1.

ein Anhänger für's Götzenthum gefördert werde¹). Jeder Genuß von Gegenständen götzendienerischen Verehrung wird untersagt, nicht einmal im Schatten eines Götterbildes darf ein Jude sitzen, besonders nicht den Wein trinken, von dem ein Heide den Göttern geopfert (ausgegossen) hat oder haben könnte²). Die meisten Gesetze in Betreff der Abschließung gegen die Heidenwelt, welche kurz vor der Tempelzerstörung mit großer Hast und Eifer eingeführt wurden³), behielt die Mischna bei und verschärfte sie noch⁴). Bei allen Gehässigkeiten gegen die Heidenwelt, namentlich in Palästina — das Ausland hat die Mischna gar wenig berücksichtigt — kann die Gesetzgebung doch den im Judenthum liegenden Zug allgemeiner Menschenliebe nicht ganz verleugnen. Sie nahm neben diesen feindseligen Gesetzen auch das wohlwollende, wahrscheinlich von Rabban Gamaliel I. stammende⁵) Gesetz auf: daß man heidnischen Armen Zutritt zu den Feldern lassen soll, mit jüdischen gleichberechtigt das Zurückgelassene zu sammeln⁶). —

Mit den Abschluß der Mischna und der halbebenbürtigen, im selben Geist gehaltenen, nur ausführlicheren Boraïta's hatten die Tanaïten ihre Aufgabe gelöst, die flüchtige und schwankende Tradition in feste Form und gediegenen Guß zu bringen, sie in das Leben einzuführen, und zum Gemeingut der jüdischen Nation zu machen. Nachdem sie dieses Werk mit hohem Ernste, nimmerrastendem Eifer und beispielloser Selbstverläugnung vollendet hatten, traten sie vom Schauplatze ab und überließen das Erzeugniß ihrer Thätigkeit den künftigen Generationen, sich daran zu erziehen, und daraus Anhänglichkeit an Lehre und Nationalität zu schöpfen.

[1] Das.
[2] Das. c. III. IV. V.
[3] Vergl. Band III. Note 26.
[4] Aboda Sara II. 3—6.
[5] S. B. III. S. 275.
[6] Gittin c. V. Ende.

Dreizehntes Kapitel.

Erstes Amora-Geschlecht. Patriarch R. Juda II. Der judenfreundliche Kaiser Alexander Severus (Antoninus). Günstige Verhältnisse der Juden. Aufhebung früherer Bestimmungen. Hillel, Lehrer des Kirchenvaters Origenes. Pflege der hebräischen Sprache unter den Christen; Anlegung der Hexapla.

(219 — 280)

Nach dem Aussterben der Tanaiten, der jüngeren Zeitgenossen des Mischnasammlers und seines Sohnes Gamaliel II., trat eine glücklichere Zeit ein, glücklich im Aeußern durch die günstige politische Stellung, die sich von einem freundlichen Verhältniß eines der besten römischen Kaiser gegen die Juden herleitete, glücklich im Innern durch eine Reihe genialer Männer, die das Alte durch einen frischern Geist neu belebten. Die hervorragenden Männer und Träger dieser Zeitepoche waren in Judäa: der Patriarch R. Juda II., Sohn Gamaliels; R. Jochanan, die Autorität dieser Zeit; ferner R. Simon b. Lakisch, der hand- und geistesfeste Lehrer, und in Babylonien: Abba-Areka und Samuel. — Durch diese Männer wurde eine neue Richtung angebahnt, die zwar mit der tanaitischen verwandt war und sie zum Ausgangspunkte hatte, aber doch über sie hinausging. Eine Charakteristik der leitenden Persönlichkeiten dürfte nicht überflüssig sein. Von R. Juda's, des Patriarchen, früherem Leben und seinem Bildungsgange ist wenig bekannt. Seine Jugend fiel in die Zeit, in welcher die religiöse Strenge bereits so vorherrschend geworden war, daß das Patriarchenhaus selbst dem Tadel unterlag, wenn es sich etwas dagegen erlaubte. Mit seinem Bruder Hillel ging R. Juda einst in Biri am Sabbat in Schuhen mit goldenen Spangen aus, welches, dort für verboten galt, und sie wurden deswegen bekrittelt, wagten es nicht zu erklären, es sei nach dem Gesetze erlaubt und mußten ihre Schuhe den Sklaven übergeben. Ein andermal badeten die beiden Söhne des Patriarchen in Kabul zusammen, und man rief ihnen zu: „in unserer Stadt dürfen zwei Brüder nicht zusammen baden"¹). Als R. Juda das Patriarchat von seinem Vater Gamaliel III. übernommen hatte (um 225), verlegte er den Sitz desselben von Sepphoris nach Tiberias, und diese Stadt, früher wegen ihrer Unreinheit gemieden, empfing durch ihn eine gehobene Bedeutung, überdauerte alle übrigen erinnerungsreichen Schauplätze Judäa's und wurde die letzte Zufluchtsstätte uralter Traditionen. Die Anordnung des Neumondes, welche früherhin wegen einer gewissen Vorliebe für Südjudäa von dort ausging, verlegte R. Juda nach Tiberias²). Der Süden Palästina's, früher der Hauptschauplatz geschichtlicher Vorgänge, verlor fortan alle Bedeutung und mußte seine Rolle an das ehemals verachtete Galiläa abtreten. — Wie sein Großvater, genoß R. Juda II. bei seinen Zeitgenossen hohe Verehrung, und man nannte auch ihn schlechtweg Rabbi oder Rabbenu, er wurde aber auch scharf getadelt, nahm aber mehr als jener den Tadel geduldig hin.

Es war wohl der zweite R. Juda, welcher, wie die jüdischen Nachrichten mit voller Entschiedenheit behaupteten, bei einem römischen Kaiser beliebt war, und von dem er mancherlei Begünstigungen erhielt³). Der Zufall, welcher in der Gestalt der Prätorianer bei der Verleihung des Kaisermantels zumeist den Ausschlag gab, erhob Alexander Severus (222—235), einen unbekannten Syrer von sechszehn Jahren, zum Herrn der Welt, und dieser verlieh, wie keiner seiner Vorgänger, dem Judenthum in der öffentlichen Meinung eine gewisse Anerkennung. In seinem Privatgemache hatte Alexander Sever neben den Abbildungen von Orpheus und Christus auch das Bild von Abraham. Den goldnen Spruch reiner Menschenliebe: „Was du nicht leiden kannst, thue auch Anderen nicht", welchen ein jüdischer Weiser noch vor Jesus als den Inbegriff des ganzen Judenthums ausgab, beherzigte dieser Kaiser so sehr, daß er ihn stets im Munde führte, ihn an den Kaiserpalast und öffentliche Gebäude als Sinnspruch anbringen und durch einen Herold verkünden ließ, so oft er die Soldaten wegen Angriffe auf fremdes Eigenthum zurechtweisen wollte⁴). Juden und Christen stellte

---

¹) Tosifta Moed Katan II. jer. Pesachim p. 30 d; b. daf. 51 a; an letzterer Stelle fehlt bei קרדוסקים das Wort של רב.
²) Siehe Note 22.
³) S. Note 23.
⁴) Lampridius in Alex. Sever. c. 29, 51.

er überhaupt als Muster für die verderbten Römer auf und wollte die höchsten Staatswürden nach der Norm ertheilt wissen, wie jüdische und christliche Religionsbeamte zur Ordination gelangen[1]). Er hatte zwar auch Wohlwollen für die Christen, aber für Juden und Judenthum scheint er mehr Vorliebe gezeigt zu haben. Antiochenser und Alexandriner, deren leichtsinniger Charakter mehr Gefallen fand an sittenlosen Kaisern, als an sittenstrengen von der Natur des Alexander Sever, verhöhnten ihn daher in Epigrammen und gaben ihm den Spottnamen Syrischer Synagogenvorsteher (d. h. Rabbinor, Archisynagogus) und Hoherpriester. Des Kaisers Mutter Mammäa hatte allerdings eine Vorliebe für das Christenthum und war eine Gönnerin des Kirchenvaters Origenes. Der Patriarch R. Juda genoß daher in dieser Zeit ein fast königliches Ansehen und durfte sogar wieder die peinliche Gerichtsbarkeit ausüben, zwar nicht ganz öffentlich, aber doch nicht ohne Vorwissen des Kaisers. Die Bekanntschaft mit dem jüdischen Patriarchen scheint der Kaiser während seines persischen Feldzuges bei seinem öfteren Aufenthalte in Antiochien gemacht zu haben (231—233). R. Juda hat es wohl bei ihm durchgesetzt, daß die Privilegien der Juden geschützt oder vielmehr erneuert worden sind. Die jüdische Sage weiß viel von der innigen Anhänglichkeit des Kaisers Severus (Asverus) Sohn des Antoninus oder des Antoninus schlechtweg an das Judenthum und an die Juden zu erzählen. Aber wenn auch Vieles darin übertrieben und ausgeschmückt ist, so ist doch manche talmudische Nachricht über das Verhältniß des Patriarchen zum Kaiser geschichtlich. So wird erzählt: Der Kaiser habe für eine Synagoge, wahrscheinlich in Tiberias, einen goldenen Leuchter geweiht, dem Patriarchen Aecker in der Landschaft Gaulanitis geschenkt, vermuthlich zum Unterhalte der Jünger. Es ist ganz im Sinne dieses Kaisers von syrischer Abkunft, welcher für fremde Culte eingenommen war, wenn von ihm erzählt wird, er habe sich vom Patriarchen einen kundigen Mann ausgebeten, welcher ihm bei dem Bau eines Altars nach dem Muster des jüdischen Tempels und bei der Zubereitung des Räucherwerkes nach jüdisch-gesetzlicher Norm behilflich sein möge, zu welchem Zwecke R. Juda ihm seinen Hausfreund R. Romanus empfohlen habe. Die dreizehn Jahre, in welchen sich die römische Welt gefallen ließ sich von einem guten Kaiser beherrschen zu lassen, waren für die jüdische Nation sehr glückliche Zeiten, als die römische Majestät

---

[1]) Das. c. 45.

Gunstbezeigungen den ehemals Verachteten und Verfolgten gewährte. Man fühlte sich so behaglich, daß man der Meinung war, Daniel, welcher einen prophetischen Fernblick in die Aufeinanderfolge der Weltreiche gethan, habe diesen Zustand mit den Worten verkündet: „Wenn sie (die Juden) auch erliegen, so wird ihnen eine kleine Hilfe zu Theil werden," welches man auf Severus Antoninus bezog, der ihnen Liebe zugewendet[1]). Diese günstige Stellung trug dazu bei, daß die tiefe Spannung und Abneigung, welche Jahrhunderte lang gegen Römer herrschte, einem milden Gefühle Platz machte. Die Christen beklagten sich zu dieser Zeit, daß die Juden den Heiden weit günstiger gesinnt waren, als ihnen selbst, obwohl sie doch mit ihnen mehr gemeinsam haben als mit den Heiden[2]). Die Scheidewand, welche in Folge des Hasses gegen die Römer aufgeführt worden war, lüftete sich zum Theil, die strenge Absonderung milderte sich. Man gestattete dem Patriarchenhause wegen seines Umganges mit den hohen Staatswürdenträgern das Haar auf römische Art zu tragen, das Griechische zu erlernen und noch manches Andere, was früher verboten war[3]). Das Leben gestaltete sich überhaupt freundlicher; man fing an, die Zimmer mit Malereien zu zieren, und die religiöse Scrupulosität fand keinen Anstoß daran[4]).

Dieser freundlichen Beziehung zu den Machthabern ist es wohl auch zuzuschreiben, daß der Patriarch manche Erschwernng aufhob oder aufzuheben gedachte, welche in früherer Zeit mit außerordentlicher Strenge festgehalten worden war.

In den stürmischen Tagen des ersten Aufstandes gegen die Römer, als die Wogen des Racenhasses zwischen Juden und römisch-griechischen Heiden hochgingen, untersagte eine Synode, um jeden Verkehr mit Heiden zu hemmen, von ihnen Oel und manche andere Nahrungsmittel zu kaufen oder zu genießen. In Palästina war diese Beschränkung für die jüdischen Bewohner nicht empfindlich, da das Land Alles zum täglichen Bedürfnisse Nöthige selbst hervorbrachte, und der Ausfuhrhandel von Oel aus Galiläa nach dem

[1]) Siehe Note 23.
[2]) Unde etiam nunc Judaei non moventur adversus gentiles et illos non oderunt, nec indignantur adversus eos, adversus Christianos vero insatiabili odio feruntur, qui utique relictis idolis ad deum conversi sunt, (Origenes Homilia I. in psalmum 36).
[3]) Siehe Note 25.
[4]) Jerus. Aboda Sara III. p. 42 d.

Nachbarländern sehr lebhaft war. Allein durch die hadrianischen Kriege war Judäa verwüstet und seiner Oelpflanzungen beraubt; das tägliche Bedürfniß nach Oel zwang daher nach und nach von dem strengen Verbote abzugehen. Aber die gesetzliche Genußerlaubniß fehlte; Einzelne hatten sich darüber hinweggesetzt, während Andere an der bisherigen Strenge festhielten. R. Juda bemühte sich daher, eine Majorität für die Aufhebung des Oelverbotes zu Stande zu bringen. Er that sich auf den Erfolg, diese Erlaubniß durchgesetzt zu haben, etwas zu Gute; wahrscheinlich hatte er harte Kämpfe dafür zu bestehen. Als R. Simlaï, der oft von Galiläa nach Babylonien hin und her reiste, den Juden der Euphratländer, denen jene Beschränkung noch empfindlicher war, die Nachricht mitbrachte, daß der Genuß des Heidenöls gestattet sei, schien diese Neuerung Abba-Areka so kühn, daß er dem Referenten keinen Glauben schenkte. Samuel aber, der überhaupt die Autorität des Patriarchen auch in Babylonien nach wie vor anerkannt wissen wollte, zwang ihn, von der Erlaubniß Gebrauch zu machen, sonst wollte er ihn wie einen Widersetzlichen gegen einen Synhedrialbeschluß behandeln lassen[1]). Eine andere Erleichterung, die der Patriarch beabsichtigte, die lästige Schwagerehe in gewissen Fällen durch einen vor dem Tode auszustellenden Scheidebrief zu umgehen, fand bei seinem Collegium keine Zustimmung[2]). Auch das Brod von Heiden wollte er gern zum Genuß gestatten. Als er einst auf dem Felde mit seinen Jüngern war, welche zur Stillung ihres Hungers kein anderes als heidnisches Brod fanden, bemerkte R. Juda: „Wie schön ist dieses Brod, warum haben es die früheren Weisen verboten?" Einer derselben ermunterte ihn, auch diese Erleichterung zu sanctioniren, worauf er erwiederte: „Ich darf nicht, man würde mich den Erleichterer nennen"[3]). Auch den neunten Ab: als Fasttag zur Erinnerung so vieler Katastrophen, wollte er nach Einigen ganz, nach Anderen nur in dem Falle abschaffen, wenn er auf einen Sabbat fiele und der Regel nach auf den folgenden Tag verschoben werden sollte. Sein leitender Grundsatz dabei war: daß dieser Trauertag seine Bedeutung mit dem Aufhören grausiger Verfolgungen verloren habe; dieser Veränderung waren aber die zeitgenössischen Gesetzeslehrer

---

[1]) Aboda Sara 36 a. Jerus. das. II. 9.
[2]) Gittin 76 b.
[3]) Aboda Sara 35 p. 41 d.

entgegen¹). Hingegen waren sie mit ihm einverstanden, das Trauer=
zeichen aus der hadrianischen Unglückszeit aufzuheben; die Bräute
durften wieder in Prachtsänften am Hochzeitstage getragen werden²).

Ungeachtet der Verehrung, welche die Gesetzeslehrer für den
Patriarchen R. Juda empfanden, waren sie für seine Schwächen
nicht blind, und er mußte sich manche Angriffe von ihrer Seite
gefallen lassen. Das Patriarchat hatte unter ihm eine fast königliche
Macht gelangt und war sogar mit einer Leibwache umgeben³), welche
bereit war, den Befehlen des Patriarchen Nachdruck zu geben. Diese
Macht, obwohl sie R. Juda nicht mißbrauchte, mißfiel den Gesetzes=
lehrern umsomehr, als er seinerseits den Gelehrtenrang nicht be=
sonders begünstigte, sich vielmehr bestrebte, den Unterschied zwischen
Gelehrten und Ungelehrten in bürgerlichen Verhältnissen aufzuheben.
Er zog die Gesetzlehrer auch zu Gemeindelasten herbei, z. B. zur
Ausbesserung der Stadtmauern, zum Unterhalte der Stadtwächter,
dem Gebrauche zuwider, der die Gelehrtenklasse davon befreit hatte.
Jene hatte den Grundsatz vertheidigt: die Gesetzesbeflissenen können
den Schutz der Mauern entbehren, da das Gesetz ihr Schutz sei.
R. Simon b. Lakisch, einer jener freimüthigen Männer, welche
die Wahrheitsliebe bis zur Nichtachtung von Personen treiben, wider=
sprach besonders dieser Gleichstellung⁴) und erlaubte sich überhaupt
beleidigende Ausfälle gegen den Patriarchen. Einst trug Bar=Lakisch
im Lehrhause den Satz vor, daß im Falle der Patriarch sich ein
Vergehen zu Schulden kommen ließe, müßte man gegen ihn wie gegen
den Ersten Besten Geißelstrafe verhängen. Ein Anderer, R. Chag=
gai, machte dazu die Bemerkung, man müßte ihn dann gar ab=
setzen und nicht wieder zum Amte zulassen, sonst würde er durch
seine Macht sich an den Urhebern seiner Schande rächen. Diese
Auseinandersetzung war ein offenbarer Angriff auf R. Juda's grö=
ßere Machtstellung. Er, Anfangs ungehalten über diese Aeußerung und
hingerissen vom ersten Eindruck, sandte seine gothischen Sklaven, sich

---

¹) Jerus. Megilla I. 70 b. Babli das. 5 b. In Babli sind zwei Fakta, von
denen das eine R. Juda I., das andere R. Juda II. gehört, zusammengeflossen,
in Jeruschalmi wird richtig בקש ר' לעקור ט' באב R. Juda II. als Zeitgenosse R.
Eleasar's zugeschrieben, hingegen gehört ר' רחץ בקרוני של צפורי R. J. I. an.

²) Sota 49 a. Der Ausdruck רבותינו weist nach Gittin 76 b. auf R.
Juda II. hin.

³) Note 23.

⁴) Baba Batra 7 b.

des Tadlers zu bemächtigen. Ben-Lakisch, vorher davon unterrichtet, hatte sich aber nach Magdala (nach Anderen nach dem Bergflecken Kephar-Chitin) geflüchtet. Als R. Jochanan am andern Morgen in Gegenwart des Patriarchen den Lehrvortrag eröffnen sollte, schwieg er und bedeutete dem erstaunten Patriarchen, er vermöge ohne Simon b. Lakisch nicht vorzutragen. R. Juda die Unentbehrlichkeit des Flüchtlings einsehend, war bald besänftigt, verzieh die Beleidigungen, erkundigte sich nach dem Aufenthalte desselben und nahm sich vor, ihn selbst abzuholen. Das Zusammentreffen Beider war charakteristisch. R. Simon b. Lakisch, überrascht von dessen freundlicher Zuvorkommenheit, sagte dem Patriarchen anfangs etwas Schmeichelhaftes: er ahme Gott nach, der sich selbst nach Egypten begeben, sein geknechtetes Volk zu erlösen. Als ihn aber R. Juda fragte, was ihn bewogen habe, sich so schonungslos über ihn zu äußern, gab Ben-Lakisch eine noch schonungslosere Antwort: „Glaubt Ihr denn, daß ich aus Furcht vor euch die Gotteslehre verschweigen werde?"[1]) Ein anderes Mal beklagte sich der Patriarch bei b. Lakisch über die Willkür der römischen Behörden, welche nach dem Tode des Kaisers Alexander Sever während der Anarchie in allen Provinzen des römischen Reiches während eines halben Jahrhunderts eingetreten war. In den meisten Provinzen Kaiser, Gegenkaiser und Usurpatoren, die für die kurze Spanne ihrer Regierung sich in den Ländern ihrer Botmäßigkeit als Weltherrscher mit römischer Raubgier geberdeten. „Bete für mich," sprach R. Juda zu ben-Lakisch, „denn die römische Regierung ist sehr schlimm." Jener antwortete ihm: „Nimm nichts, so wird dir nichts genommen werden!"[2]) Die Aeußerung war ein Verweis wegen der Habsucht, von welcher R. Juda nicht freizusprechen war. Es scheint, daß in dieser Zeit die Patriarchen von den Gemeinden Einkünfte zu beziehen angefangen haben[3]). Am herbsten sprach sich einst über diesen Punkt ein sonst unbekannter Volksredner, R. José aus Maon, in einem öffentlichen Vortrage in einer tiberiensischen Synagoge aus. „Höret, ihr Priester," eiferte er, mit Anwendung eines Verses aus Hosea: „Warum obliegt ihr nicht dem Gesetzesstudium, habe ich euch nicht dafür vierundzwanzig Priesterabgaben bestimmt? Ihr erwidert: wir be-

---

[1]) Jerus. Synhedrin II. Anf. Horajot III. Anf.
[2]) Genesis Rabba c. 78.
[3]) Das. c. 100.

kommen nichts vom Volke; nun so vernimm es, Haus Israel, warum gebet ihr nicht den Priestern ihre Gebühr? Ihr antwortet mir: die Leute des Patriarchen nehmen es von uns mit Gewalt, so merke es, Haus des Patriarchen, denn über euch wird ein strenges Gericht gehalten werden." R. Juda, unwillig über diese sichgehenlassende Rüge, dachte daran, den Tadler zu bestrafen: aber R. Josés entfloh. Am andern Tage begaben sich R. Jochanan und Ben-Lakisch zum Patriarchen, um ihn zu besänftigen; sie machten ihn darauf aufmerksam, daß es nicht ernst gemeint, sondern dem Redner eigentlich nur darum zu thun war, seine Zuhörer zu unterhalten, wie ja auch der Momus (komische Maske) in den Theatern die gute Seite habe, daß er das Publikum durch Unterhaltung von unsinnigen Streichen und Zänkereien abzuziehen sucht. Auch, fügten sie hinzu, verdient R. José wegen seiner ausgezeichneten Gelehrsamkeit einige Nachsicht. R. Juda ließ sich überreden, mit seinem Tadler zusammen zu kommen und legte ihm einige Fragen vor, um ihn zu prüfen, unter Anderem über den Sinn des Prophetenwortes: „wie die Mutter so die Tochter" (Ezechiel 16., 44). R. José den Freimuth bis zur Beleidigung treibend, erwiderte: „es bedeutet, wie der Naßi, so das Zeitalter, wie der Altar, so die Priester"[1]). Obwohl gereizt über diese Schmähungen, scheint ihm R. Juda verziehen zu haben. Sein versöhnlicher Charakter sah über ähnliche Angriffe hinweg.

Wenn die Habgier des Patriarchen einen betrübenden Eindruck macht, die so weit ging, daß Beförderungen zu Lehrämtern, sonst nur den Würdigsten ertheilt, ja nicht selten auch solchen vorenthalten, für Geld zu haben waren: so ist der Umstand erfreulich, daß es eine vereinzelte Erscheinung war, welche nicht nur keinen Einfluß auf die hervorragenden Zeitgenossen hatte, sondern bei ihnen eine sittliche Entrüstung hervorrief. Als R. Juda einst einen ganz unwissenden Menschen, der weiter kein Verdienst als die Zufälligkeit des Reichthums hatte, zum öffentlichen Volkslehrer befördert hatte, goß ein geistreicher Volksredner, R. Juda b. Nachmani, seinen ganzen Spott über diesen Mißbrauch aus. Das Loos hatte ihn getroffen, bei diesem reichen Idioten als Meturgeman (Dolmetsch, Erklärer) öffentlich zu fungiren, und sein Geschäft bestand darin, das Thema des Vortrages, welches der Promovirte ihm satzweise ins Ohr geflüstert, den Zuhörern zu erläutern und

---

[1]) Das. c. 80. Jerus. Synhedrin II. Ende.

verständlich zu machen. Vergebens hatte aber R. Juda b. Nachmani sein Ohr dem Munde des Vortragenden ganz nahe gebracht, sich das Thema zuflüstern zu lassen, er vernahm keinen Laut. Auf diese sonderbare Situation parodirte der Meturgeman sehr witzig einen Vers des Propheten Habakuk (2., 19.), welcher die stummen Götzen verspottet: „Wehe, wenn man zum Block sprechen muß, erwache! rege dich, zum Stein! Der soll lehren? Er ist ja nur in Gold und Silber eingefaßt, und kein Geist ist in ihm!"¹) — Dieser witzige Meturgeman war überhaupt ein origineller Improvisator und handhabte noch die im Erlöschen begriffene hebräische Sprache mit vieler Meisterschaft. Bei Trauerfällen pflegte man ihn zum öffentlichen Sprechen aufzufordern, die Leidtragenden zu trösten, die Gerechtigkeit des Himmels zu retten, und den Beileidbezeigenden Dank zu sagen. Einige Improvisationen dieser Art haben sich von ihm erhalten; sie sind in einem fließenden Hebräisch gehalten. Ein Trostesspruch bar Nachmani's lautet:

„Brüder, von Trauer gebeugt und erschlafft,
„Richtet euren Sinn darauf, Eines zu ergründen:
„Es besteht vom Anbeginn der Welt bis ans Ende der Tage,
„Viele haben es gekostet, Viele werden es kosten,
„Wie das Loos der Frühern, so das Loos der Spätern.
„Der Trostesspender möge euch trösten"²).

Die Entrüstung über die Käuflichkeit der Lehrwürden theilten übrigens Viele mit R. Juda b. Nachmani, man nannte solche, welche ihr Amt dem Gelde zu verdanken hatten, „silberne und goldene Götzen", man erwies ihnen keinerlei Ehrenbezeigung, verweigerte ihnen den Titel Rabbi³). Die öffentliche Meinung sprach sich gegen R. Juda aus, und es scheint, daß das Synhedrialcollegium von dieser Zeit an dem Patriarchat das Promotionsrecht genommen hat. Während früher seit R. Juda I der Patriarch ohne Einwilligung des Collegiums die Ordination ertheilen konnte, wurde jetzt die Bestimmung getroffen, daß er fortan dazu die Zustimmung

---

¹) Synhedrin 7 b. Die witzige Pointe liegt in dem Doppelsinn des Wortes הרה, welches befruchten und auch lehren, und רוח, welches Odem und Geist bedeutet. In Jerus. Bikkurim Ende wird diese Parodie einem Jakob aus Kephar-Naburaja beigelegt.
²) Ketubot 8 b.
³) Jerus. Bikkurim das.

desselben einholen müsse ¹). — Indessen, wie sehr auch R. Juda's Handlungsweise vielfachen Tadel erfahren hat, so stand er nichtsdestoweniger bei den Gesetzeslehrern und dem Volke in großer Achtung. Er galt als eine halachische Autorität, auf welche sich sogar Ben-Lakisch und Andere öfter beriefen ²). Wäre er eine Drahtpuppe in den Händen von hierarchischen Finsterlingen gewesen, welche ihn zum Werkzeuge gebrauchten, um dem Volke noch mehr Fesseln anzulegen, so hätte er wohl schwerlich jene Erleichterungen durchsetzen können, welche ausdrücklich auf seine Autorität zurückgeführt werden. Besonders beliebt war er wegen seiner Einfachheit in seinem Wesen und seinem Anzuge, welche seine hohe, fast königliche Würde vergessen machte. Er pflegte sich in Linnen zu kleiden und alle Etiquette beim Empfange von feierlichen Besuchen fern zu halten, worüber ihm seine Freunde R. Chanina und R. Jochanan Vorwürfe machten, indem sie ihm bedeuteten: der Herrscher müsse sich in Pracht und imposanter Haltung zeigen ³). Wie groß die Verehrung für R. Juda war, zeigte sich bei seinem Tode; man erwies seiner Leiche nicht weniger Ehren, als seinem gleichnamigen Großvater; man zwang einen Ahroniden, R. Chija b. Abba, sich dem Gesetze zuwider mit derselben zu beschäftigen, indem auch für ihn die Heiligkeit des Priesterthums aufgehoben werden dürfe ⁴). Er starb noch vor R. Jochanan.

Hillel, der Bruder des Patriarchen, scheint in der Halacha keinen Namen gehabt zu haben, er wird auf diesem Gebiete höchst selten genannt; hingegen besaß er tiefere Kenntniß in der agadischen Schriftauslegung, und aus diesem Grunde suchte ihn wohl der philosophische Kirchenlehrer Origenes auf, um sich bei ihm über schwierige Stellen in der Bibel Rath zu holen. Origenes nennt ihn den Patriarchen Jullos oder Huillus ⁵). Der Forschergeist, welcher in der christlich-alexandrinischen Schule durch die Kirchenlehrer Pantäus und Clemens von Alexandrien geweckt

---

[1] Note 25.
[2] Siehe die zahlreichen Belegstellen Seder ha-Dorot, Artikel: R. Juda Nessia II.
[3] Jerus. Synhedrin. I. p. 20 c.
[4] Das. Berachot III. p. 6 a. Nasir VII. p. 56 b.
[5] Origenes Selecta in Psalmos I. S. 414. Hieronymus Apologia adversus Rufinum. S. Note 22.

war, der die gnostische Spielerei und den gnostischen Haß gegen das alte Testament überwand und den Zusammenhang zwischen diesem und dem neuen Testamente suchte, machte das Bedürfniß rege, sich mit der hebräischen Sprache bekannt zu machen, um aus der Kenntniß des Originaltextes die grellen Widersprüche zu lösen, in welchen die inzwischen starr gewordenen christlichen Dogmen zu den alttestamentlichen Anschauungen standen. Von diesem Bedürfnisse war der originelle Origenes am meisten durchdrungen und war auch unverdrossen thätig, sich das Hebräische selbst anzueignen und die Pflege desselben zu empfehlen. In der Kenntniß des Hebräischen und der richtigen Schriftauslegung betrachtete er die Juden als seine Lehrmeister. Origenes gestand ein, den richtigen Sinn schwieriger Bibelstellen während seines abwechselnden längern Aufenthaltes in Judäa (um 229—253) von Juden erfahren zu haben. Als er die Psalmen commentiren wollte, gab er sich Mühe, sich von einem Juden das Verständniß derselben vermittelst der Traditionen eröffnen zu lassen [1]). Das Halachastudium hatte damals die biblische Exegese noch nicht verdrängt. Es gab noch außer H i l l e l und S i m l a i jüdische Lehrer, welche, mit dem Grundtexte vertraut, über die kindisch-alberne Beweisführung christlicher Lehrer für die Dogmen aus der verdorbenen griechischen Uebersetzung der Septuaginta lachten und sie beschämten. Sie machten sich namentlich über die Leichtgläubigkeit der Christen lustig, die jedes ihnen in die Hände gespielte apokryphische Buch im Gewande des Alterthums, wie die Geschichte von Tobiat, Judith, der Susanna, in den Kreis der heiligen Schriften zogen und auf diesem lockern Grunde ihr luftiges Gebäude aufführten [2]).

Um den Kirchenglauben vor dieser Lächerlichkeit zu schützen, unternahm Origenes das Riesenwerk, den verstümmelten, von Fehlern aller Art wimmelnden Text der Septuaginta neben den Urtext zu setzen, um christlichen Lehrern einen Ueberblick über den Unterschied der Lesearten zu geben und sie besser in den Stand zu setzen, mit Juden disputiren zu können. Er verglich zu diesem Zwecke die Uebersetzungen von Akylas, Symmachos, Theodotion und noch drei Anderen, die er in Nikopolis und Jericho gefunden hatte, und stellte

---

[1]) Origenes das. epistola ad Africanum 7. contra Celsum I. 45., 55., 56. II. 31.
[2]) Epistola African. ad Origenem und Epistola Origenis ad Africanum.

diese Uebersetzungen zur bequemen Uebersicht in Säulenreihen neben einander, den hebräischen Text mit der Aussprache desselben nach griechischen Lauten an der Spitze. Diese Zusammenstellung führt den Namen Hexapla (das Sechsfache[1]). Vergebliche Mühe, die schlechte und geflissentlich verderbte griechische Uebersetzung dem hebräischen Grundtexte gegenüberzustellen! Die Septuaginta blieb in ihrer entstellten Gestalt, ja sie wurde gerade durch Origenes' Sorgfalt noch mehr verwirrt, indem Manches zufällig in deren Text hineinkam, was einer andern Übersetzung angehörte.

---

[1] Vergl. die eingehende Monographie von Redepenning, Origenes, der richtig nachgewiesen (II. S. 272 fg.), daß der Name Hexapla nicht von der sechsfachen Uebersetzung, sondern von den sechs Columnen, welche durchschnittlich vorkamen, stammt.

Vierzehntes Kapitel.

Die paläſtinenſiſchen Amora's. R. Chanina, R. Jochanan, R. Simon b. Lakiſch. R. Joſua, der Held der Sage. R. Simlai, der philoſophiſche Agadiſt. Porphyrius, der heidniſche Commentator des Buches Daniel.

(219—279)

Die Thätigkeit der Lehrer der Synagoge in Paläſtina war nach einer andern Richtung gelegen; nicht der Bibelforſchung und nicht der Begründung der Glaubenslehre war ihr Intereſſe zugewendet; beides lag außerhalb ihres Geſichtskreiſes. Auf die Pflege der mündlichen Lehre war ihr Hauptaugenmerk gerichtet, und zwar in ihrer abgeſchloſſenen Form, der Miſchna. Sie war in gemeſſener, knapper Kürze abgefaßt, enthielt außerdem viele Beſtandtheile, Wort- und Sachinhalt, deren Verſtändniß aus dem Leben entſchwunden war und erforderte daher ein eigenes Studium, eine Art Gelehrſamkeit. Die Schulhäupter verlegten ſich zunächſt darauf, den kurzen und nicht ſelten dunkeln Sinn der Miſchna zu erläutern. Von dieſer Seite ihrer Thätigkeit erhielten ſie den Namen Amoräer (Amoraï Ausleger[1]). Aber ſie blieben nicht bei dieſer trockenen Thätigkeit und dieſer Abhängigkeit ſtehen, ſondern machten ſich nach und nach davon frei, ſchlugen neue Bahnen ein, und ſtets im guten Glauben, auf dem Boden der Miſchna zu ſtehen, überflügelten ſie dieſelben. Wie die Tanaïten das Schriftwort behandelten, ſo behandelten die Amoräer den Text der zweiten Lehre, ſie zerlegten und löſten ihn in Urbeſtandtheile auf, unter der Hand verflüchtigte er ſich ihnen und verwandelte ſich in einen anderen Stoff und in eine andere Form. Das erſte amoräiſche Geſchlecht, die unmittelbaren Nachfolger der Tanaïten und Halbtanaïten, bildet in vielen Punkten eine Parallele zu dem zweiten Tanaïtengeſchlecht; es hatte wie dieſes eine Reihe begabter Perſönlichkeiten, welche ein hohes Alter erreichten,

---

[1] Das chaldäiſche Wort אמורא bedeutet urſprünglich daſſelbe wie das Wort תרגמן, d. h. Ueberſetzer, Dolmetſch, Erklärer, Ausleger.

und ihre Thätigkeit füllte ein halbes Jahrhundert. aus. Es zerfiel wie dieses in verschiedene Schulen und Richtungen und ging in Differenzen über Entscheidung und Auslegung der Gesetze auseinander, bietet aber nicht das Schauspiel heftiger Streitigkeiten, weil es bereits ein Gemeinsames, eine anerkannte Formel, eine feststehende Norm hatte, welcher sich alle Autoritäten unterordneten. Unter den Gesetzeslehrern dieses Geschlechtes war der älteste R. Chanina b. Chama aus Sepphoris (um 180—260). Er stammte aus einem alten, edlen Geschlechte und übte die Arzneikunde aus [1]), wie denn überhaupt diese Wissenschaft, die im liritischen Kreise heimisch war, auch bei Gesetzeslehrern Pflege gefunden hat. Es ist bereits erzählt, wie der Patriarch R. Juda I. ihn aus Empfindlichkeit lange vernachlässigt und erst auf seinem Todtenbette seinem Nachfolger empfohlen hat, ihm die vorenthaltene Ordination zu ertheilen, und ihm den Vorrang vor allen übrigen Jüngern einzuräumen. Als ihm R. Gamaliel III., in gewissenhafter Erfüllung des väterlichen Willens, die erste Stelle ertheilen wollte, lehnte sie R. Chanina aus Bescheidenheit ab, indem er sie an den um einige Jahre ältern Ephés aus Lydda abtrat, ja er trat auch vor einen andern zurück, vor Levi b. Sißi, und begnügte sich mit der dritten Stelle in der Reihe der Ordinirten [2]). Als er später reif geworden, einem eigenen Lehrhause in Sepphoris vorstand, war seine Lehrweise einfach. R. Chanina war ganz Amora in dem ursprünglichen Sinn des Wortes; er trug die Mischna oder die Boraïta's nur mit den Erläuterungen vor, wie er sie traditionell vernommen, ohne sich eine selbstständige Folgerung zu erlauben. Kamen neue Fälle vor, welche in der Mischna nicht angedeutet waren, so entschied er sie nicht nach eigenem Urtheile, sondern zog kundige Collegen oder auch Jünger dabei zu Rathe, wenn die Entscheidung noch so nahe lag. Er war sich selbst seines Standpunktes bewußt und sprach sich öfter darüber aus, daß er nie eine Entscheidung getroffen habe, die er nicht durch Tradition überkommen hätte [3]). Als R. Jochanan und Simon b. Lakisch erstaunt darüber waren, daß er sie, die Jüngeren, bei einem Falle zur Berathung gezogen

---

[1]) Joma p. 49 a.
[2]) Vergl. Note 25.
[3]) Jerus. Aboda Sara I. p. 39 d. Schebiit VI. p. 36 d.

hatte, äußerte sich R. Chanina: „Ich habe nie ein halachisches Urtheil abgegeben, wenn ich es nicht von meinem Lehrer theoretisch unzählige Male gehört und praktisch mindestens dreimal bewährt gefunden habe; da ich aber den gegenwärtigen Fall nur zweimal wahrgenommen habe, darum verlange ich euren Beirath"[1]). R. Chanina war dasselbe unter den Amora's, was R. Elieser b. Hyrkanos unter den Tanaiten, durchaus empfangend, niemals schöpferisch. Nach diesen Beiden hätte der Lehrstoff ewig in derselben Form bleiben müssen, wie er einmal gegeben war; fruchtbare Anwendung, Fortbildung und Erweiterung desselben war nicht ihre Sache. Dieser Standpunkt, die Mischna als ein todtes Kapital zu betrachten, gefiel aber den strebsamen jüngern Männern nicht; daher trennten sich sogar die Schüler von ihm und gründeten neue Lehrhäuser.

Wegen seiner Frömmigkeit genoß R. Chanina hohe Verehrung bei Juden und Römern. Als er einst mit dem jüngern Zeitgenossen Josua b. Levi den Proconsul (Anthypatos) in Cäsarea aufsuchte, stand dieser vor ihnen ehrerbietig auf und bemerkte gegen diejenigen, welche darüber erstaunt schienen: „sie erscheinen mir wie Engel"[2]). Er, wie keiner, durfte sich herausnehmen, die tiefeingerissenen Fehler seiner Gemeinde rücksichtslos zu rügen und ihnen jenen falschen Glauben zu benehmen, der sich die unglaublichsten Wunder gefallen läßt, um der Selbstthat überhoben zu sein. Die schonungslosen Aeußerungen R. Chanina's über die Sepphorener geben zugleich ein treues Sittengemälde jener Zeit. In Sepphoris und der Umgegend hatte einst die Pest so gewüthet, daß viele Menschen in allen Theilen der Stadt hinweggerafft wurden, nur derjenige Theil, in dem R. Chanina wohnte, blieb verschont. Die Sepphorener machten ihren Vertreter dafür verantwortlich, weil er keine Wunder thue, um die Pest abzuwenden; worauf er ihnen antwortete: „In Moses Zeiten gab es nur einen Simri (der mit Heidenfrauen Unzucht getrieben) und es fielen 24,000 in der Pest, unter euch giebt es aber so viele Simri und ihr beklagt euch noch!"[3]) Ein andermal litt Judäa an anhaltender Regenlosigkeit und Dürre. R. Chanina hatte die vorgeschriebenen Fasten und öffentlichen Gebete veranstaltet, ohne daß

---

[1]) Das. Nidda II. Ende.
[2]) Das. Berachot V. p. 9 a.
[3]) Das. Taanit III. p. 66 c.

sich der ersehnte Regen eingestellt hätte, worüber sich die Sepphorener wieder beklagten und auf R. Josua b. Levi verwiesen, welcher für das südliche Judäa Regen erfleht habe. Bei der nächsten Gelegenheit ließ R. Chanina R. Josua aus dem Süden nach Sepphoris kommen, und vereinigte dessen Gebet mit dem seinigen, aber wiederum ohne Erfolg. Da nahm R. Chanina Veranlassung, seine Landsleute wegen ihres Afterglaubens an die Wunderthätigkeit eines Menschen zurechtzuweisen: „Da seht ihr's: nicht Josua bringt Regen und nicht Chanina hält den Regen zurück; sondern die Lyddenser sind weichherzig und demüthigen sich, darum giebt ihnen der Himmel Regen, ihr aber seid hartherzig und verstockt, darum versagt er euch den Regen"[1]. Bescheidenheit und Selbstverläugnung verließen ihn sein ganzes Leben nicht, und im Alter freute er sich in gerechter Anerkennung fremder Verdienste über den Ruhm derer, die ihn verdunkelt haben. Als er einst nach Tiberias kam und die Gewerke feiern sah, weil alles Volk sich zu R. Jochanan's Vorträgen gedrängt hatte, dankte er Gott dafür, daß er ihn den Ruhm seines Schülers hat erleben lassen[2]. Er erreichte ein sehr hohes Alter und sah drei Patriarchen, den ältern R. Juda, seinen Lehrer, dessen Sohn Gamaliel und den zweiten R. Juda. Zu achtzig Jahren war er noch so frisch und kräftig, daß er sich selbst die Sandalen auf einem Fuße stehend aus- und anziehen konnte. Er pflegte zu sagen: „Das Oel, womit mich meine Mutter in der Jugend einrieb, gab mir noch im Alter Jugendkraft"[3]. R. Chanina's Zeitgenosse R. Ephés, dem er wegen seines höhern Alters den Vorrang bei der Ordination überlassen hatte, hinterließ fast gar keine Spuren seiner Thätigkeit. Nur das Eine ist von ihm bekannt, daß er Geheimschreiber des Patriarchen war[4] und daß er wieder in Südjudäa (Darom) in Lydda eine Schule erneuerte, wo seit der hadrianischen Verfolgung und der Verlegung des Synhedrins nach Galiläa wahrscheinlich wegen der geringen jüdischen Bevölkerung das öffentliche Leben erloschen war. R. Ephés führt daher den Namen „der

---

[1] Daselbst.
[2] Das. Baba Mezia II. Ende. Horajot III. p. 48. b. Die beiden theilweise corrumpirten Stellen können durch einander emendirt werden. פ' עכו כל חמי bedeutet: er sah alle Welt feiern; פרס von feriari gebildet.
[3] Chulin 24. b.
[4] Genesis Rabba c. 84.

Südländer" (Droma[1]). — Der Dritte aus dem Kreise der ältern paläſtinenſiſchen Amoräʼs Levi b. Sziſzi (ſchlechtweg Levi genannt), hat wahrſcheinlich wegen angeborener Schüchternheit[2]) keinem Lehrhauſe vorgeſtanden, ſondern reiſte öfter von Judäa nach Babylonien hin und zurück.

Den Gegenſatz zu dem nur erhaltenden R. Chanina bildet R. Jochanan bar Napacha (geb. 199, geſt. 279 [3]). Von dieſem Hauptamora Paläſtinas ſind einige biographiſche Züge, ſogar eine Schilderung ſeiner äußerlichen Perſon bekannt geworden. Eine Waiſe von Vater und Mutter, welche er bereits in zarter Jugend verloren hatte, pflegte er ſpäter zu ſagen: Er müßte für dieſes Unglück dankbar ſein; denn er wäre nicht im Stande geweſen, die ſtrengen Pflichten der Kindesliebe zu erfüllen, wie es das Geſetz erheiſcht[4]). Er war ſo ſchön von Geſtalt, daß die ſonſt trockene talmudiſche Quelle unwillkürlich dichteriſch wird, um R. Jochanan's Schönheit zu veranſchaulichen: „Wer ſich einen Begriff von ſeiner Schönheit machen will," berichtet ſie, „der fülle einen friſchgearbeiteten Silberpokal mit rothen Granaten, umgebe den Rand mit einem Kranze rother Roſen, ſtelle den Pokal zwiſchen Licht und Schatten, und der eigenthümliche Lichtreflex deſſelben wird R. Jochanan's glänzender Schönheit entſprechen"[5]). Jedoch war dieſe Schönheit mehr weiblicher Art, denn ihm fehlte der Bart, der Ausdruck männlicher Würde. Auch waren ſeine Augenbrauen ſo lang, daß ſie ſeine Augen überſchatteten. Sein Blick hatte dadurch zuweilen etwas Düſteres, Strenges, Stechendes, und er ſoll, der Sage nach, öfter mit ſeinem Blicke unwillkürlich getödtet haben. Herangewachſen, war R. Jochanan Zuhörer des ältern R. Juda, geſtand aber, wegen ſeiner Jugend nur wenig von der tieferen halachiſchen Debatte verſtanden zu haben[6]). Da er nicht begütert war und nur ein kleines Grundſtück beſaß, hatte er ſich mit Ilpha, einem Mitjünger, auf ein Geſchäft gelegt, als ihm ein Wink zu-

---

[1]) Erubin 65. b. Jerus. Taanit IV. p. 68 a. und öfter in der talmudiſchen Literatur.
[2]) S. oben S. 213.
[3]) S. Note 1.
[4]) Kiduschin 31. b.
[5]) Baba Mezia 84. a.
[6]) Chulin 137. b.

kam, sich der Lehre ganz zu weihen, dann werde er einen hohen Rang einnehmen. Deswegen gab er sein Geschäft auf und wurde von Neuem Zuhörer bei berühmten Gesetzeslehrern. Sein kleines Grundstück verkaufte er, um die Mittel zum Studium zu haben, ohne der Sorge Raum zu geben, wovon er im Alter leben werde. Man wendete daher später auf ihn den Vers des Hohenliedes an: „Er gab sein Vermögen hin aus Liebe" (zu der Lehre [1]). Doch scheint er später von dem Patriarchen R. Juda seinen Unterhalt bezogen zu haben [2]. R. Jochanan pflog Umgang mit den Lehrern verschiedener Schulen, um sich allseitige Kenntniß des Gesetzesstoffes anzueignen, unter Andern auch mit dem Boraïtasammler R. Uschaja in Cäsarea, von dem er anderweitige Halachas vernahm, die in der Mischna nicht enthalten waren [3]. R. Chanina b. Chama war, wie schon erzählt, sein Hauptlehrer, mit dem er sich jedoch nicht vertragen konnte, weil Jenem jede Mischna als unfehlbares kanonisches Gesetz galt, an dem man nicht mäkeln dürfe; aus diesem Grunde verließ er dessen Schule und gründete in Tiberias eine eigene [4]. R. Jochanan wurde die rechte Hand des Patriarchen R. Juda II., der fruchtbarste Amora seiner Zeit, und seine Aussprüche wurden durch seine zahlreiche Jüngerschaft ein Hauptbestandtheil des Talmuds. Seine Lehrart war, tiefer in den Sinn der Mischna einzugehen, jedes Gefüge einer strengen Analyse zu unterwerfen, einen Ausspruch gegen den anderen zu halten; dadurch kam er zu dem Resultat, daß die Mischna nicht durchweg Gesetzeskraft habe, weil sie nur Ansicht einer einzelnen Autorität sei; er pflegte daher manche mischnaitische Halacha ganz zu verwerfen, dafür aber vernachläfsigten Boraita's Autorität einzuräumen. Der schon erwähnte Ilpha war entgegengesetzter Ansicht und so verliebt in R. Juda's Sammlung, daß er kühne Wetten einging, für jeden Paragraphen der Boraita, die in einer gewissen Breite ausgeführt ist, eine kurze Andeutung in der Mischna nachweisen zu können; daher die Boraita's durchaus überflüssig seien [5]. Auch

[1]) Exodus Rabba c. 47. Leviticus Rabba 30. Midrasch Canticum p. 30. a.
[2]) Sota 21. a.
[3]) Erubin 53. a. Jerus. Terumot X. p. 47 a; Synhedr. XI. p. 36 b.
[4]) Jerus. Schebiit IX. p. 38 d. Beza I. p. 60 a. Die letzte Stelle ist correkter und es ergiebt sich daraus, daß hier von Sepphoris und von Chanina b. Chama die Rede ist.
[5]) Note 26.

für die endgültige Entscheidung stellte R. Jochanan gewisse Regeln fest für solche Fälle, wenn zwei oder mehrere Tanaiten entgegengesetzter Ansicht waren. Tiberias mit seiner milden Luft, seiner Fruchtbarkeit, seinen Heilquellen wurde durch ihn der Sammelplatz einer zahlreichen Jüngerschaft, die von nah und fern herbeiströmte. Selbst aus Babylonien, dessen neugegründete Schulen ausgezeichnete Meister hatten, kamen viele schon fertige, reife Jünger zu R Jochanans Lehrhaus. Man zählt über hundert Amora's, die R. Jochanan's Entscheidungen als gesetzeskräftig annahmen und lehrten.

Mit dem Patriarchen aufs Innigste befreundet, unterstützte er dessen Unternehmen, manches Herkömmliche abzuändern. R. Jochanan selbst war nicht streng in diesem Punkte, und überhaupt lange nicht so erschwerend, als die babylonische Schule, die sich in seiner Zeit gebildet [1]). Er erlaubte das früher verbotene Griechisch zu erlernen, den Männern, weil sie sich dadurch vor Angebereien schützen könnten, und den Frauen, weil die griechische Sprache für das weibliche Geschlecht eine Zierde sei. Ueberhaupt schätzte er die griechische Bildung und räumte ihr einen Rang neben dem Judenthume ein. Schön drückt er sich darüber aus: „Dafür, daß die beiden Söhne Noah's, Sem und Japhet, ihres Vaters Blöße mit einem Gewande zugedeckt haben, verdiente sich Sem (Typus des Judenthums) den Mantel mit Schauquasten (Talit) und Japhet (Typus für Griechenthum) den Philosophenmantel" (Pallium [2]) R. Jochanan war es, welcher die Neuerung der Zimmermalerei mit Figuren zuließ [3]). Mit der römischen Macht konnte sich R. Jochanan nicht befreunden und war nicht schonend in Ausdrücken, um ihre unverschämte Anmaßlichkeit und herzlose Gewaltthätigkeit zu bezeichnen Das vierte Thier in der Daniel'schen Vision von den vier Weltreichen, die ewige Fundgrube der Auslegung, welche von Christen mehr noch ausgebeutet wurde als von Juden, bezog er auf das Römerreich. Das kleine Horn, das von dem vierten Thiere ausgeht, bedeutet nach seiner Erklärung das frevelhafte Rom, das die frühern Weltreiche vernichtet hat; die Augen, gleich Menschenaugen, in diesem Horne, bedeuten Roms neidischen Blick auf das Vermögen Anderer. Ist Jemand reich, so machen

---

[1]) Dieselbe Note.
[2]) Genesis Rabba c. 36.
[3]) Oben S. 244.

ihn die Römer schnell zum Vorsitzenden für Naturalienlieferung oder zum Mitgliede im städtischen Rathe, damit er mit seinem Vermögen für Alles haften möge¹). Ein anderer treffender Ausdruck R. Jochanan's dieser Art war: „Wenn man Dich zum Rathsmitgliede vorschlägt, so suche Dir lieber die Jordanwüste zum Nachbar." Er gestattete ausnahmsweise aus Judäa auszuwandern, um sich den lästigen städtischen Aemtern zu entziehen²). R. Jochanans Charakter war voll hoher Sittlichkeit; der Sklave, welcher ihn bediente, mußte von allen Speisen genießen, die für ihn bereitet waren³). Er hatte das Unglück seine zehn Söhne zu begraben; der letzte soll einen unnatürlichen Tod in einem Kessel mit siedendem Wasser gefunden haben. Der unglückliche Vater trug einen kleinen Knochen vom letzten Sohne mit sich herum, um durch sein außerordentliches Mißgeschick alle diejenigen zu trösten, die ähnliches Unglück betrauerten: „Seht den letzten Rest meines zehnten Sohnes," sprach er zu ihnen⁴). Nur eine Tochter blieb dem als Waise geborenen und beinahe kinderlos verschiedenen R. Jochanan. Im hohen Alter soll er Anfälle von Wahnsinn gehabt haben, die er sich aus Gram zugezogen, über den Tod seines Freundes und Schwagers b. Lakisch, welchen er verschuldet zu haben glaubte⁵). Dieser Zustand soll drei und ein halb Jahr gedauert haben, während welcher Zeit er die Lehrversammlungen nicht besuchen konnte.⁶).

R. Simon Ben Lakisch, der Zwillings-Amora, Freund, Schwager und halachischer Gegner R. Jochanans, war in manchen Punkten das Gegenstück desselben und überhaupt eine seltsame Per-

---

¹) Das. c. 76.
²) Jerus. Synhedrin VIII, p. 26. b. Die wenig beachtete Stelle lautet: אם הוכירך לבולי יהיה הירדן בעל גבולך. אבר רביהן קובולין רשית להפטר כבול. Das βουλή hier gleich magistratus das städtische Amt bedeutet, braucht Kennern kaum gesagt zu werden: Es war in der spätern Kaiserzeit so sehr lästig geworden, daß sich Reiche, denen diese theure Ehre zugedacht war, sich durch die Flucht entzogen und die Kaiser Gesetze dagegen erlassen haben. Codex Theodosianus XII. 1. §. 16. de decurionibus: Si ad magistratum nominati confugerint requirantur etc. das. §. 29: Magistratus desertores ad eum ... faciat necessitatem conditionis urgeri etc. Dazu Godefroi: Annotatt. . magistratibus magna onera incubuisse.
³) Jerus. Ketubot V. p. 30 a.
⁴) Berachot 5. b. Baba Batra 116. a.
⁵) Baba Mezia 84. a.
⁶) Jerus. Megilla L p. 72. b.

sönlichkeit, in welcher sich das Widersprechendste vereinigt fand: derbe Körperkraft mit Zartheit des Gefühls und Geistesschärfe gepaart. Resch-Lakisch (wie er abgekürzt genannt wird) war, wie es scheint, in Bostra, der sarazenischen Hauptstadt, geboren (um 200, st. um 275 [1]). Als R. Jochanan's steter Genosse, hatte er noch in der Jugend den Patriarchen R. Juda I. gesehen und sich in der Schule seiner Nachfolger gebildet; es ist falsch, daß er erst in reiferem Alter zum Gesetzesstudium herangezogen worden sei [2]). Von seiner Riesenkraft und Beleibtheit wissen die Quellen nicht genug zu erzählen; er pflegte auf harter Erde zu liegen und sprach: „das Fett meines Bauches ist mein Polster." [3]). Er ließ sich einst für den Circus anwerben [4]), um bei den so beliebten Thiergefechten die kampfeswüthigen Thiere niederzustechen, wenn sie den Zuschauern gefährlich zu werden drohten. — Dieses niedrige und lebensgefährliche Handwerk wählte Ben-Lakisch wohl nur aus Noth. Die Sage bemüht sich, die grellen Gegensätze in Resch-Lakisch, seine derbe Kraft und sein Gesetzesstudium, in einem schönen Bilde zu versöhnen. Sie erzählt: Resch-Lakisch, der Mann mit der tödtlichen Waffe, habe einst R. Jochanan im Bade gesehen und sei von dessen Schönheit so geblendet worden, daß er in einem Nu bei ihm im Wasser war. R. Jochanan habe dann zu ihm gesagt: „Deine Kraft wäre angemessener für die Lehre" — „und Deine Schönheit für die Frauen" habe b. Lakisch geantwortet. R. Jochanan habe ihm darauf die Hand seiner noch schönern Schwester versprochen, falls er sich dem Studium zuwenden sollte. Resch-Lakisch sei auf den Vorschlag eingegangen; aber schon der Entschluß, sein Leben der Lehre zu weihen, habe seine Kräfte derart geschwächt, daß er seine schwere Rüstung

---

[1]) Jerus. Scheblit VI. p. 36 d, VIII. Ende.

[2]) Jerus. Jom. Tob. V. 63. a. b. Sabbat 119. b. s. R. Tam. Tosafot zu Baba Mezia 84. a. und Jebamot 57. a.

[3]) Gittin 47. a.

[4]) Das. Jerus. Terumot VIII. p. 45 d. Die Notiz חד״א בשה ובין קש חיש hat erst durch eine eben so scharfsinnige wie wahre Erklärung des seligen Dr. M. Sachs ihre richtige Bedeutung erhalten. Das in der Agada-Literatur vorkommende לודר ist gleich Λουδάριος, Gladiator, ein Thiertödter im Circus (Sachs Beiträge I. S. 121). Mein geehrter Freund S. Nissen machte mich darauf aufmerksam, daß die Form לודים, לודאי im Talmud gleich ludi sei, nicht „Lydier" oder „Menschenfresser", sondern Kampfspiele bedeutet, wozu handfeste Männer, bestimmt, wüthenden Thieren im Circus den Garaus zu machen, angeworben zu werden pflegten.

nicht mehr anlegen konnte¹). Aber noch mehr als seine gewaltige Körperkraft wird seine gewissenhafte Rechtlichkeit gerühmt; er mied, wie erzählt wird, den Umgang solcher Personen, von deren Redlichkeit er nicht die vollste Ueberzeugung hatte; daher man benjenigen, welche Ben-Lakisch seines Umgangs würdigte, unbedingten Credit gab, ohne auch nur Zeugen dazu zu nehmen²). Seine düstere und ernste Physiognomie erheiterte sich nie durch ein Lächeln, weil er die Heiterkeit für leichtsinnig hielt, seitdem das heilige Volk der heidnischen Macht unterthan geworden³). Seine Wahrheitsliebe und seinen Freimuth kennen wir schon, die er gegen die Mißbräuche des Patriarchen bis zur Beleidigung geltend machte. In der Gesetzesauslegung huldigte er der scharfsinnigen Entwickelung und übertraf darin noch seinen ältern Genossen und Schwager. „Wenn er halachische Fragen behandelte," so erzählen die Quellen, „war es, als wenn er Berge an einander riebe." R. Jochanan pflegte von ihm zu sagen: „Wenn ich beim Leben des Ben-Lakisch eine Halacha oder Mischna vortrug, so hatte er vierundzwanzig Fragen darauf, die ich zu widerlegen hatte, dadurch erlangte der Gegenstand lichtvolle Klarheit"⁴). In der Agada war b. Lakisch originell und hatte eigene Ansichten, welche erst in der Folge besser gewürdigt wurden. Die Frage über die Zeit, in welcher der leidende Job gelebt, und über die sonstige Situation dieses merkwürdigen Dramas, wurde öfter in den Schulen verhandelt und erzeugte die widersprechendsten Ansichten. Der Eine rückte Job bis zu Moseh's Zeit hinauf, ein Anderer machte ihn zum Zeitgenossen der heimkehrenden Exulanten; Resch-Lakisch aber traf dem Nagel auf den Kopf, indem er aufstellte: „Job hat zu keiner Zeit gelebt, er hat nie existirt, sondern es ist eine sinnig moralische Dichtung (Maschal)". Diese Ansicht frappirte die Zeitgenossen ungemein, sie hatten für eine solche Auffassung kein Verständniß⁵). Die Engelnamen hielt Ben-Lakisch nicht für ursprünglich jüdisch, sondern als ein fremdes, in die jüdische Anschauung verpflanztes Element, das jüdische Volk habe sie aus Ba-

---

¹) Baba Mezia 84. a.
²) Joma 9. a.
³) Berachot 31. a.
⁴) Synhedrin 24. a. Baba Mezia 84. a.
⁵) Jerus. Sota V. Ende.

bylonien mit herüber gebracht; denn die vorexilischen Schriften kennen noch gar nicht den Begriff individualisirter Engel[1]). R. José und Andern gegenüber, welche das Alterthum auf Kosten der Gegenwart rühmten und hyperbolisch behaupteten, „der Nagel der Alten sei mehr werth gewesen, als der ganze Leib der Spätern," oder in einer andern Wendung, „wenn die Alten Engel waren, so sind wir dagegen nur Esel und nicht einmal gleich dem Esel des R. Pinchas b. Jaïr," behauptete Ben-Lakisch das Gegentheil, die Spätern haben mehr Verdienst, weil sie, obwohl unter schwerem Drucke, doch dem Gesetzesstudium obliegen[2]). — Obwohl von Jugend an mit R. Jochanan befreundet, durch Verwandtschaft noch enger an ihn geknüpft, gerieth Ben-Lakisch mit ihm in seinen letzten Jahren in Spannung. Die Veranlassung derselben soll eine allzuverletzende Anspielung gewesen sein, welche R. Jochanan sich einst auf dessen früheres Messerhandwerk erlaubte; vom Wortwechsel kam es zu gegenseitiger Beleidigung, und R. Jochanan soll ihn zuletzt mit seinem stechenden Blick getödtet haben. Der Gram über den verschuldeten Tod seines besten Freundes trübte die letzten Jahre R. Jochanan's. Er nahm den einzigen Sohn b. Lakisch's an Kindesstelle an, welchen die Mutter sorgsam bewachte, damit ihn nicht das Schicksal seines Vaters träfe[3]). B. Lakisch starb arm, wenn auch nicht ein Jahr, wie die Chroniken angeben, doch nicht allzulange vor seinem Schwager.

R. Josua b. Levi, der mit R. Jochanan und Ben-Lakisch das Triumvirat der palästinensischen Amoräs bildet, hat in der Sagenwelt einen klingenderen Namen als in der Geschichte, welche nicht viel von ihm weiß. Sohn des wandernden Halbtanaïten, Levi b. Szißi, leitete er im Süden von Judäa, in Lydda, eine Schule, wahrscheinlich als Fortsetzung derjenigen, welche R. Ephés angelegt hatte. Die Lyddenser standen zwar nicht im besten Rufe bei den Galiläern, man nannte sie stolz und halbwissend[4]). Allein R. Josua litt nicht darunter, seine Autorität war sehr hoch geschätzt, seine halachischen Meinungen sind meistens als gesetzeskräftig aufgenommen worden, selbst in solchen Fällen, wo die andern Trium-

---

[1]) Das. Rosch ha-Schanah I. p. 56 d.
[2]) Joma 9. b.
[3]) Baba Mezia das.
[4]) Jerus. Pesachim V. p. 32 a, verglichen mit Babli das. p. 62 b.

viren entgegengesetzter Ansichten waren. R. Josua gesteht aber selbst, er habe viele Ueberlieferungen vergessen, während er sich mit der Organisation der südjudäischen Gemeinden beschäftigte¹). Die Gemeindeverhältnisse dieses Landstriches waren nämlich seit der hadrianischen Katastrophe in so hohem Grade zerrüttet, daß R. Jochanan und R. Jonathan sich dahin begeben mußten, um Friede und Ordnung wieder herzustellen²). — R. Josua war auch in Rom gewesen; der Zweck seiner Reise wird nicht angegeben, vielleicht als Sendbote zur Sammlung der Beiträge für den Patriarchen. Dort hatte er Gelegenheit eine Beobachtung zu machen, welche ihm die Gegensätze in der Welthauptstadt charakteristisch vorführte. Er sah eine kunstvolle Statue, welche mit Teppichen umwickelt war, um sie vor Hitze und Kälte zu schützen. Nicht weit davon saß ein Bettler, der kaum Lumpen hatte, seine Nacktheit zu bedecken. R. Josua wendete auf dieses grelle Mißverhältniß zwischen dem übersättigten Reichthum und der verlassenen Armuth einen Vers an: „Deine Gnadengaben sind groß, wie Bergeshöhen, deine Strenge unergründlich, wie Abgrundstiefen"³). Aus der Welthauptstadt erwarte er die Ankunft des Messias: dort weile er in Knechtsgestalt unter den Bettlern und Siechen im Thore, jeden Augenblick des Rufes gewärtig, die Erlösung herbeizuführen⁴). In der Sage gilt R. Josua b. Levi als einer der auserwählten Geister, welche mit dem Propheten Elias den vertrautesten Umgang pflogen, über welche selbst der Tod seine Gewalt aufgeben müsse. Er entwindet dem Todesengel sein Messer, kommt lebendigen Leibes in den Himmel, durchmißt die Himmelsräume, das Paradies, die Hölle und schickt das Resultat seiner Untersuchungen durch den Würgeengel selbst, der ihm unterthänig sein muß, an R. Gamaliel. Dieser Sagenkreis ist in einem eigenen Werkchen zusammen getragen⁵). Die ältern Quellen wissen indessen nichts davon; sie erzählen von seinem natürlichen Tode; auf dem Todtenbette sprach er in einigen Versen das freudige Bewußtsein seiner baldigen Seligkeit aus⁶).

---

¹) Midrasch zu Kohelet 7, 7.
²) Berachot IX. Jerus. 12 d, Midr. Psalm 19, wo die Lesart משיח ר׳.
³) Genesis Rabba c. 33.
⁴) Synhedrin p. 98. a.
⁵) Eine jüngere Agada unter dem Namen מעשה דר׳ב׳ל, auch נהרים :עדן גן בסכח.
⁶) S. Artikel Josua b. Levi in Hellperine כד׳ הדורות.

Eine originelle Richtung hatte R. Simlaï in der Agada; er ist der erste, welcher sie zu einer höheren Betrachtung erhoben hat. Geboren in Lydda, verließ er diese verödete Gegend und siedelte sich in Naharbea an, wo die junge babylonische Amoraschule in schönster Blüthe aufschoß. Mit dem Patriarchen R. Juda II. lebte er sehr befreundet. In der Gesetzeskunde hatte er nur eine geringe Autorität; weder in Palästina, noch in Babylonien achtete man auf seine halachischen Kenntnisse. R. Simlaï war es, der von Tiberias nach Babylonien die Nachricht brachte, daß der Patriarch mit seinem Collegium Heidenöl zum Genusse gestattet habe. Aber weil es Abba Areka schien, daß R. Simlaï es auf eigene Autorität mittheilte, mochte er Anfangs nichts darauf geben[1]). R. Jonathan, eine agadische Autorität, wie R. Jochanan (mit dem er zuweilen verwechselt wurde) eine halachische war, wollte ihm nicht die Agada des Geschlechtsbuches (Sefer Juchasin) erklären, weil er, als ein geborner Lyddenser und wohnhaft in Naharbea, nicht würdig dazu sei[2]). Doch war R. Simlaï in der Agada viel bedeutender, als der peinliche R. Jonathan, der ihn nicht für ebenbürtig hielt. Er stellte zuerst sämmtliche Gesetzesbestimmungen des Judenthums nach der Zahl 613 zusammen, und zwar 365 Verbote, der Tageszahl des Sonnenjahres entsprechend, und 248 Gebote, gleich der Zahl der menschlichen Glieder. Diese 613 habe David in e i l f Tugenden zusammengefaßt: Grabheit, Gerechtigkeit, Wahrheit, Scheu vor Verleumdung, Bosheit und Beleidigung des Nächsten, Verachtung des Schlechten, Verehrung des Würdigen, Heilighaltung der Eide, uneigennütziges Ausleihen ohne Zins und Enthaltung von Bestechung. Jesaja habe dieselbe wieder in s e c h s summirt: Wandeln in Gerechtigkeit, sprechen in Grabheit, Verachtung des Eigennutzes, die Hand von Bestechung, das Ohr von böser Einflüsterung, das Auge von bösen Gelüsten frei halten. Der Prophet Micha habe die Gesetze gar auf d r e i Prinzipien gebracht: Recht üben, Wohlthätigkeit lieben und in Züchtigkeit leben. Der zweite Jesaja habe sie auf zwei zurückgeführt: R e c h t h ü t e n und M i l d e ü b e n. Der Prophet Habakuk endlich habe sie sämmtlich in einer einzigen Formel ausgedrückt: „Der Gerechte lebt des Glaubens"[3]). Es ist dieses der

---

[1]) Jerus. Aboda Sara II. p. 41 d.
[2]) Citat v. S. 263. Anmerk. 4.
[3]) Makkot 23. b. ff.

erste Versuch, sämmtliche Gesetze des Judenthums auf Prinzipien zurückzuführen. Eine schöne Parabel, die R. Simlaï von der weltgeschichtlichen Bedeutung der Völker aufgestellt, zeugt eben so sehr von seinem, aufs Allgemeine gerichteten, Blick, wie von einer dichterischen Begabung. „Am jüngsten Tage wird Gott, das Gesetzbuch im Schooße, die Völker auffordern, den Lohn ihrer Thätigkeit zu empfangen. In bunter Mischung werden sich sodann auf diese Aufforderung die Völker versammeln, welche Gott dann der Reihe nach aufrufen wird. Zuerst wird Rom erscheinen, Rechenschaft abzulegen über seine Leistungen und Lohn dafür beanspruchen: „Wir haben Städte und Märkte angelegt, Bäder errichtet, Gold und Silber gehäuft und dieses alles für Israel, damit es in Gemächlichkeit das Gesetz üben könne"; so wird Rom sprechen. Gott aber wird entgegnen: „Was ihr gethan, habt ihr aus Eigennutz gethan, die Märkte für Buhlerinnen, die Bäder für wollüstiges Schwelgen, die Schätze aber sind mein!" Betrübt wird Rom abziehen, um Persien vortreten zu lassen Persien wird sprechen: „Wir haben Brücken über Flüsse geschlagen, Städte erobert, viele Kriege geführt und dies alles für Israel." Gott wird ihnen dasselbe antworten: „Ihr habt Brücken gebaut, um Zoll zu nehmen, Städte erobert, um Frohndienst zu erpressen, des Krieges bin ich Herr." Also wird Gott jeder Nation ihre eigennützige Thätigkeit vorrechnen" [1]).

Mit tiefer Kenntniß der heiligen Schrift und höherer Anschauung begabt, war R. Simlaï geeignet, mit Kirchenlehrern Polemik zu führen, die Stützen, welche sie aus dem alten Testamente für die Dogmen des Christenthums suchten, wankend zu machen. In dieser Polemik zeigte R. Simlaï eine sehr gesunde Exegese, fern von jeder Deutelei. Das Christenthum war während des ersten Amorageschlechtes in ein neues Stadium getreten; gegenüber der gnostischen und urchristlichen (ebionitischen, nazaräischen) Richtung hatte sich eine allgemeine katholische Kirche gebildet, deren Grundlehren (Dogmen) von hier und da, halb paulinisch und halb antipaulinisch, die Mehrheit der Christen so ziemlich annahm. Der Kanon des neuen Testamentes war gesammelt, in vier Evangelien und Apostel und galt, ohne Rücksicht auf die Entstehungsweise der einzelnen Theile, durchweg als heilige Offenbarung. Die verschiedenen

[1]) Aboda Sara Anfang.

Sekten der Urchristen und Gnostiker waren besiegt, entweder dem Gesammtkörper der katholischen Kirche einverleibt, oder als Ketzer ausgeschieden. Zu dieser Bildung einer katholischen Kirche und zur Einheit des Bekenntnisses inmitten so großer Zerrissenheit und Spaltung der apostolischen und nachapostolischen Zeit trugen am meisten die Bischöfe von Rom bei, welche wegen ihres Sitzes in der Welthauptstadt sich die Suprematie über die übrigen Bischöfe und Patriarchen anmaßten, sie bei abweichender Meinung, wie bei den Streit über die Feier des Passah, aus der Gemeinschaft ausstießen und allmälig als Oberbischöfe und Päpste anerkannt wurden. Nach diesem abgeschlossenen Werke begann auch im christlichen Kreise die Forschung, das tiefere Eindringen in die Ueberlieferungen der Kirche.

Neue Dogmen hatten sich ausgebildet, für welche man Begründung und Sicherstellung suchte. — Aus der strengen Einheitslehre, welche das Christenthum aus dem Vaterhause mitgenommen hatte, war im Laufe der Zeit, als die junge Kirche die Messianität Jesu immer mehr verherrlichte und seine Person bis zur Göttlichkeit erhob, eine **Zweiheit** entstanden: Vater und Sohn, oder Weltschöpfer und Logos. Bald kam ein Drittes hinzu. Die ursprüngliche jüdische Anschauung von der Begeisterung der Propheten und anderer Frommen durch Gott, in der Bedeutung **heilige Begeisterung** (Ruach ha-Kodesch) bezeichnet, erstarrte im Christenthume zu dem Dogma vom heiligen Geiste als **Person**, welcher mit Gott und Christus ebenbürtig und ursprünglich bestehend angesehen wurde. Ohne es zu merken, hatte das Christenthum, welches sich für das wahre geistige geläuterte Judenthum hielt, ein ganz anderes Gottesbewußtsein und eine Art **Dreigötterthum** angenommen. Je mehr das christliche Dogma von der Dreieinigkeit mit dem ganzen Wesen des Judenthums im Widerspruch stand, desto mehr Mühe mußte es sich geben, sie auch, als in der Oekonomie des alten Bundes begründet nachzuweisen, und dadurch als uralt zu stempeln. Auf gradem Wege war aber dieser Nachweis nicht zu finden; daher nahmen die des Hebräischen kundigen Kirchenlehrer der palästinischen und alexandrinischen Schule zu allerlei allegorischen Deutungen Zuflucht. Wo immer in der heiligen Schrift mehrere Benennungen von Gott vorkommen, da glaubte sie schon im Buchstaben die Dreieinigkeit angedeutet zu sehen. Selbst den ganz unverfänglichen Eingang des Pentateuchs: „im Anfang schuf Gott Himmel und Erde," gebrauchte die deutelnde Christologie als Beweis für Christus' Mitwirkung bei der Weltschöpfung, in dem sie den „Anfang" als die „Weisheit," das „Wort" gleichbedeutend mit „Christus" umdeutete, und in jenem Satz das tiefe Geheimniß erblickte: in Christus habe Gott die Welt erschaffen[1]). Um diese und ähnliche Irrleitungen christlicher Dogmen aus alttestamentlichen Stellen bewegte sich ein Religionsgespräch zwischen Papiscus und Jason, um die Mitte des zweiten Jahrhunderts. Die ehemalige gegenseitige Erbitterung zwischen Juden und Christen besonders aus der nazaräischen und gnostischen Kirche, die so weit gegangen war, daß auf der einen Seite das Judenthum und der von ihm gelehrte Gott arg geschwächt, dagegen Jesus als Christus über Alles erhoben und seine jungfräuliche Geburt betont, und auf der anderen Seite der Stifter des Christenthums erniedrigt wurde: daß er die Frucht eines fleischlichen Vergehens seiner Mutter mit einem römischen Soldaten Pantheras sei, und daß er seine Wunderthuerei den auf seiner Irrfahrt in Egypten erlernten magischen Künsten zu verdanken gehabt habe[2]) — diese gegenseitige Erbitterung hatte sich mit der Zeit gelegt. Dadurch war erst ein ruhiger, leidenschaftsloser Verkehr zwischen den Anhängern der verschiedenen Bekenntnisse möglich geworden. Freilich so lange die Leiter der Christenheit in den hebräischen Urquellen des Judenthums fremd waren, konnte kein ernstes Religionsgespräch zwischen ihnen geführt werden. Erst seitdem Kirchenlehrer, wie Origenes, sich auf das tiefere Verständniß des hebräischen Urtextes verlegten, wurden polemische Disputationen über christologische Themata häufiger.

R. Simlaï hat besonders die Gotteseinheit gegen das christliche Dogma der Dreieinigkeit vertreten und die Beweise für dasselbe mit vieler Geschicklichkeit widerlegt. Vielleicht war gerade Origenes, welcher eine geraume Zeit in Palästina lebte, sein theoretischer Gegner. R. Simlaï wies in nüchterner Erklärungsweise nach, daß an allen solchen Stellen der heiligen Schrift, welche einen Stützpunkt für die Dreieinigkeit zu gewähren scheinen, die Einheit Gottes gleich dabei so scharf hervorgehoben und betont sei, daß ein Mißverständniß unmöglich scheine. In dem Verse: „Die Allmacht, Gott, der Herr weiß es" (Josua 2, 22.), auf welchen sich die Chri=

---

[1]) Theophilos ad Autolycum II. 10; Hieronymus quaestiones in Genesin.
[2]) Celsus: Ἀληθής λόγος gegen das Christenthum bei Origenes contra Celsum I. 7. Spuren von dieser erbitterten Anklage in Talmud Sabbat 104. b.

sten als auf eine glänzende trinitarische Beweisstelle beriefen, befinde sich gleich die Berichtigung: „Er, Gott, weiß es," wodurch die Einheit des göttlichen Wesens unzweideutig hervorgehoben werde, jene Ausdrücke seien daher weiter nichts als gehäufte Benennungen, wie man einen und denselben Herrscher doch zugleich Basileus, Cäsar, Augustus nenne. Ebenso verhalte es sich mit den Ausdrücken im Psalm (50, 1.): „die Allmacht, Gott, der Herr spricht", es sei eine rednerische Wiederholung, wie man von Jemandem zu sagen pflege, er sei Künstler, Baumeister, Architekt, ohne damit eine Vielheit bezeichnen zu wollen¹). Juden und Christen, welche früher, als sie noch in einem Hause zusammen lebten, wie feindliche Brüder nur Gehässigkeit gegen einander hegten, führten nur noch eine religiöse Polemik gegen einander, welche, wenn sie sich in der friedlichen und harmlosen Art wissenschaftlicher Forschung gehalten hätte, nur dazu beigetragen hätte, die Begriffe zu läutern und die Wahrheit zu fördern.

Die Polemik gegen das Christenthum weckte in dieser Zeit sogar unter Heiden eine gewisse Kenntniß der jüdischen Dokumente, deren sie sich bedienten, um das immer anmaßlicher auftretende Christenthum zurechtzuweisen. Daniel mit seinen dunkeln Andeutungen und mystischen Zahlen war für christliche Dogmatiker ein sibyllinisches Buch, welches auf die christliche Oekonomie und Christus' Wiedererscheinung am jüngsten Tage prophezeit haben soll. Der heidnische Philosoph Porphyrius schrieb einen polemischen Commentar auf das Buch Daniel²), gewiß der einzige biblische Commentar von einem Heiden. Dieser zugleich nüchterne und mystische Neuplatoniker mit dem orientalischen Namen Malchus, aus der ehemals jüdischen Landschaft Batanea, behauptete in demselben (der nur noch bruchstückweise vorhanden ist), daß das Buch Daniel einen Verfasser voraussetze, der in der Zeit der Tyrannei des syrischen Königs Antiochos Epiphanes gegen Juden und Judenthum gelebt, und die dunkeln Wendungen desselben seien eben nur Anspielungen auf jene Zeit, wollen also keineswegs als Prophezeiungen gelten und noch weniger die Thatsachen des Christenthums orakelhaft bestätigen.

---

¹) Genesis Rabba c· 8. Jerus. Berachot IX. p. 11 d, 12 a.

²) Κατά Χριστιανῶν λογοι f. Hieron. praefatio in Danielem; es ist nach 268 geschrieben. vergl. Clinton Fasti Romani I. p. 199. II. p. 301, Note Nr. 61.

Fünfzehntes Kapitel.

Lage der Juden in Babylonien und den parthischen Ländern. Ein jüdischer Vasallenstaat. Die Exilsfürsten. Die babylonischen Amora's. Abba Areka (Rab) und sein königlicher Freund Artaban; Samuel und sein königlicher Freund Schabur (Sapor).

(219 — 257)

Während des Patriarchats R. Judas II. entwickelte sich unter den jüdischen Gemeinden in Babylonien ein reiches geschichtliches Leben, wodurch dieses Land nach und nach in den Vordergrund der jüdischen Geschichte trat. Babylonien wurde für die jüdische Nation eine zweite Mutter, nachdem ihr die erste entrissen worden, und es hat nur selten stiefmütterlich an ihr gehandelt. Das morgenländische Italien, dessen Hauptstadt in alter Zeit gleich Rom zuerst Weltherrscherin, dann Ziel völkerwandernder Einfälle gewesen, dessen Name auch nach der Gesunkenheit in der Ferne einen gewissen Zauber ausübte, Babylonien, schon einmal zeitweiliger Aufenthalt der jüdischen Stämme, wurde eine geraume Zeit hindurch bleibender Sitz jüdischer Geistesthätigkeit; Judäa trat dagegen allmälig in den Hintergrund. Das eigenthümlich gestaltete Land zwischen Euphrat und Tigris erleichterte die Loslösung des Judenthums von seinem Mutterschooße, vermittelte die Verpflanzung des jüdischen Geistes in fremde Zonen und wurde durch die Fülle eigenartiger Thätigkeit ein zweites Vaterland für die Heimathlosen. Die große Zahl der Juden, welche seit undenklicher Zeit diese Landstriche bewohnten, die Selbstständigkeit, welche die parthischen und persischen Herrscher ihnen ungeschmälert gelassen hatten, der Glanz, den ihnen ein eigenes politisches Oberhaupt verlieh, ihre ursprüngliche Kernhaftigkeit, ungebrochen von Leiden und kleinlichen Plackereien, dieses Alles verlieh ihrem Wesen einen eigenen Anstrich und förderte die Entfaltung neuer Seiten und Richtungen. Babylonien tränkte den jüdischen Geist mit jener durchdringenden Verständigkeit, welche auf jede Frage eine Antwort, für jedes Räthsel eine Lösung findet, und vor keiner Schwierigkeit zurückschreckt. Das jüdische Volk dieses Landes wurde zu einem forschenden, grübelnden, nimmer rastenden; die darin nach einander folgenden Schulhäupter und Führer zeichneten ihm die Furchen scharfsinnigen Nachdenkens ein und drückten ihm den Stempel der Gedankenhoheit auf. Die Geistesthätigkeit der babylonischen Juden verhielt sich fortan zu der im Stammlande, wie Denken zu Fühlen, wie Wissen zu Ahnen. Ein eigner Forschungstrieb machte sich von jetzt an geltend, das Gegebene nicht blindlings auf Autorität hinzunehmen, sondern bei jedem Gesetze und jeder Bestimmung sich die Frage vorzuhalten: Woher dieses? worauf ist es begründet? welche Berechtigung hat es? Ein neues Element trat zu den zwei früheren, zu Bibel und Mischna hinzu: das logische Urtheil (Sebara), welches zuweilen die Selbstständigkeit so weit trieb, Schrift und Mischna vor seinen Richterstuhl zu ziehen. — Der Begriff Babylonien, insofern es die jüdische Geschichte betrifft, ist bald weiter, bald enger und wird in dreifachem Sinne gebraucht. Im weitesten Sinne umfaßt Babylonien die ganze Strecke zwischen dem Zagrosgebirge und dem Euphrat, von dem Quellenland der Zwillingsflüsse Euphrat-Tigris bis an den persischen Meerbusen. In dieser weiten Ausdehnung gehörten dazu ein Theil von Südarmenien, ganz Mesopotamien, Chaldäa, Mesene (eine große vom Tigris gebildete Insel), ferner östlich vom Tigris bis zum medischen Gebirge, die Landschaften Corduene, Assyrien mit Adiabene, Susiana, Elymais oder Chusistan (Be-Chusai). In dieser ausgedehnten Länderstrecke und noch über diese Grenzen hinaus waren von jeher Juden verbreitet; doch hatten wohl nur diejenigen, welche vom Mittelpunkt des jüdischen Babylonien nicht allzu entfernt wohnten, eine ausgebildete Gemeinde-Organisation.

In einem engern Sinne umfaßt Babylonien nur den Landstrich zwischen den zwei Flüssen, wo ihre Schenkel sich immer mehr gegen einander nähern, bis dahin, wo sie sich vollständig vereinigen, und wo zahlreiche Kanäle das Land ehemals durchschnitten und die Flüsse in Verbindung gebracht haben: der südlichste Theil von Mesopotamien, das Gebiet des alten Babel und einen Theil des ehemaligen Chaldäa. Dieses Babylonien im engern Sinne war größtentheils von Juden bewohnt, deswegen führte es auch den

Namen Land Israel[1]). Die Grenzen desselben sind ziemlich genau bestimmt. Der äußerste Nordpunkt am Euphrat war Ihi-Dakira (auch Is, Dakira, Diacira, Aiopolis, jetzt Hit), so genannt wegen einer Asphaltquelle, welche sich in dessen Nähe am rechten Euphratufer befindet[2]) und in alter und neuer Zeit die Aufmerksamkeit der Forscher auf sich gezogen hat; nordwärts von Ihi-Dakira wohnten mehr Heiden als Juden. Einige dehnen die Nordgrenze etwas weiter aus bis Akra di-Tulbakene, Andere noch weiter bis zur ersten Euphratbrücke aus[3]). Im Süden reichte das jüdische Babylonien bis zur Stadt Apamia auf der Tigrisinsel Mesene[4]); im Osten bis zum Flusse Wani (Nahar-Wani, Naharowan) östlich vom Tigris[5]), doch keinesweges höher hinauf als die Parallele mit Dakira erfordert und nur etwa bis zur Tigris-Brücke bei Machusa[6]). Im Westen bildete der Euphrat die natürliche Grenze; doch wurden manche Punkte jenseits desselben, wie Bairam, dazu gerechnet. Im engsten Sinne heißt endlich Babylonien nur ein kleiner Bezirk an der Ostseite des Euphrat, dessen Mittelpunkt Pumbadita gewesen zu sein scheint. Die Ausdehnung dieses Bezirkes reichte von Nahardea im Norden bis Sura im Süden, etwa 22 Parasangen (16½ d. Meilen[7]). Doch wurde zuweilen nur der südlichste Theil dieses Striches Babel genannt und Nahardea bald darin eingeschlossen[8]). Die Umgrenzung des jüdischen Babylonien ist für die Geschichte nicht gleichgültig, weil sie für die damalige Zeit eine Gewissenssache war. Selbst in Judäa räumte man den babylonischen Eingebornen jüdischer Abkunft die lauterste Reinheit der Geschlechter ein, daß sie sich von jeder Vermischung mit Heiden, Sklaven oder unehelich Gebornen auf das strengste fern gehalten haben; Judäa stand und stellte sich in dieser

---

[1]) Genesis Rabba c. 17.
[2]) Kiduschin 72. a. Vergl. Mannert, Geographie der Griechen und Römer. V. 2. S. 32. 68. und Rappaport Erech Millin S. 33. ff. קירא gleich Κηρός cera bedeutet nämlich Asphalt und mit dem Genitiv-Partikel ד verbunden דקירא.
[3]) Baba Batra 24. a.
[4]) Kiduschin das. Genesis Rabba das.
[5]) Daselbst. Ritter, Erdkunde X. 229. ff.
[6]) Kidduschin 72. s. עד ארבא חניא דגישרא דמא מאי, so die Lesart Scherira's in Respp. שערי צדק p. 15. b. Nr 30.
[7]) Berachot 44. a. s. Sabbat 60. b. und dazu die Erklärung in Aruch v. על 1.
[8]) Vergl. Erubin 45. a., 63. a. Ketubot 54. a. Baba Batra 145. a.

Beziehung Babylonien nach. Ein altes Sprüchwort sagte: „die jüdische Bevölkerung in den (römischen) Ländern verhält sich in Bezug auf Abstammung gegen jene in Judäa, wie vermischter Teig zum reinen Mehl, Judäa selbst aber ist auch nur Teig gegen Babylonien" [1]). Gewisse stehende Formeln waren schon in Umlauf gesetzt über den Grad der Familienunbeflecktheit; eine sprüchwörtliche Tradition lautete: „**Babylonien** (im engern Sinne) **ist gesund** (makellos), **Mesene todt** (vermischt). **Medien krank** (halb zweifelhaft), **Elam** (Elymais, Chusistan) in den letzten Zügen (sehr zweifelhaft)" [2]). Ueber die Geschlechtsreinheit mancher Gegenden war man streitig. Die jüdische Bevölkerung des südöstlich gelegenen Chusistan mit der Hauptstadt Be-Lapt wurde deswegen am meisten gemieden, weil sie sich mit heidnischen Einwohnern verschwägert hatte und auch als unwissend und roh galt; fromme Häuser der jüdisch-babylonischen Provinzen scheuten es eine geraume Zeit, chusistische Frauen in die Ehe zu nehmen [3]).

Das jüdisch-babylonische Gebiet zerfiel in mehrere kleinere Bezirke (**Periwoboi**) genannt, welche ihren Namen von dem Hauptorte führten. So gab es Bezirke von Nares, Sura, Pumbabita, Naharbea, Nahar-Pacor, Machuza und andere: jeder derselben hatte etwas Charakteristisches, eine mundartige Eigenthümlichkeit, eigene Sitten, Lebensweisen, sogar eigenes Maaß und Gewicht [4]). Unter diesen zeichneten sich vier Städte als hervorragende Mittelpunkte aus, welche abwechselnd die Hegemonie über das ganze Gebiet hatten. Den ersten Platz nahm Naharbea (auch Naarba, Stadt und Gebiet sogenannt) ein, eine feste Stadt am Euphrat und einem Kanal Naraga, durchaus von Juden bevölkert; sie lag an der Grenze des jüdischen Babylonien. Naharbea war eine Zeit lang das babylonische Jerusalem; hier war während des Tempelbestandes die Schatzkammer der babylonischen Gemeinden für die Tempelspenden, die unter starker Bedeckung nach Jerusalem geführt

---

[1]) Kiduschin 71. a.

[2]) Das. Jerus. das. IV. p. 65 c.

[3]) Vergl. Kerem Chemed Jahrg. V. S. 218. ff. wo die Notizen aus dem Talmud von Rappaport zusammengestellt sind. Die geographische Lage ist jedoch das. nicht richtig angegeben, שושן ist nichts Anderes als Chusistan, kenntlich an der Hauptstadt בי לפט (Taanit 22. a.), die auch in Assamani Bibliothec. Orient. vorkommt.

[4]) Beza 29. a. Ketubot 54. a. Erubin 29. b.

zu werden pflegten ¹). Wenige Meilen südlich von Naharbea lag Firuz-Schabur (auch Be-Schabur, später Anbar), eine feste, reich bevölkerte Stadt, die wichtigste nach der Hauptstadt Ctesiphon ²). Unweit davon lag Pumbadita an einem der vielen Euphrat-Kanäle, mit vielen Palästen geziert. Pumbadita war nicht minder eine durchaus jüdische Stadt mit einer uralten Gemeinde, welche als Hauptstadt der Golah galt ³). In ihrem Gebiete lagen mehrere kleinere Städte, einige feste Burgen (Akra), die sich in den Strahlen der Hauptstadt sonnten. Die Pumbabitaner galten als äußerst scharfsinnig und spitzfindig, ja waren als listig und diebisch berüchtigt: „Begleitet dich ein Pumbabitaner', sagt ein Sprüchwort, so ändere deine Herberge" ⁴). — Sechzehn geographische Meilen (22 Parasangen, Parsa), südlich von Pumbadita lag die Stadt Mata-Mechassia. Ihre Lage war an einem umfangreichen See Sura, welcher eigentlich der Euphrat war, der in der tiefliegenden Gegend eine solche Ausdehnung nahm; von diesem See führte auch die Stadt den Namen Sura ⁵). Hier wohnte eine gemischte Bevölkerung von Juden und Heiden ⁶). Die Gegend um Sura gehörte zu den fruchtbarsten des Landes, wegen ihrer tiefen Lage trat der Euphrat mit seinen Nebenflüssen und Kanälen alljährlich aus, und die Ueberschwemmung erzeugte eine egyptische Fruchtbarkeit ⁷). Wie Pumbadita durch glänzende Gebäude und den schlauen Volkscharakter, so zeichnete sich Mata-Mechassia durch Aermlichkeit und Redlichkeit seiner Bevölkerung aus; das Sprüchwort bestimmte das Verhältniß beider zu einander: „Es ist besser auf dem Düngerhaufen Mechassia's als in den Palästen Pumbadita's zu wohnen" ⁸). Mit diesen drei Euphratstädten Naharbea, Pumbadita und Mata-Mechassia wetteiferte eine vierte, Machuza am Tigris gelegen, kaum drei Meilen von Ctesiphon, der Hauptstadt der Parther, entfernt. Machuza, auch Machuza-Malka (Maoga-Malka), von dem Königs-

---

¹) Josephus Alterthümer XVIII. 12. Mannert Geographie V. 2. S. 386. Erubin 45. a.
²) Mannert das. Ritter, Erdkunde X. S. 145.
³) Rosch ha-Schanah 23. b.
⁴) Chulin 127. b.
⁵) Vergl. Ritter Erdkunde Th. X. S. 205 und 267.
⁶) Berachot 19. b.
⁷) Taanit 3. a. und Aruch das.
⁸) Keritot 6. a.

kanal (Nahar malka), der in der Nähe in den Tigris fließt, genannt, lag auf einer Anhöhe durch zwei feste Mauern und einen tiefen Graben geschützt[1]). Es hatte in der Nähe eine Burg, Akra di Coche genannt[2]), die eine Schutzwehr für die Hauptstadt Ctesiphon war. Trotz der Wichtigkeit, die Machuza mit der Burg für die regierenden Parther und Perser hatte, war es doch durchaus von Juden bewohnt, und ein Amora wunderte sich, daß dessen Festungsthore nicht mit vorschriftsmäßigen Thürkapseln versehen waren[3]). Die angesehensten machuzanischen Familien stammten von Proselyten her[4]); daher hatten sie einen eigenen, von der übrigen jüdischen Bevölkerung Babyloniens abweichenden Charakterzug. Sie werden als sehr leichtsinnig geschildert, dem Wohlleben und den Genüssen ergeben, mehr dem Weltlichen als dem Göttlichen zugewendet; man nannte sie deswegen „Höllenkandidaten"[5]). Von den machuzanischen Frauen wird erzählt, daß sie dem Vergnügen und dem Müssiggange fröhnten. Als Levi b. Szißi die Halacha aus Judäa nach Naharbea brachte, daß Frauen am Sabbat goldene, mit Edelsteinen besetzte Kopfbinden tragen dürfen, fanden sich nur vierundzwanzig Frauen dieser Stadt, welche davon Gebrauch machten, während in Machuza aus einem einzigen Quartier achtzehn Frauen sehr kostbare Kopfbinden anlegten[6]). Die Nähe der parthischen Hauptstadt Ctesiphon und ihre Wohlhabenheit hatte wohl Einfluß auf den Hang nach Luxus und die Lebensweise der Machuzaner. Auch diese Königsresidenz und das nahe neuerbaute Ardschir waren reichlich von Juden bevölkert. Der ganze babylonische Landstrich glich wegen der vielen Kanäle einer Inselflur, und mit seiner wunderbaren Fruchtbarkeit einem umfangreichen Garten. Dattelwälder gab es in so unzähliger Menge, daß man sprüchwörtlich von den Babyloniern sagte: „ein Korb voll Datteln um einen Denar, und sie sollten sich nicht mit dem Gesetzesstudium befassen!" — Die Beschäftigung der babylonischen Juden war Ackerbau, Handwerke aller Art und, was besonders in einem von Kanalbewässerung abhängigen

---

[1]) Ammianus Marcellinus XXIV. 42.
[2]) Joma 11. a.
[3]) Daselbst.
[4]) Kiduschin 73. a
[5]) Taanit 26. a. Rosch ha-Schanah 17. a. Sabbat 109. a.
[6]) Sabbat 33. a. 59. b.

Lande natürlich ist, sie gruben und reinigten Kanäle, auch betrieben sie Viehzucht, Handel, Schiffahrt und einige Künste [1]).

Die große Anzahl gab den babylonischen Juden eine gewisse politische Selbstständigkeit, und sie fühlten sich in diesem Lande, wie in einem eigenen Staate. Das Verhältniß zu den Landesherren war ein sehr loses und bestand darin, daß sie gewisse Abgaben, Kopfsteuer (Charag) und Grundsteuer (Taska) zahlten; es gab damals noch viel herrenlosen Boden in der Euphratgegend, und wer sich anheischig machte, Grundsteuer davon zu zahlen, durfte sich ihn aneignen [2]). Dafür hatten sie aber ihr eigenes politisches Oberhaupt, welches Exilsfürst (Exilarch, Resch-Galuta) genannt wurde; derselbe war einer der Würdenträger des persischen Reiches und nahm auf der Stufenleiter der persischen Großen den vierten Rang nach dem Könige ein [3]). Seine Stellung zu den persischen Königen war dem Lehnsverhältnisse ähnlich. Die Resch-Galutas waren Vasallen der persischen Krone, wurden aber nicht von der Krone gewählt, sondern nur bestätigt. Ihre Würdenzeichen waren ein seidenes Obergewand und ein goldener Gürtel [4]); in späterer Zeit waren sie mit fürstlichem Luxus umgeben, fuhren in Prachtwagen, hatten ihr eigenes Gefolge von Dienern, und ein Vorreiter kündigte ihre Anwesenheit an. Hatten sie bei den Königen feierliche Audienz, so wurden sie von der königlichen Dienerschaft ehrerbietigst empfangen und verhandelten mit den Herrschern auf freiem Fuße [5]). Nach Art orientalischer Fürsten hatten die Exilsfürsten beim Aufstehen und Schlafengehen musikalische Unterhaltung, das strenge Gesetzeslehrer wegen der Trauer um Jerusalem rügten [6]). — Die Exilsfürsten stammten aus Davidischem Hause; daher unterwarf sich das Volk gern ihrer Macht, indem es in seinen Fürsten sich selbst ehrte und geehrt fühlte. Eine alte Chronik giebt ihre Zahl und Namen ausführlich an und führt ihre Abstammung bis auf Zerubabel, den Enkel des jüdischen Königs Jojachin, zurück, welcher nach Babel zurückgekehrt und Stammvater einer Reihe von Geschlechtern geworden

---

[1]) Moed Katan 4. a. b., 11. a. Gittin 9. a., 60. b. Baba Batra 73. a. Baba Kama 119. a

[2]) Jebamot 46. a. Baba Mezia 73. b. 108. a. Baba Batra 55. a.

[3]) Schebuot 6. a. Jerus. das. I. Anfang.

[4]) Sabbat 20. b. Horajot 13. b.

[5]) Bericht des Babyloniers Nathan im Jochasin.

[6]) Jerus. Megilla III. p. 74 a. Babl. Gittin 7 a.

sein soll. Diese Chronik zählt bis zum dritten Jahrhundert fünf=
zehn Geschlechter auf[1]); doch ist es mehr als zweifelhaft, ob das Exil=
fürstenthum auch unter den altpersischen und griechischen Dynastien be=
standen hat. Erst in dem letzten Tanaïtengeschlechte tritt ein Resch=
Galuta aus dem dunkeln Hintergrunde mit Namen Mar=Huna
auf, der sich zur Zeit R. Juda's I. nach dem Tode nach Paläftina
bringen ließ, um im heiligen Lande die Grabstätte zu finden. Von
dieser Zeit an aber lauft die Kette der Exilsfürsten bis ins eilfte
Jahrhundert ununterbrochen fort; sie hatten einen bedeutenden
Einfluß auf die Entwicklung der jüdischen Geschichte auf babyloni=
schem Boden.

Von ihrer Stellung zum Volke geben nur gelegentliche Nach=
richten einige Andeutungen. Die Resch=Galuta waren Oberrichter
der jüdischen Gemeinden, nicht nur in civilrechtlichen, sondern auch
in peinlichen Fällen, übten die Rechtspflege selbst oder betrauten
damit einen eigenen Richterstand. Die Zwangsmittel gegen Unfüg=
same waren, nach orientalischer Sitte, Stockschläge[2]). Auch das
Polizeiwesen in den Städten, die Aufsicht über richtiges Maaß und
Gewicht, über Kanäle und öffentliche Sicherheit gehörte zu ihren
Funktionen; sie ernannten dazu eigene Beamte[3]. Welche Einkünfte
die Exilsfürsten vom Volke bezogen, ist nirgends angedeutet; höchst
wahrscheinlich herrschte dabei die altasiatische Sitte, dem Herrscher
Geschenke zu machen; erst in späterer Zeit ist von förmlichen all=
jährlichen Einkünften die Rede, die sie von gewissen Gegenden und
Städten bezogen haben. Oeffentlich genossen sie eine Ehrenaus=
zeichnung, die nur den Herrschern aus Davidischem Hause einge=
räumt war. Wenn sie nämlich aus der Thora einen Abschnitt vor=
lesen sollten, brachte man die Gesetzrolle ihnen zu, anstatt daß An=
dere sich zu ihr verfügen mußten.[4]) Reich, wie sie von dem Ertrage
ihrer ausgedehnten Ländereien waren, hatten sie auch einen reichen
Sklavenstand und andere Dienerschaft; selbst freie Männer begaben
sich unter ihr Patronat und trugen als Zeichen ihrer Hörigkeit das
Wappen ihrer Herren an ihren Gewändern. Die Exilarchen waren
sehr empfindlich auf ihr Abzeichen und verziehen es selbst den von

---

[1]) Seder Olam Sutta
[2]) Synhedrin 5. 1.
[3]) Baba Batra 89. a.
[4]) Bericht des Babyloniers Nathan das. Jerus. Sota VII. p. 22. a.

ihrem Hause unterhaltenen Gelehrten nicht, wenn sie dasselbe ab=
legten oder auch nur versteckten¹). Es war zu viel Macht in die
Hände der Resch=Galuta gelegt, und diese Macht war zu wenig
durch Gesetze oder Herkommen geregelt oder beschränkt, als daß nicht
Willkür und Mißbrauch der Gewalt hätten vorkommen sollen. Oft
wird über Anmaßungen, willkürliche Eingriffe, Gewaltthätigkeit
mancher Exilsfürsten oder ihrer Diener geklagt; sie setzten Schul=
oberhäupter ab, ernannten andere manchmal unwürdige an ihrer
Stelle²). Welche Macht hat sich je in den Grenzen der Gerechtigkeit
und Billigkeit gehalten? In der vorgeschichtlichen Zeit, das heißt ehe
die Gesetzeskunde nach Babylonien verpflanzt und dort heimisch wurde,
scheint die Unwissenheit der Exilsfürsten in der religiösen Praxis so groß
gewesen zu sein, daß die Speisegesetze in ihrem Hause in der größten
Harmlosigkeit übertreten wurden³). Doch kennt die Geschichte auch
würdige Persönlichkeiten in der Reihe derselben, die sich in späterer
Zeit mit der jüdischen Gesetzeskunde auch die Tugenden des Juden=
thums angeeignet haben und ein Ruhm ihres Volkes geworden
sind. Die Exilsfürsten vereinigten oft mit der politischen Macht die
Autorität der Gesetzeslehrer und glichen den palästinensischen Pat=
riarchen. Wie manche unter diesen nach politischer Gewalt strebten,
um den Exilarchen nicht nachzustehen, was aber nicht immer den
Umständen abzugewinnen war: so trachteten manche Resch=Galuta
wiederum nach der Lehrwürde. — Alle diese Umstände zusammen,
die große Zahl der jüdischen Bevölkerung in Babylonien, ihre Un=
abhängigkeit und die concentrirte Macht des Exilarchats drücken der
jüdischen Geschichte, so weit sie sich in diesem Kreise bewegt, einen
eigenthümlichen Stempel auf; es entstanden in diesem Lande neue
Bedürfnisse, wie sie Judäa nicht kannte; neue Bedürfnisse erzeugten
neue Gesetzesbestimmungen und Halacha's, und so ging die Lehre
einer neuen Entwickelung entgegen, woran, wie schon erwähnt, Ba=
bylonien den bedeutendsten Antheil hatte.

Zahlreicher als in früherer Zeit waren lernbegierige babyloni=
sche Jünglinge in dem letzten Tanaitengeschlechte unter dem Pat=
riarchat R. Juda's I. zu den galiläischen Lehrhäusern geströmt, als
wollten sie die letzten Strahlen der untergehenden Sonne der Lehre

---

¹) Sabbat 58. a. Moed Katan 12. a.
²) Vergl. Succa 31. a. Baba Kama 59. a. Erubin 11. b.
³) Pesachim 76 b.

im Stammlande auffangen, um damit ihr Geburtsland zu erleuchten. R. Chija aus Kafri und seine zwei Wundersöhne, seine Verwandten Abba-Areka und Rabba-bar-Chana, Abba und sein Sohn Samuel waren ausgezeichnete Jünger an R. Juda's I. Schule; sie waren mittelbar oder unmittelbar die Bildner und Vorbilder für Babylonien. R. Chija und seine Söhne Juda und Chiskia kehrten zwar nicht nach ihrem Geburtslande zurück, sondern starben in Galiläa, wo sie gleich Heiligen verehrt wurden; man wallfahrte zu ihren Gräbern, und es galt als eine Ehre, neben ihnen begraben zu liegen. Aber R. Chija hatte den größten Einfluß auf die Bildung seines Jüngers und Schwestersohnes Abba-Areka, dem er uralte babylonische Traditionen (Hilcheta bablai) überlieferte[1]); denn so ganz und gar entblößt von Lehrthätigkeit war Babylonien nicht, wie Manche behauptet haben. Naharbea war der Sitz eines Gerichtshofes und Lehrhauses, das Sidra hieß. R. Nathan, Synhedrist in R. Simons b. Gamaliels II. Collegium, und R. Chija haben sich in Babylonien gebildet, ehe sie nach Palästina ausgewandert waren. Ehe Abba-Areka und Samuel von der judäischen Hochschule R. Judas I. zurückkehrten, fungirte ein sonst unbekannter R. Schila in Naharbea als Schuloberhaupt (Resch Sidra[2]). Aber mit diesen beiden Männern, die alle Begabung besaßen, um Schöpfer neuer Verhältnisse zu werden, traten weitgreifende Veränderungen ein; sie waren es, welche eine neue Richtung vorzeichneten und Babylonien zur Höhe von Judäa emporbrachten.

Abba mit dem historischen Namen Rab, (geboren um 175, starb 247) hat seinen Zunamen Areka wahrscheinlich von einer Stadt dieses Namens[3]). Nach dem Tode seines Vaters Aibu begab er sich nach dem Beispiel seines Verwandten, R. Chija, nach Judäa, um sich in dem Lehrhause R. Juda's I. auszubilden. Mit außerordentlicher Bewunderung sprach man von den früh entwickelten Geistesfähigkeiten dieses Jünglings. R. Jochanan, jünger als er, erzählte von ihm: „In den Gesetzesdiskussionen zwischen R. Juda, dem Patriarchen, und Abba-Areka sprühten Feuerfunken von Beweisen und Gegenbeweisen, von denen ich nichts verstand". Durch R. Chija's Vermittelung erlangte Rab eine in etwas beschränkte

---

[1]) Genesis Rabba c. 33.
[2]) Sendschreiben Scherira's.
[3]) Vergl. Fürst, Literaturblatt des Orient Jahrg. 1847. Nr. 3.

Promotion, die der Patriarch Gamaliel III. auch später nicht erweitern mochte¹). Große Erwartungen hegte man von ihm in der Heimath; als die Nachricht von seiner Rückkehr aus Palästina bekannt geworden war, erwarteten ihn der schon früher zurückgekehrte Samuel und sein Freund Karna an dem Ufer des Euphratkanals, Nahar-Malka. Der Letzte überstürzte ihn förmlich mit Fragen²), und selbst das Schulhaupt R. Schila beugte sich vor dessen Kenntnissen. Rab hatte nämlich einmal ganz unbekannt bei demselben als Ausleger (Meturgeman) fungirt und eine gegen das Herkömmliche verstoßende Erklärung zu einer Mischna gegeben, welche dem Vortragenden mißfiel. Stolz entgegnete Rab: „Der Flötenton, der den Kenner entzückt, mißfällt dem Unkundigen! So habe ich es stets vor R. Chija zu seiner Zufriedenheit erklärt". R. Schila, erstaunt in seinem Meturgeman den berühmten Abba zu erkennen, bat ihn demüthig um Entschuldigung dafür, daß er ihn zu einer seinem Werthe unangemessenen Funktion gebraucht habe³). Nach R. Schila's Tod sollte Rab sein Nachfolger werden; allein er trat das Ehrenamt seinem jüngern Freunde Samuel ab, weil Nahardea dessen Heimath war⁴).

Der Exilsfürst jener Zeit, dessen Namen wahrscheinlich Anan lautete, scheint bei Besetzung der von ihm abhängigen Aemter auf gesetzeskundige Babylonier Rücksicht genommen zu haben. Einen Verwandten seines Hauses, Mar-Ukba,⁵) ernannte er zum Oberrichter in Kafri, dessen Reichthum, Bescheidenheit, Persönlichkeit und Gesetzeskunde ihn eines solchen Amtes würdig machten. Auch Karna war zum Richter ernannt, der, weil unbegütert, sich von den Parteien seine Zeitversäumniß entschädigen ließ⁶). Abba-Areka übertrug der Exilsfürst das Amt eines Marktmeisters (Agoranomos) mit der Aufsicht über richtiges Maaß und Gewicht.

Hierbei zeigte sich aber recht grell das Willkürregiment des Exilsfürsten. Er hatte von Abba-Areka verlangt, auch die Marktpreise zu überwachen und die Vertheuerung der Lebensmittel zu ver-

---

¹) Note 1.
²) Sabbat 107. a.
³) Joma 20. b.
⁴) Scherira's Sendschreiben.
⁵) Sabbat 55. a.
⁶) Ketubot 105. a.

hindern. Weil derselbe sich aber diesem Ansinnen nicht fügen wollte, indem er sich hierbei auf ein marktpolizeiliches Gesetz berief, wurde er in's Gefängniß geworfen und blieb so lange darin, bis Karna dem Exilsfürsten sein Unrecht vorhielt, einen Mann zu strafen der voll Dattelsaftes (voller Geist) sei[1]). Durch das Agoranomen-Amt war Abba-Areka veranlaßt, Reisen in die verschiedenen Bezirke des jüdischen Babylonien zu machen und wurde dadurch im Lande bekannt. Der letzte parthische König Artaban III., (216—224) aus dem Hause der Arsaciden, welcher ihn vielleicht auf seinen Rundreisen gesprochen hatte, schätzte ihn so hoch, daß er ihm einst werthvolle Perlen zum Geschenk zuschickte. Zwischen dem letzten Partherkönig und dem ersten babylonischen Amora herrschte ein freundschaftliches Verhältniß, wie zwischen dem judäischen Patriarchen und dem römischen Kaiser dieser Zeit. Artaban und die arsacidische Dynastie wurden von Arbschir gestürzt. Als Artaban fiel, sprach Rab trauernd: „Das Band ist gelöst"[2]). Auf diesen Reisen erfuhr Abba mit Erstaunen, in welcher maßlosen Unwissenheit der jüdischen Gesetze diejenigen Gemeinden lebten, welche vom Mittelpunkte entfernt waren. In einem Orte Tatlarfos kannte man nicht einmal das traditionelle Verbot, die Mischung von Milch- und Fleischspeisen zu genießen. Eine Frau fragte die andere: „Wie viel Milch braucht man zu so und so viel Fleisch?"[3]). Um der Uebertretung aus Unwissenheit zu steuern, verschärfte Rab Manches und verbot auch das Erlaubte. Manche neue Erschwerungen entstanden auf diese Weise, die vermöge seiner Autorität Gesetzesgültigkeit erlangten. Die Verwahrlosung, in der sich die Gegend von Sura befand, regte in ihm den Gedanken an, gerade dort ein Lehrhaus anzulegen, damit durch die ab- und zureisenden Jünger die Gesetzeskenntniß allgemeiner werde. Und dieses große Werk ist ihm gelungen. Wenn der Ausbau des Religionsgesetzes zur Erhaltung des Judenthums beigetragen hat, so ist ein großer Theil dieses Erfolges Abba-Areka zuzuschreiben. Nah an acht Jahrhunderte

---

[1]) Jerus. Baba Batra V. (Ende. Babl das. 89. a.

[2]) Jer. Peah I. 15. d.; Genesis Rabba c. 58. b. Aboda Sara 10. b. In den beiden ersten Stellen muß emendirt werden לרב statt: לרבינו oder לרבינו הקדש; in der letzten ארטבן=ארדבן statt ארדבן. Auch b. Pesachim 112 b. ist רב statt רבינו הקדש zu lesen.

[3]) Chulin 110. a. Jerus. Schekalim VII. 50. b.

war Sura mit geringen Unterbrechungen der Sitz der jüdischen Wissenschaft.

Das Lehrhaus, welches den üblichen Namen Sidra führte, eröffnete Abba (um 219) noch beim Leben seines Gönners Artaban. Zwölfhundert Jünger, von Abba-Areka's Ruf herbeigezogen, strömten aus allen Gegenden Babyloniens zusammen; selbst aus Nabatäa und dem saracenischen Taiba kamen solche herbei, um an dem neueröffneten Lehrhause Theil zu nehmen. Ueber hundert namhaft gemachte Jünger und Jüngergenossen haben seine Aussprüche und Entscheidungen weiter verbreitet. Der Zudrang von Zuhörern war so groß, daß er das Lehrhaus durch einen Garten erweitern mußte, den er zu diesem Zwecke von einem verstorbenen Proselyten als herrenloses Gut erworben hatte[1]). Die Verehrung seiner Jünger für ihn war so groß, daß sie ihn „Rab", den Lehrer schlechthin nannten, wie man die Patriarchen Juda Rabbi oder Rabbenu nannte, und dieser Titelname ist für ihn stehend geworden. Seine Schule hieß Be-Rab (abgekürzt von Bet, Haus) und dieser Name bezeichnete später ein Lehrhaus überhaupt. Seine Autorität erstreckte sich über Babylon hinaus; selbst R. Jochanan, der gefeiertste Lehrer Judäa's, schrieb an ihn: „An unsern Lehrer in Babylonien", war ungehalten, wenn man wegwerfend von ihm sprach, und gestand, Rab sei der einzige gewesen, dem er sich gerne untergeordnet habe[2]). Die große Jüngerzahl verpflegte Rab auf eigene Kosten, wenn sie unbemittelt waren, denn er war reich und hatte eigene Aecker, die er selbst anbaute[3]). — Die weise Eintheilung der Zeit, welche er getroffen hatte, machte es den Zuhörern möglich, sich dem Gesetzesstudium hinzugeben, ohne den Broderwerb zu vernachlässigen. Zwei Monate des Jahres (Adar und Ellul) im Herbst- und Frühlingsanfang versammelten sich die Zuhörer in Sura. In diesen zwei Monaten, welche Versammlungsmonate (Jarche Kalla) hießen, waren tagtäglich von des Morgens an Lehrvorträge; kaum gönnten sich die Zuhörer den Morgenimbiß zu sich zu nehmen[4]). Der gebräuchliche Name für öffentlichen Vortrag war Kalla. Außer diesen zwei Monaten hielt

---

[1]) Ketubot 116. a. Baba Batra 54. a. Scherira's Sendschreiben.
[2]) Chulin 54. a., 137. b. Moed Katan 24. a.
[3]) Berachot 52. b. Chulin 105. a. Maasser Scheni V. S.
[4]) Succa 26. a. Der Name כלה bedeutet wohl, gleich כלילא, Kranz, Kreis, von dem Sitze der Zuhörer im Kreise.

Rab eine Woche vor den Hauptfesttagen öffentliche Vorträge, woran aber das ganze Volk und nicht bloß die Jünger Antheil nahmen. Auch der Exilarch fand sich zu dieser Zeit in Sura ein und empfing daselbst die Huldigung der versammelten Menge. Der Zudrang war so groß, daß Viele in den Häusern kein Unterkommen finden konnten und im Freien an den Ufern des Sura=See's lagern mußten[1]). Diese Festvorträge hießen Rigle. Die Kallamonate und die Riglewoche hatten auch bürgerliche Folgen; die richterliche Gewalt pausirte während dieser Zeit, die Gläubiger konnten die Schuldner nicht vor Gericht laden[2]). Rab sorgte also zugleich für die Belehrung des unwissenden Volkes, wie für die Weiterförderung des Lehrstoffes durch Ausbildung von Jüngern.

Von einer eigenen Methode Rab's ist nichts bekannt. Seine Lehrweise bestand darin, den ganzen Umfang der Mischna, die er in ihrer letzten Vollendung mitgebracht hatte, auseinander zu setzen, Wort und Sinn jeder Halacha zu erläutern, auch die Boraītas und größere Mischna's, namentlich R. Chija's, damit auszugleichen. Solche Entscheidungen und Folgerungen, welche man Memra nannte, sind von Rab in unzähliger Menge vorhanden und machen nebst denen von Samuel und R. Jochanan, den zeitgenössischen Schulhäuptern, einen bedeutenden Theil des Talmuds aus. In den meisten Fällen war er mehr als seine Mit=Amoras für Erschwerungen, das an das Verbotene noch anstreifende Erlaubte zu verbieten, allerdings mit Rücksicht auf die Unterscheidungsunfähige Menge der babylonischen Juden. Die meisten Aussprüche von Rab erhielten Gesetzeskraft, mit Ausnahme derjenigen, die das bürgerliche Recht betrafen, weil seine Autorität mehr in ritualen Fragen, als in civilrechtlichen anerkannt war.

Mit durchgreifendem Ernste betrieb er die Verbesserung der Sittlichkeit, welche, wie die Religiosität, in der niedern Volksschichte einen sehr tiefen Stand hatte. Die ehemalige patriarchalische Einfachheit des Ehelebens war in Babylonien zur dumpfen, thierischen Unsitte geworden. Begegneten ein Jüngling und ein Mädchen einander und waren einig sich zu heirathen, so riefen sie die ersten besten Zeugen dazu, und die Ehe war geschlossen. Väter verheiratheten ihre kaum mündigen Töchter, und der Bräu=

---

[1]) Daselbst.
[2]) Baba Kama 113. a.

tigam bekam die Braut erst in dem Augenblick zu sehen, wo ihn der Anblick derselben bisweilen zur Reue über den gethanen Schritt stimmte, oder wohnte im Hause des Schwiegervaters in einem allzuvertrauten Verhältniß zur Verlobten. Das Gesetz, anstatt die Unsitte zu verdammen, hatte sie mit seiner Autorität geschützt. Gegen diese eingerissenen Unziemlichkeiten kämpfte Rab mit der ganzen Strenge eines sittlichen Eifers[1]). Er verbot ohne vorangegangene Bewerbung zu heirathen, schärfte den Vätern ein, ihre Töchter nicht ohne ihre Einwilligung und um so weniger vor deren Mündigkeit zu verheirathen, ermahnte die Heirathslustigen, vor der Verlobung mit dem Mädchen ihrer Wahl Bekanntschaft zu machen, damit die eheliche Liebe sich nicht durch Enttäuschung in Haß verwandele, auch verbot er den Verlobten, vor der Ehe im Hause der Braut zu wohnen. Allerhand gesetzliche Kniffe, die der Gatte anwenden konnte, um eine nothwendige Scheidung rückgängig zu machen, vereitelte Rab, indem er für solche Fälle den Schutz der Gesetze entzog. Alle diese sittlichen Maßregeln sind allgemein gültige Gesetze geworden. Das Ansehen der Gerichtshöfe hob er ebenfalls; jeder mußte auf Vorladung des Gerichts erscheinen; die Gerichtsdiener wurden mit amtlichem Ansehen bekleidet; gegen die Widersetzlichen führte er den Bann ein. Der Bann hatte in Babylonien eine strengere Form und darum auch eine größere Wirkung. Man machte die Vergehungen des Gebannten öffentlich bekannt; man mied seinen Umgang, bis er Buße gethan. In Babylonien, wo die jüdische Bevölkerung eine Welt für sich ausmachte, war der Bann hinreichend, den Gesetzen Ansehen und Gehorsam zu verschaffen. — Rab's Thätigkeit war also eine doppelte: er veredelte die Sitten und brachte wissenschaftliche Regsamkeit in ein Land, das früher, wie die Quellen sich ausdrücken, „ein freies, ungeschütztes Brachfeld war." Rab umgab es mit einem Doppelzaun, der Sittenstrenge und der Geistesthätigkeit; nach dieser Seite hin war er für Babylonien, was Hillel für Judäa gewesen war.

Auch die Tugenden Rab's, seine Geduld, Versöhnlichkeit und Bescheidenheit erinnern an Hillel. Er hatte eine böse Frau, welche ihm in allen Dingen zuwider handelte; erbat er sich eine bestimmte Speise, so war er gewiß, daß gerade etwas Anderes zur Tafel kommen würde. Er erinnerte sich dabei des Segens, den ihm R.

---

[1]) Jebamot 52. a. Kiduschin 12. b., 41. a.

Chija zum Abschiede gegeben: „Gott schütze Dich vor etwas, das noch schlimmer ist als der Tod," was er damals in seiner Harmlosigkeit nicht begreifen konnte. Er ertrug aber die Unarten seiner Frau mit Geduld. Als sein Sohn Chija herangewachsen war, pflegte er die Bestellungen seines Vaters an die Mutter umzukehren, damit sie gerade das Entgegengesetzte und also das eben Gewünschte ausführen sollte. Rab freute sich zwar über die zarte Aufmerksamkeit seines Sohnes, verwies es ihm aber, weil der Schein von Lügen zur Lügengewöhnung führen könnte[1]). Gegen R. Chanina, das Schulhaupt von Sepphoris, hatte Rab in seiner Jugend etwas versehen, darum ermüdete er nicht, ihn mehrere Male hintereinander um Verzeihung zu bitten[2]). In seiner Versöhnlichkeit nahm er keine Rücksicht auf seinen Stand; als er einen Mann aus dem Volke beleidigt zu haben glaubte, begab er sich am Vorabend des Versöhnungstages zu demselben, um sich mit ihm auszusöhnen[3]). Wenn ihm an den Tagen der Lehrvorträge eine zahllose Menge ins Lehrhaus nachfolgte, pflegte er sich, um sich selbst vor hochmüthigen Gedanken zu warnen, den Vers aus Job einzuprägen: „Wenn des Menschen Größe bis zum Himmel reicht, so vergeht sie eben so plötzlich." Ehe er sich in die Gerichtssitzung begab, sagte er: „Freiwillig begebe ich mich in den Tod; meines Hauses Angelegenheit besorge ich hier nicht, leer kehre ich von hier in mein Haus zurück; möchte ich bei meiner Heimkehr eben so schuldlos dastehen, wie beim Hingehen"[4]). — Er hatte die Freude einen halachakundigen Sohn, Chija, zu hinterlassen und seine Tochter in das Haus des Exilarchen zu verheirathen; seine Enkel von der Tochter wurden würdige und gelehrte Fürsten[5]). Seinem zweiten Sohne Aibu, der keine geistigen Anlagen hatte, empfahl er gewisse Lebensregeln, unter Anderm die Vorliebe für den Ackerbau: „Lieber ein kleines Maaß vom Felde, als ein großes vom Söller (Waarenlager"[6]). Achtundzwanzig Jahre bis in's Greisenalter wirkte Rab an der suranischen Sidra (219—247.). Als er starb, begleiteten seine sämmt-

---

[1]) Jebamot 63. a.
[2]) Joma 87. b.
[3]) Daselbst.
[4]) Das. Synhedrin 7. b.
[5]) Chulin 92. a.
[6]) Pesachim 113. a.

lichen Schüler seine Leiche zur Ruhestätte und legten Trauerzeichen an. Auf den Vorschlag eines seiner Jünger hielt Babylonien ein ganzes Jahr Trauer um ihn, man legte an Hochzeiten die üblichen Blumen= und Myrthenkränze ab. Sämmtliche babylonischen Juden, mit Ausnahme eines Einzigen — Bar=Kascha aus Pumbabita — trauerten um den Verlust ihres großen Amora[1]).

Viel origineller und allseitiger war Rab's Freund, halachischer Gegner und Mitarbeiter an der Hebung der babylonsch=jüdischen Bevölkerung, Samuel oder Mar=Samuel, auch Arioch und Jarchinai genannt (geb. um 160, st. 257). Diese hochbegabte Persönlichkeit macht in gewisser Beziehung Epoche in der jüdischen Lehre. Die Sage, welche seinem nüchternen Leben kein Moment zur Ausschmückung abgewinnen konnte, will ihn noch in Mutterleibe verherrlichen. Eine wahrsagende Matrone habe seinem Vater Abba bar=Abba die Geburt eines unvergleichlich weisen Sohnes vorher verkündet. Seine Mutter habe, auf eine falsche Anklage wegen Ehebruches bezüchtigt, Geißelhiebe bekommen, und der ungeborene Samuel habe sich im Mutterleibe zusammengekauert, um von den Streichen nicht getroffen zu werden[2]). Aus seiner Jugendzeit ist weiter nichts bekannt, als daß er einmal seinem Vater Abba entlaufen ist. Als Jüngling folgte er dem allgemeinen Zuge, sich nach Judäa zu begeben, um sich in dem Lehrhause des Patriarchen R. Juda I. auszubilden. Es ist bereits erzählt, wie er dort das Augenübel des kränklichen Patriarchen geheilt, dann noch vor Rab in die Heimath zurückgekehrt ist. und nach R. Schila's Tod zu der Würde des Resch=Sidra erhoben wurde.

Samuel b. Abba war eine nüchterne, normal gebildete Persönlichkeit, fern von Schwärmerei und Ueberschwenglichkeit. Während seine Zeitgenossen die Erneuerung alter Wunder vor dem Eintreten der messianischen Zeit erwarteten, stellte er die Ansicht auf: es werde dann auch Alles einen natürlichen Verlauf haben, nur die Unterthänigkeit Israels unter fremden Herrschern werde aufhören[3]). Seine geistige Thätigkeit war drei Fächern zugewendet: der Gesetzesauslegung, der Sternkunde und der Arzneiwissenschaft. —

---

[1]) Berachot 43. b. Sabbat 110. a.
[2]) Hai Gaon in Respp. Gaonim (שערי תשובה) No. 18, auch Halachot Gedolot Gittin 61.
[3]) Synhedrin p. 97 und Parallelstellen.

Als Amora stand er in Kenntniß der Ritualgesetze Rab nach, aber in der Kunde des jüdischen Civilrechtes war er demselben bei weitem überlegen. Samuel entwickelte und bereicherte das jüdische Recht nach allen Seiten hin, und alle seine Entscheidungen haben halachische Gültigkeit erhalten. Aber keiner seiner Aussprüche war von so folgenschwerer Bedeutung wie jener, daß die Landesgesetze eben so rechtskräftig für die Juden sein sollen, wie die eigenen (dina d' malchuta dina [1]). Samuel wollte mit diesem Grundsatz nicht bloß eine abgezwungene Duldung gegen die fremde Gesetzgebung geübt, sondern ihn vollständig als Norm anerkannt wissen, deren Uebertretung auch von dem religiösen Gesichtspunkte sträflich sei. Es war dies im Grunde eine Neuerung, welche nur unter den Verhältnissen der babylonischen Juden zu dem parthischen und persischen Staate Anklang finden konnte. Der Samuel'sche Grundsatz von der Heiligkeit der Landesgesetze stand offenbar in Widerspruch mit ältern Halacha's, welche fremde Gesetze als Willkür und Eingriffe behandelten und ihre Umgehung nicht für sträflich hielten [2]). Aber die Amora's hatten es in der Ausgleichung widersprechender Gesetze schon so weit gebracht, daß jene alten abstoßenden Bestimmungen und diese neuen schmiegsamen Grundsätze neben einander bestehen konnten. Die Samuel'sche Anerkennung der Landeseinrichtungen wurde in der Folge ein Rettungsanker für die Zerstreuten. Sie versöhnte einerseits selbst die Juden mit demjenigen Staate, wohin das unerbittliche Geschick sie geworfen hatte; ihr religiöses Gewissen fühlte sich nicht im Widerspruch mit den selten milden Gesetzen, die man ihnen auflegte. Andererseits konnten die Judenfeinde aller Jahrhunderte, welche, den scheinbar feindlichen Geist des Judenthums zum Vorwand nehmend, auf Verfolgung und gänzliche Vertilgung der jüdischen Nation riethen, auf ein jüdisches Gesetz verwiesen werden, welches ihre Behauptung mit drei Worten entkräftete. Der Prophet Jeremias gab den nach Babylonien vertriebenen Stämmen die herzliche Ermahnung für ihr Verhalten in der Fremde mit: „Fördert das Wohl der Stadt, wohin ihr vertrieben seid."

---

[1]) Baba Batra 54. a. und Parallelstellen. Eine Biographie Samuels hat A. Krohmal geliefert (Chaluz I.); sie enthält viel Brauchbares, aber auch manches Unhaltbare, so z. B. daß Samuel ein Jünger Huna's in Babylonien gewesen sei.

[2]) Nedarim 28. a.

Samuel hatte diese herzliche Ermahnung in eine religiöse Vorschrift umgewandelt: „Das Gesetz des Staates ist gültiges Gesetz." Jeremias und Mar-Samuel verdankt das Judenthum die Möglichkeit seines Bestandes in der Fremde. Samuel hatte überhaupt eine besondere Zuneigung zu dem persischen Wesen, war in Folge dessen bei dem persischen Hofe sehr gelitten und lebte auf vertrautem Fuße mit Schabur I. Die Zeitgenossen nannten ihn daher — man weiß nicht rügend oder ehrend — den König Schabur und auch Arioch den Arier (Anhänger der Neuperser [1]). Seine Anhänglichkeit an die persische Dynastie war so groß, daß sie das Gefühl für die Stammverwandten in seinem Herzen verdrängte. Als Schabur seine Eroberungen bis nach Kleinasien ausgedehnt und die cappadocische Hauptstadt Mazaca-Caesarea eingenommen hatte, kamen dabei 12,000 Juden um. Samuel legte aber kein Trauerzeichen um die Gefallenen an, weil sie gegen Schabur gekämpft hatten [2]). Er bildet daher einen eigenen Typus: inmitten der Hochströmung des Judenthums stehend, in dessen Lehre und Ueberlieferung vertieft, erhob er sich aus dem engen Gesichtskreise der Nationalität, um auch einen Blick für andere Völker und andere Geistesbestrebungen offen zu haben. Rab, ganz und gar in der Nationalität befangen, räumte dem persischen Wesen keinen Einfluß ein, gestattete nicht einmal, von den Magiern etwas Unschuldiges aufzunehmen: „Wer auch nur eine einzige Sache von den Magiern lernt, verdient den Tod" [3]). Samuel hingegen lernte sehr viel von den persischen Weisen. Mit seinem Freunde Ablaat pflegte er die Sternenkunde, jene erhabene Wissenschaft, welche den Staubgeborenen der Gottheit näher bringt, und dem staunenden menschlichen Blicke die göttliche Größe durch die Unzählbarkeit rollender, glänzender Welten offenbart. Die Tiefebene zwischen Euphrat und Tigris, deren weit ausgedehnter Horizont von keinem Hügel beengt ist, war die Wiege der Sternkunde, die aber auch in dieser Region zur Afterwissenschaft der astrologischen Sterndeuterei entartete, welche die kurze Spanne des menschlichen Lebens an den ewigen Lauf der

---

[1]) So richtig erklärt von Fürst.
[2]) Moed Katan 26. a. Die Eroberung von Cappadocien (Zonaras L. 12.) wird 260 angesetzt, von Gibbon und Clinton Fasti Romani I. zu diesem Jahre. Aber damals war Samuel schon todt, vergl. Note 1.
[3]) Sabbat 75. a.

Sterne knüpfte. Samuel legte aus seinem jüdischen Bewußtsein heraus kein Gewicht auf astrologische Nativitätswahrsagerei[1] und pflegte nur die erhabene Seite der Sternkunde. Er rühmte von sich: „Mir sind die Himmelsbahnen so bekannt, wie die Straßen Naharbeas." Nur die wilde Bewegung der Kometen wußte er nicht zu berechnen. Wie weit seine astronomischen Kenntnisse reichten, ob er mit seiner Zeit gleich oder ihr voraus war, läßt sich nicht ermitteln. Mar-Samuel machte von dieser Wissenschaft einen praktischen Gebrauch, er legte einen sichern Festkalender an, damit die babylonischen Gemeinden nicht stets in Ungewißheit über den wahren Feiertag zu bleiben und von den Neumondbestimmungen Judäa's abhängig zu sein brauchten[2]). Wahrscheinlich nur aus Pietätsrücksicht für das Patriarchenhaus und um die Einheit des Judenthums nicht zu zerreißen, hat Samuel diesen Kalender nicht veröffentlicht, sondern ließ die Kalenderkunde, wie bisher, als eine geheime Wissenschaft (Sod ha-Ibbur) fortbestehen. Einige waren überhaupt ungehalten über ihn, daß er die Kalenderische Berechnung in Anregung brachte. — Der Umfang von Samuels Arzneikunde ist noch weniger bekannt; er rühmte sich, alle Krankheitsfälle bis auf drei heilen zu können. Die meisten Krankheiten schrieb er dem tödtlichen Einflusse der Luft auf den menschlichen Organismus zu. Selbst der Tod auf dem Schlachtfelde sei nach seiner Ansicht auf Rechnung der Luft zu setzen, deren Zutritt nicht schnell genug verhindert werden könne. Eine Augensalbe, deren Erfinder Samuel war, war sehr gesucht; R. Jannai ließ sie sich durch Mar-Ukba aus Babylonien kommen[3]).

Zwischen Samuel und dem Gründer des surfanischen Lehrhauses herrschte eine brüderliche Eintracht, obwohl die naharbeanische Sidra durch Rab verdunkelt wurde. In seiner Bescheidenheit ordnete er sich freiwillig Rab unter. Die angesehne Familie Schela hatte bei der Huldigung des Exilarchen den Vortritt, der ihr gebührte, gerne Samuel überlassen, und er trat ihn seinem surfanischen Genossen ab und begnügte sich mit der dritten Stelle[4]). Nach Rab's Tod wurde Samuel als einziges religiöses Oberhaupt für Babylonien

[1] Daf. 156. b.
[2] Rosch ha-Schanah 20. b. Chulin 95. b f. Note 21.
[3] Baba Mezia 107. b., 113. b. Sabbat 108. b.
[4] Jerus. Taanit IV. p. 68. a.

anerkannt und fungirte in dieser Eigenschaft zehn Jahre. R. Jochanan in Judäa nahm zwar Anfangs Anstand, ihn als Autorität anzuerkennen. In dem Sendschreiben, die das Schuloberhaupt von Tiberias nach Babylonien richtete, gebrauchte er für Rab den Titel: „an unsern Lehrer in Babylonien", für Mar-Samuel hingegen: „an unsern Genossen." Man traute in Judäa dem Letztern nicht die erforderlichen halachischen Kenntnisse zu, weil er sich mit anderweitigen Wissenszweigen beschäftigte. Vergebens schickte Samuel nach Judäa eine Festordnung auf sechzig Jahre berechnet; wegwerfend äußerte sich R. Jochanan darüber: „Nun, er versteht das Rechnen gut". Erst als Samuel mehrere Rollen, gefüllt mit Untersuchungen über zweifelhafte Thierkrankheitsfälle, überschickt hatte, nahm die Hochachtung für ihn zu. R. Jochanan und b. Lakisch, begierig diesen seltenen Mann kennen zu lernen, schickten sich an, ihn zu besuchen, hörten aber inzwischen, daß er das Zeitliche gesegnet habe[1]). Mar-Samuel hinterließ keine männliche Nachkommenschaft, aber zahlreiche Jünger, welche seinen Namen zu dem gefeiertesten machten.

[1]) Chulin 95. b.

Sechszehntes Kapitel.

Tiefgreifende politische Veränderungen während des ersten Amora-Geschlechts. Sieg der Neuperser, Cheberin (Gueber), über die Parther. Fanatismus des Sassaniden Ardschir Stellung der Juden unter der neuen Dynastie. Anarchie in Rom. Die Kaiserin Zenobia und die Juden. Zerstörung Nahardea's durch Papa bar Nazar.

(226 — 273.)

In Europa und Asien, im römischen und parthischen Reiche traten im dritten Jahrhundert zu gleicher Zeit folgenschwere politische Katastrophen ein, welche der Geschichte eine andere Physiognomie gegeben, die Zustände dieser zwei geschichtlichen Erdtheile mit ihren Anhängseln verändert haben, und die jüdische Geschichte konnte von diesen Vorgängen nicht unberührt bleiben. Während der Regierung des edlen Alexander Severus wurde die vierhundertjährige Dynastie der Parther, die Abkömmlinge von Arsaces, gestürzt; ein neuer kräftiger Königsstamm entriß ihr das Scepter und erzeugte durch diesen Thronwechsel innere und äußere Umwälzungen. Ardeschir, (oder Artachschster, wie er in der eigenen Sprache hieß), ein Sprößling aus altpersischem (arischem) Geschlechte, war der Urheber dieser Veränderung. Vereint mit den nationalgebliebenen Persern, welche die Mischlingsdynastie der Arsaciden wegen ihrer halbgriechischen Abkunft, ihrer Hinneigung zu griechischer Religionsanschauung, ihrer Verachtung der nationalen Zendreligion und endlich ihrer Ohnmacht gegen die immer weiter gehende Eroberung des Römerreichs haßten, verschwor sich Ardeschir gegen den letzten Arsaciden Artaban, den Verehrer Rab's, schlug ihn in einem entscheidenden Treffen und gründete das neupersische Königsgeschlecht der Sassaniden. Der herrschend gewordene Volksstamm führte in der Geschichte den Namen Neuperser, in den jüdischen Quellen Chebrin (Chebre), von welchem ein verkümmerter Rest noch jetzt Gueber heißt. Die Folgen dieser Staatsumwälzung machten sich nach der religiösen Seite nicht minder fühlbar, als nach der poli=

tischen. An der Stelle der Gleichgültigkeit gegen den uralten Feuercultus zeigte der Sieger Ardeschir schwärmerischen Eifer für denselben. Stolz nannte er sich: „Hormuz-Verehrer, göttlicher Ardeschir,
König der Könige von Iran, von himmlischem Geschlechte entsprossen"[1]). Zoroaster's Religionslehre von dem Doppelprincipe
des Lichtes und der Finsterniß (Ormuz und Ahriman) wurde
überall eingeschärft; die Magier, die Priesterkaste dieses Cultus, erhielten wieder ihr Ansehen, ihren Einfluß, ihre Macht; gegen die
Griechlinge wurde mit Feuer und Schwert gewüthet. Der ange-
fachte Fanatismus der Magier richtete nicht minder seine Feindseligkeit gegen die Christen, die in dem obern Mesopotamien, in den
von den Römern eroberten Bezirken Nisibis und Edessa zahlreich
wohnten und eigene Schulen hielten.

Die Juden blieben von diesem Fanatismus nicht ganz verschont und entgingen nur wegen ihrer Massenhaftigkeit, ihrer Centralisation, ihrer Wehrhaftigkeit einer durchgreifenden Verfolgung.
In ihrem ersten Siegesrausche nahmen die Neuperser den jüdischen
Gerichtshöfen die peinliche Gerichtsbarkeit,[2]) welche sie bis dahin
ausgeübt, ließen Juden zu keinerlei Aemtern, nicht einmal zur
Aufsicht über Flüsse und Kanäle zu, worüber die letzteren sich jedoch nicht allzusehr zu beklagen schienen.[3]) Selbst eine Art
Gewissenszwang mußten sie sich gefallen lassen. An gewissen Feiertagen, wo die Magier das Licht, als sichtbares Abbild des
Gottes Ormuz, im Feuertempel verehrten, duldeten sie bei Juden
kein Feuer auf dem Heerde, kein Licht in den Zimmern. Sie drangen
in die jüdischen Häuser ein, löschten alles Feuer aus und scharrten
die glimmenden Kohlen in ihre heiligen Feuerbecken, um sie im
Feuertempel als Opfergabe darzubringen.[4]). Daher waren die meisten Gesetzeslehrer für die Neuperser nicht sehr eingenommen. Als
R. Jochanan hörte, daß sie auch in das jüdische Babylonien siegreich eingedrungen waren, war er über die Folgen dieses Ereignisses
für seine babylonischen Stammgenossen sehr verzagt und beruhigte
sich erst, als man ihm berichtete, sie seien sehr arm und würden

---

[1]) Persische Sassaniden-Münzen mit Pehlwi-Legenden, entziffert von Mordtmann in Zeitschrift der deutsch-morgenländischen Gesellschaft 1854 S. 33. fg.

[2]) Baba Kama 117. a.

[3]) Taanit 20. a.

[4]) Synhedrin 74. b. und dazu Scheltot di R. Achai c. 42. Ende.

sich daher mit Geldbestechung abfinden lassen. Wegen ihres halb=
wilden Charakters nannte er sie ein verworfenes Volk, dem die ba=
bylonischen Gemeinden preisgegeben seien.[1]) Der Patriarch R.
Juda II. erkundigte sich angelegentlich bei Levi, welcher von Judäa
nach Babylonien hin und her reiste, nach dem Charakter des sie=
genden Volksstammes. Mit sichtbarer Parteinahme für die besiegten
Parther entwarf Levi eine Schilderung von ihnen und den siegenden
Neupersern: „Die erstern gleichen den Heeren des Königs David,
die letztern hingegen ähneln den Höllenteufeln"[2]). Als Rabba bar
Channa einst krank war und einen Besuch von einem Freunde hatte,
drangen die Feuerpriester plötzlich in sein Zimmer und löschten die
Nachtlampe aus. Da entfuhren ihm im Unmuthe die Worte:
„Allmächtiger, wenn du uns nicht in deinen Schutz nimmst, so
überlaß uns mindestens dem Schutze der Römer"[3]). Aber nach
und nach milderte sich der Fanatismus der Neuperser, und die Ju=
den befreundeten sich so sehr mit ihnen, daß sie ihretwegen von der
gesetzlichen Strenge nachließen, und sogar hin und wieder an deren
Gastmählern Theil nahmen[4]). Die Gesetzeslehrer gestatteten, den
Magiern an dem Lichtfeste die verlangten Kohlen zu verabreichen
und betrachteten es nicht, wie die alte Halacha es in ähnlichen
Fällen beurtheilt haben würde, als eine Förderung des Götzen=
dienstes, dessentwegen man das Märtyrerthum nicht scheuen dürfte[5]).
Die ältere Mischna verbietet, drei Tage vor den heidnischen Festen
jeden Umgang, jeden geschäflichen Verkehr mit Heiden zu haben,
Samuel beschränkte dieses Verbot für Babylonien einzig und allein
auf den Feiertag selbst. Selbst der strengere Rab erlaubte auf Ver=
langen der Magier, am Sabbat die Lampen am Feste der Hasmo=
näer von der freien Gasse ins Haus zu bringen, um der herr=
schenden Priesterklasse keinen Anstoß zu geben[6]). Diese gegenseitige
Duldung trat ohne Zweifel erst unter der Regierung des milden
Schabur I. (238—269 [7]) ein, welcher, wie bereits erzählt, mit Sa=

---

[1]) Jebamot 63. b.
[2]) Kiduschin 72. a.
[3]) Gittin 17. a.
[4]) Synhedrin das.
[5]) Jebamot das.
[6]) Sabbat 45. a.
[7]) Ich folge in der Chronologie der Sassaniden=Könige den Angaben Mordt=
manns in der Zeitschrift der deutsch=morgenländischen Gesellschaft 1854: Erklärung
der Münzen mit Pehlwi=Legenden.

muel befreundet war. Dieser hochherzige König versicherte Samuel, er habe während der vielen Kriege, welche er gegen die Römer in den Ländern von zahlreicher jüdischer Bevölkerung geführt, niemals jüdisches Blut vergossen, mit Ausnahme von 12,000 cappadocischen Juden, weil sie ihm einen feindseligen Widerstand geleistet hatten[1]).

Von den durchgreifenden Veränderungen, welche in derselben Zeit im römischen Reiche vorgingen, empfand die jüdische Geschichte nicht minder Folgen und Rückwirkungen. Alexander Sever's Tod (235) war ein Signal für die hydraköpfige Anarchie, sich mit all' ihrem Schrecken auf Rom und die römischen Provinzen zu stürzen. In kaum einem halben Jahrhundert (235—284) herrschten nahe an zwanzig Kaiser und nebenher eben so viel Usurpatoren, die für den Kitzel, den Kaisermantel, wenn auch nur einen Tag zu tragen und Hinrichtungen in Masse dekretiren zu können, ihr Leben einsetzten. Von fast allen Völkern, die Rom einst unterjocht hatte, warfen sich Kaiser auf, das italienische Babel, zu knechten; die Zeit der Wiedervergeltung war gekommen. Es waren Raubvögel, welche sich den in Fäulniß übergehenden Staatskörper streitig machten. Noch zu Samuels Zeit (248) feierte der meuchelmörderische Kaiser Philipp, ein Araber von Geburt und ein Räuber von Hause aus, der die Christen begünstigte, den tausendjährigen Bestand Roms; aber Rom war überall, an allen Stationsplätzen der Legionen, nur in der Stadt selbst nicht, dessen Senat die ihm von Legionenkaisern widerfahrene Demüthigung mit lächelnder Miene und knechtischer Unterthänigkeit entgegenehmen und durch Senatusconsulte sanctioniren mußte. Die Parther von einer Seite, Gothen und Tanaiten von anderer Seite drangen in das römische Reich ein, als wollten sie die sibyllischen Androhungen des Strafgerichtes vollstrecken.

Rom erlebte noch die Schmach, seinen Kaiser Valerianus, der ausgerückt war, Schabur's Eroberungen wieder zu entreißen, als Gefangenen in die Hände seines Feindes gerathen, und die ganze Demüthigung der Knechtschaft von dem übermüthigen Sieger erdulden zu sehen. Die Gefangenschaft des Kaisers Valerian und die Schwäche seines nachfolgenden Sohnes Gallienus lösten alle Bande der römischen Autorität und Disciplin auf, und die römische Geschichte glich zehn Jahre nach einander den Gladiatorenkämpfen auf einer weiten Arena. An allen Ecken und Enden des römischen Reiches traten

---

[1]) Moed Katan 26. a.

Anmaßer auf. Die morgenländischen Provinzen in der Nähe des mächtigen Perserreiches sahen die Verwirrung und Auflösung in noch höherem Grade. Ein reicher und kühner Palmyrener, Namens Odenath, Nachkomme eines Nasor (Naser), der eine Schaar räuberischer und wilder Saracenen um sich gesammelt hatte, machte mit seinen Banden zur Zeit, als der Name Rom und dessen Präfekten-Satrapen ihren Schrecken verloren hatten, von seinem Wohnsitze Palmyra aus häufige Streifzüge einerseits nach Syrien und Palästina und andererseits in die Euphratgegend raubend und verheerend. Er hatte sich bereits den Titel Senator beigelegt; warum sollte er es nicht, wie sein Landsmann Philipp, zum römischen Kaiser bringen? In jüdischen Kreisen nannte man Odenath den Räuberhauptmann Papa bar Nazar[1]) und deutete auf ihn den Zug in der Daniel'schen Vision: „Das kleine Horn, aus den größern hervorgegangen, mit Menschenaugen und einem hochmüthig redenden Munde." Die Raubzüge dieses abenteuernden Papa waren für die palästinensischen und babylonischen Juden von nachtheiligen Folgen begleitet. Er zerstörte das uralte Naharbea (259), das seit den Zeiten des babylonischen Exils Mittelpunkt der jüdischen Gemeinden war; es dauerte längere Zeit, bis es sich von dieser Zerstörung erholen konnte. Die naharbeanischen Amora's, die Schüler Samuel's, welche nach dem Tode ihres Meisters die Lehrthätigkeit fortgesetzt hatten, mußten entfliehen. Es waren R. Nachman, ein Schwiegersohn des Exilsfürsten, R. Scheschet, Rabba b. Abbuha und R. Joseph b. Chama[2]). Sie wanderten nach Machuza, und anderen Städten der Tigrisgegend aus,[3]) nach Silhi (Phum el silb und Selhi) und Schakan-Zib (El-Sib). Beide Städte am Tigrisflusse,[4]) (südlich von Bagdad) erhielten von dieser Zeit an amoräische Lehrhäuser, wie auch Pumbadita seine Erhebung zur akademischen Stadt von diesem Umstande datirte.

Bei der Zerstörung Naharbea's durch Papa b. Nazar waren Samuel's Töchter ohne Zweifel unter vielen Andern in Gefangenschaft gerathen; sie wurden nach Sepphoris gebracht. Die Freibeuter spekulirten auf ein reiches Lösegeld, das für sie einträglicher

---

[1]) Note 23.
[2]) Scherira Sendschreiben.
[3]) Dessi.
[4]) Ritter Erdkunde X. 233. 291.

schien, als die Gefangenen auf dem Sklavenmarkte zu verkaufen; denn es war bekannt, daß die Juden für den Loskauf ihrer gefangenen Stammgenossen keine Kosten scheuten. Samuel's Töchter hatten von der halachischen Gelehrsamkeit ihres Vaters soviel Nutzen gezogen, daß sie dem strengen Gesetze zu entgehen wußten, welches gefangene Jungfrauen gleich Geschändeten behandelt, und sie dadurch zu einer fleckenlosen Ehe unfähig macht. Ehe man noch wußte, wessen Töchter sie waren, erhielten sie ihre Freiheit wieder, und man glaubte ihnen, daß ihre Unschuld von den rohen Kriegern keinen Angriff erlitten habe. Als R. Chanina in Sepphoris erfuhr, daß es Samuel's Töchter waren, legte er einem ihrer Verwandten, Simon b. Abba, ans Herz, eine derselben zu heirathen. Simon, Schüler R. Chanina's und R. Jochanan's, welcher als die Gewissenhaftigkeit selbst geschildert wird, scheute sich nicht, obwohl von aaronischem Geschlechte, die älteste heimzuführen. Aber das Unglück, daß sich diesem Frommen an die Ferse heftete, verfolgte ihn auch im Eheleben, der Tod entriß sie ihm und auch ihre Schwester, die er nach dem Ableben der ersten geheirathet. Die fromme Sage, welche nicht begreifen konnte, wie das göttliche Verhängniß so hart die Töchter des hochverehrten Samuel und den sündenlosen Simon b. Abba treffen konnte, schrieb dieses Unglück der Versündigung zu, welche Samuel gleich R. Chananja, Neffe R. Josuas [1]) über Babylonien angeregt hatte. Dieser hatte einst Neumonde und Feiertage auf unheiligem Boden einzurichten sich angemaßt, und Samuel schien ihm mit seiner Kalenderberechnnng nachahmen zu wollen [2]).

Odenath, der Zerstörer Naharbea's, wurde allmälig ein kleiner asiatischer Fürst der Oase Palmyra oder Tadmor, die der König Salomon in eine Stadt verwandelt hatte. So zerfallen und geschwächt war das römische Reich, daß dieser bis dahin unbeachtete Mann den persischen Eroberungen auf römischem Gebiete einen Damm entgegen setzen mußte; später verwandelte er die Vertheidigung in Angriff und zwang den siegreichen Schabur, seine Hauptstadt Ctesiphon flüchtig zu verlassen. Sechs Jahre war Odenath eine Schutzwehr des römischen Reiches am Euphrat und befreite vom panischen Schrecken die verzagten Römer, welche schon die Perser

[1]) Oben S. 202.
[2]) Ketubot 23. a. s. Note 28.

an die Thore Rom's klopfen zu hören glaubten. Der große Dienst, den er dem römischen Reiche leistete, zwang den aus Schwäche und Spottlust zusammengesetzten Kaiser Gallienus, ihn als Mitkaiser anzuerkennen (264). Nicht lange genoß Odenath diese hohe Würde, er wurde von einem neidischen Verwandten ermordet (267); das Gerücht sprengte aus: auf Antrieb seiner Gattin Zenobia. Nach seinem Tode übernahm dieselbe die Regierung für ihre unmündigen zwei Söhne. Durch sie war die Wüstenstadt Palmyra in einen Mittelpunkt des kaiserlichen Glanzes, der Bildung und des feinen Geschmackes verwandelt. Eine christliche Nachricht giebt die Kaiserin Zenobia für eine Jüdin aus; die jüdischen Quellen wissen nichts davon. Die römischen Nachrichten können nicht genug Farben auftragen, die seltene Erscheinung Zenobia's zu schildern. Sie wird als ein Muster der Liebenswürdigkeit, der hohen Bildung und jenes männlichen Muthes und angeborner Tapferkeit geschildert, mit der sie die Nachbarländer in Unterthänigkeitsverhältniß an ihren Thron zu knüpfen und dem römischen Reiche lange Trotz zu bieten vermochte. Der Palast dieser zweiten Semiramis, dessen Trümmer noch jetzt von feinem Kunstgeschmack zeugen, war ein Sammelplatz origineller Geister, mit denen die Königin philosophische Unterhaltungen pflog. An ihrem Hofe lebte der feine, philosophische Kunstkenner Longinus, der in seinem ästhetischen Werke über das Erhabene den hochpoetischen Gehalt der biblischen Schöpfungsgeschichte „es werde Licht" nicht genug bewundern konnte [1]). Der verketzerte Paulus von Samosata, Bischof von Antiochien, fand an ihrem Hofe Schutz, als er wegen seiner vernünftigeren Ansicht von der Orthodoxie verfolgt wurde. Paulus neigte sich nämlich in der Auffassung des Christenthums mehr der jüdischen Einheitslehre zu, erkannte Jesus nur als Messias und nicht als Vollgott an und soll sogar die Beschneidung als nothwendig zur Seligkeit empfohlen haben. Seine Feinde nannten ihn deswegen einen judaisirenden Ketzer, welcher seine Bischofswürde schände. Zenobia, seine Beschützerin, scheint auch für die Grundwahrheit des Judenthums eingenommen gewesen zu sein. Dennoch waren die Juden dem palmyrenischen Hofe nicht sehr geneigt. R. Jochanan, obwohl nicht blind für die Schönheit des Griechischen, äußerte sich höchst ungünstig über den palmyrenischen Staat: „Heil dem, der den Fall des Tadmor's erleben wird". Die

---

[1]) Longinus περὶ ὕψους.

Spätern konnten sich diese Abneigung nicht mehr erklären. Einige suchten den Grund in den Mischehen zwischen Juden und Heiden, welche, vielleicht **durch** die gemischte Abstammung der Kaiserin Zenobia, bei den Tadmorenern beliebt waren; Andere glaubten, der Haß gegen die Palmyrener gelte ihrer Theilnahme an der Zerstörung des Tempels. Doch war ohne Zweifel der erste Grund für die Antipathie der richtige, denn die Halacha schwankte eine lange Zeit, ob man palmyrenische Proselyten aufnehmen dürfe. Ein Schüler Samuel's, R. Juda, der am meisten für fleckenlose Eheverbindungen eiferte, sprach sich auch am gehässigsten gegen Tadmor aus: „Israel müsse einen neuen Festtag einführen, wenn Tadmor zerstört wird". Gegen die Flüchtlinge der Tadmorener, welche sich in den babylonischen Landstrichen Mesene und Harpania niedergelassen haben, herrschte dieselbe Abneigung. Ein jüdisches Sprüchwort, welches auf eine tief eingewurzelte Eingenommenheit schließen läßt, lautete: „Es wälzt sich das unlautere Gemisch zur Hölle, von da nach Tadmor, von da nach Mesene und Harpania"[1]).

Es unterliegt keinem Zweifel, daß viele Juden die Waffen gegen Zenobia geführt haben, deren Herrschaft sich auch über Judäa erstreckt haben muß. Von einem **Seïra bar Chinena** wird erzählt, er sei in einer Stadt Saffifa ergriffen und vor Zenobia zur Verurtheilung geführt worden; sein Vergehen scheint politischer Natur gewesen zu sein. Zwei Jünger R. Jochanan's, R. **Ami** und R. **Samuel**, begaben sich zur Kaiserin, um sich für dessen Befreiung zu verwenden, wurden aber von derselben sehr ungnädig empfangen. „Glaubt ihr denn", sprach sie, „weil Gott für euer Volk so viel Wunder gethan, daß ihr im Vertrauen auf ihn Alles wagen dürfet?" Während dieser Unterredung trat ein Saracene mit einem blutigen Schwert in der Hand vor Zenobia und brachte die Meldung: „Mit diesem Schwerte hat Bar-Nazar seinen Bruder getödtet (oder wurde getödtet). Durch diesen Zwischenfall schenkte Zenobia dem angeklagten Seïra das Leben; der Zusammhang ist jedoch nicht klar. Ein Jünger R. Jochanan's, Affi wurde ebenfalls in demselben Orte Saffifa gefangen und abgeführt. R. Jonathan gab ihn auf und sagte sprüchwörtlich: „Laßt den Todten in sein Leichentuch hüllen!" Nicht so leicht beruhigte sich dabei der leibeskräftige und muthige Ben-Lakisch: „Ehe ich den Tod desselben

---

[1]) Jebamot 16 b. 17. a.

zugebe, lasse ich mich selbst tödten," sprach er, „ich rette ihn mit Gewalt". Es gelang ihm indeß die Feinde durch gütliche Ueberredung zu bewegen, den Gefangenen frei zu geben. Noch ein drittes Ereigniß, von derselben Quelle erzählt, scheint ebenfalls in Zenobia's Regierungszeit zu fallen. Ein sonst unbekannter Ulla b. Koscher, wegen eines politischen Vergehens verfolgt, hatte sich nach Südjubäa geflüchtet und bei R. Josua b. Levi in Lybba Schutz gefunden. So viel muß aber an diesem Ulla gelegen haben, daß eine Truppe Soldaten Lybba umzingelten und die Stadt zu zerstören drohten, wenn der Verfolgte ihnen nicht ausgeliefert würde. R. Josua b. Levi in der traurigen Alternative, das Leben eines Menschen oder das einer ganzen Gemeinde zu gefährden, bewog den Angeklagten, sich selbst auszuliefern. Er berief sich hierbei auf ein mischnaïtisches Gesetz, welches gestattet, einen ausdrücklich bezeichneten Angeklagten, den die politische Macht fordert, preiszugeben, wenn das Leben Vieler auf dem Spiele steht. Doch fand sich das jüdische Gewissen bei der, gewissermaßen mitverschuldeten Betheiligung am Tode eines Menschen nicht beruhigt. Der Prophet Elias, das Ideal des lautern Eifers für das Judenthum, erschien R. Josua b. Levi und machte ihm Gewissenspein, daß er sich zur Ueberantwortung hergegeben habe, er hätte sich nicht auf jene bloß vorschriftsmäßige Mischna verlassen, sondern „der Mischna der Frommen" eingedenk sein sollen, welche den Blick über den Gesichtskreis pflichtmäßiger Vorschrift erweitert und erhebt[1]). — Außer diesen spärlichen Nachrichten ist von der Berührung der Juden mit dem vergänglichen Reiche der Zenobia nichts bekannt. Der schwer errungene Sieg Aurelians über die tapfere Gegenwehr Zenobia's machte ihrer mehrjährigen, glanzvollen Regierung (267—273) ein Ende und brachte die stolze Kaiserin in goldenen Fesseln zum Triumphe nach Rom. R. Jochanan sah noch seinen Wunsch gegen Tadmor erfüllt und starb einige Jahre später (279).

[1]) Jerus. Terumot VIII. Ende. Genesis Rabba c. 74.

Siebenzehntes Kapitel.

Zweites Amorageschlecht. Patriarchat R. Gamaliel IV. und R. Judas III. Paläſtinenſiſche Amora's: R. Eleaſer b. Padat, R. Ami, R. Aſi; die Brüder R. Chija und R. Simon b. Abba in Tiberias, R. Abbahn in Cäſarea. Kaiſer Diocletian. Vollſtändige Abſonderung von den Samaritanern. Polemik gegen das Chriſtenthum. Allmäliges Sinken der judäiſchen Lehrhäuſer.

(279—320)

Die Zeit, welche in der Entwickelung der Weltgeschichte einen epochemachenden Wendepunkt bildet, in welcher das Christenthum sich anschickte, aus einer verfolgten Gemeinde eine herrschende Kirche zu werden, bildet auch in der jüdischen Geschichte eine Uebergangsepoche. Im zweiten Amorageschlechte beginnt der Einfluß des judäischen Stammlandes allmälig zu sinken. Babylonien zieht das Interesse an sich, Judäa verfällt in den Charakter einer heiligen Antike, welche wohl glänzende Erinnerungen weckte, aber keine denkwürdige Thaten mehr erzeugte. Zwar ist der Lehrerkreis dieses Geschlechtes, die Nachfolger R. Chanina's, R. Jochanan's und Ben-Lakiſch' nicht klein; noch ziehen babylonische Jünglinge, von heiliger Sehnsucht ergriffen, die Lehrhäuser im Stammlande denen in der Heimath vor. Aber unter den Häuptern der Schule sind nur Wenige von hervorragender Bedeutsamkeit, und die bedeutendsten: R. **Ami, R. Aſi, R. Chija b. Abba** und R. **Seïra** waren Babylonier von Geburt. Der einzige R. **Abbahu**, eine Originalpersönlichkeit, war ein Judäar, aber in der Halacha ohne Autorität. Die Ueberlegenheit Babyloniens war so sehr anerkannt, daß sich die judäischen Koryphäen R. Ami und Aſi von selbst dem Nachfolger Rab's untergeordnet haben[1]). Die babylonischen Neulinge in der Gesetzeskunde hatten ihre Meister übertroffen; Sura und Pumbadita liefen Sepphoris und Tiberias den Rang ab. Selbst die Patriarchen dieser Zeit, R. Gamaliel IV. und R. Juda III., waren in

---

[1]) Megilla 21. a.

der Gesetzeskunde durchaus unbedeutend. Als R. Gamiel an R. Abbahu eine Anfrage richtete, behandelte ihn derselbe wie einen Idioten, dem das Erlaubte verboten werden müsse, um dem Unterscheidungsunfähigen keine Veranlassung zu geben, das Verbotene zu übertreten. Eben so mußte sich sein Sohn R. Juda von den Amora's belehren lassen[1]). Außerordentliche Fälle, die Ehrenhalber von Babylonien dem Patriarchen zur Entscheidung vorgelegt wurden, mußte er R. Ami überweisen. Die Funktion des Zeugenverhöres über das Sichtbarwerden des Neumondes sank unter diesem R. Juda zum bloßen Schein und zur Formalität herab. Als R. Ami damit Ernst machen wollte, theilte ihm der Patriarch mit: er habe von R. Jochanan öfter vernommen, man dürfe Zeugen einschüchtern, Zeugniß abzulegen, den Neumond wahrgenommen zu haben, wenn dem auch nicht so wäre, sobald laut astronomischer Berechnung der neunundzwanzigste Tag zum Anfang des neuen Monats genommen werden müsse[2]). So hat die Feiertagsordnung allmälig das Schleppende des Zeugenverhöres so sehr entbehrlich gemacht, daß R. Juda's Nachfolger diese Funktion des Patriarchats ganz beseitigen konnte. Wichtiger schien R. Juda die innere Ordnung des Gemeinde- und Schulwesens, dem er die ganze Aufmerksamkeit zugewendet hat. Er trug den drei bedeutendsten Amora's, R. Ami, R. Aßi und R. Chija auf, eine Rundreise in den Städten Judäa's zu machen, um die Religions- und Bildungsinstitute in Augenschein zu nehmen, und sie da wieder herzustellen, wo sie in Verfall gerathen wären. In einem Orte fanden die Sendboten weder Volks- noch Jugendlehrer, und forderten die Vorsteher auf, ihnen die Hüter der Stadt vorzuführen. Als ihnen die bewaffnete Stadtwache vorgestellt wurde, bedeuteten die Sendboten des Naßi: „Diese da sind keineswegs die Hüter der Stadt, sondern ihre Zerstörer; die wahren Hüter sind die Volks- und Jugendlehrer; „wenn Gott nicht das Haus schützt, so wacht der Wächter umsonst"[3]).

Das Patriarchat R. Juda's III. fällt in die Regierungszeit Dioclectian's und seiner Mitkaiser, welche mit starken Armen und aufrichtiger Hingebung dem Verfall des römischen Reiches auf einige

---

[1]) Note 1.
[2]) Rosch ha-Schanah 20. a.
[3]) Jerus. Chagiga I. 7. p. 76 c.

Zeit steuerten. Diocletian war den Juden nicht abgeneigt, vielleicht um so geneigter, je mehr er die Christen haßte und verfolgte, weil er sie wegen ihres beharrlichen Kampfes gegen die römische Staatsreligion und ihres Bekehrungseifers für die einzige Ursache der Auflösung des Reiches hielt. Die strengen Edikte, die Christen zum Götzencultus zu zwingen, ihre Kirchen und gottesdienstliche Versammlungen zu schließen, welche dieser staatskluge Kaiser in den letzten Jahren seiner Regiernng (303—305) zu erlassen für nöthig fand, traf die Juden nicht, obwohl die Samaritaner merkwürdiger Weise nicht davon verschont blieben[1]). Doch scheinen Feinde und Neider der Juden Diocletian gegen dieselbe einzunehmen bemüht gewesen zu sein. Man hinterbrachte dem Kaiser, daß die Umgebung des Patriarchen sich über seine niedrige Herkunft und seinen Zunamen Aper (Eber) lustig gemacht hätte. Dieser Zuname war nämlich eine schwache Seite des Kaisers. Jene Nachricht kann mithin auf einem Factum beruhen, wenn sie erzählt, der Kaiser habe aus Empfindlichkeit den Befehl ertheilt; der Patriarch mit den angesehensten Juden sollten Sabbat Nachts bei ihm in Paneas, ungefähr fünf Meilen von Tiberias, eintreffen. Der Befehl sei ihnen aber erst Freitag spät zugestellt worden, so daß sie in der verzweifelten Alternative waren, entweder die Reise am Sabbat zu unternehmen, oder dem kaiserlichen Befehle ungehorsam zu sein. R. Juda war gerade im Bade, als er den Befehl empfing. Mißmuthig und rathlos, wie er war, fand er die plumpen Scherze des Spaßmachers, welcher die Badenden zu belustigen pflegte, sehr lästig. Der Spaßmacher hieß aber den Naßi frohen Muthes sein, und machte sich

---

[1]) Jerus. Aboda Sara V. p. 44 d. c. Die Stelle ist interessant: ואית דבעי סימר כד סליק דיקליטינוס מלכא להכא גזר ואמר כל אומיא ינסכון בר מן יודיא. ואפכן כותייא Das ist wohl das Edikt, von dem Eusebius de martyribus Palaestinae c. 3. berichtet: Δευτέρου δὲ ἔτους διαλαβόντος (Διοκλητιανοῦ — 303—304) γραμμάτων βασιλικῶν, ἐν οἷς καθολικῷ προστάγματι πάντας πανδημεὶ τοὺς κατὰ τὴν πόλιν θύειν καὶ σπένδειν τοῖς εἰδώλοις ἐκέλευτο Aus der Angabe des Jerus. sehen wir, daß die Juden von diesem Edikte ausgenommen wurden. Die Zeitangabe „als Diokletian hier her (nach Palästina, Syrien) kam", ist übrigens ungenau, da dieser Kaiser nur während des persischen Krieges in Syrien war 297—298. Im eigentlichen Palästina scheinen ihn die Juden nicht gesehen zu haben, s. Jerus. Berachot III. p. 6, a. Nasir 56. a. כד סליק דיקליטינוס מלכא להכא חמן ל' חייא סחסניה בגין דצור קיבריה על כפסע אבא ב"ר (Die Parallelstelle ist wohl b. Berachot 19. b. ארונות נבי על היום מדליכן, aber ein anderer Name). Nach Eusebius vita Constantini I. 19. war Diokletian auch in Cäsarea.

anheischig, ihn so wie seine Begleiter zur rechten Zeit nach Paneas zu befördern; auch soll er sie wirklich in der Dämmerung des Sabbats an Ort und Stelle gebracht haben. Diocletian, von ihrer unerwarteten Anwesenheit überrascht, befahl ihnen, ehe sie bei ihm zur Audienz erschienen, mehrere Tage Bäder zu gebrauchen. Dies sollte ein Spott auf die den Juden vorgeworfene Unsauberkeit sein. Dann vor den Kaiser geführt, soll der Patriarch und seine Begleitung dem Kaiser ihre Treue und Anhänglichkeit betheuert und ihn überzeugt haben, daß sie ungerecht verleumdet worden seien, worauf Diocletian sie gnädiglich entlassen habe (um 297 — 98). Höchst bezeichnend für die damaligen Zustände des römischen Reiches, wo der Erste Beste zum Kaiserthron gelangte: pannonische Bauern wie Probus, Claudius und Aurelian, ein dalmatischer Hirt wie Diocletian, ist ein Zug, den dieselbe Erzählung warnend hinzufügt: „Darum sollst du weder einen geringen Römer noch einen niedrigen Gueber verächtlich behandeln, denn sie können plötzlich zur Herrschaft gelangen." Auf dieses leichte Glückmachen der Römer wendete man den Vers von Esau, dem Urbilde Rom's an: „Ein Jeder ist des Purpurs gewärtig" [1]).

Wegen des Gewissenszwanges, den Diocletian Samaritanern wie Christen aufgelegt hatte, den Göttern zu opfern, wurden die erstern vollständig und für immer aus der jüdischen Gemeinschaft ausgeschlossen. Ein eignes Verhängniß waltete über die zwei verwandten Nachbarstämme, daß sie sich nicht auf die Dauer vertragen konnten, ja daß sie durch unbedeutende Anlässe gerade dann sich schroffer entzweiten, wenn eine gegenseitige Annäherung leicht schien. Nach der Zerstörung des Tempels war das gegenseitige Verhältniß leidlich: man räumte den Samaritanern ein, daß sie in mancher Beziehung strenge Juden waren. Die hadrianischen Kriege brachten Juden und Samaritaner noch näher, und das freundliche Verhältniß hatte so tiefe Wurzel geschlagen, daß R. Meïr's Beschluß die Samaritaner als Heiden zu betrachten, nicht durchdringen konnte; der tägliche Umgang und der Geschäftsverkehr hatten sie zu sehr aneinander gewöhnt. Selbst R. Jochanan hatte kein Bedenken, Fleisch von den Samaritanern zu genießen [2]). Seine Nachfolger waren indeß strenger und setzten die Absonderung der Samaritaner

---

[1]) Jerus. Terumot IX. Ende Genesis Rabba c. 63.
[2]) Chulin 5. b.

durch. Die Veranlassung zu dieser Scheidung wird folgendermaßen erzählt. Als R. Abbahu sich einst Wein aus Samaria bestellt hatte, ließ ihm ein Greis bedeuten, es gäbe in Samaria nicht mehr strenge Beobachter des Gesetzes. Diesen Wink theilte R. Abbahu seinen Freunden R. Ami und R. Aßi mit, welche den Gegenstand an Ort und Stelle untersuchten und den Beschluß faßten, die Samaritaner unwiderruflich und in jeder Hinsicht für Heiden zu erklären[1]). Es war dieses vielleicht der letzte Beschluß des Synhedrin. Des Naßi wird bei diesem Beschlusse nicht erwähnt, ein Beweis mehr, wie wenig Autorität derselbe genossen hat, und wie sehr das Patriarchat gesunken war. Ueber die tiefer liegenden Ursachen, welche eine solche Strenge gegen die Samaritaner nothwendig gemacht, lauten die Nachrichten verschieden. Den alten Verdacht, als beteten die Samaritaner die der Venus geweihte Taube an, soll nach Einigen der Umstand bestätigt haben, daß dieselben sich dem diocletianischen Opferzwang gefügt und sich dadurch als Götzendiener bewährt haben. Andere stellen das Vergehen der Chutäer milder dar: einst war am Freitag kein Wein in ganz Samaritica aufzutreiben, und dennoch fand man dort beim Ausgange des Sabbat Wein in Hülle und Fülle, woraus sich ergeben habe, daß die Samaritaner heidnischen Wein am Sabbat angekauft hätten[2]). Diese Trennung schwächte Beide. Das Christenthum, klüger und thätiger als seine Mutter, das Judenthum. gebildeter und geschmeidiger als seine Schwester, das Samaritanerthum, erlangte bald nach dieser Absonderung die Weltherrschaft und ließ beide in gleichem Grade seine Uebermacht empfinden. Golgatha, auf die Höhe des Capitols gehoben, drückte mit verdoppelter Wucht auf Zion und Garizim zugleich.

Unter dem Patriarchat R. Gamaliels IV. oder R. Juda II. (um 280—300) trat eine neue Erscheinung auf, welche einerseits von der Noth in Palästina und andrerseits von der Anhänglichkeit der Juden an den letzten Rest der alten Herrlichkeit, an das davidische Patriarchenhaus, zeugt. Es war von je her Brauch, daß Beschlüsse des Synhedrin und namentlich die Zeit der Feste den entfernten Gemeinden durch eigene Sendboten (Schaliach Zion,

---

[1]) Tas. 6. b. Jerus. Aboda Sara V. p. 44. d.
[2]) Jerus. das.

Apostoli[1]) kund zu geben. Es wurden in der Regel würdige Männer und Synhedristen zu diesem Ehrenamte erwählt, weil sie doch die höchste Behörde zu vertreten und auch Auslegung und Anwendung der Beschlüsse zu geben hatten. Als die Zahl der Juden im heiligen Lande sich durch die Aufstände und Kriege verminderte, der größte Theil desselben in Händen von Heiden war und die Abgabenlast Armuth erzeugte, konnten die Patriarchen ihre Würde nicht mehr aus eigenen Mitteln bestreiten und mußten sich an die auswärtigen reichen Gemeinden wenden, sie durch Beiträge zu unterstützen. Anfangs war diese Leistung vielleicht eine freiwillige Huldigungssteuer (aurum coronarium), welche die Gemeinden bei dem Antritt eines Patriarchen, als Fürsten der Juden, zusandten. In dieser Zeit aber waren R. Gamaliel oder R. Juda III. darauf angewiesen, Sendboten zu schicken, um eine regelmäßige Steuer (canon, pensio, ἀποστολή) erheben zu lassen. Ein solcher Sendbote war R. Chija bar Abba, welchen der Patriarch R. Juda mit einer eigenen Vollmacht ins Ausland schickte und autorisirte: „Wir schicken euch einen ausgezeichneten Mann, der gleich uns gilt, bis er zu uns zurückkehrt"[2]). Dieser R. Chija, sowie sein Bruder R. Simon, war in der That ein ausgezeichneter Mann, aber eben so arm wie charaktervoll. Nur aus großer Noth ließ er sich diesen Posten vom Patriarchen übertragen, welcher ihm insofern ein Opfer kostete, als er das heilige Land verlassen mußte, das er aus Vorliebe seiner Heimath vorgezogen hatte. Er wurde eine lange Zeit von der reichen, wohlthätigen Familie Silvani (Bet-Silvani[3]) aus Tiberias unterstützt, indem sie ihm als Aaroniden den Zehnten von ihren Ländereien zukommen ließ. Als R. Chija ihr aber einst etwas verboten hatte, was ein anderer Gesetzeslehrer für erlaubt ausgab, und sie ihn seine Abhängigkeit von ihrem Zehnten empfinden ließ, nahm er sich vor, von Niemand mehr Zehnten anzunehmen, und um der Versuchung zu entgehen, beschloß er Judäa zu verlassen[4]). Durch die Vermittelung des R. Eleasar b. Pabat, des größten Amora's nach dem Tode R. Jochanan's, den man, obwohl ein Babylonier, die Autorität von Juda nannte, er-

---

[1]) S. Note 21.
[2]) Jerus. Chagigah I. p. 76. d. Nedarim XI. Ende.
[3]) Vergl. Jerus. Horajot III. p. 48. a. Genesis Rabba c. 63.
[4]) Das. Schebiit III. p. 56. b. Ma'asser Scheni V. 5. Anf.

hielt R. Chija vom Patriarchen jenen Posten als Sendbote. In diesem Amora tritt zuerst die seltsame Erscheinung auf, welche später allgemeiner geworden, und die nachtheiligsten Folgen hatte. R. Chija b. Abba hatte sich nämlich so sehr in die mündlichen Lehren vertieft, daß er die Kenntniß der schriftlichen, der Bibel, darüber vernachlässigte. Als er einst befragt wurde, warum im ersten Dekalog das Wort „gut" nicht vorkomme, erwiderte er: „Kaum weiß ich, ob dieses Wort überhaupt an dieser Stelle vorkommt"[1]).

Sein Bruder Simon b. Abba war einer jener Unglücklichen, welche vom Geschicke ausersehen scheinen, an Nadelstichen zu verbluten. Seine Tugenden rühmte R. Jochanan, sein Lehrer, mit den Worten: „Wer von den Thaten des Erzvaters Abraham keinen Begriff hat, kann sie an diesem Simon kennen lernen". Aber er war so arm, daß man auf ihn den oft bewährten Erfahrungssatz des Predigers: „der Weise ist brodlos" anwenden konnte[2]). Trotz der drückenden Armuth war er zu stolz, Almosen anzunehmen, und seine Freunde mußten auf eine List sinnen, ihm irgend eine Unterstützung zukommen zu lassen. R. Eleasar b. Padat ließ einst zum Schein ganz absichtslos ein Goldstück fallen, und als es ihm R. Simon, der, hinter ihm gehend, es gefunden hatte, überbrachte, behauptete jener, er habe sein Eigenthumsrecht daran aufgegeben[3]). Aus Noth wollte sich R. Simon ein Empfehlungsschreiben vom Patriarchen ertheilen lassen, um in einer außerjudäischen Gemeinde ein kleines Amt zu finden, das ihn ernähren sollte; allein gerade derjenige, welcher ihn beim Patriarchen empfehlen sollte, widersetzte sich seiner Auswanderung: „Wie könnte ich es, sprach R. Chanina, bei deinem Vater jenseits verantworten, wenn ich dazu beitrüge, daß die edelste Pflanze Judäa's in's unheilige Ausland verpflanzt werde!"[4]). Später scheint er jedoch in Damaskus eine Stelle gefunden zu haben, das aber, zu Syrien gehörig, nicht als Ausland betrachtet wurde. Bei aller tiefen Gesetzeskunde, die er besaß, konnte er nicht dazu gelangen, ordinirt zu werden, weil es dazu an günstiger Gelegenheit fehlte, während Jüngere und Geringere

---

[1]) Baba Kama 56. a.
[2]) Bikkurim Ende. Sein Name lautet hebräisch שמעון בר אבא und gräcisirt סיסי, was der Verfasser des סדר הדורות übersehen hat.
[3]) Jerus. Baba Mezia II. p. 8. c.
[4]) Das. Moed Katan III. Auf.

zu dieser Würde erhoben wurden, worüber sich R. Jochanan sehr grämte. R. Abbahu, die ihren Werth verkennende Bescheidenheit, äußerte sich darüber, als er selbst die Weihe erhielt, welche R. Simon vorenthalten war: „Siehe da, Abbahu, die Schleppe, wird ordinirt, und Simon, das Feierkleid, wird übergangen!"¹). Wie R. Simon auch das Unglück hatte, seine zwei Frauen, die Töchter Samuel's, die er nach einander geheirathet hatte, zu verlieren, ist bereits erzählt. Er sowohl wie sein Bruder R. Chija, von düsterer Gemüthsart wie sie waren, vertraten in der Halacha die strenge Richtung, welche nicht einmal zugeben mochte, daß jüdische Mädchen sich griechische Bildung aneignen sollten, obwohl R. Jochanan selbst es gestattet und gewissermaßen empfohlen hatte²).

Minder bekannt ist Leben und Charakter der beiden Hauptamora's dieser Zeit, R. Ami's und R. Aßi's. Beide waren Babylonier, erhielten aber in Judäa die Weihen, wobei man sie in rhythmischer Rede als Muster aufstellte³). Nach dem Tode R. Eleasar's b. Pabat waren sie die Oberhäupter des tiberiensischen Lehrhauses und hielten ihre Vorträge in den Säulengängen⁴), welche gewiß noch aus der Zeit der herobianischen Fürsten stammten. Aber diese Räume, welche zur Zeit R. Jochanan's vollgedrängt von Zuhörern waren, waren jetzt Zeugen von der abnehmenden Bedeutung Judäa's; die lernbegierige Jugend wendete sich nach Babylonien. R. Ami und R. Aßi führten auch nur den bescheidenen Titel „die Richter, oder die geachteten Aaroniden des heiligen Landes"⁵) und ordneten sich selbst, wie bereits erwähnt, den babylonischen Autoritäten unter.

Bedeutender und origineller war R. Abbahu aus Cäsarea am Meere und bildet einen Gegensatz zu R. Chija und R. Simon, den Söhnen Abba's. Er besaß Reichthümer, hielt gothische Sklaven, in seinem Hause waren Sitze aus Elfenbein angebracht; sein Erwerbszweig war Verfertigung von Frauenschleiern⁶). Er verstand, wie Wenige seiner Zeit, die griechische Sprache vollkommen, unter-

---

[1] Synhedrin 14. a. Jerus. Bikkurim daſ wo für פסקו כו zu leſen פסקי כו.
[2] Jerus. Sabbat VI. p. 7 d. Sota Ende.
[3] Ketubot 17. a.
[4] Berachot 8. a.
[5] Synhedrin 17. b. Megilla 22. a.
[6] Sabbat 119. a. Jerus. Jom. Tob. I. p. 60. c. Baba Mezia III. Ende.

redete sich mit gebildeten Heiden und ließ seine Tochter im Griechischen unterrichten, weil er die Kenntniß dieser Sprache für eine Zierde gebildeter Mädchen hielt, wobei er sich auf R. Jochanan's Erlaubniß berief. Der strenge R. Simon b. Abba, ein Feind der weltlichen Bildung, äußerte sich rügend darüber: „Weil er seine Tochter im Griechischen unterrichten läßt, darum legt er es R. Jochanan in den Mund". Auf diesen Angriff gegen seine Wahrhaftigkeit betheuerte R. Abbahu, daß er diese Ueberlieferung wirklich aus dem Munde R. Jochanan's vernommen habe[1]). Wegen seiner Vertrautheit mit der Culturform der Zeit, welches Viele für sündhaft gehalten haben, wandte man auf ihn den Vers an: „Es ist gut, daß du Dieses (Halachakenntniß) ergreifst und auch Jenes (griechische Bildung) nicht vernachlässigst, denn der Gottesfürchtige weiß allen Pflichten zu genügen"[2]). Wegen seiner höhern Bildung, welche durch eine schöne, würdevolle Gestalt und Milde des Charakters gehoben war, stand R. Abbahu in hohem Ansehen bei dem römischen Proconsul[3]) und wahrscheinlich auch beim Kaiser Diocletian, und durch diesen Einfluß bei den Behörden wendete er manche strenge Maßregel ab. Ein Fall dieser Art wird mitgetheilt, der zugleich einen Blick in das innere Treiben jener Zeit öffnet. R. Ami, R. Aßi und R. Chija b. Abba hatten über ein Frauenzimmer, Thamar, eine schwere Strafe verhängt, ohne Zweifel, weil sie die Zucht verletzt hatte, und sie verklagte die Richter bei dem damaligen Proconsul wegen Eingriffs in die römische Gerichtsbarkeit. Die Richter, welche die Folgen dieser Anzeige fürchteten, wendeten sich an R. Abbahu, seinen Einfluß für sie geltend zu machen. Er aber antwortete ihnen, daß sein Einfluß an dem Rachegefühl, vielleicht auch an der Schönheit der Sünderin scheiterte. Diese Antwort war in einem charakteristischen Style geschrieben, von der Art nämlich, daß die Worte auf den ersten Blick den wahren Sinn verschleiern. Der kurze Sinn dieses Schreibens war: „Ich habe schon wegen der drei Verläumder Eutokos, Eumathes und Talasseus Alles in Ordnung gebracht, aber wegen der eigensinnigen, widerspenstigen Thamar

---

[1]) Jerus. Sabbat VI. p. 7. d. Sota Ende.
[2]) Midrasch zu Kohelet 7. 18.
[3]) Chagiga 14. a. Synhedrin 14. a.

habe ich mich umsonst bemüht"¹). Der Styl dieses Briefes, ein Muster für den Geschmack jener Zeit, ist größtentheils reines Hebräisch mit Wortspielen verziert, und die griechischen Eigennamen sind annähernd ins Hebräische übertragen. Dieser Styl, der, wenn mit Takt gehandhabt, der hebräischen Sprache einen unnachahmlichen Reiz verleiht, artet sehr leicht in leeres Gepränge und Tändelei aus, wie er auch in R. Abbahu's Zeitalter bereits theilweise in diese Geschmacklosigkeit verfallen war²).

Seine vielseitigen Kenntnisse machten R. Abbahu zum gewandten Polemiker gegen das Christenthum geeignet. Das Christenthum hatte zur Zeit Diocletians alle Sporen eingesetzt, sich die Weltherrschaft zu erringen. Die römischen Legionen waren zum Theil aus Soldaten, die zum Christenthum übergegangen waren, zusammengesetzt; daher verdoppelte es seinen Bekehrungseifer, trat herausfordernd gegen Judenthum und Heidenthum auf und wurde von diesem Herrscher und dem Mitkaiser Galerius wegen Anmaßlichkeit gezüchtigt. Den Juden standen nun Waffen des Geistes zu Gebote, und sie gebrauchten sie, so lange ihr Mund noch nicht geknebelt war. R. Abbahu griff, wie R. Simlaï, die christlichen Dogmen aufs entschiedenste an und zwar ganz im Geschmack der Zeit, die Entgegnung an einen Bibelvers anlehnend. „Sagt ein Mensch von sich: ich bin ein Gott, so lügt er; ich bin der Menschensohn, so wird er es bereuen; ich fahre gen Himmel, so wird er es nicht bestätigen"³). Das Dogma von der Himmelfahrt war besonders ein Streitpunkt zwischen den Lehrern der Synagoge und Kirche, deren Verfechter in Cäsarea Jacob der Minäer, ein Arzt, war. Die Christen beriefen sich, um die Himmelfahrt zu dokumentiren, auf die agabische Tradition, daß Enoch lebendig in den Himmel eingegangen wäre, wie es heißt: „und er (Enoch) war nicht, denn Gott nahm ihn". Diesen zweideutigen Ausdruck gebrauchten sie als Stütze, wogegen R. Abbahu aus Parallelversen nach der richtigen Exegese bewies, der

---

¹) Jerus. Megilla III. 74. a. כבר פיסנו לי לצײן לטוב לטוב ילד, לטוב לסד ותרשיש. אבדוקוס. אבדוקוס אבמסין תלחסים אבלחסר חסרורים בתסרוריה היא קיסות. Das Wort ist corrumpirt für εὔτοχος, אבמסין für אבמסטים-εὐμαϑής und תלחסים für חלסים vielleicht Θαλασσεύς.

²) Vergl. Erubin 53. b. Moed Katan 25. b.

³) Jerus. Taanit II. p. 65. b. Vergl Exod. Rabba c. 29. Diese Polemik ist eine Deutung des Verses. Numeri 23, 19.

Sinn dieses Verses sei nichts anderes, als eine Redefigur für „sterben" [1]). Im nächstfolgenden Geschlechte hätte R. Abbahu seine kühne Wahrheit und seine richtige Auslegung vielleicht mit dem Tode büßen müssen.

R. Abbahu war einer jener bescheidenen, sanften, nachgiebigen Charaktere, die von ihrem eigenen Werth um so weniger wissen, je höher dieser ist. Als man ihm die Weihen ertheilen wollte, trat er vor R. Abba aus Akko zurück und wünschte diese Würde auf denselben zuerst übertragen zu sehen, weil jener, von einer Schuldenlast gedrückt, sich durch die Promotion davon hätte erleichtern können [2]). Ein anderer Vorfall stellt seine Anspruchslosigkeit noch mehr ins Licht. Mit R. Chija b. Abba zugleich hielt er an einem fremden Orte Vorträge, jener halachisch-gesetzliche, R. Abbahu agadisch-erbauliche. Wie natürlich waren die volksthümlichen, allgemein verständlichen Vorträge R. Abbahu's mehr besucht, als die schwerverständlichen R. Chija's. Als dieser sich über die Vernachlässigung, die seinen Lehrvorträgen widerfuhr, empfindlich zeigte, beruhigte ihn R. Abbahu mit den Worten: „Siehe, dein Lehrstoff gleicht den werthvollsten Edelsteinen, die nur selten Sachkenner finden; mein Thema hingegen gleicht dem Flitterkram, der Jedermann gefällt." Um ihn noch mehr zu beschwichtigen, erwies er an diesem Tage dem Empfindlichen alle mögliche Aufmerksamkeit und Ehrenbezeigung; dennoch konnte R. Chija die empfundene Zurücksetzung nicht verschmerzen [3]). Diese Anekdote ist deswegen nicht ganz unerheblich, weil sie als Zeichen der Zeit von dem Verfall der strengen Studien in Judäa Zeugniß ablegt. Die stirngefaltete, geistesanstrengende Halacha fand keine Zuhörer, sie mußte der leichtbeschwingten, geschwätzigen Agada das Feld räumen. — Nicht einmal seine eigene Bescheidenheit wollte R. Abbahu gelten lassen. Er äußerte sich einst selbst darüber: „Mit meiner gerühmten Demuth muß ich gegen R. Abba aus Akko weit zurücktreten; denn derselbe ist nicht einmal über seinen Ausleger (Meturgeman) ungehalten, wenn er sich überhebt, zu den Auseinandersetzungen, welche ihm zugeflüstert werden, die seinigen keck hinzuzu-

---

[1]) Genesis Rabba c. 25.
[2]) Sota 40, a.
[3]) Daselbst.

fügen¹).“ So hatte auch die Lehrdisciplin einen Riß bekommen, welche sonst die Vorträge so ernst und würdevoll gemacht hatte. Anstatt daß die Meturgemanen nur das Organ des Vortragenden sein sollten, erlaubten sie sich, ihre eigenen Ansichten einzuflechten. Man klagte daher über die Dolmetscher, daß sie nur aus Eitelkeit ihr Amt versahen, um mit ihrer schönen Stimme oder ihrer Schönrednerei zu prunken. Man wendete auf dieses Verhältniß den Vers an: „Es ist besser die Strenge der Weisen, als das Lied der Thoren zu hören“²). — R. Abbahu's milde, durch und durch edle Anschauungsweise lernt man an einem andern charakteristischen Zuge kennen, welcher nicht minder ein kleines Spiegelbild der Zeitsitten bietet. Einst traf in Judäa die nicht ungewöhnliche Erscheinung des Regenmangels und der Dürre ein. Dann pflegte der Würdigste die vorgeschriebenen Gebete um Regen vorzutragen. Man empfahl R. Abbahu zum würdigsten Vorbeter einen ganz berüchtigten Menschen, den der Volkswitz die „Fünfsünde“ ($\pi\varepsilon\nu\tau\acute{\eta}\varkappa\alpha\varkappa\alpha$) nannte. Als R. Abbahu denselben rufen ließ, und ihn nach seiner Beschäftigung fragte, gestand dieser seinen ehrlosen Erwerb ein. „Ich bin,“ sprach er, „ein Unterhändler mit Dirnen; ich putze das Schauspielgebäude, trage die Gewänder in die Bäder, belustige die Badenden durch Späße und spiele die Flöte.“ Hast du nie in deinem Leben etwas Gutes gethan? fragte ihn R. Abbuha weiter. „Einst,“ erzähte Pentekaka, „als ich das Theater säuberte, sah ich eine weinende Frau an eine Säule gelehnt. Auf meine Frage nach dem Grunde ihrer Traurigkeit, theilte sie mir mit, ihr Mann sei gefangen, und es bliebe ihr nichts anderes übrig um ihn loszukaufen, als ihre Ehre preiszugeben. Als ich das hörte,“ fuhr Pentekaka fort, „verkaufte ich mein Bett, meine Bettdecke, Alles, was ich besaß, gab der Frau den Erlös und sagte zu ihr: geh', befreie damit deinen Mann ohne Sündensold.“ Bei diesen Worten konnte sich R. Abbahu nicht enthalten, Pentekaka, diesem Gemisch von erhabener Tugend und ehrloser Gemeinheit, zuzurufen: „Du allein bist würdig, für uns in der Noth zu beten“³).

Das Theater theilte damals die allgemeine Gesunkenheit der Zeit und war keineswegs eine Pflanzstätte der Bildung und des

---

¹) Daselbst.
²) Midrasch zu Kohelet 7. 5.
³) Jerus. Taanit I. p. 64. b.

feinen Geschmackes; Possenreißer belustigten die Menge, und das Judenthum mußte oft zu ihren plumpen Späßen herhalten. R. Abbahu, welcher mit den Vorgängen außerhalb des jüdischen Kreises bekannt war, beklagte sich über die wegwerfende Art, mit welcher die jüdischen Institutionen dem Gespötte preisgegeben wurden, und erzählte unter Andern: „Man führt ein Kameel mit einer Trauerdecke auf das Theater; darauf entspinnt sich ein Dialog: „.Warum trauert das Kameel? Weil die Juden, das Sabbatjahr streng beobachtend, nicht einmal Kräuter genießen, sondern sich mit Disteln nähren, darum trauert das Kameel, weil ihm die Nahrung weggeschnappt wird."" Der Momus (Possenreißer) tritt mit geschorenem Haupte auf. „„Warum trauert Momus? weil das Oel so theuer ist! Warum ist das Oel so theuer? wegen der Juden! Die Juden verzehren am Sabbat Alles, was sie an Werkeltagen erarbeitet, es bleibt ihnen nicht einmal Holz, die Speisen zu kochen, sie müssen dann ihr Bett verbrennen, ohne Bett müssen sie auf der Erde schlafen, sich im Staube wälzen; um die Unsauberkeit zu entfernen, brauchen sie viel Oel, und deswegen ist das Oel so theuer"[1]. So hatten die entarteten Griechen Aristophanes' Kunst geschändet!

R. Abbahu genoß zwar auch in der Gesetzeskunde einiges Ansehen, aber Autorität war er nicht, sein Gebiet war die Agada. Aber wegen seines Einflusses in der politischen Welt schmeichelten ihm seine Collegen über Gebühr, indem sie sich scheuten, ihn zurechtzuweisen, wenn er auch etwas Unrichtiges lehrte![2] Es scheint, daß Cäsarea, wo früher R. Uschaja der ältere nur vorübergehend ein Lehrhaus hatte[3], durch R. Abbahu neben Tiberias zum Range einer akademischen Stadt erhoben wurde, wo die bedeutendsten palästinensischen Amora's zusammen kamen[4]. Jene Synagoge in Cäsarea, von welcher der erste Anstoß zum Aufstand unter Nero gegen die Römer ausging, der zum Untergang der staatlichen Selbstständigkeit führte, war vielleicht R. Abbahu's Lehrhaus; sie scheint noch den fatalen Namen Revolutionssy-

---

[1] Introductio zu Midrasch Threni und zu 3. 12.
[2] Joma 73. a. Jebamot 65. b.
[3] Jerus. Terumot X. 47. a.
[4] Chulin 86. b. R. Chija b. Abba war damals schon todt. Sein Sohn Abba bereits ein Greis, aber R. Ami lebte noch.

nagoge (Kenischta di-meradta) behalten zu haben¹). — Wie R. Simon b. Abba an Unglück, so war R. Abbahu an Glück gewöhnt, das ihn auch im Alter nicht verließ. Er hatte zwei gebildete Söhne, Abimaï und Chanina; der ältere erzog ihm fünf wohlgerathene Enkel, deren Ordination der Großvater noch erlebte²). Seinen Sohn Chanina hatte er zu seiner Ausbildung nach Tiberias geschickt; aber anstatt sich aufs Studium zu verlegen, beschäftigte sich derselbe mit Bestattung der Leichen, worüber ihm der Vater einen tadelnden Brief zuschickte, der wegen seiner lakonischen Kürze merkwürdig ist: „Giebt es denn keine Gräber in Cäsarea, daß ich dich deshalb habe nach Tiberias senden müssen? Das Studium muß der Thätigkeit vorangehen"³). — R. Abbahu war die letzte bedeutende Persönlichkeit Judäa's in der talmudischen Zeit. Der Schooß Judäa's, der fünfzehn Jahrhunderte hintereinander riesige Persönlichkeiten geboren hatte: Richter, Feldherren, Könige, Propheten, Dichter, Soferim, Patrioten, Gesetzeslehrer, ruhete sich aus, ohne neue Geburten zur Welt zu bringen. Als R. Abbahu starb, weinten die Statuen Cäsarea's um ihn, erzählt die Sage.⁴).

¹) Josephus jüdischer Krieg II. 14. 4. Jerus. Berachot III. p. 6. b. und viel andere Stellen. Nach Malalas (Historiae X. p. 261) hat Vespasian diese Synagoge in ein Odeon verwandelt; ἔκτισε γὰρ καὶ ἐν Καισαρείᾳ ... ἐκ τῆς 'Ιουδαϊκῆς πραίδας ὁ αὐτὸς Οὐσπασιανός ᾠδεῖον μέγα πάνυ θεάτρου ἔχον διάστημα μέγα ὄντος καὶ αὐτοῦ τοῦ τόπου πρῴην συναγωγῆς τῶν 'Ιουδαίων.

²) Kiduschin 31. b.
³) Jerus. Chagiga I. 76. c.
⁴) Jerus. Aboda Sara III. p. 42. c. b. Moëd Katan p. 25. b.

Achtzehntes Kapitel.

Babylonische Amora's des zweiten Geschlechtes: R. Huna in Sura, R. Juda in Pumbadita, R. Chasda in Kafri und Sura, R. Nachman in Schekan-Zib. R. Seïra, das Verbindungsglied zwischen Judäa und Babylonien.

(257 — 320)

Mit dem Tode Rab's und Samuel's, der beiden Begründer der regen Lehr- und Lernthätigkeit in Babylonien, nahm diese Regsamkeit und Rührigkeit noch zu. In dem halben Jahrhundert ihrer Wirksamkeit hatte die Gesetzeskunde so tiefe Wurzel geschlagen, daß das Bepflanzte in dem fremden Erdreich noch besser gedieh, als in dem heimischen Boden. Ein lebendiger, unverwüstlicher Wetteifer ergriff alle Klassen der Bevölkerung, sich die Halachakunde anzueignen und das Leben nach dieser Norm zu regeln. Die größte Ehre bestand darin, als Gesetzeskundiger (Zorba-me-Rabbanan) anerkannt zu werden, wie die größte Schande, zu den Unwissenden gezählt zu werden. Die ehemalige Unsittlichkeit schwand im jüdischen Babylonien immer mehr mit der grellen Unwissenheit, und das häusliche wie öffentliche Leben gestaltete sich nach dem Ideale, welches die zwei großen Schulhäupter, Rab und Samuel, so begeistert gelehrt hatten. Babylonien nahm in vielen Beziehungen den Charakter des heiligen Landes an, selbst in Betreff der Priesterabgaben [1]), welche man jedoch den Gesetzeslehrern zugewendet zu haben scheint [2]); die Wissenschaft stand höher als das Priesterthum. Babylonien war ein förmlicher jüdischer Staat geworden, dessen Verfassungs-Urkunde die Mischna war, dessen öffentliche Träger der Exilsfürst und die Kalla-Versammlungen waren. Dieser höhere Aufschwung theilte sich auch den Exilsfürsten mit, auch sie eigneten sich Gesetzeskenntniß an. Nehemia und Ukban, die Enkel Rab's, welche mit ihrem Vater

---

[1]) Gittin 6. a. Baba Kama 60. b. Chulin 132. a. ff. Jerus. Challa IV. p. 60 a.
[2]) Jerus. Maaser Scheni V. 56. b. Babl. Chulin p. 133. a.

Nathan in diesem Geschlechte als Reich-Geluta genannt werden¹), erhielten wegen ihrer Vertrautheit mit der Halacha auch den Ehrentitel Rabbana²). Diese freudige Regsamkeit, welche alle Schichten der jüdisch-babylonischen Bevölkerung durchdrang, und das Zeugniß ablegte, daß das Judenthum nicht erstorben war, sondern Jugendkraft genug besaß, neue Blüthen zu treiben, wurde von den Nachfolgern Rab's und Samuel's auf das kräftigste gefördert. Die Hervorragendsten derselben waren: R. Huna, welcher, als Vorsteher der suranischen Akademie, zugleich als religiöses Oberhaupt in und außerhalb Babyloniens anerkannt war; ferner R. Juda b. Jecheskeel, der ein neues Lehrhaus in Pumbadita gründete und auch in dem Halachastudium eine neue Methode einführte; R. Nachman b. Jakob, welcher nach der Zerstörung Naharbea's (259) sein Lehrhaus nach Schekan-Zib am Tigris verlegte, endlich R. Chasda, R. Scheschet und Rabba bar Abbahu. Fast alle diese Amora's hatten eine eigene Richtung und brachten in den engen Lehrkreis der babylonischen Hochschulen Mannigfaltigkeit und Abwechslung.

R. Huna (geboren um 212, starb 297) aus Dio Kart³), Nachfolger Rab's in Sura, war die Autorität dieses Zeitalters, dem sich, wie bereits erzählt, die judäischen Amora's freiwillig unterordneten. Seine Lebensgeschichte giebt zugleich ein vollendetes Charakterbild der Zeit, wie der unermüdete Eifer für die Lehre Hand in Hand mit weltlicher Beschäftigung, mit Ackerbau und anderen Erwerbsthätigkeiten, ging. R. Huna war, obwohl mit dem Exilsfürsten verwandt⁴), doch von Hause aus nicht reich. Er bestellte seinen kleinen Acker selbst und schämte sich der Arbeit nicht. Verlangten ihn Parteien zum Richter, so pflegte er ihnen zu bemerken: „Stellt mir einen Mann zur Feldarbeit, so will ich euer Richter sein."⁵). Oft kehrte er vom Felde mit dem Spaten auf der Schulter heim. So erblickte ihn einst der reichste Mann in Babylonien, Chama b. Anilai, der auch zugleich der wohlthätigste und freigebigste war. Dieser Chama hat in der Ausübung der jüdischen

---

¹) Seder olam Sutta.
²) Chulin 92. a.
³) Taanit 21. b., 23. b.
⁴) Scherira's Sendschreiben.
⁵) Ketubot 105. a.

Tugend, Vater der Armen zu sein, das Ideal erreicht. In seinem Hause ist Tag und Nacht für Arme gebacken worden, an jeder Seite desselben waren Thüren angebracht, wo die Dürftigen eintreten konnten, und wer hungrig in sein Haus kam, verließ es satt. Ging Chama aus, so hielt er seine Hand stets im Geldbeutel, damit er einen verschämten Armen auch nicht so lange in der peinlichen Lage zu lassen brauche, bis er die Münze ausgesucht. Zur Zeit der Hungersnoth ließ er bei Nacht Weizen und Gerste für diejenigen hinlegen, welche das Ehrgefühl verhinderte, sich unter die Bettler zu mischen. War eine außerordentliche Steuer nöthig, so war man sicher, daß sich Chama daran mit einer hohen Summe betheiligen würde [1]). Bei diesem ungewöhnlichen Reichthume war dieser Wohlthäter so bescheiden, daß er, aus Verehrung vor dem Schulhaupte R. Huna, ihm den Spaten abnehmen wollte, so oft er ihn damit von der Feldarbeit heimkehren sah. Allein R. Huna gab es nie zu: „Du bist nicht gewöhnt, in deinem Orte so etwas zu thun, so leide ich es auch hier nicht" [2]).

Später erlangte R. Huna Reichthümer, seine Felder ließ er durch Arbeiter bestellen, die einen Theil der Erndte bezogen; seine Heerden weideten in den Steppen Südbabyloniens [3]). Der Volksglaube konnte sich diesen so hochgestiegenen Wohlstand nicht anders erklären, als daß Rab ihn ihm angewünscht hätte. Als er seinen Sohn Rabba verheirathete und auf einem Ruhebette lag, wurde R. Huna von den Seidengewändern seiner Töchter und Schwiegertöchter ganz verdeckt, weil er von Natur klein war. Man erinnerte sich bei dieser Gelegenheit, daß Rab ihm einst angewünscht: „mögest du von Seide verdeckt werden" [4]). Von seinem Reichthum machte er den edelsten Gebrauch. An stürmischen Tagen, wenn die Winde, die aus der syrischen Wüste wehten, Verheerungen und Verschüttungen anzurichten pflegten, ließ er sich in einer Sänfte umhertragen, um die Häuser der Stadt Sura in Augenschein zu nehmen und jede wankende Mauer niederreißen zu lassen; war es der Eigenthümer nicht im Stande, so ließ er die niedergerissenen Gebäude aus eigenen Mitteln wieder aufbauen. Zur Stunde der Mahlzeit ließ er alle Thüren

---

[1]) Berachot 54. b. Megilla 27. a.
[2]) Megilla 28. a.
[3]) Berachot 5. a. Baba Kama 80. b.
[4]) Megilla 27. b.

seines Hauses öffnen und laut verkünden: „Wer bedürftig ist, der komme, um sich zu sättigen"¹). Noch andere Züge aufmerksamer, eifriger Wohlthätigkeit werden von ihm erzählt. Die bedürftigen Schüler seines Lehrhauses, das in der Nähe Sura's war²), deren Zahl nicht gering war, wurden in den Lehrmonaten auf seine Kosten verpflegt; 800 Zuhörer nahmen an seinen Vorträgen Antheil; dreizehn Erklärer brauchte er, die, an verschiedenen Punkten des Lehrhauses vertheilt, Allen das Vorgetragene hörbar und verständlich machen sollten. Von einer aufwirbelnden Staubwolke sagte man in Judäa hyperbolisch: „Die Schüler R. Huna's stehen von ihren Sitzen auf und schütteln ihre Mäntel aus, daher der Staubwirbel"³). Die hohe Verehrung, welche sein edler Charakter, seine Gelehrsamkeit und seine Bescheidenheit seinen Freunden einflößte, machte sie indeß nicht blind gegen seine Vergehen, wenn es auch noch so gering war. Die Gesetzeslehrer stellten an einander die strengsten Anforderungen und waren unnachsichtig gegen denjenigen, welcher hinter dem Ideale der Lehre zurückblieb. Als R. Huna einst von der Calamität betroffen wurde, daß sein bedeutender Weinvorrath sauer geworden war, hießen ihn seine Verehrer in sich gehen und sich zu prüfen, ob es nicht eine gerechte Strafe für sein Vergehen sei, indem er seinen Feldarbeitern den Antheil an dem Rebenholz vorenthalte, und sie dadurch zum Stehlen verleite⁴).

Unter R. Huna erhielt das öffentliche Leben in Babylonien, das im innigsten Zusammenhange mit dem Lehrhause stand, diejenige Einrichtung und Benennung, welche sich fast 800 Jahre erhalten haben. Allmälig und unwillkürlich gestaltete sich eine Rangstufe über- und untergeordneter Würden. Die Lehrversammlung, die, wie schon erwähnt, an bestimmten Monaten des Jahres zusammenkam, hieß Metibta (Lehrsitzung), der Leiter derselben Resch=Metibta (Rector). Dem Vorsitzenden im Range zunächst standen die Resche=Kalla, deren Funktion war, in den drei ersten Wochen der Kalla=Monate das Thema zu erläutern, worüber der Resch=Metibta Vorträge halten sollte. Von den Lehr=

---

¹) Taanit 20. b.
²) Scherira's Sendschreiben.
³) Ketubot 106. a.
⁴) Berachot 5. a.

Aemtern waren die Richterämter verschieden; da der Gerichtsplatz noch immer nach altem Brauch vor den Stadtthoren war, so führten die Richter davon den Namen Dajane=bi Baba (Thorrichter). Sie waren nach der theoretischen Seite von dem Resch=Metibta, nach der praktischen von dem Resch=Galuta abhängig und von ihm ernannt.

Vierzig Jahre stand R. Huna seiner Metibta vor, und durch seine unbestrittene Autorität erlangte Babylonien die völlige Unabhängigkeit von Judäa. Er führte kühn den Grundsatz aus, den sein Lehrer Rab nicht durchsetzen konnte, Babylonien in gesetzlicher Beziehung Judäa ebenbürtig zu machen. „Wir betrachten uns in Babylonien ganz wie im heiligen Lande," stellte R. Huna zuerst auf [1]). Den letzten Faden, den die Exilsländer an das Mutterland geknüpft hatte, zerriß er, oder richtiger, er lieh nur den Thatsachen den Ausdruck; denn thatsächlich war Babylonien Judäa überlegen. Nur Ehrenhalber, oder wenn man für eine Ansicht eine höhere Sanction wünschte, ließ man sich in Babylonien ein gutachtliches Sendschreiben aus dem heiligen Lande kommen [2]). In Babylonien hatte während R. Huna's Wirksamkeit die suranische Metibta die Hegemonie.

R. Huna hinterließ seinen Ruhm und seine Tugenden seinem Sohne Rabba und starb, über achtzig Jahre alt, eines plötzlichen Todes (297 [3]). Seinen Ueberresten erwiesen Freunde und Schüler die höchsten Ehren. Die Gedächtnißrede eröffnete man mit den Worten: „R. Huna war würdig, daß der heilige Geist auf ihm ruhe." Seine Leiche führte man, wahrscheinlich seinem letzten Willen gemäß, nach Judäa, wo die angesehensten Männer, wie R. Aßi und R. Ami, ihr entgegen gingen, und sie in die Begräbnißgrotte R. Chija's beisetzen ließen, weil beide Babylonier waren. An R. Chija's Grab hatte die dankbare Nachwelt schon so viel Wunder und Scheu geknüpft, daß Niemand sich in dessen Grabesgrotte mit R. Huna's Leiche hineinwagen mochte. R. Chaggaï, ein achtzigjähriger Greis, übernahm das Wagestück, ließ sich aber ein Seil an die Füße binden, um aus der Grotte herausgezogen zu werden [4]). Was früher eine Seltenheit war, in der heiligen

---

[1]) Gittin 6. a. Baba Kama 60. a.
[2]) Sabbat 115 b. Baba Batra 41. b. Synhedrin 29. b. Schebuot 48. b.
[3]) Moed Katan 28. a. Note 1.
[4]) Daſ. 25 a. Jerus. Kilaim IX. p. 33. b. Midrasch zu Kohelet V. 7.

Erbe Judäa's begraben zu sein, das wurde allmälig eine fromme Sitte. Man legte dieser Erde sühnende Kraft bei und erwartete von da aus zuversichtlich die Auferstehung und das Messiasreich. Die im unheiligen Auslande Verstorbenen würden sich in leichter, lockerer Erde bis nach dem heiligen Lande wälzen und dort erst ihre Wiederbeseelung empfangen. Judäa, das täglich an Bevölkerung und lebendiger Kraft abnahm, wurde immer mehr von Leichen bevölkert. Das heilige Land, früher ein weiter Tempel, der zu großen Gedanken und Thaten begeisterte, war ein heiliges Grab, das nur noch den Tod zu weihen vermochte. Von der Fülle ehemaliger Heiligthümer war nur noch der Staub Gegenstand der Verehrung. Der ganze mittlere Strich von Judäa, das Königsgebirge, war so ausschließlich von Heiden bewohnt, daß man ihn frei von Priesterabgaben erklären wollte. Einige behaupteten, daß zu dieser Zeit in Judäa überhaupt mehr Heiden als Juden wohnten[1]).

Das ergänzende Gegenstück zu R. Huna war sein jüngerer Genosse R. Juda b. Jecheskeel (geb. 220, gest. 299). Obwohl Zuhörer Rab's, hatte er sich doch mehr an Samuel gehalten, dessen Eigenthümlichkeit er fortbildete. R. Juda war überhaupt ein scharf ausgeprägter Charakter von hoher Begabung, aber auch von so vielen Ecken und Kanten, daß er an Persönlichkeiten und Verhältnisse derb anstieß. Sprößling einer uralten jüdischen Familie, die vielleicht ihren Stammbaum bis auf biblische Familien zurückzuführen vermochte, war er im Punkte des Geschlechtsadels und der unvermischten Abstammung außerordentlich peinlich und empfindlich. Ein Freund der Einfachheit in allen Dingen, war er heftig und verletzend gegen diejenigen, welche die künstliche Verfeinerung vorzogen. Ein Verehrer des heiligen Landes, äußerte er sich dennoch tadelnd über diejenigen, welche Babylonien verließen, um sich in den judäischen Schulen auszubilden, und war unerbittlich gegen diejenigen seiner Freunde und Schüler, welche dem Auswanderungszuge dorthin folgten[2]). R. Juda gründete zuerst ein Lehrhaus in Pumbadita, das seit der Zerstörung Naharbea's der Mittelpunkt für Nordbabylonien wurde, wie Sura für den Süden. Die pumbaditanische Metibta, die unter R. Juda nur den zweiten Rang nach Sura einnahm, schwang sich später zur ersten Hochschule empor, behaup-

---

[1]) Jerus. Demaï II. 1., V. p. 24 d.
[2]) Kiduschin 70. a., 72 a. Ketubot 110. b. Berachot 24. b. Sabbat 41. a.

tete ihren Vorrang mit einigen Unterbrechungen nahe an acht Jahrhunderten und war gleichsam das letzte Ueberbleibsel des jüdischen Alterthums, welches mit noch frischen Augen das Aufbrechen einer neuen Zeit erblickte.

Dem Volkscharakter seiner Vaterstadt treu, herrschte in R. Juda der Verstand über das Gemüth so sehr vor, daß er nur einen Tag im Monat dem Gebete weihte, die ganze übrige Zeit hingegen der Gesetzesforschung oblag[1]. Samuel zeichnete ihn schon als „den Scharfsinnigen" aus[2]), und er wurde der Schöpfer jener scharfsinnigen Dialektik, die in früheren Zeiten auf judäischem Boden eine vorübergehende Erscheinung, in Babylonien heimisch und gangbar geworden ist. Diese Dialektik unterschied sich wesentlich von der tanaïtischen; sie ging auf dem Kern der Themas ein, während jene an Formeln der Deutungsregeln haftete. R. Juda's Vorträge bewegten sich einzig und allein auf dem Gebiete der Rechtslehre, weil hier scharfsinnige Vergleichungen und Unterscheidungen, Schlußfolgerungen und Anwendungen an Ort und Stelle sind, und Theorie und Praxis sich die Hand bieten. Die übrigen Theile der Mischna sind in R. Juda's Metibta vernachlässigt worden, ja er empfand eine Art Scheu, an solche Theile der Mischna zu gehen, welche Halacha's der außer Brauch gekommenen levitischen Reinheitsgesetze behandeln[3]). Der reiche Gesetzesstoff schrumpfte unter R. Juda in den kleinen Kreis zusammen, der für die Wirklichkeit und das alltägliche Leben Anwendung finden konnte. Alle diejenigen Ueberlieferungen, an welche sich die Erinnerung an das ehemalige glanzvolle Tempelleben, oder an die phantasiereiche Hoffnung auf die Wiedergeburt des Messiasreiches knüpften, hatten für den nüchternen Sinn R. Juda's nicht Bedeutung genug, sich damit in dem Lehrhause zu beschäftigen. Es war dies allerdings eine Art Neuerung, gewissermaßen eine Auswahl aus dem gehäuften Material der Gesetze zu treffen. Indessen galt diese Auswahl nur für die Lehrvorträge der feierlichen Metibta; privatim beschäftigte sich R. Juda hingegen mit dem ganzen Umfange der empfangenen Mischna, welche er von dreißig zu dreißig Tagen zu wiederholen pflegte[4]). Er

---

[1]) Rosch ha-Schanah 31. a.
[2]) Berachot 36. a. und an vielen Stellen: חריף.
[3]) Synhedrin 98. b.
[4]) Rosch ha-Schanah 35. a.

führte in die Traditionen sogar die Genauigkeit ein, nicht bloß den **Inhalt** der Ueberlieferung, sondern auch die **Namen** der Ueberlieferer und in zweifelhaften Fällen auch die Zweifel über die Namen gewissenhaft mitzutheilen [1]). Dennoch verdächtigte merkwürdiger Weise gerade sein Bruder Rami (R. Ami) die von ihm mitgetheilten Traditionen und strafte ihn geradezu Lügen. „Glaubt nicht," bemerkte er öfter, „den Aussprüchen, die mein Bruder Juda „im Namen Rab's oder Samuel's mittheilt; sondern so und so ist „es überliefert worden" [2]). Auch in einer andern Beziehung war Rami ein Gegner seines Bruders; er verließ Babylonien und wanderte nach Judäa aus, obwohl sein Bruder Solches als ein nicht geringes religiöses Vergehen betrachtete und streng rügte. Selbst die Rückkehr der babylonischen Exulanten unter Zerubabel und Esra galt in seinen Augen als eine Gesetzesverletzung, die besser ungeschehen geblieben wäre, da der Prophet Jeremias den Verbannten eingeschärft hätte, sie sollten auch in Babylonien sterben. Er entschuldigt den frommen Esra und dessen Auswanderung nur damit, daß er die Familien zweifelhafter Abstammung nach Judäa führte, damit die Zurückbleibenden von Vermischnng mit denselben fern gehalten bleiben könnten [3]).

Die Strenge in Betreff der Geschlechtslauterkeit war, wie schon erwähnt, eine andere Eigenthümlichkeit R. Juda's. Er war in diesem Punkte so peinlich, daß er seinen Sohn Isaak lange über die Zeit der Mannbarkeit hinaus nicht verheirathen mochte, weil er nicht gewiß war, ob die Familie, aus welcher er ihm eine Gattin zuführen würde, über alle Anfechtung makellos wäre. Treffend bemerkte ihm hierauf sein Freund Ulla: „Wissen wir denn bestimmt, ob wir nicht von den Heiden abstammen, welche bei der Belagerung Jerusalems die Jungfrauen in Zion geschändet?" [4]). Diese Peinlichkeit in Bezug auf den Geschlechtsadel verursachte R. Juda manche Verdrießlichkeiten. Einst kam ein angesehener Mann aus Naharbea nach Pumbadita, der von den Hasmonäern abstammen wollte, vielleicht von dem unglücklichen König Hyrkan II., der einige Jahre in Babylonien gelebt

---

[1]) Chulin 18. b.
[2]) Das. 44. a. Ketubot 21. a., 60. a., 76. b.
[3]) Ketubot 110. b. Kiduschin 70. b.
[4]) Kiduschin das.

hat. Der Naharbeaner, welcher mit den angesehensten Familien seines Wohnortes verschwägert war, verdroß es, daß man bei allen Gelegenheiten R. Juda b. Jecheskeel den Vorzug einräumte und äußerte sich einst spöttisch: „Wer ist denn dieser Juda b. Scheweskeel?" Als diese Aeußerung R. Juda zu Ohren kam, legte er denselben dafür in den Bann, und als er gar hörte, daß dieser Naharbeaner alle Welt Sklaven nannte, ließ er sich von der Heftigkeit hinreißen, ihn öffentlich als einen Abkömmling von Sklaven zu brandmarken. Der Beschimpfte beklagte sich hierüber bei R. Nachman, dem Schwiegersohne des Exilsfürsten, und dieser, ebenso stolz als R. Juda heftig war, sandte diesem eine Vorladung zu, sich bei ihm zur Rechtfertigung einzustellen. Das Oberhaupt von Pumkabita war nicht wenig erstaunt, dem jüngern, minder bedeutenden R. Nachman Rechenschaft über seine Handlungen geben zu müssen. Aber R. Huna, den er zu Rathe gezogen, stimmte ihn zur Nachgiebigkeit aus Rücksicht auf den Exilarchen. Am anberaumten Tage erschien er bei Nachman, Bitterkeit im Herzen; die Heftigkeit des Einen und der Stolz des Andern stießen aneinander. An jedem Worte, das R. Nachman an ihn richtete, nahm er Anstoß, besonders weil jener eine gehobene Sprache in regelrechten Wendungen führte, die R. Juda als Affectation und Hochmuth tadelte. Endlich fragte ihn R. Nachman ironisch: was er denn eigentlich bei ihm wolle, da er an ihm so viel auszusetzen habe. Näher auf die Sache eingehend, fuhr er fort: „Ich habe mir deswegen erlaubt, dich vorzuladen, damit die Welt nicht sage, die Gesetzeslehrer seien parteiisch für einander". Als R. Juda seine Rechtfertigungsgründe geltend machte, entgegnete der Kläger: „Mich stempelt man zum Abkömmling von Sklaven, mich, der ich von den Hasmonäern abstamme!" Das war Zündstoff für R. Juda: „Da haben wir's," erwiederte er heftig, „Samuel hat uns überliefert, wer sich rühmt, von Hasmonäern abzustammen, der ist als Abkömmling von Herodes zu betrachten, der ein Sklave des hasmonäischen Hauses war; denn die letzte reine Hasmonäerin war jene junge Frau (Mariamne), die vor ihrem Tode laut alle angeblichen Abkömmlinge der Hasmonäer fortan gebrandmarkt habe". So gewichtig schien R. Juda's Ausspruch, gestützt auf Samuel's Autorität und auch von anderer Seite bezeugt, daß auch R. Nachman sich genöthigt sah, die unechte Abstammung dieses vorgeblichen Hasmonäers öffentlich bekannt zu machen. Mehrere adelige Familien, die mit seinem

Hause verschwägert waren, lösten in Folge dessen die Ehen auf. Diese Blosstellung betraf aber mehrere naharbeanische Familien; es entstand ein Volksaufstand gegen den strengen Familiencensor, man wollte ihn sogar steinigen. Allein R. Juda, von der Gefahr keineswegs zurückgeschreckt, fügte eine neue Drohung hinzu: „Wenn ihr euch nicht mäßigt, so werde ich noch andere unangenehme Geschlechtsgeheimnisse enthüllen". Aus Furcht warfen die Unzufriedenen ihre Steine in den Kanal, und so viel waren der Steine, die gegen ihn erhoben waren, dass davon eine Stockung im Naharmalka entstanden sein soll[1]. Nach Pumbabita zurückgekehrt, offenbarte R. Juda die unlautere Abstammung mehrerer bis dahin geachteten Familien. Seine Strenge betraf auch einen Bati b. Tabi, einen freigelassenen Sklaven. Bati gehörte zu jenem Schlage Niedriggeborener, die durch Gewandtheit und Geistesüberlegenheit von Lieblingen ihrer Herren ihre Beherrscher werden, die es bis zu Räthen von Königen gebracht und Regenten und Staaten ihren Willen aufgezwungen haben. Bati war ein Günstling des Kaisers Schabur[2] und dadurch auch beim Volke angesehen und gesucht. Trotz des Adelstolzes mochten einige Familien ihn an ihr Haus gefesselt haben. Gegen denselben ließ R. Juda öffentlich bekannt machen: „Bati b. Tabi ist noch als Sklave zu betrachten, weil er in seinem Hochmuth von seinem ehemaligen Herrn noch nicht den Freibrief empfangen hat"[3]. Welche Folgen dieser Schritt, zu welchem nicht wenig Muth erforderlich war, für den Urheber hatte, wird nicht erzählt. — Wegen seiner tiefen Kenntnisse, seines Scharfblickes und seines Charakters genoß R. Juda in- und außerhalb Babyloniens unbestrittenes Ansehen. Als R. Huna gestorben war, wählte ihn die suranische Metibta zu ihrem Oberhaupte (297); unter ihm und seinem Nachfolger gab es nur ein einziges, von Allen anerkanntes Lehrhaus[4]. Auch in Judäa wurde R. Juda's Autorität gewürdigt. Er hatte einst ein angesehenes Metibta-Mitglied in den Bann gethan, weil dessen Ruf anrüchig war. Freimüthig äußerte er sich gegen denselben, als er ihn in seiner letzten Krankheit besuchte: „Ich bin stolz darauf, auch einen Mann deinesgleichen aus Rücksicht nicht geschont

---

[1] Kiduschin 70. a. b.
[2] Aboda Sara 76. b.
[3] Kiduschin das.
[4] Scherira's Sendschreiben.

zu haben." Da R. Juda starb, ohne jenen Bann gelöst zu haben, so mußte in solchen Fällen, dem Herkommen gemäß, an den Patriarchen appellirt werden. R. Juda III., an den diese Angelegenheit gewiesen wurde, übergab sie R. Ami, welcher jedoch den Bann nicht aufheben mochte, den R. Juda verhängt hatte¹). Nur zwei Jahre fungirte er als allgemeiner Resch-Metibta und starb in hohem Alter²).

An R. Juba's Stelle wählte das Collegium den achtzigjährigen Greis R. Chasda aus Kafri (geb. 217, gest. 309). Als Jünger Rab's hatte er für seinen Lehrer eine so außerordentliche Verehrung, daß er alle seine Aussprüche seinem Gedächtniß einprägte, und demjenigen ein Doppelgeschenk zu geben versprach, welcher ihm etwas Unbekanntes von „unserm großen Lehrer," wie er ihn nannte, mittheilen würde³). R. Chasda wird als der glücklichste Amora gepriesen. Er erreichte ein sehr hohes Alter, hatte mehrere Söhne und zwei Töchter, die er an zwei Brüder, namhafte Amora's, an Mari und Ukba, Söhne Chama's, verheirathete, von denen er Enkel und Urenkel hatte⁴). Von Hause aus arm, wurde er mit so außerordentlichen Glücksgütern gesegnet, daß sein Reichthum sprichwörtlich geworden war. Sechzig Hochzeiten feierte er in seinem Hause, und keines seiner Familienglieder soll während seines Lebens gestorben sein⁵). Obwohl Zuhörer R. Huna's, hatte doch seine Lehrweise mehr Aehnlichkeit mit der R. Juda's; er liebte das scharfsinnige Entwickeln⁶). Die Ueberlegenheit R. Chasda's über R. Huna, welche er einmal den letztern fühlen ließ, trug dazu bei, eine Spannung zwischen beiden zu erzeugen, welche vierzig Jahre gedauert haben soll⁷). In Folge dieser Spannung scheint sich R. Chasda von Sura nach Kafri zurückgezogen zu haben, fühlte sich aber dort vereinsamt und vernachlässigt. Als das Collegium der suranischen Metibta in einem zweifelhaften Falle ihn um seine Meinung anfragen ließ, äußerte er sich gekränkt: „Man hebt auch das

---

[1] Moed Katan 17. a. S. Jerus. Moëd Katan III. p. 81. d.
[2] Gittin 19. b. Note 1.
[3] Sabbat 10. b.
[4] Berachot 44. a.
[5] Moed Katan 28. b.
[6] Sabbat 82. a. Erubin 67. a.
[7] Baba Mezia 33. a.

feuchte Holz auf? also sucht man wohl einen Schatz darunter!"[1]). Noch während R. Huna's Wirksamkeit baute er aus eigenen Mitteln ein Lehrhaus in Sura (293[2]), aber er hielt sich zu dem Oberhaupte im Jüngerverhältniß, keine praktische Entscheidung zu treffen[3]). Erst nach R. Juda's Tod wurde er Resch-Metibta, fungirte daselbst zehn Jahre und starb 92 Jahre alt (309[4]).

Sein halachischer Gegner war Mar Scheschet, gleich ihm Jünger Rab's und Zuhörer R. Huna's. Er war blind, aber sein Gedächtniß war so geschärft, daß ihm nicht nur die ganze Mischna, sondern auch sämmtliche Boraïta's gegenwärtig waren. Kamen R. Chasda und R. Scheschet zusammen, so zitterte der Eine vor der Fülle von Boraïta's, der Andere vor der haarscharfen Auseinandersetzung des Andern[5]). Denn R. Scheschet war ein abgesagter Feind jener scharfsinnigen Lehrweise, welche, durch R. Juda in der pumbaditanischen Schule heimisch geworden, in Spitzfindigkeit ausartete. Machte ihm Jemand einen chikanirenden Einwurf, so fragte er ihn spöttisch: „Bist du nicht aus Pumbadita, wo man einen Elephanten durch ein Nadelöhr zieht?"[6]). Das Verhältniß des R. Scheschet zu dem damaligen Resch-Galuta liefert einen schlagenden Beweis, wie weit entfernt das Exilarchenhaus von religiöser Scrupulosität war, wie da noch die ungeschlachte Rohheit herrschte. So oft nämlich der Exilsfürst R. Scheschet zur Tafel geladen hatte, eben so oft schlug er die Einladung aus, und auf wiederholtes Dringen gab er den Grund seiner Unhöflichkeit an: die Sklaven des Resch-Galuta haben die Gewohnheit nicht abgelegt, von lebendigen Thieren Stücke Fleisch zum Braten auszuschneiden[7]). Wenn diese Rohheit seiner Leute auch dem Exilsfürsten geheim geblieben sein mag, so scheint es doch, daß er sich um das religiöse Verhalten seiner Dienerschaft nicht allzu gewissenhaft bekümmert hat. Oft erlaubten sich die exilsfürstlichen Sklaven plumpe Späße gegen die mit ihrem Herrn verkehrenden Gesetzeslehrer und sperrten sie in Verließe ein. Das Letztere begegnete R. Gadda, dem Haushälter des R. Scheschet, der im Auf-

[1]) Erubin 4. a. b.
[2]) Seder Tanaim und Scherira's Sendschreiben; Note 1..
[3]) Erubin 62. b.
[4]) Moed Katan 28. b. Note 1.
[5]) Erubin 67. a. Pesachim 76. a.
[6]) Baba Mezia 38. b.
[7]) Gittin 67. b.

trage seines Brodherrn etwas Ungesetzliches an dem Gebäude des Resch=Galuta entfernen wollte [1]). Von R. Scheschet ist sonst weiter nichts bekannt geworden, als daß er nach der Zerstörung Nahardea's in Silhi am Tigris ein Lehrhaus anlegte; nicht einmal sein Todesjahr ist angemerkt worden.

Der jüngste dieses Amora=Kreises war R. Nachman b. Jacob, ein Schüler Samuel's (geb. um 235, gest. 324 [2]). R. Nachman repräsentirte das stolze Selbstgefühl der babylonischen Juden, begründet auf Wohlstand, Unabhängigkeit und Sicherheit der Lebensexistenz. Schwiegersohn des Exilsfürsten, dessen Tochter Jalta er als Wittwe geheirathet, hatte er den ganzen Stolz, die Prunksucht und den Uebermuth des exilarchischen Hauses. Verschnittene bedienten ihn wie einen orientalischen Fürsten und standen schlagfertig da, demjenigen die hohe Stellung ihres Herrn fühlen zu lassen, der sich einfallen ließe, ihm die Achtung zu schmälern [3]). Er war von seinem Schwiegervater als Oberrichter angestellt und war auf diese Würde so stolz, daß er seine Collegen nachdrücklich erinnerte, wenn sie sich etwa mit ihm gleichstellen wollten: daß nur er allein befugter Richter sei [4]). Er erlaubte sich, auch ganz allein Urtheil zu fällen, obwohl man es für eine Frechheit hielt, ohne Collegen zu Gericht zu sitzen [5]). Milde und Leutseligkeit waren seinem Charakter fern. Als die Sklaven des Resch=Galuta einer alten Frau Baumaterialien gewaltsam geraubt und daraus eine Festhütte gemacht hatten, beklagte sich dieselbe bei R. Nachman über diesen Rechtseingriff: „Der Exilsfürst und seine Gelehrten sitzen in einer geraubten Festhütte." Aber R. Nachman hörte sie kaum an, und auf ihre spitzige Entgegnung: „Ich, die Tochter eines Mannes, der 318 Sklaven hatte (Abraham), finde mit meiner Klage nicht einmal Gehör!" fuhr er sie barsch an und bekretirte, daß sie höchstens auf den Ersatz des Werthes der entzogenen Materialien Anspruch habe. Noch rücksichtsloser behandelte er seine Sklaven, in denen er die Menschenwürde auf eine die Sittlichkeit verletzende Weise schändete. Seine Sklavinnen ließ er nicht in ein festes Eheverhältniß treten, sondern die Männer wech-

---

[1]) Erubin 11. b.
[2]) Note 1.
[3]) Kiduschin 33. a.
[4]) Ketubot 64 b.
[5]) Synhedrin 5. a.

feln, je nach dem Nutzen, den er sich von einem solchen Wechsel versprach, ganz unähnlich seinem Lehrer Samuel, welcher jedem seiner Sklaven eine Sklavin lebenslänglich als Ehefrau zuführte[1]).— Aber selbst die Gesetzeslehrer behandelte er hochfahrend und demüthigend[2]), wie das Verfahren beweist, das er gegen R. Juda anwendete, indem er ihn, wie bereits erzählt, vor ein Tribunal citirte, als wenn er Patronatsrecht über ihn besessen hätte. Seine Gemahlin Jalta, die Exilarchentochter, — welche gegen die Gewohnheit, das hinterbliebene Kind von ihrem ersten Gatten einer Amme übergab, um nicht gehindert zu sein, sich mit R. Nachman zu verheirathen[3]), — übertraf ihn noch an Stolz und besaß die ganze Launenhaftigkeit und den Uebermuth einer kleinen orientalischen Fürstin. Von den Gelehrten, die mit ihrem Gatten verkehrten, verlangte sie Huldigung, und als ihr einst Ulla dieselbe versagte, verhöhnte sie ihn förmlich. Weil jener oft auf Reisen von Palästina nach Babylonien hin und zurück und wahrscheinlich auch arm war, sagte sie von ihm: „Bei Reisenden findet man Geschwätz und bei Lumpen Ungeziefer"[4]).

Die jüdische Rechtslehre hat R. Nachman eine wichtige Bestimmung zu verdanken, deren Entstehung einen Einblick in die Sittengeschichte jener Zeit gestattet. Nach dem alten jüdischen Rechtsprinzipe wurde, bei Mangel an Beweisen, der wegen einer Forderung verklagten Partei nur dann der Reinigungseid zugeschoben, wenn dieselbe die Forderung theilweise eingestand; leugnete sie dieselbe aber ganz und gar, so fand kein Eid statt. Dieses Prinzip beruhte auf der Voraussetzung einer allgemein verbreiteten patriarchalischen Biederkeit, welche die Frechheit nicht kennt, eine Forderung geradezu abzuleugnen. Diese Grundehrlichkeit war aber nicht mehr vorauszusetzen, sie war im Gegentheil von einer gewissen kniffigen Schlauheit verdrängt, welche in Folge der verbreiteten Rechtskenntniß den Buchstaben des Gesetzes für sich in Anspruch zu nehmen und das Recht zu überlisten wußte. Daher führte R. Nachman, von der Erfahrung geleitet, auch im Leugnungsfalle den Ueberzeugungseid (Schebu'ot besset) ein. Er motivirte diese von der Tradition ab-

---

[1]) Nidda 47. a.
[2]) Baba Mezia 111. 6C. a. Chulin 132. b.
[3]) Ketubot 60 b.
[4]) Berachot 51. b. Siehe Chulin 109. b. Kiduschin 71. b.

weichende Bestimmung durch den Erfahrungssatz, daß weit eher die Wahrscheinlichkeit vorauszusetzen ist, daß Jemand eine Schuld aus Noth oder andern Umständen ableugne, als daß Jemand die Frechheit haben sollte, eine Forderung zu stellen, die ganz und gar erlogen wäre. Diese Rechtsbestimmung erlangte volle Gesetzeskraft[1]). R. Nachman, der, wie schon angegeben, von Naharbea nach dessen Zerstörung ausgewandert war, ließ sich in Schakan-Zib nieder[2]). Die wegen ihrer Spottsucht berüchtigten Einwohner von Schakan-Zib[3]) mochten ihm zugesagt haben. Ob er später, als Naharbea wieder aufgebaut war, seinen Wohnsitz dort genommen, ist nicht ermittelt.

Ein Verbindungsglied zwischen dem absterbenden Judäa und dem aufstrebenden Babylonien war R. Seïra, der für das folgende Geschlecht die höchste Autorität in Judäa war. An ihm tritt der Gegensatz zwischen dem Stammlande und der babylonischen Kolonie recht scharf hervor. Schüler R. Huna's und R. Juda's, fühlte er sich von der babylonischen Lehrweise nicht befriedigt und sehnte sich nach der einfachen Amora-Methode, wie sie in den galiläischen Lehrhäusern üblich war. Er scheute sich aber, aus Rücksicht auf R. Juda's Abneigung gegen die Auswanderung, Babylonien zu verlassen. Als er sich endlich aus dem Heimathlande gewissermaßen hinweggeschlichen hatte, war seine Sehnsucht, das heilige Land zu sehen, so groß, daß er sich an einem Seile über den Jordan wagte, um keine Zeit zu versäumen, eine Brücke aufzusuchen. Ein Christ, der diese Eilfertigkeit des Wanderers sah, bemerkte rügend gegen R. Seïra: „Ihr Juden habt den alten Fehler der Voreile noch nicht abgelegt, den ihr am Berge Sinai begangen habt," worauf ihm Jener erwiederte: „Darf ich einen Augenblick zögern, in das heilige Land zu kommen, daß nicht einmal unseren Lehrern Mose und Aaron vergönnt war zu sehen?"[4]). In Tiberias angekommen, wo R. Eleasar nach R. Jochanan's Tod lehrte, bemühte er sich, die babylonische Lehrweise haarspaltender Analyse zu vergessen. Die Sage fügt hinzu: er habe vierzig Tage gefastet, um seinem Gebete Nachdruck zu geben, damit die ihm verhaßte babylonische Lehrme-

---

[1]) Schebuot 40. b.
[2]) Note 23.
[3]) Pesachim 112. b.
[4]) Ketubot 110. b., 112. a

thobe aus seinem Gedächtniß entschwinden möge. Judäa und seine eigenthümliche Art erschienen ihm dagegen in blendendem Glorienscheine, und „die Atmosphäre des heiligen Landes schien ihm mit Weisheit geschwängert" ¹). Indessen konnte sich R. Seïra auch in Judäa nicht von derjenigen Richtung losmachen, die, ein Grundzug Babyloniens, sich zu fest in seinen Geist eingenistet hatte. So sehr er sich auch bestrebte, sich die Einfachheit der judäischen Lehrweise anzueignen, trug er unbewußt in dieselbe die babylonische verstandesmäßige Analyse hinein, und gerade wegen dieses von ihm verkannten Vorzuges genoß er unter den judäischen Amora's hohes Ansehen. Man beeilte sich, ihm die Lehrerwürde zu übertragen. Doch war seine Bescheidenheit so groß, daß er sich, gleich dem König Saul, den Blicken entzog und erst dann die Weihe annahm, als man ihm beibrachte, daß damit die Sündenvergebung verknüpft sei ²). In dem bei Promotionen üblich gewordenen Encomium gebrauchte man die auf R. Seïra's kleine, unansehnliche Figur anspielende Wendung:

> Ohne Schimmer,
> Ohne Flimmer,
> Doch nicht ohne Reiz ³).

Er wurde Einer der Autoritäten Judäa's neben R. Ami, R. Assi und R. Abbahu und überlebte sie sämmtlich. Bei seinem Grabe stimmte ein Dichter ein Trauerlied an, daß einen bessern Geschmack verräth, als mehrere bei ähnlicher Gelegenheit gehaltene; es lautete ungefähr:

> Das heilige Land hat veredelt,
> Was Sinear's Schooß ihm geboren;
> Gebeugt ist Tiberias, schmerzerfüllt,
> Sein bestes Kleinod ist verloren ⁴).

---

¹) Kerem Chemed Jahrg. 1833, S. 85.
²) Jerus. Bikkurim III. 3.
³) Ketubot 17. a.
⁴) Moed Katan p. 25. b.

Neunzehntes Kapitel.

Drittes Amorageschlecht. Patriarchat Hillel II. Schulhäupter in Judäa: R. Jona, R. Jose, R. Jeremias. Das Verhältniß des mächtig gewordenen Christenthums zu den Juden. Constantin's und Constantius' judenfeindliche Gesetze. Der Abgabendruck. Untergang der judäischen Lehrhäuser. Hillel's fester Kalender.

(320 — 359)

Das Zeitalter, welches durch die siegreiche Herrschaft des Christenthums in der Völkergeschichte einen entscheidenden Wendepunkt bildet, war auch in der jüdischen Geschichte abschließend. Was die vorangegangenen Jahrhunderte allmälig, unsichtbar herangereift hatten, das brachte diese Zeit zur Ernte. Das Christenthum, bisher gehässig, verfolgt und doch trotzig, entwaffnete seine Feinde, indem es sie in seinen Bannkreis hineinzog. Das römische Reich, das instinktmäßig seine Auflösung durch die Christuslehre fürchtete, mußte sich der Taufe unterwerfen, um seine zugemessene Lebensdauer noch um anderthalb Jahrhunderte zu fristen. Das Heidenthum, von Unvernunft, Lüge, Betrug und Unsittlichkeit genährt und sie nährend, mußte sein Scheinleben aufgeben und einer andern Religionsform Platz machen. Die neue zum Sieg gelangte Religion hatte unendlich viel vor dem Heidenthume voraus, daß sie zum Grundprinzipe ihres Wesens eine würdigere Vorstellung von Gott und eine reine Sittlichkeit theoretisch hinstellte, wenn sie auch weit entfernt war, dieselbe praktisch zu bethätigen. Gleichzeitig mit Rom und Italien, welche ihre Bedeutung verloren und nur noch ein Schatten ihrer ehemaligen Größe blieben, erstarben auch Judäa und das, Jerusalem vertretende, Tiberias. Die erschütternden Großthaten Judäa's und Italiens sanken zu schimmernden Erinnerungen herab; aber diese Schatten und diese Erinnerungen waren in ihrer verblichenen Gestalt, in geisterhafter Erscheinung noch mächtig genug, es mit lebendigen Kräften aufzunehmen und sie unsichtbar zu beherrschen. Ebenso wie Italien, der Sitz des ausgebildeten Heidenthums, verarmte und verkümmerte Judäa durch das Christenthum. Durch die politische Gewalt, welche das Letztere erlangte, indem ihm das Kaiserthum das Lictorenbeil und das Legionenschwert lieh, büßte Judäa bald den letzten Schimmer von Geistesthätigkeit ein; das Lehrhaus von Tiberias verlor seine lang ausgeübte Anziehungskraft und gerieth gänzlich in Verfall.

Während Babylonien in diesem halben Jahrhundert durch die drei originellen Amora's Rabbah, Abaji und Raba den Höhepunkt seiner Eigenthümlichkeit erreichte, waren die judäischen Amora's dieser Zeit ohne Bedeutung, ohne irgend einen Zug hervorragender Größe. Die wenigen Männer, welche aus dieser Zeit genannt werden, waren R. Chaggaï, eine Autorität durch Alter, R. Jona II. und R. José[1]), Jünger und Nachfolger von R. Ami und R. Aßi. Die einzige vollgültige Autorität in Judäa war R. Jeremia, aber er war aus Babylonien eingewandert und wurde in der Heimath so wenig gewürdigt, daß er aus den Lehrhäusern gewiesen wurde. Die Patriarchenwürde sank in dieser Zeit nicht minder zur völligen Unscheinbarkeit herab, nachdem der Träger derselben Hillel II., in Selbstverleugnung seinem Urahn Hillel ähnlich, sich der letzten Funktion der Festesanordnung, durch die Verallgemeinerung der kalendarischen Berechnung, begeben hatte, eine Funktion, die, wie unbedeutend auch an sich, doch den Patriarchen in den Augen der jüdischen Gesammtheit als den einzigen Mittelpunkt erscheinen ließ. Merkwürdigerweise erlangte das Patriarchat gerade in der Zeit, als es im Innern ganz bedeutungslos geworden war, nach Außenhin einen prunkenden Glanz, als sollte die Leiche geschmückt ins Grab gesenkt werden. Die Patriarchen erhielten in dem letzten Jahrhundert ihres Bestandes die pompösen Ehrentitel „Erlauchte" (illustres), „Hochansehnliche" (spectabiles), „Hochberühmte" (clarissimi), Ehrentitel, welche sie mit den höchsten Staatswürdenträgern, den Oberfeldherren, Statthaltern, Proconsuln theilten, und eben dadurch scheinbar ihnen gleichgestellt waren. „Wer da wagt, die erlauchten Patriarchen öffentlich zu beschimpfen, der verfalle einer schweren Strafe,"[2]) bestimmte ein zwar später erlassenes kaiserliches Edikt, daß sich aber an die frühere Gesetzgebung über die Patriarchen anlehnt.

[1]) Jerus. Synhedrin I. p. 18 c.
[2]) Codex Theodosianus L. XVI. T. 8. §. 11

Der Kaiser Constantin, der die Kirche groß gemacht, ihr die Herrlichkeit der Erde zu Füßen gelegt, aber ihr auch den zweideutigen Segen mitgegeben hat: „Durch das Schwert sollst du leben," er hat auch Anfangs dem Judenthume, als Religion, Gleichstellung neben den anderen Religionsformen im römischen Reiche verliehen. Ehe sich nämlich Constantin zum Christenthum bekannt hatte, und vor Allem bedacht, Religionsverfolgungen im römischen Reiche einzustellen, erließ er eine Art Toleranzedikt, jenes Edikt von Mailand: daß sich Jedermann frei zu einer Religion bekennen dürfe, ohne dadurch in die Acht zu gerathen (312 [1]). In diese Religionsduldung waren die Juden ebenfalls eingeschlossen. Ihre Patriarchen, Aelteste, Vorsteher der Lehrhäuser und Synagogen genossen dieselben Rechte, wie die christlichen Geistlichen und heidnischen Priester [2]). Diese Bestimmungen blieben auch später in Kraft und wurden durch neue Gesetze sanctionirt, wie wohl an dem neuerrichteten byzantinischen Hofe ein anderer Geist zu herrschen anfing. Die Norm wurde festgestellt, daß diejenigen in der Synagoge, welche sich dem Gesetze und der Lehre widmen, die Patriarchen, Presbyter und andere Arten Religionsbeamte von dem Decurionat und anderen lästigen Aemtern frei bleiben sollten [3]). Nach dem Muster der römischen Priesterverfassung und des christlichen Bischofsystems wurde der Patriarch in Judäa als Oberhaupt sämmtlicher Juden im römischen Reiche anerkannt, dem Gemeinden wie Religionsvorsteher Gehorsam schuldig seien. Diese unparteiische Gerechtigkeit Constantin's dauerte jedoch nur eine kurze Zeit. Je mehr das Christenthum Einfluß auf ihn gewann, desto mehr nahm er die Intoleranz desselben an, welches, seinen Ursprung vergessend, das Judenthum und seine Bekenner eben so leidenschaftlich wie das Heidenthum haßte. Sylvester, Bischof von Rom, Paulus, nachmals Bischof der neuen Hauptstadt Constantinopel, und Eusebius von Cäsarea, der erste Kirchengeschichtsschreiber, haben es an Hetzereien gegen sie nicht fehlen lassen. Alsbald hieß das Judenthum eine schädliche, ruchlose, gottlose Secte

---

[1]) Omnibus libera potestas sequendi religionem. Lactant. de morte Persecutorum c. 48, auch Eusebius Kirchengeschichte X. 5. 7.

[2]) Id enim et divi principes, Constantinus et Constantius — divino arbitrio decreverant — ut privilegia his, qui illustrium partriarcharum ditioni subjecti sint — perseverent ea, quae venerandae Christianae legis primis clericis sanctimonia deferuntur. (C. Th. L. XVI. T. 8. §. 13. et 15.)

[3]) C. Th. das. § 24.

(feralis, nefaria secta), welche wo möglich vom Erdboden vertilgt werden müßte. Alsbald wurde ein kaiserliches Edikt dekretirt, daß die Juden keine Proselyten aufnehmen dürfen, bei Strafe für die Zutretenden wie für die Aufnehmenden (315). Alsbald wurde dem christlichen Bekehrungseifer die Unterstützung der Staatsmacht zu Theil, welche den Juden verbot, über ihre Mitglieder die Strafe für den Abfall zu verhängen, welche das Christenthum doch gegen seine Bekenner in einem so grausenerregenden Maaße verschärft hatte: „Diejenigen, welche sich an die Abtrünnigen mit Steinen oder jeder andern Art zu vergreifen wagen, sollen mit allen ihren Theilnehmern den Flammen übergeben werden"[1]. Denn es konnte nicht fehlen, daß gesinnungslose Juden durch die entschiedene Hinneigung des Kaisers Constantin zum Christenthum und durch Aussicht auf Vortheile ebenfalls übertraten[2]. Die Kirche legte es förmlich darauf an, durch Nachtheile, welche aus dem Festhalten am Judenthum entsprangen und Vortheile, welche die Abtrünnigkeit vom Staate zu erwarten hatte, die Schwachen unter allerlei Versprechungen zum Abfall vom Judenthum zu verlocken: „Warum laßt ihr euch für euren Gott tödten? Sehet nur, wie viele Strafen, wie viele Plünderungen er über euch verhängt! Kommet zu uns, wir machen euch zu Herzogen, Statthaltern (Eparchai) und Heerführern (Stratelatai)."[3]. „Das sündhafte römische Reich „„der Sohn deiner Mutter"" sucht die Treuen wankend zu machen,"[4] das waren die Texte, über welche die Volksredner der Synagoge von jetzt an zu sprechen hatten. Privelegien der Juden hob Constantin auf, so z. B. die der Stadt Köln und dekretirte, daß mit Ausnahme von je zwei oder drei sie sämmtlich zu lästigen städtischen Aemtern gezogen werden sollten[5]. Alsbald sah die Welt das niegeahnte Schauspiel der ersten

---

[1] Das. § 1.
[2] Abulfarag Bar-Hebræos p. 135 giebt an, es seien 12000 Juden und Heiden damals übergetreten.
[3] Pesikta Rabbati c. 21.
[4] Das. c. 15.
[5] Das Gesetz Codex Theod. das. § 3 vom Dec. 321 ist deßwegen interessant, weil es besagt, daß die Juden noch früher in Köln gewohnt haben. Decurionibus Agrippiensibus. Cunctis Ordinibus generali lege concedimus, Judaeos vocare ad Curiam. Verum, ut aliquid ipsis, ad solatium pristinæ observationis, relinquatur, binos vel ternos privilegio perpeti patimur nullis nominationibus occupari.

allgemeinen Kirchenversammlung von einigen Hundert Bischöfen und Presbytern mit dem Kaiser an der Spitze (325), wo das Christenthum Triumphe zu feiern glaubte, aber nur seine Schwäche und innere Zerfahrenheit verrieth. Denn da, wo es zuerst officiell in dem ganzen Glanze seiner geistlichen und weltlichen Machtvollkommenheit auftrat, war von seinem ursprünglichen Wesen keine Spur mehr vorhanden, weder von den essenischen Lehren der Demuth, der Brüderlichkeit und der Gütergemeinschaft, noch von dem paulinischen Eifer für Sittlichkeit und Gesinnungstüchtigkeit, noch von dem Drange der alexandrinischen Schule nach wissenschaftlicher Gelehrsamkeit. Dogmenstreitigkeiten, ob Christus, der Sohn, mit dem Vater gleich, ähnlich oder unähnlich sei, die um so erbitterter geführt wurden, je weniger sie bewiesen werden konnten, bildeten von jetzt an den Vordergrund der Kirchengeschichte, welche sich zur Weltgeschichte emporgeschwungen hatte. Auf dem nicäischen Concil zerriß die letzte Faser, welche das Christenthum mit seinem Urstocke zusammenhielt. Das Osterfest, welches größtentheils mit dem jüdischen Passahfeste zugleich, und zwar an dem vom Synhedrin in Judäa berechneten und festgesetzten Tage, begangen worden war, sollte fortan vom jüdischen Kalender unabhängig gemacht werden. „Denn es sei vor Allem unwürdig, daß wir bei diesem heiligsten Feste dem Gebrauche der Juden folgen sollten. — Fortan sei uns nichts mehr mit dem verhaßten Volke der Juden gemein, wir haben von unserm Heiland einen andern Weg erhalten. — Denn es wäre doch wahrhaft abgeschmackt, daß die Juden sich rühmen sollten, wir seien nicht im Stande, die Passahfeier ohne ihre Lehre (ihre Berechnung) zu begehen"[1]). Diese Aeußerung wird dem Kaiser Constantin, in den Mund gelegt, und wenn er sie auch nicht selbst gethan, so war sie nicht minder der leitende Gedanke der Kirche, welche jetzt über das Geschick der Juden zu bestimmen hatte.

Das erste Wort, welches das Christenthum gleich am ersten Tage seines Sieges aussprach, zeugte von feindlicher Haltung gegen das Judenthum, und daraus flossen jene feindseligen Dekrete Constantins und seiner Nachfolger, welche den Grund zu den blutigen Verfolgungen der künftigen Jahrhunderte legten. Constantin

---

[1]) Eusebius de vita Constantini III. c. 11. ἔστι γὰρ ὡς ἀληθῶς ἀτοπώτατον, ἐκείνους (Ἰουδαίους) αὐχεῖν, ὡς ἄρα παρεκτὸς τῆς αὐτῶν διδασκαλίας ταῦτα φυλάττειν οὐκ εἴημεν ἱκανοί.

erneuerte — gewiß auf Dringen der Geistlichkeit — das Gesetz Hadrians; daß kein Jude in Jerusalem wohnen dürfte[1]). Zwar konnte sie ihn doch nicht so weit bewegen, sein früheres Gesetz zu widerrufen, den Lehrern des Judenthums die Befreiung von städtischen Aemtern zu entziehen; er bestätigte es vielmehr neuerdings (331[2]). Aber sie setzte ein anderes Gesetz durch, das er in dem vorletzten Regierungsjahre erlassen, den Sklavenbesitz der Juden betreffend. Dieselben durften ihre Sklaven nicht beschneiden; durch einen solchen Akt erlangten die Sklaven ihre Freiheit[3]). Das Motiv zu diesen Gesetzen war kein allgemein sittliches, sondern ein beschränkt christliches. Das Judenthum sollte weder durch Proselyten, noch durch Sklaven einen Zuwachs erhalten, den das Christenthum als ein Monopol für sich beanspruchte. — Eine andere Judenverfolgung durch Constantin, als Rückwirkung eines neuen Aufstandes gegen die Römer und des Versuches, Jerusalem wieder zu erlangen, in Folge dessen der erste christliche Kaiser den Juden Palästinas zur Schmach die Ohren habe abhauen lassen, ist nicht durch vollgültige geschichtliche Zeugnisse beurkundet[4]) und auch nicht wahrscheinlich. Er schützte sie vielmehr gegen den Uebermuth der zum Christenthum übergetretenen Juden, die, größtentheils gesinnungslos, Rache an ihren ehemaligen Stamm- und Glaubensgenossen nahmen, durch ein bündiges Gesetz: sie sollten nach der Art des Vergehens wegen Beunruhigung und Beleidigung der Juden bestraft werden (336[5]). Ein solcher Täufling Joseph scheint damals den Juden Palästinas viel zugesetzt zu haben. Er gehörte zu den Beisitzern des Patriarchen im Synhebrin von Tiberias und wurde mit dem Ehrenamte, als Abgeordneter und Sendbote für die Gemeinden in Cilicien betraut. Dort verkehrte er heimlich viel mit einem Bischof und ließ sich die neutestamentlichen Schriften zum Lesen geben. Die cilicischen Juden schöpften Argwohn gegen seine Rechtgläubigkeit, und da er ohnehin nicht beliebt war, weil er die Lehrer und Vorsteher der Religion von oben herab behandelte und sogar abgesetzt hatte, so überfielen ihn Einige derselben in seiner Wohnung und überraschten ihn beim

---

[1]) S. Note 17.
[2]) Codex Theodosianus das. §. 4.
[3]) Codex Theodosianus L. XVI. T. 9. §. 1.
[4]) Chrysostomus oratio contra Judaeos I. Eutychius (Jbn Batrik) annales II. p. 469.
[5]) Codex Theod. das. §. 5.

Lesen der Evangelien. Wie kann man es den Juden Ciliciens verargen, wenn sie ihn ihren Unwillen über sein falsches Spiel empfinden ließen! Sie sollen ihn gar in den Fluß Cydnus geworfen haben, und will er nur durch ein Wunder dem Tode entgangen sein. Es blieb nun Joseph nichts Anderes übrig, als sich öffentlich zum Christenthum zu bekennen. Er log den Christen und namentlich dem einfältigen Epiphanius (ebenfalls Täufling und später Bischof von Constantina, einem leichtgläubigen Erzeiferer und mit Hilarion Begründer der ersten Klöster in Palästina), eine Reihe von Wundergeschichten vor, wie er zur Annahme der Taufe erweckt worden sei, eine alberner als die andere. Träumend und wachend sei ihm Christus erschienen. Wenn man ihm Glauben schenken wollte, so hätten viele Juden damals, und darunter die gelehrtesten und würdigsten, im Herzen Vorliebe für das Christenthum gehegt. Sogar von dem damaligen greisen Patriarchen (wohl Juda III.) erzählte Joseph ein durchweg unglaubliches Mährchen: daß auch dieser heimlich der Jesuslehre zugethan gewesen sei. Er habe in einer geheimen Schatzkammer das Johannisevangelium, die Apostelgeschichte, aus dem Griechischen ins Hebräische übersetzt, und die Genealogie Jesu im Originalhebräisch aufbewahrt, in denen er fleißig gelesen. Vor dem Tode habe er das Bedürfniß gefühlt, die Taufe zu empfangen, und sich zu diesem Zwecke einen Bischof aus der Nähe von Tiberias kommen lassen unter dem Vorwande, seinen ärztlichen Rath zu gebrauchen. Nachdem alle Anwesenden aus des Patriarchen Krankenzimmer entfernt worden waren, habe sich derselbe von dem Bischof das Siegel Christi, die Taufe, ertheilen und in die christlichen Mysterien einweihen lassen, demselben aber auch viel Geld für die christliche Geistlichkeit als Opfer überreicht. „weil das, was die Priester auf Erden binden und lösen, auch im Himmel als gebunden und gelöst gelte." Als ihn nach diesem Akte die wiedereingetretenen Personen gefragt: wie er sich befände, habe er mit Anspielung auf die erhaltene Taufe zweideutig geantwortet: jetzt fühle er sich wohl. Zwei oder drei Tage darauf sei er verschieden, nachdem er die Erziehung seines Sohnes, des künftigen Patriarchen, dem schon genannten Joseph und einem andern angesehenen Manne übergeben [1]). Die christliche Geistlichkeit Palästinas und wohl der beim Kaiser angesehene Bischof Eusebius trugen Sorge dafür, daß Joseph für

---

[1]) Epiphanius adversus Haereses L. I. T. II. 4. 6. (S. Note 1.)

seinen Uebertritt belohnt wurde. Constantin verlieh ihm die
Würde eines Comes, womit ihm eine Art Straflosigkeit für Vergehungen und Ungesetzlichkeiten ertheilt war. Joseph erhielt auch
vom Kaiser die Erlaubniß, die ersten Kirchen in Galiläa zu bauen
wo bis dahin wenig Christen lebten. Auch darüber erzählte er manche
Fabeln. Als er den Bau einer Kirche in Tiberias begonnen, hatten
die Juden durch Zauberei das Feuer der Kalköfen so zu binden gewußt, daß der Kalk nicht gebrannt werden konnte, bis Joseph im
Namen Jesu von Nazareth dem Wasser die Kraft verliehen habe,
den Zauber zu lösen und gar das Feuer brennen zu machen;
die zahlreich anwesenden Juden hätten hierdurch die Macht des
Gottes der Christen anerkannt. Der ehemalige Patriarchenapostel
baute noch Kirchen in Sepphoris (Diocaesarea), Nazareth und
Capernaum und verdrängte auch von da, dem letzten Asyl der
Juden in ihrer Heimath, die neuen Verfolgungen Gewärtigen. Im
Alter ließ sich Joseph in Betsan nieder, und er sei, wie er erzählt,
allen Verlockungen der Arianer widerstehend, dem katholischen Bekenntnisse treu geblieben¹).

Den Sohn und Nachfolger jenes Patriarchen, der beim Tod
des Vaters noch unmündig gewesen sein soll (wahrscheinlich Hillel
II) verunglimpfte Joseph in zwiefacher Absicht, um einen hochge-
stellten Stammgenossen, der Grund hatte, ihn zu hassen, einfach durch
Verläumdungen zu brandmarken und um die Wunderthätigkeit des
Kreuzeszeichens zu bezeugen. Er erzählt von dem jungen Patriarchen,
zu dessen Vormund und Wächter er bestellt gewesen sein soll: er
habe sich, von jungen Genossen verführt, einem ausschweifenden Leben ergeben und sogar durch magische Künste ehrbare, tugendsame
Frauen zur Unzucht verleitet. Einst habe er sich in ein schönes
christliches Weib verliebt, habe sich ihr nähern wollen, und abgewiesen, habe er mit seinen Genossen abermals magische Mittel zu
ihrer Verführung angewendet. Aber die Bekreuzigungen, welche diese
Frau häufig gemacht, habe die dämonische Gewalt von ihr ab-
gleiten lassen²). Dieser Patriarch Hillel II. (um 330—365 ³) war
aber einer der würdigsten Nachkommen des ältern Hillel, war allerdings kein Verehrer des Christenthums und wurde von einem Kaiser,

¹) Das. 9. 12.
²) Epiphanius adversus Haereses Cap. 7. 8.
³) Note 22.

der ebenfalls Grund hatte, der anmaßlichen Kirche gram zu sein, vielfach bevorzugt.

Mit dem Erz=Ketzerverfolger und Brudermörder Constantius (327—30) begann eigentlich das christliche Regiment im römischen Reiche und damit auch das üble Loos der Juden. Wären die damaligen Vertreter der Kirche nicht von Rachsucht und Rechthaberei verblendet gewesen, so hätten sie einsehen müssen, daß sie sich durch ihr Anlehnen an die Staatsgewalt einem Herrn unterworfen und den Spieß gegen sich gekehrt hatten. Kaiser Constantius durfte sich herausnehmen zu sagen: „Mein Wille sei Kirchengesetz, sei Religion". In letzter Instanz entschieden nicht die Kirchenlehrer über Religionsfragen, sondern die Verschnittenen und Aufwärterinnen bei Hofe. Wenn ein fanatischer Geist die Kirchenglieder vom Kaiser bis zum niedrigsten Unterthanen beherrschte, einander wegen Wortstreitigkeiten blutig zu verfolgen, wie konnten die Juden auf menschliche Behandlung rechnen? Gleich im Anfang der Regierung Constantius wurde über Gesetzeslehrer des Judenthums Exil verhängt, in Folge dessen wanderten Mehrere nach Babylonien aus. Unter den exilirten Gesetzeslehrern werden zwei namhaft gemacht: R. Dime und R. Isaak b. Joseph, (mit dem Zunamen der Rothe). Diese Verfolgung scheint aber später noch verschärft worden zu sein; die Gesetzeslehrer wurden mit dem Tode bedroht, wodurch die Auswanderung aus Judäa noch zahlreicher wurde. R. Abin und R. Samuel bar Juda werden unter die später Ausgewanderten gezählt (337—338 [1]). Die Folgen dieser Vorgänge war der Untergang des tiberiensischen Lehrhauses und das Ermatten der Lehrthätigkeit überhaupt [2]. Bis dahin hatte noch eine Art Synhedrin mit dem üblichen Abstimmungsmodus, bei Berathungen bestanden als dessen Mitglieder R. Haggaï. R. Jona und R. José genannt werden [3]. Die feindselige Gesinnung, welche Constantius gegen die Juden hegte, sprach sich auch in einigen die Juden betreffenden Gesetzen aus. Was die Veranlassung zu dieser Verfolgung war, ob der Apostat Joseph, ein zweiter Acher, die Hand dabei im Spiele hatte, das Alles ist dunkel. Eheverbindungen zwischen Juden und Christinnen, die nicht selten vorgekommen zu sein scheinen, belegte

---

[1] Note 29.
[2] Scherira's Sendschreiben.
[3] Jerus. Synhedrin I. p. 18 c.

Kaiser Constantius mit Todesstrafe (339 [1]). Noch folgenreicher war das von ihm erlassene Sklavengesetz. Während sein Vater nur die Aufnahme von Sklaven in die jüdische Gemeinschaft verbot und die Uebertreter nur mit dem Verlust des Sklaven belegte, verhängte Constantius (339) über Beschneidung eines christlichen Sklaven Todesstrafe und Verlust des ganzen Vermögens. Er verbot sogar, heidnische Sklaven in den Bund des Judenthums aufzunehmen [2]). Der Grund dieses Sklavengesetzes war ein zwiefacher: die Juden sollten durch Aufnahme von Sklaven keinen Zuwachs erhalten, und Christen sollten nicht jüdischen Herren, „den Gottesmördern" dienen. Diese verkehrte Ansicht beherrschte seitdem die Kirche und wirkt noch bis auf den heutigen Tag in anderer Form nach. Gesetzlich war diese Beschränkung und diese Härte keineswegs; denn die Juden galten noch immer als Vollbürger des römischen Reiches [3]), und in Folge dieser Gleichstellung durften sie keinen Ausnahmegesetzen unterworfen werden. Aber was galt dem ebenso gewissenlosen wie schwachen, von Verschnittenen und Hofgeistlichen beherrschten Kaiser Recht und Gesetz? Seine Einfälle und Launen sollten Gesetz sein. Constantius oder seine Hoftheologen waren die Erfinder des christlichen Staates.

Die Leiden der Juden steigerten sich bis zur Unerträglichkeit, als Constantius seinen Vetter und Mitkaiser **Gallus** nach dem Morgenlande schickte, gegen die überhandnehmende Macht der Perser zu operiren (351). Gallus, Schwelgereien ergeben, überließ die Kriegsführung seinem Legaten **Ursicinus**; er, wie sein kaiserlicher Herr, waren für Judäa drei Jahre lang eine harte Plage. Da die römischen Legionen in den judäischen Städten einquartiert waren, so machte Ursicinus ihre Verpflegung den jüdischen Einwohnern zur

---

[1]) Codex Theodosianus L. XVI. T. 8. § 6.

[2]) Das. T. 9, § 2. s. Godefroy zu diesem Gesetze: daß es nicht Constantin, sondern seinem Sohne angehört, und daß es im dritten Jahre desselben, 339, erlassen ist. Die Motive zu diesem Gesetze vita Constantini IV. c. 27. Sozomenus hist. eccl. III. 16 und Cedrenus.

[3]) S. Codex Theod. das. T. 8 § 9 von Arcadius: Judæorum sectam nulla lege prohibitam satis constat. Das. L. II. T. 1. § 10 de Judæorum foro; ebenfalls von demselben Kaiser: Judæi Romani et communi jure viventes de his causis, quæ non tam ad superstitionem eorum, quam ad forum et leges ac jura pertinent, adeant solemni jure judicia, omnesque Romanis legibus in ferant et excipiant actiones. Postremo legibus nostris sint.

Pflicht, ließ aber seine Forderung so unerbittlich ausführen, daß die jüdischen Gemeinden dadurch in die Lage geriethen, die Religionsgesetze verletzen zu müssen. Die römischen Militärbeamten verlangten nämlich auch an den Sabbattagen und am Feste der ungesäuerten Brode frisches Brod für die Truppen. Im Grunde waren diese Befehle einem Gewissenszwange ähnlich, denen sich bis zum Märtyrerthum zu widersetzen, das Synhedrin wie das Volk zu einer andern Zeit für seine Pflicht gehalten hätte. Allein die judäischen Gemeinden waren so sehr entmuthigt, daß ihnen eine solche heldenmüthige Aufopferung nicht zugemuthet werden konnte. Daher wetteiferten fast die Gesetzeslehrer mit Indulgenzen und Erleichterungen. R. Mana gestattete den jüdischen Bäckern, auf die Forderung des Römers Proculus, am Sabbat Nahrungsmittel öffentlich feil zu haben; die beiden Autoritäten von Tiberias, R. Jona und R. José lehrten: man dürfe für Ursicinus' Heer am Sabbat Brod backen, und die Gesetzeslehrer von Neve, einer gaulanitischen Stadt, erlaubten am Passahfeste Gesäuertes für die Legionen zu backen[1]). In der Noth beschwichtigten die Vertreter der Religion ihr Gewissen mit der Selbsttäuschung, daß der Feind nicht ausdrücklich die Gesetzesübertretung, sondern nur die regelmäßige Verpflegung des Heeres gefordert habe. Allein Ursicinus scheint geradezu eine Religionsverfolgung beabsichtigt zu haben, denn in Senbaris, einem Städtchen eine Meile von Tiberias, ließ dieser Feldherr eine Gesetzesrolle, welche für den öffentlichen Gebrauch bestimmt war, verbrennen[2]), was gerade nicht zum Dienste gehörte. Außerdem lastete ein unerträglicher Steuerdruck auf den größtentheils verarmten Juden Palästinas; Naturalienlieferung von Getraide und Vieh (annona, Arnona), Kopfgeld oder Judensteuer (Golgolet, Fiscus, Fisus), Tribut und dazu noch Gewerbesteuer ($\chi\rho\upsilon\sigma\alpha\rho\gamma\acute{\upsilon}\rho\iota\upsilon\nu$) und Strafgelder aller Art ($\zeta\eta\mu\acute{\iota}\alpha$). Die Klagen über die Abgabenlast fanden auf den Kanzeln ein Echo. „Wie ein Gewand an einer Dornenhecke, so man es an der einen Seite losmacht, es von der andern Seite zerschlissen wird, so geht es unter dem Regimente Esau's (Roms). Ehe noch die Lieferung abgetragen ist, kommt das Kopfgeld an die Reihe, und ehe dieses gezahlt ist, wird Tribut gefordert[3])." „Mit verfänglicher

---

[1]) Jerus. Schebiit IV. p. 35 a. Synhedrin III. p. 21 b.
[2]) Jerus. Megilla III. p. 74. a.
[3]) Pesikta c. 10.

List verfährt der böse Esau gegen Israel. „Du hast gestohlen oder getödtet." Du hast nicht gestohlen? Wer hat mit dir gestohlen? Du hast nicht getödtet? Wer war dein Mitschuldiger? Erlege Strafgelder, bringe die Lieferung, zahle Kopfsteuer und andere Abgaben [1]."

Diese gehäuften Drangsale, welche Judäa von den ersten christlichen Kaisern erduldet hatte, gaben den Juden den Muth der Verzweiflung zu einem neuen Aufstande. Wie wenig auch von diesem Aufstande und seinen Folgen bekannt geworden ist, indem die Nachrichten darüber nur wie hingeworfen erscheinen, so lassen sich doch einzelne Umstände desselben zusammenstellen. Die Erhebung hatte ihren Heerd in Sepphoris, zu dieser Zeit Diocäsarea genannt, wo die Juden in der Dunkelheit der Nacht die dort stationirten römischen Truppen überfielen, sie niedermachten und sich ihrer Waffen bemächtigten. Die Aufständischen sollen, einer Nachricht zufolge, einen Anführer mit Namen Patricius oder Patrik gehabt haben, den sie zum Fürsten erhoben haben sollen. Herren der Bergstadt Sepphoris, wagten sie weitere Streifzüge in der Umgegend, um ihre lang ertragene Schmach an ihren Feinden zu rächen. Zu gleicher Zeit müssen aber auch ähnliche Vorgänge in den zwei bedeutendsten Städten Judäa's, in Tiberias und Lydda, so wie in anderen Plätzen vorgefallen sein. Der Aufstand hatte also eine nicht ganz unbedeutende Ausdehnung genommen; aus diesem Grunde mußte Constantius seinem Mitkaiser Gallus neue Legionen senden. Mit Hilfe derselben unterdrückte er den Aufstand vollständig, wüthete aber gegen die Besiegten so unbarmherzig, daß er nicht einmal das Alter der Unschuld verschonte. Viele Tausend Juden fielen als Opfer einer Erhebung, welche mehr der Verzweiflung als der Klugheit Gehör gegeben hatte. Sepphoris wurde dem Erdboden gleich gemacht, Tiberias, Lydda und die anderen betheiligten Städte theilweise zerstört (352). — Ueber die Zerstörung dieser Städte scheint ein Agadist mit Anlehnung an einen Text seine Elegien angestimmt zu haben:

---

[1] Ruth Rabba Anf. Vergl. über die Benennung der verschiedenen Abgaben Sachs, Beiträge I. S. 167. Dazu habe ich nur noch zu bemerken, daß סיב verschieden ist von סיוס oder Plur. סיוים. Jenes ist allerdings gleich λειψανον „Steuerreste", dieses dagegen ist wohl eine Abkürzung von Fiscus (Judaicus) mit ausgefallenem k‑Laut. Aus der citirten Stelle Ruth Rabba ist המהום verschieden von הלכה.

„Zu jener Zeit vernahm man ein Wehklagen vom Fischthore, da-
„runter ist Akko gemeint; Jammergeschrei von der zweiten
„Stadt, das ist Lydda, die zweite nach Jerusalem; ein großes
„Unglück auf den Hügeln, darunter ist Sepphoris verstan-
„den, das auf Hügeln liegt; jammert, ihr Bewohner der Tiefe,
„das tiefliegende Tiberias. Der Heilige spricht: Ich habe
„Gericht gehalten über diese vier Städte, in dem, was die Feinde
„ihnen zugefügt haben [1]."

Wie nach jedem ähnlichen Aufstande wurde auch gegen die Betheiligten eine Hetzjagd angestellt, damit keiner derselben der Strafe entgehen
sollte; am meisten stellte Ursicinus den Sepphorenern als den Urhebern nach. Um der Verfolgung zu entgehen, machten sie sich unkenntlich, indem sie ein Pflaster auf ihre Nase legten, wodurch sie in
der That eine Zeit lang unerkannt blieben. Es fanden sich aber
endlich Verräther, welche diese List der Sepphorener dem Machthaber
anzeigten. Die Verrathenen wurden ergriffen und auf der Stelle
hingerichtet [2]. Viele Flüchtlinge hatten sich indessen in den unterirdischen Gängen von Tiberias versteckt, wo sie vor den Römern
sicher waren. R. Huna II. erzählt: „Als wir uns in die unterirdischen Gänge retteten, hatten wir Fackeln bei uns; wenn sie dunkel
brannten, erkannten wir, daß es Tag sei, flimmerten sie hingegen
heller, so erkannten wir daran die Nachtzeit [3]." Diese Flüchtlinge
müssen demnach eine längere Zeit in den Höhlen zugebracht haben.
— Constantius scheint indessen die hadrianischen Edikte gegen die
Juden erneuert zu haben; denn die Uebung religiöser Funktionen
wurden verboten, sogar die Kalenderberechnung und der Handel mit
Gegenständen religiösen Gebrauches untersagt. Als man Raba, dem
damaligen Schulhaupte in Machuza, von der beschlossenen Einschaltung eines Monats und der Verfolgung gegen die Religionsübung
Nachricht geben wollte, mußte es auf eine geheimnißvolle, räthsel-
artige Weise durch zweideutige Anspielungen geschehen. Diese Nachricht
lautete: „Männer kamen aus Reket (Tiberias), und es erhaschte
sie der Adler (Römer); denn sie hatten in Händen, das was in
Luz verfertigt wird (Blaupurpur zu Schaufäden). Durch Gottes
Barmherzigkeit und ihr Verdienst sind sie jedoch glücklich davon ge-

---

[1] S. Note 30.
[2] Jerus. Jebamot XVI p. 15 c. Sotah IX. p. 23 c.
[3] Genesis Rabba c. 31.

kommen. Die Nachkommen Nachschon's (Patriarch) wollten einen Monatsversorger (Schaltmonat) einsetzen; allein der Aramäer (Römer) gab es nicht zu; dennoch versammelten sie sich und schalteten den Todesmonat Ahrons (Ab) ein"[1]. Das geheime Sendschreiben an Raba verräth die ganze Noth, in welcher sich Judäa damals befand. Das zersprengte und geschwächte Synhedrin muß verhindert gewesen sein, die regelmäßige Einschaltung im Frühjahr (Adar) einzuführen und war gezwungen sie in eine ungewöhnliche, vom Gesetze nicht gestattete Jahreszeit zu verlegen. Dieser Nothzustand Judäa's änderte sich nicht, als der grausame Gallus auf Constantius Befehl hingerichtet und Ursicinus in Ungnade gefallen war (354). Am kaiserlichen Hofe zu Constantinopel galten die Bekenner des Judenthums geradezu als Gottesleugner, weil sie Jesus nicht anerkennen konnten. Aus dieser Anschauung floß das Gesetz (357); daß wenn ein Christ sich den „gotteslästerlichen" Gemeinden der Juden anschlösse, er mit dem Verluste seines Vermögens bestraft werden sollte[2]. Auf Confiscation des Vermögens hatten es die Creaturen Constantius', der Kämmerling Eusebius, besonders abgesehen und sie legten den Juden die härtesten Steuern ohne Maaß wie ohne gerechten Titel auf, um sie durch Verarmung und Erschöpfung aufzureiben. Schon waren neue Schatzungstafeln ausgeschrieben, um den Steuerdruck noch mehr zu erhöhen unter dem Vorwande, die Juden verdienten als Gottesleugner keinen Schutz[3]. Von dieser neuen Bedrückung wurden sie erst auf eine unerwartete Weise durch den Kaiser Julian befreit, der seinem Bruder Gallus ebenso unähnlich war, wie seinem Mitkaiser und Vetter Constantius.

Die traurigen Verhältnisse in Judäa haben den damaligen Patriarchen Hillel veranlaßt, einen Akt der Selbstverleugnung zu begehen, der noch nicht vollständig genug gewürdigt worden ist. Die bisherige Weise, die Berechnung der Neumonde und der Schaltjahre geheim zu halten, und die Festzeiten durch ausgesandte Boten den Gemeinden in den Nachbarländern bekannt zu machen, hatte sich durch die Verfolgungen unter Constantius als unthunlich und eitel erwiesen. Wenn das Synhedrin verhindert war, das Schaltjahr festzustellen, so mußten die jüdischen Gemeinden in Ost und West über

---

[1] S. Note 30.
[2] Codex Theodosianus XVI, 8. 7.
[3] Julian's Sendschreiben an die jüdischen Gemeinden. Note 34.

die wichtigsten religiösen Bestimmungen in Zweifel bleiben. Daher hat R. Huna b. Abin das Kalendergeheimniß zeitweise verrathen und nach Babylonien an Raba die Regel kund gegeben: „Wenn du merkst, daß der Winterabschnitt (Tekufat-Tebet) sich bis zum sechzehnten Nissan erstreckt, so trage kein Bedenken, auf eigene Hand das Jahr als ein Schaltjahr zu betrachten"¹). Um aller Schwierigkeit und Ungewißheit ein Ende zu machen, führte Hillel II. ein für allemal einen festen Kalender ein, d. h. er gab Jedermann die Regeln an die Hand, die Normen festzusetzen, nach welchen das Synhedrin bisher bei den Kalenderberechnungen und Festeszeitenbestimmungen verfahren war. Mit eigener Hand zerriß dieser Patriarch das letzte Band, welches die im römischen und persischen Reiche zerstreuten Gemeinden an das Patriarchat knüpfte. Der sichere Fortbestand des Judenthums lag ihm mehr am Herzen, als die Würde seines Hauses; darum gab er diejenigen Funktionen auf, auf welche seine Vorfahren Gamaliel II. und dessen Sohn Simon so eifersüchtig und empfindlich waren. Die damaligen Synhedrialmitglieder waren mit dieser Neuerung einverstanden; nur wollten sie den zweiten Feiertag, den die außerpalästinensischen Gemeinden zweifelshalber von jeher zu begehen pflegten, nicht aufgehoben wissen. R. José erließ an die alexandrinische Gemeinde ein Sendschreiben mit den Worten: „Obwohl wir euch die Ordnung der Feiertage (Sidre Mo'adot) zugestellt haben, so ändert doch nichts an der Gewohnheit eurer Vorfahren."²) (auch den zweiten Festtag heilig zu achten). Auch den Babyloniern wurde dasselbe bedeutet: „Haltet fest an dem Gebrauch eurer Väter" ³). Diese Warnung wurde gewissenhaft befolgt, sämmtliche jüdische außerpalästinensische Gemeinden feiern bis auf den heutigen Tag den zweiten Feiertag.

Die Berechnung des von Hillel eingeführten Kalenderwesens ist so einfach und sicher, daß sie bis auf den heutigen Tag keine Nachhülfe und Verbesserung nöthig gemacht hat, und ist darum von jüdischen und nichtjüdischen Sachkundigen als etwas Vollendetes anerkannt worden. Die Differenz zwischen dem Sonnen- und Mondjahr (das erste zu 365 Tagen angenommen und das letztere zu 29 Tagen, 12 Stunden und ein Bruchtheil), von welchen der

---

¹) Rosch ha-Schanah 21. a.
²) Note 31.
³) Jom Tob. 4. b.

jüdische Festcyklus abhängt, ist in dieser Berechnung bis auf wenig störende Bruchtheile ausgeglichen; die Dauer der Monate sind dem astronomischen Mondumlauf nahe gebracht, und außerdem sind die besonderen halachischen Verhältnisse der jüdischen Feste darin berücksichtigt. Sie beruht auf dem von dem griechischen Astronomen Meton eingeführten neunzehnjährigen Cyklus (Machsor ha Lebanah), in welchem sieben Schaltjahre vorkommen. In jedem Jahre sind zehn Monate unveränderlich, je einer zu 29 und der andere zu 30 Tagen; nur zwei Herbstmonate, welche auf den wichtigsten Monat Tischri folgen, sind veränderlich gelassen, weil sie von gewissen astronomischen und jüdisch-gesetzlichen Verhältnissen abhängen, z. B., daß der Monat Tischri nicht mit dem Tage beginnen sollte, welcher noch größtentheils zum vorangegangenen Monate gehörte, daß ferner der Versöhnungstag weder vor, noch nach dem Sabbate treffe, und daß endlich der Hosianna-Tag nicht mit einem Sabbat zusammentreffen sollte. Diese und andere Berechnungen beruhen aber auf so einfachen Regeln, sind so bequem und leicht, daß es jedem Halbkundigen möglich ist, einen hundert- und tausendjährigen Kalender anzulegen. Es ist nicht bekannt, wie viel von diesem Kalendersystem Hillel eigen ist, und wie viel er aus Traditionen hatte, da es sicher ist, daß im Patriarchenhause gewisse astronomische Regeln traditionell waren; Samuel's Kalender scheint Hillel jedenfalls benutzt zu haben. Dieser Kalender und das Jahr, in welchem er ihn eingeführt, hat sich unaufgeschrieben erhalten: im 670sten Jahre der seleucidischen Aera, 359 nach der üblichen Zeitrechnung [1]).

---

[1]) Hai Gaon in Abraham b. Chija's Sefer ha-Ibbur S. 97. An dieser Tradition: קד יסי הלל בר' יהודא בשנת תר"ע לשטרות . . . שבאותה השנה . . . אחנו הסדר הוה אשר בידם ist nicht zu rütteln durch die angeblich astronomischen Berechnungen in der neuern Zeit.

Zwanzigstes Kapitel.

Exilarchat Mar-Ukban, Mar-Huna und Abba-Mari. Babylonische Amora's: Rabba bar Nachmani, R. Joseph, Abaji, in Pumbadita; Raba in Machuza. Verfall der suranischen Metibta. Höchste Entwickelung der talmudischen Dialektik. Die persische Königin Ifra und ihr Sohn Schabur II. R. Papa, Gründer einer neuen Metibta in Nares.

(320 — 363)

Jener Druck, der die Paläftinenfer traf, und die Veranlaffung zu Hillel's Kalenderordnung war, vermehrte die Bedeutfamkeit und den Einfluß Babyloniens, und wenn das Chriftenthum fich rühmen konnte, die Lehrftätten in Judäa, gleichfam den Lehrtempel, den Vertreter des Opfertempels, aufgelöft zu haben, so war diefe Auflöfung nur eine örtliche. Denn in Babylonien nahm das Gefetzesftudium einen folchen Schwung, daß es die ältere Zeit faft verdunkelte; es feierte feine Zeit der Reife. Die zwei Richtungen, die fich überhaupt in der Lehrart der Traditionen entwickelt haben: die der zuverläffigen Empfängniß und der treuen Weiterlieferung, und die der fruchtbaren Anwendung und Weiterförderung, waren in Babylonien in den zwei Hochfchulen vertreten. Sura war die empfangende, Pumbadita die fchöpferifche Metibta. Sura kann überhaupt nur als die Fortfetzung der judäifchen Lehrhäufer betrachtet werden, gewiffermaßen als das babylonifche Tiberias, und wenn auch der Geift, der darin waltete, durch die babylonifche Eigenthümlichkeit verfchieden war, fo förderte doch die furanifche Schule die Studien nicht merklich weiter. Zur höchften Höhe brachte fie erft Pumbadita. Die Scharffinnigen Pumbadita's (Charife di Pumbadita), aus R. Juba's Schule hervorgegangen, führten in diefem Zeitalter die Hegemonie über Babylonien und die davon abhängigen Länder. Die Träger und Vertreter diefer Richtung bildete das Triumvirat Rabba und feine Jüngergenoffen Abaji und Raba. Diefe drei vollendeten den völligen Ausbau des Talmuds, oder richtiger sie erhoben das Halachastudium zur geistreichen Dialektik, und wiewohl sie nicht Schöpfer derselben waren, so ist die consequente Benutzung und Verwendung derselben nach allen Seiten hin ihre Eigenart.

Rabba bar Nachmani (geb. um 270, gest. 330[1]) hatte, wie die Familie, der er angehörte, etwas Originelles. Er stammte aus Judäa und zwar aus einer galiläischen Stadt Mamal oder Mamala, deren Einwohner größtentheils Aaroniden aus dem Hause Eli waren und, wie sie behaupteten, noch an dem Fluche dieses Hauses gelitten haben wollen, kein hohes Alter erreichen zu können. Wer nach Mamala kam, war über die vielen Schwarzköpfe verwundert, die er da antraf, während ein Graukopf zu den Seltenheiten gehörte[2]. — Rabba hatte drei Brüder mit Namen Kajlil, Uschaja und Chananja, welche sämmtlich in großer Dürftigkeit lebten, und auch dieses Mißgeschick schrieben sie dem auf dem Hause Eli ruhenden Fluche zu. Uschaja der Jüngere und Chananja, die nach Judäa zurückgekehrt waren, nährten sich kümmerlich von Schuhmacherarbeit, welche sie aus Mangel an Kundschaft an Buhlbirnen zu liefern genöthigt waren. Trotzdem blieb ihr Sinn so rein und keusch, daß man ihnen nicht einmal einen unerlaubten Blick nachsagen konnte, und sie wurden in Folge dessen als „Heilige des Landes Israel" hochverehrt[3]. Diese zwei Brüder verlegten sich auf die Agada, das Lieblingsstudium in Judäa, und auf die Pflege einer Art Mystik, ohne der Weihen theilhaftig zu werden[4], während ihr nüchterner Bruder Rabba, der von Jugend an viel Geistesschärfe gezeigt, mehr Vorliebe für die Halacha hatte, und auf diesem Gebiete Epoche machend wurde. Weil derselbe in Babylonien zurückgeblieben war, konnten sich seine Brüder über sein Loos nicht beruhigen und bemühten sich ihn nach Judäa zu locken. „Es ist nicht gleichgültig, ließen sie ihm sagen, ob man in oder außer Judäa stirbt, wie ja auch der Erzvater Jakob Werth darauf legte, im heiligen Lande begraben zu sein. Wenn du auch weise bist, so ist es immer besser, einen Lehrer zu haben, als sich selbst auszubilden.

---

[1] S. Note 1.
[2] Jebamot 76. a. und Tosaphot das. Genesis Rabba c. 59.; über Mamal siehe Erubin 51. b. und Jerus. das. IV. p. 22 a.
[3] Pesachim 113. b.
[4] Synhedrin 14. a. 66. b.

Wenn du uns einwendest; du kennest keinen Lehrer von Bedeutung in den judäischen Lehrhäusern, so wisse, daß du wohl hier einen solchen finden wirst"¹). In Folge dieser dringenden Aufforderung wanderte Rabba, dem Grundsatze seines Lehrers R. Juda zuwider, nach Judäa aus. Nach einiger Zeit kehrte er indeß wieder nach Babylonien zurück²) — vermuthlich weil sein Geist von der judäischen Lehrweise sich unbefriedigt fühlte — als R. Huna und R. Chasda noch lehrten (vor 293), und er wurde ihr Zuhörer. — Rabba's zeitliche Verhältnisse werden als sehr traurig und als Gegenstück zu dem ungetrübten Glücke R. Chasda's geschildert. Aber höchst übertrieben ist die Schilderung von seiner Armuth jedenfalls, welche so erschreckend gewesen sein soll, daß seine Familie kaum Gerstenbrod zur Nahrung gehabt hätte, während in R. Chasda's Haus die Hunde mit Weizenmehl gefüttert worden wären. Auch die Unglücksfälle, die ihn betroffen haben sollen, und seine kurze Lebensdauer (nur vierzig Jahre) scheinen übertrieben und des Gegensatzes wegen zu R. Chasda's hohem Glücke sagenhaft aufgestellt zu sein: denn unbestreitbar ist es, daß er keineswegs so sehr jung gestorben ist³).

Nach dem Tode seines Lehrers R. Juda (299) hielt das aus Liebhabern der Dialektik bestehende pumbaditanische Collegium Rabba allein für würdig, die in der Metibta entstandene Leere auszufüllen, und übertrug ihm die Würde, Nachfolger R. Juda's zu werden, welche er jedoch aus Bescheidenheit ablehnte. Man besetzte die erledigte Stelle durch R. Huna b. Chija⁴), dessen Reichthum so groß war, daß er für die Zuhörer in der Lehrversammlung vergoldete Sitze lieferte. Noch zählte die pumbaditanische Hochschule 400 Zuhörer, obwohl sich der größte Theil der Jünger nach Sura gewendet hatte. Auch Rabba und sein Freund R. Joseph betheiligten sich an der heimischen Hochschule mit Unterordnung unter ihr derzeitiges Oberhaupt, um ihr eben erlangtes Ansehen nicht schwinden zu lassen. Als man jedoch erfuhr, woher der Reichthum des R. Huna b. Chija stammte, daß er ihn von der Zollpacht gewonnen hatte, gab man ihm zu verstehen, die Lehrwürde nicht durch den gehässigen Erwerb zu schänden, sondern das eine oder das andere

¹) Ketubot 111. a.
²) Siehe Note 32.
³) Dieselbe Note.
⁴) Scherira's Sendschreiben.

aufzugeben. Nachdem derselbe die Zollpacht aufgegeben, erkannte ihn das Collegium nach Rabba's Beispiel als würdigen Resch-Metibta an; nur der strengere R. Joseph zog sich von diesem Kreise zurück[1]). Indessen drohte die pumbaditanische Metibta durch den nicht ganz makellosen Ruf ihres Oberhauptes in Verfall zu gerathen; daher beeilte sie sich nach dem Tode dieses R. Huna eine bessere Wahl zu treffen, um sich Theilnehmer und Hörer zu verschaffen. Zwei schienen dafür würdig: Rabba bar Nachmani und R. Joseph b. Chija, der eine Vertreter der talmudischen Dialektik, der andere Pfleger der halachischen Gelehrsamkeit. Die Wahl zwischen Beiden war schwer, man wandte sich daher nach Judäa um Rath und stellte die Frage: „Wem gebührt der Vorzug, dem Sinai (Mann des Wissens), oder dem Bergeversetzer (Mann des Scharfsinns)?" In Tiberias, wo die scharfsinnige Lehrweise, wenn nicht verhaßt, doch mindestens nicht beliebt war, entschied man sich für den ersteren[2]). Allein R. Joseph hatte eigene Bedenklichkeiten gegen die Annahme der Resch-Metibta-Würde. Ein Chaldäer hatte ihm die Nativität gestellt: er werde zwar zu hohem Ansehen gelangen, aber sich in demselben nur zwei Jahre und 6 Monate behaupten können und dann sterben[3]). Trotz der gesetzlichen Verbote, auf die Chaldäerweisheit zu hören, konnten sich die angesehensten Gesetzeslehrer ihrem Einflusse nicht entziehen; das tägliche Beispiel war mächtiger als das Gesetz. Da R. Joseph die Würde ablehnte, sie wurde sie auf Rabba übertragen (309), und in ihm fand die pumbaditanische Hochschule ihr Ideal.

Rabba erhob ihren erloschenen Glanz von Neuem und zog eine Menge Zuhörer heran, die sich zuweilen auf 1200 beliefen. Er beschränkte seine Vorträge nicht bloß, wie R. Juda, auf den praktischen Theil der Rechtskunde, sondern erläuterte sämmtliche Theile der Mischna, suchte alle Widersprüche zwischen der Mischna, den Boraita's und den Zusätzen der amoräischen Autoritäten (Memra) auszugleichen, und überhaupt Klarheit in das Halachastudium zu bringen. Selbst den ganz entlegenen Themata über die levitischen Reinheitsgesetze wandte er seine Aufmerksamkeit zu und machte sie dem Verständniß zugänglich, stand aber mit diesen, dem Leben entschwun-

---

[1]) Bechorot 31. a.
[2]) Berachot 64. a. Horajot 14. a.
[3]) Daselbst.

denen Studien ganz allein, worüber er sich beklagte: „Ich stehe allein," sprach er, „in der Kenntniß der Lehre vom Aussatze, allein in der Lehre von Verunreinigung der Häuser"¹). Eigenthümlich war ihm, tiefer auf die Motive der Gesetze, sowohl der sopherischen und mischnaïtischen, wie der pentateuchischen einzugehen, und daraus Konsequenzen zu ziehen. Seine Einleitungsformeln für solche Untersuchungen lauteten: „Warum hat das Gesetz dieses bestimmt?" oder „Warum haben die Gesetzeslehrer dieses oder jenes verboten." Durch geistreiche Auffassung und Erläuterung der Themata wußte er sie lebendig, und durch die Abwechselung, die er dem trockenen Gegenstande durch Einflechtung agabischer Sentenzen verlieh, interessant und fesselnd zu machen. Zuweilen unterhielt er die Zuhörer vor dem Beginne des Vortrages mit interessanten Anekdoten, und wenn er sie in heitere Stimmung versetzt glaubte, begann er das Ernste und Geistesanstrengende zu behandeln. Sein leitender Grundsatz dabei war, die Seele müsse für die Aufnahme ernster Gedanken empfänglich gemacht werden, und die Empfänglichkeit werde durch Heiterkeit geweckt. Oft stellte Rabba verfängliche Fragen oder theilte paradoxe Halacha's mit, um das Urtheil seiner Zuhörer zu prüfen und ihren Verstand zu schärfen. Rabba hat unter den Amoräern dieselbe Bedeutung, wie R. Akiba unter den Tanaïten; er brachte das Einzelne und Abgerissene unter allgemeine Gesichtspunkte. Er genoß daher unter den Gesetzeslehrern eine Verehrung, welche derjenigen gleichkam, die sie für den Schöpfer des babylonisch-jüdischen Lebens hegten. Allein eben so sehr, wie er in diesem Kreise beliebt war, eben so mißliebig war er beim pumbaditanischen Volke. Seine Landsleute verziehen dem strengen Sittenrichter nicht die scharfen, züchtigenden Worte, mit welchen seine Grabheit und sein sittlicher Ernst gegen ihre Kniffe und Betrügereien ankämpften²). Als Rabba einst zur Zeit der Dürre öffentliches Fasten und Gebet veranstaltet hatte, ohne daß sich der Regen einstellte, sprach er rügend zur Menge: „Nicht weil wir Volksführer schlimmer sind, als zur Zeit R. Juda's, versagt uns der Himmel unsere Wünsche, noch weil wir das Gesetzesstudium weniger pflegen. Aber was können die Vertreter dafür, wenn das Geschlecht entartet ist?"³)

¹) Baba Mezia 86. a. Berachot 20. a.
²) Sabbat 153. a. Raschi das.
³) Taanit 24. a. b.

Wegen seiner dürftigen Verhältnisse scheint Rabba und ein anderer Amora R. Ab a Hausgelehrte (Chacham) des derzeitigen Exilsfürsten Mar-Ukban gewesen, und von demselben unterhalten worden zu sein[1]). Während die suranischen Schulhäupter begütert waren, die Kosten des Lehrhauses selbst trugen und öfter auch eine große Jüngerzahl auf eigene Kosten verpflegten, waren die pumbabitanischen größtentheils wenig bemittelt. Dieser Umstand machte in Pumbabita eine Lehrhauskasse (Schipura) nöthig, zu welcher wohl die Gemeinden und Exilarchen beisteuerten[2]). Mar-Ukban oder Rabbana-Ukban, mit dem Zunamen Dezizuta, ist der erste Exilarch, welcher im Namen Samuel's halachische Traditionen, und zwar an Rabba, mitgetheilt hat[3]). Er war der Sohn des Exilsfürsten Nehemia, und also ein Urenkel Rab's.

Mar-Ukba wird daher mehr als seine Vorgänger rühmend genannt. Eine Jugendsünde scheint indessen auf ihm gelastet zu haben; denn er wird unter die Reuigen gezählt, welche bei Gott wohlgefälliger seien, als die ganz Sündenfreien[4]). Von welcher Art diese Sünde gewesen, war den Späteren nicht mehr bekannt. Die Einen erzählen, Mar-Ukban habe in der Jugend der Eitelkeit gefröhnt und sein Haar gekräuset, wofür er im reifern Alter Buße gethan. Andere: Mar-Ukban habe eine Ehefrau leidenschaftlich geliebt, sei dadurch in eine unheilbare Krankheit gefallen, und als die Frau seiner Leidenschaft einst wegen einer Gefälligkeit zu ihm gekommen war, und er gerade in der Lage war, seine Leidenschaft zu befriedigen, habe seine Sittlichkeit den Sieg errungen. Die Sage fügt hinzu, daß man seit der Zeit einen Glorienschein um sein Haupt habe glänzen gesehen, und er sei deswegen Dezizuta (der Strahlende) genannt. Indessen wird diese Verherrlichung so verschiedenen Personen beigelegt[5]), daß es von selbst einleuchtet, es ist weiter nichts als ein dichterischer Mythus, um den Sieg der Keuschheit über die brennende Leidenschaft recht anschaulich zu machen (der Name Dezizuta, welcher der Sage den Stoff gegeben, scheint von einem Orte abgeleitet.) Mar-Ukban ließ sich, wie ein Exilarch vor ihm, nach

---

[1]) Seder Olam Sutta.
[2]) Scherira's Sendschreiben.
[3]) Baba Batra 55. a.
[4]) Sabbat 55 b.
[5]) Vergl. Kerem Chemed, Jahrgang 1830, S. 80.

seinem Tode nach Judäa bringen, um in heiliger Erde begraben zu sein ¹).

Unter diesem Exilsfürsten erlitten die babylonischen Juden eine, gegen die im römischen Reiche vorgefallene zwar unbedeutende und vorübergehende Anfechtung, die aber doch geeignet war, die Betroffenen aus ihrer tiefen Sicherheit zu stören. Unter dem neuen Sassaniden=König, dem langeregierenden S ch a b u r II., (303--380), der noch im Mutterleibe die Herrscherhuldigung empfangen, trübte sich das freundliche Verhältniß des persischen Hofes zu den Juden, und sie wären vielleicht eben so hart wie die Christen verfolgt worden, wenn nicht seine Mutter J f r a für Juden und Judenthum eingenommen gewesen wäre. Es wird kurzweg berichtet: eine Kriegsschaar sei in Pumbadita eingerückt, worauf sich Rabbah und R. Joseph durch die Flucht gerettet haben²). Gegen Rabba wurde eine schwere Anklage erhoben, indem dem Könige oder seinen Räthen hinterbracht wurde, daß durch dessen Vorträge an den Kalla=Monaten seine 1200 Zuhörer sich der Kopfsteuer (Charag) entziehen. Ein königlicher Häscher (Firisteki) wurde darauf ausgeschickt, sich des Schulhauptes von Pumbadita zu bemächtigten. Vorher gewarnt, entfloh Rabba und irrte, um unentdeckt zu bleiben, in der Gegend von Pumbadita umher. In Agma setzte er sich auf einen Baumstamm, und die Beschäftigung mit dem Gesetze schützte ihn vor Verzweiflung und Gedanken des Selbstmordes; dieses will die poetische Sage mit den Worten andeuten: „So lange er in das Gesetz vertieft war, wagte der Todesengel sich nicht an ihn heran." Da rauschte ein heftiger Wind in den Binsen, welches der Flüchtling für das Anrücken einer bewaffneten Schaar hielt, ausgesendet auf ihn zu fahnden, und die Furcht vor den Häschern soll ihn um's Leben gebracht haben. In Pumbadita erfuhr man vom Tode Rabba's, wie die Sage will, durch ein Schreiben, das vom Himmel gefallen war, worauf sich seine vorzüglichsten Jünger A b a j a, R a b a und die übrigen Mitglieder der Hochschule Mühe gaben, seine Leiche zu suchen. Nach langem Suchen fanden sie dieselbe von Vögeln beschattet und verhüllt; sie hielten eine siebentägige Trauer um den hochverehrten Amora (330 ³). Die Anklage, durch deren Veranlassung

---

¹) Seder Olam Sutta.
²) Chulin 46 a.
³) Baba Mezia 86. a.

Rabba sein Leben verlor, scheint aber keine weiteren Folgen gehabt zu haben. Die Königin-Mutter Ifra schickte sogar einen Beutel voll Denare an seinen Nachfolger und überließ es ihm, den besten und frömmsten Gebrauch davon zu machen; er löste damit jüdische Gefangene ein [1]).

Rabba's Nachfolger war sein Freund R. Joseph b. Chija (geb. um 270, gest. 333). Er war kränklich, empfindsam und dadurch von heftiger Gemüthsart. Diese seine Fehler kannte er selbst und klagte deswegen, daß er seines Lebens nicht froh werden könnte [2]). Er scheint sehr begütert gewesen zu sein, besaß Aecker, Palmbäume, Weingärten, die er besser als Andere pflegte und daher bessern Wein als Andere zog [3]). Als er sein Augenlicht verlor, grämte er sich weniger über die Blindheit, als darüber, daß er dadurch von mancher gesetzlichen Pflicht entbunden sei; denn nach seiner Ansicht sei es nicht so verdienstlich, wenn er das freiwillig thäte, wozu er vor seinem Erblinden durch die gesetzliche Vorschrift verpflichtet war [4]). R. Joseph war eine Ausnahme unter den pumbabitanischen Schulhäuptern, indem er mehr auf gedächtnißmäßige Kenntniß der Mischna und Boraïta's gab, als auf scharfsinnige Folgerungen. Man legte ihm daher den Ehrentitel „Sinaï" und „Speicherbesitzer" bei [5]). Außer dem Halachastudium beschäftigte er sich mit dem Targum oder der chaldäischen Uebersetzung der heiligen Schrift. Die Thora und wahrscheinlich auch einzelne Stücke aus den Propheten, zum Gebrauch für die öffentliche Vorlesung (Haftara), waren zwar längst in's Aramäische übertragen, sowohl in der syrischen, wie in der chaldäischen Mundart. Die chaldäische Uebersetzung der Thora, wahrscheinlich nach der beliebten griechischen Uebersetzung des Akylas angelegt, führt den Namen Targum Onkelos; die syrische zum Gebrauch für die Syrisch redenden Juden in Mesopotamien und Syrien hieß Peschito (die einfache). Aber der größte Theil der Propheten war nicht verdolmetscht, und R. Joseph war es, der zuerst die chaldäische Uebersetzung derselben angelegt hat [6]). Einige glauben, daß es ein Werk der Frömmigkeit

---

[1]) Baba Batra 8. a.
[2]) Pesachim 113. b.
[3]) Menachot 87. a.
[4]) Baba Kama 87. a
[5]) Horajot Ende. Synhedrin 42. a.
[6]) Note 13.

gewesen, weil er wegen seiner Blindheit am Lesen verhindert, und wegen des Verbotes, das Geschriebene nicht mündlich zu machen, nicht auswendig recitiren wollte, habe er zunächst für sich die Propheten übersetzt, um die nöthigen Stellen chaldäisch anzuführen. R. Joseph's Uebersetzung ist in die Targumsammlung aufgenommen worden und galt als entscheidende Autorität für zweifelhafte Worterklärungen. — Als Schulhaupt war er äußerst streng in Handhabung der Disciplin; einen seiner Zuhörer, Nathan bar Assa, ließ er geißeln, weil er am zweiten Feiertag eine Fußwanderung vom Lehrhause nach Pumbadita gemacht hatte. Die wenigen Jahre seines Amtes wurden ihm vielfach verkümmert. Er verfiel in eine schwere Krankheit, büßte dabei sein Gedächtniß ein und mußte daher von seinen Zuhörern oft daran erinnert werden, daß er selbst ihnen früher einmal dasjenige überliefert habe, was er gerade in Abrede stellte. Schonend machten sie ihn auf seine Ungereimtheiten aufmerksam, und er, empfindlich wie er war, betrachtete die Erinnerungen als Geringschätzung und beklagte sich darüber: „Habet Nachsicht," sprach er, „mit einem Greise, der sein Erlerntes durch Unglück vergessen hat, und vergesset nicht, daß die Bruchstücke der ersten Gesetzestafeln neben den ganzen Gesetzestafeln aufbewahrt wurden"[1]). R. Joseph's mißliches Geschick kann als Typus für den Verfall der gedächtnißmäßigen Lehrweise gelten. Sie speicherte Schätze von Wissen und Ueberlieferungen auf, überwachte, peinlich wie der Geiz, jedes Atom ihrer Schätze, jeden gedankenmäßigen Einfluß zurückweisend, als wenn er ihre spiegelnde Lauterkeit trüben könnte; aber an einem unglücklichen Tage verliert sie all ihr mühsam Gesammeltes, ihr Gedächtniß erlischt und sie besitzt kein Mittel, das Verlorne wieder zu erlangen. Auch die suranische Schule, die Bildungverbreiterin, verfiel, weil sie das Element zur Weiterbeförderung der Lehre nicht genug benutzte. Nach R. Chasda's Tod stand ihr R. Huna's Sohn Rabba oder Rab Abba dreizehn Jahre (309—320) vor; aber die lernbegierige Jugend fühlte sich mehr von dem aufgehenden Gestirn der pumbaditanischen Metibta angezogen. Es ist daher von Rabba nichts weiter, als seine Bescheidenheit in Andenken geblieben. Er starb gleichzeitig mit R. Hamnuna, der in Chatra di Argas ein Lehrhaus geleitet hatte. Beider Leichen führte man nach Judäa. — Nach Rabba bar Huna

---

[1]) Vergl. die Stelle in Seder ha-Dorot, Artikel: Joseph b. Chija.

stand die suranische Schule verwaist und wurde erst ein halbes Jahrhundert später wieder besetzt, wo sie einen neuen Aufschwung nahm.

Nach R. Joseph's Tod war das Collegium wegen der Wahl seines Nachfolgers in Verlegenheit. Vier schienen würdig dafür, sie standen in gleichem Ansehen: Abaji, Raba, R. Seira II. und Rabba bar Matana. Sie enschieden unter sich, demjenigen ihre Stimme zu geben, der die treffendste Bemerkung über eine aufgeworfene Frage machen würde, gegen welche keine Einwendung vorgebracht werden könnte. Abaji trug in diesem Geistesturnier den Sieg davon und wurde zum Resch-Metibta gewählt. Abaji, mit dem Beinamen Nachmani (geb. um 280, gest. 338), war elternlos; sein Vater Kajlil starb vor, seine Mutter gleich nach seiner Geburt. Eine Erzieherin ersetzte ihm die Mutter und Rabba, der scharfsinnige Amora von Pumbabita, den Vater. Mit Dankbarkeit und Rührung sprach er später von seiner Pflegemutter und theilte in ihrem Namen verschiedene Heilmittel mit, die theils auf Erfahrung beruhten, theils in dem Aberglauben des Landes wurzelten. Seinem Oheim Rabba verdankte Abaji die Gesetzeskunde und die Gewandheit in der talmudischen Dialektik. Abaji sowohl, wie sein Zwillingsamora Raba, erweckten schon in der Jugend große Erwartungen; man sagte von ihnen: „Was eine Melone werden soll, zeigt sich in der Knospe." Abaji scheint nur ein mäßiges Vermögen besessen zu haben, so daß auf seine Tafel kein Wein kam,[1]) obwohl dieses Getränk in Babylonien heimisch war und für den Weinhandel ein Marktplatz in Sul-Schafat bestand[2]). Doch hatte er einen eigenen Acker, wie die meisten babylonischen Gesetzeslehrer, den er durch einen Freigärtner bearbeiten ließ. Sein Charakter war sanft, nachgiebig, und er bewährte ihn im Umgange mit den verschiedenen Klassen der Gesellschaft. Sein Wahlspruch war: „Der Mensch sei „klug in der Gottesfurcht, seine Sprache sei milde, zornversöhnend, „er halte Friede mit Brüdern, Verwandten, mit aller Welt, selbst „mit den Heiden draußen, damit er überall geliebt und geachtet „und einflußreich bei den Menschen sei"[3]). In dieser Zeit war Gesinnung, Wort und That noch ein und dasselbe. Seine Rechtlichkeit war selbst bei den in Babylonien wohnenden Samaritanern

---

[1]) Ketubot 65. a.
[2]) Baba Mezia 73. b. Baba Batra 98. a.
[3]) Berachot 17. a.

anerkannt. Als ihm einst ein Esel abhanden gekommen war, den Samaritaner aufgefangen, brachten dieselben ihn dem Eigenthümer zurück, obwohl Abaji kein specielles Kennzeichen anzugeben im Stande war. „Wärst du nicht Nachmani," ließen sie ihm sagen, „so hätten wir auch auf dein Merkzeichen nichts gegeben"[1]). Unter Abaji's Leitung der pumbabitanischen Metibta (333—338) verlor sich die Zuhörerzahl bis auf 200, und er nannte sich deswegen in Erinnerung an die Zuhörermenge zur Zeit Rab's und R. Huna's, seiner Vorgänger: „Eine Waise von Waisen"[2]). Es hatte nicht die Theilnahme und die Lust am Studium abgenommen, sondern Abaji hatte einen Nebenbuhler an Raba, der ein eigenes Lehrhaus in Machuza gegründet und viele Zuhörer angezogen hatte. Beide erreichten den Höhepunkt der pumbabitanischen Lehrweise; von Fragen, die durch Rabba und R. Joseph nicht erledigt waren, fanden sie, an Geist und Scharfsinn wetteifernd, die Lösung.

Aus Mangel an Discussionsstoffen, weil der überkommene Traditionsstoff bereits erschöpft und nach allen Seiten hin erläutert war, warfen sie neue Themata auf, die sie mit Hilfe bereits anerkannter Formeln lösten. Unter Anderm behandelten sie die Frage: Wenn ein Zeuge der falschen Aussage geziehen und dadurch zur ferneren Zeugenschaft untauglich geworden ist, von welcher Zeit beginnt wohl diese Untauglichkeit, ob bereits von dem Augenblick der falschen Aussage, oder erst vom Moment der Ueberführung? Praktische Folgen sollte diese Frage haben, falls dieselben Zeugen in der Zwischenzeit einen Akt beglaubigt haben, ob dieser Akt als rechtskräftig zu betrachten sei. Eine ähnliche Frage war: Wenn einem Schuldner, der seine Schuld nicht getilgt, die dafür haftenden Güter von Rechtswegen entzogen und dem Gläubiger zugefallen sind, ob jenes Recht des Gläubigers an diese erworbenen Güter schon mit dem Augenblick der Anleihe, oder erst mit dem Augenblick der Zahlungsunfähigkeit eintritt? Die praktische Wendung dieser Frage war: ob der Gläubiger das Recht hat, in der Zwischenzeit über die Güter des Schuldners zu verfügen. Eine andere, mehr dogmatische Frage war: Wenn eine vom Gesetz verbotene Handlung begangen worden, ob sie überhaupt als That zu betrachten, oder als Null und nicht geschehen anzusehen sei,

---
[1]) Gittin 45. a.
[2]) Ketubot 106. a.

und dieses läuft auf die Frage hinaus, ob die von der Thora verfügten Strafen dem thatsächlichen Vergehen oder dem Ungehorsam gegen den Gesetzgeber gelten. Man unterschied bei Gesetzesübertretungen zwischen Frechheit, Leidenschaftlichkeit, Unachtsamkeit und Unwissenheit [1]). Diese subtile talmudische Dialektik hat von Abaji und Raba, ihren Meistern, den Namen „Hawajot (Vertiefungen) d'Abaji we Raba" erhalten.

Abaji fungirte nur etwa fünf (und nicht zwölf oder dreizehn) Jahre [2]). Vor seinem Tode hörte er noch von den harten Verfolgungen, die seine Stammverwandten in Judäa unter Constantius erduldeten. Die Flüchtlinge, welche diese traurigen Nachrichten nach Babylonien brachten, führten auch neue Halacha's aus R. Jochanan's Kreise zu und frischten dadurch das wissenschaftliche Leben auf. Nachdem Abaji noch auf den Rath eines dieser Auswanderer, gegen das bestehende Omen, die wegen ihrer Schönheit zu ihrer Zeit berühmte, zweimal verwittwete Choma, eine Enkelin R. Juda's, geheirathet hatte, [3]) starb er im Mannesalter (338).

Nach seinem Tode wurde die Resch-Metibtawürde ohne weiteres, als wenn sich das von selbst verstände, auf Raba bar Joseph bar Chama aus Machuza übertragen (geb. 299, gest. 352.) Raba war reich, geistvoll, scharfsinnig, hatte aber schwache Seiten, wodurch er seinen Mit-Amora's nachstand, wie er sie durch Geistesschärfe überstrahlte. Er kannte sich selbst genau und schildert sich mit den Worten: „Von den drei Wünschen, die ich stets hegte, sind mir zwei in Erfüllung gegangen, der dritte aber blieb mir versagt; ich wünschte R. Huna's Wissen und R. Chasda's Reichthum und erlangte sie, aber die bescheidene Anspruchslosigkeit Rabba bar Huna's wurde mir nicht beschieden." Obwohl hoch über seinen Landsleuten stehend, hatte er doch einen Anflug von dem Charakter der Machuzaner, war luxuriös, stolz, übermüthig, schmeichelte aber seinen Landsleuten, obwohl sie in Babylonien nicht des besten Rufes genossen, mehr als gebührlich. Es lag ihm sehr am Herzen, die Gunst derselben zu erlangen und zu erhalten. „Als ich, erzählt er selbst, Richter wurde, fürchtete ich, daß die Machuzaner mir ihre Anhänglichkeit entziehen würden, indessen da sie meine Unparteilich-

---

[1]) Synhedrin 27. a. Pesachim 30. Temura 4. b. ff. Chulin 4. b. Makkot 7. b.
[2]) Note 1.
[3]) Jebamot 64. b.

keit im Rechtsprechen erkennen, müssen mich entweder Alle hassen oder Alle lieben"[1]). Dieses Haschen nach Volksgunst auf Kosten der sittlichen Würde scheint Abaji an ihm gerügt zu haben: „Wenn ein Gesetzeslehrer, sprach er, bei seinen Mitbürgern allzusehr beliebt ist, so ist nicht sein höheres Verdienst die Ursache, sondern seine Nachsicht, weil er sie nicht auf ihre Untugenden aufmerksam macht, und sie nicht ernstlich zurechtweist"[2]). — Die Machuzaner stammten, wie bereits angedeutet, zum großen Theile von Proselyten ab, darum scheuten sich die Adelsstolzen Babyloniens, Ehen mit ihnen einzugehen. Weil sie in Verlegenheit gewesen zu sein schienen, woher sie Frauen bekommen sollten, gestattete ihnen R. Seïra II. in einem öffentlichen Vortrage, sich mit unehelich Geborenen zu verheirathen. Aber diese Erlaubniß, welche eine Herabsetzung für sie enthielt, verletzte den Stolz der Machuzaner so sehr, daß das Volk ihn beinahe mit den Festfrüchten — es war gerade am Hüttenfeste — gesteinigt hätte, wie einst den König Alexander Janaï im Tempelvorhofe. Diesen Freimuth R. Seïra's konnte Raba nicht genug tadeln: „Wer wird auch eine so rücksichtslose Entscheidung in einer Gemeinde vorbringen, wo es so viele Proselytenabkömmlinge giebt!" Um die Volksgunst noch mehr zu gewinnen, bewies er im Gegensatze zu R. Seïra, daß Proselyten sogar Priestertöchter ehelichen dürfen, und diese Schmeichelei verfehlte nicht, die Machuzaner so sehr zu entzücken, daß sie ihn mit Seidenstoffen überhäuften. Später wollte Raba diese allzuausgedehnte Gleichstellung der Proselyten beschränken, weil sie in manchen Kreisen mißfallen erregt haben mochte, und fügte hinzu: Proselyten dürften sich mit Bastardfamilien verschwägern. Als aber dieser Zusatz Unzufriedenheit hervorrief, beschwichtigte er seine Landsleute mit den Worten: „Ich meine es ja nur gut mit Euch, und lasse Euch beide Seiten frei"[3]).

Ein anderer Fehler Raba's war, daß er, obwohl sehr bemittelt, vom Eigennutze nicht frei war und ihn bei manchen Gelegenheiten durchblicken ließ. Ein Proselyte, mit Namen Jßor in Machuza hatte bei Raba eine Summe von 12000 Sus (Denar[4]) hinterlegt, um sie seinem Sohne, den er zum Gesetzesjünger heranbilden ließ,

---

[1]) Ketubot 105. b.
[2]) Daselbst.
[3]) Kiduschin 73. a.
[4]) Etwa 2000 Thaler.

zu hinterlassen. Als Jsor erkrankte, spekulirte Raba, dieses Geld als herrenloses Gut zu behalten, weil ein Proselyte sein Vermögen auf seinen vor dem Uebertritt zum Judenthume gezeugten Sohn nicht vererben konnte, den das talmudische Gesetz nicht als Sohn anerkennt. Auf alle mögliche Fälle war der mit allen Falten des Gesetzes vertraute Resch-Metibta bedacht, Jsors Verfügung über sein Vermögen zu Gunsten seines Sohnes zu vereiteln, und hatte sich sogar vorgenommen, wenn er zum Kranken gerufen werden sollte, nicht zu erscheinen, um durch seine Anwesenheit nicht zur Herausgabe der Hinterlage genöthigt zu sein. Indessen hatte ein anderer Gesetzeskundiger dem besorgten Vater zugesteckt, wenn er verhindert wäre, seinem Sohne die hinterlegte Summe auf dem Wege des Testamentes zuzuwenden, so könne er es auf dem Wege des Eingeständnisses vor Zeugen thun, daß sie demselben gehöre. Ueber diesen heimlichen Rath war Raba sehr ungehalten und beklagte sich sogar über den Rathgeber, als wenn ihm dadurch sein rechtmäßig erworbenes Vermögen entzogen worden wäre. Raba's Handlungsweise verstieß noch dazu gegen eine anerkannte Halacha, welche denselben Fall bespricht, daß man zwar nicht gehalten sei, das von einem Heiden anvertraute Vermögen, über welches er nicht anderweitig verfügt hat, seinen, Proselyten gewordenen Söhnen als Erbschaft zuzustellen, daß man aber gegen die höhere Sittlichkeit frevele, wenn man es ihnen vorenthielte[1]). — Ein anderes Beispiel eigennützigen Handelns gab Raba, indem er von seinen Feldpächtern eine höhere Pacht nahm, als der Brauch in Babylonien war, was sogar den Schein des Zinsnehmens an sich trug; aber Raba entschuldigte sein Verfahren damit, daß er ja denselben erlaube, die Halmen auf seinen Feldern einen Monat länger stehen zu lassen[2]). — Zuweilen zeigte er gegen Unbemittelte eine Härte, die mit den Lehren der Milde und des Erbarmens, welche die Halacha nicht minder als die Schrift einprägt, im grellsten Widerspruche stand. R. Papa, ein sehr angesehener Amora, hatte sich bei ihm über einige Mitglieder der Metibta beklagt, daß sie sich allzuherzlos gegen Aermere benähmen. Sie schössen ihnen nämlich Geld zum Charag (Kopfsteuer) vor, ließen sie aber dafür wie Sklaven schwer arbeiten, was R. Papa zugleich als Härte und Zinsnahme erschien. Aber Raba hatte an diesem

---

[1]) Baba Batra 149, a. s. Tosafot dazu.
[2]) Baba Mezia 73. a.

ungerechten Verfahren nichts auszusetzen, indem es ja die königlichen Decrete so sanctionirten, daß diejenigen, welche keinen Charag zahlen, den Zahlenden leibeigen sein müßten.[1] Sein Bruder Saurim verfuhr noch herzloser. Er warf sich zum Sittenrichter auf, und wenn einige der Armen ihm nicht religiös genug schienen, machte er sie zu seinen Sklaven und ließ sich von ihnen in seiner vergoldeten Sänfte tragen. Auch daran hatte Raba nichts auszusetzen, und sanctionirte diese Willkür noch durch eine verschollene Boraïta, daß man in dem Falle Juden als Sklaven behandeln dürfe, wenn sie nicht nach dem Gesetze leben[2]. In der Jugend hatte Raba seinen Vater von einer ähnlichen Härte zurückgebracht; aber nicht aus sittlichem Drange, sondern weil es gegen eine Halacha verstieß. Derselbe hatte nämlich an Arme Geld ausgeliehen, und zwar dem Gesetze gemäß ohne Zins; aber dafür fahndete er auf die Sklaven seiner Schuldner und ließ sich von ihnen bedienen. Diese Gewaltthätigkeit rügte Raba, weil es einen Schein von Zinsnahme habe, und brachte seinen Vater dahin, daß er eingestand, Unrecht gethan zu haben[3].

Ueberhaupt war in dieser Zeit unter den babylonischen Juden die Sitteneinfalt und die Biederkeit der früheren Zeit bei Vielen gesunken und hatte dem Luxus, der Eitelkeit, der Herrschsucht Platz gemacht. Manche Gesetzeslehrer rauschten in prachtvollen Gewändern und ließen sich in vergoldeten Sänften tragen[4]. Sie fühlten sich nicht mehr eins mit dem Volke, aus dem sie hervorgegangen, sondern bildeten eine eigene Kaste, eine Patricierklasse, die ihre eigenen Interessen gegenseitig schützten und wahrten und mit Stolz und Verachtung auf den niederen Theil des Volkes herabblickten. Raba selbst gestand, daß er keinen Schlaf finden könne, wenn er für einen Standesgenossen einen Rechtsfall zu entscheiden habe, bis er das Recht auf Seiten desselben herausgeklügelt[5]. Brachte ein Mitglied der Metibta sein Produkt zu Markt, so bekam er das Privilegium

[1] Daselbst b. Der Fall, welcher für Raba's Uneigennützigkeit geltend gemacht werden kann, nämlich sein Verfahren gegen Ihors Sohn Mari bar Rachel (das. oben) ist nicht sehr erheblich, und jedenfalls zeigte sich dieser uneigennütziger als Raba.
[2] Daselbst.
[3] Das. 64. a.
[4] Das. 73. b. Gittin 31. b.
[5] Sabbat 119. a.

zuerst zu verkaufen, damit er einen höhern Preis ziehen konnte¹). Vor Gericht wurde der Prozeß eines Mitgliedes zuerst verhandelt. Von Abgaben, wo die Gemeinden in Pauschsummen zahlten, waren die Gesetzeslehrer befreit. Raba erlaubte den Genossen in Orten, wo man sie nicht kannte, sich als solche zu nennen, um Vortheile zu genießen²). Welch ein Contrast zu der früheren Zeit, wo es die Tanaïten scheuten, selbst auf Kosten ihres Lebens, Nutzen von der Gesetzeskunde zu ziehen! Raba ging in Bevorzugung der Gesetzeskundigen am weitesten. Er erlaubte den Genossen, sich als Feueranbeter auszugeben, um vom Charag befreit zu sein³).

Aus diesem Verhalten der Gelehrtenklasse entstand im Volke eine allmäliche Abneigung gegen dieselbe. Die Volksklasse sprach in verächtlichem Tone von ihr: „diese Gelehrten da". In diesem Ausdruck muß so viel treffender Spott gelegen haben, daß die Gesetzeslehrer ihrerseits denjenigen für einen Ketzer (Epikuros) erklärten, der sich eines solchen Ausdrucks bedienen würde⁴). Die Gelehrsamkeit fand daher keine Anerkennung mehr; man sagte sich: „Was nützen uns denn die Gelehrten, sie treiben die Gelehrsamkeit zu ihrem eigenen Nutzen". An der Spitze der Opposition gegen die Rabbanan stand die Familie des Arztes Binjamin (oder Minjome) in Machuza, die bedeutendes Gewicht gehabt zu haben scheint, da Raba viel Rücksicht auf sie genommen hat. Diese Familie spöttelte: „Welchen Nutzen haben wir denn eigentlich von den Gesetzeslehrern? sie können uns weder Raben erlauben, noch Tauben verbieten", d. h. bei all ihrer Dialektik kommen sie nicht aus dem Kreis des Hergebrachten heraus⁵). Obwohl Raba diese Aeußerung des Binjamin Assia für ketzerisch erklärte, so findet man nicht, daß er ihn in den Bann gelegt hätte, im Gegentheil behandelte er ihn durchaus rücksichtsvoll; wahrscheinlich gehörte er zu dem Gefolge des Exilarchen.

Indessen hatte der Eifer für das Gesetzesstudium noch mehr zugenommen. Mehr noch als früher strömten die Jünger zu Raba's Lehrhaus in Machuza und vernachlässigten deswegen ihre weltlichen Angelegen-

---

¹) Nedarim 62. b. Baba Batra 22. a.
²) Daselbst.
³) Daselbst.
⁴) Synhedrin 99. b. Jerus. das. X. 1.
⁵) Das. Sabbat 133 b.

heiten. Raba mußte sie vor dieser Uebertreibung warnen: „Ich bitte euch, laßt euch nur nicht bei mir in den Frühlings- und Herbstmonaten sehen, damit ihr nicht, wenn ihr die Zeit der Ernte, der Wein- und Oelbereitung versäumt, das ganze Jahr von Nahrungssorgen gequält seid"[1]). Beliebt waren seine Vorträge mehr noch als Abaji's wegen der Klarheit der Erläuterungen, der Schärfe der Unterscheidungen und der Rücksichtslosigkeit in der Behandlung des Traditionsstoffes. Boraïta's, deren Inhalt mit einem Widerspruch behaftet schienen, erklärte er für unecht und meinte: man müsse in solchen Fällen sich nicht von der Autorität, sondern von dem Verstand leiten lassen[2]). Raba zog daher die Auseinandersetzung zu den Mischna's der trocknen Mischna vor. Denn jene boten der Dialektik weiten Spielraum, während diese, einfach gefaßt, eine Gedächtnißsache wurde. Raba stellte aus diesem Grunde die Amora's über die Tanaïten[3]); was diesen zweifelhaft war, das lösten jene, oder lösten es besser. Darum pflegte er zu sagen: „Ein Körnchen Pfeffer (Scharfsinn) ist besser als ein Korb voll Melonen". Im Gegensatze zu R. Setra I., der, ein Feind der scharfsinnigen Lehrweise, die Einfachheit der Mischna's höher schätzte, stellte Raba auf: „Wer Steine bricht, beschädigt sich daran (Kohelet 9. 10.); damit sind die bloßen Kenner der Mischna abgefertigt? wer aber Holz spaltet, wärmt sich daran, das ist der Talmudkundige"[4]). Der eigentliche Talmud, das anziehende Geistesspiel von scharfsinnigen Fragen, Antworten, Vergleichungen, Unterscheidungen, der hohe Gedankenflug, der von einem Punkte ausgehend, mit Blitzesschnelle die Stufenleiter der Schlußreihen durchmißt, diese dialektische Form des Talmuds ist das Produkt des dritten Amorageschlechtes. Die Vorgänger Rabba's, Abaji's und Raba's waren mehr oder weniger Amora's im ursprünglichen Sinne d. h. Mischna-Erklärer; dieses Triumvirat hingegen waren Talmudisten im eigentlichen Sinne des Wortes, d. h. Dialektiker. Der Talmud in diesem Sinne war das Erzeugniß der pumbaditanischen und machuzanischen Schule; in Judäa hatte man kaum einen Begriff davon. Wegen seiner umfangreichen Kenntnisse, seiner Verstandestiefe und vielleicht auch wegen seines Reichthums

---

[1]) Berachot 37. b.
[2]) Gittin 73. a.
[3]) Baba Batra 22. a. Chagiga 10. a.
[4]) Synhedrin 100. b.

war Raba die einzige Autorität während seiner Wirksamkeit an der Metibta. An ihn wendete man sich sogar von Judäa aus, als die vielfachen Verfolgungen unter Constantius und Gallus tiefes Elend über das heilige Land brachten.

Auch für die Juden unter persischem Scepter war diese Zeit nicht die glücklichste. In den hartnäckigen Kriegen zwischen Rom und Persien blieben sie keineswegs verschont. In Machuza hatte ein persisches Heer Standquartier und mußte von den Einwohnern verpflegt werden, was für die durchweg jüdische Bevölkerung manche Unannehmlichkeit hatte [1]). Schabur II. war kein Freund der Juden. Aus Armenien, wohin viele Juden seit undenklichen Zeiten, wenn auch nicht unter Nebucadnezar, doch unter dem armenischen König Tigranes (70 b. vorchristl. Zeit) verpflanzt worden und eigene Städte bewohnten, führte Schabur eine ungeheure Menge derselben (auf 71000 angegeben) in Gefangenschaft und colonisirte sie in Susiana und Ispahan. Diese Stadt, ehemals die Hauptstadt des persischen Reiches, hat von den vielen seit der Gefangenschaft dort angesiedelten Juden den Namen Jehudia erhalten[2]). In Babylonien scheint Schabur nicht minder Bedrückungen über die Juden verhängt zu haben, da Raba genöthigt war, sie durch bedeutende Summen zu hintertreiben. Als seine Freunde sein Glück so sehr rühmten, daß er gewissermaßen als Ausnahme von dem, dem jüdischen Volke vorherbestimmten Mißgeschick verschont geblieben sei, indem bei ihm noch keine Erpressungen vorgekommen wären, entgegnete er ihnen: „Was wißt ihr, wie viel ich heimlich für Schabur's Hof thun muß!"[3]) Kaum entging er einer persönlichen Gefahr, die über ihm als Schulhaupt schwebte. Er hatte nämlich einen Juden geißeln lassen, weil derselbe mit einer Perserin fleischlichen Umgang gepflogen hatte, und die Züchtigung hatte dem Sträfling den Tod zugezogen. Der Fall kam Schabur zu Ohren, und Raba sollte wegen der Ausübung der peinlichen Gerichtsbarkeit hart bestraft werden. Es scheint, daß er sich der Strafe durch die Flucht entzogen hat, aber sein Haus wurde geplündert. Die weiteren Folgen wendete die Königin-Mutter Ifra ab, die zu ihrem Sohne

---

[1]) Taanit 20. b Pesachim 5. b.

[2]) Ritter, Erdkunde X. 588. nach Faustus von Byzanz und Moses von Khorene.

[3]) Chagiga 5. b.

gesagt haben soll: „Laß dich nicht mit den Juden ein, denn was sie von Gott erflehen, das gewährt Er ihnen"[1]. Ifra hatte im Gegensatze zu ihrem Sohne eine ganz besondere Zuneigung für die Juden und namentlich für die Gesetzeslehrer, denen sie einen Blick in die geheimsten Herzensfalten zutraute. Wie sie früher einen Beutel mit Gold R. Joseph zugestellt hatte, so schickte sie auch Raba 400 Goldenare zu, die Rami, ein Zeitgenosse, zurückweisen wollte, weil man von Heiden kein Almosen nehmen dürfe. Raba nahm jedoch das Geld an, vertheilte es aber unter heidnische Arme[2]. Die Königin-Mutter Ifra hatte auch den sonderbaren Einfall, dem Schulhaupte von Machuza ein Opferthier zuzuschicken, welches, um ihre Verehrung des einzigen Gottes zu bethätigen, nach jüdischem Gebrauch geopfert werden sollte. Um die mächtige Gönnerin nicht zu erzürnen, mochte es Raba nicht zurückweisen und ließ es daher auf einer Sandbank im Meere von zwei unbefleckten Jünglingen auf frisch gefälltem Holz mit unbenutztem Feuer verbrennen[3]. Raba erlebte weder die Einführung des Kalenders durch Hillel, noch den kurzen Sonnenblick, welcher den Juden zulächelte. Er starb nach vierzehnjähriger Wirksamkeit (352).

Nach Raba's Tod hörte die Bedeutung Machuza's auf, und Pumbabita trat wieder in seine frühere Stellung ein, da es nur unfreiwillig sich die Palme von Raba hatte entreißen lassen. Merkwürdigerweise trat von jetzt an eine Mittelmäßigkeit und Erschöpfung ein, als wenn sich die geistige Thätigkeit nach so vielen Anstrengungen erholen wollte. Kein einziger unter Raba's Nachfolgern war im Stande, ihn zu ersetzen. Die Vertreter der babylonischen Lehrhäuser, R. Nachman b. Isaak, R. Papa und R. Chama aus Nahardea, hatten keine hervorragende Bedeutung; der pumbabitanische Geist der scharfen Analyse und Dialektik fand wohl Pflege, aber keine Fortbildung.

R. Nachman b. Isaak (geb. um 280, gest. 356) wurde Leiter der pumbabitanischen Metibta, aber nur wegen seines vorgerückten Alters, wegen seiner besondern Frömmigkeit und vielleicht auch wegen seiner Selbstständigkeit[4]. Er hinterließ durchaus keine

---

[1] Taanit 24. a. Berachot 56. a.
[2] Baba Batra 10. b.
[3] Sebachim 116 b.
[4] Gittin 31. b.

Spuren seines vierjährigen Rektorats. Zu gleicher Zeit enstand ein neues Lehrhaus in der Nähe von Sura, in Nares, am Kanal gleichen Namens (Naarsares) gelegen.

R. Papa bar Chanan (geb. um 300, gest. 375), früh verwaist, reich und seinem Gewerbe nach Bierbrauer aus Datteln, war der Gründer dieses neuen Lehrhauses, dessen Resch-Metibta er wurde; sein Freund R. Huna b. Josua, ebenfalls begütert und sein Geschäftstheilnehmer wurde Resch-Kalla an derselben[1]). Aber Beide waren nicht im Stande, die durch Raba entstandene Leere auszufüllen. Wohl sammelten sich zu ihnen die Mitglieder der machuzanischen Metibta, aber sie fanden bald Gelegenheit, Vergleiche anzustellen, die nicht zum Vortheil R. Papa's ausfielen. Als charakteristisch für den naresischen Resch-Metibta mag folgender Zug dienen. R. Huna b. Manoach, Samuel bar Juda und R. Chija aus Vestania waren nach Nares gekommen, um R. Papa's Vorträgen beizuwohnen. Dieser hatte aber das Thema so unklar gelassen, daß sie einander verstohlen zuwinkten, und R. Papa, der es merkte, kränkte sich so sehr darüber, daß er zu ihnen sagte: „Mögen die Rabanan sich in Frieden von hier entfernen"[2]). Ein anderes Mitglied, R. Simaï bar Aschi (Vater des später berühmt gewordenen R. Aschi), pflegte R. Papa durch Fragen stark zuzusetzen, die dessen bescheidene Geistesfähigkeit überstiegen. R. Papa, in Verzweiflung vor seinen Zuhörern beschämt zu werden, warf sich im Gebet nieder und flehte: der Barmherzige möge ihn vor dem vernichtenden Gefühl der Beschämung behüten. R. Simaï, unbemerkter Zeuge des inbrünstigen Gebetes, nahm sich von dieser Zeit an vor, lieber zu schweigen, als unwillkürlich R. Papa's Gemüth zu kränken; er blieb seinem Vorsatze treu.[3]) R. Papa repräsentirt in der Halacha die Schwäche und Unselbstständigkeit, die nicht einmal ein eigenes Urtheil über die Meinung Anderer hat. So oft zwei oder mehrere Ansichten eine Gesetzesbestimmung zweifelhaft ließen, pflegte R. Papa zu sagen: „Nun richten wir uns nach beiden Meinungen oder nach allen Ansichten"[4]). Neunzehn Jahre fungirte R. Papa in dieser Eigenschaft (354—375). Erst sein Nachfolger entriß die Geister der bereits tief

---

[1]) Pesachim 113. a. Berachot 57. a. Scherira's Sendschreiben S. 37. a.
[2]) Taanit 9. b.
[3]) Daselbst.
[4]) Note 61.

eingewurzelten Erschlaffung. — Pumbabita hatte einen ähnlichen Resch-Metibta, wie R. Papa, an R. Chama aus Naharbea, den eine einzige Anekdote charakterisirt. Der König Schabur fragte ihn, ob die Beerdigung der Todten in der Thora begründet oder bloß eine alte Sitte sei. Die Frage entstand aus der Gewohnheit der Perser, die Leichen weder zu begraben, noch zu verbrennen, und Schabur scheint aus diesem Grunde an der Beerdigung Anstoß genommen zu haben. Aber R. Chama wußte keinen Beleg aus der Schrift für die Beerdigung vorzubringen. R. Acha b. Jakob, ein Hausgenosse des Exilarchen, der sich etwas erlauben durfte, äußerte sich über dieses Schulhaupt: „Die Welt ist Thoren in Händen gegeben, warum hat er nicht den Vers angeführt: „Du sollst ihn am selben Tage begraben!"[1] Während der einundzwanzig Jahre, in welchen R. Chama fungirte (356—377), ging eine Veränderung im römischen Reiche vor, die nicht ohne Folgen auf die judäischen und babylonischen Gemeinden ablief.

[1] Synhedrin 46. b.

Einundzwanzigstes Kapitel.

Kaiser Julian. Seine Gunst für die Juden. Sein Sendschreiben an die jüdischen Gemeinden. Wiederherstellung des Tempels. Unterbrechung des Baues. Schadenfreude der Christen über diese Vereitelung und Fabeln derselben. Julian's Kriegszug nach Persien. Zerstörung Machuza's. Julian's Tod. Toleranzedikt des Kaisers Valentinian I.

(226 — 273)

Kaiser Julian war einer jener überwältigenden Charaktere, welche ihren Namen mit unvergeßlichen Zügen in das Gedächtniß der Menschen einzeichnen. Nur sein frühzeitiger Tod und der Haß der herrschenden Kirche gegen ihn haben ihm den Titel „der Große" entzogen. Obwohl aus dem Hause Constantin's schwebte über seinem Haupte das brudermörderische Schwert der Constantiner, und die Todesfurcht legte ihm den Zwang auf, das Christenthum, das er haßte, heuchlerisch zu bekennen. Fast durch ein Wunder wurde er zum Mitkaiser ernannt von eben demselben Constantius, der ihn aus Herzensgrunde haßte und schon eine Berathung über seinen Tod gehalten hatte. Durch einen Militairaufstand zu seinen Gunsten und den unerwarteten Tod seines Feindes Constantius zur Alleinherrschaft gelangt, machte Julian, den die Kirchengeschichte den Abgefallenen (Apostata, Parabata) nennt, es sich zur Lebensaufgabe, die Ideale zu verwirklichen, die er aus dem Umgang mit seinen Lehrern Libanius und Maximus aufgenommen hatte, und die sein reiches Gemüth noch mehr veredelte. Seine Lieblingsgedanken waren: die Unterdrückten jeder Nation und Religionsklasse zu schützen, das Wohlergehen aller seiner Unterthanen namentlich durch Erleichterung der Steuerlast zu fördern, die philosophischen Wissenschaften, welche durch die christlichen Kaiser verdammt waren, zu heben, das alte Heidenthum wiederherzustellen, aber mit Entfernung aller auffälligen Anstößigkeiten, die es so verächtlich und lächerlich gemacht hatten; endlich das in kurzer Zeit so sehr erstarkte Christenthum in seine gebührende Stellung zurückzuweisen. Aber eingedenk der Verfolgung, die er selbst hatte erdulden müssen, wollte er dem verfolgungssüchtigen Christenthum nicht Gleiches mit Gleichem vergelten; nur die Uebergriffe desselben wollte er hemmen, nahm den Christen daher nur den staatlichen und wissenschaftlichen Einfluß und suchte sie durch Waffen des Geistes und feinen Spott in den Augen der Gebildeten herabzusetzen. Julian's Satyre nannte Jesus einen Galiläer, den die Leichtgläubigkeit zum Gotte erhoben habe; den Christen legte er den Spottnamen Galiläer bei. — Desto günstiger war er den Juden, und er ist nach Alexander Severus der einzige Kaiser, der dem Judenthum ein ernstes Interesse zugewendet hat. Aus mehr als einem Grund bevorzugte er das Judenthum. Im Christenthum erzogen, da er sogar als öffentlicher Vorleser in der Kirche fungirt hatte, kannte er das Judenthum aus der heiligen Schrift und zollte ihm um so mehr Verehrung, je mehr das Christenthum es haßte und verfolgte. Der Kaiser gestand selbst, daß ihn die harten Bedrückungen tief empört haben, denen die Juden unter Constantius' Regierung ausgesetzt waren, indem ihre Religion von dem herrschenden Christenthum als gotteslästerlich gestempelt wurde. Der Gott des Judenthums, wie er in den heiligen Schriften gelehrt wird, imponirte ihm, und er erkannte ihn als „großen Gott" an; nur leugnete er, daß es neben ihm nicht auch andere Götter geben soll[1]). Die Mildthätigkeit der Juden bewunderte er besonders, daß sie für die Armen so eifrig sorgten, daß es unter ihnen keine Bettler gab[2]). Er wollte auch mit der Bevorzugung der Juden die Christen tief kränken, welche die Ueberlegenheit ihrer Religion durch die Erniedrigung der Ersteren zu bethätigen bemüht waren. Auch sagte ihm, der eine besondere Vorliebe für Opfercultus hatte, das jüdische Opferwesen mit dem feierlichen Pomp des Tempels und der Priester ganz besonders zu. Der Kaiser warf den Christen vor, daß sie den Gott und den Cultus des Judenthums, den Ursprung ihrer Religion verwerfen, besonders aber den Opfergottesdienst. Die Juden opfern zwar in der Gegenwart auch nicht, aber nur weil sie keine Tempel haben. Aber auch so opfern sie noch, wenn auch nicht in augenfälliger Weise. Denn sie genießen noch immer Alles opferähnlich (rein), beten statt der Opfer und geben

---

[1]) Juliani apera ed. Spannheim Fragment p. 295, auch Epistolae No. 62.
[2]) Daf. p. 430 Julian. opud Cyrillum p. 238.

den Priestern (Aaroniden) Gaben von geschlachteten Thieren¹). Endlich mochte Julian der Gedanke vorgeschwebt haben, für den Perserkrieg, der sein ganzes Wesen erfüllte, sich die Juden zu Freunden zu machen, besonders die babylonischen Juden günstig für sich zu stimmen, damit sie, wenn auch nicht ihm thätige Unterstützung gewähren, doch einen allzu fanatischen Widerstand gegen die Römer fahren lassen sollten.

Die kaum zweijährige Regierung Julians (Nov. 361 bis Juni 363) war für die Juden des römischen Reiches eine überglückliche. Nicht nur war ihnen der Kaiser besonders hold, erleichterte ihren Druck, nahm von ihrem Haupte den Schimpf der Gotteslästerung, sondern nannte auch den Patriarchen Hillel seinen ehrwürdigen Freund und beehrte ihn mit einem Handschreiben, worin er ihn seines Wohlwollens versicherte und die Beeinträchtigung der Juden abstellen zu lassen versprach. Auch an sämmtliche jüdische Gemeinden des Reiches richtete er ein Handschreiben und traf Anstalten, den Tempel in dem seit Constantin christlich gewordenen Jerusalem wieder aufzubauen. Das kaiserliche Sendschreiben, das einen grellen Contrast gegen die Behandlungsweise der zwei ersten christlichen Kaiser bildet, ist zu merkwürdig, als daß es nicht aufbewahrt zu werden verdiente. Das Schreiben (erlassen von Antiochien aus Herbst 362 oder Winter 363²) lautet:

„An die jüdischen Gemeinden!

„Noch viel drückender, als das Joch der Abhängigkeit in der „vergangenen Zeit war für euch der Umstand, daß euch neue Steuern „ohne vorangegangene Kundmachung aufgelegt waren, und ihr eine „unzählige Menge Goldes in den kaiserlichen Schatz habet liefern „müssen. Vieles habe ich durch Augenschein selbst wahrgenommen, „mehr noch erfuhr ich, als ich die Steuerrollen vorfand, die zu „eurem Schaden aufbewahrt wurden. Ich selbst hob eine Abgabe „auf, die euch schon für die Zukunft zugedacht war, und zwang da„mit den Frevel einzustellen, euch einen solchen Schimpf anzuhängen; „ich selbst übergab die Steuerrollen gegen euch, die ich in meinen

---

¹) Julian bei Cyrill I, 9. Vergl. über diese mißverstandene Stelle: theol. Jahrbücher von Baur und Zeller Jahrg. 1848 S. 260 flg. Das daselbst vorkommende schwierige Wort: Οὐουοι ἐν ἀδράκτοις Ἰουδαῖοι dürfte doch am besten von δέρκομαι abzuleiten sein und bedeuten: „auf unsichtbare, nicht augenfällige Weise".

²) S. Clinton Fasti Romani I. p. 454.

„Archiven vorfand, dem Feuer, damit Niemand mehr solch üblen
„Ruf der Gotteslästerung gegen euch ausstreuen könne. Daran hat
„mein Bruder Constantius, der ruhmwürdige, nicht so sehr Schuld,
„als die Barbaren an Gesinnung, die Gottlosen an Gemüth, welche
„eine solche Schatzung erfunden haben. Ich selbst habe sie mit
„eigener Hand in tiefes Verderben geschleudert, damit bei uns nicht
„einmal das Andenken an ihren Untergang bleiben soll. — Im
„Begriffe euch noch mehr Gunst zu bezeigen, habe ich meinem
„Bruder, den ehrwürdigen Patriarchen Julos (Hillel) ermahnt, die
„von euch sogenannte Sendsteuer zu verhindern, und daß Nie=
„mand mehr die Eurigen mit Eintreibung solcher Steuerauflagen
„ferner bedrücke, damit ihr überall in meinem Reiche der Sorge ent=
„hoben sein sollet. Und so der Ruhe genießend, vermögt ihr in=
„brünstigere Gebete für mein Reich an den allmächtigen Weltschöpfer
„zu richten, der mich mit seiner reinen Rechten gestützt hat. Es ist
„nun einmal so, daß diejenigen, welche in Kümmernissen leben,
„träge sind an Geist und nicht wagen, die Hände zum Gebet für
„das Heil zu erheben. Diejenigen aber, welche von allen Seiten
„sorgenfrei sich mit ganzer Seele freuen, können innigere Gebete für
„das Wohl des Reiches zum Höchsten anstimmen, der meine Regie=
„rung auf's Beste fördern kann, wie ich es mir vorgesetzt. — Dies
„sollt ihr thun, damit ich, wenn der Perserkrieg glücklich beendet
„sein wird, die heilige Stadt Jerusalem besuchen könne, die auf
„meine Kosten erneuert werden soll, wie ihr sie seit vielen Jahren
„erbaut zu sehen wünscht; in ihr will ich mit euch vereint dem
„Allmächtigen den Ruhm geben."[1])

Welchen Eindruck dieses huldvolle Schreiben hervorgebracht,
das, noch herzgewinnender als das Sendschreiben des Cyrus an die
babylonischen Exulanten, wie ein erquickender Thautropfen nach
langer Dürre erscheint, wird nichts berichtet. Die jüdischen Quellen
wissen überhaupt gar nichts von Julian, sie nennen nicht einmal
seinen Namen. Nur eine aus jüdischer Tradition entlehnte Nach=
richt erzählt: die Juden hätten auf Julian den Vers (Daniel 11, 34.)
angewendet: „Und wenn sie straucheln werden, wird ihnen ein
wenig geholfen werden". Daniel habe nämlich die Lage prophezeit,
daß nachdem das jüdische Volk durch Gallus gelitten haben wird,

---

[1]) Note 34.

Julian ihnen Hülfe leisten werde durch seine Anhänglichkeit und sein Versprechen, den Tempel zu erbauen.¹)

Julian blieb indeß nicht beim Versprechen stehen. Obwohl mit den Zurüstungen zu dem Perserkriege vollauf beschäftigt, lag es ihm doch am Herzen, den Tempel in Jerusalem aus den Trümmern erstehen zu lassen. Er bestellte dazu einen eigenen Oberaufseher, seinen besten Freund, den gelehrten und tugendhaften Alypius aus Antiochien, der früher Statthalter in Britannien gewesen, und legte ihm an's Herz, beim Bau keine Kosten zu scheuen. Die Statthalter in Syrien und Palästina hatten den Befehl, Alypius mit allem Nöthigen zu unterstützen.²) Schon waren die Baumaterialien vorbereitet, Arbeiter in Menge versammelt, die mit dem Hinwegräumen der Trümmer beschäftigt waren, welche seit der beinah dreihundertjährigen Zerstörung auf der Tempelstätte zusammengehäuft lagen. — Die Juden scheinen sich für den Tempelbau nicht interessirt zu haben, denn die jüdischen Quellen schweigen über diese Thatsache ganz und gar, und was die spätern christlichen Berichte von Eifer der Juden für den Bau zu erzählen wissen, ist rein erdichtet. Die entfernten Gemeinden sollen Gelder zum Bau geschickt, Frauen sogar ihren Schmuck dazu verkauft und in ihrem Schooße Steine zugetragen haben. Allein dieses Alles war sehr unnöthig, denn Julian hatte für Baustoffe und Arbeiter reichlich gesorgt. Die Christen sprengten ferner das Gerücht aus: Julian zeigte sich nur aus dem Grunde wohlwollend gegen die Juden, um sie zum Heidenthum hinüberzulocken³). Als besonders boshaft erscheint der Zug, als hätten die Juden mehrere Kirchen in Judäa und den Nachbarländern zerstört und den Christen gedroht, ihnen so viel Böses zuzufügen, als sie von christlichen Kaisern erlitten hatten.⁴) Glaubwürdiger ist die Nachricht, daß die Christen in Edessa sämmtliche Juden dieser Stadt damals niedergemetzelt haben.⁵) Es ist mit Gewißheit anzunehmen, daß die Hoffnung auf Wiederherstellung des jüdischen Staates, welche zwei oder drei Revolutionen entzündet

---

¹) Dieselbe Note.
²) Ammianus Marcellinus XXIII. 1.
³) Chrysostomus oratio III contra Judæos.
⁴) Ambrosius epistolæ No. 40. Sozomen historia eccles. V. 22.
⁵) Bar-Hebræus Abulfaraġ Chronicon Syriacum p. 68: יקר.. פראבטיס יולינוס
להיתהיא וכד שמעו קריסטינא דבאורהי אהתנו וקטלו לכלהון יהדאיא דלותהון.

und so viele Opfer gekostet hatte, in den Gemüthern der jüdischen Nation erloschen war. Man erwartete die Wiederherstellung der früheren Herrlichkeit nur von der Erscheinung des Messias; ein Tempel ohne denselben schien in der Anschauung der Zeit durchaus ungereimt, und noch viel weniger konnte ein römischer Kaiser als Messias betrachtet worden sein. Allgemein war die Ansicht verbreitet, „Gott habe das jüdische Volk in Eid genommen, daß sie nicht über die Mauer steigen (mit Gewalt den Staat herstellen), sich nicht gegen die herrschenden Völker auflehnen sollen, sondern das Joch geduldig bis zur Messiaszeit zu ertragen und diese Zeit nicht stürmisch herbeizuführen".[1]).

Mit neidischem Blicke sahen indessen die Christen auf den Anfang der Arbeit (Frühjahr 363); denn der wiederhergestellte jüdische Tempel wäre eine handgreifliche Widerlegung der angeblichen Prophezeiung ihres Stifters: daß nicht ein Stein auf dem andern vom Tempel bleiben werde, und daß der alte Bund durch den neuen aufgehoben sei. Christliche Nachrichten wollen sogar wissen, der damalige Bischof von Jerusalem, Cyrill, habe dasselbe von dem beabsichtigten neuen Tempel vorher verkündet. Die Lauheit von Seiten der Juden scheint aber am meisten dazu beigetragen zu haben, daß die angebliche Prophezeiung sich bewahrheitet hat, und daß der Bau wegen eingetretener Hindernisse eingestellt wurde. Beim Aufreißen der Trümmer und beim Ausgraben des Grundbaues brachen nämlich Flammen aus, welche einigen Arbeitern das Leben raubten[2]. Ohne Zweifel entstanden diese unterirdischen Flammen in den ehemaligen Erdgängen unter dem Tempel von der so lange zusammengepreßten Luft, die, plötzlich vom Drucke befreit, sich an der obern Luft schnell entzündet hat. Die plötzlichen Entzündungen häuften sich und machten die Arbeiter verzagt; sie ließen die Hände sinken. Hätten sich die Juden des Baues eifriger angenommen, so würden sie sich wohl schwerlich von diesem nicht unüberwindlichen Hindernisse haben abschrecken lassen; der hingebende Eifer scheut keinerlei

---

[1]) Die Originalstelle Canticum Rabba I. Ende. In b. Ketubot p. 111. u. ist die Fassung entstellt, anstatt מעבר ש heißt es daf. שש. Ohnehin ist לא ירחקו corrumpirt statt יחרו. Die Träger dieser interessanten Agada sind nicht leicht zu ermitteln, vielleicht ר' לוי כשם ר' חלבו, vom Ende des III. und Anfang des IV. Jahrhunderts.

[2]) Ammianus daf.

Opfer. Aber ohne die warme Betheiligung der Juden erkaltete auch Alypius und erwartete weitere Befehle von dem Kaiser. Julian aber soll die Christen beschuldigt haben, daß sie gut prophezeien hatten, da sie den unterirdischen Brand angelegt, und ihnen gedroht haben, bei seiner Rückkehr aus dem Kriege aus den Trümmern des Tempels ein Gefängniß für die Christen erbauen zu lassen [1]). Doch ist auch diese Nachricht, wie die meisten über diese Thatsache aus christlichen Quellen geschöpft, durchaus unzuverlässig.

Der verunglückte Ausgang des Tempelbaues war für die Christen zu sehr erwünscht, als daß sie die Geschichte nicht hätten ausbeuten sollen, um den durch Julian's Abfall geschwächten Glauben wieder zu heben und zu kräftigen. Die christlichen Quellen der nachfolgenden Generation erzählen die wunderlichsten Dinge von den Wundern, die bei diesem gottlosen Bau vorgefallen seien, die alle dazu dienen sollten, die verstockten Juden zu warnen und Christus zu verherrlichen. Stufenweise lassen sie die Wunder auf einander folgen. Beim Grundlegen habe sich ein Grundstein von seinem Platze verschoben und eine tiefe Höhle in dem darunter befindlichen Felsen blicken lassen. In dieser viereckigen Höhle sei Wasser geflossen, das bis an die Schenkel gereicht; aber in der Mitte derselben habe eine Säule aus dem Wasser hervorgeragt. Auf dieser Säule habe sich ein Buch befunden, von einer feinen und zarten Hülle umgeben. Der Arbeiter, welcher zur Untersuchung an einem Seile in die Höhle gelassen worden, habe dieses Buch mitgebracht, es sei frisch und unberührt gewesen, und die Schrift in großen Buchstaben habe die Worte aus dem Anfang des Johannesevangelium enthalten: „Im Anfang war das Wort und das Wort war bei Gott und Gott war das Wort." Natürlich werden Juden und Heiden von diesem Wunder betroffen gewesen sein; da die Erstern sich aber aus Herzenshärtigkeit noch nicht bekehrten, waren neue Wunder nöthig. Ein furchtbares Erdbeben habe den Grundbau des Tempels gehoben und zerstört, oder nach Andern: ein furchtbarer Sturmwind habe Alles der Erde gleichgemacht. Aber auch dieses Wunder sei ohne Erfolg geblieben; die Juden hätten die Arbeit wieder aufgenommen, daher seien Feuerflammen **aus der Erde** gebrochen, nach Andern sei das Feuer vom **Himmel** nieder gefahren und habe Arbeiter und Werkzeuge verbrannt. Die Halsstarrigkeit der Juden machte aber noch

---

[1]) Orosius VII. 32.

ein neues Wunder nöthig. Kleine Kreuzesbildchen, nach Einigen strahlend, nach Andern von dunkler Farbe, hätten sich Nachts an die Kleider der Juden geheftet, so fest, als wenn sie mit dem Stoff verwebt gewesen wären. Vergebens hätten sich die Juden angestrengt, dieses Zeichen der Gräuel abzustreifen und zu vertilgen; die Kreuzeszeichen wichen nicht. Da hätten die Juden nicht umhin können, denjenigen zu bekennen, der den Tempel zerstört hat, damit sein Wort in Erfüllung gehe, und hätten sich schaarenweise zur Taufe gedrängt [1]). Ein anderer Kirchenschriftsteller jedoch, welcher an der Verstocktheit der Juden mehr Freude hatte, als an ihrer Bekehrung, erzählt: die Juden hätten auch trotz des letzten Wunders in ihrer Verblendung verharrt [2].)

Der unglückliche Ausgang des Perserkrieges für Julian war auch geeignet, den Juden die kurze Freude zu rauben und den Christen einen neuen Triumph zu bereiten. Julian hatte die ganze römische Macht concentrirt, alle möglichen Hilfsmittel aufgeboten, um seinem Gegner Schabur II. nicht nachzustehen. Schabur seinerseits hatte es sich zur Aufgabe gestellt, die römische Herrschaft aus Asien zu verdrängen. Es war ihm gelungen, manche feste Plätze in Mesapotamien den Römern zu entreißen, und Constantius' Schwäche und Schwanken waren sein bester Hülfsgenosse gewesen. Julian aber träumte den goldenen Traum, der, von Crassus und Cäsar an viele römische Feldherrn in die Euphratgegend gelockt, den römischen Adler jenseits des Tigris fliegen zu lassen. Wiederum standen Europa und Asien einander gegenüber, jenes vertreten von Julian, der fast noch ans Jünglingsalter streifte, dieses von Schabur, der sich schon dem Greisenalter näherte. Der Kriegsschauplatz war zum großen Theil das Gebiet des jüdischen Babylonien. Julian zog mit seinem wohlgerüsteten Heere längs des Euphrat hin. Auf welcher Seite die Juden standen, ist nicht zu ermitteln. Das von vielen Juden bewohnte Firuz-Schabur (Pyrisabora, Βηρσα-Βώρα) wurde drei Tage lang hart belagert, zur Kapitulation gezwungen und zuletzt verbrannt [3]). Die Einwohner hatten sich vermöge kleiner Nachen auf den Euphratcanälen gerettet; das Verhalten der jüdischen Einwohner von Firuz-Schabur gegen Julian bleibt demnach

---

[1]) Socrates historia eccles. III. 20. Sozomen h. e. V. 22.
[2]) Theodoret h. e. III. 15.
[3]) Ammianus XXIII. 3. 4. Zosimus III. 7.

zweifelhaft. Nur die ganz von Juden bewohnte, von niedern Mauern umgebene Stadt Bitra (richtiger Birtha) zeigte einen feindlichen Sinn, sie war von ihren Bewohnern ganz verlassen, weßwegen die Soldaten sie in kriegerischer Wuth in Brand steckten[1]). Allein aus dem Verhalten der Birthenser läßt sich kein Schluß auf das der babylonischen Juden überhaupt ziehen, indem jene damals nicht mehr als Juden betrachtet wurden. Weil sie am Sabbat Fischfang gehalten, hatte sie ein gewisser R. Achi dafür in den Bann gethan, darum waren sie vom Judenthume ganz abgefallen. Man nannte ihre Stadt aus diesem Grunde das apostatische Birtha (di-be Satia[2]). — Die Stadt Machuza (Maoga-Malka), gewissermaßen die Vorstadt von Ktesiphon, wo eine persische Besatzung lag, erlitt eine harte Belagerung und setzte einen so hartnäckigen Widerstand entgegen, daß die ganze militärische Macht der Römer kaum hinreichte, sie zum Falle zu bringen. Machuza, der Sitz von Raba's Metibta, dessen stolze jüdische Bewohner an Pracht mit denen der Hauptstadt wetteiferten, fiel zehn Jahre nach Raba's Tod (363) unter den Streichen der römischen Belagerungsmaschinen und wurde in einen Trümmerhaufen verwandelt[3]). Nach dem Kriege wurde es wieder neu gebaut. — Bei allen Fortschritten, die Julian im Feindesland machte, gelang es ihm nicht, Ktesiphon zu erreichen; ein eigenes Verhängniß waltete über die römischen Waffen, daß sie nie ihre Siege über diese persische Hauptstadt hinaustragen konnten. Julian verlor durch Verwegenheit und Tollkühnheit nicht nur die Früchte seiner Siege, sondern büßte auch sein Leben ein. Als er in einem Treffen sich von der Hitze hinreißen ließ, sich ohne Helm in das heißeste Schlachtgewühl zu werfen, wurde er von einem Pfeil getroffen, den ein Christ aus seinem Heere auf ihn abgedrückt haben soll. Ruhig und eines Philosophen würdig hauchte Julian sein Leben aus. Die christlichen Schriftsteller, denen Julian als der leibhafte Antichrist erschien, haben die Sage erfunden, daß ein Engel den tödtenden Pfeil auf Julian abgeschossen, und daß der sterbende Kaiser, das Blut seiner Wunde zum Himmel spritzend, dabei die halb anerkennenden, halb lästerlichen Worte gesprochen: „Du hast gesiegt, Galiläer." Der Tod Julians in der Tigris

---

[1]) Ammianus das. 5. Zosimus III. 20.
[2]) Kiduschin 72. a.
[3]) Ammianus das.

gegend (Juni 363¹), raubte den Juden den letzten Hoffnungsstrahl auf eine ruhige, unangefochtene Existenz. Seine Huld hatte jedoch so viel bewirkt, daß die feindseligen Edikte Constantin's und Constantius' gegen die Juden nicht sobald wieder erneuert wurden. Julian's Verordnungen, insofern sie nicht die Bevorzugung der Juden betrafen, blieben in Kraft. Jovian, Nachfolger Julian's (Juni 363—Febr. 364), welcher einen schmählichen Frieden mit dem siegreichen Sabur eingehen, und unter Andern auch das wichtige Nisibis abtreten mußte, lebte zu kurze Zeit, um eine Aenderung durchzusetzen. Er gestattete, daß sich jeder frei, ohne Nachtheil zu erfahren, zu irgend welcher Religion bekennen dürfe¹). Abermals hatte das römische Reich zwei Kaiser: Valentinian I. (364—375) und Valens (364--378.) Der Letzte, Kaiser des Morgenlandes, war Arianer, hatte selbst harte Kämpfe mit der mächtigen Partei der Katholiken, um unduldsam zu sein; darum schützte er die Juden und erwies ihnen Ehren und Auszeichnungen²). Sein Bruder Valentinian I., der Kaiser des Abendlandes, hat in dem Streit zwischen Katholiken und Arianern ebenfalls den Weg der Toleranz gewählt, daß jeder sich frei zu der einen oder andern Religion ohne politische Nachtheile bekennen dürfe (371³). Diese Toleranz kam auch den Juden zu Gute.

¹) Themistius, oratio ad Jovianum ed. Petavii p. 278.
²) Cedrenus zum 7. Jahre Valens: ὁ αὐτός καὶ Ἰουδαίους ἐτίμα (Οὐάλης). Auf Cod. Theodosianus XVI. T. 8. § 13 darf man sich wohl schwerlich berufen, obwohl es daselbst heißt: nos in conservandis eorum (Judaeorum) privilegiis veteres imitemur ... Id enim et divi Constantinus, et Constantius, et Valentinianus, et Valens divino arbitrio decreverant. Diese Berufung scheint bloß eine Phrase oder eine Beschönigung zu sein; denn Constantius hat schwerlich die Juden privilegirt.
³) Codex Theodosianus L. XI. T. 16. § 9. L. VI. T. 8. § 13.

Zweiundzwanzigstes Kapitel.

Viert es Amorageschlecht. Exilarchen Mar-Kahana und Mar-Emra. Schulhaupt R. Aschi. Erster Ansatz zum Abschluß des Talmud. Der judenfreundliche König Jesdigerd II. Der falsche Messias auf Creta. Verhältnisse der Juden unter den Kaisern Theodosius I., Arcadius, Honorius und Theodosius II. Untergang des Patriarchats. Fanatismus der Geistlichkeit gegen die Juden. Vollständiges Erlöschen der talmudischen Thätigkeit in Judäa. Der Kirchenvater Hieronymus und seine jüdischen Lehrer.

(375 — 427)

Die Zeit, in welcher das römische Reich einer vollständigen Auflösung entgegenging, bezeichnet in der Weltgeschichte Untergang und Wiedergeburt, Zerfall und Verjüngung, Zerstörung und Neubau. Der Sturm, der von Norden her, von den Mauern China's, losbrach, trieb schwarzes Ungewitter vor sich her, das den saftlosen, entblätterten, nur durch seine Schwerkraft noch fortdauernden Riesenbaum des römischen Reiches zerschmetterte und nur noch Trümmersplitter von demselben übrig ließ, ein Spiel launenhafter Winde. Die ungeschlachten Hunnen, die Geißel Gottes, trieben vor sich her Horde auf Horde, Volk auf Volk, dem Gedächtniß schwer zu behalten, der Zunge, sie nachzusprechen. Die Zeiten der Völkerwanderung bewahrheiteten fast buchstäblich die Worte des Propheten: „Die Erde wankt, wie ein Betrunkener, es lastet schwer auf ihr die Sünde; sie fällt und kann nicht aufstehen, und der Herr Zebaoth ahndet an den Schaaren der Höhe in der Höhe und an den Königen der Erde auf der Erde." Kein Wunder, daß die jüdische Anschauung in den Gothen, dieser ersten Völkerwelle, welche das römische Reich überschwemmte und verwüstete, den von einem Propheten verkündeten Gog aus dem Lande Magog erblickte, „der da wie ein Sturm einherzog, wie eine Wolke heranschwebte, die Erde zu bedecken mit seinem ganzen Anhang, mit den zahlreichen Völkern bei ihm."[1]

---

[1] Scio quendam Gog et Magog tum de praesenti loco quum de Ezechielis ad Gothorum nuper in terra nostra vagantium historiam retulisse (Hieronymus quaestiones hebraeae in Genesin). גוג ומגוג (Jerus. Megilla I. p. 17. b).

In diesem merkwürdigen Wechsel von Vergehen und Entstehen der Völker, drängte sich den jüdischen Denkern die volle Ueberzeugung von der Ewigkeit der jüdischen Nation auf: „Ein Volk steht auf, das andere verschwindet, aber Israel bleibt ewig"[1]). Auf den Trümmerstätten des römischen Reiches ließen sich die barbarischen Völker, die Rächer der so lange geknechteten Nationen, nieder, wilde Pflanzen, die erst von der Meisterhand der Geschichte veredelt, ungeschlachte Halbmenschen, die durch ernste Lehren gesittet werden sollten. In dieser eisernen Zeit, die den nächsten Morgen unsicher machte, fühlten die Führer des Judenthums den innern Drang, den Schatz in Sicherheit zu bringen, der ihren Händen anvertraut war, um ihn nicht in den Wechselfällen des Tages gefährdet zu sehen. Es trat die Zeit des Sammelns ein, das was die Vorfahren gesäet, gepflegt und geerntet, unter Dach und Fach zu bringen. Der Traditionsstoff, der durch die Reihe der Geschlechter, durch die Mannigfaltigkeit der Schulen so sehr angewachsen, bereichert und geklärt war, sollte von jetzt an geordnet werden. Diese Richtung des Sammelns und Ordnens repräsentirt R. Aschi.

Rabbana Aschi (geb 352, gest. 427), Sohn R. Simaï's, aus einem alten Geschlechte stammend, zeigte früh eine so vollendete Geistesreife, daß er im Jünglingsalter die lange verödete suranische Metibta wieder zu Ehren brachte. Er war, wenn auch nicht vierzehn Jahre, doch sicher nicht älter als zwanzig, als er Schulhaupt derselben wurde. R. Aschi war von Haus aus reich und besaß viele Waldungen, von denen er Holz zum Unterhalte des heiligen Feuers des Magircultus zu verkaufen kein Bedenken hatte[2]). Seine Jugend- und Bildungsgeschichte ist merkwürdigerweise ganz unbekannt; auch der Grund ist nicht angegeben, was ihn bewogen hat, das fast eingegangene suranische Lehrhaus wieder zu erneuern; wahrscheinlich war Sura seine Vaterstadt. Er ließ das mehrere Jahrhunderte vorher von Rab erbaute Lehrhaus, das schon Risse und Baufälligkeit zeigte, ganz abtragen und neu bauen; damit der Bau nicht vernachlässigt werde, stellte er sein Bett auf den Bauplatz und brachte da Tag und Nacht so lange zu, bis die Wasserrinnen eingelegt waren[3]). Das Lehrhaus ließ er hoch anlegen, damit es die ganze

---

[1]) Midrasch zu Psalm 36.
[2]) Nedarim 62. b.
[3]) Baba Batra 3. b.

Stadt überragen sollte. Mit Recht konnte er sich rühmen, dazu beigetragen zu haben, daß Sura nicht mehr in Verfall gerathen werde¹); denn durch ihn behauptete sich diese Stadt und ihr Lehrhaus mehrere Jahrhunderte. Seine ausgezeichneten Eigenschaften müssen seinen Zeitgenossen so sehr imponirt haben, daß er wieder die maßgebende Autorität wurde, die sich seit Raba's Tod keine Persönlichkeit erringen konnte. R. Aschi vereinigte in sich die suranische Gründlichkeit in Kenntniß des ganzen Lehrstoffes mit der pumbabitanischen Dialektik und genügte dadurch allen Ansprüchen. Die Mitwelt gab ihm den auszeichnenden Ehrentitel Rabbana (unser Lehrer). Während seiner zweiundfünfzigjährigen öffentlichen Wirksamkeit folgten in Pumbabita sieben Schulhäupter aufeinander²). Auch Naharbea, das seit der Zerstörung durch Ben-Nazar (Odenath) keine Rolle mehr spielte, erlangte wieder einigen Ruhm durch das von Amemar dort eröffnete Lehrhaus (390—420). Aber keiner dieser Lehrer machte R. Aschi den Vorrang streitig, und Sura nahm wieder die ruhmvolle Stelle ein, die ihm Rab verliehen hatte. Die ältesten Amora's, Huna b. Nathan, Amemar und Mar-Sutra ordneten sich freiwillig R. Aschi's Autorität unter, und überließen es ihm, die Einheit wieder herzustellen. In R. Aschi vereinigte sich wiederum Ansehen und Gelehrsamkeit, wie zur Zeit Moses' und R. Juda's, des Mischnahsammlers³). Selbst die zwei aufeinander folgenden Exilsfürsten seiner Zeit, (Mar-Kahana und Mar-Sutra I.) fügten sich seinen Anordnungen. In Sura empfingen die Exilsfürsten die Huldigung von Abgeordneten aller babylonischen Gemeinden, anstatt daß es früher in Naharbea, später in der Blüthe der pumbabitanischen Metibta daselbst geschehen war. Diese Huldigung fand alljährlich im Anfang des Monats Marcheschwan (im Herbste) an einem Sabbat statt, und dieser Huldigungssabbat hieß Rigle der Exilarchen. Auch außerordentliche Volksversammlungen, die auf Befehl des Exilfürsten zusammen kamen, wurden fortan in

---

¹) Sabbat 11. a.

²) Auf R. Chama (gest. 377) folgte R. Zebid b. Uschaja (377—385), dann R. Dimi b. Chinena (385—388); Rafrem b. Papa, dessen Todesjahr unbekannt ist; R. Kahana (gest. 411); Mar Sutra (411—414); R. Acha b. Raba (414—419), endlich R. Gebiha aus Be-Katif (419—433).

³) Synhedrin 36. a.

Sura abgehalten;¹) darum mußten sich die Patriarchen, wenn sie ihre Residenz auch in einer andern Stadt aufgeschlagen hatten, dahin begeben. R. Aschi hatte also Sura zum Mittelpunkt des babylonisch-jüdischen Lebens gemacht und daran Alles gefesselt, was in diesem Kreise Oeffentliches und Allgemeines vorging. Der Glanz, den die zahlreichen Versammlungen verbreiteten, war so groß, daß sich R. Aschi wunderte, wie die heidnischen Perser, die das Alles mit ansahen, sich nicht zur Annahme des Judenthums bewogen fühlten. „Die Einwohner von Sura", bemerkte er, „sind von einer tückischen Herzenshärtigkeit; sie sehen zweimal des Jahres den Glanz der Lehre, und keiner von ihnen wird Proselyte."²)

In Folge dieser Concentration in seiner Person konnte R. Aschi ein Werk unternehmen, das auf das Schicksal wie auf die Entwickelung des jüdischen Volkes von unberechenbaren Folgen war. Er begann die riesige Arbeit, die Erläuterungen, Folgerungen, Erweiterungen zur Mischna, die unter dem Namen „Talmud" begriffen waren, zu sammeln und zu ordnen. Die nächste Veranlassung zu diesem Unternehmen war ohne Zweifel die Rücksicht, den riesenhaft angeschwollenen Stoff, die Geistesarbeit dreier Geschlechter, nicht durch die geringere Theilnahme dem Gedächtniß entschwinden zu lassen, wenn nicht Handhaben geboten würden, sich denselben mit Leichtigkeit einprägen zu können. R. Aschi selbst klagte schon über die Abnahme der Gedächtnißkraft zu seiner Zeit im Verhältniß zur Vorzeit, ohne in Anschlag zu bringen, daß dem Gedächtniß durch die aufgeschichteten Materialien unendlich mehr zugemuthet wurde, als früher. Die Bewältigung des überreichen Stoffes wurde ihm dadurch erleichtert, daß ihm vergönnt war, über ein halbes Jahrhundert daran zu arbeiten. In jedem Jahre, so oft sämmtliche Mitglieder, Jüngergenossen und Schüler in den Kalla-Monaten zusammen kamen, wurden einige Abschnitte der Mischna mit den talmudischen Erläuterungen und Zusätzen gründlich durchgenommen, so daß die sechzig Abschnitte ungefähr in dreißig Jahren vollständig geordnet waren. Dann ging R. Aschi in der zweiten Hälfte seiner Wirksamkeit den ganzen, bereits geordneten Stoff zum

---

¹) Scherira's Sendschreiben. Vergl. b. Erubin 59. a. ; גונתא דרש דאיסקרתא, vielleicht identisch mit דקיר; (corrumpirt דיקרת?.)

²) Berachot 17. b.

zweitenmale durch. Das Gesichtete und Geprüfte aus der zweiten Recension ist als Norm angenommen worden.¹)

Diese Ordnung des massenhaften Materials des Talmud wurde nicht niedergeschrieben. Man hielt noch immer das schriftliche Festhalten der mündlichen Ueberlieferungen, gleichsam die Verkörperung des Geistigen, für ein religiöses Vergehen, und zu der Zeit um so mehr, als sich das Christenthum der heiligen Schrift als seines geistigen Eigenthums bemächtigt hatte und sich als das auserwählte Israel betrachtete, so blieb dem Judenthum nach der damaligen Anschauung als Unterscheidendes nur die mündliche Lehre. Dieser Gedanke, in ein poetisch-agadisches Gewand gekleidet, wurde öfter geltend gemacht: „Moseh verlangte auch die Mischna, die mündliche „Lehre, niederzuschreiben; aber Gott, vorausschauend, daß die Völker „einst die Thora in griechischer Uebersetzung besitzen und behaupten „werden": „wir sind Israel, wir sind die Kinder Gottes", während „das jüdische Volk behauptet; „wir sind die Kinder Gottes", habe „ein Kennzeichen dafür gegeben: Wer mein Geheimniß (Mysterion) „besitzt, der ist mein Sohn. Das Geheimniß aber ist die Mischna „und die mündliche Gesetzesauslegung. Darum spricht der Prophet „Hosea: wenn ich die Fülle der Gesetze aufschreiben würde, so würde „Israel als Fremder betrachtet werden."²) Erstaunlich ist es keineswegs, wie diese Masse Einzelheiten geordnet im Gedächtniß bleiben konnten, da sie es doch vor R. Aschi im ungeordneten Zustande blieben. R. Aschi ward durch die Talmudsammlung der Vollender des Werkes, das R. Juda zweihundert Jahre vorher begonnen hatte. Aber die Arbeit war unendlich schwieriger. Denn die Mischna umfaßte nur einen compendiarischen Auszug des Halachastoffes, das Uebrige den Boraïta's überlassend, der Talmud hingegen nahm Alles auf und ließ gar nichts zurück. Die Mischna lieferte nur die trockene Halacha, künstlich abgerundete Gesetzesparagraphen, der Talmud aber gab auch das Lebendige der Gesetzesentwickelung und ihren geistigen Gehalt, noch dazu mit dialektischer Schärfe. Der erste Anstoß zur Talmudsammlung bildet eine der wichtigsten Epochen der jüdischen Geschichte; der babylonische Talmud (Talmud babli) wurde von jetzt an ein mittthätiges, wirksames, einflußreiches Element. Ganz vollendet hat indessen R. Aschi das Riesenwerk nicht. Denn

¹) Baba Batra 157. b. R. Chananel in Aruch, Artikel Hador III.
²) Note 35.

wiewohl er seinen Eifer auf's Sammeln verwendete, so war weder bei ihm, noch bei seinen Zeitgenossen die Schöpferkraft so sehr versiegt, daß sie ihre ganze Thätigkeit nur auf das Sammeln beschränken mochten. Im Gegentheile löste R. Aschi viele der, von den frühern Amora's zweifelhaft gelassenen, oder ungenügend gelösten Fragen, und seine Entscheidungen sind eben so treffend und scharfsinnig, wie einfach, so daß man sich oft verwundern muß, wie die Frühern sie übersehen konnten. Seine Memra's (talmudische Sentenzen) sind später auch dem Talmud einverleibt worden.

R. Aschi's Wirksamkeit fiel in die Regierungsjahre des judenfreundlichen sassanidischen Königs Jesdigerd, Sohn Bahrams II.[1]) (400—420.) Die Magier gaben diesem edlen Fürsten den Beinahmen „Al Hatim" (der Sünder), weil er sich nicht willenlos von ihnen beherrschen ließ. Den Juden war er aber sehr gewogen, wie er auch den Christen hold war. An Huldigungstagen sah man an seinem Hofe die drei Vertreter der babylonischen Juden: R. Aschi für Sura, Mar-Sutra für Pumbadita und Amemar für Naharbea.[2]) Huna bar Nathan, der, wenn er auch nicht Exilarch war, doch bedeutenden Einfluß gehabt haben muß, verkehrte oft an Jesdigerd's Hofe. Einst war der König so freundlich gegen denselben, ihm den Gürtel zurecht zu rücken, mit der Aeußerung: „Ihr seid ein Priestervolk und sollt daher den Gürtel den Priestern gleich tragen."[3]) Eine solche Aufmerksamkeit von Seiten eines persischen Königs, der sich einen Sohn der Sonne, Verehrer des Hormuz und König der Könige von Iran nannte, kann als Beweis hoher Huld gelten.

R. Aschi, aller Schwärmerei fremd, scheint die Messiashoffnungen niedergehalten zu haben, die zur Zeit der Völkerwanderung und allgemeinen Umwälzung, als auch das sündenbelastete Rom die Strafe Gottes empfunden hatte, lebhafter als je die jüdischen Gemüther in Spannung hielten. Man trug sich mit einem alten sibyllinischen Spruche herum, der dem Propheten Elias beigelegt

---

[1]) Nach Mordtmann, Münzen mit Pehlwi-Legenden. Zeitschrift der Deutsch-Morgenl. Gesellschaft 1854 S. 63 regierte vor ihm ein wenig bekannter Jesdigerd I. 399—400 und Jesdigerd II. 400—420.

[2]) Ketubot 61. a. Statt אניג muß man daselbst lesen יזדגר, richtige Emendation Rappaports Erech Millin p. 35.

[3]) Sebachim 19. a.

wurde: der Messias werde im fünf und achtzigsten Jubiläum erscheinen (4200 der Welt,[1]) = 440 der übl. Zeit). Solche messianische Erwartungen pflegten immer irgendwo Schwärmer anzuregen, den stillen Glauben in That zu übertragen, und solche, ohne gerade auf Betrügerei auszugehen, suchten die gleichgestimmte Menge mit sich fortzureißen und bis zur Opferbereitwilligkeit zu enthusiasmiren. In der That trat in R. Aschi's Zeit auf Creta ein solcher Schwärmer auf, der sämmtliche Judengemeinden dieser bedeutenden Insel, die er in einem Jahre bereist hatte, als Anhänger für sich gewann. Er versprach ihnen, sie, wie einst Moseh, eines Tages trockenen Fußes durch das Meer in's gelobte Land zu führen; er soll auch den Namen des großen Gesetzgebers angenommen haben. Dieser cretische Moseh mußte übrigens seine Anhänger so sehr von seiner Messianität zu überzeugen gewußt haben, daß sie ihre Angelegenheit vernachlässigt, ihr Hab und Gut preisgegeben und nur auf den Tag des Durchganges durch das Meer gewartet haben. Am bestimmten Tage schritt der Messias Moseh voran und ihm folgten sämmtliche Juden aus Creta mit Weibern und Kindern. Von einem Vorgebirge, das ins Meer hineinragt, hieß er sie, sich getrost ins Wasser zu werfen, denn die Meeresfluth werde sich vor ihnen theilen. Mehrere dieser Schwärmer fanden im Meer den Tod; Andere wurden durch Schiffer errettet. Der falsche Moseh aber soll nicht wieder gefunden worden sein. Die christliche Quelle, welche diese Thatsache erzählt, bemerkt mit großer Befriedigung, daß die Juden von Creta glaubten, von dem Blendwerke eines Dämon, der menschliche Gestalt angenommen habe, verführt worden zu sein; sie fügt noch hinzu, daß viele Juden dieser Insel, von dem Vorgange beschämt, sich dem Christenthume zugewendet haben[2]). — Vor solchen falschen Hoffnungen, deren Folgen unberechenbar waren, warnte R. Aschi und gab jener in Umlauf gesetzten Weissagung einen andern Sinn: „Der Messias kann vor dieser Zeit, vor dem fünf und achtzigsten Jubiläum, gewiß nicht erscheinen, erst nach Ablauf dieser Zeit kann man sich der Hoffnung, aber nicht der Gewißheit seiner Ankunft hingeben"[3]). — Der von seinen Zeitgenossen und der jüdischen Nach-

---

[1]) Synhedrin 87. a. Nach Andern 400 Jahre nach der Tempelzerstörung = 468, oder 4231 mundi = 471; s. Aboda Sara p. 9. b.

[2]) Socrates historia eccles. VII. 36.

[3]) Synhedrin das.

welt hochverehrte Amora R. Aschi starb im hohen Alter (427), zwei Jahre vor der Einnahme Carthago's durch Geiserich. Dieser Vandalenfürst, der den aufgespeicherten Raub Roms ihr wieder entriß, führte auch die Tempelgefäße, welche Titus im Triumph zu der Beute so vieler Nationen gelegt hatte, nach Afrika hinüber. Die Tempelgefäße haben wie die Söhne Judäa's viele Wanderungen machen müssen.¹)

Judäa, das durch das Patriarchat noch immer für die Gemeinden des römischen Reiches das Haupt war, bietet in diesem Zeitalter noch mehr als früher das düstere Bild des völligen Absterbens. Der Druck des feindseligen Christenthums lastete allzusehr auf ihm und erstickte den Forschungstrieb. Das Talmudstudium, wenn auch nicht ganz erloschen, zeigte nur noch den letzten Schimmer der Abenddämmerung. R. Tanchuma bar Abba, der Hauptträger der jüngeren Agada, ist die letzte halachische Autorität in Judäa. Auch dort, wie in Babylonien, haben die letzten Amora's die Traditionen gesammelt und den jerusalemischen (richtiger den judäischen oder abendländischen) Talmud angelegt und geordnet (Talmud schel Erez-Israel, Gemara di Bene Ma'araba). Aber so dürftig sind die Nachrichten aus Judäa, daß nicht einmal die Namen der Sammler oder der Anreger bekannt geworden sind. Ohne Zweifel hat das Beispiel Babyloniens auch diese Sammlung veranlaßt. Einer Andeutung zufolge scheint man in Tiberias in der ersten Hälfte des vierten Jahrhunderts mit dem Sammeln begonnen zu haben.²) Das Patriarchat, das letzte Ueberbleibsel aus der Vorzeit, fand in dieser Zeit seinen völligen Untergang.

Drei Patriarchen werden noch namhaft gemacht: R. Gamaliel V., Nachfolger Hillel's II., dessen Sohn R. Juda IV. und R. Gamaliel der Letzte.³) Aber von ihrer Thätigkeit sind nur undeutliche Spuren bekannt. Sie führten zwar noch immer den mehr pomphaften als einflußreichen Titel „die Durchlauchten" mit den dazu gehörigen Privilegien, sie bezogen noch von den Gemeinden des römischen Reiches freiwillige Beisteuer, welche die Sendboten von den Gemeinden zu sammeln pflegten. Aber ihre Machtbefugniß war bedeutend verringert. Der einzige Einfluß der Patriarchen

---

¹) Evagrii scholastici fragmenta IV. 17.
²) Kiduschin 13. a.
³) Note 22.

bestand nur noch darin, daß sie abtrünnige Mitglieder, die durch Ueberredung, List oder auch freiwillig zum Christenthum übergegangen waren, aus der jüdischen Gemeinschaft ausschloſſen. Aber nicht einmal dieses Recht mochte das stolze Christenthum ihnen einräumen. Die Bischöfe ließen die Patriarchen und die Gemeindevorsteher, die den Namen Primaten führten, durch den weltlichen Arm zwingen, ausgeschlossene Mitglieder wieder aufzunehmen. Theodosius der Große (379—395), wie sehr ihn auch die katholische Geistlichkeit, Ambrosius und Andere zur Verfolgung der Arianer und anderer Ketzer stachelten, schützte doch die Juden vor deren fanatischen Uebergriffen nachhaltig. Er erließ ein Gesetz, daß den Patriarchen und Primaten das Recht unbenommen bleiben sollte, über Gemeindeglieder das Bannurtheil zu vollstrecken, und daß sich die weltliche Autorität in die innere Angelegenheit der Juden nicht einzumischen habe[1]). Seine Gerechtigkeit in Betreff der Juden bewies er gegen den Patriarchen Gamaliel V., welcher sich bei ihm über den Consular Hesychius wegen Erschleichung seiner wichtigen Papiere beklagt hatte; Theodosius verdammte den Consular wegen dieses Vergehens zum Tode. Welche Bewandniß es übrigens mit diesen Papieren hatte, ist nicht weiter bekannt[2]).

Theodosius hatte oft dem Uebermaße des christlichen Religionseifers zu steuern, welcher Heldenthaten darin suchte, die religiöse Andacht der Juden zu stören, Synagogen zu plündern, einzuäschern oder sie sich anzueignen und in Kirchen zu verwandeln. Die Hauptfanatiker dieser Zeit gegen die Juden, die mit Ungestüm gegen sie auftraten, waren Johannes Chrysostomus von Antiochien und Ambrosius von Mailand.

Der Erstere, aus der klösterlichen Einsiedelei zum Predigtamt berufen, donnerte von der Kanzel herab mit seiner schwülstigen und cynischen Beredsamkeit gegen die Juden; er nahm sie geradezu zum Thema von sechs hintereinanderfolgenden Predigten. Die Juden Antiochiens trieben es aber auch zu arg: sie zogen Christen für ihre Sitten, ihren Gottesdienst und ihre Gerichtshöfe an, ohne ihr Hinzuthun. An Sabbaten und Feiertagen fanden sich regelmäßig viele Christen in den Synagogen ein, besonders vom weiblichen Geschlechte, vornehme Damen und Frauen von verachtetem Gewerbe.

---

[1]) Codex Theodosianus L. XVI. T. 8. § 8.
[2]) Note 22.

Mit Andacht hörten sie dem Posaunenblasen am jüdischen Neujahr zu, wohnten dem feierlichen Gottesdienste am Versöhnungstage bei und betheiligten sich an den Freuden des Hüttenfestes. Es hatte um so mehr Reiz für sie, als es hinter dem Rücken der christlichen Priester geschehen und die Nachbarn angegangen werden mußten, nichts davon zu verrathen. Christen zogen es vor, ihre Processe vor jüdische Richter zu bringen, weil die jüdische Eidesformel ihnen imposanter und eindringlicher schien. Gegen solche freiwillige Verehrung jüdischer Institutionen von Seiten der Christen ließ Chrysostomus seine gewaltigen Capucinerpredigten erschallen, hängte ihnen jeden Unglimpf an und nannte die Synagogen schändliche Theater, Räuberhöhlen und noch weit Schlimmeres [1]).

Ambrosius von Mailand, ein theologisch-unwissender, zufahrender Staatsbeamte, den ein tumultuarischer Ruf in der Kirche zum Bischof gemacht hatte, war noch viel giftiger gegen die Juden. Als die Christen in Rom eine Synagoge verbrannt hatten, und der Usurpator Maximus dem römischen Senat befohlen hatte, sie auf Kosten der Stadt wieder herstellen zu lassen, nannte ihn Ambrosius einen Juden. Der Bischof von Callinicus in Nordmesopotamien ließ durch Mönche in der dortigen Gegend eine Synagoge einäschern, wofür ihm Theodosius bedeutete, sie auf eigene Kosten wieder aufbauen zu lassen; die Theilnehmer ließ er bestrafen (388). Hierdurch auf's Heftigste entflammt, gebrauchte Ambrosius in seinem Sendschreiben an den Kaiser so scharfe, aufreizende Worte, daß er ihn zum Wiederrufe des Befehles zwang. Er beschuldigte die Juden, daß sie die römischen Gesetze verachteten, und rief ihnen höhnisch zu: daß sie aus ihrer Mitte keinen Kaiser, keinen Statthalter aufstellen, daß sie nicht in das Heer oder in den Senat treten, nicht einmal an der Tafel der Großen speisen dürften; sie wären nur dazu da, um schwere Abgaben zu zahlen [2]). Diesem frommen Unfuge wollte Theodosius durch Gesetze steuern. Von der Voraussetzung ausgehend, daß das Judenthum im römischen Reiche durch kein

---

[1]) Chrysostomi orationes sex contra Judæos in T. I. seiner Homilien. Sie sind wohl um 366—87 gehalten worden. Zum Beleg für die Eingenommenheit der antiochenischen Christen für das Judenthum will ich nur einen Passus aus oratio I. anführen: εἶδα ὅτι πολλοὶ αἰδοῦνται Ἰουδαίους καὶ σεμνὴν νομίζουσιν εἶναι τῶν ἐκείνων πολιτείαν νῦν.

[2]) Ambrosii epistolæ No. 29.

Gesetz verboten sei, wollte er ihm auch den Schutz der Gesetze gegen gewaltthätige Eingriffe gewähren. Er befahl daher dem Comes des Orients, die christlichen Religionsstörer und Synagogenschänder streng zu bestrafen (393 [1]). Allein was vermochten kaiserliche Edikte und Befehle gegen die Richtung der Zeit, die eine feindselige, verketzernde, verfolgende war? Die Juden durften sich nicht beklagen, es ging ihnen nicht schlimmer als den Anhängern der verschiedenen christlichen Sekten, wenn deren Gegner gerade die Oberhand hatten. Die Wildheit, welche der Einbruch der Barbaren über den geschichtlichen Theil der Erde gebracht hatte, wirkte auf das religiöse Gebiet ansteckend; der Vandalismus herrschte überall, in der Kirche, wie im Staat. — Die Ausnahmestellung der Juden im römischen Reiche hat Theodosius I. indeß entweder neu begründet oder bestätigt. Das Sklavenbesitzgesetz von Constantius frischte es wieder auf; daß ein jüdischer Besitzer von Sklaven, der sie in's Judenthum aufnähme, streng bestraft werden sollte.[2] Das Privilegium, welches sich die Juden unter seinen Vorgängern zu verschaffen gewußt hatten, daß sie wegen religiöser Scrupulosität von den lästigen städtischen Aemtern befreit sein sollten, hob Theodosius auf.[3]

Dieser Kaiser hat durch Vererbung des Reiches an seine zwei Söhne die römische Welt dauernd in zwei Theile zerlegt und in zwei Lager gespalten, welche die Spannung und die Gefühllosigkeit noch steigerte. Die Juden des römischen Reiches gehörten fortan verschiedenen Herren an, theils zum morgenländischen, theis zum abendländischen Reiche. Der morgenländische oder byzantinische Schattenkaiser Arcadius (395 bis 408) oder vielmehr seine allmächtigen Kämmerlinge Rufinus und Eutropius waren den Juden außerordentlich günstig.

---

[1] Codex Theodosianus das. § 9.
[2] das. III. T. 1. § 5. vom Jahre 384.
[3] das. XIII. T. 1. § 99. Es existirt noch ein Gesetz von Theodosius in betreff der jüdischen Schifferzunft in Alexandrien von 390, von dem man nicht weiß, ob es für sie günstig oder ungünstig sein sollte: Judæorum corpus et Samaritanorum ad navicularium functionem non jure vocari cognoscitur. Quidquid enim universo corpori videtur indici, nullam specialiter potest obligare personam. Unde, sicut inopes, vilibusque commerciis occupati, naviculariæ translationis munus obire non debent, ita idoneos facultatibus, qui ex his corporibus eligi poterunt, ad prædictam functionem haberi non oportet immunes. Die alexandrinischen Juden trieben damals ausgedehnte Schifffahrt, waren Matrosen und Steuermänner, wie Godefroy aus einem Citat bei Synesius epist. 4 anmerkt.

Rufinus liebte das Geld, und die Juden hatten bereits das Zaubermittel des Geldes kennen gelernt, vermöge dessen man verstockte Herzen mildern kann. Eine Reihe von Gesetzen sind daher zu ihren Gunsten erlassen worden. Ein Gesetz bestimmte (396), daß den Juden die Selbstständigkeit gewahrt bleiben sollte, ihre eigenen Marktaufseher, (Agoranomen) aufzustellen, und daß derjenige, welcher sich Eingriffe in dieses ihr Recht wagen sollte, schwerer Kerkerstrafe unterliegen sollte [1]. Ein anderes (von selbem Jahr) schützte die „erlauchten Patriarchen" gegen Beschimpfung [2]. Als in Illyrien Angriffe auf Synagogen gemacht worden (wahrscheinlich von der Geistlichkeit, welche die jüdischen Gotteshäuser gerne ebenso vertilgt wissen wollte, wie die heidnischen Tempel) befahl Arkadius oder Eutropius, daß die Stadthalter energisch dagegen einschreiten sollten (397 [3]). Er erneuerte und bestätigte auch (in demselben Jahre) das Gesetz Constantins, daß die Patriarchen, wie sämmtliche Religionsdiener der Synagoge frei von der Magistratslast bleiben sollte, ganz gleich den christlichen Geistlichen [4]. Auch eine andere Seite ihrer noch gebliebenen Selbstständigkeit wahrte Arcadius' Regierung (Febr. 398): Daß es den Juden unbenommen bleiben sollte, ihre Rechtsstreitigkeiten, wenn beide Parteien darin einig sind, vor die Patriarchen und andere jüdische Schiedsrichter zu bringen, und daß die römischen Behörden gehalten sein sollten, deren Urtheile zu vollstrecken, unbeschadet dessen, daß sie sonst, was nicht deren Religion beträfe, den römischen Gesetzen unterworfen seien [5]. Eine launenhafte Wandlung darf bei dem Willkür-Regiment des byzantinischen Hofes nicht befremden, wonach ein Gesetz erlassen wurde, daß sämmtliche Juden, auch Religionsvorsteher, der Curiallast unterworfen sein sollten (399 [6]), was vielleicht mit Eutropius' Sturz in diesem Jahre zusammenhing.

Ueber das Verhalten des abendländischen Kaisers, des Schwächlings Honorius oder seines Beherrschers Stilicho gegen die Juden ist nicht viel bekannt geworden. Die Aufhebung der Curialfreiheit für die Gemeinden von Apulien und Calabrien [7] beweist noch nicht

---

[1] das. XVI. T. 8. § 10.
[2] das. § 11.
[3] das. § 12.
[4] das. § 13.
[5] das. II, 1. § 10.
[6] das. XII, T. 1, § 165.
[7] Note 22.

eine systematische Judenfeindlichkeit. Ein anderes Gesetz (von April 399) verbot im Namen des abendländischen Kaisers Honorius im ganzen Umfange der Präfectur bei strenger Strafe die Ausfuhr der Patriarchensteuer. Die Gelder, welche bereits gesammelt waren, sollten für den kaiserlichen Schatz eingezogen werden. Das Motiv zu diesem Verbote mag aber gewesen sein, daß der abendländische Kaiser die Ausfuhr so bedeutender Summen in die Präfectur seines Bruders mit mißgünstigen Blicken betrachtete. Als wollte die Launenhaftigkeit der damaligen Gesetzgebung sich selbst verspotten, wurde fünf Jahre nachher das Verbot wieder zurückgenommen und den Juden nach wie vor gestattet, die Patriarchensteuer zu sammeln und an Ort und Stelle abzusenden (404 [1]). Honorius untersagte einerseits Juden und Samaritanern Betheiligung am Militärdienste [2]), schützte die Juden aber andererseits gegen die Belästigungen von Seiten der Behörden und bestimmte durch ein Edikt, die Juden nicht am Sabbat und Feiertagen vor Gericht zu laden (409 [3]).

Mit dem gutmüthigen, aber mönchisch beschränkten Kaiser Theodosius II. (408—450), dessen Schwäche dem fanatischen Eifer mancher Bischöfe Unsträflichkeit und Aufmunterung zu Grausamkeiten gewährte, fing für das Judenthum das eigentliche Mittelalter an. Edikte dieses Kaisers verboten den Juden neue Synagogen zu bauen, das Richteramt zwischen jüdischen und christlichen Parteien auszuüben, ferner den Besitz christlicher Sclaven und noch andere Einzelheiten von untergeordnetem Interesse. Unter diesem Theodosius fand auch das Patriarchat den Untergang, obwohl der letzte Patriarch R. Gamaliel (Batraab) am kaiserlichen Hof eine hohe Auszeichnung genoß, wie keiner seiner Vorgänger. Neben dem seit langer Zeit den Patriarchen beigelegten Titel, hatte man demselben die hohe Würde als Präfect (Praefectura) nebst einem Ehrendiplom (Codicillus honorarius) übertragen, alles dieses zwar nur Scheinwürden, aber von hoher Bedeutung in einer Zeit, wo der Schein das Wesen ausmachte. Durch welches Verdienst R. Gamaliel sich diese Auszeichnung erworben hat, ist nicht bekannt, vielleicht durch seine medicinischen Kenntnisse. Denn man schrieb ihm die Erfindung eines

---

[1]) das. XVI. T. 8. § 17.
[2]) das. § 16.
[3]) das. II. T. 8. § 3. VIII. T. 8. § 8 auch XVI. T. 8 § 20 von 412.

sehr probaten Heilmittels gegen Milzkrankheiten zu.[1]) Auf dieser Höhe glaubte sich R. Gamaliel berechtigt, es mit den judenfeindlichen Ausnahmegesetzen des Kaisers nicht so genau zu nehmen. Er ließ neue Synagogen bauen, übte Gerichtsbarkeit in Streitigkeiten zwischen Juden und Christen und setzte sich über andere ähnliche kaiserliche Bestimmungen hinweg. In Folge dessen entkleidete ihn Theodosius aller seiner höheren Würden, nahm ihm das Ehrendiplom und ließ ihm nur diejenigen Ehrenrechte, welche er als Patriarch genoß (415). Das Patriarchat hob Theodosius aber beim Leben Gamaliel's keineswegs auf, sondern erst nach dessen Tode, als, wie es scheint, dessen männliche Erben in zartem Alter gestorben waren (um 425[2]). So waren nach R. Gamaliel Batraah die letzten Splitter von dem edlen Stamme des Hillel'schen Hauses zerstoben. Drei und ein halb Jahrhunderte hatte dieses Haus an der Spitze der geistigen Angelegenheiten des Judenthums gestanden, viele seiner Glieder waren Beförderer der Lehre, der Freiheit und Nationalität gewesen, ihre Lebensgeschichte war ein wichtiger Bestandtheil der jüdischen Gesammtgeschichte geworden. Fünfzehn Patriarchen waren während dieser Zeit aufeinander gefolgt: zwei Hillel, drei Simon, vier Juda und sechs Gamaliel.

Unter der Regierung des Theodosius im Morgenlande und des Honorius im Abendlande durfte es ein Bischof von Alexandrien wagen, die Juden unter Mißhandlungen aus dieser Stadt zu vertreiben. Es war der Bischof Cyrill, dessen Streitlust, Ungestüm und Gewaltthätigkeit berüchtigt, und der ein würdiges Ebenbild des Ambrosius von Mailand war. Die Veranlassung zu diesem harten Exil wird in einer zwar parteiischen, doch glaubwürdigen Quelle weitläufig erzählt. Alexandrien war von jeher der Schauplatz der Volkstumulte, durch die vielerlei Nationalitäten hervorgerufen, welche dort zahlreich vertreten waren und sich einander haßten. Das Christenthum brachte mit seinem Dogmengezänke ein neues Element zu Streitigkeiten hinzu. An einem Sabbat waren die meisten Einwohner im Theater versammelt, um einem Schauspiel beizuwohnen und zugleich die Befehle des Präfecten Orestes zu vernehmen, der sie dort der Menge bekannt zu machen pflegte. Unter den Zuschauern waren auch viele Juden, die wieder zahlreich in Alexandrien wohnten

---

[1]) Note 22.
[2]) Dieselbe Note.

und, wie der Bericht hinzufügt, sich lieber in Schauspiel- als in Gotteshäusern einfanden. Als die Juden unter den Christen einen gewissen Hierax bemerkten, der, streitsüchtig wie sein Lehrer Cyrill, öfter Unruhen hervorgerufen hatte, sollen sie laut gerufen haben, derselbe sei nur erschienen, um das Volk zu einem neuen Tumulte zu hetzen. Diese Anklage muß wohl Grund gehabt haben, da der Präfekt darauf einging, Hierax festnehmen und ihn auf der Stelle foltern zu lassen. Die Juden sollen sich nun verabredet haben, in der Nacht die Christen zu überfallen und ihnen den Garaus zu machen; als Erkennungszeichen sollen sie einen Ring aus Palmenrinde getragen haben. In Folge dieser Verabredung erregten die Juden in der Nacht einen blinden Feuerlärm, als wenn die sogenannte Alexandrinerkirche in Flammen stünde. Als die Christen zur Hülfe herbeieilten, soll man dieselben überfallen und niedergemetzelt haben. Verdächtig wird dieser Zug dadurch, daß Orestes diese Missethat keinesweges gerügt, im Gegentheil beharrlich auf Seiten der Juden gestanden hat. Aber Cyrill hatte dadurch Gelegenheit bekommen, seinem ungestümen Charakter freien Lauf zu lassen. Er behauptete, die Vorsteher der Juden Tages vorher gewarnt zu haben, keinen Aufstand gegen die Christen anzuzetteln. Darauf versammelte er die christliche Menge, stachelte sie mit seinem übersprudelnden Fanatismus gegen die Juden, drang in ihre Synagoge, nahm sie für die Christen in Beschlag und vertrieb die jüdischen Einwohner halb nackt aus der ihnen zur Heimath gewordenen Stadt; denn ihr Vermögen überließ Cyrill, der kein Mittel verschmähte, der beutelustigen Menge zur Plünderung (415). Ob sich die Juden ohne Gegenwehr vertreiben ließen, wird nicht erzählt, und doch ist's wahrscheinlich, daß die Vertreibung nicht ohne Blutvergießen von beiden Seiten abgelaufen ist. So hatten die Christen den alexandrinischen Juden das ähnliche Schicksal bereitet, was die Heiden 370 Jahre vorher ihnen zugefügt hatten. Der Präfekt, dem diese Grausamkeit gegen die Juden sehr zu Herzen ging, war ohnmächtig, sie zu schützen; er konnte nur gegen den Bischof Klage führen; aber am Hofe zu Constantinopel behielt Letzterer Recht. Wie groß der Fanatismus dieses Bischofs war, läßt sich aus dem ermessen, was bald nach Vertreibung der Juden in Alexandrien vorgefallen war. Durch die Mönche vom Berge Nitra (unweit Alexandrien), deren Durst nach der Märtyrerkrone sie zu wilden

Thieren gemacht hatte, ließ Cyrill den Orestes überfallen und ihn mit einem Steinwurfe dem Tode nahe bringen, weil er die Judenvertreibung nicht gut heißen wollte. Der Fanatismus der Schüler Cyrill's trieb sie auch zur Wuth gegen die, zu ihrer Zeit berühmte Philosophin Hypatia, die durch tiefe Kenntniß, Beredsamkeit und Sittsamkeit alle Welt bezauberte und Philosophenjünger aus allen Gegenden herbeizog. Die fanatischen Unmenschen, welche Hypatia für die Ursache der Spannung zwischen Orestes und Cyrill hielten, lauerten ihr eines Tages auf, schleppten sie zur sogenannten Kaiserkirche, entkleideten sie schamlos und schlugen sie mit Scherben todt. Dann rissen sie dem Körper Glied für Glied aus und verbrannten sie. Die alexandrinischen Juden durften also noch dankbar sein, mit dem nackten Leben davon gekommen zu sein. Wohin sich die exilirten Juden gewendet, und bei welcher Gelegenheit sie wieder zurückgekehrt sind, verschweigt die Quelle. Nur ein einziges Glied dieser unglücklichen Juden, Adamantius mit Namen, ein Lehrer der Arzneikunde, ließ sich durch das Mißgeschick zur Taufe zwingen; er begab sich nach Constantinopel und erhielt dort das Recht, sich in Alexandrien niederzulassen. Die Uebrigen hatten also Verbannung und Ungemach freudig um ihrer Ueberzeugung willen ertragen [1]).

Nicht so fest waren die Juden in der kleinen Stadt Magona (Mahon) auf der spanischen Insel des Mittelmeeres Minorca, welche der dortige Bischof Severus durch Straßenkämpfe ermüdete und ihre Synagoge einäschern ließ, um sie zum Christenthum zu zwingen. In Spanien und auf den dazu gehörigen Inseln hatten sich Juden frühzeitig, wahrscheinlich noch zur Zeit der römischen Republik niedergelassen und lebten dort in freundschaftlichem Verkehr mit den Urbewohnern. Selbst als die Iberer das Christenthum angenommen hatten, ließen die Ackerbauer ihre Feldfrüchte von Juden einsegnen. In Spanien regte aber auch zuerst die katholische Geistlichkeit den Fanatismus der christlichen Bevölkerung gegen die Juden auf. Jener Bischof Osius (Hosius) von Corduba, welcher auch beim nicäischen Concil getagt hatte, veranstaltete eine Kirchenversammlung in Illiberis (Elvira bei Granada), auf welcher den Christen bei Strafe der Excommunication untersagt wurde, mit Juden zu verkehren, mit ihnen Eheverbindungen einzugehen und ihre Feldfrüchte von ihnen seg-

---

[1]) Socrates historia eccles. VII. 15.

nen zu lassen¹). Die Juden von Magona, welche durch die Anführung ihres reichen gelehrten Vorstehers Theodor nicht ganz unmächtig waren, setzten ihren Feinden langen, hartnäckigen Widerstand entgegen, bis auch er, zur Verzweiflung getrieben, sich taufen ließ und viele nach sich zog. Trotz des Beispiels ihrer Männer wollten die Frauen noch lange nicht von ihrer Anhänglichkeit an das Judenthum lassen. Die Treugebliebenen flohen in Wälder und Schluchten und zogen einen elenden Tod der Abtrünnigkeit vor. So viel läßt sich aus dem geflissentlich entstellten, wenn nicht gar erdichteten Sendschreiben entnehmen, welches der Bischof Severus an sämmtliche Bischöfe und Geistliche gerichtet haben soll, um ihnen das Wunderwerk der Bekehrung der Juden auf Magona anzuzeigen, und sie zu ermahnen, sich desselben Eifers für die Bekehrung der Juden zu befleißigen²).

Die Juden zu schwach, um die ihnen in beiden christlichen Reichen zugefügten Unbilden abzuwehren, machten sich über ihre Feinde hinter ihrem Rücken lustig, wodurch der schwächere Theil sich überall und zu jeder Zeit ein wenig Erleichterung verschafft, bedienten sich aber zuweilen dabei plumper Scherze, um ihre Gesinnung über das Christenthum auszudrücken. Dergleichen Scherze kamen am meisten am Purimfeste vor, wo Heiterkeit des Festes zum Rausch, der Rausch zu unverantwortlichen Aeußerungen und Demonstrationen führte. An diesem Tage pflegte die lustige Jugend den Erzjudenfeind Haman im Bilde an einen Galgen zu hängen, und dieser Galgen, den man zu verbrennen pflegte, hatte, man weiß nicht, zufällig oder absichtlich, die Kreuzesgestalt. Die Christen beklagten sich natürlich über Religionsschändung, und der Kaiser Theodosius II. wies den Rectoren der Provinz an, solchem Unfug zu steuern mit der Androhung schwerer Strafen,³) ohne jedoch die Unsitte unterdrücken zu können. Einmal soll ein solcher Faschingsscherz zu einer grausigen That geführt haben. Die Juden zu Imnestar, einem syrischen Städtchen zwischen Antiochien und Chalcis, sollen einen Hamansgalgen in Kreuzesgestalt errichtet, in der Trunkenheit einen christlichen Knaben daran kreuzweise angehängt und ihm mit Geißelhieben den Tod gegeben haben. Dadurch entstand ein Kampf

---

¹) Concilium Illibertanum, canon 49, 50.
²) Epistola Severi ad omnem ecclesiam, de virtutibus ad Judæorum conversionem factis c. 2.
³) Codex Theodosianus XVI. T. 8. §§ 18., 21.

zwischen Juden und Christen, worauf der Kaiser befahl, die Schuldigen der gerechten Strafe zu unterwerfen (415 [1]).

Die antiochenischen Christen, die den alexandrinischen an Fanatismus nicht nachstanden, und den Kaiser einmal gebeten hatten, ihnen die Gebeine und Reliquien ihres Märtyrers Ignatius nicht zu nehmen, weil derselbe ihrer Stadt gleich festen Mauern Schutz gewähre, rächten auch ihrerseits die That der Juden von Imnestar, indem sie die Synagogen ihrer jüdischen Miteinwohner mit Gewalt nahmen. Es ist eine bemerkenswerthe Erscheinung, daß die Präfekten und Rektoren der Provinzen sich meistens für die Juden gegen die Geistlichkeit aussprachen. Der syrische Präfekt hatte dem Kaiser den Synagogenraub angezeigt und muß diese Ungerechtigkeit so grell geschildert haben, daß er den in mönchische Andächtelei versunkenen Theodosius II. bewogen hat, einen Befehl an die Antiochenser zu erlassen, die Synagogen ihren Eigenthümern zurückzustellen. Aber gegen diesen Beschluß eiferte der Säulenheilige Simeon, der unweit Antiochien in einer Art von Stall (Mandra) ein Leben äußerster Entsagung führte. In dem falschen Begriffe jener Zeit von der Versündigung der Menschheit und der dadurch nothwendig gewordenen Büßung verfielen die Büßer auf Kasteiungen, die von eben so viel Heroismus als hirnverbranntem Sinne zeugen. Was die Phantasie nur an Pein und Marter ersinnen kann, legten sie sich auf; einsames Leben, Fasten, Ehelosigkeit, genügten nicht mehr, sie überboten sich an Entsagungen. Sich der brennenden Hitze, der erstarrenden Kälte mit bloßem Leibe auszusetzen, auf einer schmalen, in die Luft hochragenden Säule unbeweglich zuzubringen, galt als ein hochheiliges, gottseliges Leben. Am weitesten brachte es in diesem Kasteiungssystem eben dieser Simeon, der Stylite, und wurde daher auch als ein besonderer Heiliger verehrt. Aber wiewohl er auf seiner Säule der Welt und ihrem Treiben entsagt hatte, so war der Judenhaß doch Grund genug für ihn, sich in weltliche Angelegenheiten zu mischen. Kaum erfuhr er den Befehl des Kaisers Theodosius von der Zurückgabe der geraubten Synagogen, so richtete er ein beleidigendes Schreiben an den Kaiser, ließ ihm wissen, daß er nur Gott allein und sonst Niemand als Kaiser und Herrn anerkenne, und drang darauf, das Edikt zurückzunehmen. Bei Theodosius bedurfte es gar nicht so vieler Einschüchterungsmittel, er

---

[1] Socrates Caf. VII. 16.

widerrief den Befehl und setzte sogar den syrischen Präfekten ab, der den Juden das Wort geredet hatte (423[1]).

Die Bigotterie des morgenländischen Kaisers Theodosius II. wirkte auch auf den abendländischen Honorius und beide haben durch alberne Gesetze die Juden in diejenige Ausnahmestellung gebracht, in welcher die neuerstandenen germanischen Staaten sie vorgefunden haben. Die Juden wurden zu keinem Staatsamte, zu keiner militairischen Funktion zugelassen, welche sie früher genossen hatten; nur die zweideutige Ehre städtischer Aemter wurde ihnen noch gelassen[2]). Aber nicht zufrieden damit, ihnen die Gleichberechtigung entzogen zu haben, verkümmerte ihnen Theodosius die freie Verwendung ihres Eigenthums zu religiösen Zwecken, als wenn das Vermögen der Juden kaiserliches Eigenthum wäre. Nach dem Erlöschen des Patriarchenhauses hatten die jüdischen Gemeinden nicht aufgehört, die Patriarchensteuer nach Gewohnheit zu leisten; die Primaten nahmen sie in Empfang, und verwendeten sie höchst wahrscheinlich zum Unterhalt der Lehrhäuser. Mit einemmale erschien ein kaiserliches Dekret, welches den Primaten bedeutete, die bereits gesammelte Summe der Patriarchensteuer für den kaiserlichen Schatz auszuliefern, in Zukunft aber dieselbe von kaiserlichen Beamten nach genauer Ermittelung ihres Betrages erheben zu lassen, und selbst die vom abendländischen Reiche einlaufenden Gelder sollten dem kaiserlichen Schatze überliefert werden (30. Mai 429[3]). Neu-Rom hatte die ganze Tücke und Geldgier von Alt-Rom mit herüber genommen. Wie der heidnische Kaiser Vespasian sich die Tempelsteuer, so eignete sich der christliche Kaiser die Patriarchensteuer zu, um zum Raube noch die Gewissenspein hinzuzufügen, das was die Frömmigkeit freiwillig gespendet, als Zwangsabgabe für fremde Interessen aufzulegen.

Trotz der Verkümmerung der Judenheit im oströmischen Reiche und noch mehr in Judäa, die das Talmudstudium zum Stillstand gebracht haben, war die Forschung in Judäa nicht ganz erloschen.

---

[1]) Theodoret historia eccles. III. 1. Evagrius h. eccl. I. 13. Simeons Schreiben an Theodosius in syrischer Sprache bei Assemani Bibliotheca orientalis I. p. 254. Die Gesetze Theodosius gegen Synagogenzerstörung C. Theod. a. a. O. § 21 vom Jahre 412. § 25, 26 vom Jahre 423.
[2]) Codex Theod. das. § 24. Augustinus altercatio ecclesiae et synagogae.
[3]) C. Th. das. § 29.

Allein das Elend der Gegenwart ließ keinen Spielraum für die tiefere Halacha, förderte aber die gemüthliche Agada, welche, sich in die freudigen und düstern Zeitlagen der Vorzeit versenkend, auf die wunden verzweifelten Gemüther den Balsam des Trostes goß, und sie mit dem Zauber der Hoffnung einschläferte. Die tiefer Blicken= den hatten das klarste Bewußtsein von diesem Verfall der ernsten Studien und schilderten ihn in verschiedenen Wendungen. „In früherer Zeit, als die Thora Alles galt, bemühte man sich, Mischna und Talmud zu hören, jetzt aber lauscht man nur auf das Wort der Agada." — „In früherer Zeit, als das Geld häufig war, wen= dete man sich der Halacha zu, jetzt aber, wo das Geld selten ge= worden, und man sich schwach vor Leiden fühlt, hört man nur auf die Segens= und Trostsprüche (der Agada)." — „Der Talmudkenner gleicht einem Manne mit Goldbarren, der zuweilen hungern muß, weil er nichts davon ausgeben kann, der Agadakundige hingegen gleicht einem Besitzer kleiner Münzen, der jeden Augenblick im Stande ist, sich Lebensmittel dafür einzutauschen"[1]. — Der Charakter der Agada, welche wie die Halacha ihre eigenen Autoritäten, (Rabbanan b'Agabta[2]) genannt, hatte, war indessen bedeutend verändert.

Die jüngere Agada oder Predigtweise unterscheidet sich wesentlich von der ältern durch eine mehr künstliche Form, sie bestrebt sich aus unzusammenhängenden Versen ein Ganzes zu bilden, rednerischen Schmuck und rednerische Kunstgriffe zu gebrauchen. Sie hat schon eine Einleitung, einen Text, der sich zum Theil durch den ganzen Vortrag schlängelt, und einen effektvollen Schluß. Sie zeigt ferner mehr Sprachbewußtsein, als die ältere und sucht selten vorkommende hebräische Wörter auf verschiedene Weise zu erklären[3]. Als Träger dieser ausgebildeten predigtartigen Form der Agada wird R. Tan= chuma bar Abba genannt, dem ganze Partien der agadischen Literatur angehören[4].

Die bessere Kunde der hebräischen Sprache ist unstreitig durch die Polemik mit Christen gefördert worden, und sie war in diesem Zeitalter noch so sehr geweckt, daß das Christenthum noch immer

---

[1] Canticum Rabba zu 1. b.
[2] Jerus. Horajot Ende.
[3] Numeri Rabba c. 19.
[4] Note 36.

von ihr das Verständniß des biblischen Urtextes erlernte. Auch für diese Wissenschaft war Tiberias Bildungsstätte und Muster; neben ihm wird nur noch Lybba genannt. Hieronymus (331—420), den die Kirche den Heiligen nennt, der ein Nonnenkloster in Bethlehem angelegt, und von Wissensdurst getrieben, gleich Origenes, die Bibel aus dem Urtexte kennen zu lernen bemüht war, suchte jüdische Lehrer, wie Bar=Chanina und Andere, aus diesen Städten auf [1]). Aus den nicht geringen Kenntnissen, die Hieronymus sich durch ihre Anleitung so gründlich angeeignet hatte, daß er es zur Fertigkeit brachte, sich in dieser Sprache frei auszudrücken, ist ein Schluß erlaubt, daß die Kenntniß der heiligen Sprache und der Bibel in Judäa größere Pflege gefunden, als man sonst angenommen hat. Bar=Chanina mußte aber, die Oeffentlichkeit scheuend, heimlich in des Kirchenvaters Zelle kommen, ihn zu unterrichten, weil durch den feindlichen Gebrauch, den die Christen mit der Kenntniß der hebräischen Sprache machten, es in der letzten Zeit verboten war, Christen überhaupt zu unterrichten [2]). Hieronymus lernte aber nicht nur das Wortverständniß der Bibel und die Aussprache des Hebräischen, sondern auch tiefere Einsicht in den Zusammenhang des Textes, den die Tradition bot. Die Form agadischer Auslegung wußte er sich so sehr anzueignen, daß er sie auf den christlichen Kreis zuweilen mit Geschmack und geistreichen Wendungen übertragen konnte, wie die Anwendung der zwei Frauen in Salomon's Urtheil auf das Verhältniß der Synagoge zur Kirche.

In Beurtheilung und Unterscheidung der echten kanonischen Schriften von unechten, apokryphischen Sammlungen waren die Juden, ihren christlichen Zeitgenossen bei weitem überlegen und um viele Jahrhunderte voraus. Das nicäische Concil, das die Parteien durch Machtsprüche einigen wollte, hatte auch den Streit über die Heiligkeit zweifelhafter Schriften entschieden und mehrere apokryphische Bücher in den Kanon aufgenommen. Die Juden, mit welchen Hieronymus exegetische Unterredung pflog, machten dagegen über den Unwerth mancher Apokryphen solche gesunde Bemerkungen, daß sie auch heutigen Tages bei fortgeschrittener Kenntniß als richtig anerkannt werden müssen. Unter Anderm verspottete ein

---

[1]) Vergl. Hieronymus ad Pamachium; Præfatio in Paralipomena, in Tobiam, in Job.
[2]) Chagiga 13. a.

jüdischer Gesetzeslehrer die Zusätze zum Habakuk, nach welchen ein Engel den Propheten beim Schopfe von Judäa nach Chaldäa geführt haben soll. Er fragte, wo man im alten Testamente ein Seitenstück fände, daß einer der heiligen Propheten mit einem der Schwere unterworfenen Körper in einem Nu solche weite Räume durchflogen hätte. Als ein Christ in vorschneller Antwort den Einwurf vom Propheten Ezekiel machte, den ebenfalls eine Hand an den Haarlocken von Chaldäa nach Jerusalem geführt hat, erwiderte der kundige Jude: „Der heilige Text fügt aber dabei hinzu, Ezekiel fühlte sich im Geiste dahin versetzt und im Geist habe er Alles geschaut"[1]. — Die Juden hatten sich trotz der Ungunst der Zeit von dem Unverstand frei gehalten, in naivem Glauben Alles ohne Wahl als heilig anzunehmen, was als solches geboten ward; sie hatten in dem Tempel des Glaubens nicht das Licht der Einsicht ausgelöscht und ihrem Urtheil nicht Fesseln angelegt, sich blindlings jeder Zumuthung hinzugeben. Diese Einsicht war ein Erzeugniß des Halachastudiums, welches gegen die urtheilsunfähige Gläubigkeit ein Gegengewicht bot. Judäa war also in seinem Greisenalter noch Pflegerin der hebräischen Sprache, die sie ihren Söhnen in der Fremde als ein unauflösliches Band mitgegeben hat. Die heilige Sprache bei Gebeten, Vorlesung und Studium in Gebrauch, wurde die geistige Einheit des jüdischen Volkes.

Von der untergehenden Sonne Judäa's hatte das Christenthum einige Strahlen aufgefangen, die in der Kirche als ein Himmelslicht gepflegt wurden. Die Kenntniß des Hebräischen, die Hieronymus sich von jüdischen Lehrern angeeignet, und vermittelst deren er im Stande war, eine von der entstellten Septuaginta abweichende, dem hebräischen Texte sich mehr nähernde lateinische Uebersetzung (Vulgata) anzulegen, reichte über ein Jahrtausend aus, und ist erst bei der Wiederherstellung der Wissenschaft im Beginn der Neuzeit erweitert und berichtigt worden. Aber mit jedem Schritte, den das Christenthum vorwärts that, entfernte es sich immer mehr und mehr vom Judenthume, und es bedurfte dazu der Beredsamkeit vieler Jahrhunderte, um ihm wieder in Erinnerung zu bringen, daß das Judenthum sein Ursprung gewesen. Der Glaubenseifer hatte die Blutsverwandtschaft so sehr vergessen gemacht, daß selbst Hieronymus, der zu den Füßen jüdischer Lehrer gesessen, der in dem alten Testa-

---

[1] Hieronymus præfatio in Danielem.

mente eben so heimisch war wie in dem neuen, den tief gewurzelten Judenhaß nicht ablegen konnte. Seine Feinde, die ihm seine jüdischen Studien als Ketzerei zum Vorwurf gemacht, überzeugte er von seiner Rechtgläubigkeit durch seinen Judenhaß: „Wenn es erforderlich ist, die Einzelnen und das Volk zu verachten, so verabscheue ich mit einem unnennbaren Hasse die Juden, denn sie verfluchen noch heute unsern Herrn in ihren Synagogen" [1]). Er stand darin nicht allein, sondern hatte Gesinnungsgenossen an dem jüngeren zeitgenössischen Kirchenvater Augustinus. Dieses Glaubensbekenntniß des Judenhasses war nicht die Privatansicht eines Schriftstellers, sondern ein Orakel für die ganze Christenheit, welche die Schriften der als Heilige verehrten Kirchenväter gleich Offenbarungen einsog. Dieses Glaubensbekenntniß hat später Könige und Pöbel, Kreuzfahrer und Hirten gegen die Juden bewaffnet und für sie Marterwerkzeuge erfinden und Scheiterhaufen zusammentragen lassen.

[1]) Hieronymus adversus Rafinum II.

Dreiundzwanzigstes Kapitel.

Fünftes Amorageschlecht. Exilarch Mar-Sutra. Schulhäupter Mar bar Aschi und R. Achi aus Difta. Sinken der babylonischen Lehrhäuser. Verfolgung der Juden unter Jesdigerd III.

(427 — 468)

Sechstes und letztes Amorageschlecht. Exilarchen Huna Mari und R. Huna. Schulhäupter Rabina von Sura und R. José von Pumbadita. Verfolgung der Juden unter Firuz. Auswanderung jüdischer Colonisten nach Indien. Jüdisches Vasallenreich in Cranganor. Abschluß des babylonischen Talmud. Geist und Bedeutung desselben.

(468 — 500)

Im Verlaufe des fünften Jahrhunderts fand das römische Reich, in so weit es an Rom oder die dasselbe vertretende Ravenna oder Mailand geknüpft war, seinen völligen Untergang. Die Theilung desselben in zwei Präfecturen mit zwei gegen einander eifersüchtigen Höfen, die Stöße, welche ihm junge Völker mit frischen Kräften wiederholenblich und von allen Seiten versetzten, zerschlugen es in Trümmer, aus welchen sich neue Königreiche mit neuen Bestrebungen und Interessen bildeten. Wie die alte Welt durch diese Vorgänge ihr Ende fand, ebenso schloß das Judenthum in dieser Zeit sein Alterthum ab und trat in eine neue Richtung. Auch in Babylonien, wo die Juden bisher eine nur selten gestörte Ruhe und Selbstständigkeit genossen, häuften sich Leiden und Verfolgungen, und diese Drangsale legten den Führern des Judenthums die Nothwendigkeit auf, das Erbe der Väter in Sicherheit zu bringen. Dieses Erbe war der Talmud, in welchen Alles niedergelegt war, was die jüdische Nation seit dem Abschnitt der biblischen Literatur gefühlt, gedacht, erstrebt und geleistet hat. Ein merkwürdiges Zusammentreffen fand hierbei statt, welches zwar den Charakter des Zufalles an sich trägt, aber doch einen höheren Zusammenhang ahnen läßt. Der Talmud im weitern Sinne, der seinen Ausgangspunkt von

Hillel I. hat, begann gerade mit der Umwandlung der römischen Republik in das Kaiserreich unter Augustus und erhielt seinen Abschluß zugleich mit dem Untergang des römischen Reichs unter Romulus Augustulus. Diese Zeit des Abschließens ist im Vergleich zur frühern arm an Persönlichkeiten und Begebenheiten. Die Schöpferkraft nahm ab und machte der Richtung Platz, das früher Geschaffene zu reproduciren und festzustellen; die jüdische Geschichte bewegt sich in einem engen Kreis, Schulhäupter werden gewählt, lehren und sterben, und nur durch die eintretenden Verfolgungen erhielt sie eine traurige Abwechselung.

Nach R. Aschi's Tod wählte das suranische Collegium einen Genossen R. Aschi's, R. Jemar oder Mar Jemar (zusammengezogen Maremar), der ohne Zweifel bereits im Greisenalter stand. Er wandte dem Lehrhause vier oder fünf Jahre zu (427—432). Sein Nachfolger war Idi bar Abin, der noch weniger bekannt als sein Vorgänger ist; er führte die suranische Schule zwanzig Jahre, war also vermuthlich einer von R. Aschi's Jüngern. R. Idi hatte zum Nachfolger R. Nachman bar Huna (452—455), dessen Mittelmäßigkeit daraus hervorgeht, daß sein Name nicht ein einziges Mal im Talmud genannt wird, während viel spätere Amora's noch einen klangvollen Namen in demselben haben. Während der dreißig Jahre nach Aschi's Tod hatte das noch bedeutungslosere pumbaditanische Lehrhaus zwei Schulhäupter gewechselt. Auf R. Gebiha, Zeitgenosse R. Aschi's, folgte Rafrem II. (433—443) und auf diesen R. Nachumaï oder Nachumaï (443—456 [1]).

Nach dem Tode R. Nachman's war das suranische Collegium im Begriffe, die Vacanz mit R. Acha aus Difta zu besetzen. Warum R. Aschi's Sohn Mar bei der Wahl übergangen werden sollte, bleibt ein Räthsel; denn allzu jung war er damals nicht mehr, da er bei seines Vaters Leben schon ein unterscheidungsfähiger Zuhörer war, und also zur Zeit der Wahl ein Vierziger gewesen sein mag. Vielleicht machte sich dabei der Einfluß des Resch-Galuta geltend, der einen Sohn R. Aschi's, dem sein Vorgänger untergeordnet war, seine Zustimmung nicht gegeben haben mochte. R. Acha hingegen war Hausgenosse des Exilarchen Mar-Sutra, und wurde wahrscheinlich bei der Wahl von demselben unterstützt [2]).

[1]) Vergl. die talmudische Chronologie Note 1.
[2]) Note 37.

Mar, der auch den Namen Tabjome führte, war in Machuza, als er die Nachricht von der Erledigung der suranischen Metibta hörte. Eine Sage erzählt, er sei durch den Ausspruch eines Wahnsinnigen darauf aufmerksam gemacht worden; er habe die Worte vernommen: „der Resch-Metibta von Mata Mechasia zeichnet sich Tabjome". Worte von Wahnsinnigen hingeworfen, galten als bedeutungsvoll und gewissermaßen prophetisch. Von diesem Omen geleitet, eilte er nach Sura und kam gerade zur rechten Zeit an, als die Mitglieder der Hochschule wegen der Neuwahl versammelt waren. Sie schickten Abgeordnete an ihn, sich mit ihm wegen der Wahl des R. Acha zu berathen, er aber hielt sie zurück und auch die Andern, die nachgeschickt wurden, bis ihrer zehn waren; dann hielt er einen Vortrag und wurde von den Anwesenden als Resch-Metibta begrüßt (455). R. Acha war über diese Zurücksetzung außerordentlich gekränkt und wandte auf sich den Satz an: „Wer einmal Unglück hat, der kann nimmermehr zum Glücke gelangen." [1]) In demselben Jahre brach eine in den babylonischen Ländern bis dahin unerhörte Verfolgung gegen die Juden aus, welche der Anfang einer langen Reihe blutiger Auftritte war, die sie von den letzten neupersischen Königen zu erdulden hatten; ihre Lage ward dadurch nicht besser, als die ihrer Stammverwandten im römischen Reiche.

Jesdigerb III. (440—457), seinem gleichnamigen Vorgänger unähnlich, war es, der eine religiöse Verfolgung gegen die Juden verhängte. Sie war zunächst gegen den Sabbat gerichtet, es war nämlich verboten, den Sabbat zu feiern (456[2]). Die Veranlassung zu einer solchen Sinnesänderung der persischen Herrscher gegen die ihnen stets mit Treue zugethanenen Juden ist wahrscheinlich in dem Fanatismus der Magier zu suchen, welche manche persische Könige nicht weniger beherrschten, als die geistlichen Rathgeber die morgenländischen Kaiser. Die Magier scheinen in dieser Zeit von den Christen Bekehrungseifer und Religionsverfolgungen gelernt zu haben. Amemar, das letzte Schulhaupt von Nahardea, hatte eine Unterredung mit einem Magus, der ihm sein Religionsprinzip von der Doppelgottheit, dem Lichtgott Hormuz und dem Nachtgott Ahriman, gleichsam aus dem menschlichen Organismus beweisen wollte. „Der obere Theil deines Körpers, sagte der Magier, gehört dem Hormuz

---

[1]) Baba Batra 12 b.
[2]) Note 1.

und der untere Theil dem Ahriman an"; d. h. wie der Mensch zweitheilig und gegensätzlich, ebenso die Welt und die Gottheit; oben der Sitz des Verstandes und Gefühls, unten der Sitz der Sinnlichkeit. Schlagend entgegnete ihm Amemar, auf das Bild eingehend: „Wenn dem so wäre, so sollte Hormuz nicht Ahriman gestatten, einen Kanal durch sein Gebiet zu ziehen". Er wollte hiermit die unzertrennliche Einheit des menschlichen Wesens darthun[1]). Religionsgespräche pflegen selten zum Frieden zu führen, denn siegend oder besiegt, will sich die Anhänglichkeit durch verdoppelten Eifer bethätigen; religiöse Polemik war daher stets der Vorläufer von Verfolgungen und Religionskriegen. Ohnehin hatte das Christenthum mit seinem Bekehrungseifer die Magier zur Gegenwehr herausgefordert. Die Manichäer, welche jüdische, christliche und persische Religionsansichten zu einem eigenen Gemische verbunden hatten, machten in Persien Verketzerungen ebenso einheimisch wie im römischen Reiche. Jesdigerd verfolgte Manichäer und Christen. Früher oder später mußte der persische Lichtcultus am Judenthum Anstoß nehmen und es auf die Liste seiner Feinde setzen. Ueber das Verhalten der Juden dem Verbote, den Sabbat zu feiern gegenüber schweigen die Chroniken; es wird indessen den Gewissenhaften nicht an Gelegenheit gefehlt haben, es zu umgehen, daher werden keine Märtyrer aus dieser Verfolgung namhaft gemacht. Ohnehin dauerte der Zwang etwa ein Jahr, da Jesdigerd bald darauf getödtet wurde und seine Söhne Chobar-Warda und Piruz um den Besitz der Krone einen Bürgerkrieg führten[2]). Eine Sage erzählt: er sei, durch die inbrünstigen Gebete von Mar und R. Sama bewirkt, auf seinem Bette von einem Drachen verschlungen worden. Dieser R. Sama b. Rabba, das vorletzte amoräische Schulhaupt von Pumbadita, war der Nachfolger Rachumai's und fungirte fünfzehn Jahre (456—471), ohne eine Spur seiner Wirksamkeit zu hinterlassen. Aber auch Mar bar Aschi, obwohl die einzige

---

[1]) Synhedrin 39. a.
[2]) Scherira berichtet nach einer alten Chronik, daß Jesdigerd (III.) getödtet worden sei (Sendschreiben). Aehnliches referirt unter den morgenländischen Schriftstellern Eutychius (Annales I. 100): Yasdejerdo e medio sublato de regno contenderunt duo ipsius filii Phiruz et Ibernius (Hormuz III). Jesdigerd regierte nach Mordtmann 440—457 und sein Sohn Hormuz, oder wie er nach Mordtmanns Vermuthung hieß אחרדדא 457—458. Zeitschrift der deutsch-morgenl. Gesellschaft VIII. S. 71.

Autorität dieser Zeit, dessen Entscheidungen bis auf drei Fälle Gesetzeskraft erhielten, scheint in der suranischen Metibta keinen besonderen Glanz entwickelt zu haben. Er setzte die Thätigkeit seines Vaters fort, die Talmudsammlung zu vervollständigen, wobei er auch dessen Entscheidungen aufnahm, aber diejenigen verwarf, von denen er wußte, daß derselbe im Alter davon zurückgekommen war [1]). Er und seine Zeitgenossen mochten sich um so eher zur Sammlung und zum Abschluß gedrängt fühlen, als die erlebte Verfolgung die Zukunft unsicher gemacht hatte. Von seinem Charakter ist weiter nichts bekannt, als ein Zug von Gewissenhaftigkeit, welcher von Raba's Parteilichkeit für die Standesgenossen grell absticht. Er erzählt von sich: „Wenn ein Genosse bei mir zu Gericht erscheint, so lehne ich die Funktion ab, weil ich einen solchen als Blutsverwandten betrachte und ich unwillkürlich zu seinen Gunsten parteiisch sein könnte" [2]). Sein nicht seltener Zuname Tabjome (glückliche Zeit) gab der späteren Sage Veranlassung, nachdem das Andenken an Jesdigerd's Gewissenszwang aus dem Gedächtniß entschwunden war, seine Zeit als eine besonders glückliche für die jüdische Nation zu preisen.

Nach Mar, welcher dreizehn Jahre fungirte (455—468), wurde Rabba Tusfah suranisches Schulhaupt, von welchem aber, wie von den letzten Amora's überhaupt, durchaus keine individuelle Züge aufbewahrt sind, aus denen sich ein Charakterbild entwerfen ließe. Die eingetretene Leidenszeit im jüdischen Babylonien hatte für Persönlichkeiten kein Gedächtniß. Die Verfolgung, welche die Juden des persischen Reichs unter Firuz (Pheroces 458—485). erduldeten, übertraf bei weitem diejenigen, welche sein Vater Jesdigerd über dieselben verhängt hatte. Die Veranlassung zu derselben soll die Rache gewesen sein, welche dieser von den Magiern beherrschte König an sämmtlichen Juden ausüben wollte, weil einige derselben in Ispahan zwei Magier getödtet und ihnen die Haut abgeschunden haben sollen. Firuz ließ dafür die Hälfte der jüdischen Einwohner von Ispahan tödten und die jüdischen Kinder im Tempel von Horvan für den Feuercultus gewaltsam erziehen [3]). Die Verfolgung erstreckte sich aber auch über die babylonischen Gemeinden, wo sie

---

[1]) Gittin 29. b.
[2]) Sabbat 119. a.
[3]) Hamza al-Isfahani Annales edit. Gottwaldt. S. 56.

mehrere Jahre bis zu des Tyrannen Tod dauerte. Der Exilarch Huna-Mari, Sohn Mar-Sutra's, mit zwei Gesetzeslehrern, Amemar bar Mar-Janka und Mescherschaja bar Pacob, wurden in den Kerker geworfen und später hingerichtet (469—70). Es waren die ersten Märtyrer auf babylonischem Boden, und es ist bedeutsam, daß auch ein Exilsfürst für das Judenthum blutete. Einige Jahre später nach Rabba Tusfah's Tod wurden die Feindseligkeiten noch mehr gesteigert, die Lehrstätten zerstört, die Lehrversammlungen verboten, die jüdische Gerichtsbarkeit aufgehoben, und die Jugend zum Magiercultus angehalten (474[1]). Die Stadt Sura scheint in dieser Zeit zerstört worden zu sein[2]. Firuz, dessen Verfolgungssystem an Hadrian erinnert, erfand etwas Neues, woran jener Kaiser nicht gedacht hat: die Jugend dem Judenthum zu entziehen und sie durch Gewaltmittel an den persischen Cultus zu gewöhnen; er wird daher gleich Hadrian von der jüdischen Nachwelt mit dem Namen „der Böse" (Piruz Reschia) gebrandmarkt[3].

Die nächste Wirkung dieser Verfolgung waren Auswanderungen jüdischer Colonien und Verbreitung derselben südwärts bis Arabien und ostwärts bis Indien. Wiewohl auf der ganzen arabischen Halbinsel von jeher jüdische Stämme wohnten, und, wie später erzählt werden wird, unabhängige kleine Republiken bildeten, so erhielten sie erst durch die neuen Ankömmlinge aus Babylonien das ausgeprägte religiöse Leben, talmudische Kenntnisse, und dadurch auch eine höhere Gesittung. Die Auswanderung der Juden nach Indien wird ausdrücklich um die Zeit der Firuzischen Verfolgung angemerkt. Ein sonst Unbekannter, mit Namen Joseph Rabban, (schon durch diesen Titel als Babylonier kenntlich), kam mit vielen jüdischen Familien an die frucht- und handelsreiche Küste Malabar im Jahre 4250 der jüdischen Zeitrechnung (490) an, muß demnach früher die Reise unternommen haben, und also unter Firuz ausgewandert sein. Der brahamanische König Airvi (Eravi) von Cranganor nahm die jüdischen Ankömmlinge freundlich auf, schenkte ihnen in seinem Lande Wohnsitze und erlaubte ihnen nach eigenen Gesetzen zu leben, und von ihren eigenen Häuptlingen (Marbeliar) regiert zu werden. Ihr erster Häuptling war ihr Führer Joseph Rabban, welchem

---

[1]) Note 1.
[2]) Sabbat 11. a.
[3]) Chulin 62. a. S. Note 1.

der indische König besondere Rechte und fürstliche Ehren, erblich für seine Nachkommen, gewährte. Er durfte gleich den indischen Fürsten auf einem Elephanten reiten, unter Musikbegleitung von Trommeln und Zimbeln einen Herold vor sich hergehen lassen und auf Teppichen sitzen. Joseph Rabban soll eine Reihe von 72 Nachfolgern gehabt haben, welche die indisch-jüdischen Colonisten regierten, bis Streitigkeiten unter ihnen entstanden, viele derselben umkamen, Cranganor zerstört wurde, und der Rest sich in Mattachery (eine Stunde von Cochin) ansiedelte, welches davon den Namen Judenstadt bekommen hat[1]). Die Privilegien, welche Airvi den jüdischen Ankömmlingen ertheilt hatte, wurden in eine Erztafel mit alt-indischen (tamulischen) Schriftzügen und einer schwerverständlichen hebräischen Uebersetzung eingegraben, welche sich noch heutigen Tages vorfindet[2]).

Der Inhalt der kupfernen Tafel, Chempeaba genannt, lautet: „Swastri Sri, der König der Könige hat es verordnet! Von Jussuf „Rabban und seinem Volke erhalten wir den Tribut der unserer „Hoheit gebührenden Treue und Ehrfurcht und des uns zukom„menden üblichen Geschenkes. Wir gewähren ihnen daher die „Vorrechte, fünf verschiedene Farben zu tragen, am Tage Lampen „zu brauchen, lange Gewänder zu tragen, sich der Sänften, Schirme, „kupfernen Gefäße, Trommeln und Kränze an ihrem Körper zu be„dienen, auch Kränze in ihren Straßen anzubringen. Alle Taxen „und Gebühren haben wir für sie sowohl, wie für andere Woh„nungen und Bethäuser erlassen. Diese Vorrechte sollen fünf Ge„schlechter, nämlich Jussuff Rabban und seine Nachfolger in gerader „Linie, seine männlichen und weiblichen Kinder, seine Enkel von „seinen Söhnen und Töchtern als erbliches Recht genießen, so lange „die Erde und der Mond dauern." Unterzeichnet Swastri Sri und „andere Fürsten.[3])

Die Auswanderer unter Joseph Rabban fanden aber allem Anscheine nach bereits früher angesiedelte Familien in Indien vor, welche ebenfalls aus Persien in einer früheren Zeit (231) einge-

---

[1]) Vergl. Ritter's Erdkunde Theil 5. S. 595. ff. nach den an Ort und Stelle angestellten genauen Forschungen von Buchanan.
[2]) Ein Facsimile der Inschrift dieser Erztafel befindet sich in der Universitäts-Bibliothek zu Oxford.
[3]) Nach Jewish Intelligence Jahrg. 1840. Februarheft.

wandert sein wollen, um welche Zeit auch China seine jüdische Bevölkerung erhalten haben soll. Die Juden Ost-Indiens bestehen noch jetzt aus zwei Klassen, richtiger Kasten, welche durch Hautfarbe, Gesichtszüge, Gesittung und andere Eigenthümlichkeiten so sehr von einander verschieden sind, daß man sie kaum für Söhne eines und desselben Stammes erkennen kann. Es giebt an der Küste Malabar, im benachbarten Binnenland und auf der Insel Ceylon Juden mit weißer Hautfarbe, welche sich von Jerusalem nennen, und schwarze Juden, die sich in nichts von den Urbewohnern Indiens unterscheiden; diese betrachten sich als die ältesten. Zwischen diesen beiden Klassen besteht keinerlei Gemeinschaft, und die weißen jüdischen Familien sehen mit jenem Stolze, welchen die weiße Hautfarbe in allen Erdtheilen als die bevorzugte besitzt, verächtlich auf ihre schwarzen Religionsgenossen herab. Die Letzteren sind allerdings sehr vernachläßigt, selbst in der Religion ihrer Väter unwissend, besitzen nur wenige Exemplare von der heiligen Schrift, und von der Tradition, sowie von ihrer eigenen Geschichte wissen sie gar nichts[1]). Die weißen Juden Indiens glauben lange vor Joseph Rabban, schon zur Zeit des assyrischen Königs Salmanassar aus Jerusalem eingewandert zu sein, und zu den zehn Stämmen zu gehören; in dem Ganges-Flusse erblickten sie das biblische Gosan, wohin die assyrischen Eroberer einen Theil der zehn Stämme versetzt hatten, und den Wunderfluß Sambation oder Sabbation, der sechs Tage fließen und am Sabbat ruhen soll, wollen sie in der Nähe der indischen Stadt Calicut entdeckt haben.

Sobald nach Firuz' Tod der Schrecken der Verfolgung aufgehört hatte (485[2]), kehrte im jüdischen Babylonien die alte Ordnung wieder zurück, die Lehrhäuser wurden geöffnet, Schulhäupter ernannt, Sura und Pumbabita erhielten ihre letzten amoraischen Führer, jenes in Rabina, dieses in R. José. Diese zwei Resch-Metibta und ihre Beisitzer kannten kein anderes Ziel, als die von R. Aschi begonnene Sammlung des Talmud zu vollenden und abzuschließen. Die sich häufenden Leiden, die wahrscheinlich dadurch verringerte Theilnahme an den Studien, die Ungewißheit der Zukunft drängten zu diesem Abschluß. Rabina (fungirte 488—499) und R. José (471 bis um 520) werden in den alten Chroniken ausdrücklich als

---

[1]) Ritter das. Benjamin von Tudela edit Asher, hebräischer Text. S. 92.
[2]) Nach Mordtmann a. a. O. S. 73.

„das Ende der Amorazeit" (Sof Horaah) bezeichnet[1]). Doch haben ohne Zweifel die Mitglieder der beiden Lehrhäuser, deren Namen noch erhalten sind, auch Hand an dieses Werk gelegt, welche daher als die letzten Amora's zu betrachten sind. Der Bedeutendste unter denselben war R. Achaï b. Huna aus Be=Chatim in der Nähe Naharbea's (starb 506), dessen Entscheidungen und Diskussionen sich durch eine eigene Wendung auszeichnen und von einer nüchternen Klarheit des Geistes und Scharfsinn zeugen. Wegen dieser Eigenschaften war R. Achaï auch außer Babylonien bekannt und geschätzt. Ein Sendschreiben, welches von Judäa an die babylonische Metibta gelangte und, so viel geschichtlich bekannt ist, wohl das letzte des verwaisten Mutterlandes an die Tochtercolonie war, spricht von ihm mit der größten Verehrung: „Vernachlässigt R. Achaï nicht, denn er erleuchtet die Augen der Golah"[2]). — Nächst ihm war R. Samuel bar Abbahu (st. 507) aus Pumbadita geachtet, dessen Entscheidung in dem erwähnten Sendschreiben aus Judäa sanctionirt wurde. Die übrigen Amora's dieser Zeit waren R. Rachumaï (st. 506), Rabina von Umza (st. 508), R. Acha ben Abuha (st. 511), die Brüder Techinah (oder Katina) und Mar=Sutra, Söhne R. Chanina's (st. 515). Diese bildeten den Schluß der Amora=Periode und den Anfang der saburäischen Zeit[3]). Selbst der Exilsfürst R. Huna=Mar muß talmudische Kenntniß besessen haben, weil die den Exilarchen gar nicht holde Chronik ihn unter diese Reihe der Gesetzeslehrer aufzählt und ihm den Titel Rabbi einräumt[4]). Seine Geschichte, an welche sich bedeutende Vorgänge knüpfen, gehört in die nächstfolgende saburäische Periode.

Mit diesen Männern vereint vollendeten Rabina und R. José ben Ausbau des Talmuds, d. h. sie sanctionirten die von ihnen veranstaltete Sammlung aller vorangegangenen Verhandlungen und Entscheidungen als ein Fertiges und Abgeschlossenes, zu dem keine Zusätze und Erweiterungen hinzukommen sollen. Wenn auch spätere Einschiebsel im Talmud angetroffen werden, so charakterisiren sie sich als höchst unwesentlich und sind meist agadischer Natur, durch Sprache und Wendung dem Geübten so sehr kenntlich, daß sie mit

---

[1]) Baba Mezia 86. a. Seder Tanaim. Note. 1.
[2]) Note 38.
[3]) Note 38.
[4]) Seder Olam Sutta. Scherira.

den echten Bestandtheilen nicht leicht verwechselt werden können[1]). Dergleichen Zusätze waren allem Anschein nach ursprüngliche Randglossen, welche durch die Hand urkundiger Abschreiber die Ehre des Textes erlangt haben. Der Endabschluß des babylonischen Talmud (auch Gemara genannt) fällt in das Todesjahr Rabina's (13. Kislew 2. Dec. 499), gerade in das Ende des fünften Jahrhunderts, als auf der arabischen Halbinsel Juden die ersten Keime zu einer neuen Religion und einem neuen Weltreiche legten, in Europa aus den Trümmern des alten Rom gothische und fränkische Königreiche entstanden. Der Talmud bildet einen Wendepunkt in der jüdischen Geschichte und wird von jetzt an ein wesentlicher Factor derselben.

Der Talmud ist nicht als ein gewöhnliches Schriftwerk, aus zwölf Bänden bestehend, zu betrachten, hat überhaupt mit keinem einzigen Literaturerzeugniß irgend eine innere Aehnlichkeit, sondern bildet, ohne Redefigur, eine eigene Welt, welche nach ihren eigenen Gesetzen beurtheilt sein will. Es ist darum so außerordentlich schwer eine Characteristik desselben zu entwerfen, weil dazu alle Maaßstäbe und Analogien fehlen. Sie dürfte daher kaum dem Begabtesten gelingen, wenn er auch tief in dessen Wesen eingedrungen und mit dessen Eigenthümlichkeiten innigst vertraut wäre. Allenfalls könnte man ihn mit der Literatur der Kirchenväter vergleichen, die sich zur selben Zeit gebildet hat. Allein bei näherer Betrachtung fällt auch dieser Vergleich weg. Es kommt hier aber auch weniger darauf an, was der Talmud an sich ist, sondern was er in der Geschichte d. h. für die nachfolgenden Generationen war, deren Erziehung er hauptsächlich geleitet hat. Man hat den Talmud vielfach und zu verschiedenen Zeiten aus den entgegengesetztesten Gründen verurtheilt, den Stab über ihn gebrochen und Scheiterhaufen für ihn angezündet, weil man nur seine Schattenseite in's Auge gefaßt hat, ohne auf seinen Werth Rücksicht zu nehmen, der allerdings erst durch den Gesammtüberblick über die ganze jüdische Geschichte an's Licht tritt. Es ist nicht zu leugnen, daß der Talmud, d. h. der in Babylonien entstandene, mit einigen Mängeln behaftet ist, wie jedes Geistesprodukt, das eine einzige Richtung mit unerbittlicher Consequenz und ausschließlicher Einseitigkeit verfolgt. Diese Mängel lassen sich in vier Rubriken zusammenfassen. Der

[1]) Kerem Chemed Jahrgang 1841. S. 249 ff.

Talmud enthält manches Unwesentliche und Kleinliche, welches er mit vieler Wichtigkeit und ernster Miene behandelt; er hat ferner aus seiner persischen Umgebung abergläubische Praktiken und Anschauungen aufgenommen, welche die Wirksamkeit von dämonischen Mittelwesen, von Zauberei, Beschwörungsformeln, magische Curen und Traumdeutungen voraussetzen und dadurch mit dem Geiste des Judenthums im Widerspruch stehen; er enthält manche lieblose Aussprüche und Bestimmungen gegen Glieder anderer Völker und Religionsbekenner, endlich begünstigt er eine schlechte Schriftauslegung, geschmacklose, oft wahrheitswidrige Deuteleien. Für diese Mängel hat man den ganzen Talmud verantwortlich gemacht und ihn als Kleinigkeitskram, als einen Quell der Unsittlichkeit und Unwahrheit verdammt, ohne in Erwägung zu ziehen, daß er nicht das Werk eines einzigen Verfassers ist, der für jedes Wort einstehen müßte, oder, wenn er es ist, so war das ganze jüdische Volk sein Verfasser. Ueber sechs Jahrhunderte liegen im Talmud versteinert in anschaulichster Lebendigkeit, in ihren eignen Trachten, Redeweisen und Gedankenzügen, gewissermaßen ein literarisches Herkulanum und Pompeji, nicht geschwächt durch künstlerische Nachbildung, welche ein Riesenbild in verjüngtem Maaßstabe auf einen engen Raum überträgt. Es ist demnach kein Wunder, wenn in dieser Welt Erhabenes und Gemeines, Großes und Kleines, Ernstes und Lächerliches, der Altar und die Asche, Jüdisches und Heidnisches, nebeneinander angetroffen werden. Oft waren solche gehässige Aussprüche, an welche sich der Judenhaß angeklammert, weiter nichts als Aeußerungen eines augenblicklichen Unmuthes, die einem Einzelnen entfahren und von allzu eifrigen Jüngern, welche keines der Worte von den verehrten Alten verloren gehen lassen mochten, aufbewahrt und dem Talmud einverleibt wurden. Sie werden aber reichlich von Lehren des Wohlwollens und der Menschenliebe gegen Jedermann, ohne Unterschied der Abstammung und Religion, die nicht minder im Talmud aufbewahrt sind, aufgewogen. Als Gegengewicht gegen den wüsten Aberglauben finden sich scharfe Verwarnungen gegen die abergläubischen, heidnischen Praktiken, (Darke Amori), denen ein eigener Abschnitt unter dem Namen Perek Emorai gewidmet war [1]).

---

[1]) Sabbat 66. a. Tosifta c. 7. 8.

Was den babylonischen Talmud besonders charakterisirt, und ihn von dem judäischen oder jerusalemischen unterscheidet, ist der Gedankenflug, die Verstandesschärfe, die Geistesblitze, die aufzucken und wieder verschwinden. Eine unendliche Fülle von Gedanken und Gedankenanregendes ist in den Schacht des Talmuds niedergelegt, aber nicht wie ein fertiges Thema, das man sich halbschlafend aneignen könnte, sondern mit dem frischen Colorit ihrer Erstehung. Der Talmud führt in die Werkstätte des Denkens ein, und man kann in ihm die Gedanken verfolgen, von ihrer ersten Regung an bis dahin, wo sie sich zuweilen in schwindelnder Höhe bis zur Unbegreiflichkeit erheben. Aus diesem Grunde wurde er mehr als der jerusalemische das Grundbesitzthum des jüdischen Volkes, sein Lebensodem, seine Seele. Er wurde den folgenden Generationen eine Familiengeschichte, in der sie sich heimisch fühlten, darin lebten und webten, der Denker in dem Gedankenstoffe, der Gemüthsvolle in den verklärten Idealbildern. Die äußere Welt, die Natur und die Menschen, die Gewalten und Ereignisse waren für die Generationen über ein Jahrtausend unwichtig, zufällig, ein bloßes Phantom, die wahre Wirklichkeit war der Talmud. Eine neue Wahrheit erhielt in ihren Augen erst dann den Stempel des Wahrhaften und Zweifellosen, wenn sie durch den Talmud belegt und sanctionirt schien. Selbst die Kenntniß der Bibel, die ältere Geschichte ihres Volkes, die Feuer- und Balsamworte ihrer Propheten, die Seelenergüsse ihrer Psalmisten, waren für sie nur durch den Talmud und im Lichte des Talmud bekannt. Aber da das Judenthum von seiner ersten Anlage an auf dem Boden des wirklichen Lebens beruht, und der Talmud sich folglich mit concreten Erscheinungen, mit den Dingen dieser Welt beschäftigen mußte, so konnte jenes Traumleben, jene Weltverachtung, jener Haß gegen die Wirklichkeit nicht aufkommen, welche im Mittelalter das Einsiedlerleben der Mönche und Nonnen eingeführt und geheiligt haben. Freilich artete die im babylonischen Talmud vorherrschende Verstandesrichtung, durch klimatischen Einfluß und andere zufällige Umstände gefördert, nicht selten in Spitzfindigkeit und Scholastik aus, wie keine geschichtliche Erscheinung ohne Schattenseite besteht. Aber auch der Mißbrauch trug zur klaren Erfassung bei und ermöglichte den Aufschwung zur Wissenschaft. Die babylonischen Amora's erzeugten jenen dialektischen haarscharf denkenden, jüdischen Geist, der die Zerstreuten in den schlimmsten Tagen vor Verdumpfung und Verdummung schützte. Es war der Aether, der sie vor Fäulniß bewahrte, die stetsbewegende Kraft, welche die Trägheit und Lähmung überwand, ein ewig sprudelnder Quell, der den Geist immer frisch und regsam erhielt. Der Talmud war mit einem Worte der Erzieher des jüdischen Volkes, und diese Erziehung war keine schlechte, indem sie allen störenden Einflüssen der Ausnahmestellung, Erniedrigung und systematischer Entsittlichung zum Trotz im jüdischen Volke einen Grad von Sittlichkeit gepflegt, die dessen Feinde selbst ihm nicht absprechen können. Er hat das religiöse und sittliche Leben des Judenthums erhalten und gefördert, er hat den zonenweit zerstreuten Gemeinden eine Fahne gereicht und sie vor Zersplitterung und Sektirerei geschützt; er hat den Nachkommen die Geschichte ihres Volkes heimisch gemacht, endlich hat er ein tiefes Gedankenleben erzeugt, die Geknechteten und Gebrandmarkten vor Verdumpfung bewahrt und für sie die Fackel der Wissenschaft angezündet. Wie sich der Talmud in das Bewußtsein der jüdischen Nation hineingelebt und den entfernten Gemeinden bekannt und zugänglich wurde, erzählt die Geschichte der folgenden Zeilen.

Ende des vierten Bandes.

Noten.

1.
Die Chronologie in der tanaitischen und amoräischen Zeitepoche.

Die talmudische Geschichtsepoche nahm sich bisher wie ein verschimmelter und verstümmelter Torso aus, weil ihr sogar die beiden Augen, die chronologische Bestimmtheit und das topographische Substrat, gefehlt haben. Daher erschien sie nicht bloß bei den Philosophen Abraham Ibn-Daud, Maimuni und Meïri, welche sie zu einem dogmatischen Argumente gebrauchten, sondern auch bei Fachchronographen wie ein wüstes Durcheinander, und auch in ihrer Bearbeitung im Anfang dieses Jahrhunderts ist dieser Wirrwarr noch nicht geschwunden. Erst in neuester Zeit ist es möglich geworden, die Topographie und Chronologie so ziemlich zu fixiren. Hier soll lediglich über den letzten Punkt Rechenschaft abgelegt worden. —

Während wir indessen an den neuerschlossenen Quellen des Seder Tanaïm w' Amoraïm mit seinen verschiedenen Varianten und des correcteren Textes des historischen Sendschreibens Scherira's reiches kritisches Material für die Chronologie der amoräischen Epoche besitzen, entbehrt die tanaitische Zeit bestimmter Data. Man kennt nur Anfang und Endpunkt: die Tempelzerstörung durch Titus und den Abschluß der Mischna. Innerhalb dieser Zeit dagegen, über ein Jahrhundert, ist man noch immer auf Schlüsse und Vermuthungen angewiesen. Allenfalls kann man das Ende des zweiten Tanaitenkreises mit dem Tode R. Akiba's bestimmt datiren, weil es mit dem Untergange Betar's zusammenfällt. Mir ist es hier darum zu thun, sichere Data zu fixiren; darum übergehe ich die Reise der vier Tanaiten nach Rom, die wahrscheinlich mit dem letzten Jahre Domitians und dem Regierungsantritt Nerva's zusammenfällt (96), als bloße Hypothese, wie auch die Untersuchung, welche Tanaiten zur Zeit des Aufstandes im letzten Jahre Trajans (117), der Zeit des Polemos v. Quintus, bereits heimgegangen waren, und welche sie überlebt haben. Das erste und letzte chronologische Datum aus der tanaitischen Zeitepoche ist der Abschluß der Mischna; aber auch dieses entbehrt der Bestimmtheit, indem Einige dafür 189 und andere 219 christl. Zeit setzen. (Vergl. Rapoports Untersuchung darüber Kerem Chemed IV. p. 210). Die Unbestimmtheit entsteht durch eine Zahlvariante. Einige Handschriften lesen nämlich für Rab's Wanderung nach Südbabylonien und seiner Gründung des Lehrhauses 500 der seleucidischen Aera. Andere wieder (Seder Tanaim und Scherira) 530; חק״ל ירד רב לבבל oder ירד ח״ק. Alle setzen nun dieses Factum gleichzeitig mit dem Abschluß der Mischna-Sammlung; daher die Variante. Diese Variante reflektirt auch der Afrikaner Niſſim (Einl. zu מפתח התלמוד ed. Goldenthal p. 3 a.); es heißt daſ. והיתה ידידתו (ירידת רב לבבל) בשנת ח״ק שנה ובבר הלך מושב בית שני ש״צ ק״י שנה אחר החרבן הכל חק״ל שנה ובאותה הוסן נהבה המשנה. Alſo einmal 500 und das andere mal 530. Die erſte Lesart will Zacuto in alten Handſchriften geſehen haben. Die Ausgleichung liegt auf der Hand: die eine Zahl gehört der Schlußredaction der Miſchna an und die andere der Ueberſiedlung Rab's nach Babel, d. h. Sura. Es muß alſo heißen הק״ל ירד רב לבבל und ח״ק נהבה המשנה. Die Chronographen haben aber in der Vorausſetzung, daß Rab, als Jünger Rabbi's, zu deſſen Zeit nach Babylonien wanderte, beide Zahlen zuſammengeworfen und für beide Facta entweder 500 oder 530 Sel. geſetzt. Nur auf dieſe Weiſe läßt ſich die Schwierigkeit heben. Wenn aber Rapaport weiter daraus folgert, ſeiner Theorie von Antonius zu Liebe (daſ.): Rabbi oder der Patriarch Juda I. habe die Redaktion der Mischna nicht lange überlebt, ſo iſt dieſe Annahme nicht als kritiſch geſichert anzuſehen. Man muß noch ein anderes Datum dazu heranziehen. Die älteſte gaonäiſche Chronik, das Seder Tanaim und Scherira, beide geben übereinſtimmend an: R. Jochanan ſei 590 Sel. geſtorben = 279; Scherira fügt hinzu: er habe 80 Jahre fungirt: וביופי דרב הוא שביב... ואפירן דמתני שנמלך (l. רחמנין שנין מלך) ובשנת חק״צ איפטר ר׳ יוחנן ר' יוחנן. Diese Zahl kannten viele Chronographen, nur hatten ſie ſtatt פ׳ die unmögliche Zahl ת׳ und gaben demgemäß R. Jochanan eine Lebensdauer von 400 Jahren Sie haben die Zahl jedenfalls richtig von der Lebensdauer verſtanden. Iſt nun R. Jochanan 80 Jahre alt geworden und 279 geſtorben, ſo iſt er 199 geboren. Nun war er noch ein jugendlicher Zuhörer R. Juda's I. und hat deſſen halachiſche Diskuſſionen mit Rab nicht capiren können (Chulin p. 137). Folglich lebte R. Juda noch mehrere Jahre nach R. Jochanan's Geburt, nach 199.

Von da an, von der Amoräerepoche, gehen wir auf ſicherem chronologiſchen Boden, aber nur für die babyloniſche Diadoche der Schulhäupter; in Paläſtina dagegen ſcheint man ſich auch in dieſer Zeit wenig um genau fixirte geſchichtliche Erinnerungen gekümmert zu haben. Selbſt R. Jochanan's Todesjahr iſt nur in babyloniſchen Quellen erhalten. Die chronologiſchen Data der babyloniſch-amoräiſchen Zeit, enthalten in den genannten Quellen, Seder Tanaim und Scherira, leiden wie Zahlentexte überhaupt an Corruptionen. Von dem Erſteren giebt es drei Recenſionen; zwei aus einem Codex und aus dem Cyclus de Vitry (מחזור ויטרי) von Luzzato abgedruckt, und eine, welche Aſulai in ſeiner talmudiſchen Bibliographie mitgetheilt hat; aber es giebt noch eine vierte, nämlich der Auszug, den Simſon von Chinon in כריתות davon gemacht hat (Pforte 4). Dieſe Recenſionen bezeichne ich hier durch Haupttext (H. T.), Vitry (V) Aſulai (Aſ.) S. Chinon (S Ch.).

Auch von Scherira's hiſtoriſchem Sendſchreiben giebt es jetzt drei Recenſionen: die älteſte Ausgabe von Samuel Schulam, in Jochaſin, die Goldbergiſche aus einem alten Codex (ה׳שטבת״ג) und die Wallerſteinſche (aus einem Pariſer

Cohen in einer Inaugural-Dissertation 1860. Dieser textkritische Apparat soll hier zur Sicherung der Chronologie dieser Epoche benutzt werden, der um so nöthiger ist, als die Jahre durch Zahlbuchstaben gegeben sind, und die Lesearten oft zwischen ה und ח, ferner ז und ו schwanken.

1) **Die Funktionsdauer Abba Areka's oder Rab's und dessen Todesjahr.** Anfang 530 Sel. 219 (oben). Die meisten Lesearten setzen das Letzte 558=247 chr. Z. und das Erstere demgemäss 28 Jahre. Berschrieben in V und S. Ch. כ״ה statt כ״ח.

2) **Samuels Todesjahr und Funktionsdauer.** Das Erste die meisten L. A. 565 und das Letztere 7 Jahre. Nur V. 10 Jahre. Diese L. A. ist trotz ihrer Vereinzelung doch die richtigste, wonach das Todesjahr 568 fallen würde. Denn sämmtliche L. A. geben seinem Nachfolger Huna 40 Jahre Funktionsdauer und setzen seinen Tod 608. Folglich müssen zwischen Rab's und Huna's Tod 50 Jahre liegen und zwar 10 für Samuel's und 40 für Huna's Funktionsdauer.

3) **R. Chasda baut ein Lehrhaus in Mata-Machasia** 604, deutlich bei Scherira, corrumpirt in Sed. Tanaim: (בנה ר' חסדא) בית רב statt תל״ד.

4) **R. Huna's Funktionsdauer** 40 J. von 568 an gerechnet und Tod 608=297 bereits angegeben. Dadurch lässt sich die Chronologie für einige judäische Amora's firiren. Als Huna starb, wurde seine Leiche nach Palästina gebracht. Ami und Affi, Jünger und Nachfolger R. Jochanans, gingen der Leiche entgegen. Ila und Chanina (II) nicht; Chaggai, damals bereits ein Greis, brachte sie in R. Chija's Grabmal. Sie lebten also sämmtlich noch im Jahre 297. B. Moed Katan p. 25 b.: כי נח נפשיה דר' הונא ... אסקוה (לארוניה) להתם אמרו ליה לר' אמי ולר' אסי ר' הונא אתי. אמרו כי הוינן התם לא הוה לן לרלוי רישין מניה, השתא אתינן הכא אתא בתרין. אמרו להו: אדונו בא ר' אמי ור' אסי נפוק ר' אילא (אילעי זר' לא) ... ור' חנינא לא נפוק. אמר ר' חנא אנא מעיילנא ליה. Aehnlich jer. Kilaim IX. p. 32 b; nur falsch ריש גלותא, als wenn Huna Exilarch war, während er nur mit dem Exilarchenhause verwandt war (Scherira). ... אסקוניה להכא (ר״ג) כד דמך ר' הונא אמר ר' חגיי אנא עליל ירב ליה.

5) **Todesjahr des Jehuda von Pumbadita** 610. Nur bei Scherira; das Seder Tanaim hat dieses Datum gar nicht. Auch daraus lässt sich Manches für die palästinensische Chronologie gewinnen. Jehuda hatte einen Talmudkundigen in den Bann gethan, den er vor seinem Ableben nicht gelöst hatte. Der Gebannte wurde daher an den Patriarchen R. Jehuda (wie sich weiter unten zeigen wird, Jehuda III) gewiesen. Dieser trug das Geschäft Ami auf; Samuel b. Nachmani, bereits ein Greis, war gegen die Auflösung des Bannes, und R. Seira unterstützte es. Bab.: Moed. Katan p. 17. a: נח נפשיה דר' יהודה ... אמרו ליבא רבא דלישרא לך אלא ויל לגביה הבי יהודה נשיאה דלישרי לך ... אמר לי' אמי פוק עיין בדיניה .. כבר לשמיא ליה עסר ר' שמואל בר נחמני על גביה ואסי ... אמר רבי זירא מאי דקמן דאתא האידנא סבא בבי מדרשא דהא בכה שני לא אתא? Jehuda, der Patriarch, und Ami lebten also 299. Daraus und aus der Notiz Genesis Rabba c. 9. von Samuel b. Nachman lässt sich dann weiter entnehmen, dass Simon b. Eleasar (Simon Ben-Jochai's Enkel) noch um 220 gelebt haben muss.

6. **Chasda's Tod** 620 Sel. = 309 in beiden Quellen ohne Variante, nur b. S. Ch. verdruckt ת״ר, woraus Einige תר״ג gemacht haben.

7) Tod Nachmans, oder Nachman b. Jakob 631. So in allen Recensionen des Seder Tanaim. Bei Scherira beginnt hier eine Confusion, die in den verschiedenen Texten herrscht und daher die späteren Chronographen irre geführt hat. Nicht bloß aus diesem Punkte, sondern auch aus andern scheint hervorzugehen, daß Scherira für die suranische Diadoche das Seder Tanaim benutzt hat. An diesem Datum und dem Folgenden muß ihm ein fehlerhafter Text vorgelegen haben, welcher das Todesjahr 631 auf Rabba b. Nachmani bezogen hat. Darum fehlt bei ihm Nachman und auch die folgende Nummer.

8) Rabba b. Huna stirbt 633, wieder nur S. T.

9) Rabba b. Nachmani. Hier und in den folgenden Nummern herrscht eine verwirrende Divergenz der Lesearten in S. T., auch abgesehen von Scherira, der, wie gesagt, dafür das falsche Datum hat: 631. H. T. des S. T. hat für Rabba 645, aber diese Zahl scheint nicht corrumpirt zu sein; denn es ist aus dem Talmud bekannt, daß sein Nachfolger Joseph, der Blinde, b. Chija (falsch בר אמן) nach dessen Tod nur 2½ fungirt hat. Folglich müßte dieser gestorben sein 647, dagegen hat H. T. 644= תרמ״ד, also Rabba ברמ״ב. Daraus floß die Leseart bei S. Ch. תרמ״ב, nur ist sie hier falsch auf R. Joseph bezogen, und Rabba fehlt ganz. V. dagegen hat consequent für Joseph 647, also für Rabba 645. Folglich für Rabba die Variante 642 oder 645 und

10) für Joseph des Blinden Tod 644 oder 647.

11) Noch bedeutender ist die Divergenz für dessen Nachfolger Abaji: H. T. 647, V. 648, S. Ch. 660, Scherira 649, noch mit der Bemerkung: er habe 14 Jahre fungirt, was aber auf dem oben berührten Irrthum beruht, daß sein Vorgänger 634—35 st. Jedenfalls eine Schwankung zwischen 647—49.

12) Dagegen stimmen beide, Quellen und Recensionen, überein, Raba's Tod 663 anzusetzen, nur H. T. des S. T. hat die Corruption תרל״ה.

13) Nachman b. Jizchak's Tod H. T. 664, S. Ch. 666. V. 667, ebenso zwei Texte Scheriras, nur T. Goldberg 668. תרכ״ד ist wohl die richtigste Leseart, die übrigen scheinen verschrieben.

14) Papa's Tod 686, so die meisten Texte, bei Scherira noch den Zusatz: fungirte 19 Jahre nach Nachman b. J. Nur Ch. T. corrumpirt 669, und Scherira alte Edition: 687 mit zwölf Jahren Funktionsdauer.

15) Chana von Nahardea in Pumbadita st. 688, nur bei Scherira.

16) Sebid st. 696 ohne erhebliche Variante.

17) Dime aus Nahardea 699, ebenso.

18) Rafrem 706 nur Scherira alte Edition. Zahl fehlt in den übrigen Recensionen, Name und Zahl fehlen in S. T.

19) Kahana st. 722, H. T. und S. Ch. (nur fälschlich auf Huna b. Josua bezogen); V. כדי״ק 702? Scherira 725.

20) Mar-Sutra, nur in S. T. st. 724; V. 726; S. Ch. 628

21) Acha b. Rabba 730, ziemlich übereinstimmend.

22) Rabina I. st. 733; deutlich V. und S. Ch. Zahl mit vermischten Namen in H. T. fehlt bei Scherira.

23) Aschi's Tod 738, die meisten Lesearten nur vereinzelte Varianten 734—735.

24) Jemar, Varianten 742, Scherira 743, S. Ch. 744.
25) Gebiha von Ben-Katil st. 764, nur Scherira.
26) Tod des Exilarchen Huna 753, nur S. T.
27) Nafrem von Pumbadita st. 764, nur Scherira.
28) Jdi b. Abin st. 762, Scherira 763.
29) Nachman b. Huna st. 766; Variante H. T. 764.
30) Rahumai oder Nachunai von Pumbadita st. 766, nur bei Scherira.

31) Religionszwang gegen die Juden in Babylonien unter Jesdigerd. In beiden Quellen wird sie mit dem Todesjahr des Nachman b. Huna als gleichzeitig tradirt. S. T.: נאסף ר' נחמן בר הונא וגזר אדנור מלך פרסיי על אבוהיי לחלל שבתות. Wahrscheinlich aus derselben Quelle entlehnt Scherira: נחמן בר הונא ...ושכיב תשס"ו ונפל שמדא וגזר יזדגר לבטולא שבתא. Dann weiter bei der pumbaditanischen Diadochenreihe: ר' רחומאי שכיב תשס"ו בעדן שמדא דגזר יזדגר. Es ist also als historisch sicher anzunehmen, daß der Religionszwang unter Jesdigerd 766=455 verhängt wurde. In der Reihenfolge der Sassaniden war dieser Jesdigerd III., der 440—457 regierte (S. Mordtmann, Erklärungen der Münzen mit Pehlvi-Legenden, Zeitschr. der deutsch. morgenl. Gesellsch. VIII. Jahrg. 1854 S. 70.) Er hat demnach die Juden erst am Ende seiner Regierung verfolgt. Daher ist es auch erklärlich, daß keine Märtyrer aus dieser Zeit genannt werden. Daß er nicht lange nachher gestorben ist, deuteten auch Scherira's Worte an: בעו רחמי ובלעיה תניא לידגר מלכא כבית כסבנו ובטלה גזירה. Danach ist das zu berichtigen, was Rappaport in Erech Millin bemerkt hat (Artikel איזדגר), dem nur die schlechte chronologische Reihefolge der Sassaniden von Richter damals bekannt war. Rappaport citirte in diesem Artikel eine Tradition, erhalten in Zidkija's Schibole Leket, bei Abudirham, Jakob Aschori's Tor orach Chajim No. 623), daß Jesdigerd außer der Sabbatfeier auch das Lesen des Schemà verboten habe. Diese Tradition ist aber falsch. Eine ältere Quelle, Raschi's פרדס (p. 56.) führt ein Responsum der Gaonim Mose und Schar-Schalom (erste Hälfte des IX. saecul) an, daß christliche Kaiser einst das Schemà-Lesen verpönt hätten, und daß in Folge dessen der Brauch entstanden sei, es innerhalb der Keduscha (des Trisagion) einzuschalten: ר' משה ור' שר שלום ריש מתיבתא דמתא מחסיא שדר הכי ובשבחות וב"ט .. בתחילת שחרית אין סגרג בישיבה בבל לומר בארבה שמע אומרים כביאם בקדושה של תפלת המוספ. כה טעם לפי בשעורה שלא לקרא קריאת שבע כל ככר שליח צבור היה אומרה בהבלעה וכלל הצבור היו אומרה בלחש שלא יבינו הספינין הם חתמותי (חלמי הנוצרי שנתחכרי עם היונים והיו מרעים לנו ובשביל האחד לא היו יכולים לומר סלכות שמים בקול כי האורבים היו מסתינים שם עד שלש שעות וארבע שעות • • ואחר ארבע היו האורבים=הולכים וישראל מתאסאים יחד בסחר ופחד ודיו אומרים קדושה ובתך הקדושה היו אומרים פעמים בארבה • • • ילכה קבעיה (החכמים) במוספ כדי שיתפרסם הגס לדורות. Das klingt ganz anders als bei den europäisch-jüdischen Schriftstellern. Wenn diese Verbote und Verordnungen in Babylonien stattgefunden hätten, so müßten die babylonischen Gaonim des neunten Jahrhunderts eher Erinnerungen davon erhalten haben, als die Schriftsteller des dreizehnten. Im Pardes wird auch eine andere Reminiscenz mitgetheilt, daß christliche Machthaber das tägliche Schemà-Lesen verboten hätten, und daß sich dadurch der Brauch eingeführt hat, es zum Schlusse einzufügen (das. p. 55. c.): נראה לר' שסדר הקדושה שאנו אומרים בתוך יבא לציון בבוקר בשעת השם"ך.

תכנהו שגזרו המינים הם תרפיתי (תלמיי) הנצרי שלא לעניה קדישה באגדה אחת בתך ר"ח ברכית. ולאחר עשה שהלכו שם האריבים היו אומרים מקראות הללו של קדישה ליחד את השם.
Also auch hier ein christlicher Religionszwang. Da in den Talmuden Nichts davon erwähnt wird, so mag dieser unter Kaiser Justinian verhängt worden sein, der auch die jüdische Osterfeier vor der christlichen und die Midrasch-Predigten verboten hat. Von einem der persischen Könige kann dieses Verbot schon deswegen nicht stammen, weil sonst unsere zwei Geschichtsquellen Seder Tanaim und Scherira, nicht verfehlt hätten, es zu erwähnen.

32) **Tod des Mar oder Tob-Jomé, Sohn R. Aschi's** במוצאי י"כ חתש"ט, ziemlich alle Texte übereinstimmend, d. h. Sept. 468 chr. Z.

33) **Beginn der Verfolgung in Babylonien**, V. 782: חתשמ"ב נאסף ר' כפא ונהרג הונא בר מר זוטרא ראש גולה ומכרו יהודים למלכות. Nach Scherira ein Jahr vorher: וביומי דהדין ר' סבא בשנת תשפ"א איתאסר: רבנא אמימר ומר ינקא יהודא בר ר"ג ומשרשיא בד פקד ובי"ח ביה ב ט.ב.ת איתקטל הונא בד מר זוטרא נשיא ומשרשיא וכאדר דשתא הדא איתקטל אמימר. Diese Verfolgung begann also nach Scherira Herbst 781, d. h. 470 jedenfalls unter Firuz oder Piruz, Pheroces, regierte 458—485 nach seinem Bruder Hormuz III. oder Bahram (Mordtmann das. S. 73.)

34) **Steigerung der Verfolgung, Tod Rabba Tospiah's**, meiste L. A. 785, corrumpirt hier und da 778, 781, 788. S. T. (חתפ"ח) הרסו בתי חתפ"ה דשכיב; Scherira: מדרשות וגזרו על היהודים להיות בדין פרסיים ונאסף רבה תוספאה רבה תוספאה איתאסרין כל כנישתא ואיתנקיבו ינקי בני יהודאי לאמגושי.

35) **Ende der Verfolgung durch Firuz' Tod.** Nur bei S. T. העצ"א נהדה הארץ למלך פרסיים פ"ח (.I) פירוס (Var.). עד נהדה הארץ פ"ח. Nach Mordtmann chronologischer Berechnung st. Firuz 485 chr. Z. folglich ist die Zahl in S. T. corrumpirt, und dafür zu lesen: חתצ"ו.

36) **Todesjahr des Sama bar Rabba** 787 nur bei Scherira.

37) **Tod Rabbina's II. 13. Kislew** 711 und Abschluß des Talmud, beide Quellen übereinstimmend.

Um einen Leitfaden zur Orientirung für die Epochen der Tanaiten und Amoräer zu haben, der nicht nur einen chronologischen Nutzen gewähre, sondern auch einen pragmatischen Zusammenhang für manche disparat scheinende Facten biete, habe ich die seit Abraham Ibn-Daud und Maimuni übliche und gewissermaßen national gewordene Eintheilung nach Geschlechtern, im Sinne von Generation (דור), oder Gruppen (כת, חבורה) beibehalten; nur habe ich es für nöthig erachtet, hier und da von meinen Vorgängern abzuweichen. Für die tanaitische Epoche nehmen sämmtliche Bearbeiter der jüdischen Geschichte ohne Ausnahme vier Geschlechter an, nur schwanken sie in dem unverhältnißmäßig ausgedehnten zweiten Geschlechte, welches sich vom Tode R. Jochanan b. Sakkai's bis zum Tode R. Akiba's, (d. h. bis zum Untergang Betar's und dem Tode Hadrian's circa 80—139) erstreckt, welche Tanaiten dasselbe repräsentiren. Am meisten Confusion hat in eben diesem Punkte Maimuni (Einleitung zur Mischna), der, ein scharfer Logiker und Systematiker, für historische Verhältnisse keinen rechten Sinn hatte. Minder leicht ist die Gruppirung der Amoräer-Epoche, die noch schwieriger wird, wenn man auf die judäischen Amora's Rücksicht nimmt, was weder Abraham Ibn-Daud, noch Jechiel Heilperin gethan haben. Daher nehmen dieselben sieben Amoräer-Geschlechter an, indem sie das dritte in drei verschiedene zerstückeln, und das letzte wiederum ungemein zerdehnen, von R. Aschi bis zum Abschluß des Talmud, d. h. in einem Zeitraum von 125 Jahren. Mir ergaben sich nur sechs Amora-Geschlechter.

2.
Die mündliche Lehre und die Mischna.

Um den Entwickelungsgang des jüdischen Lehrbegriffes klar zu machen, wovon das Verständniß der jüdischen Geschichte abhängt, ist es unerläßlich, ihn ab incunabulis zu verfolgen, und namentlich eine genaue Begriffsdefinition der talmudischen termini technici zu geben. Die Verwechselung der Begriffe hat zu manchen Irrthümern geführt, von denen selbst Zunz (Gottesdienstliche Vorträge S. 43. a.) nicht ganz frei ist. Der Unterschied zwischen schriftlicher und mündlicher Lehre, wiewohl mindestens schon unter dem Restaurator Esra vorhanden, trat wahrscheinlich erst in dem Kampfe zwischen Sadducäismus und Pharisäismus als Gegensatz auf. Jene hieß דברים שבכתב, häufiger aber תורה oder כתבי קדש, diese דברים שבעל פה, auch דברי קבלה oder דברי סופרים oder מקרא (b. Sukkah 46. a. j. III. p. 53 d. Pesikta c. 3.). Bei Philo und Josephus heißt die mündliche Lehre παραδοσις ἀγραφος, τῶν πατέρων διαδοχή. Im neuen Testamente und bei Kirchenvätern: παραδόσεις τῶν πρεσβυτέρων. In der jüdischen Literatur nach der Tempelzerstörung bekam sie den Namen משנה. Da die Kirchenväter, der Ebionite Hegesippus, der vom Judenthum übergetretene Epiphanius und der von jüdischen Lehrern gebildete Hieronymus משנה durch δευτέρωσις wiedergeben, so scheint das Wort von שני „das Zweite" (zur schriftlichen Lehre), und nicht von שנה „das Wiederholte" abgeleitet. Die Benennungen מקרא und משנה scheinen aber sehr alt zu sein, da von ihnen die Verba קרא und שנה gebildet wurden, welche im abgeleiteten Sinne die Bedeutung haben: sich mit der schriftlichen oder mündlichen Lehre beschäftigen; לשנות במשנה und לקרות בתורה sind stehende Redensarten. Die Mischna scheint aber auch den Namen תוספתא als Supplement zur תורה geführt zu haben; denn es wird von תוספות של בית רבי ותוספות של ר' נתן gesprochen (Midrasch Kohelet zu 5. 8.), was offenbar mit משנה של בית רבי identisch erscheint. Dafür spricht das Mnemonicon תוספאה תנא (Abodah Sarah 9. a.), das weder Raschi, noch Aruch genügend erklären. Die Halachasammlung תוספתא, die R. Nehemia beigelegt wird, bedeutet demnach eben so viel wie Mischna, und darf nicht etwa als Ergänzung, Nachtrag oder Zusatz zur Hauptmischnah betrachtet werden. Die alte Tosifta (תוספתא עתיקתא), über deren Fund sich R. Abbahu so sehr gefreut hat, war wohl weiter nichts anderes, als eine alte Mischna (j. Sabbat VIII. p. 11 a und an mehreren Stellen). Daß der Ausdruck Mischna bereits vor R. Akiba gebräuchlich war, beweist die Benennung משנה ראשונה (Vergl. weiter unten).

Die Mischna zerfiel vor ihrer Schlußredaktion in zweierlei Disciplinen, in הלכה und מדרש. Hauptbeleg dafür ist die Stelle (Kiduschin 49 a.): איזו היא משנה ר' מאיר אומר הלכות ר' יהודה אומר מדרש. Die Mischnasammlung hat diese Eintheilung als etwas längst Fixirtes aufgenommen: גודר הנאה מחבירו סלקד: ס ד ר ש ה ל כ ו ת ואגדות אבל

לא ילמדנו מקרא (Nedarim 35. b. ¹). Die Lehrweise der Halacha bestand darin, daß die überlieferten Sätze ganz trocken ohne Erläuterung tradirt wurden, und zu ihrer Aneignung reichte ein treues Gedächtniß aus, der Midrasch hingegen gab die Anleitung, wie mündliche Bestimmungen aus dem Schrifttexte hergeholt wurden. Sehr klar definirt schon Scherira diesen Begriff in seinem historischen Sendschreiben: גמרא וספרי דרשה דקרא אינן זהיא מיהא הלכתא בקרא. ומסיקרא בבית שני בימי דראמבינן לפום האי אורחא הוו חנן לרבן. Das Verhältniß der Halacha zum Midrasch, gewissermaßen als Stoffes zur Form, stellt der Sammler der Abot di R. Nathan (c. 29.) richtig auf: כל מי שיש בידו מדרש ואין בידו הלכות זה גבור ואינו מזוין. כל שיש בידו הלכות ואין בידו מדרש חלש חיין בידו. יש בידו זה וזה גבור ומזוין. Der Midrasch, das Produkt der Hillel'schen Schule, erzeugte bald einen neuen Lehrtropus. Neue Fälle, welche weder durch das schriftliche Gesetz, noch durch die Tradition bestimmt waren, wurden nach der Analogie des bereits vorhandenen Halachastoffes, nach den von Hillel eingeführten Deutungsregeln (מדות?) abgeleitet und gefolgert. Bei dieser Operation war aber erforderlich, tiefer auf die Objekte der Gesetze und der zu vergleichenden Fälle einzugehen, ihre Theile und Seiten einer schärferen Analyse zu unterwerfen und Wesentliches von Zufälligem zu unterscheiden: דהוה מפרשין ביה (בתלמודא) דוקא דמתניתא, wie sich Scherira darüber ausdrückt. Dieses Verfahren, den Midrasch auf Folgerungen neuer Bestimmungen anzuwenden, hieß später תלמוד, in Babylonien גמרא, in Judäa auch אולפנא, und wird von רבה דמתניתא או רבא oder מתניתא unterschieden. (Vergl. j. Jebamot IV. 6. b.): ר' יהודה אומר הוי זהיר בתלמוד דאולפנא. Mit Recht beweist Scherira aus den Stellen הזיכך בתלמוד אין לך מדה גדולה הימנו, daß diese Disciplin bereits vor R. Akiba in Gebrauch war, אפילו ראשוני ראשונים הוה אית להן תלמוד, wiewohl andererseits nicht zu leugnen ist, daß der Talmud erst durch R. Akiba's Theorie seine Ausbildung erhalten, und später in den babylonischen Metibta's zur geistreichen Dialektik erhoben wurde. Diese drei Zweige, Halacha, Midrasch und Talmud, wurden aber nicht in gleicher Weise gepflegt. Zu Zeiten wurde der eine mit Vernachlässigung der andern bevorzugt; die Träger der Lehre hatten theils für den einen, theils für den andern eine besondere Vorliebe, und es bildet einen durchgehenden Unterschied zwischen Judäa und Babylonien, daß in dem erstern der Talmud in seiner Schärfe kaum gewürdigt wurde, während er in dem letztern das Lieblingsstudium geworden war. Vergleiche die interessante Nachricht: שבכן כולי עלמא למתניתא ואולי בתר תלמודא הדר דרש להו ר' לעולם הוי רץ למשנה יותר מן התלמוד ²). Interessant ist es, wie sich diese Höherschätzung des einen Lehrzweiges von dem andern in der Controverse

---

¹) Aus dieser Stelle ergiebt sich, daß der Unterricht in der Schrift bezahlt, in der Mischna hingegen unentgeltlich geleistet wurde. — Im engern Sinne wird die Halacha auch Mischna, genannt so steht j. Berachot I. p. 3 c. הלכות אין צריך לברך und in der Parallelstelle (Babli 11 b.) למשנה אין צריך לברך.

²) Für die Lesart תלמוד, die Scherira hat, steht in unsern Ausgaben (Baba Mezia 33. b.) גמרא, an anderen Stellen findet sich sogar die jüngere Ausdrucksweise ש"ס anstatt תלמוד (Moed Katan 3. b.; מסיב ליה הש"ס לסבוירא, ebenso das. 21. ש"ס für תלמוד, wie die Lesart in Ebel Rabbati c. 6. lautet und Chagiga 10. a. הגורס ס"ש לש"ס = מתלמוד לתלמוד.

verräth. R. Simon b. Jochai stellte die Beschäftigung mit der Mischna höher als die mit der Schrift (j. Berachot. z. B) ר׳ שמעון בן יוחי בד עתיה דאמר . . . העוסק במקרא מדה שאינה מדה מדה (vergl. b. Baba Mezia p. 33 a). Es handelte sich einst um die Eulogie für die Beschäftigung mit der Thora (ברכת התורה), wobei der Eine unter תורה nur Mikra verstanden haben will, der Andere ziehet auch Midrasch mit hinzu, weil sich derselbe doch an das Schriftwort anlehnt, ein Dritter will die Halacha nicht ausgeschlossen wissen, obwohl sie von der Schrift ganz losgelöst ist: אמר ר׳ הונא למקרא צריך לברך למדרש אין צריך לברך ור׳ אלעזר אומר למקרא ולמדרש צריך לברך למשנה אין צריך לברך (ירושלמי: להלכות אין צריך לברך) ור׳ יוחנן אמר אף למשנה (להלכות) צריך לברך. Daß aber auch der Talmud darunter zu subsumiren sei, davon hatte man in Judäa keine Ahnung, erst Raba, das non plus ultra der talmudischen Dialektik, vindicirt demselben die Gleichberechtigung: ורבא אמר אף [1]) לתלמוד צריך לברך (Berachot. 11. b.). — Diese drei Kategorien, Midrasch, Halachot und Talmud, als Unterabtheilungen der Mischna im weiteren Sinne, wurden aber von den Spätern nicht mehr in ihrer Grundbedeutung erkannt und daher neben der Mischna aufgezählt, so daß, wenn noch die Doppelbenennung von Tosifta für Mischna hinzukam, vier oder fünf Kategorien neben einander gestellt wurden. Diese Verwechselung kann als Kriterion für die Jugend eines Schriftwerkes gelten. So steht in j. Moed Katon III. p. 82 d.: אילו דברים שאבל אסור בהן בקריאת בתורה ובמשנת מדרש הלכות וכו׳, aber in Babli und Ebel Rabbati in der Parallelstelle: ולשנות במשנה במדרש בהלכות ובהש״ס (ובתלמוד). Am auffallendsten ist diese Verwechselung in Midrasch Cant. 1 3., wo sogar Thora neben Mikra als selbstständig aufgezählt wird: אבל בנים יש בהם (בתלמידי חכמים) תורה מקרא משנה מדרשות הלכות תלמוד תוספות ואגדות. Daß hier nicht von bestimmten Werken die Rede ist, wie Zunz, (G. Vorträge S. 43. N. a.) behauptet, sondern von Lehrformen, leuchtet bei Betrachtung der Stelle zu sehr ein, als es doch bewiesen zu werden brauchte. Von dergleichen ungenau gehäuften Aufzählungen der Synonyma, die dazu dienen sollen, einen imposanten Eindruck hervorzubringen, finden sich in den Midraschwerken eine Menge Beispiele, die man sogleich erkennt, so oft sich Gelegenheit bietet, Parallelstellen mit einander zu vergleichen. So z. B. Berachot 5. a,.: תורה ו׳ מקרא והמצוה זו משנה להורותם וו׳ — Anstatt dessen in Midrasch Kohelet (1. 9.): גמרא כלמד שכולם נתנו למשה מסיני ללמדך שמקרא ומשנה הלכות תוספות ואגדות ומה שתלמוד ותיק עתיד להורות כבר היה נתן הלכה למשה מסני, und ebenso j. Chagiga I. Ende, nur daß hier תוספתא fehlt. Die Nachricht von R. Jochanan b. Sakkai: שלא חניח מקרא משנה גמרא הלכות ואגדות, daß er sogar die später erst ausgebildete הויות דאביי ורבא gepflegt, (Sukkah 28. a.) erweist sich eben durch diese Emphase als sagenhaft, und würde gar keinen Beweis abgeben, wenn nicht anderweitig bekannt wäre, daß der halachische Midrasch durch Hillel eingeführt, und die Form des Talmud in oben bezeichnetem Sinne bereits im zweiten Tanaïten-Geschlechte eine stehende Rubrik geworden

[1]) Alfasi hat eine andere Lesart, welche das Verhältniß dieser Disciplinen durchweg verschiebt und Talmud höher anschlägt als Midrasch, obwohl dieser der Schrift um Vieles näher steht. Diese Lesart erweist sich aber eben dadurch als corrupt.

war. Die Angabe im Texte, daß zu R. Jochanan's Zeit diese Lehrformen bekannt waren, dürfte daher nach dieser Untersuchung als fest begründet anzunehmen sein. — Indessen wenn auch die Authenticität jener Notiz durch ihren sagenhaften Charakter erschüttert ist, so leidet der Hauptbericht über R. Jochanan keineswegs dadurch, indem derselbe durch eine viel nüchterner gehaltene Parallelstelle (j. Nedarim VI. 7.) bestätigt wird: והקטן — הוקן להלל לו היו תלמידים של זוג ו' שבהם ר' יוחנן בן זכאי פעם אחת חלה (הלל) ונכנסו כולן לבקרו ישב לו בריבו בחצר — א"ל היכן הוא קטן שבכם שהוא אב לחכמה ואב לדורות — כיון שנכנס אמר להן להנחיל אוהבי יש ואוצרותיהם אמלא. Interessant ist diese Vergleichung noch dadurch, daß Talmud Babli den Schluß dieser Nachricht, die ihm vorgelegen haben muß, mißverstanden zu haben scheint; denn während hier Hillel den Vers להנחיל als Segen auf seine sämmtlichen Jünger anwendet, erscheint er dort auf R. Jochanan's reiche Kenntnisse angewendet: לקיים מה שנאמר להנחיל וכו'. — Schließlich sei noch bemerkt, daß die nachapostolischen Kirchenschriften, namentlich die Briefe an Thimotheus und Titus die Halacha und Agada kennen, jene nennen sie μάχαι νομικαί (Titus 5.) oder λογομαχία (2. Timoth. 6. 4.), diese ιουδαϊκοί μύθοι auch γενεαλογίαι (1. Timoth. 1. 4.). Diese Genealogien sind allem Anscheine nach nichts anderes, als die אגדת יוחסין oder כפר יחסין, welche sich an die Geschlechtstafeln der Chronik angelehnt haben. — Zum Schlusse sei hier noch die oft citirte, aber noch nicht genügend erklärte Stelle in Epiphanius von den viererlei Mischna erwähnt Haereses I. 2, 9. oder p. 224): Αἱ γὰρ παραδόσεις τῶν Πρεσβυτέρων δευτερώσεις παρὰ τοῖς Ἰουδαίοις λέγονται. Εἰσὶ δὲ αὗται τέσσαρες. μία μὲν ἡ εἰς ὄνομα Μωϋσέως φερομένη. Δευτέρα δὲ ἡ τοῦ καλουμένου Ραββι ακιβα. τρίτη Ἀδδᾶ ἢ τοῦ Ἰούδα. τετάρτη τῶν υἱῶν Ἀσαμωναίου. Die ersten drei Nummern sind verständlich, nämlich משנה תורה, ferner משנת ר' עקיבא (Note 8) und משנת ר' יהודה oder die Hauptmischna. Was soll aber die Mischna der Söhne Asamonäos oder der Hasmonäer bedeuten? Es ist jedenfalls eine Corruptel. Ich möchte darunter die Mischna des R. Chija und R. Uschaja verstehen, oder die große Boraïta-Sammlung und dafür emendiren: δευτέρωσις τοῦ υἱοῦ Οὐσαία oder Ἀσαϊά, woraus τῶν υἱῶν Ἀσαμωναίου geworden ist.

3.

Das Sikaricon-Gesetz.

Das Sikariconsgesetz (דין סיקריקון, auch schlechtweg סיקריקון), dessen Ursprung einer ältern Mischna beigelegt wird und einen Einblick in den Zustand Judäa's nach der Zerstörung gewährt, ist meines Wissens noch nicht als historisches Material behandelt worden, verdient aber um so größere Aufmerksamkeit, als die Stellen (Gittin 55. b. j. V. 6. Tosifta c. 3) einer gegenseitigen Berichtigung bedürfen. Das Gesetz lautet: Der Kauf eines von einem Sicarius einem Juden gewaltsam angeeigneten Feldes hat keine Gültigkeit, selbst für den Fall, daß der Ureigenthümer den Kauf durch irgend einen Akt gut heißt: (לקח מסקריקון וחזר ולקח מבעל הבית מקחו בטל. Jeruschalmi giebt als Motiv zu diesem Gesetze an, weil die Römer sich gewaltthätig in den Besitz jüdischer Aecker gesetzt haben: כראשונה גזרו שמד על יהודה — היו הולכין ומשעבדין בהן ונוטלין שדותיהן ומוכרין אותן לאחרים. Ueber die Anwendbarkeit dieses Gesetzes werden drei Zeiträume unterschieden, vor, während und nach dem (vespasianischen) Kriege, wobei jedoch Babli und Jeruschalmi im Widerspruch mit einander zu sein scheinen. Nach ersterem habe dieses Gesetz vor und während des Krieges deswegen keine Anwendung gefunden, weil die Römer über das Leben der Juden schalten durften; daher sei vorauszusetzen, daß jeder Beraubte sein Eigenthum ohne Vorbehalt preisgegeben habe, und der Besitz sowie der Kauf solcher Güter sei demnach, juridisch betrachtet, ein vollgültiger. Nach dem Kriege hingegen sei auf den Todschlag eines Juden schwere Strafe verhängt worden, das Ueberlassen der entrissenen Güter Seiten der Beraubten sei demzufolge mit Vorbehalt des Recurses bei den höhern Behörden geschehen, und begründe deswegen keinen Rechtstitel: — ב׳ מירות גזרו קמייתא ומציעתא כיון דקטלי אנב אינסיה גמר ומקנה בתרייתא אמר האידנא לשקול למחר תבענה ליה בדינא. Nach Jeruschalmi und Tosifta hingegen sei der Unterschied dieser drei Zeiten lediglich in Bezug auf Judäa gemacht worden. Vor und während des Krieges habe man das Sikaricongesetz deswegen für Judäa außer Kraft gesetzt, damit das judäische Land nicht in den Händen der Römer verbleiben sollte, wenn einem jüdischen Käufer der Kauf von dem Sikarikon verkümmert worden wäre: והוי בעלי בתין באין וטורפין היתה הארץ חלוטה ביד סיקריקין נמנו פולקי התקינו שלא ידא סיקריקין ביהודה כמה דברים אמרים (תוכ׳) בהרוגי שנהרגו לפני המלחמה ובשעת מלחמה. Nach dem Kriege aber sei dieses Gesetz von der Ungültigkeit des Kauf's auch auf Judäa anwendbar: אבל הרוגין שנהרגו מן המלחמה ואילך יש בו משים סיקריקין (in Jerusch. ist hier ein Kopistenfehler für בו אין). Für diese Auffassung sprechen aber die Momente, daß die Mischna die Einleitung zu diesem Gesetze mit den Worten beginnt: לא היה סיקריקין ביהדה בהרוגי מלחמה וכו׳; ferner, daß für Galiläa kein Unterschied gemacht wird: גליל לעולם יש בו משום סיקריקין. Uebrigens waren nicht blos Felder, sondern auch Sklaven und Immobilien der römischen Räuberei ausgesetzt. Dafür sprechen die Bestimmungen: או שלקחה סיקריקין (את כבד) לא יצא לחרות (Gittin 44. a.) und מטלטלים אין בהן משום סיקריקין. Daß סיקריקין von den Sicarii abzuleiten sei, welche in den letzten unruhigen Zeiten vor dem Tempeluntergang gehaust haben, unterliegt keinem Zweifel; die Benennung scheint aber von den jüdischen Banditen auf die römischen Räuber übertragen worden zu sein. Es ist möglich, daß dieses Gesetz im Zusammenhang mit dem Gewaltstreich steht, welchen Vespasian nach dem Sieg ausführen ließ, indem er dem Procurator Bassus den Auftrag ertheilte, alle Ländereien der Juden zu verkaufen: πᾶσαν τὴν γῆν ἀποδόσθαι τῶν Ἰουδαίων (Josephus de bello judaico VII. 6.) Josephus bleibt die Ausführung schuldig, welche Bewandtniß es mit dieser Güterconfiskation hatte, über welche Landestheile sie sich erstreckte und an wen die Ländereien verkauft wurden.

4.
Rabban-Gamaliel.

R. Gamaliel's Thätigkeit ist deswegen so vielfach verkannt worden, weil man die Zeitlage und die Anarchie, welche durch die Meinungsdifferenz der schamaitischen und billel'schen Schulen eingetreten war, zu wenig berücksichtigt hat, und doch werden diese Umstände in den Quellen deutlich angegeben. Als Einleitung zur Sammlung der Halachas, welche im Abschnitt „Adojot" niedergelegt sind, wird mit unzweideutigen Worten ausgesprochen, daß der Mangel an Einheit, welcher in den verschiedenen Schulen herrschte, die Nothwendigkeit fühlbar gemacht habe, eine Norm für die Praxis festzustellen. In Jabne, wo dieses Bedürfniß rege wurde — dieser Umstand ist nicht zu übersehen — verhehlte man sich nicht die traurigen Folgen einer solchen Anarchie: כשנכנסו חכמים לכרם ביבנה אמרו עתידה שעה שיהא אדם מבקש דבר מדברי תורה ואינו מוצא מדברי סופרים ואינו מוצא — שלא יהא דבר מדברי תורה דומה לחבירו אמרו נתחיל מהלל ושמאי (Tosifta Adojot I. 1.). Ein Anderer fügt mildernd hinzu: ר' שמעון בן יוחי אומר חס ושלום שתשתכח תורה מישראל אלא — שלא יצאו הלכה ברורה [1] ומשנה ברורה במקום אחד. Der Schluß: נתחיל מהלל ושמאי erläutert die Situation vortrefflich. Durch die Differenz beider Schulen entstand der Riß, hier sollte auch die Heilung erfolgen. Noch andere Stellen weisen darauf hin, daß in Jabne, d. h. unter den Auspicien R. Gamaliel's, diese Einheit der Lehre wieder hergestellt wurde. Drei Jahre dauerte der Streit zwischen diesen, in zwei wesentlichen Punkten differirenden Schulen, bis das Bat-Kol mit Anerkennung der schamaitischen Lehre dem Hillelismus das Uebergewicht verlieh: אמר ר' אבא אמר שמואל שלש שנים נחלקו ב"ש וב"ה הללו אמרו הלכה כמותינו. יצתה בת קול ואמרה אלו ואלו דברי אלהי' חיים הם והלכה כבית הלל (Erubin 13. b.) Jeruschalmi Berachot I. p 3. b. und Parallelst. giebt die Ergänzung zu dieser interessanten Notiz, daß nämlich jene Entscheidung zu Gunsten der hillel'schen Schule in Jabne stattgefunden hat: תני יצאת בת קול ואמרה אילו ואילו דברי אלהי' חיים אבל הלכה כדברי ב"ה. איכן יצאת בת קול? ר' ביבי אמר בשם ר' יוחנן ביבנה יצאה בת קול. Für Jabne spricht aber auch R. Josua's nüchterner Ausspruch, daß das Bat-Kol bei Meinungsdifferenzen keine entscheidende Stimme habe: אין משגיחין בבת קול, die zwar auf den Streit über den Achnai-Ofen bezogen wird, aber (Erubin 6. b.) richtiger auf die Entscheidung zu Gunsten Hillel's bezogen werden muß. In dem Widerspruch in dieser Bestimmung: einmal daß Hillel's Ausspruch Norm sei, und das anderemal, daß man sich auch nach Schammai richten dürfe: לעולם הלכה כב"ה והרוצה לעשות כדברי ב"ש עושה (Tosifta Adojot c. 2.) konnten sich die Spätern nicht mehr zurecht finden (Vergleiche Erubin l. c. und j Berachot l. c.). Es scheint aber ein Compromiß und nachsichtige Schonung gewesen zu sein, welche die Hilleliten gegen die Schamaiten übten, um deren Heftigkeit und Starrheit zu besänftigen. Es geht also aus dieser Untersuchung mit Gewißheit hervor, daß im Lehrhaus oder im Weinberge zu Jabne die Ausgleichung der Differenzen versucht wurde, und daß es R. Gamaliel's Verdienst war, die Streitigkeiten der beiden Schulen und die Unsicherheit der Praxis beseitigt zu haben. Ueber die Differenzpunkte beider Schulen, welche eine so tiefe Bewegung

---

[1] Diesen Zusatz, welcher in unserer Ausgabe der Tosifta fehlt, hat der Talmud erhalten (Sabbat 138. b.), sowie auch eine andere Lesart am Eingange: עתידה תורה שתשתכח מישראל, anstatt עתידה שעה. Sonderbar ist es, daß an dieser Stelle dasjenige als eine Art Prophezeiung genommen wird, daß die Thora einst vergessen werden würde, was doch eigentlich nur Befürchtung war. — Später, als durch die Bemühungen der Tanaiten die Gesetzeskenntniß allgemein wurde, konnte man diese Befürchtung gar nicht mehr begreifen, und man fragte, wie wäre eine solche Vergeßlichkeit möglich: — !!! הא נמי מתניתין היא . בהדיא כתיב ביה (Daf.).

hervorgerufen, daß es zu blutigen Streitigkeiten gekommen war, und sogar auf das politische Leben vor der Tempelzerstörung einen nicht unbedeutenden Einfluß ausgeübt haben, ist im vorhergehenden Bande im Zusammenhang mit der politischen Geschichte jener Zeit abgehandelt.

5.
Rabbi Elieser b. Hyrkanos.

Von der Starrheit des schamaitischen Lehrsystems, auch nicht ein Haarbreit weiter zu gehen, als der vorhandene Traditionsstoff bestimmt, und dem selbstständigen Forschen kein Jota einzuräumen, giebt R. Elieser b. Hyrkanos einen sprechenden Beweis. Er hat stets nur Vernommenes, und wie er es vernommen, gelehrt, und nie etwas mitgetheilt, was er nicht vernommen: מעשה בר' אליעזר ששבת בגליל העליון ושאלוהו שלשים הלכות בהלכות סוכה. י״ב אמר להם שמעתי י״ח א״ל לא — שמעתי אמר לו כל דבריך אינן אלא מפי השמועה? א״ל הזקקתוני לומר דבר שלא שמעתי מפי רבותי — ולא אמרתי דבר שלא שמעתי מפי רבי (Succa 28. a.). Auf Fragen, für welche er keine traditionelle Entscheidungen hatte, gab er ausweichende Querfragen (vgl. Tosifta Jebamot c. 3. Joma c. 3. Babli Joma 66. b. zum Theil j Joma II. p. 43. c. (Caesarea Philippi) מעשה בר״א ששבת בגליל העליון בסוכתו של ר' יוחנן בר אלעי בקיסרין אמרו לו מהו שאפרש עליה סדין? א״ל אין לך כל שבט ושבט שלא העמיד ממנו שופט. הגיע חמה לחצי הסוכה, א״ל מהו שאפרש עליה סדין א״ל אין לך כל שבט ושבט ממישראל שלא יצאו ממנו נביאים — לא מפני שהפליגו בדברים אלא מפני שלא אמר דבר שלא שמע מפי — רבו: שאלו את ר' אליעזר ממזר מהו? א״ל מהו לחלוץ? ומהו לחלוץ? א״ל מה הוא לירש? אמרו לו מה הוא לכד את ביתו א״ל מה הוא לכד את קברו — מהו לגדל חזירים אמר להם מהו לגדל תרנגולין. שאלו את ר״א הרי שחלה שעיר המשתלח מהו להרכיבו א״ל יכול הוא להרכיב אחרים חלה משלחו מהו? שישלחו ביד אחד א״ל אהא (תחיה) בשלום אני ואתה. דחפו ולא מת מהו? שירד אחריו וימיתנו. Aehnliche Querfragen, die von R. Elieser an diesen Stellen erzählt werden, scheinen eine dunkle Anspielung auf die politische Lage und auf das Christenthum zu enthalten. שאלו את ר״א מהו להציל את הככרה מיד הארי (הדוב) א״ל הזה שלא שאלתוני אלא על הבבשה ואת הרועה מהו להציל? פלוני מה הוא לעולם הבא? א״ל מהו שלא שאלתוני אלא על פלוני. ולא שהיה מפליג בדברים אלא שלא אמר דברים שלא שמע מפי רבו)¹. Höchst merkwürdig ist es, daß R. Elieser nicht einmal die Schlussfolgerung קל וחומר gelten lassen mochte, und ihrer Beweiskraft sein „ich habe es nicht also vernommen" entgegensetzte: אמר ר' אליעזר שמעתי שאבד סן דחי מטמא א״ל ר' יהושע מן דחי ולא מן דמת? וכל וחומר ומה מי שהוא טהור — סת שהוא טמא לא כל שכן וכתיב במגילת תענית פסחא זעירא דלא למספד הא רבא למספד! אלא כל דין הבא נסי לך דן. אמר לו ר' אליעזר כך שמעתי (לא אמרו אלא על אבר מן החי). — שהיה ר״א אומר זקין לגדול א״ל ר״י אם לקטן אמרה ק״ו לגדול (Chulin 129. b. Adojot 9. b. אמר ר' אילעאי שאלתי את Megillat Ta'anit c. 2.). Vergl. b. Pesachim p. 38 b.: ר' אליעזר מהו שיצא אדם בחלת תודה ורקיקי נזיר? א״ל לא שפסלתי. באתי ושאלתי לפני ר' יהושע אמר לי ,, כשבאתי והרצתי דברים לפני ר״א אמר לי ברית לי הן הן הדברים שנאמרו לו למשה בסיני. Der letzte Satz ist offenbar eine Ironie, wie es zum Theil der Talmud auffaßt:

---

¹) Der kundige Leser wird erkennen, daß die ich richtige Lesart dieser Stellen aus den verschiedenen Quellen wieder herzustellen versucht habe, da sie bald in der einen, bald in der andern bis zur Sinnlosigkeit entstellt ist.

„Beim Bündniß! das sind wohl Worte, die Mose auf dem Sinai offenbart worden!" In Tosifta Chala 1. ist der ganze Sachverhalt gräulich entstellt. Wenn wir dagegen anderweitig finden, daß R. Elieser diese Schlußformel mit Gewandtheit handhabte, (s. Frankel Hodogetik z. Mischna p. 78), so scheint er sie nur in solchen Fällen angewendet zu haben, wo eine tradirte Halacha dadurch eine Stütze erhielt, aber nicht um eine daraus zu folgern. Vgl. Negaim 9. 3., 11. 6. שאלו את ר׳ אליעזר — אמר להן לא שמעתי. אמר לי ר׳ יהודה בן בתירה אלמד בו. א״ל (ר״א) אם לקיים דברי חכמים הן — אמר לו (לר׳ ריב״ב) חכם גדול אתה שקיימת דברי חכמים. Ich glaube daher in der merkwürdigen Sentenz R. Elieser's מנעו בניכם מן ההגיון והושיבום בין ברכי תלמידי חכמים (Abot II., Ende), die weder von Raschi, noch in Aruch eine befriedigende Erklärung gefunden hat, seine Abneigung gegen das Deuten und Folgern und seine Vorliebe für das gedächtnißmäßige Empfangen ausgesprochen zu finden. Man wird in diesen Momenten nicht verkennen, daß Elieser ein treuer Anhänger der schammaitischen Richtung, d. h. des schammaitischen Geistes war, für die Halacha der logischen Folgerung keinen Spielraum einzuräumen; damit ist nicht gesagt, daß er solidarisch sämmtliche Halachas dieser Schule, der ב״ש, דברי, acceptirt haben müßte. Wenn übrigens Jeruschalmi auch nicht ausdrücklich die Benennung שמותי, welche R. Elieser beigelegt wurde, als Anhänger Schamai's erklärte, so würde sich dasselbe durch das Lob ergeben, daß R. Elieser den sogenannten **achtzehn Bestimmungen** (ר״ח דבר) ertheilte. Diese erschwerenden, von den Schamaïten durchgesetzten Bestimmungen, gegen welche die Hilleliten eine energische Opposition gemacht, und gewissermaßen nur durch Gewalt gezwungen, nachgegeben haben (s. B. III. Note 26), lobt R. Elieser mit den Worten, daß deren Urheber damals das Maaß der Lehre erst recht gefüllt hätten: בו ביום גדשו סאה ('Tosifta Sabbat I.; Sabbat I. p. 3 c. b., das. p. 153 b.)

6.
Rabbi Josua b. Chananja.

Kaum braucht R. Josua's Milde im Leben wie in der Lehre documentirt zu werden. Seine Einsprache gegen die Entscheidung durch das Bat-Kol: אין משגיחין בבת קול, seine kühne Aeußerung לא בשמים היא, daß nicht die Himmelsstimme, sondern nur die Majorität den Ausschlag geben könne (Baba Mezia 59. a.), sein Grundsatz, daß nicht unerträgliche Erschwerungen auferlegt werden dürfen: אין גוזרין גזירה על הצבור אלא אם כן רוב הצבור יכולין לעמוד בה (Baba Batra 60. b.); sein scharf rügendes Urtheil gegen die schammaïtischen Erschwerungen: בו ביום מחקו סאה (das.¹), לחבית שהיא מלאה שמן כל כה שאתה נותן לתוכה שום כפורת את השמן, sind bekannt. Minder bekannt ist seine gegen die damalige Anschauung höchst nüchterne und prosaisch klingende Sentenz, daß man sich nicht den ganzen Tag mit dem Gesetzesstudium zu beschäftigen brauche, daß vielmehr derjenige die ganze Thora erfülle, wer Morgens und Abends einige Halacha's sich einpräge, im übrigen aber seiner Nahrungsbeschäftigung nachhängt: ר׳ יהושע אומר שונה אדם שתי הלכות

---

¹) Siehe Raschi das. R. Jizchak, der Aeltere, (ר״י) will die scharfe Rüge R. Josua's durch eine Erklärung verwischen, aber ein späterer Tosaphist widerlegt schon diese Erklärung.

(Mechilta בשחרית ושתים בערבית ונוסק במלאכתו כל היום מעלין עליו כאילו קיים כל התורה כלה
P. Beschalach p. 32. Ed. Amst.). Vergegenwärtigt man sich diese Eigenthümlichkeit R. Josua's, so dürfte man es nicht bedenklich finden, den rügenden Ausspruch gegen die unzähligen Halacha's ohne biblische Basis auf diesen Tanaiten zurückzuführen: הלכות שבת חגיגות ומעילות כהררין תלויין בשערה מקרא מעט והלכות מרובות.
Als Beweis dafür kann der in der Tosifta erhaltene Schluß gelten: מכאן היה ר'
יהושע אומר צבתא בצבתא מתעביא צבתא קדמיתא מאי הוי? (T. Chagiga c. 1.) Dieser
Passus giebt keinen Sinn, wenn man ihn nicht als Rüge auffaßt: Man kann
wohl mit einer Zange die andere verfertigen, d. h. aus einer Halacha viele folgern, aber die Frage ist, ob die erste in der Schrift begründet sei [1]). — Als
Ergänzung zur Charakteristik R. Josua's gehört seine Ansicht über die Theilhaftigkeit frommer Heiden an die Seligkeit, die er im Gegensatze zu R. Elieser geltend gemacht hat. Die Stelle findet sich ausführlich in (Tosifta Synhedrin c. 13.)
ר"א אומר כל גוים (ב"צל) אין להם חלק לעולם הבא שנאמר ישובו רשעים לשאולה כל גוים.
א"ל רבי יהושע אילו אמר הכתוב ישובו וכו' ושתוק הייתי אומר כדבריך — עכשיו שאמר הכתוב
שכחי אלה' הא יש צדיקים באומות העולם שיש להן חלק לעולם הבא. Diese
Stelle war ursprünglich auch im Talmud aufgenommen (Synhedrin 105. c.), merkwürdigerweise ist der Schluß geradezu weggelassen worden.

7.
Die Theorie R. Akiba's und R. Ismael's.

R. Akiba's und R. Ismael's Theorie müssen gegen einander gehalten
werden, weil sie Correlata sind, und eine auf die andere Licht wirft. Ihre
Grunddifferenz, welche als Prinzip ihrer beiderseitigen Theorie angesehen werden
kann, betrifft die Pleonasmen im biblischen Text. Nach R. Ismael sind sie
nichts weiter als rhetorischer Sprachgebrauch, als syntaktischer Redeschmuck zu betrachten, wie jede Sprache deren hat; nach R. Akiba hingegen
sind sie wesentliche Bestandtheile der Gesetzesbestimmungen, welche Traditionen und Handhaben für neue Folgerungen sinnvoll andeuten, weil in der
göttlichen Gesetzgebung gar nichts Ueberflüssiges übe. Es ist dieselbe Ansicht,
welche auch Philo betont: σαφῶς εἰδώς, ὅτι περιττὸν ὄνομα οὐδὲν τίθησιν,
ὑπὸ τῆς τοῦ πραγματολογεῖν ἀμυθήτου φερᾶς (de profugis M. 458.) Nur
was Philo auf ethische und philosophische Verhältnisse deutete, wendete R. Akiba
auf halachische Bestimmungen an. Jeruschalmi hat viele Belegstellen für diese
Differenz zwischen R. Akiba und R. Ismael: נדר להזיר מכאן שבני נזירות עד
כדון כר' עקיבה דאמר לשונות רבויין הן (כרם) בר ישמעאל (אין דורשין) דאמר לשי"ת
בפילין הן והתורה דברה כדרבה (כלשון בני אדם) הלך הלכת נכסף נכספת יבו' (j. Nedarim I. 1. und an mehreren Stellen). So oft also, dem hebräischen Sprachgebrauch gemäß, die Construktion des definitum cum infinitivo vorkommt, ist sie
nach R. Akiba's Theorie der Jnfinit eine Andeutung. Da R. Akiba's System

[1]) Die Schlußworte הא לאו בריה היה gehören gar nicht hierher, sondern sind eine
Reminiscenz aus einer andern Stelle (Pesachim 54 a.) ר' יהודה אומר אף הצבת הצבת נברא
בע"ש בין השמשות) הוא היה אמר צבתא בצבתא — וצבתא קמייתא מאן עבד הא לאו בריה בידי
שמיה היא.

im Talmud herrschend wurde, so werden solche Constructionen ohne weiteres gedeutet: השיב חשוב, הבט תביטנו לרבות, und nur noch ein dunkles Bewußtsein ist davon geblieben, daß diese Ansicht ihre Gegner hatte: ולר״ש דאמר תביטנו למה. לי׳ דביה. תורה כלשון בני אדם (Vergl. Baba Mezia 31. a, b.) — Die nächste Consequenz aus dieser Prämisse war, daß R. Akiba ebenso jede Partikel, wie jede im Hebräischen eigenthümliche Wort- und Sylbenform (welche Hieronymus recht glücklich durch ἄρθρα und πρόαρθρα wiedergiebt) für bedeutungsvoll hielt, während R. Jsmael auch solche als reine Formsache erklärte. Ob die Partikeln את, גם, אך und רק zu deuten seien, war eine alte Differenz zwischen Nachum aus Gimso und Nechunja b. Hakanah; der erstere bejahte, der letztere verneinte es. R. Akiba hielt sich an die erstere, R. Jsmael an die letztere Theorie. (Vergl. Genesis Rabba c. 1. Tosif. Schebuot c. 1. Talmud Schebuot 26. a.) ר׳ ישמעאל שאל את ר׳ עקיבא. — בשביל ששמשת את נחום איש גמזו כ״ב שנים אכין רקין מעיטין, אתין וגבין רבויין הדין את דכתיב הכא מה הוא ? — שר׳ עקיבא לא היה דורש כלל ופרט ודיה דורש רבויין ומעיטין שכך למד מנחום איש גמזו — שר׳ שמעון (צ״ל ר׳ ישמעאל) לא היה דורש רבויין ומיעוטין. Der Unterschied zwischen רבו ומיעוט und כלל ופרט ist, vom Resultate abgesehen, kein bloß formeller, sondern ein wesentlicher, indem nach jenem die Deutung auf wenige Fälle beschränkt wird, nach diesem hingegen erhält sie eine weite Ausdehnung, namentlich in Betreff der Partikel את, welche so unzähligemal vorkommt. Allein R. Akiba ging noch weiter, als sein Vorbild Nachum aus Gimso, indem er diese Partikel niemals als Casuszeichen, sondern stets als Andeutung angesehen haben wollte: היה דריש כל אתין שבתורה. Diese Consequenz machte seinen Schüler[1]) Nehemia aus Emmaus in Betreff der Anwendung auf den Vers: את ה׳ אלהיך תירא so stutzig, daß er sich von dieser Theorie losgesagt hat. R. Akiba hatte aber dafür eine Auskunft: אתי ואת תורהו (in Babli לרבות תלמידי חכמים). Im schärfsten Gegensatze zu R. Akiba ließ R. Jsmael diesem Formworte seine grammatische Bedeutung, und nur in drei Fällen faßte er es in geringer Umdeutung als Reflexivum: ה. אחת משלשה אתים שהיה ר׳ ישמעאל דורש בתורה: הנשיאו אוהב קין אשמה. — הם משיאים את עצמם. — הוא כבד את עצמו אף ויכבוד אותו בניא (כאן אתה אומר איהו הוא יביא את עצמו Sifri zu Numeri 6 13). — Außer den vier genannten Partikeln deutete R. Akiba auch das so häufig vorkommende Einleitungswort לאסור und öffnete dadurch der Deutung ein weites Feld: ר׳ עקיבא אומר כל סכום שנאמר בה לאסור צריך לידרש (Sifri zu N. 5. 6) Er deutete endlich die Laute

---

[1]) Jeruschalmi (Berachot IX. Sota V, 7. folgend, habe ich diesen Nehemia als Jünger R. Akiba's angegeben: נחמיה עמסוני שמש את ר' עקיבא עשרים ושתים שנה ולמדו אתין ונגמין. — א״ל מה הוא הדין דכתיב את ה׳ — א״ל איתא ואת תורהו. Babli (Kiduschin 57. a. und Parallelstellen) stellt das Verhältniß so dar, als wenn Nehemia der Vorgänger R. Akiba's gewesen wäre. Die Nachrichten des Jeruschalmi verdienen jedoch in Betreff der Fakta, welche in Judäa vorgingen, stets den Vorzug. Nach demselben muß auch die Nachricht in Genesis Rabba (l. c.) berichtigt werden, als wenn R. Akiba 22 Jahre Zuhörer von Nachum gewesen wäre, wofür in dessen Leben gar kein Raum bleibt. Diese 22 Jahre beziehen sich vielmehr auf Nehemia, der allerdings lange R. Akiba's Zuhörer gewesen sein kann; die Zahl 22 ist wie die Zahl 13 eine runde; s. weiter unten.

Note 8

אמר ר"ע ישמעאל אחי בת ובת und י. so oft sie im Contexte pleonastisch scheinen: אני דורש. א"ל ר' ישמעאל וכי מפני שאתה דורש בת ובת נוציא את זו לשריפה? (Synhedrin 51. b.) כד' עקיבא דדריש וין (Jebamot 58. b. ff.). Eine weitere Differenz zwischen ihrer entgegengesetzten Theorie war, daß R. Jsmael die nicht in der Schrift ausdrücklich angegebenen, sondern lediglich aus Schlußfolgerungen und Deutungen gewonnenen Halacha's nicht wiederum als Prämissen zu neuen Folgerungen gebrauchen mochte, während R. Akiba auch von Derivaten weiter folgerte: כדרך בר' עקיבא דאית ליה למד מן הלמד (ברם) כר' ישמעאל דלית ליה למד מן הלמד (j. Kiduschin I. 2.) Vergl. Nasir 57. a., wo R. Akiba aus einer Halacha eine Schlußfolgerung formulirt: דנין ק"ו מן הלכה. Es scheint, daß R. Akiba seine Theorie so weit auf die Spitze getrieben hat, gefolgerten Halacha's auch so viel Gewißheit einzuräumen, daß sogar Leibesstrafe dadurch verhängt werden dürfe. Denn jener Grundsatz: אין עונשין מן הדין, hat nur R. Jsmael zum Urheber (j. Abodah Sara Ende): ר"י ישמעאל אמר למדין מק"ו ואין עונשין מק"ו, woraus eben hervorgeht, daß R. Akiba ein Gegner desselben war. Wir dürfen demnach ohne Bedenken annehmen, daß auch jene Herleitungsformeln, welche unter dem Namen: סתובי מק"א נדרש לפני י'אחריו, נחדין ומוסיפין הדרשין, אם אינו ענין לכאן וכו' von dem einen oder dem andern der Jünger R. Akiba's geltend gemacht werden, ebenfalls Consequenzen aus dem von R. Akiba aufgestellten Prinzipe sind: daß im Schrifttexte gar nichts Ueberflüssiges sei, und jeder Wink beachtet werden müsse. Gegen diese exorbitante Interpretation R. Akiba's scheint R. Jsmael, dessen nüchterne Ansichten wir bereits kennen gelernt, seine Theorie aufgestellt zu haben, daß es nur dreizehn Interpretationsregeln gebe. Diese dreizehn Midot sind bis auf גזירה שוה so ziemlich logischer Natur, und man könnte daher R. Jsmael's System das logische, R. Akiba's gewissermaßen das allegorische nennen. R. Jsmael scheint übrigens seine Theorie mit vieler Vorsicht begründet zu haben, indem er selbst für die am meisten einleuchtende Formel des ק"ו einen biblischen Anhaltspunkt sucht: הן כסף אמר ר' ישמעאל זה אחד מעשרה קלים וחמורים הכתובים בתורה (Genesis Rabba c. 92.). Jalkut hat dafür die gewiß unrichtige Leseart ר' שמעון). — Daß R. Jsmael's dreizehn Regeln eine Entwickelung aus den hillel'schen 7 Midot sind, wird gegenwärtig nur von Stockorthodoxen geleugnet, die einen Sturm gegen diese scheinbare heterodoxe Ansicht erhoben haben; vergl. Frankel, Hodogetik zur Mischna p. 19. Diese dreizehn Midot sind: 1) ק"ו; 2) ג"ש; 3) כיוצא בו ממקום אחר (6 ;כלל ופרט (5 ;ב"א כב' כתובים (4 ;בנין אב מכתוב אחד; 7) דבר הלמד מענינו (Eingang zu Torat Kohanim Tosifta Synhedrin c. 7. Abot di R. Nathan c. 37) Sie hat R. Jsmael theils zusammengezogen, theils erweitert, theils neue zu denselben hinzugefügt. 3., 4. und 6. machen in R. Jsmael's System eine einzige Regel aus, indem בנין אב מכתוב א' = מה מצינו = כיוצא בו gesetzt wird. Hingegen hat derselbe die Midah 5. in acht Unterabtheilungen gebracht, d. h. sie specificirt a) כלל ופרט (b ;כלל שאחריו כלל (c ;פרט שאחריו פרט ;ובלל (d ;כלל הצריך לפרט ופרט הצריך לכלל (e ;דבר שיצא מן הכלל (f ;פרט שיצא לטעון (g ;פרט שיצא שלא כענינו (h ;... פרט שיצא לידון בדבר החדש. Zu 7. hat er hinzugefügt: דבר הלמד מסופו, und die dreizehnte M'dah R. Jsmael's ב' כתבי המכחישים kommt in Hillel's Schema gar nicht vor. So sind auch Hillel's Midot, als dem Keime, durch die Midot der Schulen Nachums aus Gimzo und

Nechunjah's b. Hakanah, R. Akiba's und R. Jsmael's zwei Interpretationssysteme hervorgewachsen, welche, obwohl differirend, neben einander herliefen, ohne einander zu verdrängen. Vergl. darüber noch Frankel a. a. O. p. 108.

8.
R. Akiba's Mischna.

R. Akiba wird ausdrücklich als Ordner des Halachastoffes aufgestellt: את העצומים יחלק שלל וו ר' עקיבא שהתקין מדרש הלכות אגדות בשהיה ר' עקיבא מסדר הלכות לתלמידים אמר כל מי ששמע טעם על חבירו יבא ויאמר (Tosifta Sabim c. 1.), oder wie Simson von Sans die Lesart hat: כל מי ששמע טעם מחבירו. Dazu die allerdings nicht so ganz authentische Notiz in j. Schekalim V. auf. ואת העצומים יחלק שלל וו ר' עקיבה שהתקין מדרש הלכות אגדות (?) Was dieses bedeutet, ist bereits in Note 2 nachgewiesen worden, daß Midrasch und Halachot rur als Auseinanderlegung des Inhaltes der Mischna zu betrachten seien. Auch der Zusatz zu dieser Stelle ist wohl zu beachten, daß R. Akiba die Generalia und Specialia eingeführt, d. h. den Stoff unter Rubriken gebracht habe. י"א אלו אנשי כנסת הגדולה (הקטנ) ומה שהתקין (l. התקין) וה"? כללין :פרטין. Zum Schlusse wird noch die Art der Mischna-Ordnung deutlich gemacht, daß die Halacha's an Zahlen geknüpft wurden: עשו את התירה ספרות ספרות. ה' לא יחרושו, ה' דברים חייבים בחלה, ט"ו נשים פיטורות צרותיהן, ל"ו כריתות בתורה, י"ג דבר בנבלת עוף הטהור, ד' אבות נזיקין אבות מלאכות מ' חסר אחת. Es kann keinem Zweifel unterliegen, daß diese in die Mischnasammlung durch das Medium R. Meir's übergegangene Ordnung von R. Akiba herrührt, indem ausdrücklich משנת ר' עקיבא namhaft gemacht wird, deren Existenz sogar zu den Ohren des geschmacklosen Compilators Epiphanius gedrungen ist, der sie δευτέρωσις ἡ καλουμένη τοῦ Ῥαββιακιβά nennt (o. S. 422). Daß man später diese übersichtliche Zusammenstellung auf die ecclesia magna oder gar auf die משפחות סופרים ישבץ יעבץ zurückgeführt hat, ist eine jener Antedatirungen, welche in der Agada häufig vorkommen. Kaum bedarf es der Erwähnung, daß diese משנה דר' עקיבא gleichbedeutend mit jenen מדות (Maase) ist, von denen R. Simon b. Jochai spricht: שני מדותי שדותי חרוסות מחרוזות מדותי של ר' עקיבא (Gittin p. 67. a.) Folglich bedeuteten ursprünglich מדות oder was dasselbe ist סבילתה, מכילתא, מכילאן, nicht motivirte Halacha's, wie Zunz G. V. S. 47. d. aufstellt, sondern eine nach Zahlen oder sonst wie mnemonisch geordnete Halacha-Ordnung. Später noch werden מכילתא und מתניתא als identisch gebraucht: ר' אפיק מכילתא סכילתא (j. Abot Sarah IV. 8) gleich איתיב מתניתא בידיה (Chulin 68 und andere Stellen). — Daß R. Akiba's Ansicht ältere Halacha's geradezu verdrängt hat, wird an mehreren Stellen unter verschiedenen Formeln aufgestellt: משנת ר' עקיבא אבל משנה ראשונה אסרה (Synhedrin 27. a. Tosifta Erachin c. 5.) oder קנים ראשונים — עד שבא ר' — משנה ראשונה אומרה — ר' עקיבא אומר עקיבא ואמר (Nasir 34), oder (Sabbat 14.). Man gestand sich ein, daß man so lange im Irrthum war, bis R. Akiba das Richtigere lehrte: בראשונה היו אומרים — עד שבא ר עקיבא (Nedarim 24. 64. Rosch-ha Schanah 17. Tosifta Pesachim I. 1. Moed Katan c. 2. Sifra Behar c. 5.). Man könnte daraus schließen, daß überall, wo die ältere Mischna einer jüngern Entscheidung entgegengesetzt wird, dieselbe R. Akiba zum Autor habe. — אמרו אחריהם של ב״ד ראשונה משנה « (Ketubot 57. Gittin 55.) התקינו רבותינו ראשונה משנה « (Tosifta Ketubot c. 5.)

9.
Der Ehrentitel Rabbi.

Vor der Tempelzerstörung kommt der Titel Rabbi nicht vor, wie überhaupt keine Ehrenbenennung üblich war. Mit richtigem historischen Takt stellt daher Scherira auf, daß dieser Titel erst seit R. Jochanan b. Sakkai in Jabne in Gebrauch kam: ובדורות הראשונים שהיו גדולים מאד לא היו צריכין לברכם לא ברבן ולא ברבי ולא ברב — ופשט הדבר שתלמידיו ר' יוחנן בן זכאי ואילך (Aruch Artikel אבי). Selbst die Benennung Rabban für die Patriarchen, die mit Gamaliel dem ältern beginnen soll, ist zweifelhaft und scheint vielmehr erst später, als Ehrentitel überhaupt in Mode gekommen waren, übertragen worden zu sein. Jedenfalls irrt Hill. de Hebraeorum Rabbinis s. magistris, daß die Zeit sich nicht bestimmen lasse, wann der Titel Rabbi aufgekommen ist. Man wird daher die Benennung Rabbi, welche in den Evangelien (mit Ausnahme des Lucas-Evangeliums) Johannes dem Täufer und Jesus beigelegt werden, als einen Anachronismus anzusehen haben. Anachronismus ist auch jene Jesu in den Mund gelegte Rüge gegen den Ehrgeiz der jüdischen Gesetzlehrer, sich gerne mit diesem Titel nennen zu lassen, und die Warnung, daß sich seine Jünger nicht Rabbi nennen lassen sollten: καὶ φιλοῦσι (οἱ γραμματεῖς) — καλεῖσθαι ὑπὸ τῶν ἀνθρώπων ῥαββί ῥαββί. Ὑμεῖς δὲ μὴ κληθῆτε ῥαββί (Matthäus 23, 7—8.). Dieses Moment giebt ebenfalls einen Fingerzeig, wann die Evangelien niedergeschrieben wurden, nämlich zu der Zeit, als der Titel Rabbi in so hohem Ansehen stand, daß die Kirchenlehrer nicht umhin konnten, ihn auch auf Jesus zu übertragen.

10.
Die Einsetzung des Abendmahles.

Kein Zug verräth so sehr die Unechtheit der von Jesu in den Evangelien tradirten Reden und Institutionen, als die Einsetzung des Abendmahls. Am Rüsttag des Festes der ungesäuerten Brode (τῇ πρώτῃ τῶν ἀζύμων, näher im Lucasevangelium ἡ ἡμέρα τῶν ἀζύμων ἐν ᾗ ἔδει θύεσθαι τὸ πάσχα) d. h. am vierzehnten Nisan gab Jesus seinen Jüngern den Auftrag das Paschalamm vorzubereiten; an demselben aß er das Mahl, indem er das Brod für seine Jünger brach und den Kelch herumgehen ließ, und setzte an demselben Abend das Abendmahl ein. Diese Relation bringt die Interpreten in Verzweiflung. Drei unauflösliche Schwierigkeiten bieten sich hierbei dar: 1) Wie konnte Jesus am Abend des vierzehnten Nisan das Paschamahl feiern, da er doch an demselben Tage gekreuzigt wurde? 2) Warum kennen nur die drei synoptischen Evangelien die Einsetzung des Abendmahles, während das Johannesevangelium desselben auch nicht mit einer Sylbe erwähnt? 3) Warum kommt bei diesem Paschamahl Jesu nur Brod und Wein, und nicht das Hauptrequisit, nämlich das Fleisch vom Paſſalamm vor, um deſſentwillen er doch ſeinen Jüngern den Auftrag gegeben hat? Um die erſte Frage zu beantworten, haben die Interpreten und Harmoniſten zu allerlei Hypotheſen gegriffen, die aber nur von der großen Noth zeugen, etwas als geſchichtlich feſthalten zu wollen, was ſich doch ſo augenſcheinlich als Sage verräth. Man erklärte: Jeſus habe ſchon am dreizehnten Niſan Abend das Paecha genoſſen, weil er vorher gewußt, daß er durch ſeinen Tod an dem folgenden Abend daran verhindert ſein werde; oder: Jeſus habe es wohl am rechten Tage genoſſen, das Synhedrium hätte aber das Paſcha um einen Tag verſchoben, weil es den Zuſammenlauf des Volkes gefürchtet; weiter: Jeſus habe kein wirkliches Paſcha genoſſen, ſondern nur ein πάσχα μνημοσευτικόν, das auch am dreizehnten ſtattfinden durfte; ferner: wegen der Differenz zwiſchen Sadducäern und Phariſäern ſeien damals zwei verſchiedene Rüſttage vorgekommen; ferner: man habe überhaupt das Paſſalamm ſchon am dreizehnten Abend genoſſen, welches der Vorabend des Paschatages ſei; endlich: man habe wegen des Sabbats den Paſſatag verſchoben, weil am Sabbat die Opferbereitungen nicht vorgenommen werden durften. Alle dieſe und noch andere wunderliche Erklärungen finden ſich in Wieners bibliſchen Realwörterbuche, Artikel Paſcha, zuſammengeſtellt und ſehr gründlich widerlegt. Den Schlüſſel zu dieſen Räthſeln giebt aber das Verhältniß der ſynoptiſchen Evangelien zu dem johanneiſchen. Die erſteren enthalten bekanntlich viele judenchriſtliche Traditionen, während das letztere, im heidenchriſtlichen Kreiſe entſtanden, wenig davon hat. Die Judenchriſten kannten aber nach der Zerſtörung des Tempels, als das Opferweſen unmöglich geworden war, nur das πάσχα μνημοσευτικόν, aus dem ungeſäuerten Brode (מצה פסח) und dem Weine (יין של פסח) beſtehend. Daher wiſſen die evangeliſchen Erzählungen nichts vom Opferlamm, ſie heben nur hervor das beſtimmte pflichtmäßige Brod (ὁ ἄρτος; ſo richtig im Matthaeus 26. 26. λαβὼν τὸν ἄρτον, in den übrigen, ſo wie im erſten Cerintherbrief, falſch ohne Artikel) und den beſtimmten Kelch (τὸ ποτήριον). Die Judenchriſten nahmen dieſen jüdiſchen Brauch (מצה) aus dem Judenthum herüber, bildeten ihn aber zu einem Symbol der Euchariſtieum und brachten ihn mit Jeſu Leidensgeſchichte in Zuſammenhang. Das Andenken an den Auszug aus Egypten, welches jenes Surrogat des Paſſa vergegenwärtigen ſollte, wurde in das Andenken an Jeſus umgedeutet, (εἰς τὴν ἀνάμνησιν ἐμήν), und darum mußte Chriſtus ſelbſt das Abendmahl eingeſetzt, d. h. das Paecha gefeiert haben. Der Anachronismus, in welchen ſich die Evangeliendichter verwickelten, Jeſus das Paſſamahl am Paſſa-Abend vor ſeinem Tode genießen zu laſſen, entging ihnen, oder kümmerte ſie nicht; ihnen war es nur darum zu thun, Jeſus ſelbſt als Stifter dieſes Sakraments zu haben. Das heidenchriſtliche Johannisevangelium iſt aber frei von dieſem Widerſpruch, weil in dem Kreiſe ſeiner Entſtehung die Erinnerungsfeier des jüdiſchen Paſſa durchaus unbekannt war. Merkwürdig iſt, daß die ſpäteren Ebioniten in ihrem ſogenannten Hebräerevangelium eine eigene Wendung im Paſſakapitel hatten. Auf die Frage der Jünger: „Wo willſt du, daß wir für dich vorbereiten, daß Paſcha zu eſſen? giebt Jeſus eine ausweichende Gegenfrage: „Habe ich denn gewünſcht, dieſes Paſcha als Fleiſch zu genießen: μὴ ἐπιθυμίᾳ ἐπεθύμησα κρέας τοῦτο τὸ πάσχα φαγεῖν? Epiphanius c. Haereses I. 2. 22. p. 146.)

11.
Ebioniten, Nazaräer, Minäer.

Die Kirchenväter bezeichnen übereinstimmend, daß die Ebioniten auch noch bis ins vierte Jahrhundert das ganze jüdische Gesetz beobachtet haben. Dieselben fügen hinzu, daß es zwei Parteien unter denselben gegeben, die eine, welche Christus nur als Menschen verehrte, der aus dem ehelichen Umgange eines Mannes mit Maria erzeugt worden, und die andere, welche ihn von einer Jungfrau und dem heiligen Geiste geboren werden läßt (Müller, ἐκ σοφότμτρα; Justinus Martyrer, Dialog cum Tryphone ed Otto p 150. Origenes c Celsum und Parallelstellen. Eusebius H. E. III. 29. Epiphanius adv. Nazareos et Ebionitas. Schwegler, Nachapostolisches Zeitalter I. 180.) Diese mehr spiritualistische Sekte nennt man nach Hieronymus Vorgang Nazaräer. In neuerer Zeit hat man mit Recht bezweifelt, ob die Nazaräer der nachapostolischen Zeit, d. h. des zweiten Jahrhunderts sich Christus göttlich gedacht haben. Indessen kömmt es auf die Benennung weniger an, genug, daß es eine judenchristliche Sekte gegeben hat, welche neben der strengen Beobachtung der jüdischen Gesetze und dem Widerspruche mit ihrer Anschauung, Jesus eine göttliche Abstammung und Verehrung zutheilte. In der talmudischen Literatur werden sie Minäer, מינים, genannt, über deren Identität belehrt uns Hieronymus (epristola ad Augustum): usque hodie per totas orientis Synagogas inter Judaeos haeresis est, quae dicitur Minaeorum et a Pharisaeis usque nunc damnatur, quos vulgo Nazaraeos nuncupant ... sed dum volunt esse et Christiani et Judaei, nec Judaei sunt nec Christiani, vergl. Chulin 13 b: אין מינין באומות. Die Ethymologie und Bedeutung des Wortes מין, welches in der talmudischen Literatur nur in diesem engen Sinne genommen wird, ist noch immer nicht befriedigend ermittelt. In Sifra oder Thorat Kohanim wird es im Plural consequent מינאים geschrieben. Daß die Sekte, nenne man sie Nazaräer oder Minäer, chronologisch jünger ist, als die Ebioniten, lehrt das Gesetz der genetischen Entwickelung. Eine Sekte kann wohl den Gegenstand ihrer Verehrung idealisiren von einem hochgepriesenen Menschen zum Gotte, aber ihn nicht degradiren vom Gotte zum bloßen Propheten. — Ich rechne noch zu den Mischlingssekten, welche, ohne das Judenthum aufzugeben, sich mehr und mehr zum Heidenchristenthum neigten, die Masbothäer, Genisten und Meristen. Die ersteren kennt schon Hegesipp und zählt sie einmal zu den jüdischen, das andere Mal zu den christlichen Häresien. Nachdem der fingirte Thabutis oder Phabulis, welcher aus gekränktem Ehrgeize, weil er nicht Bischof werden konnte, die Kirche verdorben habe, sollen judenchristliche Sekten entstanden sein, darunter: καὶ Μασβωθαῖος ὅθεν Μασβωθαιανοί. An einer andern Stelle zählt er die Μασβωθαῖοι unter die sieben jüdischen Sekten, nämlich Essäer, Galiläer, Morgentäufer (ἡμεροβαπτισταί), Samariter, Sadducäer und Pharisäer (Euseb h. e. IV. 22.). Das Indiculum Haereseon, das man Hieronymus zuschreibt, giebt dazu die richtige Etymologie von Sabbat feiern: Masbonei (falsche Lesart Marbonei) dicunt ipsum esse Christum, qui docuit illos in omni re sabbatizare. Auch die Mischna kennt eine Sekte Sabbatfeierer שובתי שבת, die nicht identisch mit den Juden waren (Nedarim III. 12.). Dasselbe Indiculum nennt ferner als christliche Secten: die Genisten, quoniam de genere Abrahae sunt, und Meristen, aber die Erläuterung, welche dasselbe zu dieser Benennung giebt, erscheint lächerlich: meristae quoniam separant scripturas, non credentes omnibus prophetis, dicentes aliis et aliis spiritibus prophetasse. Dieses Moment ist aber nicht specifisch christlich. Ich glaube diesen Namen vielmehr von dem Umstande abzuleiten, daß die Meristen nur theilweise das Judenthum beobachtet haben, wie z. B. den Sabbat und den Sonntag.

Die Judenchristen traten zuerst in einen polemischen Gegensatz zu den Lehrern der Mischna, den Deuteroten oder den Pharisäern. Die lange Expectoration im Mathäus-Evangelium c. 23, welche Jesus in den Mund gelegt wird, ist weiter nichts als die Polemik eines Judenchristen gegen die Mischnalehrer oder Rabbanau. Interessant ist dafür eine Notiz bei Hieronymus:

Duas domos, Nazarei (cum ita Christum recipiunt ut observationes legis veteris non amittant) duas familias interpretantur Sammai et Hillel; ex quibus orti sunt scribae et Pharisaei, quorum suscepit scholam Akibas, (quem magistrum Aquilae proselyti autumant) et post eum Meïr; cui successit Johanan, filius Zachaï et post eum Eliëzer et post ordinem Delphon (andere lesen't Telphon[1]) et rursum Joseph Galilaeus et usque ad captivitatem Jerusalem Josue. Sammai igitur et Hillel non multo prius quam dominus nasceretur, orti sunt in Judaea, quorum prior dissipator interpretatur, sequens epiphanus, eo quod per traditiones et δευτερώσεις suas, legis praecepta dissipaverint atque maculaverint. Et has esse duas domus, quae salvatorem non receperint, quum factus sit eis in ruinam et in scandalum (Heronymus in Esajam III. 14.). Wiewohl in dieser Stelle die Diadoche der Tanaïten vielfach verschoben und anachronistisch erscheint, so zeugt sie doch zur Genüge, daß die Judenchristen mit den Verhältnissen ihrer jüdischen Gegner nicht ganz unbekannt waren. Eine andere Stelle: Que nos super Diabolo et angelis ejus intelleximus, Nazarei contra scribas et Pharisaeos arbitrantur, quod defecerint δευτερωταί, qui prius illudebant populo traditionibus pessimis (ibidem XXIX. 21.). Ueber die Deuteroten vergleiche noch dens. zu 65. X. 1. Nobis autem videtur contra judices tribus Judae et Israel scribas videlicet δευτερωτάς sermo propheticus conclamare. Daß die ברכת המינים oder die Verwünschungsformel gegen die Minäer, welche Gamaliel II. in Jabne durch Samuel den Jüngern formuliren ließ (b. Berachot 28. 29 j. Berachot IV. p. 3. a.), ursprünglich nur gegen Judenchristen und nicht gegen das Christenthum überhaupt gerichtet war, bezeugt Epiphanius, welcher sogar die Verwünschungsformel mittheilt: Οὐ μόνον γὰρ οἱ τῶν Ἰουδαίων παῖδες πρὸς τούτους (Ναζωραίους) κέκτηνται μῖσος, ἀλλὰ ἀνιστάμενοι ἕωθεν, καὶ μέσης ἡμέρας καὶ περὶ τὴν ἑσπέραν, τρὶς τῆς ἡμέρας ὅτε εὐχὰς ἐπιτελοῦσιν ἐν ταῖς αὐτῶν συναγωγαῖς ἐπαρῶνται αὐτοῖς, καὶ ἀναθεματίζουσι φάσκοντες· ὅτι ἐπικαταράσαι ὁ Θεὸς τοὺς Ναζωραίους (Ep. adversus haereses. I. 2. p. 124). Die Formel hat zuerst gelautet: ולמשומדים אל תהי תקוה ולמינים: „Den Minäern und An-

---

[1] Soll heißen Tarphon oder richtiger Tryphon.

gebern (Delatoren für die römischen Behörden) möge keine Hoffnung sein."
Epiphanius, der ein geborener Jude war, ist ein competenter Zeuge dafür, daß
die Verwünschungsformel nur den Nazaräern, d. h. den Judenchristen gegolten hat, als Justinus Martyr, ein geborener Heide, der angiebt: die Juden
verwünschten in ihren Gebeten sämmtliche Christgläubigen (Dialog cum Tryphone
c. 16. p. 68.): Καταρώμενοι ἐν ταῖς συναγωγαῖς ὑμῶν τοὺς πιστεύοντας
ἐπὶ τὸν χριστόν. Auch Hieronymus war schlecht unterrichtet, wenn er behauptet:
Et sub nomine ... Nazarenorum ter in die in Christianos congerunt male-
dicta (in Jes. 52, 5.).

12.
Der Consul-Proselyte Flavius Clemens.

Die eingehende Untersuchung Volkmars über Clemens von Rom (Baur
und Zeller theol. Jahrb. 1856 S. 287 ff.), die zum Theil gegen meine Annahme
gerichtet ist: daß Clemens, Domitians Neffe, eine Vorliebe für das Judenthum
gehabt und deswegen hingerichtet worden, diese Untersuchung hat mich nicht vom
Gegentheil überzeugen können. Dio Cassius, zu dessen Zeit Judenthum und Christenthum nicht mehr promiscue zusammengewürfelt wurden, erzählt nach dem Auszuge
des Xiphilinus mit deutlichen Worten: Domitian habe Flavius Clemens, seinen
Neffen, hinrichten und dessen Frau Domitilla, auch eine Verwandte Domitians,
verbannen lassen, indem er Beide wegen „Gottlosigkeit" anklagte. Diese
ἀθεότης, deren sie beschuldigt wurden, wird sofort von Dio erklärt: daß sie
in die Verirrung jüdischer Bräuche geriethen: ἐπηνέχθη δὲ ἀμφοῖν (Κλήμεντι καὶ
γυναικὶ αὐτοῦ) ἔγκλημα ἀθεότητος, ὑφ᾽ ἧς καὶ ἄλλοι ἐς τὰ τῶν Ἰουδαίων ἤθη
ἐξοκέλλοντες πολλοὶ κατεδικάσθησαν (57. 14.). Eusebius oder sein Vordermann
Bruttius (um 250), erzählen uns, Flavia Domitilla sei christliche Proselytin gewesen,
woraus eben stillschweigend hervorgeht, daß die kirchliche Tradition nichts davon
gewußt hat: Clemens habe um des Christenthums willen das Märtyrerthum gelitten: ἐν ἔτει ιέ Δομιτιανοῦ μετὰ πλείστων ἑτέρων καὶ
Φλαβίαν Δομιτίλλαν ἱστορήσαντες ἐξ ἀδελφῆς γεγονυῖαν Φλαβίου Κλήμεντος,
ἑνὸς τῶν τηνικάδε ἐπὶ Ῥώμης ὑπάτων, τῆς εἰς Χριστὸν μαρτυρίας ἕνεκεν εἰς
νῆσον Ποντίαν κατὰ τιμωρίαν δίδοσθαι (h. e. III. 18.). Dasselbe erzählt Eusebius in seinem Chronicon zur 218. Olympiade. War aber Clemens nicht Christ,
so wird es auch zweifelhaft, ob Domitilla Christin gewesen sei. Ohnehin ist die
dem Bruttius entlehnte Nachricht verdächtig; denn Domitilla wird hier zur Nichte
des Clemens gemacht (ἐξ ἀδελφῆς, ex sorore neptis), während sie Dio als dessen
Frau angiebt. Auch eine, allerdings sehr verwitterte, talmudische Sage unterstützt
dieses Factum: daß ein Schwestersohn des Titus, also auch des Kaisers Domitian, oder ein hochgestellter Senator (συγκλητικός) jüdischer Proselyte geworden.
Sogar der Name Clemens schimmert noch durch (Gittin 56. b.) אנקלמוס בר קלוניקוס
בר אחתיה דטיטוס היה בעי לאתגיורי. Statt קלוניקום heißt es in einer andern Sage
(Aboda Sara 11. a.): אינייר קלונימוס בר קלונימוס. Num. Duloios ist eine Verwechselung mit dem proselytischen Bibelübersetzer Akylas (s. Note 13). Klo-

nimos dagegen ist eine Entstellung von Clemens, wie in einer kirchlichen Sage aus Clemens Anakletos geworden ist. Ohne Namen, aber mit Angabe der Zeit unter Domitian erzählt eine nüchterne und historisch gehaltene Notiz: Zur Zeit, als R. Eliezer, Josua und Gamaliel in Rom waren, hätte der Senat (סנקליטוס) dekretirt: Nach 36 Tagen soll kein Jude im Reiche mehr existiren. Ein Senator, der gottesfürchtig gewesen, hätte den Beschluß R. Gamaliel verrathen und ihn durch seinen Tod — durch Gift — vereitelt היה סנקליטוס של מלך ירא שמים יגלה לרבן גמליאל את הדבר. Nach seinem Tode hätte es sich gezeigt, daß derselbe sich gar vorher beschnitten hatte (Deuteron. Rabba c. 2. p. 230. a. b.). Dieselbe Geschichte ist sagenhaft entstellt in Aboda Sara p. 10. b., und hier heißt der Proselyte, welcher sich für die Juden geopfert: קטיעה בר שלום. Aus dem Verlaufe ergiebt sich, daß derselbe identisch ist mit אונקלוס בד קלוניסוס oder mit Clemens. קטיעה erscheint überhaupt daselbst als allegorischer Name, so bleibt nur שלום übrig, welcher die hebräische Uebersetzung von Clemens sein kann. Mit einem Worte: die talmudisch-agadische Literatur hat den Kern erhalten, daß ein Schwestersohn des Titus und Domitian, ein Senator, jüdischer Proselyte geworden, und daß zu seiner Zeit jüdische Weisen Palästinas in Rom gewesen wären.

Dagegen macht nun Volkmar geltend, daß auch die kirchliche Sage einen christlichen Proselyten Clemens nennt und gewissermaßen glorificirt. 1) Einem Clemens von Rom wird ein Brief (oder zwei) an die Korinther beigelegt über den Streit in der korinthischen Kirche mit der Ermahnung, sich dem Presbyterium oder der Hierarchie zu unterwerfen. 2) Allenfalls auch zwei (syrisch vorhandene) Briefe eines Clemens Romanus über Askese und Klosterleben. 3) Wird ein Clemens bald als zweiter Bischof von Rom, erster Nachfolger Petrus und bald als vierter genannt. 4) Werden eine Reihe von Schriften, Homilien, Recognitionen, Constitutiones apostolicae einem römischen Clemens vindicirt — Clementinen. 5) Endlich wird der Bischof Clemens von Rom auch als Martyrer unter die „Heiligen" gezählt. Aber in allen diesen kirchlichen Sagen über Clemens ist nicht angegeben, daß er ein Verwandter des Kaisers Domitian gewesen; nur die clementinischen Homilien stempeln ihn in romanhafter Ausschmückung zum Abkömmling des Kaisers Tiberius. Volkmar behauptet nun, daß allen diesen Sagen der Kern von Flavius Clemens zu Grunde läge, daß dieser halb und halb ein Judenchrist gewesen, und daß ihn die Kirche wie die Synagoge deswegen zu dem Ihrigen machen konnte. Dagegen ist nun einzuwenden, daß den christlichen Sagen gerade die Hauptmomente abgehen: Clemens Verhältniß zum flavianischen Kaiserhause und sein Tod durch Domitian wegen seines etwaigen christlichen Bekenntnisses. Diese Sagen scheinen vielmehr an den Clemens anzuknüpfen, welcher im Philipperbrief als Begleiter des Apostels Paulus erwähnt wird. Und das ist ein ganz anderer Clemens; er hat gar keine Aehnlichkeit mit jenem Neffen des Kaisers Titus und Domitian. Die älteren Kirchenschriftsteller denken daher gar nicht bei Clemens Romanus an Flavius Clemens. Erst jüngere Historiker identificiren sie künstlich und machen den jüdischen Proselyten zum Christen. Es liegt in der Sucht, jede in den jüdischen Kreisen irgendwie hervorragende Persönlichkeit als Christen auszugeben. Orosius macht die adiabenische Königin Helena zur Christin (hist. 76). Eine christliche Sage, die Eusebius aufbewahrt hat, läßt den jüdischen Philosophen Philo mit Petrus Umgang pflegen und ihn Zuneigung für das Christenthum fassen (h. eccl II. 17.). In einer Kirche zu Pisa zeigte man das Grab des älteren Gamaliel, des Enkels Hillel's I., der sich zum Christenthum bekehrt und von der Kirche in den Rang der Heiligen erhoben worden. Das Grab, welches die Gebeine mehrerer solcher Bekehrten umschließen soll, hat die Inschrift:

> Hoc in Sarcophago requiescunt corpora sacra
> Sanctorum — . . Sanctus Gamaliel . . . .
> Gamaliel divi Pauli didascalus olim,
> Doctor et excellens Israelita fuit,
> Concilii magni fideique per omnia cultor.

Den Patriarchen Hillel II. läßt Ephiphanius vor seinem Tode die Taufe empfangen. Ganz dieselbe Glaubwürdigkeit hat aber auch die Bekehrung von Domitilla und Clemens. Sie hat nicht einmal das Alter für sich.

13.

Akylas, Aquila, Onkelos.

Ueber Akylas' sklavisch treue Uebersetzung, wodurch er der griechischen Sprache Gewalt angethan hat, ist vielfach Klage geführt worden. Hieronymus giebt am deutlichsten die Art der akyläischen Uebertragung an, daß er jede eigenthümliche hebräische Partikel, jede Sylbe, jeden Buchstaben im Griechischen wiederzugeben sich bemühte: Aquila proselytus et contentiosus interpres, qui non solum verba, sed et etymologias verborum transferre conatus est, jure projicitur a nobis ... Quod Hebraei non solum habent ἄρθρα sed et πρόαρθρα, ille κακοζήλως et syllabas interpretetur et literas, dicatque σὺν τὸν οὐρανὸν καὶ σὺν τὴν γῆν, quod graeca et latina lingua non recipit (de optimo genere interpretandi). Indessen ist der Widersinn einer solchen Uebersetzungsweise zu groß, als daß gar nichts dahinter stecken sollte. Mir scheint der Schlüssel zu diesem Räthsel in dem Umstande zu liegen, daß Akylas Schüler R. Akiba's war. Dieses bezeugt Hieronymus in der oben (S. 434) citirten Stelle (Akibas quem magistrum Aquilae proselytae autumant) und Talmud (j. Kidduschin I. p. 59 a.): אמר ר׳ אסי משום דר׳ יוחנן הרבט עקילם הגר לפני ר׳ עקיבא. Wie R. Akiba namentlich die Objektiv-Partikel את als angedeutete Erweiterung — לרבית — interpretirte — דרש כל אתין שבתורה, (S. 428), so gab Akylas jedes את durch σύν wieder, nicht um das hebräische Wort wiederspiegeln zu lassen, sondern um den halachischen Sinn anzudeuten. Wie R. Akiba ferner in jedem Buchstaben einen Fingerzeig erblickte, so übersetzte Akylas jede Sylbe und jeden Buchstaben, jedes ἄρθρον und πρόαρθρον. Eine solche nicht sowohl dem Sinn entsprechende, als vielmehr die Pleonasmen des hebräischen Textes wiedergebende Uebersetzung war ein Zeitbedürfniß, und aus diesem Grunde war die Septuaginta verketzert, weil sie die Pleonasmen, die περιττά, zu Gunsten der griechischen Syntax verwischt hat, wie Epiphanius (de mensuris II.) erzählt. Origenes sah sich daher genöthigt, um die der Kirche dienende LXX bei Juden in Aufnahme zu bringen, alle weggelassenen Pleonasmen durch

Auterlöfen zu bezeichnen: Ὠριγένης δὲ ... ἀποκατίστησε τῷ ἑκάστῳ τόπῳ τὸν ἐλλείποντα λόγον παρέθετο γὰρ αὐτῷ τὸν ἀστερίσκον. οὐχ ὡς χρείας οὔσης ... περιττὸς γὰρ ἐστιν, ἀλλ᾽ ἵνα μὴ παραλείψῃ Ἰουδαίοις — ἐπιλαμβάνεσθαι τῶν ἐν ταῖς ἁγίαις ἐκκλησίαις θείων γραφῶν (ibid.). Darum war eben Akylas' Uebersetzung im jüdischen Kreise so sehr beliebt, weil sie dem Pathos jener Zeit, die Halacha in dem Schriftwort wiederzufinden, auf eine so vollständige Weise genügte. Origenes erzählt von dieser Beliebtheit bei den Juden: οὕτω γὰρ Ἀκύλας δουλεύων τῇ ἑβραϊκῇ λέξει ἐκδέδωκεν εἰπών. φιλοτιμότερον πεπιστευμένος παρὰ Ἰουδαίοις ἑρμηνευκέναι τὴν γραφήν (Origenes ad Africanum 2.). Akylas war demnach keineswegs Sklave des Buchstabens, sondern Herold des albaischen Interpretationssystems. Daher werden aus seiner Uebersetzung, wie aus keiner, an vierzehn Stellen in der talmudischen und agadischen Literatur ganz geläufig citirt, weil sie sich in die jüdische Sphäre hineingelebt hat. Diese Stellen sind in de' Rossi's Meor Enajim VI. c. 45. zusammengetragen. Die Septuaginta dagegen hat nicht dieselbe Autorität genossen, weil außer dreizehn Varianten gar nichts aus ihr in derselben Literatur citirt wird. — Die Identität des Proselyten und griechischen Uebersetzers Akylas oder Aquila mit dem Proselyten אונקלוס, dem die chaldäische Uebersetzung zum Pentateuch zugeschrieben wird, braucht kaum bewiesen zu werden. Onkelos ist die orientalische Aussprache für Akylas. Zur Zeit des Talmud hat das sogenannte Targum Onkelos noch nicht existirt; sonst würde es mindestens dasselbe Ansehen wie Akylas griechische Uebersetzung erlangt haben, während im Gegentheil manche Uebersetzungen, welche sich in unserem Targum Onkelos finden, vom Talmud und Midrasch geradezu verworfen werden, und nicht einmal als Citate eines bestehenden Targum, sondern als Einfälle Unberufener: ... אילין דמתרגמין (Vergl. Zunz, Gottesdienstliche Vorträge S. 75.). Alle Gegenbeweise, welche de Rosi [Meor Enajim c. 45.] für die Verschiedenheit heranbringt, lösen sich in nichts auf, wenn für Gamaliel I. (ר״ג הזקן) R. Gamaliel II. emendirt wird. Man nannte nach Akylas die einfache, wortgemäße, die Halacha berücksichtigende chaldäische Uebersetzung אונקלוס תרגום, ohne daß es einen Uebersetzer dieses Namens gegeben hat. Fränkel hat sich Mühe gegeben nachzuweisen (in der klassischen Schrift über den Einfluß der palästinensischen Exegese auf die alexandrinische Hermeneutik), daß Akylas und Targum Onkelos an manchen Stellen nicht nur differiren, sondern einander entgegengesetzt übersetzten (S. 15. i. 92, d. 101. r.). Allein abgesehen davon, daß wir keine Gewißheit haben, ob die von Montfaucon gesammelten Akyläischen Partieen wirklich als die seinigen zu betrachten seien, indem durch Origenes' Zusammenstellungen Manches, was dem einen Uebersetzer angehörte, dem andern beigelegt wurde, kommt es gar nicht darauf an, daß beide Uebersetzungen harmoniren müssen. Onkelos bedeutet weiter nichts, als eine einfache Hermeneutik. Das Targum Onkelos gehört der nachtalmudischen Zeit an. — Der Uebersetzer Akylas scheint, je mehr man sich die einzelnen Umstände vergegenwärtigt. ganz unzweifelhaft identisch zu sein mit jenem Akylas, der mit Paulus in Verbindung gebracht wird (Apostelgeschichte 18. 2., Römerbrief 16. 3, 2 Timotheus 4. 19). An der ersten Stelle wird Akylas als von Pontus gebürtig angegeben: Ποντικὸς τῷ γένει. der Uebersetzer war ebenfalls aus Sinope in Pontus, wie Epiphanius (de ponderibus XIV.) und Sifra (Sect. Behar. 1. 9. משפטים בקילם לעבדיו שהוציא מה ולא) bezeugen. Diese Identität des jüdischen Proselyten und des Apostelgefährten Akylas stellt auch Epiphanius (und nach ihm Capellus) auf, (ibid. XV.), nur muß er ihm, auf der Erzählung von dem Umgang desselben mit Paulus fußend, eine lange Lebensdauer geben, von der Zeit vor der Tempelzerstörung bis Hadrian. Die gesunde Kritik sieht sich aber genöthigt, da Akylas' Zeitgenossenschaft mit R. Akiba unerschütterlich feststeht, die neutestamentliche Erzählung von demselben als pseudepigraphisch und anachronistisch zu halten, daß nämlich jener Umgang desselben mit Paulus erdichtet sei. Die Sage in der Apostelgeschichte und den citirten Episteln stammt noch aus der Zeit, als Akylas noch dem Christenthum angehörte, d. h. in der trajanischen Zeit. Daraus würden sich aber einige biographische Momente für Akylas ergeben, daß seine Frau Priscilla geheißen, daß er Teppichweber gewesen, und daß die Christen auf seine Bekehrung einen so hohen Werth gelegt haben, daß sie ihn als Apostelgenossen aufführten. Weiteres über ihn in der folgenden Note.

14.
Die Aufstände in Palästina unter Trajan und Hadrian und das Apokryphon Judith.

Sehr viel ist in jüngster Zeit über das apokryphische Buch Judith geschrieben worden. Prof. Volkmar hat in verschiedenen Zeitschriften und in einer eigenen Schrift (Handbuch der Einleitung in die Apokryphen, Th. I., Tübingen 1860) die von Hitzig hingeworfene Ansicht zu immer größerer Klarheit und historischer Thatsächlichkeit entwickelt: daß dieses Apokryphon im Ausgang der Trajanischen und im Beginne der Hadrianischen Regierungszeit gedichtet worden ist. Trotz der wuchtigen Einwürfe von Seiten Hilgenfeld's und Lipsius' (in Hilgenfeld's Zeitschr. f. wissensch. Theol. Jahrg. 1858—59—61) schließe ich mich doch Volkmars Annahme vollständig an, bis auf das, wo — mein geehrter Freund gestatte mir den Ausdruck — er des Guten zu viel gethan hat. Da die Basis für diese Ansicht meine Combination vom Krieg des Quitos oder Quietus (Polemos schel Quitos) bildet, so muß ich gewissermaßen solidarisch dafür aufkommen, meine Combination gegen alle Anfechtung wahren und die Haupteinwürfe widerlegen, welche von gegnerischer Seite dagegen geltend gemacht wurden. Mit Recht bemerkt nämlich Lipsius, der recht gründlich auf dieses Thema eingegangen ist: wenn der Polemos schel Kitos in Nichts oder in einen Scheinbeweis aufgelöst wird, die übrigen von Volkmar und von mir aufgestellten Argumente ihre Beweiskraft verlieren. Der Beweis von Dio Cassius (68, 32): daß Lusius Quietus wegen seines Vernichtungskrieges in Mesopotamien und auch gegen die dortigen Juden zum Hegemon, gewissermaßen zum Legaten von Palästina, von Trajan ernannt worden (ὥστε ἐς τοὺς ἐστρατηγηκότας ἐγγραφῆναι καὶ ὑπατεῦσαι τῆς τε Παλαιστίνης ἄρξαι Κύντον) ist allein nicht entscheidend; denn es folgt noch nicht daraus, daß in Trajans Zeit in Palästina ein Aufstand ausgebrochen wäre, den Quietus zu dämpfen gehabt hätte. Auch das Zeugniß Spartians, daß im Anfang der Habrianischen Regierung Palästina und Lycien einen aufständischen Sinn gezeigt haben: Lycia et Palaestina rebelles animos efferebant (in Hadrianum c. 1.) spricht auch nicht deutlich genug von einem **faktischen Aufstande**. Das Märtyrerthum des Bischofs oder Presbyters **Symeon Clopa**, dessen Datum Volkmar (ins Jahr 116 versetzen zu können glaubte, hat Lipsius so ziemlich aller Beweiskraft entkleidet. Dasselbe ist entweder überhaupt sagenhaft oder fällt, wenn geschichtlich, ins Jahr 102—103 (Lipsius das. Jahrg. 1859, S. 90 ff.).

So bleibt denn nur noch meine Combination des Polemos schel Quitos als alleiniges Argument für einen Aufstand der palästinensischen Juden unter Trajan übrig. Da nur dieses allein das ganze Gewicht der Beweiskraft tragen muß, so bin ich verpflichtet, es besser zu begründen und auch Lipsius' Einwürfe zu widerlegen, daß derselbe sich nicht auf den Aufstand der Juden in Mesopotamien, sondern gerade auf Palästina bezieht. Um den Leser in den Stand zu setzen, selbst darüber zu urtheilen, setzte ich die betreffende Stelle aus der quasi-Chronik des Seder Olam (Ende) hierher. Dasselbe tradirt (nach der richtigen Leseart, welche Asarja de' Rossi aus einer Handschrift vom Jahre 1370 erhalten hat) Meor Enajim c. 19): פולמוס של אסוירוס עד פולמוס של אספסיינוס שפונים שנה. פולמוס של אספסיינוס עד פולמוס של קיטוס כ"ב שינה. פולמוס של קיטוס עד מלכות בן כוזיבא י"ו שנה. ומלכות בן כוזבא ג' שנים ומחצה. Also vier **Polemoi** oder Kriegsgefährlichkeiten werden hintereinander aufgezählt, wohlverstanden solche, die sämmtlich in Palästina gespielt haben. Von diesen vier zählt die Mischna, also eine mit dem Seder Olam ziemlich zeitgenössische Quelle, nur die drei letzten auf, aber nicht zu chronologischen Zwecken, sondern als **Data** für eingeführte Trauerbräuche (Sota Ende) בפולמוס של אספסינוס גזרו על עטרות חתנים של האירוס. בפולמוס של טיטוס (קיטוס) גזרו על עטרות כלות ושלא ילמד אדם את בני יונית בפולמוס האחרון גזרו שלא תצא כלה באפריון בתוך העיר. Meine Combination, daß man auch קיטוס statt טיטוס lesen müsse, hat sich durch eine alte Handschrift der Mischna (im Besitz des Buchhändlers Herrn Adolph in Berlin) bestätigt; Maskir. hebr. Bibliographie B. VII. Jahrg. 1864 S. 22). So ist denn die Leseart und damit der Polemos schel Quitos gesichert und unanfechtbar. Gehen wir diese vier Polemoi der Reihe nach durch, um die chronologischen Punkte zu fixiren. 1) פולמוס של אסוירוס achtzig Jahre bis zum Kriege Vespasians. Ich habe B. VI. 2 Edition S. aufgestellt, daß man für das jedenfalls corrumpirte אסוירוס lesen müsse ורדוס oder וארוס und das Factum bezieht sich auf die kriegerische Verwirrung nach Herodes' Tod und auf **Varus**, der sie mit Blut gedämpft hat. Die Zahl der Jahre stimmt allerdings nicht ganz; denn von Herodes Tod bis zu Vespasian, d. h. bis zur Tempelzerstörung, verliefen nur 3 + 68 = 71 Jahre. Neulich erfuhr ich, daß in einer Handschrift des Seder Olam im Besitze des Herrn **Mandelstamm** die Leseart vorkommen soll פולמוס של הורדוס. Aber auch dieses giebt keine genaue Zahl an. Denn Herodes hat nur zu Anfang und am Ende seiner Regierung ein imposantes Gemetzel unter den Patrioten angerichtet; für das erste ist die Zahl zu wenig und für das letzte auch um 8 oder 9 Jahre zu viel. Die Zahl 80 muß also als eine runde angesehen werden. 2) פולמוס של אספסין. „Der Krieg der Römer des Vespasian" braucht weiter nicht beleuchtet zu werden. Nur muß ich gegen Volkmar und Lipsius hervorheben: daß er durchaus identisch ist mit der Tempelzerstörung החרבן הבית. Ende des Krieges, und nicht etwa mit dem Beginne desselben, wie diese beiden Autoren annahmen, um die Zahl der Jahre zu rechtfertigen. Abgesehen davon, daß man wohl schwerlich Trauerzeichen während der Dauer oder gar im Anfang eines Kampfes einführt, wenn man noch auf Sieg hofft, so erscheint in der Mischna jene Nachricht von Polemos schel Aspasianos in Verbindung mit der Tempelzerstörung: בשחרב הבית unter Vespasian. Den Calcül von Volkmar und Lipsius daß, muß ich für verfehlt halten. Die sichere Basis dafür ist, daß die jüdischen Chronographen — ebenso die syrischen — die Tempelzerstörung um zwei Jahre früher als üblich ansetzen, nämlich 3828 aera mundi oder 379 aera Seleucidarum, also nicht 70 nach der christl. Zeitr. sondern 68 (vgl. Babli Aboda Sara 8. b: Seder Tanaim w Amoraim p. 7. שנת קץ ב לחרבן הבית בשנה שלפי ארבעה אלפים. Auf diesen chronologischen Punkt glaube ich christliche Forscher aufmerksam machen zu müssen. Ein zweiter, eben so wenig beachteter Punkt ist, daß das damalige jüdische Jahr, meistens ein Mondjahr, viel kürzer war, als das römische, nur aus 354—55 Tagen bestehend. Schaltjahre zur Ausgleichung des Sommerjahres mit dem Mondjahre waren nicht regelmäßig eingefügt worden. Wenn demnach der Terminus a quo des Polemos schel Aspasianos 68 war, so bleibt allerdings der Terminus ad quem bis zum Polemos schel Quitos 52 Jahre zweifelhaft, maximum bis 120, aber eben so gut 118 der christl. Zeit. Man ist sogar genöthigt, das Jahr 118 anzunehmen; denn bis Bar-Kochba und den Untergang Betars werden noch $16 + 3\frac{1}{2} = 19\frac{1}{2}$ Jahre angesetzt, was sich gar nicht ausgleichen läßt, wenn man den Polemos Q. 120 setzt. Allein hier kommen uns die römischen Quellen zu Hülfe. Dio Cassius referirt (69. 2), daß Hadrian Lusius Quietus mit noch drei Consularen im Anfang seiner Regierung (ἐν ἀρχῇ τῆς ἡγεμονίας) habe hinrichten lassen. Spartian erzählt (in Hadrianum c. 5. 6): Hadrian sei im Anfang seiner Regierung, um den üblen Eindruck von der Hinrichtung der vier Consularen zu verwischen, nach Rom geeilt: unde statim Hadrianus ad resellendam tristissimam de se opinionem, quoad accidi passus esset uno tempore quatuor consulares (Lusium Quietum in itinere), Romam venit. Nun war Hadrian, wie die Münzen documentiren (bei Eckhel und Clinton Fasti Romani ad. 118), im Jahre 118 in Rom. Folglich ist Quietus spätestens 118 getödtet worden. Daran ist nicht zu rütteln. Was Lipsius dagegen geltend gemacht hat, ist nicht stichhaltig (Zeitschrift a. a. O. S. 111 folg.). Der Polemos schel Quitos ist also spätestens 118 anzusetzen. Wir kommen jetzt zu 3): פולמוס של קיטוס.

Dieser Polemos hat eben so gut wie die zwei vorangegangenen in Palästina stattgefunden. Denn es sind Verordnungen von einer palästinensischen Behörde deswegen erlassen worden: daß die Bräute nicht mehr Kronen tragen und Juden nicht mehr das Griechische lernen sollten. Dieses galt den palästinensischen Juden. Zum Ueberflusse kann die Tosifta Sota als Beweis dienen, daß heißt es: בפולמוס של טיטוס (קישוט) גזרו . . שלא ילבש את בני יונית, חת די לדם לבית רבן גמליאל ללמוד את בניהן יונית מפני שהן קרובין למלכות. Man hat also in Palästina zu Gunsten des Patriarchenhauses eine Ausnahme gemacht.

Dasselbe Resultat, daß in Trajan's Zeit in Palästina ein Aufstand der Juden ausbrach, wird auch von einer andern Seite bestätigt. Der armenische Text von

Eusebius' Chronik hat zum ersten Jahre Hadrians: Hadrianus Judaeos subegit tertio contra Romanos rebellantes. Hieronymus giebt diesen Passus wieder: H. Judaeos qui ter contra Romanos rebellaverant, ad obedientiam revocavit. Nach dieser Parallele hat man keinen Grund, im armenischen Texte tertio in secundo zu emendiren. Denn Eusebius schwankte zwischen zwei Nachrichten, von denen die eine den Aufstand der Juden unter Hadrian in sein erstes Regierungs-jahr setzte, und die andere ihn gegen das Ende der hadrianischen Zeit verlegte. Jedenfalls hat auch die Eusebianische Quelle die Tradition erhalten: daß die Juden dreimal Aufstände gemacht haben, nämlich den ersten unter Nero-Vespasian = פולמוס של אספסיינוס, den dritten unter Hadrian, der dem פולמוס האחרון der Mischna entspricht. So bleibt noch der mittlere Aufstand übrig, der also unter Trajan oder Quietus zu setzen ist, und dem פולמוס של קיטוס entsprechen muß. Auch diese dritte στάσις muß nach Palästina verlegt werden. Durch diese feste Grundlage, daß Quietus einen Aufstand in Judäa niedergeschlagen hat, erhalten sowohl Dio Cassius wie Spartian's Züge mehr Deutlichkeit und Prägung. Mit Recht hebt Volkmar hervor, wenn Quietus eine so hohe Stellung unter Trajan eingenommen hat, daß er ἐστρατηγητικός, d. h. legatus pro praetore, ferner Consul (suffectus) war und gar zum Nachfolger designirt wurde, so muß es für ihn, den rauhen, rücksichtslosen Krieger, in Palästina eine schwere Arbeit gegeben haben. Warum hat ihn Trajan zum Statthalter dieses kleinen Ländchens gemacht ('Ιουδαίας ἡγεμών bei Eusebius hist. eccl. IV. 2), das sonst nur ein Anhängsel von Syrien war, und nur einen Landpfleger (ἐπάρχων) zu haben pflegte? Spartian's Darstellung: Palaestina animum rebellem efferebat erhält auch einen guten Sinn. Bei Hadrian's Regierungsantritt war der Aufstand bereits gedämpft, d. h. die Krieger niedergeschlagen, aber es gährte noch in den Gemüthern. Diese Aufregung scheute Hadrian und machte auch den Juden Concessionen. Das will doch offenbar Spartian mit den Worten aussagen: tenendae per orbem terrarum paci operam intendit Nam ... Lycia denique ac Palaestina rebelles animos efferebant. Hier schließt sich die Nachricht in Genesis Rabba (c. 64) vortrefflich an: daß das sündhafte Reich zur Zeit R. Josua's angeordnet habe, den Tempel wieder aufzubauen, daß Papus und Julianus Wechseltische für die Beisteuer zum Bau von Akko bis Antiochien aufgestellt haben (טרסיים ולוליאנוס פפוס השיב צרכו וכל הזהב כסף טלה לעולי (פסקקי) בסביא היה אנטוכיא עד מעכו, daß der Befehl in Folge der Denunciation von Samaritanern zurückgenommen wurde, daß sich das Volk in der Rimmon-Ebene zum Aufstande zusammengerottet habe (מצפרא קהליא היון רמון בית בקעת (בהדא.. רמוך לסטרד על בען, und daß R. Josua sie durch eine Fabel beschwichtigt hat, deren Nutzanwendung war: „es ist genug, daß wir von diesen (den Römern) mit heiler Haut davon gekommen sind בשלום לי לאמר סגנבני דיינו נאזיל) בשלום). Die Concession, welche Hadrian den Juden bei der Uebernahme des Imperium machte, war also die Erlaubniß gewesen, den Tempel wieder aufbauen zu dürfen.

Der Tempelbau oder auch nur die Intention dazu, sowie die Restauration Jerusalems zu Gunsten der Juden in der hadrianischen Zeit ist auch ein wichtiges Moment für diese Untersuchung. Denn diese Concession des Kaisers würde auf eine vorangegangene Schilderhebung schließen lassen. Wir müssen daher diesen Punkt näher ins Auge fassen. Auf die Notiz bei dem confusen Kirchenvater Epiphanius, auf welchem man sich zum Beleg dafür beruft (de ponderisus et mensuris No. 14) kann ich bei näherer Betrachtung nicht viel geben. Sie spricht offenbar von der Restauration Jerusalems nach dem Bar-Kochba-Kriege, als die heilige Stadt Aelia genannt wurde. Epiphanius setzt dieses Factum nach Hadrian's großen Reisen, als er Egypten und Judäa besucht hatte (στέλλεται τὴν πορείαν ἐπὶ τὴν τῶν Ἀιγυπτίων γῆν .... καὶ ἔρχεται εἰς τὴν Παλαιστίνην), wenn er auch in confuser Weise die Zeit näher bestimmt: 47 Jahre nach der Tempelzerstörung μετὰ ἔτη μζ΄ τῆς τῶν Ἱεροσολύμων ἐρημώσεως. Er ist nämlich befangen von der Nachricht, daß der Bar-Kochba-Krieg, die Vertilgung der Juden und die Verwandlung Jerusalems in Aelia Capitolina, das Alles im ersten Jahre Hadrian's, als ungefähr 47 Jahre nach der Tempelzerstörung, stattgefunden habe. Es stimmt allerdings damit sehr schlecht, daß Hadrian zum Aufseher über den Bau der heidnisch metaphorisirten Stadt den jüdischen Proselyten und Uebersetzer Akylas gesetzt habe, der Hadrian's Schwiegervater gewesen sei: καὶ λαβὼν τὸν Ἀκύλαν .. τὸν ἑρμηνευτήν .. καὶ αὐτοῦ πενθερίδην¹). ἀπὸ Σινώπης δὲ τῆς Πόντου ὁρμώμενον, καθίστησιν αὐτὸν ἐκεῖσε ἐπιστάτην τοῖς ἔργοις τῆς πόλεως κτιζομάτων. Von mehr Beweiskraft ist, abgesehen von Hymnos der jüdischen Sibylle im ersten Buche der Sibyllinen, aus Hadrians Zeit, worüber sich aber streiten läßt, ich sage von mehr Beweiskraft ist die Notiz im Barnabasbrief (No. 12 der alten Edition), auf die Volkmar aufmerksam gemacht hat. Der angebliche Mit-

---

¹) Die Verwandtschaft Akylas' mit Hadrian, deren Epiphanius, Chronicon pascha'e erwähnen, verdient einige Worte. Vor allem ist es falsch, was Münter (jüdischen Krieg Seite 93) und nach ihm Jost behaupten, Epiphanius habe diesen Zug von Akylas' Verwandtschaft von irgend einem Rabbinen, d. h. von talmudischen Zeitgenossen. Nun, wenn die Nachricht aus einer solchen, kritisch geläuterten Quelle geflossen wäre, dann dürfte sie auf Historicität Anspruch machen. Aber dem ist nicht so; die talmudische und agadische Literatur weiß nichts von dieser Verwantschaft, obwohl sie Akylas mit Hadrian in nahe Verbindung bringt (Genesis Rabba c. 70 Exod. Rabba c. 30. und M. Kohelet). Nur Midrasch Tanchuma (Sect. Mischpatim) macht Akylas zu Hadrian's Brudersohn — עקילס (אונקלוס) הגר בן אחותו של אדרינוס, היה, allein man ist im Stande nachzuspüren, woher der Midrasch diesen Zug hat. Er stammt augenscheinlich aus einer Verwechselung mit Kleonimos (oder wie ich nachzuweisen versucht habe: mit Flavius Clemens, S. 435.), welcher als Schwesterssohn des Titus gilt; nur erscheinen hier, was überhaupt den jüngern Midraschim charakteristisch ist, mehrere Agadas verquickt und überarbeitet. Nach Gittin beräth sich אונקלוס בר קלונימוס (richtiger בר קלונימוס), welcher Titus Schwestersohn ist אחתיה דטיטוס בר, mit seinem Oheim über den Entschluß zum Judenthume überzugehen, weil die Juden eine glänzende Zukunft haben. Nach Deuteron. Rabba c. 2. und Abodo Sarah 10 b. hat sich ein römischer Senator (סנקליטיקוס מלכותא, in welchem jener אונקלוס בר קלונימוס durchschimmert), selbst beschnitten und sich aufgeopfert. Tanchuma zerreißt diesen Senator אונקלוס בר קלונימוס in zwei und macht aus dem einen עקילס (Variante עקילוס), der mit Hadrian dieselbe Berathung hält, und aus dem andern einen Senator (συνκάθεδρος קנטרופוס, Lesart des Arud), der sich das Leben nimmt, nachdem er vor Hadrian ein Wort zu Gunsten der Juden gesprochen. Offenbar ist hier Akylas' mit jenem קלונימוס בר und Hadrian mit Titus verwechselt. Da nun also weder das Chronicon paschale, noch Epiphanius ihren Zug πενθερὸς oder πενθερίδης Ἀδριανοῦ aus dem Tanchuma geschöpft haben können, aber sie auch nicht aus dem Finger gesogen haben, so muß die Verwandtschaft des Hadrian mit Akylas' auf irgend einem Mißverständniß beruhen.

apostel Paulus polemisirt gegen die Heiligkeit des jüdischen Tempels. Dann heißt es: diejenigen, welche diesen Tempel zerstört haben, werden ihn erbauen. Es sei, weil sie (die Juden) Krieg führten, wurde er von den Feinden zerstört. Jetzt werden ihn die Diener der Feinde wieder aufbauen, aber offenbar nur, damit die Stadt, der Tempel und das Volk Jsrael wieder preisgegeben werde." Die ganze Stelle lautet im Original: τότε, ὅτι μάταια ἡ ἐλπὶς αὐτῶν. Πέρας γοῦν λέγει (? λέγουσι): ἰδοὺ οἱ καθελόντες τὸν ναὸν τοῦτον, αὐτοὶ αὐτὸν οἰκοδομήσουσι· γίνεται. διὰ γὰρ τὸ πολεμεῖν αὐτοὺς καθῃρέθη ὑπὸ τῶν ἐχθρῶν. νῦν καὶ αὐτοὶ οἱ τῶν ἐχθρῶν ὑπηρέται ἀνοικοδομήσουσιν αὐτὸν κ τ λ (Ueber die Abfassungszeit des Barnabas-Briefes, s. die vortreffliche Dissertation von Volkmar im Programm der Züricher Universität von 1865).

Volkmar zieht auch als Beweis für die Vorbereitung, den Opfercultus in der hadrianischen Zeit zu restauriren, jene halachische Differenz zwischen R. Elieser b. Hyrkanus und R. Josua: ob man ohne Surrogate für Tempelmauern opfern dürfte (Adojot VIII. 6. und Parallelst.): אר׳ יהושע שמעתי שמקריבין אע״פ שאין בית. Es kann wohl sein, daß diese Frage damals von praktischer Bedeutung war; aber zwingend ist der Beweis keineswegs. Man müßte denn die damit zusammenhängende Tradition zu Hülfe nehmen, die in Tosifta Adojot (III. Ende) erzählt wird. Einst fand man auf dem Platze einer ehemaligen Tempelhalle Menschengebeine; aus diesem Grunde wollten die damaligen Weisen Jerusalem für durchweg unrein erklären (wie ehemals Tiberias.) Darauf fuhr R. Josua sie an: „schämt ihr euch nicht, daß wir unseren Tempelplatz für unrein erklären sollen? Wo bleiben die in der Sündfluth Umgekommenen, wo die von Nebuchadnezar Erschlagenen, wo die, welche seit dem **letzten Kriege Gefallenen?"** מעשה שנמצאו עצמות בירושלם בלשכת עצים ובקשו חכמים לטמא את ירושלם בלה אמר להם ר׳ יהושע (לא) בושה וכלימה היא לנו שנטמא את ביתנו! איה מתי מבול איה הרוגי נבוכדנצר איה ההרוגים שהרגו כן המלחמה ועד עכשו. Diese Erzählung wird auch in Babli Sebachim mitgetheilt (p. 113, a), mit einigen Varianten. Der letzte Passus von den Erschlagenen im (letzten) Kriege fehlt, scheint jedoch nur ausgefallen. Es ergiebt sich daraus, daß das Factum nach dem römischen Kriege und nach der Tempelzerstörung spielte. Wichtiger ist die Variante statt שנטמא ביתנו die Lesart: שנגנו שמאנדע עיר אבותינו. Nach dieser handelt es sich um die Verunreinigung der Stadt, nach der ersten dagegen gar um die der Tempelstätte. Man könnte daraus folgern, daß damals die Frage auftauchte, ob man diese Stadt zum Cultus einrichten dürfe, da man unter der Erde Menschengebeine gefunden. R. Josua wollte es gestatten, und diesem schließt sich in der Tosifta unmittelbar die Tradition an, daß R. Josua auch für unbedenklich erklärt habe, zu opfern, wenn auch keine Mauern und keine Umhänge (als Surrogat) um die Tempelstätte gezogen sind. Ja, schon der Umstand, daß man in der ehemaligen Holzhalle (בלשכת דיר העצים), im Frauenvorhofe Gebeine gefunden, also gegraben hat, spricht dafür, daß man damals etwas mit dem Tempelplatze vorhatte, also wahrscheinlich ihn zum Cultus einrichten wollte.

Dieses Factum, daß zur Zeit Hadrian's oder, was dasselbe ist, zur Zeit R. Josuas der Tempel wieder hergestellt werden sollte, daß sich aus Midrasch zu Genesis, aus dem Barnabas' Brief und aus einer alten talmudischen, richtiger mischnaitischen Tradition ergeben hat, wird noch von einer andern Seite bestätigt.

Note 14.

Ich komme noch einmal darauf zurück: die Vorbereitungen zum Tempelbau in der ersten Regierungszeit Hadrians können nur als ein Zugeständniß dieses Kaisers an die Wünsche der palästinensischen Juden angesehen werden, und dieses läßt auf einen vorangegangenen Aufstand der Juden schließen. Bei jenen Vorbereitungen haben Julianus und Pappus eine Rolle gespielt (o. S. 442.) Aus einer alten Tradition ergiebt sich, daß dieselben der „Stolz Israels" genannt wurden (Sifra oder Thorat Kohanim sec. Bechukotaj): שבחי נאם עקבה אלו הנאים שהם נאמים כל ישראל כגון פפוס 1) בן יהודה) ולולײנוס אלכסנדרי וחברו. Einer von diesen Beiden oder vielleicht Beide waren Alexandriner, wenn sie nämlich Brüder waren, und konnten recht gut mit dem Leiter des Aufstandes in Egypten, Andreas, in Verbindung stehen.

Wir kommen jetzt auf den Punkt des יום טורײנוס, der mit diesem Thema zusammenhängt und von Lipsius anders aufgefaßt wurde (Hilgenfeld's theol. Zeitschr. II. S. 105 fg.). In der Rolle der Halbfeiertage, oder der sogenannten Fastenrolle (Megillat Taanit) wird nämlich der 12. Adar ebenfalls als ein Gedenktag aufgeführt unter diesem Namen, schreiben wir vor der Hand Turjanus-Tag. An fünf verschiedenen Stellen wird ein Ereigniß, das Julianus und Pappus betraf, als Grund dieser Halbfeier angegeben, die in einigen Punkten variiren, und gerade diese Varianten sind für unser Thema von Erheblichkeit. Sie sind sämmtlich eine und dieselbe Tradition in der Fassung einer alten Boraita. Diese Stellen sind (um Wiederholungen zu vermeiden, bezeichne ich sie durch römische Zahlzeichen): I. im Scholion zu Megillat Taanit zur Stelle; II Sifra (oder Thorat Kohanim) sect. Emor, Perek 9 gegen Ende; III. Babli Taanit p. 18. b.; IV. in dem apokryphischen Traktat Semachot (oder Ebel Rabbati) c. 8.; V. Midrasch Rabba zu Kohelet p. 93. c. Der Hauptinhalt ist an allen diesen Stellen derselbe: Turjanus hat Julianus und Pappus, seinen Bruder, in Laodicea gefangen, ihnen den Prozeß auf den Tod gemacht, und höhnisch ihnen zugerufen: „wenn ihr vom Volke des Ananja, Mischael und Asaria seid, so möge Gott euch aus meiner Hand retten, wie Er jene aus der Hand Nebuchadnezars gerettet hat." Darauf hätten sie erwiedert: Der chaldäische König sei würdig gewesen, daß vor ihm ein Wunder geschehe, Turjanus dagegen sei nicht würdig dazu. Ohnehin hätten sie den Tod verdient, und falls er sie in Freiheit setzen sollte, so würde sie Gott durch andere Schickungen umkommen lassen. Gleich darauf sei eine Staatsschrift eingelaufen (דיפלי מהיםי 2), und man hätte diesem Turjanus das Gehirn mit Keulen eingeschlagen. Die Varianten sind nun folgende: Den Namen schreibt I, III טוריינוס; V טרכינוס, IV טרניאנוס und II gar מדינום. — I, II, III geben nur an: Turjanus habe Julianus und Pappus lediglich gefangen, כשתפס טורײנוס את לוליינום ואת פפוס אחיו בלודקיא; I hat: לבשבקת ט׳ להדינוי IV und V haben dagegen: בשחט, als wenn er sie faktisch hätte hinrichten

---

1) Ich halte den Passus בן יהודה für ein schlechtes Glossem, entstanden aus der Verwechselung dieses Pappus mit jenem Pappus b. Jehuda, der während oder nach dem hadrianischen Kriege mit R. Akiba zusammen eingekerkert worden ist. Dieser Letztere hat aber keine politische und überhaupt gar keine Rolle gespielt, und ist nur eingekerkert worden wegen nichtiger Dinge: על דברים בטלים.

2) דיפיי, besser דיפלי διπλῆ=δίπλωμα, ein Diplom, eine Staatsschrift.

laſſen. — Eine fernere Variante iſt: Vier Stellen haben den Zug gar nicht im Contexte: daß er ſie hätte erſchlagen laſſen; nur III hat den Zuſatz: אף על כי כן הרג פיד; V hat die Variante: אמרו לא מתו קד טראו מטטטין בעיו, abweichend von den Uebrigen. Das hieße alſo: Julianus und Pappus hätten noch das Straf‑ gericht über Turjanus mit angeſehen und erlebt. Endlich vier Stellen: Turjanus König: מלך רשע; III dagegen ſpitzt den Gegenſatz derart zu, daß Turjanus ein Privatmann geweſen, im Gegenſatz zum König Nebuchadnezar und alſo nicht verblende, daß durch ihn ein Wunder geſchehe: ואתי ... בביד נצר מלך הגון היה הרשע הדיוט היא. Es iſt alſo nach dieſen Quellen zweifelhaft, ob Julianus und Pappus bei dieſer Verfolgung umgebracht wurden oder nicht.

Es ſtellt ſich aber heraus, daß zwei Verſionen darüber exiſtirten. Der baby‑ loniſche Talmud unterſcheidet nämlich ganz entſchieden Schemaja und Achija, ſeinen Bruder (שמעיה ואחיה אחיו), welche ſpäter, an demſelben Tage, am 12. Adar umgekommen ſind, von Julianus und Pappus. Babli daſ. wird erzählt: R. Nachman habe am 12. Adar einen Feſttag ausgeſchrieben. Interpellirt, wie das geſchehen durfte, da man doch an demſelben wegen des Gedenktages יום טוריינוס nicht faſten dürfte, erwiederte R. Nachman: Dieſen Tag habe man (ſpäter) auf‑ gehoben, weil Schemaja und Achija an demſelben hingerichtet worden ſeien. Raſchi zielt z. St. und Pesachim p. 50 b., ſowie Nathan Romi im Aruch (s. v. ה־י) eine Tradition: eine Kaiſertochter ſei erſchlagen und die Juden ſeien ihres Mordes beſchuldigt worden; darauf hätten ſich Schemaja und ſein Bruder ſelbſt als Mörder angegeben, um Iſrael zu retten. Das ſeien die in Lydda Hingerich‑ teten הרוגי לד. Man muß alſo im babyloniſchen Talmud unterſcheiden; יום טוריינוס אחיה ואחיה בו בטפיה הואל ונהרו בטלי גופיה, die alſo wirklich hingerichtet worden ſind, von: בלודקא (?) כשבקש טוריינוס להרוג את לוליינוס ופפוס אחיו, welche hingerichtet werden ſollten. Das Erſtere ſpielte in Lydda, das Letztere in Laodikea. Nach der Darſtellung im babyloniſchen Talmud und den damit gleich‑ lautenden Quellen war der Sachverhalt alſo: Turjanus, ein Privatmann (הדיוט ἰδιώτης) wollte Julianus und Pappus in Laodikea hinrichten laſſen und rief ihnen höhnend zu: Gott möge doch ein Wunder für ſie thun, ſie aus ſeiner Hand zu retten. Ehe ſie aber hingerichtet werden ſollten, traf aus Rom ein Schreiben ein, welches befahl, Turjanus zu erſchlagen. Der jeruſalemiſche Talmud dagegen, oder richtiger ein Amora des 5. Jahrhunderts Jakob b. Acha giebt an: Julianus und Pappus ſeien an dieſem Tage erſchlagen worden (j. Taanit II. p. 66. b): אר׳ יעקב בר אחא בטל יום תיריון יום שנהרג לוליינוס ופפוס. Dieſer Jakob b. Acha hat alſo entweder Julianus=Pappus mit Schemaja=Achija indentifieirt oder verwechſelt, oder gar das Faktum ſo gedeutet, als wenn der Turjanus‑Tag deswegen aufgehoben wurde, weil die Freude an der Rettung keine ungemiſchte war, indem doch die Angeklagten Julianus u. Pappus an demſelben hingerichtet worden wären. Seine Angabe hat alſo keineswegs den Werth einer Tradition, ſondern den einer harmoniſtiſchen Ausgleichung, einer Privatanſicht. Noch wird zwar im jeruſalemiſchen Talmud von den beiden erzählt: ſie hätten ſich dem Märtyrerthume unterziehen wollen, indem ſie nicht einmal Waſſer in gefärbtem Glaſe, das eine Weinfarbe hatte, auf Verlangen eines Machthabers, hätten trinken wollen: כגון לוליינוס ופפוס אחין שנתנו להם מים בכלי זכוכית צבועה ולא קבלו מהן (j. Schebiit

IV. p. 35. a. Synhedrin III. p. 21. b.) Allein daraus geht noch nicht hervor, daß sie faktisch als Märtyrer gefallen sind, sondern nur, daß sie sich dem Tod hätten unterziehen wollen, um auch den Schein zu vermeiden, als hätten sie Heldenwein getrunken.

Es scheint aber, daß diejenige Version, welche annimmt, daß Julianus und Pappus beim Verhöre, noch vor dem gewaltsamen Tode des Turjanus hingerichtet worden wären, von einem Mißverständniß beherrscht ist. Es cirkulirte eine Tradition von der הרוגי לוד, welche am 12. Adar in Lydda erschlagen worden sind. Darunter sind nun, wie R. Nachman im babylonischen Talmud angiebt: Schemaja und Achija zu verstehen. Da aber Julianus und Pappus in dem ähnlich klingenden Laodikea hochnothpeinlich verhört worden sind, so verwechselte man הרוגי לוד mit לודקיא הרוגי. Eine Notiz in Midrasch Kohelet p. 104 c. stellt sie zusammen: ר׳ אחא הוה מתחסד למסחר אפוי (ד) רבי אלכסנדר..איתחסי ליה בחולמיה דהאי ב׳ חרוגי ליד אין לפניו במחיצתן. בריך שהעביר חרתן של לוליאנוס ופפוס. ואמרי סי שבא לכאן וחלסדו בידו. Der Satz von Julianus und Pappus ist hier offenbar bloß eingeschoben, um die „Märtyrer von Lydda" näher zu bezeichnen; denn der Träumer sollte doch bloß zwei Sentenzen gehört haben, während hier drei aufgezählt sind. Dieselbe Erzählung kommt auch im babylonischen Talmud vor (Pesachim p 50. a. Baba Batra 10. b.) mit andern Namen der Tradenten, aber da heißt es ganz einfach: הרוגי לוד אין אדם יכול לעמוד במחיצתן oder הרוגי מלכות; nur die Commentatoren, wie Raschi (jedoch schwankend) identificiren Julianus und Pappus mit den „Märtyrern von Lydda", d. h. mit Schemaja und Achija.

Sehen wir das Faktum kritisch an, so kann der Sachverhalt gar nicht zweifelhaft sein. Vorausgesetzt, daß die Motivirung des Turjanus-Tages als Halb-Feier-Gedenktages richtig ist, daß die Rettung erfolgte, weil Turjanus, der Blutrichter von Julianus und Pappus, plötzlich, kurz nach dem angeführten Dialoge durch einen Befehl von Rom getödtet worden ist, so müssen die beiden Angeklagten am Leben geblieben sein. Denn waren sie so wichtig, daß sich die Nation mit ihnen gewissermaßen identificirte, so kann sich die Feier des Tages nur auf ihre Rettung durch die plötzliche Hinrichtung ihres Blutrichters beziehen. Wären sie an dem Tage doch getödtet worden, so gab es keinen Grund für eine freudige Stimmung. Wenn es ferner heißt: daß man den Turjanus-Tag aufgehoben hat בטולי בטלוה, weil an demselben Märtyrer, seien es zwei oder mehrere, gefallen sind, so können diese nicht Julianus und Pappus gewesen sein, sondern die הרוגי לוד, oder wie R. Nachman tradirt: Schemaja und Achija. Für die Identität dieser zwei Paare, nehmen wir gar an, spricht gar nichts als bloß die unkritische Verwechselung von לוד und לודקיא und allenfalls die Identität des Tages. Schon aus dieser Erwägung ergiebt sich, daß Lipsius' Vermuthung unrichtig ist: Julianus und Pappus seien während der hadrianischen Verfolgung hingerichtet worden und zwar durch Tinius Rufus. Alles spricht dafür, daß diese beiden gar nicht hingerichtet wurden, im Gegentheil durch eine Art Wunder gerettet worden sind. Noch mißlicher steht es mit den Namen. Der Procurator oder ἔπαρχος unter Hadrian, welcher so viele jüdische Märtyrer gemacht hat, dessen Vorname durch die Varianten bei Eusebius schwankend ist: Tinius Rufus, oder Thyonius, Licinius, oder nach Hieronymus Titus Anius Rufus, wird im babyl. Talmud und in der agadischen Literatur genannt טורנוס רופוס, im jerusalemischen Talmud (Berachot IX. p. 14. b. Sota V. p. 20. c.) טונוס רופוס (was, beiläufig gesagt, für Tinius spricht); immer ist Rufus der Hauptname; Während er in der Boraita von Julianus und Pappus: טוריינוס, תידין, טרבינוס oder טריאנוס lautet. (טרינוס verschrieben für טריינוס), gerade so wie Trajanus in den Talmuden geschrieben wird (Jerus. Sukka V. 55. b.) טרונינוס הרשע. In Midrasch Threni p. 75. b. heißt es דוב אורב וה אספסינוס ארי במסתרים זה טרכינוס, wo טרכינוס für Trajanus steht; Babli Aboda Sara p. 52. b.: בקש לפני דינרא הדרייאנא טוריינא, wo offenbar טוריינא für Trajan orthographirt ist. Lipsius' Annahme, daß das Märtyrerthum von Julianus und Pappus zur Zeit des Rufus stattgefunden habe, hat daher gar keine Basis, man muß es vielmehr in Trajans Zeit setzen, und da Trajan nie in Palästina war, so gehört es ohne Zweifel, wie ich früher combinirt habe, in die Verfolgungszeit des Lusius Quietus, des alter ego Trajans.

Der Widerspruch, den Lipsius darin hat finden wollen, daß einerseits wegen der Verfolgung des Quietus neue Trauerzeichen eingeführt, und andererseits in derselben Zeit ein Halbfeiertag, der Turjanus- oder Trajans-Tag eingesetzt worden ist (a. a. O. S. 101 f.); ist keiner. Trotz der Zerstörung Jerusalems und des Tempels, mit einem Worte des Polemos schel Aspasianos, blieben doch jene Gedenktage bestehen, welche Rettung und Siegesfeier verewigen sollten. Es liegt eben in der Eigenart des jüdischen Wesens, daß es Trauerzeichen wegen Katastrophen und doch zugleich Halbfeier zur Erinnerung an Gottes waltende Hand über sein Volk oder seine Frommen anordnet. — Von vielen Seiten hat es sich also bestätigt, daß ungefähr gleichzeitig mit dem Ausbruche der Aufstände der Juden in der Euphratgegend, in Alexandrien, Kyrene und andern Orten auch in Judäa eine Schilderhebung stattgefunden hat, welche zuerst Quietus durch Blutvergießen gestillt, später aber Hadrian, um neue Ausbrüche zu verhüten, durch die Concession zum Tempelbau beschwichtigt hat. Der Polemos schel Quietos spielte in Palästina, dagegen läßt sich nichts Erhebliches einwenden. Selbst der Irrthum, der sich in Eusebius Chronik und noch flagranter in Chronicon Paschale findet, daß die palästinensischen Juden im ersten Jahre Hadrians (oder in den ersten Jahren) einen Aufstand gemacht, in Folge dessen Jerusalem in eine heidnische Stadt mit dem Namen Aelia Capitolina verwandelt wurde, beruht eben darauf, daß sie eine kriegerische Bewegung im letzten Jahre Trajans, das zugleich das erste Hadrians, unternommen haben. Sie verwechselten nämlich den Polemos schel Quietus mit dem letzten Polemos unter Bar-Kochba.

Uebrigens war der Aufstand der Juden in der Euphrat- und Tigrisgegend nicht so unbedeutend, als Lipsius annehmen zu müssen glaubt. Freilich ist Dio Cassius oder sein Epitomator sehr karg darüber, aber wir erfahren am besten die Ausdehnung des mesopotamischen Aufstandes der Juden aus der ursprünglichen Fassung der Nachricht in der eusebianischen Chronik, welche der syrische Chronist Dionysius von Telmahor (Chronicon Syriacum ed. Tullberg 1850 p. 153) am vollständigsten erhalten hat, viel vollständiger als der armenische Text: שנת ב' דאלפין ומאא: יתלחין חדא כד עבדין אטטכין יהודיא דבית נהרין פקד עליהון טרינוס ללוסיא קואטס דנדכא אנטוך בן הופרביא. ואחין קואטס רבותא סגיאתא מנהון קטל איכנא. וסתוק: בתא

:אורחתא דשבילא וכל דוך סן שלדיהון טליא הית. ולית וקבר. Wenn demnach „alle Marktplätze, Straßen, Wege und jeder Ort von jüdischen Leichen voll war, ohne, daß sie Jemand begrub," so muß die Bewegung große Dimensionen angenommen haben. Die Parther waren nicht dabei betheiligt, wie aus Dio (daf. c. 30) hervorgeht. Stellt man die beiden Sätze Dio's zusammen (c. 32): ἀλλ Ἰουδαίους μὲν ἄλλοι τε, καὶ Λούσιος (Κύητος) ὑπὸ Τραϊανοῦ πεμφθείς, κατεστρέψαντο (und c. 30): τότε Λούσιον καὶ τὸν Μάξιμον ἐπὶ τοὺς ἀφεστηκότας ἔπεμψε καὶ οὗτος μὲν ἀπέθανεν, ἡττηθεὶς μάχη Λούσιος δὲ ἄλλα τε πολλὰ κατώρθωσε, καὶ τὴν Νίσιβιν ἀνέλαβε κ. τ λ. so ist man gezwungen anzunehmen, daß die jüdische Bevölkerung allein hinter Trajans Rücken operirt hat. Die Sätze sagen aus: Lusius Quietus, von Trajan beordert, mit noch andern Feldherrn unterwarfen die Juden, und er hat beordert auch Nisibis und Edessa zu unterwerfen. Also hätten die Juden dieser Gegend Mesopotamiens den Aufstand gemacht. Die „Andern" waren Maximus, welcher in der Schlacht blieb, ferner Erocius Clarus und Julius Alexander, welche Seleucia eingenommen und verbrannt haben. In allen diesen Städten wohnten Juden, und diese wurden von Trajans Feldherrn vertilgt.

4) פולמוס האחרון. Ehe ich auf den Ausgangspunkt, das Buch Judith, zurückkomme, will ich noch den letzten wichtigen Polemos beleuchten, weil das Vorangegangene chronologisch darin gefestigt wird. Offenbar ist die Begebenheit, welche die Mischna mit dem „letzten Kriege" bezeichnet, dasselbe, was das Seder Olam als מלכות בן כוזיבא bezeichnet, und es ist vielleicht dabei zu ergänzen: פולמוס מלכות בן כוזיבא. Es ist also hier von dem blutigen Hadrian-Bar-Kochba'schen Kriege die Rede. Nach Seder Olam sollen von Quietus bis Bar-Kochba 16 Jahre verlaufen sein. Schon daraus ergiebt sich die Unrichtigkeit von Rappaports Annahme, daß der Bar-Kochba-Krieg in den ersten Regierungsjahren Hadrians stattgefunden habe, was sich allenfalls durch Eusebius' Chronik zum Theil und durch das Chronicon Paschale und andere abhängige christliche Chronisten belegen läßt. Dagegen hat Eusebius richtig ein anderes Zeugniß erhalten, daß dieser Krieg im 16. Jahre Hadrians ausgebrochen ist und sich bis zum 19. Jahre desselben erstreckt hat. Dieses Zeugniß stimmt also vollständig mit der Angabe des Seder Olam überein. Maßgebend ist dafür der Hauptbericht des Dio Cassius (69. 12 fg.). Der Eingang ist sehr wichtig: „Als er (Hadrian) die Stadt Jerusalem anstatt der zerstörten wieder aufbaute, die er Aelia Capitolina nannte, und als er auf der Stätte des Gottestempels einen andern für Zeus errichtete, erstand ein nicht kleiner, noch kurzdauernder Krieg. Denn die Juden, empfindlich darüber, daß sich Menschen von anderen Nationen darin ansiedeln, und daß ein anderer Cultus darin gehegt werden sollte, hielten zwar, so lange Hadrian in Egypten und dann zum zweiten Male in Syrien war, an sich, aber sie verfertigten die ihnen zugewiesenen Waffen schlecht 2c." Im vorhergehenden Kapitel berichtet derselbe: Hadrian habe von Griechenland die Reise durch Judäa nach Egypten gemacht. Es ist dabei zu bemerken, daß Dio Cassius ein vollgültiger Zeuge für die hadrianische Zeit ist. Sein Vater Apronian war unter diesem Kaiser Statthalter von Sicilien, erinnerte sich aller Umstände aus der hadrianischen Regierungszeit genau und tradirte sie seinem Sohne (daf. c. 1.) Durch Münzen

ist es beurkundet, daß Hadrian im Laufe von 130 in Gaza und im Herbste desselben Jahres in Egypten war (Eckhel doctrina numorum III. p. 453, 490; Clinton fasti Romani I. ad. au. 130). Die Münzen mit der Inschrift: Adventui Aug(usti) Iudaeae mit dem Emblem: drei Palmen haltende Knaben, und ein vom Kaiser von der Erde aufgehobenes Weib, oder der Genius Judäa's mit dem Kaiser opfernd (bei Eckhel IV. p. 495), diese Münzen stammen wohl auch aus dieser Zeit. Wann Hadrian auf der Rückreise von Egypten in Syrien war, läßt sich nicht bestimmen; doch wohl nicht vor Frühjahr 131. Es wird sich weiter zeigen, daß der Bar-Kochba'sche Krieg im Frühjahr ausgebrochen ist, aber nach Cassius Angabe nicht während des Kaisers Aufenthalt in Syrien, also erst 132, d. h. im 16. Jahre Hadrians von 118 an gerechnet. Also verlief gerade vom Polemos schel Quitus bis zum Beginne des letzten Krieges 16 Jahre, wie das Seder Olam tradirt.

Während seines Aufenthaltes in Judäa oder in Egypten hatte Hadrian wohl Unterredungen mit R. Josua b. Chananja. Die beiden Talmude und die Midrasch-Literatur tradiren mehrere Gespräche dieses eitlen, wißbegierigen Kaisers mit dem milden Tanaiten, und wenn auch manche derselben höchst zweifelhaft erscheinen, weil die beabsichtigten Pointen in den Antworten hin und wieder anderen talmudischen Autoritäten in den Mund gelegt werden, so liegt den Sagen doch zu Grunde, daß R. Josua mit Hadrian, R. Akiba mit Tinius Rufus und R. Gamaliel mit vornehmen Römern in Rom einmal religiöse Dialoge führten. Für echt halte ich das Gespräch in Berachot 56 a., worin erzählt wird: R. Josua habe den Kaiser (Hadrian) verkündet, was dieser träumen würde: nämlich daß die Perser ihn in Gefangenschaft führen würden, was Hadrians feiger Gemüthsart gut entspricht. Auch was Chagiga 5. b. erzählt wird, scheint echt zu sein. R. Josua und ein Judenchrist (מינא) stehen vor dem Kaiser. Der Letztere macht ein pantomimisches Zeichen: Gott habe von seinem Volke das Angesicht abgewendet, und R. Josua giebt ebenfalls durch ein Zeichen zu verstehen: Gott halte noch seine Hand waltend über sein Volk. Dieses Zeichen läßt sich der Kaiser erklären. Auch das ist situationsgemäß, daß ein Christ vor Hadrian verächtlich von der jüdischen Nation spricht. Daß Hadrian selbst von einem jüdischen Patriarchen spricht, der nach Egypten gekommen war, in seinem Brief an seinen Schwager Servianus (Vapiscus in Saturninum c. 8), ist bekannt: Nemo illic (Aegypti) archisynagogus Judaeorum, nemo Samaritus .. ipse ille patriarcha cum Aegyptum venerit, ab aliis Serapidem adorare, ab aliis cogitur Christum. Dieser Patriarch vom Jahre 130 ist wohl kein anderer als R. Josua b. Chananja gewesen. Zum Ueberfluß folgt aus einer talmudischen Relation, daß R. Josua in Alexandrien war (Nidda p. 69. b.): יב דברים שאלו אנשי אלכסנדריא את ר׳ יהושע בר חיננא (ל. חנניה).

Die Hauptfrage ist nur diese: War die Verwandelung Jerusalems in Aelia Capitolina und der Tempelstätte in einen Zeustempel die Ursache des Krieges gegen Hadrian, wie Dio Cassius erzählt, oder die Folge desselben, wie Eusebius (Kirchengeschichte IV. 6.) aus unbekannter Quelle referirt? Auch aus der Mischna scheint hervorzugehen, daß Jerusalem erst nach dem Fall Betars, d. h. nach Beendigung des Bar-Kochba-Krieges gepflügt worden ist (Taanit Ende): בהה

ירה היה בית יהודה...לכדה בית ישמעאל באב, eine Tradition, die auch Hieronymus (zu Zacharia c. 8) erhalten hat, aber daß die Tempelarea gepflügt worden wäre: In hoc mense (quinto).. capta est urbs Bethel (l. Bethor) .... aratum templum in ignominiam gentis oppressae a Tito Annio Rufo. Auch in einer Beraitia wird das Pflügen des Tempels auf Rufus zurückgeführt (daſ. 29 a) בשעה שחרש טורנוסרופוס הרשע את ההיכל, ebenſo Jeruſ. daſ. IV. p. 86 b: חרש רופוס הרשע את ההיכל. Ich ſage, es ſcheint nur aus dem Talmud hervorzugehen, daß der Bau von Aelia Capitolina und die Entweihung des Tempels erſt nach dem Falle Betars erfolgten, weil die Aufzählung der Kataſtrophen in der Miſchna nicht gerade chronologiſch zu ſein braucht, es kann ſein, daß jene dem Falle Betars vorangegangen ſind. Wenn nur das klaſſiſche Zeugniß Dio Caſſius' erzählt, daß die Verwandlung der Stadt und des Tempels dem Kriege vorangegangen und Veranlaſſung dazu war, ſo muß das berückſichtigt werden. Es wiegt viel ſchwerer als der vage Bericht Spartians' (in Hadrianum c. 14): Moverunt ea tempestate et Judaei bellum, quod vetabantur mutilare genitalia. Dieſe Religionsverfolgung war unzweifelhaft eine Wirkung der Niederlage und des Zorns Hadrians wegen des Aufſtandes der Juden.

Mir ſcheint der Widerſpruch der beiden Relationen nicht unlöslich zu ſein.

Zunächſt liegt wohl eine Differenz in der Variante, ob die Stadt Jeruſalem oder der Tempelplatz auf Veranlaſſung von Rufus gepflügt worden iſt. Traf es den letztern, ſo konnte es nur ein Racheakt geweſen ſein und zwar wegen des ſtattgehabten Aufſtandes und erbitterten Krieges, und alſo ſpäter als dieſer. Iſt dagegen nur die Stadt gepflügt oder richtiger umgepflügt worden, dann hatte dieſer Actus einen ganz anderen Sinn und konnte auch dem Krieg vorangegangen ſein. Das Chronicon Paschale tradirt aus einer, wie es ſcheint, ſehr guten Quelle: daß Hadrian eine neue Stadt aus Jeruſalem machen ließ, aus ſieben Quartieren beſtehend; es war auch eine neue Mauer zur Anlage dieſer neuen, Aelia zu nennenden Stadt gezogen, verſchieden vom Umkreiſe des alten Jeruſalems. Mit einem Worte Hadrian machte daraus eine römiſche Colonialſtadt. Dazu pflegten die Römer bekanntlich den Umkreis, wo die Mauern aufgerichtet werden ſollten, mit dem Pfluge unter Beobachtung eigener Ceremonien zu umfahren. Das iſt auch wohl nur der Sinn in der Miſchna חרש...: die Stadt Jeruſalem wurde umgepflügt, zum Zwecke eine neue zu bauen. Und das iſt auch die richtige Faſſung; denn חרש ההיכל, der Tempel ſei gepflügt worden, hat keinen rechten Sinn; wäre nämlich dieſes geſchehen, ſo durfte nach römiſcher Superſtition nichts darauf gebaut werden, und doch berichten einſtimmig die Quellen: Hadrian habe einen Zeustempel auf demſelben Platze erbauen laſſen. „Der Tempel iſt gepflügt worden" iſt wohl eine Uebertreibung der urſprünglichen Leſeart „ההיכל", und auch Hieronymus Angabe in ignominiam gentis oppressae ſcheint mir ein individueller Zuſatz zu ſein. Legt man nun Dio Caſſius Pragmatismus zu Grunde, daß der Neubau Jeruſalems die Urſache des Krieges war, ſo mag Hadrian bei ſeiner Anweſenheit in Judäa 130 das Umpflügen der Stadt befohlen haben, aber dieſer Befehl braucht nicht ſofort ausgeführt worden zu ſein. Er hat ſicherlich die Juden bei ſeiner Anweſenheit nicht ſo loyal und unterwürfig gefunden, als er es gewünſcht hat. Gerade weil er früher die Reſtauration des Tempels zugeſagt und ſein Wort gebrochen hatte, muß er darauf bedacht geweſen ſein, den Juden alle Hoffnung auf eine Restauration zu benehmen. Heiden, Christen und Samaritaner werden es auch nicht an Ohrenbläserei gegen den rebellischen Sinn der Juden haben fehlen lassen. Mögen die Embleme auf der Denkmünze adventui Aug. (o. S. 450) auf ein freundliches Verhältniß zwischen Hadrian und den Juden andeuten — was noch nicht so ausgemacht ist — so braucht das nicht der Wirklichkeit entsprochen zu haben, sondern kann eine nur zu häufig vorgekommene Adulation gegen den Kaiser gewesen sein. Genug es ist wohl anzunehmen, daß Hadrian bei seiner Anwesenheit in Judäa den Plan faßte, Jerusalem eine andere, heidnische Gestalt zu geben, sei es daß es sofort oder erst während seines Aufenthaltes in Egypten in Angriff genommen wurde. Möglich, daß der damals beinah achtzigjährige R. Josua, als patriarcha Judaeorum, zu diesem Zwecke nach Alexandrien gereist ist, um den Kaiser zu bewegen, seinen Plan aufzugeben, weil dadurch kriegerische Aufstände zu befürchten waren. Dieser Plan, Jerusalem neu zu erbauen und einen Tempel für Zeus zu errichten, war durch den Krieg unausgeführt geblieben, und erst nach Beendigung desselben in Vollzug gesetzt worden. Daher die schwankenden Angaben in den Quellen; daß der Neubau Ursache oder Folge des Aufstandes gewesen ist.

Die Dauer des Bar-Kochbakrieges betrug nach Angabe des Seder Olam 3½ Jahre, Leseart bei De Rossi מלכות בן כוזיבא ג׳ ומחצה (in der Edition 2½ Jahre). Von diesen 3½ Jahren spricht auch der Bericht vom Betarschen Kriege. Jerus. Talmud und Midr. Threni (s. unten); nur werden sie auf die Belagerung Betars bezogen: ג׳ שנים ומחצה עשה אדריאנוס מקיף על ביתר. Die größere Zahl wird durch Hieronymus bestätigt, der sie aus einer jüdischen Tradition hatte (zu Daniel 9): Tres anni et sex menses sub Hadriano supputantur, quando Hierusalem omnino subversa et Judaeorum gens acervatim caesa. Das stimmt auch mit Eusebius' Chronik, daß der Krieg im 16. Jahre Hadrians begann, im 18. hochging und im 19. beendet war. Mit dem Fall Betars war er zu Ende, und dieses geschah nach der mischnaitischen Tradition am 9. Ab d. h. 135, begann also 132 etwa im Adar d. h. im Beginn des Frühjahrs, die geeigneteste Zeit für Aufstände, ungefähr 2 Jahre nach Hadrians Besuch in Judäa, als er Egypten und Syrien verlassen hatte, also übereinstimmend mit Dio Cassius' Angabe. Von der Tempelzerstörung Ab 70 bis zum Falle Betars Ab 135 verliefen also 65 Sonnenjahre. Das Seder Olam rechnet aber, wie wir gesehen, von Polemos' Vespasians bis zu Quietus 52, von diesem bis zum Beginne des Aufstandes unter Bar-Kochba 16 und dieser selbst dauerte 3½, also im Ganzen 71½ Jahre. Diese müssen als kürzere Mondjahre angesehen werden, außerdem 2 Jahre, um welche die talmudische Chronologie die Tempelzerstörung und den Polemos Vespasian's früher ansetzt (o. S. 441) und endlich liegt ihnen noch eine ungenaue Doppelzählung eines und desselben Jahres zu Grunde. Die Relation R. José's (b. Chalafta) von 52 Jahren Betars nach der Tempelzerstörung, auf die sich Rappaport, als auf eine Hauptstütze für seine Annahme: der Betarsche Krieg in der ersten Zeit Hadrians, beruft, steht mit diesem Calcül durchaus nicht in Widerspruch. Er heißt nämlich: תני ר׳ יוסי חמשים ושתים שנה ק״ש ביתר לאחר חרבן הבית (so Jerus. Taanit IV. p. 69 a; Midrasch Threni Rabba p. 71 b und 8a a). עשתה ביתר oder עשת ביתר ist aber nicht dasselbe wie גלתה ביתר oder נחרבה ביתר wie es Rappoport nach dem unzuverläßigen Seder Olam Sutta auffaßt. Es scheint weit eher Anfang der Blüthe, als Zerstörung zu bedeuten

So hat sich denn, ich möchte sagen, unwiderleglich gezeigt, daß das Seder Olam von José b. Chalafta und die Tradition der Mischna den chronologischen Rahmen zu den drei Revolutionen oder Kriegen der Juden auf palästinensischen Boden: Vespasian, Quietus-Trajans und Hadrian enthalten, der durch anderweitige Nachrichten ausgefüllt wird. — Wir kommen jetzt zum Apokryphon Judith nachdem alle Hindernisse beseitigt sind, welche das wichtige Verständniß desselben erschweren. Ich wiederhole noch einmal, daß Hitzig-Volkmar's Ansicht von der Abfassungszeit desselben unter dem Eindrucke des Quietus-Hadrianischen Aufstandes sich als das Plausibelste empfiehlt. Daß das Buch keine wahre Historie enthält, giebt wohl heutigen Tages jeder Theologe zu, der nicht ganz und gar mit der Wissenschaft gebrochen hat und sich geflissentlich gegen kritische Ueberzeugungen verstocken will. Die makkabäische oder richtiger vorhasmonäische Zeit während des Druckes und des Hellenisirungszwanges unter Antiochos Epiphanes reflektirt der Inhalt nur sehr dürftig; gerade das Hauptmoment und das Pathos jener Zeit sind gar nicht darin angedeutet. Dagegen wie gut sind die Gewalten aus der Trajanischen Zeit: Arphaxad=Arsaces König der Parther, Nebuchadnezar, König von Assyrien in Ninive = Trajan und Holophernes I. sein gewissenloser Feldherr = Quietus! Wie deutlich hebt die Jahresangabe diese Parallele hervor. Im 17. Jahre Nebuchadnezars wird Arphaxad von ihm besiegt (1,13); im 18. sendet er Holophernes, den zweiten nach ihm, alle Völker zu unterwerfen (2.1), und so muß auch gleich im Anfang das sechzehnte Jahre Nebuchadnezar, als er sich zum gewaltigen Kriege rüstet, stehen, mag nun eine Handschrift diese Zahl statt 12. oder 13. haben oder nicht; man lese die durchgreifende Parallele zwischen den angeblichen Zügen und Siegen Nebuchadnezars und denen Trajans bei Volkmar nach; sie ist schlagend. Warum hat der Verf. aber gegen die geschichtliche Wahrheit Nebuchadnezar gerade nach Assyrien und Ninive verlegt, warum hat er ihm nicht Babylon gelassen? so fragt Lipsius (das. S. 44 fg.). Diese Frage kann nur aus der damaligen jüdischen Anschauung und Stimmung beantwortet werden, deren Niederschlag die agadische oder Midrasch-Literatur ist. Man kann christliche Forscher auf diesem Gebiete nicht genug ermahnen, sich mit der Agada vertraut zu machen, ohne welcher jeder Schritt zur Erklärung der Evangelien und Apokryphen unsicher bleibt. Das Beispiel, das ich hier anführe, wird die Mahnung bestätigen. Agadische Sentenzen in Genesis Rabba c. 16 lauten, nachdem vorangegangen ist: Griechenland hat drei Vorzüge vor dem bosshaften (römischen) Reiche; in Gesetzen, Büchern, (Literatur) und Sprache (יוונית בלבד בגרייקוס), darauf R. Huna im Namen R. Acha's: alle Reiche werden nach Assyrien genannt. R. José b. Chanina: alle Reiche werden nach Ninive genannt: כל המלכיות נקראו על שם אשור ... כל המלכיות נקראו על שם נינוה. Es darf also nicht auffallen, wie im Buche Judith das römische Reich durch Assyrien und Rom durch Ninive bezeichnet wird.

Zwei Bemerkungen habe ich noch zu machen, welche vielleicht zum nähern Verständniß des Judith-Buches beitragen werden. Die Stadt, welche gewissermaßen den Mittelpunkt der ganzen Fiction bildet, Baitylua oder Betylua (Βαιτυλούα, so die richtige Lesart, vergl. Volkmar Judith, S. 227. statt Bethulia) ist noch immer ein Räthsel. Wenn die übrigen dort genannten Localitäten real sind, kann dieses ebenso wenig wie das dabei genannte Betomestaim allegorischer Natur sein; die Erklärung בית אלהים ist eben so abgeschmackt wie בתוליה. Es muß eine Stadt dieses Klanges in der Ebene Jesreel auf einer Anhöhe gegeben haben, welche den Paß nach dem Binnenlande beherrschte. Und da scheint mir ein Ortsname zu entsprechen, der noch gar wenig bekannt ist. In der Mischna (Menachot IX Ende oder VIII 6) wird als der beste Wein angegeben, der als Gußopfer auf den Altar kommen sollte, und dessen Trauben der Sonne am meisten ausgesetzt waren, der von zwei Ortschaften: קרוחים ? כאין חי כביאין את היין ור׳ יודן אלפא ליה. Die richtige Leseart für קרוחים ist קרוחין oder קורחין = קורחי, vergl. den Mischna-Text ohne Talmud, wo corrumpirt קרחים steht und Maimuni איסורי מזבח VII 2). Das Wort ist eine Dual- oder Pluralform; es ist vielleicht identisch mit Koreä, welches Josephus erwähnt beim Zuge Pompejus' nach Jerusalem: von Damascus über Pella jenseit des Jordan, Skythopolis diesseits εἰς Κορέας ἥτις ἐστὶν ἀρχὴ τῆς Ἰουδαίας διέκοντι τὴν μεσόγειον (Antiqq. XIV. 3, 4). Wenn Κορέας gleich קרחי ist, so lag es in der Gegend der Ebene Jesreel, und eben so das wohl benachbarte עתולי oder עתולי. Dieser Ortsname wird verschieden orthographirt: in dem bloßen Mischna-Texte הטולים, Maimuni הטולים. Es ist ohne Zweifel derselbe Ort, welcher in der Tosifta und in beiden Talmuden einige mal vorkommt (b. Jebamot 59 b): מעשה בריבה אחת בהיתלי: רבצה כלב כפרי מאחריה; Nidda 9 b.): מעשה בריבה אחת בהיתלו: שהפסיקה ג׳ עונות, dafür in Tosifta Nidda I. היתלוה, und im Jerus. Nidda I auf. מעשה בריבה אחת בעיתולו שהפסיקה. In der Kalirischen Kinah אובה ישבה הבצלה השרון, deren Inhalt einer für uns verloren gegangenen Agada entnommen ist, die palästinensische Ephemeriden-Vororte aufgezählt hat, wird neben bekannten und unbekannten, neben נצרה (Nazaret) auch בדן עיתהלו genannt, richtiger עיתלי; denn das Wort wird daselbst gereimt mit תלי שהילו — תלי —. Diese Stadt vielleicht היתולי oder חיטולי, wenn man sich ein בי (abgekürzt für בית) hinzudenkt, entspricht vollständig dem Βαιτυλούα etwa בי טולא. Es muß eine gebirgische Stadt gewesen sein, da der beste Wein daselbst neben כרחי-Κορέας gezogen wurde. Mag es nun dieses Bai-Haitylu gewesen sein oder nicht, eine faktisch existirende Ortschaft bildet den Schwerpunkt der ganzen Dichtung. An die Bewohner dieser Stadt schrieben der Hohepriester und die Borusia, die Gebirgspässe zu bewachen, um den Feind nicht in die Mitte von Juda eindringen zu lassen (4, 6 fg). Und weil der Erste dieser Stadt, Ozias, beschließt, die Festung Betylua in 5 Tagen Holophornes zu übergeben, ist alles voller Trauer und ganz Judäa scheint verloren. Judiths zweideutige That wird darum als Großthat gepriesen, weil sie diese Festung und damit ganz Judäa vor Invasion gerettet. Jerusalem-Zion sind in diesem Buche untergeordnet, und schon aus diesem Grunde kann es nicht in der Hasmonäerzeit spielen, in welcher Jerusalem und der Tempel den Vordergrund bildeten.

Die zweite Bemerkung betrifft den Namen von Nebukadnezars Feldherrn Olophernes. Man hat viele unglückliche Versuche gemacht, diesen Namen zu deuten; ich erinnere nur an die Deutung von Hugo Gretius חלפר נחש, lictor serpentis!!! Man hat Klänge aus dem Persischen oder Indischen herbeigezogen, als wenn der Verf. ein sprachvergleichender Indogermanist gewesen wäre. Der Name eines historischen Feldherrn ist Olophernes allerdings nicht, sonst läge dem Verf.

Nebusaradan viel näher. Er hat also wohl damit etwas andeuten wollen wie mit dem Namen Achior, dem Heiden, der den Juden das Wort redet. Ich möchte auch eine Deutung zum Besten geben. Wenn dabei an eine Fremdsprache gedacht werden soll, so lag den palästinensischen Juden das Griechische viel näher als das Arische. — Die Rettung durch Judith ist auch agadisch oder halbagadisch bearbeitet worden, und es bleibt noch zu untersuchen, wie sich diese Bearbeitung zum Original verhält. Diese agadische Judith spielt allerdings in der Hasmonäer-Zeit (vergl. Jellinek Bet ha-Midrasch I S. 130 fg. und Einl. S. XII fg.) In der Erzählung, welche das Sammelwerk מדרש היני davon erhalten hat (zu Chanuka) heißt der Feldherr oder König אליפורני. Kann man nicht dabei an ein griechisches Compositum Ολοπόρνης „ganz geil" denken? Als geil wird Olophernes im Judithbuche geschildert (12, 16), auf Schändung von Jungfrauen spielt auch das Gebet 9, 2 an.

Es kommt aber dabei auf die Tendenz der Dichtung an. Ich kann mich nicht mit Volkmar's Ansicht befreunden, daß das Judithbuch einen Hymnus bilde, gedichtet zur Erinnerung an die Erlösung von Quietus Grausamkeiten. Denn welcher Schriftsteller wird maskirte Personen auftreten lassen, wenn er mit der Erzählung faktischer Begebenheiten einen größern Eindruck hervorbringen kann? Man muß sich fragen, wozu die ganze Maskerade von fingirten Personen? Mir scheint das Buch Judith eine ähnliche Tendenz zu haben, wie das Buch Esther und das sogenannte dritte Makkabäerbuch (vergl. B. III. Note 3. S. 444 fg). Es will das Gottesvolk vor Verzweiflung warnen und es darauf hinweisen, daß Gott durch Schwäche eine unerwartete Errettung herbeiführen könne, wo die Kraft nicht ausreicht. Es wollte vielleicht auch einen Wink geben, wie dem Bedränger (dem geilen Olophernes-Quietus?) beizukommen wäre, wie sich ein jüdisches Mädchen opfern sollte, ihn durch ihre Reize zu berücken und unter Umarmungen ihm den Garaus machen. Der Dränger bedrohte nicht Jerusalem, sondern hatte seine Heere in der Ebene Jesdreel oder Esdrelom versammelt, wollte aber von da aus ins Herz des Landes über das Mittelgebirge, das Königsgebirge (שר מלכים), nach dem Süden dringen. Der Verf. wollte durch Fiction angeben, wie der Feind daran gehindert werden könnte, wenn sich eine kleine Festung, die einen Engpaß beherrscht, anstrengte, ihm den Durchzug zu wehren. Ich meine, daß durch diese Auffassung alle Theile des Buches zu ihrem Rechte kommen; sie erscheinen dadurch wohl gegliedert und es ist nichts überflüssiges Beiwerk daran. Die allerdings nicht gewichtlose Frage, welche Lipsius aufgeworfen hat: Warum denn die Synhedrialstadt Jabne im Judithbuche als eine heidnische gilt, wenn es zur Zeit des Quietus gedichtet ist, diese Frage verliert ihr Gewicht, wenn man annimmt, daß der Verf. nicht die damalige Gegenwart treu abkonterfeien, sondern sie in einem Nebelbild aus der Vergangenheit zeigen wollte.

15.
Die angeblichen Reden Jesu von der Parusie und Bar-Kochba's Verhalten zu den Judenchristen.

Die Resultate der höheren neutestamentlichen Kritik, daß nämlich der urchristliche Literaturkreis nicht historische Facta aus dem Leben tradirt, sondern lediglich das Pathos und die Situation der Abfassungszeit abspiegelt, bestätigt sich immer mehr, je tiefer man in das Detail mit unbefangenem Blicke eindringt. So enthalten die synoptischen Evangelien eine lebendige Schilderung der Bar-Kochba-Zeit und der darauf folgenden Leiden durch die hadrianische Verfolgung, und die Anspielungen auf diese Facta sind so deutlich, so in die Augen fallend, daß dabei nur Eins zu verwundern ist, wie diese Züge den Kritikern und Reconstruktoren entgehen können. Wer wird auch nur einen Augenblick verkennen, daß die Worte in den zwei ersten Evangelien: „Wenn ihr nun sehen werdet den Gräuel der Verwüstung (βδέλυγμα τῆς ἐρημώσεως שקוץ משמם, שקוץ שמם) davon gesagt ist durch den Propheten Daniel, stehend an der heiligen Stätte (wer das liest, der merke darauf), alsdann fliehe auf die Berge, wer im jüdischen Lande ist" (Matthaeus 24. 15. Marcus 13. 14.), wer kann verkennen, daß sie von jenem Gräuel zu verstehen sei, daß Hadrian ein Jupiterbild und seine eigene Statue (Hadriani statua et Jovis idolum) in das Allerheiligste stellen ließ? Diese Anspielung liegt so sehr auf der Hand, daß selbst Hieronymus (in seinem Commentar zu Matthaeus) sie nicht übersehen hat. Zu der lächerlichen Erklärung vom Antichrist, und vom Cäsarbilde, das Pilatus in den Tempel hatte stellen wollen, fügt dieser Kirchenvater die richtige hinzu: Man könnte die Worte des Evangelisten auch von Hadrian's Reiterstatue im Allerheiligsten verstehen, die noch bis auf seine Zeit daselbst gestanden: Potest autem simpliciter aut de Antichristo accipi, aut de imagine Caesaris, quam Pilatus posuit in templo, aut de Hadriani equestri statua quae in ipso sancto sanctorum loco usque in praesentem diem stetit. Vergl. auch Suidas sub voce βδέλυγμα ἐρημώσεως. Es ist höchst unbegreiflich, wie man das Kapitel der Parusie noch immer auf den Untergang Jerusalems[1]) unter Titus beziehen kann, da in diesem Drama der Zug von der Aufstellung des „Gräuels der Verwüstung", offenbar der Vordergrund in dem Nachtstücke dieses Kapitels, ganz und gar fehlt! Das heißt doch wahrlich in der Exegese hinter Hieronymus zurückbleiben: Es ist bezeichnend für Strauß' romantisch flimmernden Standpunkt, daß auch er das Kapitel von der Parusie und damit die Abfassungszeit des ältesten Evangelium in Titus' Zeit verlegt (Leben Jesu für das deutsche Volk S. 238 fg.) ganz so wie die reuigen Tübinger. Weist nun die Erwähnung des „Gräuels der Verwüstung" auf die hadrianische Zeit hin, so werden die übrigen Züge dieses merkwürdigen Kapitels nicht minder darauf Bezug haben, wenn man nur diejenigen davon abzieht, welche theils dem alttestamentlichen Prophetenstyl, theils der Volksvorstellung von der messianischen Leidenszeit (חבלי משיח) entlehnt sind. Sogleich der Eingang. Auf die Frage der Jünger,

---

[1]) Interessant ist die Bemerkung, daß das dritte Evangelium, welches alle übrigen Züge dieses Kapitels mit den beiden ersten gemein hat, gerade diesen Zug von dem Gräuel der Verwüstung nicht hat, oder vielmehr demselben eine solche Wendung giebt, daß diese Prophezeiung auf den Untergang Jerusalems bezogen werden soll: „Wenn ihr sehen werdet Jerusalem belagert von einem Heer, dann wisset, daß herbeigekommen ist ihre Verwüstung, alsdann, wer in Juda ist, fliehe ꝛc." (20. 21.) Hier ist offenbar das τότε γνῶτε, ὅτι ἤγγικεν ἡ ἐρήμωσις aus βδέλυγμα τῆς ἐρημώσεως gebildet. Man wird daher kaum daran zweifeln, daß die Fassung in den ersten zwei Evangelien ursprünglich ist, die des dritten aber das Bestreben zeigt, die Anspielung auf die hadrianische Zeit zu verwischen.

welche Zeichen seiner Wiederkunft vorangehen werden, antwortet Jesus angeblich, eigentlich hors d'oeuvre, warnend: „Sehet zu, daß euch nicht Jemand verführe, denn es werden viele kommen und sagen, ich bin Christus (der Messias) 2c. Wenn ihr werdet hören Kriege und Kriegesgeschrei, so fürchtet euch nicht 2c." Dieser τίς, welcher sich als Messias aufwerfen wird, vor dessen Verführung die Gläubigen besonders auf ihrer Hut sein sollen, kann kein anderer sein, als der Messiaskönig Bar-Kochba, dessen Patriotismus nicht ohne begeisternden Einfluß auch auf die Judenchristen gewesen sein mag. Die Kriege und Kriegesgeschrei und die Worte: „es wird aufstehen ein Volk wider das andere", sind nicht minder Züge aus der Bewegung des Bar-Kochba'schen Aufstandes gegriffen, und erinnern an die gewaltige Bewegung jener Zeit, welche Dio Cassius mit den Worten schildert: καὶ πάσης, ὡς εἰπεῖν, κινουμένης ἐπὶ τούτῳ τῆς οἰκουμένης daß das ganze römische Reich in Aufruhr war. Aus der Bar-Kochba'schen Zeit scheint ferner der Zug entnommen: „und sie werden euch überantworten vor die Rathhäuser (συνέδρια) und Schulen (Synagogen) und ihr werdet gestäupt werden", es erinnert an die Nachricht von Justin und Eusebius, daß Bar-Kochba die Christen (Judenchristen) bestrafte, weil sie Christus nicht verleugnen und nicht gegen die Römer kämpfen wollten (J. Apologia I. 31.) Καὶ γὰρ ἐν τῷ νῦν γεγενημένῳ Ἰουδαϊκῷ πολέμῳ Βαρχοχίβας ... Χριστιανοὺς μόνους εἰς τιμωρίας δεινάς, εἰ μὴ ἀρνοῖντο Ἰησοῦν τὸν χριστὸν καὶ βλασφημοῖεν, ἐκέλευεν ἀπάγεσθαι. Besser motivirt es Eusebius, Chronik zum 17. J. Hadrians: ... Cochebas plurimos Christinaos diversis supplisiis affecit, eo quod noluissent proficisci cum illo pugnatum contra Romanos. Bemerkenswerth ist, daß die Evangelien nur von Stäupen (δαρίσεσθε) d. h. Geißelhieben, und nicht von Martern oder Todesstrafen sprechen, daß demnach die δειναὶ τιμωρίαι (omnimodis cruciatibus necare), mit welchen Justin und die Spätern Bar-Kochba die Christen verfolgen lassen, höchst übertrieben scheinen. Denn die Worte des Matthäusevangelium „sie werden euch tödten und ihr werdet gehaßt sein", beziehen sich nicht auf jüdische Richter, sondern wollen nur in der Kürze dasselbe aussagen, was das Marcusevangelium in größerer Ausführlichkeit hat:* „ihr werdet vor Statthalter (ἡγεμόνων) und Königen geführt werden, um meinetwillen zum Zeugniß für sie", und die Worte haben offenbar jene Verfolgung zum Hintergrunde, welche die Christen unter den Kaisern Domitian, Trajan und Hadrian (in seinen ersten Regierungsjahren) von den Statthaltern der Provinzen zu erdulden hatten. Für unsern Zweck sind noch die Züge wichtig, „daß ein Bruder den andern verrathen und die Kinder sich wider die Eltern empören", welche verstohlen andeuten, daß innerhalb der judenchristlichen Gemeinde ein Zwiespalt ausgebrochen war; ferner die grausige Schilderung von der Verfolgung nach dem Aufstellen des Gräuels der Verwüstung, von welcher auch die Christen betroffen werden, die unzweideutig die Leidenszeit unter Hadrian und einem Statthalter Rufus vergegenwärtigen. Daß dieses ganze Kapitel der Parusie ein judenchristliches ist, erkennt man, von allem andern abgesehen, an den Worten: „Bittet, daß eure Flucht (vor dem hadrianischen Zorne) nicht geschehe im Winter oder am Sabbat". Merkwürdigerweise findet sich das Wort „und am Sabbat" nur im ersten Evangelium, scheint aber im zweiten nur ausgefallen, nicht weggelassen. Die Flucht der Judenchristen nach Pella und der transjordanischen Dekapolis geschah gewiß erst wegen der hadrianischen Verfolgung, obwohl die christlichen Annalisten auch diese Thatsache in die Zeit der Tempelzerstörung setzen. Weil diese Gegend nach Epiphanius (Haer. 29.) der Aufenthalt der Judenchristen war, darum läßt das erste Evangelium der Dekapolis die Ehre widerfahren, von Jesu besucht worden zu sein (Matth. IV. 25.). — Im dritten Evangelium ist diese Bezüglichkeit auf Bar-Kochba durchweg verwischt, und das vierte, in seinem Charakter als heidenchristliches Evangelium, weiß überhaupt gar wenig von der Parusie. — Von dem gegensätzlichen Verhalten der Juden gegen die Judenchristen in der Bar-Kochba'schen Zeit spricht auch eine talmudische Notiz, welche bisher wenig verstanden wurde. Es heißt nämlich (Mischna Berachot Ende): Als die Minäer (Judenchristen) entarteten und sagten: es giebt nur eine Welt, hat man verordnet, daß man (zur Schlußbediktion) sagen soll: „von Welt zu Welt" und hat (ferner) verordnet, daß man einander begrüßen soll mit dem Gottesnamen. (Jhwh, Tetragrammaton): משקלקלו המינין ואמרו אין עולם אלא אחד התקינו שיהו אומרים מן העולם ועד העולם. והתקינו שיהא אדם שואל את שלום חבירו בשם. Die Tragweite der ersten Verordnung, welche dogmatischer Natur zu sein scheint, ist mir noch nicht klar. Die zweite Verordnung, welche offenbar das Aussprechen des Tetragrammaton gestattet und das ältere Verbot aufhebt, wird ausdrücklich in die Zeit des שמד, d. h. der Hadrian-Barkocha'schen Epoche gesetzt, Midrasch Psalm 36: אמר ר' אבא בר כהנא שני דורות נשתמשו בשם המפורש אנשי כנסת הגדולה ודורו של שמד. Hier ist es deutlich, daß das Geschlecht der Zeit des hadrianischen Krieges sich des ursprünglichen Gottesnamens bedient hat. Aus jener Mischna erfahren wir, daß es eine ausdrückliche Verordnung (תקנה) gestattet hat, und zwar im Gegensatze zu den Minäern, d. h. Judenchristen. Wahrscheinlich liegt der Grund darin, daß diese auch Jesus „Herr" (אדני, Κύριος) genannt haben; darum wollte man mit dieser Verordnung ein Unterscheidungszeichen einführen, zu erkennen, wer zum Gotte des Judenthums oder zu Jesus halte.

16.
Schauplätze des Bar-Kochba-Krieges.

Die Nachrichten über die Localität und den Gang des Bar-Kochba'schen Krieges sind äußerst dürftig, und nur diejenigen, welche in Jerus. Taanit IV. p. 68 fg. zu Midrasch Threni zu Vers 2. 1 p. 71 S. fg. und Bruchstückweise in Babli Gittin 56 ff. enthalten sind, (die hier der Kürze wegen mit A. B. C. bezeichnet werden sollen), kritisch geprüft und verglichen, können zu einigen nicht unerheblichen Ergebnissen führen. Als Gewährsmann dieser Nachrichten wird Rabbi oder R. Juda I. genannt, der sie aus dem Munde von Zeitgenossen, v. Simon b. Jochai, R. José und R. Juda b. Jlai vernommen hat. Er hat den Begebenheiten so nahe gelebt, daß er noch Greise kannte, welche in lebhafter Rückerinnerung des Erlebten, bei seinen Vorträgen über dieses Thema in Thränen ausbrachen! רבי הוה דרש עשרין וארבעה פרקים בבלן ה' על ידי דרכי היה ספיך לחרבן ב'ח ר והה תמן סבין פבין נהירין חרבן בית מקדשא statt חרבן בתר (A. und B. והוה דריש ואין בכין ומצתקן וקיסין לון Rapaport's Emetation). Ergänzt wurden diese Nachrichten von R. Jochanan. Dieser Punkt ist aus dem Grunde ganz besonders wichtig, weil die citirte Einleitung bezeugt, daß das ganze Kapitel daselbst von dem Bar-Kochba'schen Kriege hanzelt. Als charakteristischer Zug dieses Aufstandes wird besonders das Selbstvertrauen hervorgehoben, das Bar-Kochba und die übrigen Leiter des Krieges beseel'e. Sie äusserten sich in dieser Wendung: „Wenn Gott nur den Feinden nicht hilft, so braucht er uns nicht zu helfen, אבוא דלא תסעוד לא (Lesart des Aruch st. תסעיר) mit Anwendung des Verses הלא אתה אלהים זנחתנו. Dieser Zug kehrt wieder bei den zwei Brüdern in Kephar-Charub (Jalkut zu Pentateuch N. 946. בסוף חגיגה), welche den Krieg nach dem Fall Betars fortgesetzt haben müssen, da man sie zu krönen beabsichtigte: היה בלילא דאדריינוס ונחיב על ראשו של אלו. Er findet sich aber auch bei Bar-Droma, dem jüdischen Feldherrn in Tur-Malka, dem ebenfalls der Vers הלא אתה in den Mund gelegt wird (C.), und wenn dieser Umstand auch ohne Zweifel von Bar-Kochba auf die andern Führer übertragen ist, so werden diese Vorgänge eben dadurch als dieser Zeit angehörig bezeichnet. Wir gewinnen dadurch das Factum, dass Kephar-Charub und Tur-Malka Scenen dieses Krieges waren. Tur-Malka (טור מלכא) aber, welches auch הר המלך genannt wird, ist entschieden identisch mit Tur-Simon, und dieses hat ohne Zweifel seinen Namen von dem Hasmonäer Simon, wie das Königsgebirge von König Jannai (Alexander). Daher schliesst sich in allen drei Quellen der übertriebene Bericht von dem Städtereichthum dieses Gebirges an Tur-Simon an. Drei Städte werden namhaft gemacht: כפר ביש כפר דיכריא (nach Reland identisch mit Βηθσαχαρία) und כפר שחלים (vielleicht identisch mit כפר של שום Καφαρσαλαμα), die vielleicht deswegen hervorgehoben werden, weil sie ebenfalls Schauplätze des Krieges waren. (Der Satz in A. B., welcher mit den Worten כי בכרבה beginnt, muss aber als Ergänzung hinaufgerückt werden zu dem Satz בי רבא אלו יבמתי, wie es sich in C. findet.) An den Bericht über diese drei Kephars, von denen sagenhafte Etymologien gegeben werden, schliesst sich eine skizzenhafte Nachricht von drei Städten an! שיחין, כבול und מגדל צבעיא, deren Einwohnerzahl hyperbolisch angegeben wird, dass die von ihnen erhobene Kopfsteuer habe auf Wagen nach Jerusalem geführt werden müssen: שהיה שלהן שהיה טיסי עולה לירושלים בענלית. Die Lage dieser drei Städte ist im Texte nachgewiesen worden. Dass sie sämmtlich zerstört worden sind, giebt A. חרוב שלהן (diese Worte fehlen in B.), dass es aber in Folge dieses Krieges geschehen ist, bezeugt eben der Umstand, dass die Relation in Folge dieses Kapitels von der Zerstörung Betars aufgenommen wurde. Die Veranlassung zum Untergang derselben geben A. und B. an: בכול מפני המחלקת, שיחין מפני כשפים, ומגדל צבעיא מפני הזנות. Hierauf folgt sachgemäss die Beschäftigung der Einwohner von Magdala Zebaja: ג' מאות חניות היו במגדל צבעיא (פלטים A.?) של אורגי פילכין (so die Stellung richtig in B.; in A. verschoben, wie denn hier überhaupt viele Verwechselungen und Versetzungen vorkommen), dann die Beschäftigung derer von Sichin: שנעים שידים של מחמת היו בשיחין (fehlt in B.). Der Gleichartigkeit der Zahl wegen wird auch eine Nachricht von Kephar-Nimra (ח' מאות חנויי טהרית)und Gophna (אחיה בנהיא 'ם auch Berachot 44, a) beigefügt, ohne Bezug auf diesen Krieg zu haben. Auf diese Weise kann dieses interessante Kapitel als Quelle für den Betar'schen Krieg ausgebeutet werden. Ein näheres Eingehen auf die Textkritik gehört nicht hierher. — Der von mir bei Betar angesetzte Küstenfluss Joredet ha-Zalmon wird erwähnt (Tosifta Parah c. 8.): ר' יהודה אומר יורדת הצלמון פסולה (לפי חטאה) מפני שבובה סימיה בשעת פולמוס. אמרו לו כל מימי בראשית כובו בשעת פולמוס. Dass der πόλεμος κατ᾽ ἐξοχήν von dem Betar'schen Krieg gilt, bedarf keines Nachweises. Das Versiegen der Flüsse und namentlich des Joredet ha-Zalmon muß also zur Beschleunigung der Katastrophe beigetragen haben. Da nun Zalmon, von dem dieser Fluß offenbar den Namen hat, (nach Richter 9. 48.) eine Bergspitze unweit Sichem, zum Gebirge Ephraim gehörig, war, und auf diesem Gebirge in der That ein kleiner Fluß entspringt, der Betar berührt, von Robinson und Smith Nahar-Arsuf genannt, so nehme ich keinen Anstand den Joredet ha-Zalmon mit Arsuf zu indentificiren, und ihn mit Betar in Verbindung zu bringen.

Auch Bet=Rimmon war ein Schauplatz dieses Krieges, wie schon früher in dem Aufstand unter Trajan. Auf diesen Punkt muß ich näher eingehen, weil er verkannt worden ist. Bet=Rimmon wird nämlich in einer andern Quelle (Elia Rabba c. 30 בקעת ידים) genannt. Zwei Kritiker von Gewicht, Rappaport (in Erech Millin Artikel Tiberius Alexander) und Krochmal (Morech Neboche ha-Seman) hielten es für die Straße Delta in Alexandrien (welche meistens von Juden bewohnt war), und das dabei erwähnte Gemetzel für dasjenige, welches der zum Heidenthum übergetretene Tiberius Alexander an seinen Stammverwandten angestellt hatte. Die Stelle lautet: בא אדריינוס קיסר והפס אלכסנדריא של מצרים שהיה בה כ' וכ' רבוא והיה ספתה אותם בדברים ואטר להם צאו וראו ועמדו בבקעת ידים שלא תהא אומה שולטת בכם וכשיצאו ועמדו בבקעת ידים העמד עליהם — ותרגום וכו. Die Angabe dieses allerjüngsten Agadawerkes hält Rappaport für so entscheidend, daß er Josephus darnach berichtigen zu müssen glaubt. Allein auch abgesehen von dem sagenhaften Charakter dieses Midrasch überhaupt, ist die angeführte Stelle so entschieden unhistorisch, daß es erstaunlich ist, wie jene geistvollen Kritiker es übersehen konnten. Diese Stelle ist nämlich augenscheinlich aus drei verschiedenen Agadaberichten zusammengeflossen, welche der Sammler, dem combinatorischen Charakter der jüngern Agada treu, zu verschmelzen und zu verquicken strebte. Die palästinensischen Agada's berichten, Trajanus habe ein Blutbad unter den alexandrinischen Juden angestellt und ihre Basilika=Synagoge zerstört (הרשע) — נגדעה קרן ישראל) כימי טרינוס. Von diesem trajanischen Blutbade handelt auch die Stelle Gittin 57. b., muß aber emendirt werden, weil daselbst, wie öfter, Trajan und Hadrian mit einander und mit Vespasian verwechselt werden (Vergl. Pesikta c. 30: ונשדרני את בן בכמה, in der Hauptstelle steht richtig אסכסינוס אמר להם הרביאו לי את נופו : מצאו נחש ברוך על לבו אדרינוס. Ju Gittin heißt es שהרג טריינוס) richtig) הקיל ז: אדריינוס קיסר, באלכסנדריא של מצרים וכו'. קול יעקב זה אסכסינוס קיסר שהרג באלכסנדריא של מצרים וכו'. קול יעקב זה אסכסינוס קיסר שהרג בברך ביתר ובו אדריינוס soll heißen wie, in Paralellstellen. — Dann wird (in M. Thr. 1. 11.) erzählt: Hadrian habe die in die Höhlen geflüchteten Juden überredet, sich im Rimmonthale (בבקעת בית רמון) einzufinden, und ihnen zugesichert, ihnen nichts Leides zuzufügen.

---

[1]) Babli Sukko 51. c hat ganz denselben Bericht wie j. Sukka und M. Threni, und berührt alle Momente. Der Ausdruck וכולהון קטלינהו אלכסנדרוס מוקדן, welcher den Erklärern so ungeheure Schwierigkeiten gemacht und dem Talmud so viele Verunglimpfungen eingetragen, läßt sich sehr leicht lösen, ohne daß man mit Elia Wilna daraus טרבינוס zu emendiren, noch mit Abarbanel und Rappaport כ'קרון zu streichen braucht. In Jeruf. wird die Frage aufgeworfen: ימי החריבה (nämlich die Basilika); dieses schwebte Babli vor und er fügt noch den Namen des Erbauers hinzu, nämlich des macedonischen Alexander. Die Stelle hat ohne Zweifel gelautet: אלכסנדריא כ'קרון (טרבינוס ;(וכולהו קטלינון כי בנאה (?); die eingeklammerten drei Wörter scheinen ausgefallen.

Note 16

wenn sie sich auf Gnade und Ungnade ergeben, zuletzt habe er sie in diesem Thale niedergehauen, deren Blut bis ins Meer strömte: ההוא — ההוא ברוזין כשמעין יהתן דכתיב יהי אפרים כיונה פותה — נכנס: כלהון לבקעת בית רמון — סוף הקיצה לגינוחיו והרגום והיה חדם בוקע והולך עד שהגיע לקיפרוס נהר. Aus diesen zwei Nachrichten und aus einer dritten: שני נחלים יש בבקעת ידים אחד פושך אילך ואחד פושך אילך ושערו חכמים ב' חלקים מים ואחד דם (Gittin daj.) hat der Sammler des Tana de be Eliahu sein mixtum compositum zusammengegossen, so daß er das Gemetzel in Alexandrien und in Betar in confuser Unklarheit mit einander verwechselte. Den Umstand: בא אדרינוס קיסר והפס אלכסנדריא של מצרים hat er aus b. Gittin nach der Corruption Hadrian für Trajan; den Zug: צא: כמה: בבקעת ידיב תדא אומה זו שולטת בכם hat er aus M. Thr. und will damit die verrätherische Vorspiegelung andeuten, daß Hadrian den Flüchtlingen zugesichert, die Römer (אומה זו) werden ihnen nichts anhaben. Die Scene in בקעת ידים endlich hat er damit auf verworrene Weise in Zusammenhang gebracht. Diese ganz geistlose Compilation verdient demnach keinesweges den Namen eines urkundlichen Berichtes, den ihm Rappaport beilegt, sie beweist nur so viel, daß jenes im Talmud erwähnte Händethal, und das im Midrasch genannte Rimmonthal als identisch zu betrachten seien. Von dem alexandrinischen Delta und Tiberius Alexander ist hier gar nicht die Rede, die Stelle handelt lediglich vom hadrianischen Krieg. Nach dieser Auseinandersetzung kann man nicht in Zweifel sein, was unter בקעת ידים zu verstehen sei, wenn man sich noch dazu die Lage des בקעת בית רמון vergegenwärtigt. Diese in der Geschichte dieser Periode so wichtige Thalebene, wo die Juden den ersten Aufstand gegen Hadrian anzettelten, והתן קהלא מצתין (l. מצותין) בהדר בקעתא דבית רמון (G. Rabba c. 64.), wohin Hadrian die Flüchtlinge verrätherisch verlocken ließ, und wo sich die Schüler R. Akiba's nach dem Ende der hadrianischen Verfolgung zusammengefunden hatten (j. Chagiga III. p. 68. d.): כשהם שנכנסו ד' וקנים לעבר את השנה בבקעת בית רמון, ist nichts anderes als das הדרמון בבקעת מגידן (Zacharia 12. 16.) Diese Thalebene hatte zu verschiedenen Zeiten verschiedene Namen: Jesreel, Esdrelom, Legio, Legun, vergl. Hieronymus zur Stelle: Addad Remmon urbs est juxta Jesraaelem et hodie vocatur Maxianopolis. In dieser Ebene fließen zwei kleine Flüsse gleich zwei Armen, der Kischon ins Mittelmeer, ein namenloser bei Betsan in den Jordan, und von diesem Umstande hat das Thal auch seinen Namen „das Händethal" erhalten. Da nun hier jenes Gemetzel der Flüchtigen stattgefunden hat, so will jene R. Elieser beigelegte Stelle, daß die zwei Flüsse einen Theil Blut geführt haben, nur denselben Umstand erzählen. Es ist demnach durch verschiedene Nachrichten verbürgt, daß in der genannten Thalebene der Schauplatz eines fürchterlichen Gemetzels gewesen.

Auch die unterirdischen Gänge, welche in den Kalkgebirgen des cisjordanischen Judäa so häufig waren, spielten im Betar'schen Kriege eine Hauptrolle. Durch diese Kanäle versorgten sich die belagerten Juden mit Lebensmitteln, wie das samaritanische Buch Josua (c. 47) erzählt: וכאנו אליהד אלדי חרנא כן אלשראדיב (nach Juynboll's Emendation), und als die Belagerer diese Gänge auf den Rath der zwei Samaritaner Efraim und Manasse verrammelten, entstand Hungersnoth in Betar. (Diese Stadt muß unter dem von der samaritanischen Chronik angegebenen

Jerusalem verstanden werden, weil hier offenbar der Krieg gegen Hadrian mit dem gegen Titus verwechselt wird). Ganz übereinstimmend berichten die Fragmente (A. B.), daß ein Samaritaner sich durch einen Kanal in Betar eingeschlichen habe: מן ביבא דמדינתא סאל ליה (B. corrumpirt בבובי דמדינתא), welches die Commentatoren mißverstanden haben, indem sie es mit בבא „Thor" erklärten. Aber wie wird man einen Fremden in eine belagerte Stadt durch das Thor einlassen! Durch die Lesart ביבא, welches „Kanal, Kloake" bedeutet, tritt diese Nachricht aus dem Nebel der Sagenhaftigkeit heraus, und erhält den Stempel historischer Glaubwürdigkeit.

17.
Die Nachwehen des Bar-Kochba-Krieges.

I. Die Nachrichten Justinus Martyr und des Ariston von Pella, daß Hadrian den Juden verboten hat, Jerusalem zu besuchen: μηδεὶς ἐξ ὑμῶν ['Ιουδαίων] ἐπιβαίνῃ εἰς τὴν Ἱερουσαλήμ (Dial. c. Tryph. c. 16 und Apologia I. c. 47.), ja auch nur in dessen Nähe zu kommen: ὡς ἂν μηδ' ἐξ ἀπόπτου θεωροῖεν [οἱ Ἰουδαῖοι] τὸ πατρῷον ἔδαφος, ἐγκελευσαμένου ['Ἀδριανοῦ] Euseb. h. e. VI. 6), auch Chronicum zum 19. Jahre Hadrians: Ex eo tempore etiam ascendere in Hierosolyman omnino prohibiti (Judaei) Romanorum interdictione, diese Nachrichten werden von Midr. Thr (zu 22.) bestätigt. Dort wird erzählt, Hadrian habe in Modin Wachen aufgestellt, welche die nach Jerusalem wallenden jüdischen Pilger fragten, zu welcher Partei sie gehörten, und sie erhielten nur dann die Erlaubniß, Jerusalem zu betreten, wenn sie sich als Trajaner oder Hadrianer ausgaben, sonst konnten sie nur verstohlen die heilige Stadt betreten: [¹] אספסינוס קיסר הושיב שומרים ופוספים (ל. בסדיעים) ח״ם סיל (ש״ר סיל) והיו שואלין לעולי רגלים ואומר להם למי אתם? והיו אומרים להם אספסיאני טריאני אדרייני ... אלה אזהרה: לשעבר היתי קולה המונית המוניות של חגיגה וכשי׳ טפשא וכשי׳ טפשא סלקין וטששא נחתין. Wenn aber von R. José aus der nachhadrianischen Zeit erzählt wird, er habe die Trümmer Jerusalems besucht (Berachot 3 a., בכנסתי לחורבה אחת מחורבות ירושלים), und von R. Jismael b. José, er sei nach Jerusalem gewallfahrt, um auf dessen Trümmern zu beten (Genesis Raba 81): סליק לצלאה בירושלים, so muß dieses heimlicher Weise geschehen sein. Daher mag des Letztern Jünger so sehr ängstlich gewesen sein, als er ihn einst auf einen Marktplatz von Zion begleitet hatte: ההיא תלמידא דהוה קא אזיל בתריה דר׳ ישמעאל בר׳ יוסי בשוקא דציון חויה קא ספחר (Berachot 60. a.). Wie lange dieses hadrianische Verbot in Wirksamkeit war, läßt sich nicht mit Bestimmtheit ermitteln. Zu Justinus' Martyrs Zeit um 170—180 hat es noch bestanden, da er es in der Apologie an die Römer (nicht an die Kaiser) als bekannt voraussetzt, daß den Juden der Eintritt in Jerusalem bei Todesstrafe verboten ist. Aber eine andere Stelle (Jerus. Maasser Scheni III. p. 54. b.) bezeugt, daß in dem Zeitalter nach Marc Aurel, ungefähr unter der Regierung Alexander Severs, Jerusalem von Juden besucht wurde, um den zweiten

---

¹) אספסינוס steht hier augenscheinlich für אדריינוס, wie o. S. 460 folglich kann das nachfolgende אספסינוס auch nur Interpolation eines unverständigen Abschreibers sein, welcher die Corruption Vespasianus vor Augen, es auch vor טריאני אדרייני einflicken zu müssen glaubte.

Zehnten daselbst vorschriftsmäßig zu vergeben: ר׳ חנינא ור׳ יונתן ור׳ יהושע בן לוי עלו
לירושלם נתפנה להן פירות ובקשו לפטות אביהן לא הון עברין כן
אלא מפקרין חוץ לחומה ופודין אותו שם. Durch die Betheiligung R. Chanina's und R.
Josua's b. Levi, Zeitgenossen von R. Jochanan, ist die Zeit chronologisch um
die Mitte des dritten Jahrhunderts bestimmt, und es würde daraus hervorgehen,
daß zu den Begünstigungen des Kaisers Alexander Sever für die Juden auch die
Aufhebung des hadrianischen Ediktes gehört haben mochte. Aus Tertullian ist
kein Beweis zu holen, daß zu seiner Zeit (Sec. III.) jenes Verbot bestanden habe,
wie Münter (jüd. Krieg S. 96.) behauptet, indem dieser Kirchenvater (contra
Judaeos c. 15.) nur die oben angeführten Worte des Aristen von Pella wiederholt. Eusebius und Hieronymus sprechen zwar, das noch zu ihrer Zeit den Juden
der Anblick Jerusalems verboten gewesen wäre: ὡς ἐξ ἐκείνου [χρόνου Ἀδριανοῦ]
καὶ εἰς δεῦρο πάμπαν ἄβατον αὐτοῖς [Ἰουδαίοις] γίνεσθαι τὸν τόπον [Ἱ-
ερουσαλήμ] Demonstr. evangelica VIII. 18., H..nymus in Zephaniam c. 2.).
Allein ihr Zeugniß kann nur so viel Beweiskraft beanspruchen, daß die christlichen Kaiser von Constantin an jenes Verbot erneuert haben, aber keinesweges, daß es nicht in der Zwischenzeit außer Kraft gesetzt worden war. In der
That berichtet Eutychius oder Ibn-Batrik (Annales I. p. 466): Constantin habe
den Juden verboten, in Jerusalem zu wohnen und sich in der Nachbarschaft auf-
zuhalten: ואמר אלכסטנטין אלמלך אן לא יסכן יהודי פי בית אלמקדס ולא יגיב בהא.

II. Ein zweites grausiges Dekret verbot den Juden jede jüdisch-religiöse Handlung. Darüber scheint von den Gesetzlehrern förmlich berathen und beschlossen
worden zu sein. Es wird von einem Lyddensischen Beschluß in dem
Dachzimmer eines Nitza tradirt, der darum so merkwürdig und bezeichnend
für die Lage jener Zeit ist, weil in demselben nicht so sehr eingeschärft wurde,
das Leben für die Kardinalbestimmungen: Götzendienst, Mord und Unkeuschheit,
einzusetzen, als vielmehr eine Art Indulgenz ertheilt wurde, in Zeiten religiöser
Verfolgung sich nicht wegen aller übrigen Bestimmungen des Judenthums dem
Märtyrerthum auszusetzen: נמנו בעלית בית נתזה בלוד על כל התורה אם יאמר גוי לישראל
לעבור [חוץ מן ע״ז גלוי עריות ושפיבות דמים יעבור ולא יהרג (j. Schebiit IV. 38. a.
Synhedr. III. p. 21. b.; b. Synhedr. 74. a.). Die Klauseln, welche diesen allerdings allzu toleranten Beschluß illusorisch machen, nämlich der Unterschied zwischen
Oeffentlichkeit und Heimlichkeit, zwischen Zwang von Seiten des Staates (גזירה
מלכות) und dem von einem Einzelnen, sind erst später hinzugekommene Bestimmungen,
wie Babli daselbst unzweideutig auseinandersetzt. Daß aber dieser Synodalbe-
schluß in einer kritischen, verfolgungsreichen Zeit gefaßt wurde, beleuchtet eine
corrumpirte, aber nichts desto weniger prägnante Stelle der Pesikta (c. 13.):
מהו נאספו עלי נכים? בעלית בית נתזה בלוד אמרו כשאני מצלית הם (אומות העולם) שמחים
ונאספים להתגרות וכו׳. Hält man die Berathung in dem Dachzimmer des Nitza in
Lydda als Kriterium für diese Zeit fest, so kann man eine andere Nachricht von
einer eben daselbst gehaltenen Berathung mit hineinziehen, welche, indem sie dadurch Licht empfängt, zugleich die Situation heller beleuchtet. In der genannten
Localität wurde nämlich von R. Tarphon und den Aeltesten, näher von R. Akiba
und R. José Galili, das Thema berathen, ob die theoretische Beschäftigung mit
den Religionsgesetzen wichtiger sei, als die praktische Religionsübung:

31*

Kiduschin 40. b. Sifra zu Deut. 11. 13. Midrasch Cantic. zu B. 2. 14.) וכבר
היו ר' טרפון וזקנים (ר' יוסי הגלילי ור' עקיבא) מסובין בעליית בית נתזה (¹ בלה נשאלו. מי גדול
תלמוד גדול או מעשה? — נענו כלם ואמרו תלמוד גדול שהתלמוד מביא לידי מעשה. Es
war nicht eine dogmatische Frage, etwa ob die γνῶσις oder die πρᾶξις τῶν ἔργων
verdienstlicher sei, sondern es scheint eine in der Noth aufgeworfene Gewissensfrage
gewesen zu sein, ob man das Gesetzesstudium ebenso wie die religiöse Praxis einstellen dürfe, weil harte Strafen darauf verhängt waren. Der Beschluß fiel einstimmig
dahin aus, daß die Theorie mehr Wichtigkeit habe, weil sie die Praxis wieder zu
beleben im Stande sei, wenn jene für den Augenblick verhindert ist. Zwei Fragen
wären demnach in Lydda verhandelt worden, ob man für die Gesetzesübung das
Leben lassen sollte, und nachdem diese (mit Ausnahme von drei Bestimmungen)
verneinend ausgefallen war, ob das Gesetzesstudium unter diese Kategorie gehöre,
oder ob es eine höhere Wichtigkeit habe. Uebrigens scheint auch R. Ismael an
dieser Berathung Theil genommen zu haben, ging aber in der Indulgenz noch
weiter, indem er gestattete, sich auch der Zumuthung zum Götzendienste zu fügen,
wenn es ohne Aufsehen geschehen könne (b. Synh. l. c. und Parallelstellen und
ausführlich Sifra Achre c. 13): ר' ישמעאל אומר מנין אתה אומר שאם אמרו לו לאדם
כנו לבין עצמו עבד ע"ז ואל תהרג יעבוד ואל יהרג — וחי בהם ולא שימות בהם. או אפילו
ברבים ת"ל וגקדשתי אם סקדישים אתם את שמי אף אני אקדש את שמי על ידיכם כשם שעשו
חנניה מישאל ועזריה. Die Clausel בברבים oder בפרהסיא gehört nicht R. Ismael an.
Vergl. seine tolerante Aeußerung Baba Batra p. 60. b. S. auch Tosifta Sabbat
XVI. Ende. Diese Ansicht scheint aber in der Minorität geblieben zu sein.

III. Von den Entsetzen erregenden Folterqualen, denen die jüdischen Märtyrer für's Gesetz unterworfen wurden, berichten zwei Stellen einstimmig (M.
Cant. zu 2. 7. und Ps. 16,A): אמר ר' חייא בר אבא אם יאמר לך אדם תן נפשך על קדשת
השם אני נותן ובלבד שיהרגוני מיד. אבל בדורו של שמד איני יכול לסבל. ומה היו עושין בדורו
של שמד? היו מביאין כדוריות של ברזל ומלבנין אותן באש ונותנין אותן תחת שיחתן — ומביאין
קרוטיות (קרוביות) של קנים ונותנין אותן תחת צפרן ומשיאין נפשותיהן מהן. — א"ר בשם ר'
אידי ר' חלקיב נחלקו היסודין. אחד נטלו האבנים וכל הדורית ואחד דורי של שמד ואחד דורו של
סלך המשיח. כה היו קושין בדורו של שמד היו מביאין של כבאין בדוריות (כדוריות) וכו'. Daß übrigens
„die Zeit der Verfolgung" היו של שמד κατ' ἐξοχήν von der Bar-Kochba'schen
Zeit gilt, bedarf keines Beweises; so werden auch in der oben citirten Stelle
deutlich identificirt: ד' שבועות השביען בנגד ד' דורות שחדק: על הכן ונבשלו ואלו הן אחד
בימי עקרב ואחד ביסי (בן) דיני ואחד ביסי בן כוויבא (בדורו של שמד) וכו' ; Vergl. Tosifta

¹) In Sifri findet sich dafür בית ערים, das aber eben so gewiß eine Corruptel
ist, wie (j. Pesachim III. 30. b Chagiga I. 76. c.) נבנו בעליית בית ארים התלמוד קדם
לפמשה, M. Cant. בית ערים oder (j. Scheb. I c.) בית לבוה, und muß an tiesen Stellen
in נתוה emendirt werden. Diese Lesart נתוה wird auch bestätigt durch Tosifta Sabbat
II. b. Sabbat P. 29. b. Aus dem Ausdruck נבנו ergiebt sich noch mehr, daß es eine
praktische Frage war, welche einen förmlichen Beschluß mit Abstimmung nach Majorität herbeigeführt hat. — Es genügt eigentlich, darauf hinzuweisen, daß R. Akiba
an der Berathung in Lydda Theil genommen; daß er in der „Zeit der Gefahr"
verhindert war, das Schemá laut zu beten wegen eines Quästor, der ihn und seine
Jünger umlauerte (Tosifta Berachot II) und auch andere Momente, um zum Resultate zu gelangen, daß er den Fall Betar's noch erlebt und von der „Zeit der Vertilgung" gelitten hat. Was Frankel dagegen geltend macht (Hodegetik p. 121) ist
unwiderleglich, würde aber zu weit führen.

Sota VI. j. Aboda Sara V. p. 45. a. Genesis Rabba 6. 82. : שני תלמידים משל ר׳
יהושע שנו נעטפו בשעת השמד. Dieselbe Zeit wird auch שעת הסכנה, "Zeit der
Gefahr" genannt und wird öfter in den Talmuden und in der Tosifta erwähnt.
Es ist kaum daran zu zweifeln, daß jene argusäugige römische Aufpasserei
auf die hadrianische Verfolgung zu beziehen ist. Vergl. Tosifta Berachot II.,
Erubin V., Megilla II., Ketubot IX., Sukka I., Baba Mezia II. Darauf ist
auch zu beziehen הקישה חפילתו עולה סכנה ואין בה מצוה b. Megilla p. 24. b. wie
Rabbenu Tam es richtig erklärt mit Hinweisung auf eine Verfolgung (b. Sabbat
p. 49. a.). Ebenso ist aufzufassen: התולה מזוזתו בתוך פתחו סכנה ואין בה מצוה (Tosifta Megilla III. b. Menachot 32. b. Auch das Heirathen an Mittwoch war
verboten und darauf bezieht sich Tosifta Ketubot I. babli das. 3. b. ומן הסכנה ואילך
נהגו העם ליכנוס בשלישי. Die talmudische Erklärung das. kann auch historisch sein:
daß ein römisches Dekret gedroht habe, wenn am Mittwoch Hochzeit gemacht würde,
so solle dem römischen Befehlshaber bei der Braut das jus primae noctis zustehen.
בתולה הנשאת ברביעי תבעל לשבע תחלה. Auf diese Zeit bezieht sich auch jene Tradition (j. Ketubot I. 5. b. Synhed. 33. b. Megillat Taanit c. 6.): מאי סימן היה
להם? בשהיו שומעים קול רחיס (קול פגיום) בבודני היו אומרים שבוע בן שבוע בן, ובשהיו רואים
איר נר בבדירי חיל (בלי חגל) היו אומרים מכתה שם משתה שם. Diese Worte: "als sie
hörten, als sie sahen, riefen sie", beziehen sich augenscheinlich auf die feindlichen
Spione; irrthümlich nehmen es aber Raschi und Tosaphot als Zeichen, die unter
den Juden verabredet waren, um sich vor einer statthabenden Beschneidung oder
Hochzeit hinter dem Rücken der Feinde gegenseitig zu unterrichten. An einer Stelle
ist das Schlagwort סכנה durch Corruption so verwischt worden: daß es erst in
späterer Zeit emendirt werden mußte und noch heutigen Tages nicht genügend
erkannt ist. Zu der Bestimmung, daß die Dörfler die Megilla am Purimfeste
vor dem 14. am Montag oder Donnerstag lesen dürfen, heißt es in Jerus. Megilla I. p. 70. d.: תני בסקום שמסתכנין קורין אותה בי״ד. ר׳ יוסי בעי אם בסקום
שמסתכנין אל יקראו אותה כלעכר, d. h. wenn Gefahr für das Lesen der Megilla vorhanden ist, soll man sie zur Zeit oder gar nicht lesen. Das Wort שמסתכנין ist corrumpirt
worden in שנונכנין, was gar keinen Sinn giebt. Dieselbe Lesart stand auch früher in
der Tosifta, ist aber in unserem Texte verwischt. Ebenso hat R. Hai in Babli
Megilla I a. gelesen: אבר ר׳ יהודה . . בזמן הזה הואיל ומסתכנין בה אין קורין אלא
ביומה. S. Nachmani ר׳ בלחבות zur Stelle. Aus מסתכנין haben Copisten gemacht
מסתכלין, und diese widersinnige Lesart hat den Spätern viel Kopfbrechens gemacht.

IV. Im zusammenhängenden Berichte über den Fall Betar's, der wohl von
R. Juda, dem Patriarchen, herrührt (o. S. 458) heißt es auch: Hadrian habe
ein Areal von 1800 Quadratmil mit den Leichen der in Betar Gefallenen um-
zäunen lassen in aufrechter Stellung und ein Befehl erlassen, sie nicht zu beerdigen, und sie einen erst unter seinem Nachfolger zur Bestattung gekommen (Jerus.
Taanit IV. p. 69. a. und Threni Rabba zu 2. 2.): כרם גדול היה לאדריינוס הרשע
שמונה עשר סיל על י״ה סיל כמן סבריה והקיפו לציפורי נדר מהרוני ביתר מלא קומה ופישוט ידים
ולא גזר עליהם שיקברו עד שעמד מלך אחר וגזר עליהם שיקברו. Ein Amora aus späterer
Zeit tradirt, daß die religiöse Behörde zum Andenken an die erlangte Erlaubniß,
die Gefallenen Betar's zu beerdigen, eine Benediction im Tischgebet hinzuzufügen
verordnet habe (das. und Babli Berachot 48. b., Taanit 31. a., Baba Batra 122. a.,

אמר ר׳ הונא (בבלי: ר׳ מתנא) משנתנו הרוגי ביתר לקבורה auch Threni Rabba zu 1. 13): נקבעה הטוב והמטיב. הטוב שלא נרחו והמטיב שנתנו לקבורה. Derselbe Amora meint auch: daß der 15. Ab zum Andenken an diese Erlaubniß zum Freudentage erhoben worden (Babli an den letzten zwei Stellen und Threni Rabba daſ.). Wenn auch das Letztere kritisch bezweifelt werden kann, so bleibt doch die Hauptthatsache unangefochten, daß Hadrian oder sein Legat, entweder Julius Severus oder Tinius Rufus einen Befehl ergehen ließ, die Gefallenen Betar's unbeerdigt zu lassen. Das Land sollte von dem Leichengeruch verpestet werden, das lag so recht in Hadrians Charakter.

Auf diesem Factum scheint mir das Buch Tobit zu beruhen und in dieser Zeit verfaßt worden zu sein. Es ist offenbar eine Ermahnungsschrift, Pflicht der Leichenbestattung auch mit Gefahr seines Lebens zu üben. Tobit wird daher als Muster eines solchen Gewissenhaften aufgestellt Das ist der Schwerpunkt dieses Apokryphons (c. 1. 17.): In den Zeiten Enemassors, Königs von Assyrien, that er viele Mildthätigkeit, gab den Hungrigen Brod, den Nackten Kleider und begrub die Erschlagenen seines Stammes, welche hinter die Mauern Ninive's geworfen worden. Er that dieses heimlich (1,18): ἔθαπτον αὐτοὺς κλέπτων. Er wurde deswegen angezeigt und mußte die Flucht ergreifen, und seine ganze Habe wurde confiszirt (1, 19—20). Nichtsdestoweniger setzte er diese Tugend der Leichenbestattung mit Gefahr seines Lebens fort, wie sehr er auch von seinen Nachbarn deswegen getadelt und gewarnt worden war (2, 7, 8.). Bei der Ausübung derselben verlor er sein Augenlicht (daſ. 29. fg.). Der Engel Raphael, welcher seinen Sohn Tobias nach Rhagae geleitet, ihm dort eine würdige Braut verschafft, deren sieben Verlobte früher in der Brautnacht vom Würgeengel erstickt worden waren, Tobit selbst das Augenlicht wiedergiebt und ihn im Alter glücklich macht, der Engel erklärte: das Alles habe er bei Gott verdient; weil er die Todten mit Aufopferung begraben habe, sei ihm diese Wiederkehr des Glückes zugekommen (12, 11.): καὶ ὅτι ἔθαπτες τοὺς νεκροὺς, ὡσαύτως συμπαρήμην σοι.

Daß dies Buch die Zerstörung Jerusalems und so zusagen talmudisch-religiöse Zustände voraussetzt, ist nicht genug von den Exegeten hervorgehoben worden Ueber Jerusalem vergl. 13, 10, 16. und besonders 14, 4. Alle seine Stammgenossen aßen Heldenbrod, nur Tobit hütete seine Seele, nicht davon zu genießen. Heidenbrod, ἄρτος τῶν ἐθνῶν (פת נכרים) ist erst kurz vor der Tempelzerstörung unter Titus verboten worden (ſ. Band III. Note 18.). Das Buch reflektirt auch überall ein hebräisches Original, allerdings nicht in klassisch-biblischem Style, aber in der Schreibweise des Neuhebräischen. צדקה wird hier stets als Mildthätigkeit gefaßt, und der Vers צדקה תציל ממות durch ἐλεημοσύνη ἐκ θανάτου ῥύεται (4, 10, 12, 9.), was eben agadische Auslegungsweise ist. Die Ehepakten zwischen Tobit und Sara werden in eine Schrift niedergelegt, nach dem Gesetze Moſis d. h. כדת משה (7, 13, auch 612) 6, 4. v. 17: ἔκχεον τοὺς ἄρτους σου ἐπὶ τὸν τάφον τῶν δικαίων hat im Griechischen keinen Sinn; im Original hat es vielleicht gelautet לחמך בקרב הצדיקים, dafür las der Uebersetzer בקבר und für שלח vielleicht שפך, wofür auch der letzte Halbvers spricht: „und gieb es nicht den Sündern." Genug das Buch Tobit ist ebenso ursprünglich hebräisch gewesen, wie das Buch Judith.

Aber in wie fern ist das Begraben der Todten eine so hohe Tugend, daß es ein so großes Opfer verlangt und eine so bedeutende Belohnung hienieden gewährt? Wir müssen die Frage talmudisch beantworten, weil sich das Buch in diesem Kreise bewegt. Nur aus der hadrianischen Zeit läßt sie sich beantworten. Der Machthaber hatte verboten, die Leichen zu beerdigen, sie sollten über der Erde bleiben. Nach talmudischer oder auch schon nach mischnaitischer Anschauung galten solche Leichen als מת מצוה, die zu bestatten, jedem die religiöse Pflicht obliegt, selbst einem Priester, wiewohl er sich dabei levitisch verunreinigt (Berachot 19. b. 20. und Parallelstellen). Da es aber mit Lebensgefahr verbunden war, so wollte das Buch Tobit die Frommen ermahnen, das Leben gering zu achten, und diese Pflicht nicht zu verabsäumen; der Lohn werde nicht ausbleiben. Darum befiehlt der Engel, daß alle Vorgänge in ein Buch geschrieben werden (12, 20) Καὶ γράφετε πάντα τὰ συντελεσθέντα εἰς βιβλίον. — Aus der talmudischen Literatur ergiebt sich, daß zur Tanaitenzeit noch einige apokryphische Schriften verfaßt wurden, nur herrschen über den Werth und die Behandlung derselben Varianten. Tosifta Jadaim II. heißt es: הגליונים וספרי מינין אינן מטמאין את הידים. ספר בן סירא וכל הספרים שנכתבו מכאן ואילך אינן מטמאין את הידים, d. h. die dem Sirachbuche ähnlichen Schriften haben keinen heiligen Charakter; aber darum sind sie noch nicht verwerflich. In Jerus. Synhedrin X. p. 28 a mehr specificirt: ר' עקיבא: הקורא בספרים החצונים (אין לו חלק לעולם הבא) כגון ספרי בן סירא וספרי בן לענה. אבל ספרי המירם וכל ספרים שנכתבו מכאן ואילך הקורא בהן כקורא באגרת. Die Lesart scheint aber corrumpirt zu sein; denn demnach müßte bereits R. Akiba das Buch Sirach verdammt haben, während es in Babli Synh p. 100 b. erst von einem Amora verworfen wird: תנא בספרים החצונים. בספרי המינים. ר' יוסף אמר בספר בן סירא נמי אסור למקרי. Ich möchte in Jerus. lesen: כגון ספרי מינים, אב כגד בן סירא. בן לענה. . המירם וכל הספרים וכו'. Daß solche Schriften nicht verpönt waren, folgt aus Midrasch Kobelet zu Ende: כל הכנים בתך ביתו ויהר בכ'ד ספרים פהזמה הוא מכניס כגון כפר בן סירא וספר בן הגלה.

18.
R. Simon b. Gamaliel nach dem Betarschen Kriege.

Kaum brauchte es nachgewiesen zu werden, daß R. Gamaliel II., der Jamnense, nicht von Rufus, dem Legaten Hadrian's, verfolgt worden sein kann, wenn dieser Irrthum, aus einer corrupten Lesart entstanden, nicht so oft wiederholt worden wäre. Die Erklärung zur Mischna (Taanit 29. a.) „über die Stadt ist der Pflug gezogen worden" wird mit den Worten eingeleitet: כשחרב טורנוס רופוס. את ההיכל נגזרה על רבן גמליאל להריגה בא אדון אחר וכו'. Es steht also fest, daß dieses Factum in die hadrianische Zeit gehört und mit Tinius Rufus in Verbindung steht. Aber in diesem Falle kann der Verfolgte mit nichten R. Gamaliel gewesen sein, welcher noch vor R. Elieser b. Hyrkanos gestorben, der seinerseits den Ausbruch des Aufstandes nicht erlebt hat. Es bleibt also nur die Alternative, entweder diese Nachricht für sagenhaft zu erklären, (wodurch aber wenig gewonnen ist) oder die Lesart רבן גמליאל zu emendiren. Zu allernächst bietet sich die Emendation: (שכנו בן) גמליאל ר', so daß die eingeklammerten Worte als ausgefallen zu betrachten wären. Dasselbe kommt im Kataloge der zehn Märtyrer vor (M. Thr. 2. 2) רשב"ג anstatt רש"ב, und ebenso weiter אמר ר"ג ה' מאות בתי סופרים

הי בביתר statt, (wie an den Parallelstellen) רשב״ג. Daß R. Simon b Gamaliel dem Blutbade in Betar entgangen ist, erzählt er selbst. Von den vielen Kindern, welche sich in Betar befanden, sei nur er selbst (und der Sohn seines Oheims) am Leben geblieben: (בן אחי אבא אני כאן) אלא נשתייר אלא אני כאן) — ושמהם — ילדים הוי בביתר כרסיא) — (vgl. j. Taanit IV. 69 N. Gittin 58. a.; Sota 49. b.; Baba Kama 82. b) An den beiden letzten Stellen muß das Wort אבא בית in ביתר emendirt werden, wie die Parallelstellen haben, sonst gäbe das Wort keinen rechten Sinn.

19.
R. Meïr.

R. Meïr's eigentlicher Name war מאשה oder מיאשה nach einer Nachricht des Talmud (Erubin 13. b.), die merkwürdigerweise in unsern Ausgaben verstümmelt erscheint und nur von R. Chananel und Zauto erhalten ist; sie lautete: לא שמו עי אלא ר׳ כאישה שמו (Juchassin edit. Amst. 27 b.). מאישה halte ich für die griechische Μωϋσῆς = משה. — Die Agada, daß R. Meïr von dem, Proselyte gewordenen, Kaiser Nero abstamme, scheint einen polemischen Hintergrund zu haben. In der christlichen Welt spielte Nero eine sehr bedeutsame typische Rolle. In den ersten zwei Jahrhunderten war der Glaube verbreitet, Nero sei nicht umgekommen, sondern lebe irgendwo verborgen, und werde eines Tages als Antichrist erscheinen. (Vergleiche Gieseler Kirchengeschichte I. S 98. Note). Dieses von der christlichen Agada gebrandmarkten Nero scheint sich die jüdische Agada angenommen zu haben und ihm einen jüdischen Sohn oder Enkel gegeben zu haben.

Vom Witz zeigt R. Meïr's sentenziöser, das orientalische Leben und Temperament charakterisirender Spruch (Midrasch Kohelet zu 4. 3.) Sah R. Meïr Jemand ganz allein auf Reisen gehen, so pflegte er ihm zuzurufen: „Ich grüße dich, du dem Tod Verfallener!" שלם עלך כרי מיתה; sah er zwei zusammen eine Reise unternehmen, so sagte er: „Ich grüße euch, dem Streit Verfallene!" שלם לכן כרי מצה; sah er hingegen drei zusammen reisen, so begrüßte er sie mit den Worten. „Gruß euch, ihr Friedensstifter".! שלם לכן כרי שלמא. — Witzig ist ferner die von R. Meïr erzählte Anecdote (Genesis Rabba c. 29.), welche an das homerische οὕτως in der Odyssee lebhaft erinnert, wie dieser Weise einen mit Räubern im Einverständniß stehenden Gastwirth getäuscht, welcher seine Gäste, unter dem Vorwande, sie in der Dunkelheit auf den rechten Weg zu geleiten, geradezu in die Räuberhöhle zu führen pflegte. Als dieser Gastwirth einst R. Meïr sein Geleite in der Nacht aufdrängen wollte, erfand der letztere eine Ausflucht, er müsse noch seinen

---

¹) Ueber die Zahl der in Betar umgekommenen Schüler differiren die Lesarten, welche eine aufsteigende Klimax von Uebertreibungen darbieten. In den zwei zuletzt citirten Stellen wird die Zahl derselben ohne Uebertreibung auf Tausend angegeben: אלף ילדים היו — ה׳ מאות ספרי תורה ה׳ מאות חכמה יונית. Die übrigen Stellen überbieten sich in der Zahlangabe: Es hätten sich in Betar drei, vier, fünfhundert Schulen befunden, jede derselben hätte drei, vier bis fünfhundert Schüler enthalten! Diese schwankenden Lesarten entstanden daher, weil das Thema vom Untergang Betar's, mehr noch als Zerstörung Jerusalems, als Text für öffentliche Vorträge behandelt wurde, und jeder Redner suchte den Effekt dieses an sich schon ergreifenden Schauertramas durch vergrößernde Zahlenangaben zu steigern. Daher sind überhaupt in den Berichten über den Bar-Kochba'schen Krieg die Zahlen so sehr unsicher.

Bruder Ki-tob erwarten, um dadurch Zeit zu gewinnen, die ganze Nacht in der Karavanserai zu bleiben. Mit Tagesanbruch, als er zur Abreise gerüstet war, bemerkte er gegen den Wirth, welcher nach dem erwarteten Bruder fragte: „Der Bruder, den ich ersehnt, war das Licht, von dem es heißt, daß es gut sei (כי טוב)." — Witzig sind endlich R. Meir's agadische Anwendungen von Bibelversen auf dogmatische und Zeitverhältnisse, die er durch eine geringe Buchstabenveränderung zu Stande brachte und in seinem Bibelcodex anmerkte. Der Tod sei ein Gut, weil er zur Unsterblichkeit führe, das deutete er mit den Worten טוב מאד (ausgesprochen tob-mot) טוב מות an (Genesis Rabba c. 9.). Der erste Mensch sei von Licht umflossen gewesen. Gott habe ihn mit einem Lichtgewand umhüllt: בתנות אור anstatt כתנות עור (l. c. 21); Jesaias habe die Nacht der Leiden unter den Römern prophezeiet: כס דומה anstatt משא דומה (j. Taanit I. 1.). Von derselben Art ist auch R. Meir's Umdeutung von εὐαγγέλιον in עון גליון (Sabbat 116. a. in den uncensirten Ausgaben).

Ich habe früher angenommen, daß der in der jüdischen Literatur ehrenvoll genannte Philosoph אבניימוס הגרדי oder גיניסוס הגרדי mit dem Pythagoräer oder Neuplatoniker Numenios identificirt werden könne, weil er ein Zeitgenosse R. Meir's und der erste heidnische Philosoph war, der nicht nur die Bibel und die jüdische Agada kannte und sie citirte, sondern dem Judenthum so viel Autorität einräumte, daß er glaubte, Pythagoras und Plato hätten aus dieser Quelle ihre Weisheit geschöpft (Zeller's Philosophie der Griechen III., S. 545); er nennt Plato den attischen Mose: Νουμήνιος δὲ ὁ Πυθαγόρειος φιλόσοφος ἄντικρυς γράφει· τί γάρ ἐστι Πλάτων ἢ Μωϋσῆς ἀττικίζων; (Clemens Alexandrin. Stromata I. 22.). Allein der Beiname הגרדי blieb mir räthselhaft. Ich glaube daher, daß der Kyniker Oenomaos von Gadara (הגדרי) besser dafür paßt (Svidas s. o.). Οἰνόμαος Γαδαρεὺς φιλόσοφος κυνικὸς γεγονὼς οὐ πολλῷ πρεσβύτερος Πορφυρίου. Mag Suidas' Quelle oder Eusebius' (bei Syncellus Chronographie p. 659) Recht haben, er ihn mit Sextus und Agathobulus unter Hadrian setzt, so war Oenomaos jedenfalls Zeitgenosse R. Meir's. Freilich war dieser keineswegs ein so hervorragender Philosoph, wozu ihn die Agada stempelt (G. Rabba c. 65.) לא עמד פילוסופים בעולם כבלעם בן בעור וכאבניימוס הגרדי נתכנסו כל אומות העולם אצלם. אמרו : תאמר שאנו יכולין להזדוג לאומה זו?! אמר להן וחזו: לכו בתי כנסיות ובתי מדרשות שלהן. Er wird deswegen mit Bileam gleichgestellt, weil er wie jener dem Judenthum Anerkennung gezollt und es unter die Völker verbreiten half. (Vergl. Origenes Homilia in numeros 14. 15.): Agebatur enim Balaam mira et magna dispensatione, ut quoniam Prophetarum verba, quae intra aulam continebantur Israeliticam, ad gentes pervenire non poterant, per Balaam ferrentur, cui fides ab universis gentibus habebatur. Von Oenomaos philosophischen Schriften sind zwar nur Bruchstücke bekannt (bei Eusebius praeparatio evangel. V. c. 19 fg. VI. 7, fg.) und aus diesen nur so viel, daß er die Orakel der Götter und das Fatum ad absurdum geführt hat. Aber es ist doch viel, daß ein heidnischer Philosoph die Seele der griechischen Mythologie so angegriffen hat. Möglich, daß er in seinen untergegangenen Schriften dem Judenthum das Wort geredet hat. אבניימוס führte mit jüdischen Weisen, namentlich mit R. Meir philosophische Unterredungen (Exod. Rabba c. 13.): שאל אבניימוס הגרדי את חכמינו. הארץ האיך נבראת תחילה? אמר לו אין אדם

יחד בדברים הללו: אלא לך אצל אבא יוסף הבנאי; mit R. Meïr in Bezug auf Acher (b. Chagiga 15. 16.) שאל ניפום הגרדי את ר"מ. כל קמר דנחית לירדה סליק? א"ל כל דהוה נקי אבל איסרה סליק. R. Meïr stand im intimen Verhältniß zu demselben (Rut Rabba 1. 8.): אבנימוס הגרדי מהה, אפו ועלה ר' מאיר להראות לו פנים — מה אבוי ועלה ר' מאיר להראות לו פנים.

Die Dialektik R. Meïr's, deren er sich bei Eruirung der Halacha zu bedienen pflegte oder nach Frankels richtiger Auffassung bei dem Resumiren der Ansichten nach der Discussion, um das pro und contra ins Licht zu setzen (Monatsschr. I. S. 348), wird an seinem Jünger Symmachos scharf getadelt. Die Beweisstellen dafür leiden aber an vielfachen Corruptionen und müssen eine aus der andern ergänzt werden. Von einem Jünger R. Meïr's wird mitgetheilt, daß er sophistisch die Berührung an einem todten Reptil, obwohl in der Schrift für verunreinigend erklärt, aus 49 Gründen als rein zu beweisen im Stande gewesen. Daß dieser Jünger Symmachos war, bezeugen b. Erubin 12 b. und Midrasch zu Psalm 12.: תלמיד היה לר' מאיר וסומכוס שמו — שהיה מטהר את השרץ בס"ט פנים. Diese Nachricht wird von zweien tradirt: von R. Jochanan und R. Chija (תני ר' חייא), nur findet sich in Midrasch Psalm beim erstern die Corruption ר' עקיבא statt ר' מאיר, und in Talmud beim erstern על כל דבר של טומאה מ"ח טעמי טומאה anstatt טעמי טהרה, und beim letztern כ"ד anstatt ט"ם. In j. Synh. IV. Anf. und Pesikta c. 21. wird dasselbe berichtet, wenn man einige Corruptelen hinwegschafft; im erstern: תלמיד ותיק היה לר' וכו', muß ergänzt werden: תלמיד ותיק היה לר' מאיר; im letztern ר' עקיבא soll heißen ר' מאיר. Diese beiden Stellen haben aber den wichtigen Schluß von der Mißliebigkeit dieser Sophistik, daß jener Jünger (Symmachos) nicht von solchen abstammen könne, deren Eltern am Sinai gestanden: אפרין האי תלמידא קטוע מטרא דסיני, und daß er dadurch außer Stande gewesen, eine praktische Entscheidung zu treffen: האי תלמידא לא הוה ידע הוריה..

R. Meïr lehrte auch in Ardiskos ערדיסקום (Nasir 56. a Tosifta N. c. 5. Oholot c. 4.): אמר ר' אלעזר כשהלכתי לערדיסקיא מצאתי את ר' יהושע בן פתירוס, und j. Erubin II. 1.: מעשה ששבת ר' מאיר (ר' יהודה בן פתר) ואת ר' מאיר דנין בהלבה בארדיסקום. Ardiskos ist aber mit Damaskus identisch; denn קני קניו וקדמוי wird (b. Baba Batra 57. a.) mit ערדיסקום אסיא ואמסיא erklärt und in der Parallelstelle (j. Kiduschin 61 d., Genesis Rabba c. 44.) דרמסקום אסיא ואמסיא. Während der hadrianischen Verfolgung war R. Meïr in Babylonien, wie aus b. Aboda Sara p. 18 hervorgeht (ר' מאיר) ערק אתא לבבל und ebenso muß man lesen Midr. Kohelet p 102 d.: ערק לבבל wie Heilperin die Leseart hat (s. V. מאיר). Ueberhaupt scheinen die Jünger R. Akiba's nach der Euphratgegend geflohen zu sein.

20.
Der Aufstand der Juden unter Antoninus Pius und R. Simon ben Jochaï.

Capitolinus erzählt, aber allerdings unzweideutig: unter dem ersten Antoninus haben die Juden eben so wie die Germanen und Dacier abermals einen Aufstand gemacht, sind aber durch Statthalter und Legaten niedergeworfen worden (in Antoninum Pium c. 5.)... Germanos, Dacos atque Judaeos rebellantes contudit per praesides ac legatos. Es klingt sehr unwahrscheinlich; denn daß hier von den Juden in ihrem Stammlande, in Judäa die Rede ist, versteht sich von selbst. Nun war dieses Land durch den Betar'schen Krieg und das Hadrianische Verfolgungssystem fast entvölkert worden, und sollte doch wieder einen noch so schwachen Aufstand auch nur versucht haben? Allzu unbedeutend muß er doch nicht gewesen sein, da die Kaiser-Annalen ihn des Aufzeichnens würdig befunden haben, woraus Capitolinus die Nachricht geschöpft hat. Schwiegen die talmudischen Quellen ganz und gar darüber, so müßte man diese Nachricht bezweifeln. Allein sie theilen aus dieser Zeit einige Notizen mit, die zwar nicht geradezu von einem Aufstande sprechen, aber die Wirkungen eines solchen ahnen lassen, oder richtiger nur als Wirkungen eines neuen erbitterten Verhältnisses zwischen Juden und Römern verständlich sind. Zur Zeit R. Simon's ben Jochaï, d. h. zwischen dem Betar'schen Kriege und R. Juda I. Patriachat (138 — 165) wurden den Juden die Civilgerichtsbarkeit entzogen, worauf dieser Tanaï bemerkte: er müßte Gott dafür danken, da er sich nicht zum Richter berufen fühle ((Jerus. Synhedrin I. p. 13 a. und XIV. p. 24 b.): ביסי ר' שמקון בן ינחאי ניטלו דיני ממונת מישראל. אמר' (שמעון בן יוחי ברוך רחמנא דלינא חכים מידן so die richtige Lesart; die erste Stelle hat falsch ביםי שכןבן בן שטח). Man wird wohl einräumen, daß das Entziehen der Gerichtsbarkeit nur die Folge eines vorangegangenen Zerwürfnisses sein kann. Mit Recht stellt es der Talmud das. in eine Reihe mit dem Entziehen der peinlichen Gerichtsbarkeit vor der Tempelzerstörung unter der Herrschaft der Landpfleger.

Die zweite Notiz erzählt: In Folge einer Delation über die Gesinnung der Tanaïten gegen die Römer sei R. Simon b. Jochaï zum Tode verurtheilt worden, weil er sich mißliebig über die Römer ausgesprochen. Selbst R. José wurde aus seinem Wohnort verbannt, weil er sich schweigend verhalten, nur R. Juda, der sich lobend geäußert, wurde gerühmt oder erhöht (b. Sabbat p. 33 b.): הלך יהודה בן גרים וספר דבריהם ונשמעו למלכות אמרו יהודה שעילה יתעלה, יוסי ששתק יגלה לצפורי שמעון שגנה יהרג. Das Hauptfactum ist historisch. An die Verurtheilung Simons b. Jochaï knüpft sich seine Flucht, sein Aufenthalt in einer Höhle und sein Verbleiben darin bis zum Tode eines Kaisers. Alles factisch, (wovon weiter unten). R. Josés Verbannung und zwar von Sepphoris (מצפרי statt לצפרי, wie schon Heilperin סדר הדורות richtig emendirt) nach Laodicea ist auch anderweitig bestätigt. Zu seinem Sohne, der sich später von den Römern als Häscher gebrauchen ließ, sagte man (b. Baba Mezia p. 84 a.): אבוך ערק לאסייא את ערק (אבוך ערק ללודקיא את ערק לאסיא :dafür ist zu lesen). Dieselbe Aeußerung gegen R. Josés Sohn, liegt auch Jerus. Maasserot IV p. 50 d. zu Grunde: עד דערקה ואלה לך ללדקייא, nur ist die Stelle sehr corrumpirt und auf Simon b. Jochaïs Sohn bezogen. Die Härte gegen Männer friedlicher Beschäftigung, namentlich gegen Bar-Jochaï, der sich erst nach dem Tode eines Kaisers aus seinem Schlupfwinkel herauswagen durfte, zeugt eben so sehr wie der Verlust der Gerichtsbarkeit auf einen abnormen, so zu sagen kriegerischen Zustand.

Auf der andern Seite kann man denn doch über die Unwahrscheinlichkeit eines neuen Aufstandes unter Pius nicht hinwegkommen. Soll dieser Aufstandsversuch nicht gar als Tollkühnheit und Thorheitserscheinen, so kann er nur in Hinblick auf eine kräftige Bundesgenossenschaft unternommen worden sein. Nun wissen wir aus Capitolinus und andern Relationen, daß sich der Partherkönig Vologeses noch im letzten

Jahre des Antoninus Pius zum Kriege gerüstet und ihn unmittelbar nach dem Ableben desselben ausgeführt hat. Die Legionen wurden geschlagen, der römische Legat getödtet, einige Provinzen verwüstet, der Statthalter von Syrien Cornelianus in die Flucht geschlagen, und Syrien stand auf dem Punkt, sich gegen die Römer zu erheben (Capitol. in Marcum c. 8.): Fuit eo tempore Parthicum bellum, quod Vologeses, paratum sub Pio, Marci et Veri tempore indixit, fugato Atidio Corneliano, qui Syriam tunc administrabat (in Verum c. 6.) Nam cum interfecto legato, caesis legionibus, Syris defectionem cogitantibus, Oriens vastaretur, ille (Verus) in Apulia venabatur. Dieser parthische Krieg, welcher große Dimensionen annahm und von 161 bis 165 dauerte, sollte also noch beim Leben des Antoninus Pius ausbrechen. Aus einigen agadischen Winken läßt sich folgern, daß die Juden Palästina's, wenigstens R. Simon b. Jochaï, auf die Intervention der Perser, d. h. Parther gerechnet haben. Dieser Tanaï predigte, wenn du siehst ein persisches Roß in Palästina angebunden, so hoffe auf das Eintreffen des Messias (Midrasch Threni Rabba p. 66 c.): תני ר' שמעון בן יוחי אם ראית סוס פרסי קשור בארץ ישראל צפה לרגליו של מלך משיח (ebenso Canticum Rabba p. 38 d., mit einem Zusatz: סוס פרסי קשור בקברי ארץ ישראל). Auch der vorsichtige R. Jehuda erwartete, daß die Römer, die Tempelzerstörer, durch die Perser, Parther, vertilgt werden würden (b. Joma 10. a.): אמר ר' יוחנן משום ר' יהודה ברבי אילעאי עתידים סתריבים לפול ביד פרסים. Durch diese Beleuchtung erhält der Aufstand der Juden mehr Wahrscheinlichkeit. Sie haben ihn mit Hinblick auf eine Invasion von Seiten der Parther unternommen, scheinen aber zu früh damit vorgegangen zu sein, noch beim Leben des Antoninus Pius (März 161), und wurden vom Statthalter Syriens, vielleicht von eben jenem Cornelianus rasch niedergeworfen. Entweder eben dieser Präside, oder der bald nach dem Beginn eingetroffene Mitkaiser Verus hat dann Strafen über die Juden ergehen lassen, sie der bürgerlichen Gerichtsbarkeit für verlustig erklärt und die Gesetzeslehrer, namentlich R. Simon b. Jochaï, bekannt als Römerfeind, verfolgt. Sein Höhlenleben wäre dann während Varus' grausigem Regimente in Syrien, in Antiochien und Laodicea, zu setzen, bis nach dessen Tode (Winter 169). Wir haben dadurch chronologischen Raum für seinen Höhlenaufenthalt — um 161 — 169. Man darf sich nicht daran stoßen, daß die talmudischen Nachrichten übereinstimmend diesen auf dreizehn Jahre ausdehnen. Die Zahl 13 ist im Talmud durchaus als runde Zahl anzusehen und kehrt daher bei verschiedenen Nachrichten wieder, die daher nicht streng genommen werden darf. 13 Jahre verkehrte R. Akiba bei R. Elieser (Jerus. Pesachim IV. p. 33 b.); 13 Jahre litt R. Juda I. an einer Zahnkrankheit (J. Kilaim IX. p. 32 b., Genesis Rabba c. 43., babl. Baba Mezia p. 85 a.); 13 Jahre war R. Seïr'as Vater Steuereinnehmer (b. Synhedrin p. 25 b.), und noch viele andere Beispiele. Wenn wir also Simon b. Jochaï's Höhlenleben während Verus' Regiment setzen und ihn wieder nach dessen Tod zum Vorschein kommen lassen, so haben wir für seine anderweitige Thätigkeit Spielraum, für seine Lehrthätigkeit in Thekoa und für seine Reise nach Rom, um die feindlichen Dekrete aufheben zu lassen, alles nach Verus' Ableben, während der Alleinregierung Mark Aurel's, nach 169. Die Nachricht über R. Simon's Reise nach Rom (Meïla p. 17), die Mitreise des Eleasar b. José und die Voraussetzung, eine verhängte Religions-

Verfolgung ist historisch. Diese Verfolgung darf man nicht mit der Hadrianischen zusammenwürfeln (Rappaport Erech Millin p. 20); sie betraf nur Ritualien, während die Hadrianische meistens die Lehrthätigkeit mit Strafe belegte; שלא יפסקו בתורה gilt nur von der hadrianischen. Ob sich die Nachricht, daß „nach dem Tode des Patriarchen Simon b. Gamaliel die Leiden sich mehrten" auf diese Verfolgung unter Verus bezieht, kann weder bejaht, noch verneint werden; wenigstens kann man diese Notiz nicht als chronologische Basis nehmen. Ueberhaupt ist die Stelle: (V. בא) בשמת ר׳ שמעון בן גמליאל עלה (Tosifta Sota Ende und daraus in Babli und Jerus. das.) ziemlich dunkel. Das Wort גובא bedeutet im Talmud Heuschrecken und Perser d. h Gueber, aber keineswegs Parther, wie Krochmal allzusicher annimmt (Chaluz II p. 72. 92. No. 8). Es kann sich also nicht auf die Invasion der Parther unter Vologeses 161 beziehen; denn bis Palästina sind sie keineswegs gedrungen.

Das Höhlenleben R. Simon b. Jochaï's, welches die kabbalistische Mystik, um ihrem Ursprunge das für die Extase günstige Halbdunkel einer geheimnißvollen Scenerie zu vindiciren so sehr ausgebeutet hat, bietet ein interessantes Beispiel, wie die wundersüchtige Sage einen ganz einfachen, naturgemäßen Vorgang durch allmälige Ansätze und Ueberarbeitungen in ein staunenerregendes Mirakel verwandelt. An fünf Stellen wird dieses Höhlenleben mit seinen Folgen erzählt (j. Schebiit IX. p. 38. d. Genesis Rabba c. 79. Midr. Kohelet zu 10. 8. M. Esther zu 1. 9.; b. Sabbat 33. b., welche hier, der Kürze wegen, der Reihefolge nach mit A. B. C. D. E. bezeichnet werden sollen); aber jede derselben (mit Ausnahme von A.) hat hineingetragene Züge, deren Entstehung man mit Anwendung der Kritik leicht verfolgen kann. A. scheint mir die ursprüngliche Fassung zu haben, und sie soll bei der kritischen Operation zu Grunde gelegt werden; am meisten Entstellungen enthält aber E. Die Nachricht in A. weiß nur von R. Simon allein, daß er sich dreizehn Jahre wegen einer politischen Verfolgung in einer Höhle verborgen gehalten: ר׳ שמעון בן יוחאי עבד טמיר בםעירתא י״ג שנין, die übrigen lassen ihm von seinem Sohne Gesellschaft leisten. Die Dertlichkeit der Höhle bezeichnet B. näher, die Charuba-Höhle von Gadara: (בכערה); (A. hat dafür eine Corruptel דתרומה .C, דפקא). חרובין דגדרה Gadara war neben Zalmon wegen seiner Johannisbrodbäume bekannt: חרובי גדורה: צלמונה (j. Maassarot I. 1. Orlah I. 1.). Daß sich R. Simon von diesen daselbst in Fülle vorhandenen Früchten genährt, hält A. nicht der Mühe werth zu erwähnen; B. aber giebt es ausdrücklich an: היו אוכלין חרובין; C. D. mit dem Zusatze, daß er sich auch von Datteln genährt: חרובין ותמרין; E. aber läßt schon durch ein Wunder Johannisbrodbäume entstehen und noch dazu eine Wasserquelle fließen: אתחדיש ניהא איברי להו חרובא ועינא דמיא. Daß R. Simon (und sein Sohn), um die Kleider für die Zeit des Gebetes zu schonen, nackt im Sande gesessen, und sich den ganzen Tag mit dem Gesetzesstudium beschäftigt, weiß nur E. — Nach A. war die Veranlassung, daß der Flüchtling nach dreizehn Jahren Muth faßte, die Höhle zu verlassen, ein bedeutsamer Wink von einem Vogel, welcher der Schlinge entgangen war, wobei R. Simon von einer ungefähr vernommenen Stimme (בת קול) das Wort: „gerettet" (דימים = dimissus) gehört, ohne daß das Bat-Kol als ein besonderes Wunder geltend

לסוף י"ג שנין אמר לינא נפק חמי מה קלא עלמא נפק: רחיב ליה על פומא דמערתא gemacht wird: חמא חד ציד צד צפרין. פרס מצדהים שמע בת קול אמרה דימום ואישתהוביה. Dieſer Vorfall vergegenwärtigte ihm den Gedanken, daß der Menſch noch viel weniger ohne die göttliche Waltung untergehen könne; אמר צפור מבלעדי שמיא לא יבדא כל שכן בר נשא. C. B. D. laſſen, um mehr Abſichtlichkeit hineinzubringen, das Bat-Kol zweimal auftreten. Als es das Wort דימום geſprochen, ſei der Vogel gerettet, und als es ספיקולא (specula im Sinne von Gefangenſchaft) habe vernehmen laſſen, ſei er gefangen worden (in C. und D. iſt die Ordnung von unwiſſenden Copiſten umgekehrt worden). E. aber macht wiederum ein vollſtändiges Wunder daraus. Nach Ablauf von zwölf Jahren ſei der Prophet Elias den beiden Flüchtlingen erſchienen, um ihnen den Tod des Kaiſers anzuzeigen, worauf ſie die Höhle verließen; da ſie aber, erzürnt über das weltliche Treiben der Menſchen, ſich mit Pflügen und Säen zu beſchäftigen, anſtatt dem ewigen Leben nachzuhängen, ihren ſtrafenden Blick umherſchweifen gelaſſen und dadurch Verwüſtungen angerichtet hätten, habe ihnen das Bat-Kol bedeutet, ſich wieder in die Höhle zu begeben, die ſie erſt nach Ablauf von zwölf Monaten, vom Bat-Kol dazu ermahnt, verlaſſen hätten. Ferner hat E. eine Wunderepiſode von einem Dialoge, von welchem die Uebrigen nichts wiſſen, wie der Sohn mit ſeinem Blicke geſtraft, und der Vater die Geſtraften geheilt, wie R. Simon's Schwiegerſohn, der ſtrenge R. Pinchas b. Jaïr, ihnen entgegengekommen, und über den Anblick ihrer riſſig gewordenen Leiber betrübt geweſen. Die übrigen Stellen erzählen einfach: nachdem R. Simon vernommen, daß die Verfolgung aufgehört, habe er in den warmen Quellen von Tiberias gebadet, um ſeine von dem Höhlenleben zerrüttete Geſundheit wieder herzuſtellen: כד חמא דסדקן כליא אמר ניחת ונסחי בהריא (דיכוסין דטבריא (בהדא פוי דביך דטבריא). Aus Dankbarkeit für die in den tiberienſiſchen Bädern wieder erlangte Geſundheit habe er ſich vorgeſetzt, die auf Tiberias (ſeit deſſen Erbauung durch Herodes Antipas) laſtende Verunreinigungsfähigkeit zu beſeitigen: אמר צריכיץ אנן לעשות תקנה — אמר נרכי טבריא. E. hat den Umſtand von Baden, in den warmen Quellen nicht, um aber ein Motiv für R. Simon's Vorſatz zu haben, Tiberias rein zu erklären, hilft ſie ſich mit dem Wunder heraus: „Weil uns doch Wunder geſchehen ſind, will ich eine Veranſtaltung treffen!" כיון דאתרחיש ניסא אייל אתקין מילתא. In Midraſch zu Pſ. 17. iſt die Sage gar getrübt, als wenn Simon b. J. ganz Paläſtina für rein erklärt hätte: מיד יצא וטהר את ארץ ישראל. Die Operation der Reinerklärung wird in A wie in den Parallelſtellen ohne Wunder dargeſtellt (gegen Raſchi). R. Simon habe Feigenbohnen (תירמסא = θέρμος) zerſchnitten und ſie in die Erde geſteckt; wo ein Leichnam unter der Erde geweſen, haben die Bohnen keine Wurzel geſchlagen, und von da habe man die Leichname aufgeſucht und hinweggeſchafft: (deutlicher nach B.): הוה נסב תורמסין ומקצץ ומקלק כל הן דהוה מיתא הוה טייף סליק ליה כן ליעל [מיתיא]; כל אתרא דהוה קטילא כליך [תורמסא] כפכך ונפכך wo ſich aber keine Leiche befunden, ſeien die Bohnen in der Erde geblieben. B': וכל מקום שלא היתה שם טומאה תורמסא עומדת. E. war das Factum entſchwunden, daß Tiberias einſt wegen Gräber ein verunreinigter Ort geweſen; darum denkt er ſich innerhalb Tiberias irgend einen zweifelhaft unreinen Platz, der den Ahroniden Verlegenheit gebracht; dadurch verliert aber die ganze Reinerklärung, wenn ſie nicht die ganze Stadt betraf, an Wichtigkeit: איכא הכתא ראיה ביה ספק טומאה ואית להו צרבא לכהנים לאקופי. Das Zerschneiden von Feigenbohnen, sowie das Experiment bildet E. aus Mißverständniß in etwas ganz Anderes um: א"ל האי סבא כאן קצץ בן וכאי תודסתי תרומה! עכד איהו נטי הכי. כל היכי דהוה קטי טהרה, כל היכי דהוה רפי צייניה. Das einzige Wunderhafte, das A. gleich den übrigen von R. Simon erzählt, ist der ihm beigelegte Fernblick durch den heiligen Geist, vermöge dessen er gewußt, daß ein Samaritaner, um ihn stutzig zu machen, einen Leichnam unter die Erde gelegt; ferner, daß auf sein Wort: der Leichnam möge über und der Samaritaner unter die Erde kommen, dieses Wunder eingetroffen sei. Diese Züge wollen aber keineswegs R. Simon eine besondere Wunderthätigkeit zuschreiben; dasselbe wird auch von vielen Gesetzeslehrern erzählt, daß ihre Anwünschungen eingetroffen seien. Diesen Zug scheint sich die Sage aus dem Dogma hergeholt zu haben, daß „was der Gerechte wünscht, lasse der Himmel in Erfüllung gehen" Vergl. Berachot 39. a. und j. VI. 10. von Bar Kappora; 51. a. von R. Schescheth. Baba Batra 75. a. von R. Jochanan und noch an anderen Stellen.) Von derselben Art ist auch das Moment von dem spöttelnden Gesetzeslehrer Dinkaï aus Magdala. Derselbe hatte sich über R. Simon aufgehalten, weil er das an anderthalb Jahrhunderten als Gräberstadt gemiedene Tiberias rehabilitirt hat, worauf R. Simon versicherte, er sei im Besitze einer uralten Tradition, daß Tiberias einst die vermißte Reinheit erlangen werde: יבא עלי אם לא שמחתי שטבריא עתידה ליטהר. Weil aber jener Dinkaï ihm keinen Glauben geschenkt, sei aus ihm bald ein Gebeinhaufen geworden. (Auch in diesem Punkte hat E. einen sagenhaften Zusatz.) Diese Sage von Dinkaï aus Magdala scheint anzudeuten, daß die Rehabilitation von Tiberias Widerspruch gefunden hat.

R. Simon b. Jochaï hat den Gründen der pentateuchischen Gesetzgebung nachgespürt und aus ihnen Consequenzen für die Praxis gefolgert: ר' שמעון דרש טעמא דקרא (Kiduschin 68. b. und Parallelstellen). Da er die Theorie R. Akiba's, daß die pentateuchischen Pleonasmen sinnvolle Andeutungen seien, nicht anerkannt, vielmehr sich R. Ismaels Ansicht zugeneigt hat, daß dieselben Sprachgebrauch seien (Baba Mezia 31. b.): (סבי) דברה תורה כלשון בני אדם, ר' שמעון), so könnte daraus zu schließen sein, daß derselbe an die Stelle von R. Akiba's äußerlichen Deutungen aus Pleonasmen (רבויי), die innerlichen durch Zurückführung auf die Gründe (טעמים) setzte. Die Anschauungsweise R. Simons war aber weit entfernt, mystisch zu sein, vielmehr so rationell, daß man später diese Art nicht zu billigen schien. J. Tosifta Peah (c. 1.) giebt nämlich R. Simon vier Gründe an, warum das Gesetz bestimme, פיאה vom Ende des Feldes zu geben: אמר ר' שמעון בשביל ד' דברים לא יתן אדם פיאה אלא בסוף שדה מפני גזל עניים, ומפני בטול כרם ומפני מראית העין, ומפני הרמאים. Merkwürdigerweise ist an den Parallelstellen (Sifra. P. Kedoschim I. b. Sabbat 23. a.) anstatt des dritten Grundes מפני הרמאים ein anderer eingeschoben: (משום בל תכלה). (משום שאפרה תורה לא תכלה פאת שדך). Consequent zählt j. Peah IV. p. 18. b) dieses Einschiebsel mit auf und läßt R. Simon fünf Gründe angeben: — תני בשם ר"ש מפני חמשה דברים לא יתן אדם יב'י ומפני הרמאין ומפני שאמרה תורה לא תכלה. Diese Differenz scheint nicht aus einer Textesvariante, sondern nur aus einer dogmatischen Tendenz entsprungen. Sobald das, wahrscheinlich aus Opposition gegen das gesetzesverleugnende Christenthum entstandene, Dogma Platz gegriffen, daß die biblische Gesetzgebung keinen ethischen Zweck beabsichtigte, sondern daß die Gesetze Selbstzweck seien: כפני שעשה מדותיו של הקב"ה רחמים ואינן אלא גזירות (b. Berachot 33. b.; j. V. p. 9 c.): so mußte diese Ansicht an R. Simon's causaler Interpretation Anstoß nehmen, und darum fügte man hinzu: neben den rationalen Ursachen sei das ein zureichender Grund, daß die Thora es einmal also bestimmt hat.

Das Thekoa, wo R. Simon b. Jochaï sein Lehrhaus hatte (Sabbat 147. b.), kann unmöglich das judäische Thekoa sein, welches in einer wüsten Gegend lag, deren Unfruchtbarkeit und Oede, wie sie Hieronymus als Augenzeuge (Prolog zu Amos) schildert, sehr wenig einladend waren, und für die Frequenz eines Lehrhauses wenig bieten konnten. Zudem war der Aufenthalt R. Simon's (wie der meisten Tanaïten in der nach-akibaïschen Zeit) nicht Judäa, sondern Galiläa, wo er auch starb. Endlich wird Thekoa wegen des allerbesten Oels gerühmt: תקועה אלפא לשמן, was doch sicherlich nicht von der Wüstenstadt Thekoa in Judäa gelten kann, wohl aber von einer in dem ölreichen Galiläa gelegenen Stadt (Vergl. Josephus bellum judaic. II. 25. Tosafot zu Chagigah 25. a.). Ein Thekoa in Galiläa kennen Pseudo-Epiphanius (de vitis prophetarum) und Kimchi (Comment. in Amos Anf.); dorthin verlegen beide den Geburtsort des Propheten Amos, der erstere in den Stamm Zebulon: Ἀμὼς ὁ προφήτης οὗτος ἐγίνετο ἐν Θεκουὲ ἐν γῇ Ζεβουλών, der letztere in den Stamm Ascher: תקועי עיר גדולה בנחלת בני אשר. Aus welcher Quelle sie diese Angabe geschöpft haben, konnte ich nicht ermitteln. Aus der talmudischen Erklärung (Menachot 85. b.) scheint hervorzugehen, daß die weise Thekoerin nach dem Oellande Galiläa versetzt wurde.

21.
Die Sendboten und die Patriarchensteuer.

Die Kirchenväter Eusebius und Epiphanius referiren noch aus ihrer Zeit, daß die judäischen Patriarchen aus ihrem Kreise Sendboten (Apostel) mit einer Art encyclischer Schreiben in die auswärtigen Gemeinden zu schicken pflegten. Eusebius in Catena zu Jesaias: Ἀποστόλους δὲ καὶ εἰσέτι καὶ νῦν ἔθος ἐστὶν Ἰουδαίοις τοὺς ἐγκύκλια γράμματα παρὰ τῶν ἀρχόντων αὐτῶν ἐπικομιζομένους. Noch ausführlicher Epiphanius adversus Haereses I. 2. 4. p. 128, bei der Erzählung von jenem Josephus, welcher zuerst Synhedrist war und dann Apostat wurde. Epiphanius referirt: Die Sendboten haben dem Range nach den Patriarchen am nächsten gestanden, ihren Sitz (in Synhedrion) neben diesen eingenommen und wären zugleich Gesetzeslehrer gewesen: Οὗτος γὰρ ὁ Ἰώσηπος τῶν παρ' αὐτοῖς ἀξιωματικῶν ἀνδρῶν ἐνάριθμος ἦν· εἰσὶ δὲ οὗτοι μετὰ τὸν Πατριάρχην Ἀπόστολοι καλούμενοι προσεδρεύουσι δὲ τῷ Πατριάρχῃ καὶ σὺν αὐτῷ πολλάκις, καὶ ἐν νυκτὶ καὶ ἡμέρᾳ συνεχῶς διάγουσι, διὰ τοῦ συμβουλεύειν καὶ ἀναφέρειν αὐτῷ τὰ κατὰ τὸν νόμον. Da diese beiden Kirchenväter meistens in Palästina lebten, und der letztere gar früher Jude war, so muß man ihrem Berichte vollen Glauben schenken. Aus Julians Sendschreiben an die jüdischen Gemeinden erfahren wir, daß eine gewisse Beisteuer in der Mitte des vierten Jahrhunderts ἀποστολή „Sendbotensteuer" genannt wurde (S. Note 34): καὶ τὴν λεγομένην παρ' ὑμῖν ἀποστολήν.

Näheres über diese Steuer erfahren wir aus einem Gesetze des Kaisers Honorius, (in Codex Theodosianus XVI. T. 8, §. 14.) vom Jahre 399: daß sie durch die Sendboten von den Gemeinden eingetrieben und den Patriarchen abgeliefert wurde: Superstitionis indignae est, quod Archisynagogi sive presbyteri, vel quos ipsi Apostolos vocant, qui ad exigendum aurum atque argentum a Patriarcha certo tempore diriguntur, a singulis Synagogis exactam summam atque susceptam ad eundem reportent .... quod si qui ab illo depopulatore Judaeorum (Patriarcha) ad hoc officium exactionis fuerint directi, judicibus offerantur, ita ut tamquam in legum nostrarum violatores sententia proferatur. Es ist wohl dieselbe Steuer, welche in demselben Codex §. 29 laut eines Gesetzes von Theodosius II. 429 unter dem Namen „Krongeld" vorkommt und jährlich für den Patriarchen erhoben wurde. Diese Steuer sollte nach dem Aussterben der Patriarchen noch weiter erhoben, aber an den Fiscus abgeliefert werden: Judaeorum Primates, qui in utriusque Palaestinae synedriis nominantur vel in aliis provinciis degunt, quacunque post excessum Patriarcharum pensionis nomine suscepere, cogantur exsolvere. In futurum vero ... anniversarius canon de synagogis omnibus, Palatinis compellentiber exigatur. ad eam formam, quam Patriarchae quondam Coronarii auri nomine postulabant.

Es ist sehr auffallend, daß in der talmudischen Literatur gar nichts davon, weder von den Aposteln, noch von der Apostelsteuer, vorkommt. Ich habe früher vermuthet, daß diese Sendboten im Talmud unter dem Namen שליח ציון erwähnt worden (b. Jom-Tob p. 25 b.): אל ר' נחמן לחמא בר אדא שליח ציון כי סלקת התם אקי"ה חיל אסולמא דצור וזיל גבי ר' יעקב בר אידי ובעי מניה. Indessen ist diese Stelle ohne Parallele, und außerdem scheint dieser mit dem Titel שליח ציון bezeichnete אבא eher ein Babylonier gewesen zu sein. — Aber auf eine andere Betrachtung führt die von den Kirchenvätern mit solcher Bestimmtheit referirte Thatsache. Wir haben im Talmud zweifellose Nachrichten, daß der Patriarch die Einschaltung eines Monats den entferntesten Gemeinden in Babylonien, Medien und wohl auch in Kleinasien durch Sendschreiben bekannt zu machen pflegte (Tosifta Synhedrin II., Babli das. p. 11 b. und auch Jeruschalmi zur Stelle). Auf welche Weise sind diese Sendschreiben übermittelt worden? Doch wohl nicht durch ersten besten Boten. Denn dann wäre Mystification und Täuschung unvermeidlich gewesen. Wie leicht konnte ein Spaßvogel oder ein Böswilliger die Gemeinden irre führen, daß sie die Festtage einen Monat später feiern sollten! Es scheint, daß die Kunde von einem Schaltmonat durch Synhedristen oder bekannte, angesehene Personen als Sendboten des Patriarchen notificirt wurde. Darauf führt auch eine mischnaitische Notiz. Die mißverstanden wurde, und Veranlassung zu falschen Folgerungen gegeben hat, Ende Mischna Jebamot heißt es: אמר ר' עקיבא כשירדתי לנהרדעא לעבר השנה. Das ist die richtige Lesart im Jeruschalmi-Texte z. St.: R. Akiba ging nach Nahardea, um das Schaltjahr anzuzeigen. Unmöglich kann diese Notiz, etwa mit der Lesart: כשירדתי ... לעבר השנה, bedeuten: er habe in Nahardea einen Schaltmonat eingesetzt, weil eine ganz bestimmte Halacha vorschreibt: die Einschaltung dürfe nur in der Landschaft Judäa vorgenommen werden, in Galiläa habe dieser Act allenfalls als fait accompli Gültigkeit, außerhalb Palästinas dagegen sei er null und nichtig: אין מעברין (את השנה) בחוצה לארץ, ואב עברה אינה מעוברת (Jeruschal. Syn-

hedrin I. p. 19 a., Parallelſt. Nedarim VII. p. 9. a.; dieſe Boraitha iſt unvoll-
ſtändig wiedergegeben in Toſifta Synh. II. und Babli daſ. p. 11.). Der jeruſalemiſche Talmud weiß daher auch gar nichts davon, daß Akiba je die Einſchaltung in
Nahardea, d. h. im Auslande, vorgenommen hätte. Er bemerkt nämlich daſelbſt:
Zur Zeit der Noth dürfe man allenfalls dieſe Funktion auch im Auslande ausüben; ſo hätten der Prophet Ezechiel und Jeremia's Prophetenjünger Baruch die
Intercalation im Auslande vollzogen, und ebenſo Chananja, Neffe R. Joſua's,
— allerdings widergeſetzlich. R. Akiba wird aber keinesweges als Beiſpiel angeführt. — Nur der babyloniſche Talmud deutete die Nachricht: כשירדתי לעבר...
השנה in der Art, daß R. Akiba ſelbſt in Babylonien intercalirt hätte, legt es
jenem Chananja in den Mund und entſchuldigt dieſes ungeſetzliche Thun damit:
weil kein Ebenbürtiger damals in Judäa geblieben wäre, dieſe Funktion auszuüben (Berachot 63 a): אמר להם ר׳ חנניא והלא עקיבא בן יוסף היה מעבר השנה וקובע
חדשים בחוצה לארץ? אמרו לו הנח ר׳ עקיבא שלא הניח כמוהו בארץ יׂשראל. Dieſer Paſſus
im Dialoge zwiſchen Chananja und den Abgeordneten Paläſtinas, welche gekommen waren, deſſen widerrechtliche Feſtkalenderordnung in Babylonien zu vereiteln,
fehlt natürlich im Jeruſchalmi.

Weil die Toſſafiſten nach dem Vorgange des babyloniſchen Talmud die Bezeichnung עבר שנה, als wirkliches Intercaliren und nicht als Bezeugung von
der Intercalation aufgefaßt haben, ſtießen ſie auf einige Widerſprüche im Talmud,
die ſie entweder gar nicht oder nur ſchlecht zu löſen vermochten. Denn es wird
tradirt, daß auch R. Meïr daſſelbe in Aſien, was R. Akiba in Nahardea gethan hat: מעשה בר׳ מאיר שהלך לעבר שנה בעסיא (באסיא) (Toſifta Megilla II.,
b. Megilla p. 18 b.). Daſſelbe wird von Chija bar Sarnuki und Simon b.
Jehozadak (III. Jahrh.) erzählt (Synhedrin p. 26 a.): ר׳ חייא בר זרנוקי ור׳ שמעון
בן יהוצדק הוו קאזלי לעבר שנה בעסיא. Dieſes „Aſia" galt auch im Talmud als
Ausland (vergl. Toſſafot daſ. 11 b.) Allein die Schwierigkeit fällt von ſelbſt,
wenn man annimmt, daß weder R. Meïr, noch Chija und Simon in Aſien, noch
Akiba in Nahardea ſelbſt intercalirt haben, ſondern daß ſie Sendboten, Apoſteln
waren, um den Gemeinden dieſer Länder die in Judäa in jenen Jahren für nothwendig erachtete Einſchaltung eines Monats anzuzeigen. Wir hätten auf dieſe
Weiſe im Talmud die Beſtätigung der Tradition der beiden Kirchenväter gefunden, daß Synhedriſten, angeſehene, gelehrte Männer aus dem Kreiſe der Patri-
chen von dieſen als Sendboten delegirt worden ſind, wenigſtens den Feſtkalender
zu notifiziren. Es läßt ſich denken, daß dieſe Sendboten die Gemeinden auch mit
den halachiſchen Beſchlüſſen des Synhedrion bekannt gemacht und ihnen die Mo-
dalitäten für die Praxis auseinandergeſetzt haben. Nur dadurch läßt ſich auch die
Erſcheinung erklären, wie die Synhedrialbeſchlüſſe — גזירות, הקנות, — ſo ſchnell
Gemeingut der außerpaläſtinenſiſchen Gemeinden werden konnten; ſie wurden ihnen
durch Sendboten zugebracht. Auch bei dem ſchismatiſchen Verſuch Chanajas,
von Babylonien aus die Feſtordnung zu beſtimmen, finden ſich in j. Nedarim VII.,
p. 10. b, Synh. I. p. 19. a., Berachot 63. a. b. Sendboten. Die letztere Faſſung iſt augenſcheinlich eine Ueberarbeitung in Dialogform; doch enthält ſie auch
ſämmtliche Hauptumſtände. Nur die Namen der Sendboten ſcheinen fingirt, dagegen die in Jeruſ. genannten; ר׳ יצדק ור׳ נתן die richtigen; in Jeruſ. muß aber in

dem Satze אנדן רבי ג' ליה שלח, das ר' in (גמליאל בן) שמעון ר' emendirt werden, welcher Zeitgenosse Chananja's war.

Gelegentlich sei auch eine mit dem Obigen zusammenhängende dunkle Stelle im Jerus. Ketubot II. p. 26. c. unten, erläutert, welche beweist, wie sehr die Anordnung des Kalenderwesens im Auslande prohorrescirt wurde. Es wird erzählt: Zwei Töchter des berühmten Amoräers Samuel seien in Nahardea in Gefangenschaft gerathen (von Papa b. Nazar=Odenath) und nach Palästina geführt worden. Dort hätten sie ihre Gefangennehmung so dargestellt, daß ihre jungfräuliche Unschuld nicht verdächtigt werden konnte; in Folge dessen hätte der scrupulöse Simon b. Aba zuerst die Eine, und nach deren Tod die Andere geheirathet, die aber auch starb. Darauf wird daselbst die Frage erörtert: woran sich wohl Samuel's Töchter versündigt hätten, und die Antwort lautet: weil Chananja, Neffe R. Josua's, die Intercalation widergesetzlich im Auslande vollzogen hätte: דסברין בנין ?למה ח״י לא שקרין אלא כן חטאת חנינא בן אחי ר״י שעיבר את השנה לארץ בחוצה. Die sophistische Erklärung dieser räthselhaften Stelle, welche Elia Wilna davon gegeben, mag ich erst gar nicht anführen. — Samuel hat einen fixirten Kalender auf astronomischer Berechnung einführen wollen (b. Rosch ha-Schana 20, b.): גולה לכולי לתקוני יכילנא שמואל אמר. Er sandte an R. Jochanan eine Kalenderberechnung auf sechzig Jahre (Chulin p. 95. b.): (שמואל)=ליה שדר כתב שנין דשתין עבורא (יתחן ל׳). Dieser Versuch, einen immerwährenden Kalender einzuführen und damit dem Patriarchenhause so wie dem judäischen Synhedrin eine wichtige Prärogative zu entreißen, wurde Samuel sehr übel genommen. Und auch in unserer Stelle liegt ein herber Tadel: Samuels Töchter sind hintereinander gestorben, weil ihr Vater dasselbe Vergehen intendirt hat wie Chananja: einen Fest-Kalender außerhalb Judäa's einführen zu wollen דחנינא חטאת כן würde bedeuten: „wegen derselben Sünde".

22.
Die Reihefolge der Patriarchen aus dem Hillel'schen Hause.

Diesem Thema muß ich eine eingehendere Untersuchung widmen, als früher, weil die hebräische Zeitschrift Chaluz es theilweise zum Gegenstande monographischer Darstellung gemacht und manche Seite darin gut beleuchtet, im Ganzen aber zur alten Confusion der talmudischen Chronologie ohne Kritik eine neue hinzugefügt hat. Die Hauptträger dieser Zeitschrift haben eine erstaunenswerthe Eingelesenheit in den talmudischen Literaturkreis und besitzen auch ein feines, kritisches Witterungsorgan, auch im Schutte historische Erzklümpchen zu finden. Allein diese vortrefflichen Eigenschaften an ihnen werden von zwei anderen neutralisirt. Sie haben in ihren hyperboräischen Wohnplätzen keine Kunde von externen historischen Quellen, müssen sich die Notizen dazu aus der hundertsten Hand verschaffen und gehen daher bei Anwendung derselben auf die talmudische Epoche meistens fehl, weil ihnen eben die Disposition darüber und die kritische Sichtung derselben abgeht, die sie für das talmudische Gebiet in so hohem Grade besitzen. Die chronologischen Resultate im Chaluz in Betreff einiger Patriarchen sind daher fast durchweg unbrauchbar. Das zweite Moment, welches den sonst gründlichen Untersuchungen im Chaluz den Werth benimmt, ist die leidenschaftliche Antipathie gegen die meisten historischen Persönlichkeiten in den Talmuden; alle ihre Handlungen und Aeußerungen werden gar zu sehr bekrittelt, gemißdeutet und durch untergeschobene suggerirte Tendenzen ohne Berechtigung gewissermaßen criminalistisch behandelt; der kleinliche Maßstab polnischer Winkelrabbiner mit engem Gesichtskreise wird auf die Träger des Talmud ohne Weiteres angewendet, sie, die doch auf einer weiten Weltbühne standen, und die nicht bloß religiöse, oder sagen wir, rituale, sondern auch politische Fragen ins Auge fassen mußten. Diese antipathische Mißhandlung im Chaluz haben besonders die Patriarchen aus dem Hause Rabbi's, d. h. des R. Juda Ha-Nasi in einer mit der historischen Unparteilichkeit unverträglichen Weise erfahren. Ich halte es daher für meine Aufgabe, die ihnen widerfahrenen Verdächtigungen zu widerlegen, als auch die von der falschen Beurtheilung beherrschte Chronologie ins rechte Gleis zu bringen.

Die ersten 5 Glieder des Hillel'schen Hauses bedürfen oder vertragen keine Erläuterung; das chronologische Material dafür ist nur sehr dürftig. 1) Hillel, der ältere oder der Babylonier, 30 vor bis 10 nach der christl. Zeitr., d. h. von der Schlacht bei Actium an gerechnet; 2) Simon I., circa 10—30; 3) Gamaliel I., der ältere (הזקן), c. 30—50; 4) Simon II. oder Simon b. Gamaliel I., zur Zeit der Tempelzerstörung gewissermaßen Präsident der jüdischen Republik, c. 50—70; 5) Gamaliel II. di Jabne c. 80—117, d. h. nach R. Jochanan b. Sakkai und vor dem Ausbruch des Polemos schel Quitos. Es hat zwar den Anschein, als wenn R. Elieser b. Hyrkanos noch die hadrianische Verfolgung erlebt hat (Sabbat 138 a): ר' יהודה אומר משום ר' אליעזר נזרעין היו בשעה הסכנה שהיו מביאין (הכלי) מכוסה. (Ueber שעת הסכנה oben Note 17). Dann könnte R. Gamaliel noch Hadrians Zeit erlebt haben; allein die sonstigen Nachrichten sprechen dagegen, und כשם ר' אליעזר ist wohl nur ein Einschiebsel. 6) Simon III. oder Simon b. Gamaliel I. Seine Lebenszeit läßt sich annähernd fixiren. Beim Falle Betars war er noch jung (o. S 468), und ist wohl erst mehrere Jahre nach dem Tode Hadrians oder nach der Rückkehr der Gesetzeslehrer aus dem Exil in seine Würde eingesetzt worden, also etwa 140. Denn für sein Todesjahr und also für den Beginn des Patriarchats seines Sohnes ist nur eine vage Notiz erhalten (o. S. 473); indessen dürfte doch sein Tod zwischen 161—170 anzusetzen sein, da er über Leiden klagte. — 7) R. Juda I, mit dem Beinamen הנשיא κατ᾽ ἐξοχήν, auch הקדוש, genauer רבי oder רבנו. Sein Geburtsjahr hat man nach einer Notiz (Genesis Rabba c. 58 und Parallelst.), gleichzeitig mit dem Todesjahr R. Akiba's, also etwa mit dem Falle Betar's 135, gesetzt. Mit Recht hat aber A. Krochmal dieses chronologische Moment erschüttert (Chaluz II p. 91 No. 5), da anderweitige talmudische Notizen angeben, sein Vater Simon b. Gamaliel sei beim Falle Betars noch jung gewesen. Wir müssen demnach zum Rückschlusse von seinem Todesjahre Zuflucht nehmen, welches nach 210 stattgefunden (o. S. 114). Er mag also um 150 geboren sein und das Patriarchat um 170 angetreten haben. Wenn meine Annahme richtig ist, daß der Patriarch R. Juda II. mit Alexander Severus verkehrt hat, und daß dieser der in den Talmuden genannte אסרידים בן אסטינוס oder אנטונינוס בן אסרידים ist (No. 23), so könnte der Patriarch mit dem Kaiser nur während des parthischen Kriegs 231—233 zusammengekommen sein, während der Letztere sich in Syrien aufhielt. Dadurch würde das

Note 22

Todesjahr Juda's I. näher limitirt werden können, da zwischen demselben und
Juda II. das Patriarchat von Gamaliel III. liegt, dem wir doch Raum geben
müßten. Indessen muß dieser Punkt vorerst kritisch gesichert werden; denn hier
herrscht eben eine arge Confusion, welche im Chaluz noch vermehrt wurde. Sie
beruht auf einem weitgreifenden Irrthum, zu welchem sich der Biograph „des Hauses
Rabbi" durch den ihm so sehr verhaßten babylonischen Talmud verleiten ließ. Er hat
nämlich in Chaluz III. eine Reihe von ordinirten Jüngern zu einer Reihe von auf=
einanderfolgenden Schulhäuptern gemacht und ihnen viele Jahre Amts=
dauer gegeben, wodurch ihm die derzeitige Chronologie zu knapp wurde. In Jerus.
Talmud (Taanit IV. p. 68. a. Parallelst. Kohelet Rabba p. 101. b.) wird er=
zählt: Rabbi, d. h. Juda I. habe stets nur zwei Jünger jedes Jahr ordinirt,
seinem Sohne habe er aber auf dem Todbette empfohlen, davon abzugehen und
alle (Würdige) zugleich zu ordiniren, zuerst aber Chanina (b. Chama), was dieser
auch that. Chanina mochte aber nicht den ersten Platz einnehmen, sondern trat
ihn R. Ephes ab. Nun gab es dort einen alten Mann, der zum zweiten
Platze würdig war; darum zog es Chanina vor, als dritter ordinirt zu werden.
Ich gebe die Stelle in extenso (T. bedeutet Text des Jerus. Talmud, M. K. Text
im Midrasch Kohelet): רבי הוה כמני תרין סיניין (M. K.) בכל שנה) אין הוה כדי הוה מתקימין
ואין לא הוה מסתלקין (M. K. דסבין) מדדמך פקד לביה. אמר לא תעביד כן אלא סני כלהון
כחדא וסני לרבי חמי בר חנינה בראשה (M. K.) וסני לך ר' חנניה ק' דסאי) .....
מן דדמך בעא בריה מסניתיה ולא קבל עליה. מתסניא. אמר לית אנא מתקבל עלן מתסניא עד
דתפני ר' פס דרומא קמיי (M. K. אלא קדם [קדמי] ר' אפס דרומא.) ויהבה הסן חד ס ב
אמר אין חנינא קדמי אנא תניין ואן ר' פס דרסיאי קרסיי אנא תנין. וקבל עלי ר' חנינה
סתסניא תליתאי. Hier ist also nur vom Ordiniren der Jünger und von dem Sitzen
in den Reihen vor dem Collegium die Rede. Chanina mochte zuerst nicht den ersten
Platz gegen Ephes einnehmen und trat ihn gar einem alten Jünger ab. Der
babylonische Talmud hat schon das Sachverhältniß mißverstanden und den Aus=
spruch: חנינא בר חמא ישב בראש auf den Vorsitz im Lehrhause gedeutet (Ketubot
p. 103. b.). Für den alten Mann (חד סב) setzte er Lewi (b. Sisi), was möglich
ist, mußte ihn aber wegen erfahrener Zurücksetzung bei dieser Gelegenheit nach Baby=
lonien auswandern lassen und verwickelte sich in lauter Sophismen, um der Frage
zu begegnen: warum denn nicht der bedeutende R. Chija zum Oberhaupt und
Leiter des Lehrhauses ernannt worden ist. Die Chronographen, welche von dieser
Relation im Jeruschalmi keine Ahnung hatten, verfielen natürlich in denselben
Irrthum, lassen auf R. Juda I. R. Ephes folgen und dann R. Chanina b.
Chama, was sich wunderlich genug ausnimmt, da doch eigentlich der Patriarch
selbst Leiter und Vorsitzender war. Daß aber auch A. Krochmal sich von diesem
Irrthum verstricken ließ, ist erstaunlich. Alles, was er das. (Chaluz III. p. 120.
fg.) aufstellt, von der Nachfolge R. Ephes und R. Chanina's, von der blinden
Unterthänigkeit des Letztern gegen das Patriarchenhaus, und von andern Intri=
guen und Tendenzen desselben, das ist Alles lauter Tendenzmacherei. Wir können
und müssen bei der Diadoche bleiben: Gamaliel folgte auf seinen Vater Juda I.,
wahrscheinlich war er der ältere, und brauchen nicht mit dem babylonischen Tal=
mud das. die Worte: שמעון בני חכם גמליאל בני נשיא zu urgiren; Simon ernannte
er zum Chacham, d. h. zum Sprecher und Referenten im Lehrhause.

Nach dieser nothwendigen, die Chronologie berichtigenden Digression kehren wir zum Hauptthema zurück. Es hat drei Patriarchen R. Juda gegeben, der erste und zweite sind bekannt, auf den dritten dagegen haben die Tossafot aufmerksam gemacht (zu Babli Rosch ha-Schana 20. a. Aboda Sara 33. b.) und demgemäß auch Heilperin in סדר הדורות (Artikel יהודה נשיאה). Der dritte R. Juda verkehrte mit den Amoräern in der Zeit nach R. Jochanan, also nach 279, mit R. Ami und R. Asi und lebte noch 299 (o. S. 415). Er verkehrte auch mit R. Seïra, dem Jünger des babylonischen Amora R. Juda (Jerus. Jom. Tob. I. p. 60. d.): ר' זעירא שאל לכלא דרהמא לבריה דר' יודן נשייא, ferner mit R. Mana (Kilaim VII. p. 33 c.), und noch mit anderen Amoräs zu Ende des dritten und im Anfang des vierten Jahrh., wovon weiter unten. Nicht nur R. Juda I. wird schlechtweg רבי genannt, sondern auch der II. Jerus. Aboda Sara II. p. 41 d. (שמן של נכרים) רבי יהיב דינו החירו, d. h. Juda II. Vergl. Jerus. Sabbat XVII. p. 16 b.; Erubin X. p. 26 c.: אמר ר' יוחנן מטכני חלפיי (אילפא) והראני נר של בית רבי קשור. Es ist hier von R. Juda II, dem Zeitgenossen von R. Jochanan und Ilfa die Rede. Nidda II. p. 50 a.; אתא .. בי רבי מעשה באחת כסל בית רבי עיבדא קמי ר' יעקב בר אבדי. Es ist hier vom zweiten die Rede, da Rab dabei bereits als Autorität citirt wird. Babli Sabbat p. 122 a.: התיר להם ר' חנינא לבית רבי. Vergl. noch Taanit 24 a.; b. Ketubot 100 a.; mit Jerus. das. XI. p. 34. c. — R. Juda II. wird auch רבנו genannt, wie der erste. Genesis Rabba c. 78: ריש לקיש סליק למשאל בשלמיה דרבנו: אבר ליה צלי עלי דהאי מלכותא בישא סגין ומב: rerema: das. R. Isaak b. Eudime war eine Art Factotum bei Juda II. und er tradirt öfter von ihm (Sabbat 4 a.): אמר ר' יצחק בן אביטי פעם אחת נכנסתי אחר בי אתא ר' דימי אמר ר' יצחק בן אבדימי (und Jebamot 45 a. 70 a.), רבי לבית המרחץ, משום רבינו כותי ועבד הבא על בת ישראל, vergl. dazu Jer. Kiduschin III. p. 64 c. Oefter ist im babyl. Talmud bei Traditionen von Isaak b. Eudime רב mit רבי verwechselt. (s. den Artikel in סדר הדורות). Zuweilen wird es schwer zu unterscheiden, ob von Juda I. ob. II. die Rede ist (Megilla 5 b.) אמר ר' אלעזר אמר ר' חנינא רבי נטע נטיעה בפורים ורחץ בקירוי של צפורי בי"ז בתמוז ובקש לעקר ט' באב. Nur aus dem Nachsatze: אסר לפני ר' אבא בר זברא לא כך היה מעשה אלא . . . ודחינוה: לאחר השבת, läßt sich entnehmen, daß vom Zweiten die Rede ist. Daher ist die Frage des Talmud das. gerechtfertigt: Rabbi lebte doch in Tiberias, d. h. der II. (mißverstanden in Chaluz II. p. 93, No. 17). Parallel dieser Nachricht ist auch jene (Jerus. Synhedrin I. p. 18 c.), vom Verlegen der Intercalation von Judäa nach Galiläa: ה' לעזר בשם ר' חנינא מעשה בעשרים וארבע קריות (l. קרתות) של בית רבי, שנכנסו לעבר שנה ללוד . . מה: כולם בפרק אחד. כאותה: שקה עקרתה סודות וכבעיתו בגליל, also auch hier zur Zeit R. Juda's II. Daher kann recht gut Antoninus oder Severus mit Rabbi II. verkehrt haben. Man ist wohl auch dazu genöthigt, da Juda I., wie jetzt allgemein gegen Rappaport angenommen wird, durchaus nicht mit Antoninus Philosophus verkehrt hat, aber noch weniger kann er es mit Caracalla gethan haben, da dieser erst 215 nach Syrien kam (Clinton Fasti Romani ad An. 215), und R. Juda wahrscheinlich damals schon todt oder wenigstens so betagt und schwach war, daß er kaum eine einzige Unterredung mit ihm haben konnte. Dasselbe gilt in noch höherm Grade von Eliogabal. Fungirte Juda II. schon 230 d. h. zur Zeit Alexander Severus, so bleibt für

8) Gamaliel III., Sohn Judas I. nur etwa zwanzig Jahre Funktionsdauer um 210—230. Dieser hatte zwei Söhne Juda und Hillel (Tosifta Moed Katan II.; b. Pesachim 51 a ; jer. IV. p. 30 d): מעשה בײתדה והלל בניו בבײרי ... של רבן גמליאל בכבול. Da die Tosifta ihrer erwähnt, so gehören sie Gamaliel III. an, und ebenso Ebel Rabbati c. 8.: מעשה בײהודה הלל בני ר"ג שנכנסו לבן וכאי בבבל. So emendirt richtig A. Krohmal (Chaluz III. p. 139.); aber es ist nicht richtig, sie zu Söhnen Gamaliels IV. zu machen. Es ist schon von Frankel und andern aufmerksam gemacht worden, daß der Ἰούλλος πατριάρχης oder Huillus patriarcha, mit dem der Kirchenvater Origenes in Palästina verkehrt hat, eben dieser Patriarchensohn Hillel war.

9) Juda II., von dem eben die Rede war. Ich habe den Anfang seines Patriachats um 230 angesetzt, ungefähr um die Zeit als Alexander Severns in Syrien weilte. Schwerlich hat er R. Jochanan überlebt, wie A. Krohmal behauptet (das. III. p. 126). Alle seine Beweise sind auf Sand gebaut. Wir können ihn um 230—270 setzen. Wir sind dazu aus dem Nachfolgenden genöthigt.

10) Gamaliel IV., Sohn Judas II. Von diesem kommt nur wenig im Talmud vor. Jerus. Aboda Sara I. p. 39. b. אר' אבהו ואני לא שאלני ר' גמליאל ברבי סהו לילך לוײד? ואסתתי לו . . . ר"ג אדם קטן הײה ובקש ר' אבהו לנהדר. Man kann ihm nur von 270—290 Funktionsdauer geben.

11) Juda III. wahrscheinlich Sohn des vorhergehenden. Bei diesem haben wir sicheren chronologischen Boden. Es hat sich gezeigt (o. S. 415), daß er 299 bereits fungirte, aber auch zwei Jahre vorher. Es ist unzweifelhaft derselbe, den Diokletian zu sich nach Paneas vorgeladen hat (Jerus. Terumot VIII. p. 46 b.; Genesis Rabba c. 83.). Diokletian war zuerst 297 im Orient wegen des Parthischen Krieges (Clinton das. ad. an. 297.). A. Krohmal bezieht dieses Factum auf Juda II. (das. 126); aber dann müßte er ihn bis 297 lleben lassen, was er nicht übers Gewissen bringen kann, sondern läßt ihn c. 283 sterben. Aber wie sollte er da von Diokletian vorgeladen worden sein? In der citirten Stelle Genesis Rabba wird dieser Juda III. auch רבי genannt. Das führt uns zu einer anderen Bemerkung. Chulia 51 a , tradirt ein Amora aus Abbaji's Zeit von einem Patriarchen Rabbi: א"ל ר' ספרא לאבײ חזי מר האי צורבא מרבנן דאתא מטעריבא ואמ' ר' עזירא שמני ואמר מעשה ובא לפני רבי כחט ... ושרפה ... א"ל אימא לי נײא דקיברא היכי הוה? א"ל (ר' עזירא) כפטיר כנסיות אנא לעילא כרבי רבה והה ר' הונא צפירא ור' יוסי מדאה ישבין לפניו ובאה לפני רבי כחט ... והשבה רבי ומצא עליה קודר רם ושרפה. Abbaji st. um 336 (o. S. 416). Dieses Factum kann demnach im ersten Viertel des 4. Jahrh. spielen, und dieser muß Rabbi R. Juda III. sein. Von diesem Patriarchen erzählt ohne Zweifel Epiphanius (adv. Haereses p. 128 f.), oder vielmehr sein Gewährsmann, der zum Christenthum übergetretene Joseph von Tiberias: er habe eine Vorliebe für das Christenthum gehabt und sich vor dem Tode taufen lassen. Wenn er ihn Hillel und seinen Sohn Juda nennt, so hat er, wie er selbst, an seinem Gedächtniß zweifelnd, angiebt, die Namen von Vater und Sohn mit einander verwechselt. ὁ δὲ Πατριάρχης κατ' ἐκεῖνο καιροῦ Ἑλλὴλ τοὔνομα ἦν· νομίζω γάρ ὅτι οὕτως τὸ ὄνομα αὐτῷ Ἰώσηπος ἔλεγεν, εἰ μὴ ἀπὸ τοῦ χρόνου σφάλλομαι. Vom Sohn, dem er die schlimmsten Jugendstreiche anhängt, sagt er: τάχα δὲ οἶμαι Ἰούδας οὗτος (ὁ τοῦ Ἑλλὴλ παῖς) ἐκαλεῖτο, οὐ πολύν δὲ σαφῶς

ἐπίσταμαι διὰ τὸν χρόνον. Die Zeit dieses Patriarchen Juda läßt sich demnach bestimmen. Joseph von Tiberias wurde von Constantin mit der Würde eines Comes (ἀξίωμα Κομίτων) bekleidet, also zwischen 312—337 war er bereits getauft. Näher läßt sich das noch durch den Umstand fixiren, daß Epiphanius ihn als einen ungefähren Siebziger kennen gelernt hat zur Zeit, als der Bischof Eusebius von Vercelli von Constantius nach Sktythopolis (Betsan) verbannt, in Josephs Haus Gastfreundschaft genoß um 356. Joseph ist also um 286 geboren; beim Tode des Patriarchen wurde er noch als Jude zum Erzieher des jungen Patriarchensohnes ernannt, doch wohl schon als mindestens Dreißiger, also zwischen 316—326. In dieser Zeit starb also Juda III. Wir können demnach seine Funktion setzen c. 290—320. Was das Faktum der heimlichen Bekehrung dieses Patriarchen zum Christenthum betrifft, so ist, selbst wenn wir Epiphanius' Bericht Glauben schenken wollen, der Täufling Joseph von Tiberias nicht klassischer Zeuge genug, um die Aufrichtigkeit eines Patriarchen, der im Judenthum lebte und wirkte, zu verdächtigen. Es werden zwar im Talmud von ihm zwei Thatsachen tradirt, die wie ein Abgehen von der religiösen Satzung aussehen (Moed Katan 12 b.); allein es wird das. zugleich erklärt, daß es weniger ein rituelles Vergehen, als eine Unziemlichkeit für einen Patriarchen war.

12) Hillel II., Sohn des vorigen. Nach Epiphanius war er beim Tode seines Vaters noch jung; daher die Erscheinung, daß er lange fungirt hat. 359 führte er den festen Kalender ein: um 362 schrieb der Kaiser Julian an ihn: τὸν ἀδελφὸν Ἰουλὸν τὸν αἰδεσιμώτατον (weiter unt. Note 34). Er hat also um 320—365 oder 370 fungirt. — Nach Hillel fungirten noch drei andere Patriarchen, deren Namen Jacuto (in Jochasin) erhalten hat. ר' גמליאל בני של הלל ויהודה בנו ור' גמליאל בתריה. Der Passus ist aus Seder Tanaim W. Amoraim entnommen, in unserer Ausgabe desselben aber corrumpirt in umgekehrter Ordnung: ואחר כך ר' גמליאל רבי יהודה ור' גמליאל ור' הלל ותנוקת שמה. Hillel muß vorangestellt werden.

13) Gamaliel V., Sohn Hillel's II. Von diesem hat Hieronymus eine Notiz erhalten (de optime genere interpretandi ad Pamachium): daß Theodosius, der Große, ihn gegen den Consular Hesychius, mit dem der Patriarch in Feindschaft gelebt, Gerechtigkeit widerfahren ließ: Dudum Esychium virum consularem (contra quem Patriarcha Gamaliel gravissimas inimicitias excercuit) Theodosius princeps capite damnavit, quod sollicitato notario chartas illius invasisset. Dieser Brief Hieronymus' ist, wie der Herausgeber Martianay bemerkt, circa 393 geschrieben, und in diesem wird von der Verurtheilung des Hesychius gesprochen, als von etwas längst Geschehenem (dudum). Mithin kann dieser Gamaliel nicht mit dem letzten identisch sein, welchen Theodosius II. erst im Jahr 415 degradirt hat. Er fungirte also um 365—385. Es folgt also:

14) Juda IV. (ca. 385—400), von dem weiter nichts bekannt ist und endlich

15) Gamaliel, der Letzte, רבן גמליאל בתריה (circa 400—425), von welchem das Dekret der Kaiser Honorius und Theodosius II. vom 17. October 415 an den Präfectus Prätorio Aurelianus handelt, beginnend mit den Worten: Quoniam Gamaliel existimavit, se posse impune delinquere etc. (Cod. Theodos. XIV. T. VIII. §. 22.). Es ist ohne Zweifel dieser Gamiel, der letzte, VI. und nicht der V., von dem Marcellus Empirikus ein Heilmittel gegen die Milzkrankheit mit-

theilt, der also Arzt war. Denn Marcellus, der im 5. Jahrh. lebte, spricht von ihm, als von einem **Zeitgenossen** (de medicamentis liber 21): Ad splenem renedium singulare, quod de experimentis probatis **Gamalielus Patriarcha proxime ostendit**. — Es haben also von Hillel an fünfzehn Patriarchen fungirt, worunter sechs Gamaliel. — Nach R. Gamaliel, dem Letzten, scheint das Patriarchenhaus ausgestorben zu sein. Diesen Umstand bezeugen sowohl die Worte in Seder Tanaim: נסע ר׳פטרס, als das Dekret der Kaiser vom Jahre 426 (C. T. ibid §. 29.), die Patriarchengelder für den kaiserlichen Staatsschatz einzugeben. Hier wird von dem Aussterben der Patriarchen (post excessum patriarcharum) gesprochen; (v. S. 477.)

23.
Patriarch Juda II. und Antoninus.

Ueber die nicht geringe Machtstellung, welche der jüdische Patriarch mit Bewilligung des Kaisers Alexander Severus einnahm, die sich nur wenig von der königlichen Macht unterschied, giebt Origenes (Epistola ad Africanum c. 14.) einen vollständigen Aufschluß, wie er es selbst bei seiner mehrjährigen Anwesenheit in Judäa erfahren hat: Καὶ τῶν γοῦν Ῥωμαίων βασιλευόντων καὶ Ἰουδαίων τὸν δίδραχμον αὐτοῖς τελούντων ὅσα συγχωροῦντος Καίσαρος, ὁ ἐθνάρχης παρ᾽ αὐτοῖς δύναται ὡς μηδὲν διαφέρειν βασιλευόντων τοῦ ἔθνους. ἴσμεν οἱ πεπειραμένοι. Γίνεται δὲ καὶ κριτήρια λεληθότως κατὰ τὸν νόμον, καὶ δικάζονταί τινες τὴν ἐπὶ τῷ θανάτῳ, οὔτε μετὰ τὰ πάντη εἰς τοῦτο παῤῥησίας οὔτε μετὰ τοῦ λανθάνειν τὸν βασιλεύοντα. Καὶ τοῦτο ἐν τῇ χώρᾳ τοῦ ἔθνους πολὺν διατρίψαντες χρόνον μεμαθήκαμεν Dieser Brief ist, nach den eingehenden kritischen Untersuchungen Redepennings (Origenes 2. B. 1841—46), kurz nach dem Ableben des Kaisers Alexander Sever geschrieben um 240; dieser Kaiser starb Febr. 235. Der Patriarch und Ethnarch dieser Zeit kann aber unmöglich R. Juda I, der Mischnasammler, gewesen sein, wie jeder Sachkundige wohl zugeben wird; folglich war es Juda II, welcher eine so hohe Gunst und eine so ansehnliche Stellung von diesem Kaiser erlangt hatte. Man übersehe den Umstand nicht, daß dieser Brief sich des **Tempus der Gegenwart** bedient und also den Eindruck **unmittelbarer Wahrnehmung** wiedergiebt. Hiermit dürfte die Frage über den Kaiser oder **Antoninus**, welcher nach talmudischen Nachrichten einem Patriarchen Gunst zugewendet, eigentlich erledigt sein, daß es weder Marc Aurel, noch Caracalla, noch endlich Heliogabal gewesen sein kann, wenn dieser Punkt, der früher so leidenschaftlich verfochten wurde, überhaupt noch für so wichtig angesehen würde. Man denkt jetzt nüchterner darüber; es gilt nicht mehr als eine Ehre für die Juden, wenn einer ihrer Patriarchen ein freundliches Lächeln von einem Imperator erhalten hat. Von mehr historischer Wichtigkeit ist, ob diese kaiserliche Gunst auf die Stellung der Juden Einfluß hatte. Nun, während wir keine Spur von Bezeugung haben, daß einer der drei genannten Kaiser ein günstiges Dekret für sie erlassen — eher noch das Gegentheil — so haben wir nächst Origenes' Zeugniß auch das von Lampridius (in Al Severum c. 22): **Judaeis privilegia reservavit**. Seine Geneigtheit für die Juden und seine Bekanntschaft mit jüdischen Gesetzen bekundet Lampridius durch noch andere Anekdoten. Hatte der Patriarch in dieser Zeit eine beinahe königliche Stellung, worauf es hier mehr ankommt, als auf den wahren Antoninus b. Severus, so ist auch die Nachricht gerechtfertigt, daß Juda II. es war, der von einer Schaar Bewaffneter umgeben gewesen (Berachot 16. b. 44. a.): משדר ר' יהודה נשיאה דקייסי קצוצי עליה דרבי und באלושי, daß er bei Audienzen eine Ehreneskorte bekommen (Genesis Rabba c. 78. (Leseart bei Nachmani Comm. zu Gen. 33. 15.). — רבינו כד הוה סליק לפלטווהא — לא הוה נסיב רומאין — הד זמן נסיב עמיה רומאין) — Noch muß hier die interessante Notiz bei Hieronymus (Comm. in Danielem IX. 34.) erledigt werden, daß die Juden den Vers: „und wenn sie straucheln, wird ihnen ein wenig geholfen werden", auf die kurze Gunst bezogen, deren sie unter Kaisern genossen: Hebraeorum quidam haec de Severo et Antonino principibus intelligunt — qui Judaeos plurimum dilexerunt. Man könnte leicht nach dieser Angabe den talmudischen Antoninus in Caracalla wiederfinden, von dem hier die Rede zu sein scheint. Allein wenn man es auch von Caracalla zugeben wollte (obwohl dem entgegensteht, was Spartian berichtet Sept. Severus 16: filio sane concessit, ut siumpharet, cui senatus Judaicum triumphum decreverat), so kann man doch von seinem Vater Sever nicht gerade behaupten, weder daß er die Juden so sehr geliebt habe, noch daß sie unter ihm Erleichterung gefunden hätten, (über das ihm zugeschriebene judenfreundliche Gesetz weiter unten). Geht man aber auf die Quelle zurück, woher der Kirchenvater diese Nachricht geschöpft hat, so erhält sie einen ganz andern Sinn. Denn Hieronymus konnte von den Juden den Namen des Kaisers nicht anders gehört haben, als ihn die Boraita nennt, entweder אסירום בן אנטנינוס oder אנטונינוס בן אסירוס, was sich der Kirchenvater in Severus et Antoninus zurecht gelegt zu haben scheint. Es ist also immer nur von einem Antoninus die Rede. Im Morgenlande galt Alexander Severus entweder selbst als Antoninus oder als Sohn des Antoninus, wie Herodian (VI. 3.) diesen Kaiser sprechen läßt — καὶ Ἀντωνίνου τοῦ ἐμοῦ πατρός. Vergl. Frankel Monatsschrift, Jahrg. 1852. Juli, August und September-Heft.

Dr. Frankel, indem er meine Hypothese von der Identität des אנטנינוס = Alexander Sever und des רבי = R. Juda II. theilweise zugiebt, schlägt ein Ausgleichungsmittel vor, daß nämlich der ältere R. Juda ebenfalls mit einem Kaiser befreundet gewesen, wenn auch nicht mit Marc Aurel, so doch mit dessen Mitkaiser Verus Antoninus, der im Morgenlande residirte und den Juden günstig gewesen sein soll. Abgesehen, daß R. Juda I. während Verus' Regiment 162 bis 168 noch jung und wohl noch nicht Patriarch war, auch während der Zeit Feindseligkeit gegen Juden herrschte, (Note 20), beruht der Hauptbeweis, auf welchen sich diese Annahme stützt, nämlich das Gesetz: Eis, qui judaicam superstitionem sequantur, Divus Verus et Antoninus horores adipisci permiserunt (digesta de Decurion. L. 50. T. 2. III. §. 3.) auf einer falschen Leseart. Die meisten Ausgaben lesen nämlich anstatt Verus: Severus et Antoninus, so daß dieses Gesetz von Sever und seinem Sohne Antoninus Caracalla herrührte. Aus einer griechischen Inschrift in einer Synagoge, die man jüngsthin entdeckt hat in einem wenig bekannten Orte Kaysoun ließe sich zwar oberflächlich folgern: die Juben hätten bamals eine große Zärtlichkeit für den Kaiser Septiminus Severus und sein ganzes Haus, seine Gattin Julia Domna und seine Söhne Marc Aurel Antoninus (d. h. Caracalla) und Geta empfunden; allein genau besehen, ist es weiter nichts als commandirter Loyalitätsstyl. Die Inschrift lautet im Journal Asiatique Dec. 1864 nach Renan und Reniors Entzifferung, auch in Frankel Monatsschrift 1865 S. 154 u. Beil.

     Ὑπὲρ σωτηρίας τῶν κ[υρί-
καὶ   ων ἡμῶν Αὐτοκρατόρω [ν
Ἰουλίας Καισάρων, Λ. Σεπτ. Σεουή[ρου
Δόμνης Εὐσεβ. Περτ. Σεβ., καὶ Μ. Αὐρ Ἀ[ντων-
Σεβ.   ίνου [καὶ Λ. Σεπτ. Γ] έτα, υἱῶν αὐ[τοῦ
     Εὐχῆς Ἰουδαίων.

24.
Ausnahme zu Gunsten des Patriarchenhauses.

Nach Jerus. (Sabbat VI. p. 7. d.), hat man dem Patriarchenhause dieser Zeit wegen der Stellung zum Kaiser Indulgenzen gewährt: ג׳ דברים התירו לבית רבי שיהו רואין במראה. Nach der Lesart Tosifta und Babli (Sota Ende): שיהו מספרין קומי וישהו מלמדין את בניהן יונית כפני שזקוקין למלכות, התירו להן לבית ר׳ גמליאל ללמד את בניהן יונית hätte man gleich beim Verbot des Griechischen während des Polemos schel Quitos zu Gunsten des Hauses R. Gamaliels, d. h. des damaligen Patriarcheneine eine Ausnahme gemacht. Was die Lesart (B. Sotah I. c.): אבטולמוס בן ראובן התירו לו לספר קומי betrifft, so trägt sie die Unechtheit an der Stirn, indem sie augenscheinlich nur zu Gunsten der Erzählung (Meïlah 17. a.) so formulirt wurde, weil sich jener Ptolemos b. Räuben, um sich unkenntlich zu machen, das Haupthaar nach Heidenart geschnitten.

25.
Die Ordination.

Ueber die Modificationen, welche mit der Ordination vorgenommen wurden, giebt eine Notiz (j. Syn. I. 19. a.) Aufschluß. Ursprünglich ordinirte jeder Gesetzeslehrer seine eigenen Jünger: אמר רבי בא: בראשונה כל אחד ואחד ממנה את תלמידו כגון ריב״ז מינה את ר״א ואת ר״י, ור״י את ר״ע, ור״ע את ר״מ ור״ש. Dann ertheilte man dem Patriarchenhause diese Ehrenfunktion: חזרו וחלקו כבוד לבית הזה. אמרו דיתדין שמינה שלא לדעת הנשיא אין מינויו מינוי ונשיא שמינה שלא לדעת בית דין מינויו מינוי. Die Uebertragung der Ehrenfunktion an den Patriarchen fand demnach in dem Zeitalter nach R. Meïr statt, d. h. zur Zeit R. Juda's I., dem sich also sämmtliche Collegialmitglieder untergeordnet hatten. Später entzog man einem Patriarchen diese Prärogative: חזרו התקינו שלא יהא ב״ד ממנין אלא מדעת הנשיא ושלא יהא הנשיא ממנה אלא מדעת בית דין. Ich vermuthe, daß dieses zur Zeit R. Juda's II. geschehen ist, und zwar in Folge des Mißbrauches, welchen er damit getrieben, die Presbyterwürde an Unwürdige zu ertheilen: לאילן דסיתמי בבסם (j. Bikkurim Ende. b. Syn. 7. b.).

26.
Ⅱ. Jochanan.

Zwischen Ilfa und R. Jochanan scheint eine gegensätzliche Theorie bestanden zu haben. Der Erstere hielt die Boraitas für überflüssig, indem ihr Inhalt in der Hauptmischna enthalten sei, welche für ihn kanonisches Ansehen hatte; er machte sich daher durch eine gefahrvolle Wette anheischig, auch die in den Boraitas enthaltenen Halacha's aus der Mischna zu deduciren (j. Kiduschin I. p. 58. d.): חילפי אמר איתבוני על גיף נהדא דלא אפיק בתניתא דר׳ חייא רבה מסתניחין זרוקי לנהר (in einer veränderten Fassung b. Taanit 21. a.). R. Jochanan hingegen räumte den Boraitas, namentlich den von R. Chija und seinem Lehrer R. Uschaja I. gesammelten, gleiche Autorität ein. Die Mischna hatte für ihn also nicht die Bedeutung einer kanonischen Sammlung, und er scheute sich nicht, deren Fassung zu modificiren. (Vergl. Sabbat 75. a. Chulin 32 b. 116. b.). Es sind grundlose Behauptungen von den Hauptmitarbeitern der Zeitschrift Chaluz, daß R. Jochanan Rabbi's Mischna kanonisirt habe, und daß er dessen erfundenen Lehrsatz: ein Gerichtshof dürfe die Bestimmung eines andern so gut wie gar nicht aufheben, sanctionirt habe (Chaluz II. p. 50.). Eine corrumpirte Leseart ר׳ יוחנן für ר׳ ינאי hat sie zu vagen Anschuldigungen verleitet (f. Jerus. Sabbat I. p. 3. d.) Es ist hier nicht der Ort näher darauf einzugehen; sonst könnte der Beweis geführt werden, daß R. Jochanan im Gegentheil, wenn auch kein Reformer, doch auch kein Rigorist war.

27.
Mar-Ukba.

Scherira macht Mar-Ukba, den Zeitgenossen Rab's und Samuel's, zum Exilarchen (Sendschreiben): אהמני בתר רב הונא בבבל מר עיקבא, d. h. לריש גלותא. Da diese Angabe aber nicht aus Tradition, sondern aus Combination einer Talmudstelle stammt, so darf sich die historische Kritik nicht dabei beruhigen. Gründe: 1) Das Chronicon der Exilarchen Seder Olam Sutta, das gerade von dieser Zeit an seinen sagenhaften Charakter aufgiebt und einen historischen annimmt, kennt in dieser Zeit keinen Resch-Galuta Mar-Ukba, sondern nennt nach Huna einen Anan und als seinen Nachfolger Nathan. 2) Wollte man die Glaubwürdigkeit des Seder Olam bestreiten, so bemerken beide Talmude ausdrücklich, daß Mar-Ukba nicht Resch-Galuta gewesen, vielmehr dem Resch-Galuta seiner Zeit Vorwürfe machte wegen dessen musikalischer Unterhaltungen Morgens und Abends, mit Anwendung eines Prophetenverses in veränderter Satzstellung (j. Megilla III. 74. a. b. Gittin 7. a.): מר עוקבא משלח כתב לריש גלותא דהוה דמיך וקאים בזמרא. (In Babli ist die Fassung ungenau.) 3) Aus der Stelle, woraus Scherira seine Angabe zu erörtern sucht (Sabbat 55. a.), geht nur so viel hervor, daß Mar-Ukba Oberrichter gewesen: הא יתיב מר עוקבא אב בית דין (daher Raschi immer Mar-Ukba mit diesem Titel nennt); und wenn man den auf ihn angewendeten Vers vom Hause Davids urgiren wollte, was Scherira zu thun scheint, so würde höchstens daraus bewiesen sein, daß Mar-Ukba aus dem exilarchischen Hause stammte. Mit einem Worte, Scherira's Angabe von Mar-Ukba, sowie weiter von Huna b. Nathan, daß sie Exilarchen gewesen, ist ganz ungerechtfertigt, er scheint sich hierbei von der Namenähnlichkeit verleiten gelassen zu haben.

28.

Papa Bar-Nazar, Odenath; Zerstörung Nahardea's

Ich habe früher die Vermuthung ausgesprochen, daß der in den talmudischen und in jüdisch-chronologischen Schriften vorkommende פפא בר נצר oder בר נצר mit dem palmyrenisch-arabischen Eintagskaiser Odenath identisch sei. v. Entschmidt findet diese Identification durch eine griechische Inschrift bestätigt (Hilgenfeld's Zeitschr. für wissensch. Theol. 1860 S. 11). Es ist daher nothwendig, die Beweise dafür zusammenzustellen. In Jerus. Taanit VIII. p. 46 b. wird er mit Zenobia in Verbindung gebracht: זעיר בר חיננא איתצד בספסיפא, סליק ר' אימי ור' שמואל ספייסה עלוי אמרה להן זנביה מלכותא (l. מלכתא) ייליף היא ברייבון עבד לבן ניסין מעיקין ביה. עלל חד סרקיי טעין חד ספסר, אמר לון בהדא ספסירא קטל בר ניצור לאחוי ואישתויב זעיר בר חיננא. Babli Ketubot p. 51. b. wird er bald König, bald Räuberhauptmann genannt. ובן נצר החח קרי ליה מלך והבא קרי ליה ליסטים? אין אחשדרוש לשנים הוא, גבי לסטים דעלמא מלך היא. Dieses Gemisch von Anführer einer saracenischen Raubschaar und König (Kaiser) paßt sehr gut auf Odenath. Noch entschiedener spricht für die Identität die Inschrift, welche angiebt, daß Odenath's Urahn Nasoros, richtiger Nasor oder nach semitischer Orthographie נצור geheißen, ähnlich wie der jerusalemische Talmud den Namen wieder giebt: בר ניצור. Die Inschrift lautet (corpus inscripp. graece No. 4507): τὸ μνημεῖον .... ἔκτισε ἐξ ἰδίων Σεπτίμιος Ὀδαίναθος, ὁ λαμπρότατος συγκλητικὸς Αἰράνου (τοῦ Οὐαβαλλάθ.υ, τοῦ Νασώρου. Auch die Notiz in Genesis Rabba c. 76. spricht von Bar-Nazar wie von einem König, indem auf ihn das Bild des „kleinen Hornes" in Daniel angewendet wird: ואלו קרן אחרי זה בן נצר: עירא סלקית כביגיהון. Auch die „drei Hörner", die vor ihm entwurzelt worden, werden daselbst wohl auf drei der Eintagskaiser jener Zeit, der sogenannten dreißig Tyrannen, bezogen: תלת מן קרנייא .. זו שנתנו להב מלכיהב פקרן קדום וקרדיוסי. Der Erste ist wohl Macrianus, der 261 den Purpur nahm und von Egypten aus sich Kaiser des Orients nannte. Was die andern beiden Namen bedeuten, ob dessen Söhne Macrianus der Jüngere und Quietus, ist mir dunkel. Noch berichten drei jüdische Chroniken, das Seder Olam Sutta (von 808), das Seder Tanaim w' Amoraim (von 885) und Scherira's historisches Sendschreiben (von der letztgenannten Quelle abhängig): daß Papa Bar-Nazar die Stadt Nahardea zerstört hat, das erste ohne Datum, die Letzteren mit einem Datum 570. Seleucidarum (A): ואחרבה (?) בר נצר דא (l. פפא) וסליק פפא; dann (B): יבא פפא בר נצר פולמנסא והחריב אותה. (נהרדעא) תק"ע; endlich (C): לנהרדעא ובשנת תק"ע אתא פפא בר נצר ואחרביה לנהרדעא ואזל רבה בר אבוה ורב נחמן לסמחוא ולשלהי ולשבנציב. Indessen scheint das Jahr entweder nicht richtig angegeben oder corrumpirt zu sein. Denn Odenath's Zug gegen Schabur (Sapor) fand erst nach Valerians Gefangennahme statt, also nach 260, als dessen Rächer er zum Scheine auftrat. Also wohl erst 261 hat Odenath Nisibis und Carrhä verbrannt und ist bis Ktesiphon vorgedrungen (Clinton fasti Romani ad. 260.

264.). Auf diesem Kriegszuge hat er wohl auch Nehardea am Euphrat zerstört; einen früheren Zug nach der Euphratgegend anzunehmen ist nicht thunlich. Man müßte also lesen תקע״ב 572 = 261.

Aus Kiduschin 70. a. könnte es den Anschein haben, als wenn R. Nachman, nachdem er in Folge der Zerstörung Nahardea's sich nach Schekan-Zib begeben, wie Scherira berichtet, später wieder in Nahardea gewohnt, daß diese Stadt sich demnach bald wieder erholt hätte; denn die Scene zwischen R. Nachman und R. Juda scheint in Nahardea zu spielen. Allein R. Achai aus Schabacha (in Scheeltot c. 51.) hat die sich als richtig empfehlende Leseart: סבריו ר׳ נחמן בשכנציב. Was aber die daselbst vorkommende Leseart: סבריו ר׳ יהודה בנהרדעא betrifft, so ist sie nicht sehr verschieden von der, die in unsern Ausgaben erhaltenen: סבריו ר׳ יהודה בפומבדיתא, indem Pumbadita zu Nahardea gehörte.

29.
Auswanderung der Gesetzeslehrer von Palästina nach Babylonien.

Die Auswanderung der Gesetzeslehrer von Judäa nach Babylonien wegen einer Verfolgung bildet einen Angelpunkt in der jüdischen Geschichte dieser Zeit und muß deswegen genau firirt werden. Vier Auswanderer werden der Reihe nach, wie sie ausgewandert sind, namhaft gemacht (Aboda Sarah 73. a.): כי אתא ר׳ דימי אמר ר׳ יוחנן — כי אתא ר׳ יצחק בר יוסף א״ר — כי אתא רבין א״ר — כי אתא ר׳ שמואל בר יהודה אמר ר״י יוחנן. Der Ausdruck כי נחיתא, der häufig vorkommt, beweist, daß außer diesen noch Andere ausgewandert waren. R. Dimé (und wahrscheinlich auch R. Jizchak) waren vor Rabin (und R. Samuel b. Jehuda) emigrirt, jener in Folge eines Exils, dieser in Folge blutiger Verfolgung (Chulin 106. a.): וכישנך אתא ר׳ דימי אפקה אתא רבין קטלה, d. h. R. Dimé kam wegen Ausweisung, Rabin wegen Gemetzels nach Babylonien. Solche Mnemonika enthalten unschätzbare historische Data. Da aber Abaji nicht nur R. Dimé und R. Jizchak ben Joseph, sondern auch noch R. Abin gekannt hat (unter andern Jebamot 46. a.): אמר אביי מאי חוית דסמכת ארבי דימי סמך אדרבי״ן (דכי אתא רבין אמר), Abaji aber um 336 starb (o. S. 416), so kann sowohl die erste als die zweite Auswanderung nicht später als in den ersten zwei Regierungsjahren des Constantius vorgegangen sein. Dieser Kaiser muß also gleich in den ersten Jahren eine harte Verfolgung über die Juden verhängt haben, vergl. Chulin 101. b.: אמר רבא שמדא הוה ושלחו פתם דיומא דכיפורי דהאי שתא שבתא. וכן כי אתא רבין יב״ל נחותי אמרוה כרבא.

30.
Verfolgung unter Constantius und Gallus.

Socrates und Sozomenus wissen nur von der Zerstörung von Sepphoris unter Gallus (Socr. h. e. II. 33. καὶ τὴν πόλιν αὐτῶν Διοκαισαρίαν εἰς ἔδαφος κατενεχθῆναι ἐκέλευσεν ὁ Γάλλος. Hieronymus aber (Chronicon zu 283 Olymp.) berichtet auch von der Zerstörung anderer Städte: Sepphoris, Tiberias, Lydda und anderer: — et civitates eorum Dio Caesaream, Tiberiadem, Diospolin plurimaque oppida igni tradidit (Gallus Caesar). Die Peſikta (c. 8) ſcheint Hieronymus' Angabe zu beſtätigen, indem ſie ebenfalls von der Zerſtörung von Sepphoris, Tiberias, Ludda und Akko ſpricht: — קול צווחה מטבריא וו עכו׃ ילולה מן המשנה וו לוד שהיא משנה לירושלם. ושבי נטל כהנגעים וו צפורי שנתנה בגלות. הללו ישבי הפכחש וו טבריא שעמוקה במדשת. אסי הקב"ה עשיתי את הדין בד' מקוטים הללו כה שעשו בהם נכרים. Dieſe Agada ſcheint um ſo gewiſſer von Gallus' Zeit zu ſprechen, als ſie über Jeruſalem durchaus ſchweigt.

Das räthſelhafte Sendſchreiben an Raba giebt einen Begriff von dem Umfang der Verfolgung unter Gallus (Syn. 12. a.): שלחי ליה לרבא זוג בא מרקת חטפי׃ נשר ובדת דברים הנפשים בלוח. בזכות הרחמם ובזכותח יצאו בשלום ופטומי ידיכי נחשן בקטי לכבית נציב אחד ולא הניחו ארמי הלו אבל בעלי אטמטת נאטפו וקבעו לי נציב אחד בית שפת בר אהרן הבהן. Dieſe Geheimſchrift hat eine Parallele an dem Bericht, welchen der römiſche Geſandte Procopius zur Zeit Conſtantius' den römiſchen Feldherrn von der Rüſtung Schabur's und dem Verrath des römiſchen Parteigängers Antoninus zuſchickte (Ammianus Marcell. XXIII. 9.); er lautete: Amandatis procul Grajorum legatis, forsitan et necandis, rex longaevus non contentus Hellesponto, junctis Granici et Rindaci pontibus, Asiam cum numerosis populis pervasurus adveniet — autore et incendore Hadriani quondam Romani principis successore. Dieſe Worte bedeuteten: Persarum regem transitis fluminibus Anzaba et Tigride Antonino hortante dominium Orientis affectare totius. — Es war alſo zu dieſer Zeit Brauch, geheime Berichte durch Anſpielung auf frühere geſchichtliche Verhältniſſe abzufaſſen.

31.
Hillel's feſter Kalender.

Ideler (Handbuch der mathem. und techniſchen Chronologie), Sloninsky und Andere zweifeln an dem hohen Alter der jüdiſchen Kalenderordnung und namentlich daran, daß ſie von Hillel II. eingeführt ſei. Die Zweifel entſtanden ihnen daher, weil ſie glaubten, daß die Kalenderordnung in der talmudiſchen Literatur nicht erwähnt wird. Auch Krochmal behauptet (Chaluz III. 140): es käme im jeruſalemiſchen Talmud nichts davon vor. Dem iſt aber nicht ſo. Der jeruſalemiſche Talmud (Erubin III. Ende) kennt ſie, und nennt ſie mit deutlichen Worten, nur iſt die Stelle mißverſtanden worden; ר' ייסי משלח כתב להן (לאנשי) אלכסנדריא), אף על פי שכתבנו לכם סדרי מועדות אל תשנו מנהג אביתיכם נחי נפש. Unter den Worten: סדרי מועדות hat man fälſchlich eine Gebetordnung verſtanden, während Buchſtabe und Zuſammenhang auf eine fixirte kalendariſche Feſtordnung hinweiſen. Die ganze Stelle, wozu dieſe Notiz gehört, handelt von dem zweiten Feiertag der außerpaläſtinenſiſchen Gemeinden, und daran ſchließt ſich die Ermahnung R. Joſé's an die Alexandriner, ſich nicht durch den neu eingeführten feſten Kalender irre machen zu laſſen, den zweiten Feiertag etwa aufzugeben. Die Worte אעפ"י שכתבולכם würden eine Unzufriedenheit R. Joſé's mit der Neuerung durchblicken laſſen: allein die edito princeps von Venedig hat die Lesart שכתבנו לכם. Zu welcher Zeit dieſer R. Joſé gelebt, iſt nicht zweifelhaft; er mit ſeinen Zwillingsamora R. Jona waren Nachfolger R. Ami's und R. Aſi's, jüngere Zeitgenoſſen R. Chaggai's (j. Roſch ha-Schana II. p. 58. b. Syn. I. 186);

כבגן‎ — ר' חגי פתח ר' יונה ור' יוסי הוחפין‎. R. Jona war ein Jünger R. Seïras' I.; folglich lebten er und R. José im vierten Jahrhundert und war Zeitgenosse des Kalenderordners Hillel. Die Tradition des zuverläßigen Gaon R. Haï genügt, das Factum von der Einführung des festen Kalenders durch Hillel II. zu beglaubigen (bei Abr. b. Chija Abur p. 97.): עד ימי הלל בר יהודה בשנת תר"ע לשפרה‎.

32.
Rabba b. Nachmani.

Die jüdischen Chronographen, namentlich Heilperin, sind in Zweifel, ob Rabba b. Nachmani der Einladung seiner Brüder gefolgt war, nach Judäa auszuwandern. Eine Notiz (Baba Mezia 6. b.) giebt Gewißheit darüber, daß er allerdings in Judäa gewesen, aber noch vor R. Chasda's Uebersiedelung nach Sura, (also vor 293. תר"ד‎ v. S. 415), wieder nach Babylonien zurückgekehrt ist: אמר ליה ר'‎ אשיעא לרבה בי אזלא קמיה דר' חסדא לכפרי בעי מני‎. כי אתא לסורא א"ל רב המנונא‎. Es geht daraus noch weiter hervor, daß Rabba über 40 Jahre alt geworden sein muß, da erst 330 (תרצ"א‎ v. S. 416) das Zeitliche gesegnet, und bei seiner Anwesenheit in Judäa doch mindestens 20 Jahre alt war. Mithin ist jene Nachricht: רבה חי מ' שנים‎ (Moed Katan 28. a.) sagenhaft. Keineswegs kann aber Rabba Zuhörer R. Jochanan's gewesen sein, der schon 279 starb. Die Worte in dem Schreiben der Brüder Rabbas an ihn (וכמי ר' יוחנן‎) יש לך רב‎, halte ich für eine jüngere Glosse, wie mehre Zusätze mit ähnlicher Formel (Berachot 28. a.): אתי‎ וכמו היה יוהבי בן שמעאל ר' תלמיד‎ (Rosch-ha-Schanah 31. b): זכאי בן יוחנן ר' חבדך וכאן‎ (Sabbat 156. a.): ר' ימיו קדם אמרית‎ מאן רבי ר' יהודה‎ (Jebamot 45. a.): אמרית קדם רבי ומר רבינו הקדוש‎, dann wieder חייא הנשיא‎: (Sabbat 56 b.) דצינהחא נתן ושיונו‎. S. noch b. י"ט‎ 22. b. Jebamot 121. b.

33.
R. Papa.

Von R. Papa's Unselbstständigkeit in der Halacha zeugen folgende Stellen: אמר ר' פפא הלכך נסרינהו לתרויהו‎ (Berachot 11. b. 59. b. 66 J. b; Taanit 7. b.; Megilla 21. b.); אר' פפא הלכך בעינן כזית בפקום פרה ובעינן במקום שהוא חיה‎ (Chulin 46. a.); אר"פ בעינן‎ (das. 76. b. Sabbat 20. a.); אר"פ הלכך בעינן רוב עיבי ורוב הקיפו‎; אבשרא ואטופרא ואתלת רוחתא‎ (Chulin 17. b.)

34.
Julian Apostata und die Juden.

In den ersten Ausgaben von Julian's Misopogen und Briefen (edit. Martinini. Paris. 1566.) findet sich als Ueberschrift zum Briefe an die jüdische Gemeinde die maliciöse Bemerkung: εἰ γνήσιος! Es spricht sich in diesem Zweifel an der Echtheit des Briefes der kleinliche Neid aus, daß ein Kaiser den verhaßten Juden so viel Gunst zugewendet haben sollte! Allein der ganze Inhalt desselben entspricht so sehr dem Charakter Julian's und seinem Verhältnisse zu den Juden, daß kein Kritiker diesen Zweifel getheilt hat.

Note 34

Ich gebe den Brief als ein historisches Aktenstück in Original; er bildet die No. 25 in der Briefsammlung Julians, und hat die Ueberschrift:

Ἰουδαίων τῷ κοινῷ.

Πάνυ ὑμῖν φορτικώτερον γεγένηται ἐπὶ τῶν παρῳχηκότων καιρῶν τῶν ζυγῶν τῆς δουλείας τὸ διαγραφαῖς ἀκηρύκταις ὑποτάττεσθαι ὑμᾶς, καὶ χρυσίου πλῆθος ἄφατον εἰσκομίζειν τοῖς τοῦ ταμείου λόγοις. Ὧν πολλὰ μὲν αὐτοψεὶ ἐθεώρουν, πλείωα δὲ τούτων ἔμαθον εὑρὼν τὰ βρέβια[1]) τὰ καθ᾽ ὑμῶν φυλαττόμενα. Ἔτι δὲ καὶ μέλλουσαν πάλιν εἰσφορὰν καθ᾽ ὑμῶν προτάττεσθαι εἶρξα, καὶ τὸ τοσαύτης δυσφημίας ἀσέβημα ἐνταῦθα ἐβιασάμην στῆναι, καὶ πυρὶ παρέδωκα τὰ βρέβια τὰ καθ᾽ ὑμῶν ἐν τοῖς σκρηνίαις ἀποκείμενα, ὡς μηκέτι δύνασθαι καθ᾽ ὑμῶν τινὰ τοιαύτην ἀκοντίζειν ἀσεβείας φήμην. Καὶ τούτων μὲν ὑμῖν οὐ τοσοῦτον αἴτιος κατέστη ὁ τῆς μνήμης ἄξιος Κωνστάντιος ὁ ἀδελφός, ὅσον οἱ τὴν γνώμην βάρβαροι, καὶ τὴν ψυχὴν ἄθεοι οἱ τὴν τούτου τράπεζαν ἑστιώμενοι. οὕς[2]) μὲν ἐγὼ ἐν χερσὶν ἐμαῖς λαβόμενος, εἰς βόθρον ὤσας ὤλεσα, ὡς μήτε μνήμην ἔτι φέρεσθαι ἢ εἶναι παρ᾽ ἡμῖν τῆς αὐτῶν ἀπωλείας ἐπὶ πλέον δὲ ὑμᾶς εὔχεσθαι βουλόμενος, τὸν ἀδελφὸν Ἰουλὸν τὸν αἰδεσιμώτατον πατριάρχην παρήνεσα, καὶ τὴν λεγομένην παρ᾽ ὑμῖν ἀποστολὴν κολυθῆναι, καὶ μηκέτι δύνασθαι τὰ πλήθη ὑμῶν τινὰ ἀδικεῖν τοιαύταις φόρων εἰς πράξεσιν, ὡς πανταχόθεν ὑμῖν ἀμέριμνον ὑπάρχειν τῆς ἐμῆς βασιλείας, ἵνα ἀπολαύοντες ἔτι μείζονας εὐχὰς ποιῆτε τῆς ἐμῆς βασιλείας τῷ πάντων κρείττονι καὶ δημιουργῷ θεῷ τῷ καταξιώσαντι στέξαι με τῇ ἀχράντῳ αὐτοῦ δεξιᾷ. Πέφυκε γὰρ τοὺς ἔν τινι μερίμνῃ ἐξεταζομένους περιδεῖσθαι τὴν διάνοιαν, καὶ μὴ τοσοῦτον εἰς τὴν προσευχὴν τὰς χεῖρας ἀνατείνειν τολμᾶν. τοὺς δὲ πανταχόθεν ἔχοντας τὸ ἀμέριμνον ὁλοκλήρῳ ψυχῇ χαίροντας, ὑπὲρ τοῦ βασιλείου ἱκετηρίους λατρείας ποιεῖσθαι τῷ μείζονι, τῷ δυναμένῳ καταθῆναι τὴν βασιλείαν ἐπὶ τὰ κάλλιστα, καθάπερ προαιρούμεθα. ὅπερ χρὴ ποιεῖν ὑμᾶς, ἵνα τῶν Περσῶν πόλεμον διορθωσάμενος, τὴν ἐκ πολλῶν ἐτῶν ἐπιθυμουμένην παρ᾽ ὑμῖν ἰδεῖν οἰκουμένην πόλιν ἁγίαν Ἱερουσαλὴμ ἐμοῖς καμάτοις ἀνοικοδομήσας οἰκήσω, καὶ ἐν αὐτῇ δόξαν δώσω μεθ᾽ ὑμῶν τῷ κρείττονι.

Dieser Brief ist geschrieben während Julians Aufenthalt in Antiochien zwischen August 362 und März 363, wohl nicht lange nach seiner Ankunft der syrischen Hauptstadt. Vorangegangen ist ihm ein Schreiben an den Patriarchen Julos, d. h. Hillel II.

[1]) Βρέβια ist der gräcisirte lateinische Plural brevia von breve in der Bedeutung von „Rolle, Register".

[2]) Bezieht sich auf die Hinrichtung der drei schändlichen Kämmerlinge Constantius': Paulus Catena, Epidemius und Eusebius.

In einem Fragment aus einer Rede Julians (editio Spannheim p. 395) kommt er auf den Tempelbau zurück, und erklärt, er wolle ihn zu Ehren dessen bauen. „dessen Namen auf ihm genannt wird", ein biblischer Sprachgebrauch: אשר נקרא שמי עלי. Οἱ γὰρ ὀνειδίζοντες ἡμῖν τοιαῦτα τῶν Ἰουδαίων οἱ προφῆται τί περὶ τοῦ νεὼ φήσουσι, τοῦ παρ' αὐτοῖς τρίτον ἀνατραπέντος, ἐγειρομένου δὲ οὐδὲ νῦν; ἐγὼ δὲ εἶπον οὐκ ὀνειδίζων ἐκείνοις, ὅς γε τοσούτοις ὕστερον χρόνοις ἀναστήσασθαι διενοήθην αὐτὸν εἰς τιμὴν τοῦ κληθέντος ἐπ' αὐτῷ Θεοῦ. — Die Meinung, welche die Juden von Julian hatten, giebt eine Agada zu erkennen, die merkwürdiger Weise nur Hieronymus (Comm. in Danielem zu 9. 34.) erhalten hat: Alii (Hebraei) vero de Juliano imperatore (intelligunt haec verba: sublevabuntur auxilio parvulo), quod quando opressi fuerint a Gallo Caesare et in captivitatis angustiis multa perpessi, ille consurgat, Judaeos amare se simulans et in templo eorum immolaturum se esse promittens. In quo parvam spem auxilii habebunt (Judaei) et applicabuntur illis gentilium plurimi. In der uns zugänglichen talmudischen und agadischen Literatur wird nicht einmal Julian's Name erwähnt; denn die Notiz (j. Nedarim III. 37. d.) הא לוליוס מלכא וכו׳, in welcher Zunz (G. V. S. 53.) diesen Kaiser finden wollte, ist augenscheinlich eine Corruptel für לוליאנוס מלכא, wie es in der Parallelstelle (j. Schebuot II. p. 34. d.) heißt. Das Benehmen der Christen gegen die Juden in Julians Zeit deutet eine Notiz (in Abulfarag Barhebraeus' Chronicon Syriacum p. 68) an: daß die Christen von Edessa die Juden ihrer Stadt erschlagen haben: יולינוס פראבטים .. יקר לן וריא זבר שמעי קרסטינא דבאורהי אתטנו וקטלו לבלהן יודיא דלוהרן.

35.

Die Mischna, ob niedergeschrieben oder mündlich.

Luzzato gebührt das Verdienst, den alten, verbreiteten Irrthum, als seien Mischna und Talmud, gleich nachdem sie gesammelt und redigirt waren, niedergeschrieben worden, berichtigt zu haben. Mit voller Schärfe führte er den Beweis, daß im Gegentheil Mischna und Talmud nach wie vor nur mündlich aufbewahrt wurden, bis sie in der Saburäer-Epoche, zur Zeit des R. Gisa und Simona (550), ein halbes Jahrhundert vor dem Auftreten Mohammeds, niedergeschrieben wurden (vergl. Kerem Chemed Jahrg. 1838. S. 62. f.). Dasselbe bestätigt auch Scherira's Sendschreiben: דמשנה והתלמוד לא אכתבו אלא תרוצי איתרצו ויהירין רבנן למיגרסי על פה. Am entschiedensten spricht dafür der im Texte citirte Midrasch (Pesikta c. 5.; M. Tanchuma P. Ki-Tissa; Exod. Rabba c. 47.; verstümmelt in j. Peah II. p. 17. a): אמר ר׳ יהודה בר שלום בקש משה שתהא המשנה בכתב
(ולפי) צפה הקב״ה שהאומות עתידין לתרגם את התורה ולהיות קורין בהן יונית והם אומרים אנו ישראל אנו הם בניו של מקום — אמר להם הקב״ה אתם אומרים שאתם בני איני יודע, אלא מי שמסטירין שלי בידו הוא בני — ומה הם המסטירין זו המשנה — אמר הקב״ה למשה מה אתה מבקש שתהא המשנה בכתב ומה בין ישראל לאומות העולם. כך הוא אומר אכתוב לו רובי תורתי אם כן כמו זר נחשבו. Also zur Zeit, als die Septuaginta in den Kirchen gelesen wurde, und das christlich gewordene Rom sich für das wahre Israel ausgab, war die Mischna noch nicht niedergeschrieben. Da es noch immer Ungläubige giebt, so mögen die schlagenden Beweise aus dem Talmud hier angeführt werden. B. Erubin 62 b. wird vorausgesetzt, daß nur Megillat Taanit niedergeschrieben war,

sonst aber keine Halacha: מנחא ד כ ר י ב א לאביי כנן מגילח חנינ׳ אר׳ר׳ יעקב בר אבא. S. Raschi zu St., der mit richtigem Takte dazu bemerkt: מהו לאורויי בארעא דרבי׳. — Zu Baba Mezia 26. b. wird verhandelt, wie man gefundene heilige Schriften behandeln soll, und ob man geborgte weiter leihen darf; aber es wird kein Wort von Halacharollen erwähnt, wie es damit zu halten sei. Wohl kommt vor, daß Raba ein Agadabuch hat pfänden lassen: כי הא דרבא אפיק זוזא דטרבלי וטפרא דאגדתא מיתמי (Synhedrin 46 b.) und Josua b. Levi versichert, er habe nur ein einziges mal in eine Agadasammlung geblickt, weil er das Niederschreiben auch der Agada für verboten hielt. (Jerus. Sabbat XVI. p. 15. b.; Soferim XV. 10): אמר ר׳ יהושע בן לוי הדא אגדתא הכותבה אין לו חלק ... אנא מן יומי לא אסתכלית בסברא דאגדתא אלא חד זמן אסתכלית. Vergl. Jerus. das. den Fluch des Chija b. Abba über das Niederschreiben von Agadas. Aber von niedergeschriebenen Halachas, oder ganzen Mischnasammlungen kommt auch keine Spur in den Talmuden vor. Uebrigens waren einige Partien, namentlich seltene Halacha's schriftlich vorhanden. Wie R. Chija eine Megillat Setarim halachischen Inhaltes hatte, so hatte auch Ilfa seine Halachatafel (j. Maasserot II. p. 49): אשכחן כתב בפנקסיה דחילפי אוכל מהן. Vergl. Kilaim I. p. 27 a.: ר׳ יוסי בשם ר׳ חייא בר זאא אשכחן כ׳ בפנקסן האי בריא ובתקנן. כתיב על פנקסיה דר׳ הלל בירי ואלס. ר׳ יונה בשם ר׳ חייא. אשכחן כתיב על כותלי׳ דר׳ הלל וכ׳...

36.

Die Pesikta.

Auf R. Tanchuma b. Abba werden nicht nur einzelne agadische Sentenzen, sondern auch ganze agadische Stücke zurückgeführt unter der Formel: כך פתח ר׳ תנחומא בר אבא (an vielen Stellen der Pesikta, des M. Tanchuma und Exod Rabba), oder כך דריש ר׳ תנחומא בר אבא (Pesikta 41. 33 Ende). Die Zeit dieses R. Tanchuma läßt sich annähernd ermitteln. Er war ein Schüler des R. Huna b. Abin (Num. Rabba c. S. 25 a.): אר׳ תנחומא בר אבא אני שאלתי ולמדתי אותה לפני ר׳ הונא בר אבין. Dieser, dem Anschein nach identisch mit R. Huna, Jünger R. Jeremia's, war ein fruchtbarer Adagist und ein jüngerer Zeitgenosse Raba's (רבא), dem er zur Zeit, als man in Judäa durch Gallus' Verfolgung verhindert war, ein Schaltjahr einzusehen, eine kalendarische Regel zuschickte (p. 21. a.): שלח ליה רב הונא בר אבין לרבא כד חזית דמשכה תקופא טבת עד ר׳׳י בניסן עביד להאי שתא ולא תחוש ליה. Folglich lebte sein Jünger R. Tanchuma in der zweiten Hälfte des vierten Jahrhunderts und war Zeitgenosse R. Papa's, und Hillel's II. Dieser R. Tanchuma tradirt Halacha's im Namen R. Huna's II. [b. Abin] Stellen in (פ״ה) und ist demnach als eine der letzten judäischen Amora's zu betrachten, welche im Talmud jeruschalmi vorkommen. — Zunz hält diesen R. Tanchuma für eine fingirte Person, weil derselbe mit dem Epitheton ברבי genannt wird, welches nach der Ansicht dieses Kritikers ein Symptom der Fiktion sein soll (G. V. S. 320). — Allein ברבי ist, wo es bei ihm vorkommt, eine Corruptel für ברבי אבא, wie R. Tanchuma an 11 Stellen der Pesikta und anderen Midraschim genannt wird, ebenso wie ר׳ יהודה הלוי בר שלום corrumpirt ist für: ר׳ יהודה בר שלום בשם ר׳ לוי (Pesikta 5. 10. vergl. c. 52. 2.). Ueberhaupt beruht Alles, was Zunz (das.) als Kretterin der Jugend angiebt, auf schwachen Gründen. Man muß vielmehr Rapaport vollkommen beistimmen, daß die Pesikta eine der ältesten, wo nicht die älteste Agadasammlung ist (Erech Millin S. 178. f.). Die Spuren der Jugend, welche Zunz darin gefunden haben will, gehören der gloffirenden Hand der zwei Sammler an, namentlich die mystischen Stellen vom Messias c. 20 und 34—37. Als Hauptbeweis für das vorgaonäische Alter der Pesikta kann der Umstand gelten, daß, während sie den jeruf. Talmud überall reflektirt, sie den Talmud Babli nicht nur nicht kennt, sondern oft im Widerspruche zu demselben steht: vergl. c. 2. das Motiv der achttägigen Chanukafeier. Den Charakter der zusammenhängenden, predigtartigen Agada, die von R. Tanchuma repräsentirt wird, vergegenwärtigt ebenfalls die Pesikta; vergl. Kapitel 4 R. Tanchuma's durchgeführte Parallele von Mose und Elias; c. 33. die Parallele von Sünde, Strafe und Trost Israel's. Den Namen פסיקתא hat diese Sammlung von den Homilien für die außergewöhnlichen Sabbate und Feiertage, deren Perikopen die gewöhnliche Reihe der Vorlesungen unterbrechen, von פסק unterbrechen. Vergl. Mischna Megilla IV. יוחרין .. מפסיקין לסדר פרשיות הוא חוזר .. לסדר הפטרות הוא חוזר לכסדר; und Talmud dazu p. 30. b.: מדרש לשבתא פסיקתא „Midrasch für solche die Reihenfolge unterbrechenden Sabbate". Es läßt sich denken, daß zuerst nur an solchen Sabbaten und Feiertagen gepredigt wurde, aber nicht an jedem Sabbat. Die allsabbatlichen Homilien sind daher der Natur der Sache nach jünger als die Pesikta.

37.
Reihefolge der Exilsfürsten.

Die Reihefolge und Genealogie der Exilsfürsten sind viel schwerer zu ermitteln, als die der Patriarchen. Der Talmud, der von Allem und Jedem spricht, beobachtet merkwürdiger Weise ein, wie es scheint, geflissentliches Stillschweigen über die Resch-Galuta, und nennt nur hin und wieder 3—4 derselben mit Namen. Das Seder Olam Sutta, welches sich die Aufgabe gestellt hat, ihre Aufeinanderfolge und ihre Abstammung von den letzten Königen aus dem davidischen Hause chronologisch zu ordnen, wimmelt in unsern Ausgaben von Corruptionen, Interpolationen und namentlich Verschiebungen. Außerdem besitzen wir variirende Texte von demselben. Zunz hat (G. B. S. 136.) das Richtige getroffen, daß die sechzehn bis siebenzehn Namen der Exilarchen während der biblischen Zeit fingirt, d. h. aus den Nachkommen des Königs Jechonias (1. Chronik 3.) willkührlich ausgewählt sind. Die historischen Exilarchen beginnen erst mit Huna und Anan; zwischen beiden muß man aber noch einen hineinschieben. Ich gebe hier die Reihefolge der 12 Exilarchen von Anan bis R. Huna II. während der Amora-Epoche. 1) Anan, Zeitgenosse Samuels und Rabs, erlebte die Zerstörung Nahardeas (259 oder 261). 2) Nathan, Zeitgenosse von R. Juda b. Jecheskeel und R. Scheschet. 3) Nehemia, Zeitgenosse von R. Scheschet und R. Chasda, scheint Rab's Schwiegersohn gewesen zu sein. 5) Ukban, Ukba, Mar-Ukba (identisch mit dem in Seder Olam Sutta aufgeführten עקביה: Zunz macht irrthümlich aus Akabiah und Ukban zwei), mit dem Titel Rabbana, ein Enkel Rab's, Zeitgenosse Rabba's (רבה) und R. Joseph's, wird im Talmud ehrenvoll genannt (Chulin 92. a.): שני שרי נאים היוצאין מישראל בבל דור פעמים שבעים כאן ואחד בא"י — וירבו רבנן עיניהו ברבנא עוקבא

רבנא נחמיה בני בריתיה דרב. Es ist derselbe, an welchen ein Sendschreiben aus Judäa gelangte, mit einem schmeichelhaften Eingange (Synh. 31. b.): שלחו ליה למר עוקבא לדוי ליה כבר בריה שלו; derselbe endlich, dessen Reumüthigkeit R. Joseph rühmet (Sabb. 56. b.) אמר ר׳ יוסי ועד אהד (מבעלי תשובה) יש בדורנו וכו׳ עוקבן בר נחמיה (die Worte des Zusatzes: והיינו נתן דצוצתא ist Glossem, (wie o. S. 492 bemerkt wurde). Rabbah tradirt Manches von diesem Mar-Ukban (ב״ב 55. a.) 5) אמר רבה הני תלת מלי אשתעי לי עוקבן בר נחמיה ריש גלותא משמיה דשמואל. Huna Mar I., Bruder Ukban's Zeitgenosse Abaji's und Raba's (muß emendirt werden: רבא בר בר יוסף בר חמא für ר׳ יוסף), lebte zur Zeit der Kaiser Julian und Jovian, als das wichtige Nisibis dem persischen Reiche einverleibt wurde, nachdem es Jovian dem Sieger Schabur II. überlassen mußte (363): בימי הונא מר) סליק ובישיט. Den folgenden Satz in S. O.: — ושכיב הונא סר ועמד עוקבא אחיו שבור לנציבין וכבשה. רב חננאל חכם כל׳ halte ich für verschoben: er gehört nämlich unter die biblisch-fingirten Resch-Galuta; die Fiction ist durch ר׳ חננאל kenntlich genug, ein Name, den diese Chronik dreimal nennt. Es muß mithin heißen ושכיב הונא מר ועמד אחריו. 6) Abba Mari, Sohn Ukban's, Zeitgenosse von R. Nachman b. Jizchak, Rabina I. und R. Papa. Im Talmud (Nidda 67. b.) wird er genannt: הוה קובעא בדביתהו דאבא מרי ריש גלותא דאיקטו אול ר׳ נחמן בר יצחק. — Ueber die Nachfolger des Abba Mari differiren die Texte bedeutend: Kahana, Safra, Mar-Sutra, Kahana; oder Mar-Sutra, Mar-Jemar, Kahana. Sieht man sich den Text indeß näher an, so verschwindet die Differenz. Safra muß zuerst hinweggeschafft werden, es ist augenscheinlich eine Corruptel, entstanden aus dem in der oberen Zeile angeführten Satz ושכיב מר כהנא ועמד ר׳ ספרא חכם של׳. Dann findet sich in S. unstreitig eine Lücke: ......אחריו. Hier fehlt augenscheinlich Mar-Jemar, den Scherira aus Tradition als Vorgänger Mar-Sutra's kennt: ועמד ימר מר זוטרא (דהוא בתריה דריש גלותא). Auf diese Weise stimmen beide Texte unter einander und mit Scherira überein. Es muß demnach gelesen werden: ושכיב מר כהנא ועמד אחריו (מרימר ועמד אחריה מר זוטרא). ר׳ אחא מדפתי חכם שלו ושכיב מר זוטרא וכו׳. Es folgen also 7) Mar-Kahana I. 8) Mar-Jemar. 9) Mar-Sutra, alle drei ältere oder jüngere Zeitgenossen R. Aschi's. Mar-Sutra überlebte ihn aber bis zur Zeit von R. Acha aus Difta und Mar bar Aschi. Dann 10) Mar-Kabana II. Sohn Mar-Sutra's. 11) Huna-Mar II. oder Mari), ebenfalls Sohn Mar-Sutra's, welcher im Jahre 470 oder 471 durch Firuz hingerichtet wurde (o. S. 418). Auf Huna-Mar läßt S. unmittelbar 12) Rab Huna II. (mit dem Titel Rab nennt ihn sogar Scherira) Sohn Mar-Kabana's II. folgen, der in der nachtalmudischen Zeit 511 (תתכ״ב) starb. In dem Zeitraum der Amora-Epoche von 219—511 folgten demnach 12 Exilarchen auf einander.

38.
Die letzten Amora's und Halbamora's.

Wie es nach der Schlußsammlung der Mischna Halbtanaiten gegeben hat, welche den Uebergang von den schöpferischen Tanaiten zu den abhängigen Amoräern bildeten, so gab es auch nach dem Abschluß des Talmud Halbamora's, die man als die letzten Amora's und als die ersten Saburäer betrachten kann. Sie und ihre unmittelbaren Nachfolger haben dem Talmud diejenige Gestalt gegeben, welche er heutigen Tages besitzt. Die Namen dieser Halbamora's variiren in den zwei uns vorliegenden Texten, dem Seder Tanaïm w' Amoraïm (abbrev. S. T.) und dem Sendschreiben Scherira's (abbrev. Sr.) so sehr, daß ein kritisches Eingehen unerläßlich wird. Ein kritisches Hülfsmittel bietet der Auszug aus der ersten Schrift bei Simson von Chinon (S. Keritot IV. 2.) 1) Als der erste dieser amoräischen Epigonen wird R. Achaï bar R. Huna genannt; Sr. giebt ihm das Epitheton כבי חתים, und ebenso S. T. (Leseart des Machsor Vitry): ר' אחאי גבר (סבי (l. חתיג. Nach Sr. wird dieser R. Achaï neben Anderen im Talmud (Gittin 7. b.) erwähnt: גבל מה דרוה חלי וקאים פרישה כגון רב נחוני ור' יוסף: וור' אחאי סבי חתים דאמרינן בהכביא צקלג וכי'. Dafür steht aber in unserer Ausgabe: ר' אחא סבי חיאה und גבידה סארגיוא. Daher stammen die Corrupteln in S. T.: גביא ר' כמא בריה דארגיות oder רב גברא פארגוותא; nur bei Simson von Ch. deutlich. 2) ר' שמואל בר אבהו סצסבדיתא 4) רתמאי oder נחומי. 3) Der schon genannte דרבנא יהודאי, in Talmud erwähnt: שלחו סהם הלכתא כוהיה דשכיאל בריה דר' אבהו 5) רבינא סן איסצא ר' הונא ריש גלוחא 6) בר אוסציא oder (v. S. 497) in S. T. nicht genannt. 7) ר' אחא דאבה. in S. T. contrahirt in: ר' אחדבי בר קטינא, bei Sr. corrumpirt החיב als selbstständiger Name. 8) ((Variante כר הפדא בר חנינא)). 9) (חינגא. הנא. חבא ר' יוסי oder ר' יוסף, der sie sämmtlich überlebt hat. Mit diesem beginnt die Epoche der eigentlichen Saburäer. Bei Seder Tanaïm folgt nach der Aufzählung der Halbamoräer die Datumangabe: וביידה יצא כחפיצ oder בחוצט, als wenn die letzten derselben zu Mohammeds Zeit gelebt hätten. Das fand Luzzato irrthümlich. Allein es beweist: daß in unserem Texte eine Lücke ist. Die Schulhäupter von Sura in der nachtalmudischen Zeitepoche sind ausgefallen bis etwa Mar Chanina von בי ניהרא, welchen Scherira eingefügt hat: zu diesem paßt וביסיו יצא סהבו.

An gewissen eigenthümlichen Wendungen, die von einem R. Achaï in den Diskussionen vorkommen: שטים ר' אחאי (Ketubot 2. b.) oder פריך ר' אחאי (das. 47. a.; Jebam. 84. a.; Chulin 65. b.; Schachim 102. b.; Bechorot 6. a.; Kiduschim 13. a.; Schebuot 41. b.) oder הוי בה ר' אחאי (Bechorot 8. a.) hat der Talmudcommentator Samuel b. Meïr (רשב"ם) mit richtigem Takte erkannt, daß dieselben nicht einem Amora alten Schlages angehören können. Aber dieser im Talmud genannte R. Achaï kann aber nicht, wie derselbe ausgleichen wollte, mit dem Verfasser der שאלתות, mit Achaï aus Schabacha aus dem VIII Jahrh. identisch sein. Es ist vielmehr jener Halbamora R. Achaï aus Be-Chatim, von dem Scherira tradirt, er habe nebst Nachumai und R. José das im Talmud zweifelhaft Gebliebene erörtert und der Lösung zugeführt. R Tam's Einwendung, daß R. Aschi mit diesem R. Achaï controversirt (Ketubot 2. b.; Sebach. 1. b.) ist nicht erheblich, da es auch später einen R. Aschi gegeben haben kann, wenn nicht die Leseart Aschi überhaupt falsch ist, da Nidda 33. a. der Controversant des R. Achaï אסי ר genannt wird. Man scheint also ganz geflissentlich diejenigen Zusätze im Talmud, welche nicht von den echten Amora's herrühren, durch eine eigene Wendung kenntlich gemacht zu haben. Die Sentenzen dieses R. Achaï zeichnen sich durch eine gesunde, treffende Dialektik aus; daher mag man ihn in Judäa so sehr gepriesen haben: זהרו ברבנו אחאי סאאיר עיני הגולה (Chulin 39. b.). Durch den dabei genannten Samuel bar Abbahu ist er kenntlich genug als Halbamora.

Register.

A.

Abaji 355. f.
Abba aus Akko 390.
Abba Areka, s. Rab.
Abba b. Abba 286.
Abbahu 304. 307. f.
Ab-Bet din 67.
Abendmahl 88.
Abimai 313.
Abin 338.
Acha b. Abbuha 408.
Acha aus Difta 401.
Acha b. Jakob 366.
Acha b. Rabba 379.
Achai b. Huna 408.
Acher 65. 102. 173. 191. 192. 212.
Achnai-Ofen 35.
Adam, Buch 216.
Adojot, Traktat 38.
Aelia Capitolina 146. 167.
Aeonen 96.
Agada 17. 19. 396.
Agrippa II. 26.
Aibu 285.
Ain-Tab 218.
Airvi 405.
Akabia b. Mahallel 59.
Akbara 227.
Akiba 34. 37. 40. 43. 53. 62. 104. 107. 108. 113. 121. 148. 159. 175. 176. 177. 186.

Akylas 112. 149.
Alexander Severus, Kaiser 242.
Alexandrien, Juden in 128. 129. 388.
Alypius 371.
Ambrosius 386.
Amemar von Nahardea 379. 402.
Amemar b. Mar-Janka 405.
Ammaus 191.
Ami 298. 301. 304. 307.
Ammoniter 40.
Amora, Amoräer 253. 362.
Anan, Exilarch 280.
Andreas 126.
Antiochien, Juden in 383. 394.
Antitakten 99.
Antoninus 223. 243.
Antoninus Pius, Kaiser 185. 206.
Antoninus Philosophus, Kaiser 206. 223.
Apamea 272.
Apokalypse 85.
Apokryphen 397.
Apollos 85.
Ἀποστολή 305.
Aquila, s. Akylas.
Arbiskos 195.
Ardeschir 296. 307.
Aristides 193.
Arioch, s. Samuel Jarchinai
Arkadius, Kaiser 387.
Armenien, Juden in 363.
Artaban III. 281.

Aschi 378. f.
Asi 298. 304.
Askese 99.
Aufstand der Juden unter Trajan 124.
Aufstand der Juden unter Hadrian 149.
Aufstand der Juden unter Antoninus Pius 206.
Aufstand der Juden unter Constantius 341.
Auslegung der heiligen Schrift 16, 22. 52. 54. 61. 396.
Avidius Cassius. 224.

B.

Babylon 85.
Babyloniën, Juden in 125. 129. 270. 292. 374. 402. 404.
Balamiten 100.
Bann 34. 37. 144.
Bardesanes 95.
Bar-Eleasa 215.
Bar-Kappara 215. 229. 232.
Bar-Kascha 286
Bar-Kochba 149. 163.
Barkosiba, f. Bar-Kochba.
Bar-Nazar, f. Odenath.
Bartholomäion 209.
Basilides 95.
Bat-Kol 32.
Bati b. Tobi 323.
Bechirta f. Adojot.
Beklin 29.
Ben-Asai, f. Simon b. Asai.
Ben-Lakisch 246. 260. 298.
Ben-Soma, f. Simon b. Soma.
Bene-Berak 59.
Be-Rabbi-Jsmael 62.
Berenice 118.
Brurja 189.
Betar 156. 161.
Bet-din 15
Betgubrin 219.
Betsan 219.
Beschlüsse von Lydda 170. 175.
Beschlüsse von Uscha 144.

Bibelauslegung, f. Ausleg. d. h. Schrift.
Bibelübersetzung 114. 353.
Bikaat Jadaim, f. Tiefebene der Hände.
Bildsäule auf der Tempelstätte 166. 183.
Binjamin, Arzt 361.
Biria 228.
Bischof 87
Boraïta 232.
Bote der Gemeinde, f. Vorbeter.

C.

Cäsarea 149. 219. 312.
Cäsarea Philippi 45.
Cäsarea Mazaca 66. 148. 288.
Caracalla, Kaiser 226. 230
Casuistik 237.
Chabura 74
Chacham 67.
Chaggai 246. 318. 331.
Chama b. Anilaï 315.
Chama von Nahardea 366.
Chananja 347.
Chananja b. Teradion 64. 174. 177.
Chanina 216.
Chanina b. Abbahu 312.
Chanina b. Chachinai 201.
Chanina b. Chama 228. 254.
Chanina, Neffe R. Josua's 201. 203.
Chanina Segan Kohanim 20.
Charag' 276.
Chasda 325. 348.
Chebrin 291.
Chempeada 406.
Chija 214. 224. 232. 279. 318.
Chija, Sohn Rab's 285.
Chija b. Abba 305 310.
Chija aus Bestania 365.
Chiskija b. Chija 217. 232.
Choma 357.
Chuzpit 64. 178.
Christen 77. 113. 145.
Christenthum 76. 109. 266. 330.
Christus 85.
Chrysostomus 385.
Clemens Flavius 102.

Claudius 120. 226.
Commodus, Kaiser 224.
Constantin, Kaiser 332.
Constantius, Kaiser 338.
Cultus 72.
Cypern, Juden in 125.
Cyrill von Alexandrien 388.

D.
Dajan di Baba 318.
Dakira 272.
Daniel, Buch 269.
Daroma 201.
Decapolis 82.
Demiurg 97.
Δευτέρωσις 17.
Deuteroten 91.
Deutung der Schrift, s. Auslegung der heiligen Schrift.
Dialektik, talmudische 194. 357. 362.
Dimi 339.
Domitian, Kaiser 118.
Diaspora 71.
Dimi b. Chinanai 379.
Dibre Soferim 234.
Diokletian, Kaiser 302.
Domitilla 112.
Dosa b. Harchinos 20. 36.

E.
Ebioniten 81.
Edessa, Juden in 129. 371.
Edom 17.
Egypten, Juden in 125. 127. s. Alexandrien.
Einheit des Judenthums 31. 83. 145.
Eleasar b. Arach 15. 28.
Eleasar b. Asarja 37. 41. 144.
Eleasar b. Chanoch 34.
Eleasar Chasma 64.
Eleasar b. José Galili 201. 208.
Eleasar aus Modin 64. 79. 162.
Eleasar b. Padat 305.
Eleasar b. Parta 175.
Eleasar b. Schamua 211.

Eleasar b. Simon 217. 227.
Elieser b. Hyrkanos 12. 15. 29. 34. 43.
Elieser b. Jakob 201.
Eliogabal, Kaiser 230
Elisa 171
Elisa b. Abuja s. Acher.
Emmaus 149.
Ephes 256.
Epiphanius 336.
Epiplasmos 79.
Erinnerungen an den Tempel 73.
Erlaßjahr 218. 231.
Esdrelom, s. Rimmonebene.
Ethnarch s. Patriarch.
Eusebius von Cäsarea 332.
Evangelien 85. 101.
Exegese, s. Auslegung.
Exilarch 276 280.
Exilsfürst, s. Exilarch.
Exorcismus 88.

F.
Fasttage 73.
Feiertag, zweiter 344.
Firuz, König, 404.
Firuz-Schabur 274. 374.
Fiscus judaicus 24. 26. 123.
Folterqualen 172.
Freischaaren, jüdische 227.

G.
Gabba 325.
Gallus, Kaiser 339
Garizim 168.
Gamaliel II. 15. 30. 70. 105. 121. 143.
Gamaliel III. 228.
Gamaliel IV. 300.
Gamaliel V. 384. 385.
Gamaliel VI und letzte 389. 390.
Gamaliel von Jabne, s. Gamaliel II.
Gebetformeln 71.
Gebet gegen Judenchristen 105.
Gebiha 401.
Gebiha von Be-Katil 379.
Gedenktage 74.

Gegensynhedrin in Babylonien 203.
Geheimrolle 221.
Gelehrtenstand in Judäa 75.
Gelehrtenstand in Babylonien. 360.
Genisten 90.
Genossen, Orden der 74.
Gerichtsbarkeit, jüdische aufgehoben 207.
Geschäftsordnung des Synhedrin 69.
Geschlechtsadel 272. 321.
Gesetz, mündliches und schriftliches 16.
Gesetzescharakter des Judenthums 233.
Gesetzesfolgerungen 16. 34.
Gesetzeslehrer 76. 83.
Gesetze, Religions verbotene 169.
Gesetze, beschränkende gegen Juden 333. 343.
Gimso 21.
Gleichstellung der Juden im römischen Reiche 332. 387.
Gnosis 94.
Gnostiker 94. 96.
Golah 71.
Gottesdienst 72.
Gottesname 157.
Grupina 71.

H.
Hadrian, Kaiser 131, 145. 143. 184,
Halacha 18. 45.
Hamansbild 393.
Hamnuna 354.
Hasmonäer 322.
Hebräerbrief 91.
Heiden 23. 151. 238. 244.
Heidenchristen. 82. 93.
Heidenöl 244.
Heiliger Geist 267.
Hellenen, s. Heidenchristen.
Herodianer, letzte 25.
Hexapla 252.
Hillel II 337. 343. 369.
Hillel b. Gamaliel 241. 250.
Hilleliten 28.
Hesychius 388.

Hieronymus 397.
Hohes Lied 40.
Honorius, Kaiser 388.
Huna, Exilarch 277.
Huna, Vorsteher des Lehrhauses 315.
Huna b. Abin 344.
Huna b. Chija 348.
Huna b. Josua 365.
Huna b. Manoach 365.
Huna Mari, Exilarch 405.
Huna b. Nathan 379. 382.
Hyrkanos 43.

J.
Jabne 13. 132.
Jakob, Judenchrist 47.
Jakob b. Kurschai 211.
Jalta 326.
Jamnia, s. Jabne.
Jannai 231. 232.
Jarchinai s. Samuel Jarchinai.
Jdi b. Abin 401.
Jehuda, s. Juda.
Jemar, s. Maremar.
Jerusalem 146. 152. 162. 167. 185.
Jeremia 331.
Jesreel, Ebene, s. Rimmonebene.
Jesdigerd II. 382.
Jesdigerd III. 402.
Jfra 352. 363. 364.
Jlai 64.
Jlfa 257. 258.
Imma Schalum 44.
Imnestar, Juden in 393.
Indien, Juden in 405.
Interpretation, s. Auslegung der heiligen Schrift.
Jochanan b. Gudgada 64.
Jochanan b. Napacha 247. 257. 290. 303.
Jochanan b. Nuri 64. 144.
Jochanan b. Saltai 11. 33. 49.
Jochanan ha-Sandalar 177. 186.
Jochanan b. Torta 150.
Jona 340.

Jonathan 20.
Jonathan, Tanaite 201.
Jonathan b. Amram 211.
Joredet ha-Zalmon 157. 161.
José 340. 344.
José 407.
José b. Chalafta 200. 207.
José, Galiläer 64. 170.
José b. Kisma 64. 174.
José aus Maon 247.
José b. Tabbai 34.
Joseph, der Blinde 348. 353.
Joseph b. Chama 360.
Joseph b. Chija, s. Joseph der Blinde.
Joseph Rabban 405.
Joseph von Tiberias 335. 336.
Josia 201.
Josua b. Chananja 12. 15. 29. 32. 35. 40. 49. 50. 56. 142. 145. 147.
Josua b. Karcha 227.
Josua b. Levi 255. 263.
Jovian, Kaiser 376.
Isaak b. Joseph 338.
Isebab. 64. 144. 178.
Ismael b. Elisa 60. 103. 170. 171. 175.
Ismael b. José 217. 228.
Isor 358.
Ispahan, Juden in 363.
Juda I., Patriarch 210. 228.
Juda II. 241. 293.
Juda III. 309. 324. 336.
Juda IV. 384.
Juda, Ammoniter 111.
Juda b. Bathyra 66. 201. 203.
Juda b. Baba 64. 178. 179. 201.
Juda b. Chija 217. 232.
Juda b. Jecheskel 298. 319.
Juda b. Ilai 186. 200. 207.
Juda b. Nachmani 248.
Juda Nachtom 179.
Juda b. Schamua 185.
Judäa 10. 164. 226. 329. 384.
Judenchristen 47. 48. 81. 104. 154.
Judenhaß der Kirchenväter 398.

Judensteuer 23. 78. 79. 118. 152. 166. 340. 348. 395.
Judenthum der Mischna-Epoche 233.
Judith, Buch 132.
Julian, Kaiser 367. fg.
Julianus 126. 137. 141.
Jüngergenossen 64.

K.

Kabul 157.
Kafri 213.
Kajili 347.
Kainiten 95.
Kahana 379.
Kalenderwesen 15. 69. 202. 217. 281. 301. 342. 344.
Kalla 282. 316.
Kapernaum 337.
Karpokrates 95.
Katholisch 93.
Kaphar-Aziz 61.
Kaphar-Charuba 164.
Kaphar-Zemach 219.
Kerdon 95.
Kerinth 95.
Köln, Juden in 333.
Königsgebirge 158.
Kohelet 40.
Kronengelder 224.
Kyrene, Juden in 125. 127.

L.

Lade, heilige 72.
Landvolk 75.
Lehre, mündliche, s. Traditionslehre.
Lehrhaus in Jabne 13. 33. 37.
Lehrhaus in Uscha 144.
Lehrhaus in Sepphoris 212.
Lehrhaus in Tiberias 242.
Lehrhaus in Pumbadita 319. 356. 364. 405.
Lehrhaus in Sura 282. 317. 354.
Lehrhaus in Machusa 361.
Lehrvorträge 282.
Leibzoll 79.

Leichen, Gesetz gegen Bestattung von 179.
Levi b. Sisi 212. 232. 257. 292.
Lucuas 126.
Lupus 126.
Lubien, Juden in 125.
Lydda, Berathung in 170. 256. 341.

M.

Maasze Bereschit 106.
Maasze Merkaba 104.
Machusa 274. 275. 357. 375.
Μάχαι νομικαί 63.
Magdala 157. 198.
Magier 291. 402.
Mana 340.
Mar b. Aschi 401. 403.
Maremar 401.
Mar Samuel s. S. Jarchinai.
Mar Sutra Exilarch 379.
Mar Sutra 379.
Mar Sutra b. Chinena 408.
Mar Ukba 280.
Marc Aurel, s. Antoninus Philosophus.
Marcion 98.
Marcos 75.
Märtyrer, zehn 175.
Masechta 57.
Mata Mechasia s. Sura.
Matnita s. Mischna.
Matthia b. Chares 49. 201.
Maximus, Kaiser 127.
Mazaca s Cäsarea Mazaca.
Mebarsapes 124.
Mechilta 58.
Megillat Schuschan s. Esther-Rolle.
Megillat Setarim s. Geheimrolle.
Meir 186. 204. 291.
Meiron 228.
Menjamin, Egypter 111.
Merison 95.
Mescharschaja b. Pakod 405.
Messias, Sagen über 264.
Messias, falscher in Creta 383.
Meturgeman 69.

Meturgeman 69.
Miasa s. Meir.
Midot 58. 199.
Midrasch 18.
Mikra 17.
Minäer s. Judenchristen.
Mischna 17.
Mischna Akiba's 57.
Mischna Meir's 95.
Mischna Juda's 200. 233.
Münzen, jüdische 153.
Münzen, Hadrians 146, 164.

N.

Naasiten s. Ophiten.
Nachman b. Jakob 322. 326.
Nachman b. Isaak 304.
Nachmani s. Abaji.
Nachum aus Gimso 21. 22.
Nachum der Meder 20. 54.
Nachumai s. Nachumai.
Nahardea 65. 273. 279. 295. 379.
Nahar-Pakod 201. 203.
Nahar-Wani 272.
Nares 365.
Nasi s. Patriarch.
Nathan, Tanaite 187. 201. 203. 204.
Nathan Exilarch 315.
Nathan b. Asia 354.
Nathan b. Huna 401.
Nazaräer 90.
Nazareth 337.
Neapolis 225. 226.
Rechunja 202.
Rechunja b. Hakana 21.
Nehemia, Exilarch 314.
Nehemia aus Bet Deli.
Nerva, Kaiser 122.
Nibuj s Banu.
Niger, Pescennius 224.
Nikodemus b. Gorion 25.
Nikolaiten 108.
Nisibis 65. 129.
Nomikon 200.
Nomologie 16.

O.

Odenath 295.
Denamaos von Gadara 192.
Olam ha-Ba s. Zukünftige Welt.
Olopherneo 132. 134.
Onkelos s. Targum Onkelos.
Opfercultus 90.
Oblten 90.
Ordination 64. 68. 174. 213. 243. 249.
Origenes 251.

P.

Palästina s. Judäa.
Palmyra 296.
Pantheras 268.
Papa b. Chama 365.
Papa b. Nazar s. Odenath.
Pappos 126. 137. 141.
Pappos b. Juda 176.
Paradies 107.
Patriarch 31. 67.
Patriarchat 31. 212. 331. 390.
Patriarchensteuer 305. 395.
Paulus, Apostel 77. 84.
Pentekata 311.
Pescennius Niger s. Niger.
Peschito 353.
Pinehas b. Jaïr 219.
Plotina 125. 130.
Polemik gegen Christenthum 268. 309.
Polemos des Quietus 131.
Polemos aeharon 166.
Porphyrius 269.
Possen, gegen Juden 312.
Presbyter 87.
Primaten 385.
Proselyten 109.
Pseudepigraphie 101.
Pumbadita 274. 320. 346.

Q.

Quadratus 183.
Quietus 128. 129. 131. 136. 137.

R.

Rab 214. 232. 279. 289. 293
Raba 342. 355. 357. 363.

Raba b. Joseph s. Raba.
Raba b. Chana 213.
Rabba b. Chaëra 354.
Rabba b. Huna 318.
Rabba b. Matana 355.
Rabba b. Nachmani 347.
Rabba Tussaab 404.
Rabbanan d'Agadta 398.
Rabbi, Titel 65.
Rabbi s. Juda Patriarch.
Rabina II. 407.
Rabina vom Umza 406.
Rachel 53. 59.
Rachumaï 401. 408.
Rafrem I. b. Papa 379.
Rafrem II. 401.
Rami 321.
Rami 364.
Rechtfertigungslehre 78. 236.
Reinheitsgesetze 74
Religionszwang, Hadrians 109.
Religionszwang Firuz' 404.
Religiöses Leben 73. 94.
Resch Galuta s. Exilarch.
Resch Kalla 316.
Resch Lakisch s. Bar-Lakisch.
Räubern b. Strobilos 208.
Rigle 284. 379
Rimmonebene 126. 133. 134. 142. 160. 166.
Ris 44.
Robin 232.
Rosch Bet-din 15.
Rom, Juden in 111. 121. 201. 208.
Romanos 243.
Rufus 152. 167.

S.

Sama b. Rabba 404.
Samaria 226.
Samaritaner 141. 168. 195. 217. 225- 262.
Samega s. Kaphar Zemach.
Samuel, der Jüngere 64. 65. 105.
Samuel Jarchiaï 216. 286. 293. 295.

Samuel b. Juda 338. 365.
Sartaba 71.
Saturnin 95.
Saul, Abba 20. 21.
Saurim 360.
Schabur I. 288. 293.
Schabur II. 352. 363. 366.
Schakan-Zib 295. 328.
Schellach Zibbur s. Vorbeter.
Schamta s. Bann.
Schammaiten 29. 32. 33. 49.
Schila 279. 280.
Schriftauslegung s. Auslegung.
Scheschet 325.
Schilbi 295.
Sebaste s. Samaria.
Seder Olam 200.
Sektenwesen 93.
Seïra I. 328. 329.
Seïra II. 355. 358.
Seïra b. Chinena 298.
Seleucia 129.
Senbaris 340.
Sendboten 304. 305.
Sendsteuer, s. Patriarchensteuer.
Sepphoris 337. 341.
Severus Julianus 156. 158.
Severus Septimius, Kaiser 221.
Severus, Bischof von Minorca 392.
Sibylle, jüdische 138.
Sichem, s. Neapolis.
Sichin 157.
Sidra 279. 282.
Sikariergesetz 24.
Silvani 305.
Simai b. Aschi 306.
Simlai 245. 265.
Simeon Stylite 394.
Simon b. Abba 296. 306. 368.
Simon b. Asai 65. 107.
Simon b. Gamaliel 163. 187. 203. 204. 206. 209.
Simon b. Jochai 196. 207. 209. 211.
Simon b. Juda 228.
Simon b. Juda, Patriarch 221.

Simon b. Kappara, s. Bar-Kappara.
Simon-Lakisch, s. Ben-Lakisch.
Simon b. Nanos 65.
Simon b. Soma 65. 107.
Simon Magus 84.
Simonias 213.
Sklavengesetz 339.
Sprache, hebräische 215. 222.
Steuern der Juden, s. Judensteuer.
Styl, hebräischer 308.
Sura 244. 378. 379.
Susa, Rolle 136.
Swastri Sri 406.
Symmachianer 196.
Symmachos, Ebionite 195.
Symmachos b. José 193.
Synagoge in Alexandrien, s. Alexandrien.
Synagoge in Cäsarea 313.
Synhedrion, Synhedrin 14. 68. 155. 212. 213.

T.

Tabjome, s. Mar b. Aschi.
Tadmor, s. Palmyra.
Talmud, babylonischer 18. 337. 381. 408. 409.
Talmud, jerusalemischer 384.
Talmud Thora 236.
Tanaïten 17. 232.
Tanchuma b. Abba 384.
Targum Onkelos 116. 353.
Tarphon 56. 63. 103. 170.
Taska 276.
Tatian 95.
Tekoa 139.
Tekanot Uscha, s. Verordnung v. Uscha.
Tempelbau 138. 141. 370.
Tempelsteuer 23.
Theodosius I. 385.
Theodosius II. 389. 395.
Tiberias 243. 337. 341.
Tiefebene der Hände 160.
Titus 25. 117.
Tobel 97.

Tobit, Buch 180.
Traditionslehre 16. 19. 30. 44. 222.
Trajan 123.
Trajanstag 138.
Traumzeichen 73. 132.
Tryphon s. Tarphon.
Tur Malka, s. Königsgebirge.
Tur Simon 158.
Turbo 127. 128.

U.

Ulba, Exilarch 314.
Ulba Dezisuta 351.
Ulla 327.
Ulla b. Koscheb 299.
Ursicinus 339.
Uscha, Synhedrin und Lehrhaus in 144. 188. 204. 265.
Uschaja, der ältere 232.
Uschaja, der jüngere 347.

V.

Valens, Kaiser 376.
Valentinian I., Kaiser 376.
Valentinus 95.
Verus, Kaiser 206.
Verordnungen von Uscha 144.
Verordnung von Lydda 170. 175.
Verfolgung der Juden in Babylonien 404.
Verfolgung der Juden unter Hadrian 107. 185.
Verfolgung der Juden unter Verus 208.
Verfolgung der Juden unter Constantius 342.
Vespasian, Kaiser 12.
Vetnrja 112.
Vorbeter 72.
Vorhant, künstliche, s. Epispasmos.

W

Weibliches Geschlecht 236.
Welt, Zukünftige, s. zukünftige Welt.

Z.

Zadok, 20. 33.
Zebid b. Uschaja 379.
Zechut, s. Rechtfertigungslehre.
Zehnten 218.
Zenobia 297.
Zorba Merabbanan 314.
Zügellosigkeit gnostischer Sekten 100.
Zukünftige Welt 79. 235.

Berichtigungen.

Seite	Zeile	lies	statt
7	7 v. u.	mäßiger	müßiger
24	17 v. o.	nationaler	rationaler
48	12 v. u.	des Synhedrialdekretes an, welches	welches an
64	2 v. o.	agadisches	agaisches
94	5 v. u.	Gnosis	Genesis
„	„ „ „	Legion	Legien
97	16 v. o.	c 7, 6	6.
118	21 v. o.	hatten	haben
128	6 v. o.	gebracht	gebrabt
134	10 v. o.	das Volk sich	das sich Volk
143	14 v. u.	Trostbecher	Trostsprecher
146	10 v. u.	einer andern Denkmünze ist	eine andere wird
„	1 v. u.	capitolinischen	capitolonischen
150	15 v. o	gebeugt werden	gebeugt
151	13 v. u.	für durchaus	durchaus
162	8 v. u.	niedergefallen	niederfallen.
170	10 v. u.	begründenden	begründeten.

Berichtigungen

Seite	Zeile	lies	statt
180	8 v. u.	Habe	Gabe
182	15 v. u.	Ruhm	Reichem
192	13 v. o.	Oenomaos	Eunonymus
195	15 v. u.	der	die
199	20 v. u.	unverträglich	unerträglich
207	5 v. o.	Laodicea	Landicea
217	13 v. o.	ab zu streichen	
219	14 v. u.	nichts	nicht
225	12 v. o.	Albinus	Albuus
„	13 v. u.	Neapolis	Reopolis
226	1 v o.	Mesopotamien	Mesopotamien
235	3 v. o.	ha-Ba	ha-Baba
238	2 v. o.	bei einer einzigen	eine einzige
241	6 v. o.	Gamaliel III.	Gamaliel II.
245	10 v. o.	levitischen	liritischen
260	Anmerk. 2.	אמר רבי יוחנן קובלין ... מבולי	רבי יוחן קובלין .. כבול
261	3 v. u. Anm. 4.	לודאי, להים	הודאי, ילהיים
281	19 v. o.	Tatlafos	Tatlarfos
291	8 v. o.	Katastrophen ein	Katastrophen eine
297	1 v. u.	des vor Todmors zu streichen.	
299	6 v. o.	Reicheb	Reicher
302	10 v. u. Anmerk.	καθολικῷ πανδημεὶ	καθολικῷ .. πανθημά
309	5 v. u. Anm. 1.	אבל תמר	אבלהמר
316	17 v. u.	es	ihn
333	4 v. u.	concedimus	conoedimus
354	3 v. u.	Charta	Chatra
375	5 v. u. Anm. 1.	לא ירהכו	יהכי לא
403	2 v. o.	zweithellig	zweitheilich
„	16 v. u.	Firuz	Piruz
411	5 v. v.	Gedankenargenden	Gedankenanregendes
412	letzte 3.	Zeiten	Zeilen
417	2 v. o.	Ben-Ratil	Ben-Ratil
„	18 v. u.	Sar-Schalom	Schar-Schalom
„	13 v. u.	כי אם	ככיאם
„	12 v. u.	הלמידי	הרבי
421	10 v. o.	צייך	ציוך
„	18 v. o.	noch	doch
422	18 v. o.	יוחקין	יוכין
„	15 v. u.	Ἰνά	ἵνα
426	9 v. u.	כים	מים
430	9 v. u.	Aboda Sara	Abot
432	3 v. u.	ἐπιθυμία	ἐπιθυμία
434	16 v. u.	quae	que
436	7 v. o.	יגילה	יגלה
437	1 v. o.	ἑκάστῳ	ἑκαστῳ
„	2 v. o.	σύσης	σύσης
438	9 v. o.	ἑρμηνευκέναι	ἑρμηνευκέναι
„	16 v. u.	Fräulein	Fräulein
440	14 b. u.	פולכום	פולסום
441	5 v. u.	דתירו ... ללבד	רת רי ללבדד
442	10 v. u.	בית	בית
„	8 v. u.	::	לי
443	2 v. o.	ponderibus	ponderisus
„	16 v. o.	ἑρμηρευτήν	ἑρμηρευτήν
444	7 v. o.	αὐτοὶ αὐτόν	αὐτι αὐτόν